万国通史

THE
DUTCH
SEABORNE
EMPIRE

荷兰
海洋帝国史
1581–1800
【修订本】

顾卫民／著

上海社会科学院出版社
SHANGHAI ACADEMY OF SOCIAL SCIENCES PRESS

对所有爱好自由的人民来说,你们是美德的范例,你们是打击对联省不义、实行恐怖统治的暴君之人。你们将留给子孙后代最好的示范,为了保护自由的思想和权力,你们将提供给后代基于正义与合法的基础上的不可改变的自由与价值。只服从合法与正义的亲王,如此,你们依照良心,参与付出道义上的责任。你们代表全体人民,全体人民的自由与福祉委托于你们。

——1568年"沉默者"威廉(1533—1584)在联省议会上的演说

像世界一样宽广。

——荷属巴西总督约翰·莫里斯伯爵(1604—1679)

在很短的时间内,一个刚形成的国家和民族就达到了最伟大的巅峰状态,世界上哪里有这样一种文明呢?必须记住,就在伦勃朗诞生前50年,世界上就根本不存在我们现在所谓的荷兰民族。即使在"海上乞丐"张扬民族团结的激情气质时,奥伦治亲王还在孜孜不倦地尝试寻找最合适荷兰这个国家的最佳形式,但是他未能在有生之年看到它的诞生。在1584年至1588年那些焦虑的岁月里,谁也不敢预言尼德兰的前途如何。可是,一个新的国家诞生了。她建立在乌特勒支联盟摇晃的基础之上,成为低地国家的躯干……

——约翰·赫伊津哈《17世纪的荷兰文明》

作为一个陆域和水域面积总共才41 526平方公里的小国,荷兰在欧洲历史,乃至世界史的脉络上,其重要性以及意义,远比荷兰国土的面积要大得多。荷兰在世界史的层面上,对于"现代性"形成之历程,具有深远的影响。例如,在其城市的兴起与发展、资本主义之萌芽与建立、宗教改革之具体、共和主义之出现、科技之发明与改良、海外探险以及全球贸易网络的成立等方面。在历史上,荷兰人早就对"全球化"有所察觉。他们透过世界贸易网络,将自身的经济与文化和全球编织在一起。

——张淑勤《荷兰史》

目录

第一章　古代与中世纪的尼德兰 / 1
一、巴达维亚人和弗里斯兰人 / 1
二、墨洛温与加洛林王朝时代 / 7
三、基督教的传入 / 12
四、荷兰伯爵领地王国 / 16
五、社会经济与城镇的发展 / 19

第二章　勃艮第以及哈布斯堡王朝的统治 / 32
一、勃艮第诸公爵 / 32
二、哈布斯堡王朝下辖的尼德兰 / 40
三、经济发展与社会生活 / 48
四、基督教人文主义 / 55

第三章　"反叛"前的尼德兰社会 / 62
一、城镇发展与社会经济 / 62
二、行会、民兵、文学社与摄政团 / 66
三、宗教信仰的分裂与冲突 / 72

第四章　争取自由与建立新国家 / 80
一、菲律普二世的高压政策 / 80
二、北方的"反叛"以及阿尔巴公爵的暴政 / 86
三、"沉默者"威廉与抵抗运动 / 95
四、《根特协议》与《断绝法案》 / 104
五、莫里斯亲王的战争以及《十二年停战协定》 / 112

第五章　"黄金时代"的荷兰共和国 / 121
一、共和国的政体 / 121
二、宗教与政治的内争(1616—1618) / 127
三、绵延的战事与国内外局势 / 138
四、德·维特主政时期的内政与外交 / 147
五、威廉三世与"光荣革命" / 158

第六章　"黄金时代"的社会和人民 / 168

一、尼德兰社会各阶层 / 168
二、行会和金融业 / 179
三、宗教纷争与外来移民 / 189
四、军事以及工业技术的改革 / 202

第七章　荷属东印度公司与海上霸权的确立 / 209

一、东印度公司的建立及其组织结构 / 209
二、驶往东方的船只与船队 / 218
三、科恩的开拓与马特索尔科的全盛时代 / 227
四、荷兰人攻击"印度国" / 242
五、荷兰-日本贸易的开辟与维持 / 259

第八章　荷属西印度公司与美洲殖民地的经营 / 275

一、荷属西印度公司的建立 / 275
二、非洲西海岸以及加勒比海域的贸易 / 282
三、"新尼德兰"和"新阿姆斯特丹" / 289
四、荷兰人在巴西的殖民统治(1630—1654) / 294

第九章　伊比利亚人与荷兰人的此消彼长 / 325

一、军事技术与谋略的比较 / 325
二、经营殖民地的根基 / 329
三、传教事业上的竞争与差异 / 332

第十章　荷兰共和国"黄金时代"的文化 / 343

一、本国以及殖民地的教育事业 / 343
二、游记文学以及制图学的发展 / 351
三、智识与文化 / 368
四、伟大的视觉艺术 / 414
五、异域风物：亚洲纺织品、茶叶和咖啡 / 458

第十一章 "戴假发的时代" / 464

一、人口的减少 / 464

二、捕鱼业的衰落 / 467

三、造船技术滞后以及海外贸易萎缩 / 471

四、农业的维持以及工业的衰退 / 477

五、资本的流逝以及城市的衰落 / 483

第十二章 共和国的陨落 / 490

一、18世纪早期的荷兰政治和社会 / 490

二、"爱国者"运动 / 494

三、共和国的最后落幕 / 501

主要参考书目 / 514

后记 / 529

第一章
古代与中世纪的尼德兰

一、巴达维亚人和弗里斯兰人

今天荷兰的正式名称是"荷兰王国"或"尼德兰王国"(the Kingdom of the Netherlands)。"尼德兰"(the Netherlands)这个词语在字面上就是"低地"的意思,长期以来它一直是一个历史名词,中世纪的时候主要指的是欧洲西北部的低地地区(其地域大约包括今天的荷兰、比利时、卢森堡以及法国的东北部)。这片区域50%的地方仅仅高于海平面3—5米,有17%的地方低于海平面。其境内地势最低之处,约在海平面6米以下,故名。不过,在许多场合,"荷兰"(Holland)与"尼德兰"常常不加区别地被人们使用。从历史上看,"荷兰"这个词语主要是指在1581年在反抗和脱离西班牙哈布斯堡王朝统治的尼德兰革命中起主导作用的尼德兰北方7个省,特别是其中的荷兰省(即今天的南荷兰省以及北荷兰省),它也是当今荷兰王国的核心区域。在16世纪下半叶北方七省独立的时候,荷兰省负担了新成立的联省共和国总经费的59%以上,其人口则占共和国总人口的40%左右。它不仅是尼德兰北方航运业、商业贸易最为繁荣和社会生活最为富裕的地区,而且在其他各方面如文化和艺术上也处于领导地位。历史学家通常认为,没有荷兰省,就没有北方尼德兰或联省共和国。这也是"尼德兰"通常被称为"荷兰"的原因,反之亦然。在英语中的"荷兰人"(Dutch)其实源于德语中的"德国人"(Deutsch)。英国人起初用这个词指所有的日耳曼人,但是因为随着时间的推移,荷兰人与他们的接触与冲突比其他日耳曼人更加频繁,所以至16世纪末叶,"Dutch"便成为专指荷兰人的词了。今天的荷兰王国位于欧洲的西北沿海地区,其领土面积有41 526平方公里,它与北海相接的海岸线长达642公里,要长过它与比利时(407公里)和德国(556公里)的边界线。今天荷兰王国的疆土以及国界是1839年尼德兰王国时期界定并经过当时国际承认的,其政体是君主立宪制度。

在罗马人来到以前,当地的历史缺乏文字的记录,人们称之为史前时代。在远古时期,距今20万年以前,尼德兰地区是一片覆盖着厚厚冰雪的冻地。在往后的年代里,随着气候的变迁,北极地区的冰层逐渐融化,造成海水不断地上升,逐渐地形成今日欧洲北部的海岸线,并且造就了现代荷兰的基本地形和地貌。另外,海洋、河流以及地势低洼的地形对于尼德兰地区早期的历史发展有着决定性的影响。

历史学家根据考古发现解释了尼德兰地区的历史演变与人类的生活。此地最早的人类活动痕迹是在马斯特里赫特(Maastricht)附近的较高的地带上被发现的,产生的时间大约是在25万年以前。从现在的乌特勒支和北布拉班特地区的出土文物得知,在石器时代,人们以粗糙简陋的石斧狩猎,或者采集野果为生。他们在自然的环境中艰难地生活,没有固定的居住地点,为了觅食在各处奔走。在距今13 000年前至10 000年前的冰河末期,可能出现了游牧民族的活动,因为人们在这里发现了用于猎杀驯鹿的长矛头。在往后的时间里,人们又使用过弓箭捕猎动物。考古学家还在德伦特地区发现了公元前8000年左右人们使用的独木舟的残迹,这是人类已知的最早的独木舟。人们还在德伦特地区发现了属于公元前4800年以后的人类巨石墓葬——一些石头堆成的石棚墓,从外观上看,都是把数块大石头放置在地上,一边往外倾斜,地面巨石上方承大型的石板为顶,其架构的留置空间则为墓室。这种巨石文化在欧洲的其他地方如爱尔兰以及伊比利亚半岛等地也多有所见。从今日林堡的马斯河沿岸的石洞中遗存的痕迹来看,公元前4000年左右已经有人类居住这些洞穴之中。由于这些地区出产丰富的燧石原料,人们可以使用燧石制作一些简单的工具如石斧和石刀。当时的人类也开始种植一些农作物并饲养动物,过着以农业以及畜牧业为生的生活。在公元前2800年至公元前2100年之间的贝尔陶器文化时代,尼德兰地区、伊比利亚半岛以及中欧的一些地方都出现了画着螺旋形条纹状装饰的陶器,不过这些陶器质量甚差,制作比较粗糙。随之还发现了铜器以及其他金属器具,这很可能说明当时尼德兰地区是处于当时的欧洲大陆贸易通道上,因为尼德兰本地并不出产太多的金属以及金属器具,同时,还相继出土了青铜时代的墓葬以及铁器时代的骨灰罐。历史学家判断,这意味着当地丧葬习俗的变迁。

公元前57年至前53年,罗马将军恺撒(Julius Caesar,前100—前44年)通过一系列的战役征服了尼德兰的大片土地,这是罗马人来到这里的开始。大约从公元前55年至公元410年的约450年的时间里,罗马人统治了这片土地,并给后世带来了深刻的影响。

由于当地的居民在那个时代并没有自己的文字,因此有关他们的记载也是语焉不详,只能从希腊人和罗马人的记载中找到蛛丝马迹,其中最重要的史籍莫过于恺撒的《高卢战记》。根据他的描述,有两支部落居住在尼德兰地区,即门奈比人(Menapii)和厄勃隆尼斯人(Eburones),前者居住在后来的泽兰、布拉班特北部直至海尔德兰西南部地区,后者则主要居住在现代荷兰的林堡地区直至莱茵河东岸的日耳曼地区,他们都属于比利其人(Belgae, Belgic)。所谓比利其人是古代高卢人的一支,居住在今天的比利时以及法国的西北部。这两支部落都居住在尼德兰的南方,在恺撒统治当地的时期都非常活跃。恺撒的军队建立了自己的居住地,并以莱茵河作为自然的边界,将高卢和广大的其他日耳曼部落居住的地方隔开。但是莱茵河并不能阻挡部族之间的交往,许多比利其高卢人部落其实是部族通婚以后形成的民族成分复杂的部落。恺撒对于比利其人的征服,到公元前52年最后完成,罗马人残酷地镇压了所有当地居民的抵抗并控制了这片区域,一个名叫内乌里的部落宁死不屈,最终被恺撒统率的8个军团彻底消灭。这一历史事迹曾经令19世纪的苏格兰古典主义诗人约翰·斯图亚特·布莱基(John Stuart Blackie,1809—1895)深感哀伤与感动,他创作了《英雄之歌》(*A Song of Heroes*)来赞颂该部落无畏而长久的抗争。

恺撒在其著作中只是约略地提到了河流三角洲地区,称此地为莱茵河的"巴达维岛"(Insula Batavorum or Island of Batavi),但是他没有提到是谁居住在这片土地上。后来在罗马帝国时代,一个名叫"巴达维"(Batavi)或是"巴达维亚"(Batavians)的部落居住在这个地区。许多年以后,古罗马著名历史学家塔西陀(Publius Cornelius Tacitus, 55—120)在《日耳曼尼亚志》中写道:"所有这些部落中,以巴达维人最为勇敢,他们据有莱茵河中一个岛屿以及河岸一条狭长的地带。他们本是卡狄人(Chatti)的一支,后来因为内乱才被迫迁到现在的住处,因而成为罗马帝国内的一部分。他们仍然保留着古代盟友的光荣标记,那就是:他们不受进贡之辱,也不受包税人的压迫。我们为了攻守之利,所以才让他们免除一般的赋税,而独处一方,作为我们的兵库。"塔西陀提到的卡狄人是日耳曼人中一支强大的部落,生活在今天德国中部图林吉亚的黑森一带。他所提到的迁徙一事，可能就是指在公元前38年，卡狄部落中的一支支持罗马人的部落被罗马执政官和将军阿格里帕（Marcus Vipsanius Agrippa，前64/62—前12年）安置到莱茵河的南岸，他们迁移到了莱茵河三角洲上的一座岛屿定居下来。最早在此地建立居留地的是罗马人，后来克尔特人也可能在这里居住。这支部族来到此地的时候该岛屿已经没有人居住了，因为此前还发生过一次大洪水，冲走了树木和房屋，使当地荒无人烟。他们定居以后取了一个当地人使用的名词"巴达维亚"，自称为"巴达维亚人"。根据后来历史学家的推测，他们居住的地方在今天荷兰的贝蒂沃地区，即在莱茵河河口的卢格杜努姆巴塔沃鲁姆（靠近莱顿）的周围。该部落善于打仗、精于骑术，也会驾船和游泳。许多巴达维亚人开始时与罗马人的关系很好，他们在罗马的骑兵军队中服役，在文化和宗教上也受到罗马人的影响。他们在今天荷兰海尔德兰省的埃尔斯特（Elst）建立了罗马风格的神庙，以供奉地方上的神祇。他们也重视贸易活动，从北海的海水中提取盐，晒干以后运输到罗马帝国全境。公元前13年，罗马的将军德鲁苏斯（Drusus Germanicus，前38—9年）下辖的罗马军队与巴达维亚人结成同盟，后者享有自由，同时也要向罗马纳贡并且提供兵源。被送往罗马军队服役的巴达维亚人必须服满25年的兵役。

　　根据罗马历史学家塔西陀的记叙，巴达维亚人是日耳曼部落中最勇敢的部族，连罗马人也尊敬他们的英勇气概。在塔西陀撰写的《日耳曼尼亚志》中，描写了罗马将军阿古利可拉率领罗马的军队以及作为盟军的巴达维亚人和佟古累人（Tungri）的步兵一起进攻不列颠人的情形，他说巴达维亚人的表现非常勇敢，他们"逼近敌军以后，用盾牌猛击敌人，打伤他们的头面，将平地上的敌军击退而把阵线向山上推进。这时候，其他的辅助步兵立即一拥而上，争先恐后地砍杀自己附近的敌人。大军迅速向前追击，匆忙中留下许多半死半活甚至全未受伤的敌人"。后来，巴达维亚的骑兵享誉罗马帝国全境。在公元前48年恺撒打败庞培的关键一仗法鲁斯战役中，是勇敢的巴达维亚士兵拼死扭转了战局。自恺撒身亡直到维斯巴芗（Titus Flavius Vespasianus，69—79年在位）统治时期，罗马皇帝的护卫军团一直是由巴达维亚士兵担任的。他们对罗马忠贞不贰，甚至为了罗马帝国与毗邻的日耳曼人打仗。

　　但是，公元69—70年，随着罗马皇帝尼禄被刺身亡，罗马发生了严重的内乱，巴达维亚人与罗马人终于发生了冲突。其主要的原因是他们不满罗马人大量地征募本部落的人参加罗马的军队以及当地罗马总督的横征暴敛。

在克劳狄乌斯·西比利斯(Claudius Civilis)的领导之下,他们联合邻近的部落奋起反抗。西比利斯是巴达维亚人中的贵族,曾经接受过罗马式的教育,并且在罗马军队中长期服役。他组成的包括日耳曼人以及克尔特人的低地部落联盟,袭击罗马人设在莱茵河沿岸的堡垒。据说起义者俘获了罗马的24艘大船,还击败了前来镇压的2个罗马军团,还使在罗马军队中服役的8个兵团的巴达维亚老兵倒戈加入同胞的起义之中。后来,维斯巴芗称帝以后,集中兵力对付低地地区,在罗马大军压境的形势下,西比利斯率领军队转战高卢,在特里尔等地被罗马军队击败,被迫退回到巴达维亚人的岛屿上。西比利斯最后选择与罗马人议和,恢复了以前与罗马人的关系。他本人则在后来消失于历史的舞台。

《巴达维亚人在莱茵河畔打败罗马人》,由艺术家 Otto van Veen 作于 1613 年

虽然西比利斯销声匿迹了,巴达维亚人的此次"反叛"却一直活在尼德兰人民的心中,甚至被后来的尼德兰北方各省人民视为反抗西班牙统治的"尼德兰革命"的具有神话般历史意义的先声,荷兰人曾经将"沉默者"威廉·奥伦治亲王比喻为西比利斯。在荷兰人的想象和历史再现中,巴达维亚人已经成为他们的祖先,并产生了带有浪漫主义色彩的所谓"巴达维亚的迷思"。此种情结曾经在近代荷兰的诗歌与文学作品中不断地被再现。16世纪荷兰人在占领今天印度尼西亚境内的雅加达以后,将这个地方改称为"巴达维亚"。18至19世纪前往美国定居的荷兰人将他们在纽约、俄亥俄、伊利诺伊、爱荷华和威斯康星的定居点都命名为"巴达维亚"。有一艘荷兰东印度公司大帆船也拥有这个令荷兰人感到骄傲的名字。18世纪荷兰发生的"爱国者革命"也被称为"巴达维亚革命"。

在现今荷兰土地上生活时间最长的古老民族是弗里斯兰人(Frisian),在拉丁语中的古称是弗里西人(Frisii)。他们属于说低地日耳曼语的民族,在语言和血缘上与盎格鲁-撒克逊民族和其他低地日耳曼部族都有关系,最早可能居住在今天的德国最北面的石勒苏益格-荷尔斯泰因州(Schleswig-Holstein)地区。公元1世纪的时候,罗马人发现他们已经迁居到从斯海尔德河至埃姆斯河河口的沿海地区,也就是在今天德国西北部的沿海地区至荷兰的弗里斯兰省沿海的狭长地带以及弗里斯兰群岛的一些地方。他们来到当地以后,取代了先前居住在这里的克尔特人。弗里斯兰人是最早从事商业的日耳曼部族,从很早的时候起,远至巴塞尔和圣丹尼斯等地都能够找到弗里斯兰商人的足迹,他们是当时日耳曼各民族与克尔特人之间联系的中介人。在罗马皇帝奥古斯都(Augustus,前63—14年)统治时期,罗马人的势力到达易北河流域,与弗里斯兰人发生了初次的接触。公元12年,罗马将军尼禄·克劳狄乌斯·德鲁苏斯(Nero Claudius Drusus)率领舰队,将尼德兰北方沿海地区的弗里斯兰人征服。当时,弗里斯兰人要以牛皮和牛角向罗马人纳贡,并没有像巴达维亚人那样被免除了税金。在罗马皇帝提庇留(Tiberius Claudius Nero,前14—37年在位)统治时期,罗马人开始侵占弗里斯兰人的土地,压迫他们,使他们的妇女以及孩子沦为奴隶,并且课以很高的税收。公元28年,弗里斯兰人不堪忍受罗马人的欺凌,奋起举行武装反抗,他们吊死了罗马的士兵以及税吏,罗马人因而出兵征讨弗里斯兰人。罗马的士兵追击他们,在进入巴都黑纳森林(Baduhenna Woods)的时候遭到弗里斯兰人的伏击而战败。这个故事在古代日耳曼诸部落中口口相传,弗里斯兰人由此成为日耳曼人中的英雄。他们与罗马人的战斗一直持续到公元47年,罗马人第二次征服了这一地区。58年的时候,弗里斯兰人企图在莱茵河与埃瑟尔河之间建立一片缓冲地带,建造房屋以及耕种田地,阻挡罗马人的进攻,但是也遭到了罗马人的驱逐与屠杀。69年,罗马发生内乱的时候,他们与巴达维亚人一起共同反抗罗马人的统治。但是也遭到残酷镇压,罗马人将俘获的弗里斯兰人送到佛兰德斯以及英格兰的肯特,让他们沦为奴隶。弗里斯兰人的名称中有"自由"(Free)的词根,也许因为他们极度爱好自由的秉性。

在以后很长的一段时间里,他们的历史隐没不彰。293年,弗里斯兰人的名称又出现在历史文献中,有记载说他们向罗马帝国在西部的副帝君士坦丁乌斯(Constantius Chlorus,293—305年在位)归降。这位君士坦丁乌斯就是后来著名的君士坦丁大帝(Constantine the Great,306—337年在位)的父亲。当时,弗里斯兰人很可能与沿海地区的撒克逊人混居并且通婚,但是后来撒克逊人则往内陆迁居。拜占庭历史学家普罗科皮乌斯(Procopius of Caesarea，500—565)说在他生活的时代，弗里斯兰人是居住在不列颠的一个民族，但是这种说法并没有其他史料作为佐证。在520年的时候，有人提到弗里斯兰人曾经参加法兰克人清剿莱茵河流域的盗匪的远征。在6世纪末叶的时候，法兰克人的文献里屡屡提到这个民族，很可能这时弗里斯兰人居住的领土已经大大地向东、西两个方向延伸了。还有一些弗里斯兰人则参加了盎格鲁-撒克逊民族的海上远征，帮助他们的邻居民族征服英格兰以及苏格兰低地。

弗里斯兰人可能是尼德兰历史上最早试图抵御洪水侵犯、保护自己家园的民族。他们曾经建立过巨大的土墩(荷兰语中称为 terpen)，用以阻止巨浪与洪水以保护自己的家园和牲畜。最后，他们用土墙把这些土墩连接起来，以起到更好的防洪效果，这便是尼德兰地区最早的堤坝。

二、墨洛温与加洛林王朝时代

日耳曼人原来居住在多瑙河以北和莱茵河以东的广大地区。当公元58年恺撒征服高卢的时候，已经有几支日耳曼部落渡过莱茵河的下游侵入高卢人居住的区域。高卢人被罗马人征服，莱茵河下游西岸的日耳曼人也臣服于罗马，其所占之狭长地带被罗马人划分成为"上日耳曼尼亚"与"下日耳曼尼亚"两部，都属于罗马人的高卢省。这两郡之地又称为"罗马的日耳曼尼亚"。至于莱茵河东岸未归属罗马的日耳曼尼亚则被称为"大日耳曼尼亚"(Germania Magna)，在塔西陀的《日耳曼尼亚志》中被特别称为"未被划分的日耳曼尼亚"。

日耳曼民族于公元前250年左右就已经开始向西逐渐迁徙，到公元3至4世纪的时候达到迁徙的高峰。莱茵河流域是罗马人与日耳曼"蛮族"的分界河。莱茵河在当时区分了欧洲这两大民族的文化以及语言。由于历史上的尼德兰地区正好位于这两个文化的分界地区，这正可以解释现今尼德兰地区的语言上的复杂与差异。南部瓦隆地区属于罗马语系，而佛兰德斯地区与邻近的尼德兰北方，则属于日耳曼语系。

西移的日耳曼人，不断地越过莱茵河进攻罗马人沿河建立的堡垒与防线。由此，罗马的疆域与边界，也逐渐地发生了一些变化。在诸日耳曼部落中，法兰克人主要居住在尼德兰的南部地区，撒克逊人与一些弗里斯兰人则居住在北部。历史学家认为,在尼德兰地区凡是以"thun"为字尾的地名,都属于撒克逊人曾经活动的地区。撒克逊人大多定居于尼德兰的北部,弗里斯兰人则居住在沿海地区的土岗上。德伦特地区的居民很早就已经从事贸易活动,他们变卖自己的家畜和毛皮,与其他西欧和北欧的民族交换货物。

日耳曼部落之间,经常发生大大小小的战争,一些较小的部落,往往被一些较大的和较强悍的部落吞并,从而形成更大的部落。其中,法兰克人中的一支名叫萨利安人(Salians)的部落逐渐击败并驯化了其他法兰克部落。随着法兰克人的南移,巴黎逐渐成为他们的权力中心。406年冬天,日耳曼人冒着严寒越过冰雪封冻的莱茵河,入侵高卢-比利时地区(Gallia Belgica),大肆劫掠;居住在较北地区的法兰克人,也沿着须德海沿岸前进,于430年占据了图尔内(Tournai)和康布雷(Cambrai)等地。

476年,西罗马帝国终于因为"蛮族"的不断入侵以及西部的基督教会的日益强大而走向灭亡。法兰克人的势力,在莱茵河、马斯河与卢瓦尔河流域之间逐渐扩张,并进据塞纳河流域。法兰克王国的墨洛温家族在克洛维(Clovis I, 466—511, 481—509年在位)的统率之下于486年统一了高卢以及尼德兰地区的低地国家,建立了法兰克王国的墨洛温王朝。496年,克洛维在战胜了另一支日耳曼部落阿勒曼尼亚人以后,宣布放弃法兰克人的传统信仰,改信基督教。这一年的圣诞节,他在兰斯率领3 000名将士正式接受基督教的洗礼,也正是这个原因,兰斯后来在法国的政治史以及宗教史上具有崇高的地位。克洛维的王国在诸多蛮族王国中引人瞩目,关键的原因之一就是该王国的缔造者在所有的蛮族入侵者中率先带领他的继承人皈依正统的罗马教会,而当时其他各部族在皈依基督教的时候都选择了异端的阿里乌派——这就使得克洛维及其继承人的统治对于其所统治下的罗马-高卢人民具有毋庸置疑的合法性。他赢得了罗马教会以及全体信仰正统教义的基督徒的全力支持,从而使得他在与其他蛮族部落以及蛮族王国的战争中不断取得胜利。511年,克洛维下令召开奥尔良宗教会议,会议将教会的法规提高到与国家法律具有等同的权威性,用基督教堂取代了法兰克传统神庙的神圣地位,并且制定了教堂避难法。不久以后,基督教就成为全体法兰克人必须信奉的国教。

墨洛温王朝统治下的地域,生活着不同的民族,由不同的日耳曼部落以及罗马高卢-比利时人融合而成。各个部落都有自己的习惯法,平时的日常事务以及罪犯的处罚,都是依据有久远以来形成的习惯法而行。与罗马的文明相比较,日耳曼人社会的结构也比较简单,文化水平当然也比较低下。不过,由于法兰克人逐渐皈依了基督教,他们与已经基督教化的罗马文明有了相互融合的前提,两种文化也就能够融合并存。当时的社会,大致上分为贵族、自由民以及奴隶三个阶层。墨洛温王朝的贵族阶级,包含了日耳曼的贵族以及罗马人的贵族,随着时间的推移,他们也逐渐与自由人通婚。奴隶则被视为个人的财产以及商品。在宗教信仰方面,日耳曼人原先有自己的自然宗教,即将自然的事物人格化——如云雨雷电之神、农作物之神、爱情之神。日耳曼人在膜拜神祇的时候,往往在自然界中建造的简单的石头神庙中进行。4世纪的时候,已经有部分日耳曼人在罗马教会派出的传教士的影响之下皈依了基督教,但是日耳曼人大规模的集体皈依,则发生在墨洛温王朝的统治建立以后。

克洛维去世以后,按照法兰克部族的萨利安法律,由他的四个儿子分别继承其领土。最初的时候,由于王国持续不断的扩张,尚未出现分裂的危机。他的儿子们甚至将领土向南推进到邻近地中海的地区。之后不久,王国的扩张以及分裂同时进行。在克洛维的子孙当中,克洛达里乌斯一世(Chlotarius I,511—558年在位)和达戈贝尔特一世(Dogebert I,629—639年在位)分别建立了两个小国即位于卢瓦河流域的纽斯特里亚(Neustria)和位于莱茵河以及马斯河之间的奥斯特拉西亚(Austrasia),这两个小国的领土都包含了部分的尼德兰地区。达戈贝尔特一世后来征服了弗里斯兰的大部分地区,并在位于今天荷兰乌特勒支省西南部的多里斯塔特(Dorestad)的附近建立了一个重要的贸易据点,它就是位于今天荷兰中部的迪尔斯泰德附近的韦克(Wijk bij Duurstede)。该城市的名称就是"邻近多里斯塔特的地方"的意思。这座城市在6世纪的时候就已经初步形成,它位于一座罗马人建立的古代要塞之上,由于这里既可以通海,又位于莱茵河的支流下莱茵河(Nederriji)的最北的河口上,众多的商人沿着不同的路线来到这里。到7世纪的时候,这里形成了中世纪早期欧洲西北部的一个重要的商业定居点,是西北欧的贸易中心,呈现出商业以及航运的繁荣迹象。从这里出发的船只,也可以通往尼德兰的南部、今天法国的北部以及尼德兰的北部地区,从北方的口岸出海以后,可以通往英格兰、地中海、波罗的海沿岸地区以及远至斯堪的纳维亚半岛地区,还可以远至拜占庭帝国以及穆斯林哈利法统治下的中近东地区。最近的考古发现,这座城镇分为港口、贸易区以及农业区三个部分,还有基督教教堂以及墓地,可以想见在当时必定相当繁荣。由于这个贸易中心的存在,北海与波罗的海沿岸的贸易往来变得频繁了,这条海上的商路是日后尼德兰商人经常行走的传统的线路。当时,许多域外的商品如锡器、毛皮、鲸油、葡萄酒以及琥珀等都在这里出售,从美因茨运来的葡萄酒是大宗的商品,当地考古发现有许多莱茵河谷的装葡萄酒的木桶。840年以后,这里因为维京人的入侵和劫掠而衰落下去了。

在墨洛温王朝的后期,在奥斯特拉西亚的宫相家族中,具有胆识以及财力的矮子丕平(Pepin the Short, Pepin III, 714—768)于751年废黜了国王,并自行称王。从此法兰克王国进入加洛林王朝统治时期。丕平是著名的查理·马特(Charles Martel, 688—741)的儿子,早年接受位于巴黎附近的圣丹尼斯修道院的僧侣的宗教教育,具有虔诚的宗教信仰并了解基督教在普通民众中的影响。为了赢得信奉基督教的人民对于此次政权易手合法性的认同,他的篡位之举得到了罗马教宗扎迦利亚斯(Pope Zacharias, 741—752年在位)的认可,后者还派遣享有"日耳曼使徒"声誉的当时任美因茨大主教的圣博尼法斯(St. Boniface, 675—754)大主教为他举行涂抹膏油的祝圣礼仪。754年,新即位不久的罗马教宗史蒂芬二世(Stephen II, 752—757年在位)亲自来到巴黎的著名的圣丹尼斯修道院为丕平举行了第二次涂抹膏油的加冕典礼。此种涂膏油的仪式取自《旧约》,教宗就如同古代犹太人中的为弥赛亚(王)加冕的祭司,以天主的名义赋予丕平登基的合法性,从而用天主拣选国王的新的形式取代了以往日耳曼各部族由各部落首领选举国王的旧传统。作为回报,756年,矮子丕平则进军意大利北方,为教宗解决了长期以来一直困扰着教廷的伦巴第人的威胁。丕平还将意大利中部的拉文纳地区以赠献的形式交给罗马教宗,是为"丕平赠土",这就是后来自中世纪至1870年长期存在的"教宗国"的开端。

768年,丕平逝世,他的儿子查理(Charles, 约742—814, Charles the Great, Charlemagne)继承了阿基坦和尼德兰地区的领土。查理的兄弟卡洛曼(Carloman)则获得今天法国的东部地区。在卡洛曼去世以后,查理兼并了他的领土,并向所有的方向扩张其领土。774年时,他率领军队先是为教宗哈德良一世(Hadrian I, 772—795年在位)彻底征服了伦巴第地区,教宗则赐予他罗马贵族的称号。从772年至785年,查理通过一系列艰苦的战争征服了撒克逊人,778年征服巴伐利亚,791年至796年征服阿尔瓦王国以及潘诺尼亚地区。他的军队还越过比利牛斯山脉与摩尔人的军队打仗。查理还征服了弗里斯兰人,将整个尼德兰地区纳入他的帝国的版图,由此,他被称为"查理大帝"或"查理曼"。800年圣诞节,罗马教宗利奥三世(Leo III, 795—

816年在位)在罗马圣彼得大教堂祭坛前为查理曼举行了加冕典礼,将一顶以前是罗马皇帝的冠冕放置在查理的头顶之上,并称他为"罗马人的皇帝"(Imperator Romanorum, Emperor of Romans),此举表明罗马教廷意欲与远在君士坦丁堡的拜占庭王室分庭抗礼的意愿。查理大帝将他的宫廷迁移到位于奥斯特里西亚的亚琛(Aachen),"亚琛"在德语中意谓"水"或者"泉水"的意思,因为这里自罗马时代以来就以拥有众多的含丰富的矿物质的温泉疗养地而闻名遐迩。这是一座在今天德国西部边境上的城市,它在地理位置上靠近今天的比利时与荷兰,也就是历史上的尼德兰地区。由于它在莱茵兰和法国北部地区之间拥有重要的战略地位,丕平曾经在这里建立过一座要塞。查理曼大帝将宫廷移到这里以后,修建了著名的王宫和教堂,它们是加洛林文艺复兴建筑的代表作品。幅员辽阔的查理曼帝国,从比利牛斯山脉到多瑙河流域,从弗里斯兰到意大利的中部,全部囊括在其版图之内,亚琛位于帝国乃至欧洲的中心,马斯河流域也就成为核心的区域。

814年,查理曼逝世了。他的后裔为争夺王位而爆发了旷日持久的"加洛林内战"。为了解决接踵而来的领土继承问题,交战各方在843年签订了《凡尔顿条约》(Treaty of Verdun),将整个帝国分为三个部分。这个大帝国的分裂不仅对于欧洲的政治产生明显的影响,对于尼德兰地区也有很深远的历史意义。在这分裂出来的三个部分中,相当于今天德国的东法兰克王国(Eastern Francia)由日耳曼的路易(Luis of German,805—876)继承,隶属于今法国的西法兰克王国(Western Francia)则由秃头查理(Charles the Bald,823—877)统治,而位于东西法兰克王国中间的中法兰克王国(Middle Francia)则由洛泰尔一世(Lothair I,817—855年在位)继承,这些地区介于莱茵河到马斯河、罗纳河谷、须德海沿岸以及意大利的北方一带,包括低地地区即尼德兰、阿尔萨斯、洛林、勃艮第、普罗旺斯、意大利王国(意大利北方)以及两座帝国城市即亚琛和罗马。在名分上,洛泰尔一世继承了神圣罗马帝国皇帝的名义。在今天荷兰境内的马斯河东岸的马斯特里赫特以及比利时的列日地区,还可以看到洛泰尔时期的一些历史建筑的遗迹。

在《凡尔顿条约》建立之下的东、西法兰克王国,后来都逐步走向强大。而夹在它们中间的由洛泰尔一世继承的包含尼德兰地区的中间地带,在后来一直成为东、西法兰克王国互相争夺的对象。历史上的尼德兰地区始终处于被左右邻居的强大势力所威胁的境地。875年,秃头查理夺得控制帝国的权力。880年,洛泰尔王国的北部,逐渐遭到东法兰克人的入侵,终于在925年被亨利(Henry the Fowler,919—936年在位)兼并。959年,这片区域又被神圣罗马帝国皇帝奥托一世分割成上、下洛泰尔两个部分,上洛泰尔包括今天法国的洛林地区,下洛泰尔则包括了大部分的尼德兰地区。严格说来,在中世纪的时候直至1648年《威斯特伐利亚和约》签订为止,尼德兰北方的大片领土一直是在神圣罗马帝国境内的。不过,由于神圣罗马帝国经常处于所谓的"既不神圣又不罗马"的尴尬局面,尼德兰各个地方的诸侯国的伯爵和公爵就伺机而动,成为强大的地方政权。

三、基督教的传入

早在在公元4世纪的时候,基督教的信仰已经传播到莱茵河流域的日耳曼人的中间。当时,尼德兰地区的一些接受了罗马文化的居民已经成为基督徒。尼德兰地区的传教事业,大致上是由爱尔兰的修道士们以及居住在尼德兰南方的已经接受基督教教义的高卢人开创的。圣阿曼杜斯(St. Amandus, ?—675)是墨洛温王朝时期佛兰德斯基督教会的创立者,被称为"佛兰德斯的使徒"。他出生于今天法国境内的南特附近,以后又去了图尔,最后去了布尔日传教,他在当地主教圣奥斯特里吉西卢斯(St. Austregisilus)的指导下过着苦修的生活。628年,他被祝圣为一个没有主教区的主教,开始非常活跃地在佛兰德斯以及科林西亚等地展开布道活动。633年,他在尼德兰南部的根特建立了圣彼得以及圣鲍勃(St. Bavon)两座修道院,后者是以修道院的赞助者的圣名来命名的。不久以后,他又在今比利时南部埃诺省的斯海尔德河畔的图尔奈附近的埃尔农(Elnon)建立了一座规模更大的修道院,在最后的岁月里他成为该修道院的院长。从那时起,人们称他为圣阿曼杜斯。据说,从649年至652年,他是马斯特里赫特地方的主教。

圣威利布洛德(St. Willibrord, 658—739)是尼德兰地区基督教会历史上的另一位重要的人物,被称为"弗里斯兰的使徒"(Apostle of

圣威利布洛德,被称为"弗里斯兰的使徒"

Frisia)。他是英格兰北方的诺森布里亚(Northumbria)地方的人,早年在英格兰北约克郡的古城里彭(Ripon)修道院接受僧侣的宗教教育,这个修道院最早是由诺森布里亚的国王阿尔德弗里德(Aldfrid)在650年的时候建立的,采用罗马教会而非克尔特的宗教礼仪。当时威利布洛德的灵修导师是圣维尔弗里德(St. Wilfrid, 634—709),后者曾经担任约克的主教,早年因为不满于克尔特的宗教礼仪,要学习罗马教会的礼仪,他曾经去过罗马访问学习。678年,圣威利布洛德去了爱尔兰的拉施梅尔斯格修道院(Irish Abby of Rathmelsigi)继续修行,在那里待了12年以后晋升成为神父。在690年,他率领12名同伴,前往弗里斯兰的西部开辟传教事业。693年,很可能受到老师的影响,他第一次访问罗马,教宗表示支持他在弗里斯兰的传教事业;695年,他第二次访问罗马,当时的教宗塞尔吉乌斯一世(Sergius I, 687—701年在位)祝圣他为弗里斯兰的总主教,当他回到弗里斯兰的时候,在丕平二世(Pepin II or Pepin of Herstal, 约687—714年在位)的支持之下,在乌特勒支建立了主教座堂,从那时起,乌特勒支已经成为尼德兰非常重要的基督教传播中心。在丕平二世去世以后的714年,信奉异教的弗里斯兰国王拉德博德(Radbod)开始焚毁教堂,驱逐和杀害教士,圣威利布洛德不得不暂时离开了乌特勒支城,但是他继续在其他地方展开传教工作。719年,在拉德博德去世以后,他又回到了弗里斯兰旅行布道。

698年,圣威利布洛德又在尼德兰地区南部的位于今天卢森堡东部的埃希特纳赫(Echternach)建立了一所很大的修道院,成为当地的一个重要的传教中心。这座修道院位于流经比利时、德国以及卢森堡的风景优美的绍尔河(Sauer River)的岸边,最初这里有一座古代的罗马人的别墅,圣威利布洛德在其地

中世纪埃希特纳赫修道院的细密画

基上建立了一座很大的修道院，交由本笃会的修道士建立和管理。700年，这座修道院正式启用，成为远近闻名的宗教中心。714年，后来加洛林王朝的创立者查理·马特让他的儿子矮子丕平在这座修道院里的教堂接受洗礼。矮子丕平在登基以后赋予这座著名的修道院以司法豁免权。这座修道院的创建者圣威利布洛德最后在埃希特纳赫修道院去世并埋葬在当地，他后来被罗马教会册封为圣徒，其遗骨成为被人们不断地朝圣和膜拜的对象。

在圣威利布洛德逝世以后很长的一段时间里，乌特勒支地区先是处于弗里斯兰人，后是处于维京人的入侵以及骚扰之中。圣博尼法斯被称为"日耳曼人的使徒"，他的原名叫作威弗里斯（Wynfrith），出生于英格兰德文郡，716年，他第一次进入弗里斯兰进行传教活动，但是没有取得成功。两年以后，他去了罗马，立即服从教宗的权威。719年，他第二次访问日耳曼地区的巴伐利亚和图林根，在两地的传教活动取得很大的成功，使得许多当地人皈依基督教。722年，罗马教宗格里高利二世（Gregory II，715—731年在任）将他召回罗马，全力支持他的传教事业。根据教会传说，他在罗马教会殉道者圣博尼法斯的宗教节日当天改名为博尼法斯。不久以后，他再度回到日耳曼，其传教事业不断取得成功。在741年查理·马特死后他担负起改革全体法兰克教会的重任，他召开了一系列的宗教会议解决当时教会内部的问题。747年，他成为美因茨的大主教。但是，两年以后，他就辞去了这个职务，回到了以前曾经来过的尼德兰地区的弗里斯兰，想再度开辟传教区，不久就在当地遇害殉道。根据后人所写的关于他的圣徒传记记载，他出任过乌特勒支的主教。他忠诚于教宗的权威。他在日耳曼以及尼德兰的传教活动也扩大了教宗的影响。此后，圣博尼法斯的学生格里高利（Gregory of Utrecht，705—770）也担任过当地的主教，他出身于特里尔的贵族家庭，早年在法尔兹接受宗教教育，后来被博尼法斯接纳为学生并随同老师第三次访问罗马。750年成为乌特勒支的圣马丁修道院的院长，后来长期管理教区的事务，习惯上也被称为主教。在他的努力之下，圣马丁修道院兴办了学校，成为当时尼德兰地区的一个重要的文化教育中心。

教会早期的传教事业并不十分顺利，教义、宗教的礼仪和基督教的伦理思想都需要漫长的时间逐渐使人了解。传教事业的拓展是随着法兰克王国疆域的扩大并行的。随着王国的日益扩大，传教士的活动也遍及帝国的境内。在基督教传播的过程中，也发生了一些殉教的事件，上文提及的圣博尼法斯就是在弗里斯兰遇害的,是该地区早期的基督教殉道者。当时,信奉异教的弗里斯兰人经常袭击教堂。9至10世纪的时候,诺曼人大举入侵这片土地,教会时常受到侵扰,但是依然顽强地存在下去。

在公元800年查理曼加冕为神圣罗马帝国的皇帝以后,幅员辽阔的帝国境内文化事业一度复兴昌盛,在历史上被称为"加洛林文艺复兴"。罗马教会担负其文化与教育事业的重责大任。尼德兰各地的修道院里的修道士,与帝国其他地方的一样,在羊皮纸上抄写教会的经典,并且在其文稿上绘制图画。上文提及的由圣威利布洛德创立的埃希特纳赫修道院成为当时尼德兰地区的著名的文化中心。在那里工作的修道士们深受圣威利布洛德所创立的传统的影响,特别强调对于经书的研究以及书写,修道士们不仅用不列颠拉丁字体以及安色尔字体(即4至8世纪希腊以及拉丁手稿中常用的字体)进行书写,而且在经卷的主页以及每一页的边框上绘制精美的《圣经》故事细密画。他们完成了四部重要的经卷的抄写。经过他们孜孜不倦的工作,该修道院成为帝国境内一个重要的经卷书写的中心。他们抄写的经卷非常之多,得到法兰克国王矮子丕平以及查理曼的褒奖以及赞助。由于查理曼大帝及其宫廷对于当时日耳曼人的抄写经书的字体并不满意,他特别派遣"加洛林文艺复兴"的主要人物阿尔昆(Alcuin of York,735—804)前往埃希特纳赫修道院考察,阿尔昆将该修道院教士的书写经验带回亚琛的宫廷,对于后来著名的"加洛林小写体"的产生起到了一定的推动作用。在查理曼大帝去世以后帝国的分裂和混战中,埃希特纳赫修道院一度衰落,本笃会的修道士被教区的教士所取代。到奥托大帝(Otto I or Otto the Great,962—973年在位)时代,又恢复了生机。奥托大帝特别从特里尔的修道院派遣了40名本笃会的修道士接管了这所修道院。

1024年,神圣罗马帝国的皇帝将尼德兰东部地区的德伦特赠送给乌特勒支的大主教阿达尔博德(Adalbod I,867/869—898),由于维京人的入侵,乌特勒支的大主教有时也会驻扎在德伦特。从那时起直到1528年,乌特勒支成为采邑主教区(Prince-bishopric),也就是神圣罗马帝国在尼德兰境内的封邑之一,不过管理此封邑的不是贵族而是主教而已。该教区的大主教享有帝国亲王的尊贵的地位以及诸多特权,当神圣罗马帝国的议会开会的时候,大主教必定被召去开会。由于乌特勒支主教区的主教地位显赫,他们在与荷兰伯爵的权力斗争中屡屡获胜,由此,主教区实际上的宗教管辖权覆盖北部尼德兰的大部分地区。该主教区分为上、下两部分,上部分包括今天的上埃瑟尔、德伦特以及格罗宁根的一部分,下部分则为乌特勒支。由于主教的职位并非世袭,因此王室以及贵族都希望安排由自己信赖的人来担任主教,这样可以便利行事。他们努力地使自己的亲信出任乌特勒支的大主教,于是,包括乌特勒支主教区在内的尼德兰各地的主教区都成为贵族、王室以及地方豪门争权夺利、扩张势力的地方。反过来,主们也希望从各种势力的角逐中获得利益。神圣罗马帝国的皇帝,还经常赐予主教们一些司法上的特权。如同欧洲其他地方一样,在中世纪的尼德兰,王室、世俗领主以及主教们维持良好的关系成为当时社会、政治以及宗教生活中的首善之事。

在中世纪著名的神圣罗马帝国皇帝与教廷持续不断的"主教续任权之争"中,作为一种妥协,1122年,神圣罗马帝国皇帝亨利五世与罗马教宗卡利斯图斯二世(Calixtus II, 1119—1124年在位)签订了历史上著名的《沃尔姆斯宗教协定》。根据此协定,皇帝允许主教以及修道院的院长按照教会法从教士中选举产生,并由教廷任命,赐予象征宗教权力的权戒与牧杖;罗马教宗则承诺主教以及修道院院长的选举,必须在皇帝或者其代表莅临监督之下进行,由此象征皇帝在领地的世俗权力,主教在世俗权力方面也接受王室的监督。在此情形之下,乌特勒支主教座堂的参事会有权选举主教,再报送教廷任命;同时,该城市中另外4座教堂的参事会也有权参与选举的过程,神圣罗马帝国的皇帝在乌特勒支主教区的支配力有所减弱,该教区无法再得到皇帝的大力支持,主教职位的候选人由此也成为地方贵族如荷兰伯爵以及海尔德兰公爵觊觎的对象,处于复杂的政教权力矛盾纠葛之中。但是无论如何,直到宗教改革爆发以前,乌特勒支主教区一直是尼德兰地区最重要和最强大的罗马教会管辖之地。

四、荷兰伯爵领地王国

荷兰的伯爵领地在低地国家的历史上一直是比较特殊的。第一代的荷兰领主出自迪克家族(Dirk Family),称为迪克一世(Dirk I, 896—928年在位),922年,迪克一世从法国加洛林王朝的国王单纯的查理(Charles the Simple, 879—929)那里获得了埃格蒙特以及周围的封邑,作为对迪克一世出兵支持他平定叛乱的回报。当时的埃格蒙特的土地上有一座教堂,也就在这一年,迪克一世在这里建立了历史上著名的埃格蒙特修道院,交给本笃会修士管理,这座历史上著名的修道院在宗教改革时期的动乱中被摧毁了。迪克一世的后裔迪克二世（Dirk II，928—988 年在位）因为支持日耳曼的皇帝奥托二世（Otto II，973—983 年在位），得到后者赐封的弗里斯兰西部的土地。到了迪克三世（Dirk III，1005—1309 年在位）统治时期，他夺取了乌特勒支主教区下辖的梅尔维德（Merwede）以及部分属于佛兰德斯伯爵在泽兰的领地。迪克四世（Dirk IV，1039—1049 年在位）继承了迪克三世的政策，继续在地势低洼的荷兰以及乌特勒支地区扩张其领土，由此与乌特勒支的主教以及周围地区的主教和修道院的院长们发生了冲突。1049 年，他在一次军事冲突中阵亡。迪克四世没有子嗣，所以由他的兄弟弗洛里斯一世（Floris I，1049—1061 年在位）继位。弗洛里斯一世的儿子为迪克五世（Dirk V，1061—1091 年在位），他在母亲撒克逊的葛楚特（Gertrude of Saxony）以及乌特勒支的大主教威廉一世（William I，1054—1076 年在任）的支持下治理荷兰领地，其领土包括维里（Vlie）以及莱茵河河口的一些地方。后来，迪克五世以及他的母亲率领军队退到今天泽兰的地区，让威廉一世大主教留在有争议的地区。不久以后，葛楚特与佛兰德斯伯爵罗伯特一世（Robert I，1071—1093 年在位）结婚，后者成为迪克五世的继父，并将弗里西亚西部的一些岛屿以及斯海尔德河流域的一些地方赠送给迪克五世。在乌特勒支大主教威廉一世去世以后，以继任的大主教康拉德（Archbishop Conrad，1076—1099 年在任）与神圣罗马帝国皇帝为一方，罗马教宗格里高利七世（Pope Gregory VII，1073—1085 年在位）为另一方展开了政治以及宗教的权力斗争。迪克五世则支持教宗的立场，他与乌特勒支的主教康拉德进行不屈不挠的斗争，直到将这位大主教俘获并将他囚禁在一座要塞中，最后迫使他屈服投降，将有争议的土地划归迪克五世管理。从那时起，迪克五世赢得了荷兰伯爵的称号。

荷兰伯爵领地在弗洛里斯五世（Floris V，1256—1296 年在位）伯爵统治时期开始向外扩张。在他执政之初，乌特勒支大主教出钱支持其辖地周围的一些贵族起兵反对他。1282 年，弗洛里斯五世率领军队进攻反叛的地区，取得了初步的胜利。1287 年至 1288 年，他最后打败了这些反叛者。在 1280 年代，他合并了弗里斯兰西部的一片土地，以此地为桥头堡抵达弗里斯兰本部。不久以后，荷兰又控制了更北的一些地区并通过了须德海（Zuider Zee）的海域。弗洛里斯五世与其他的诸侯发生商船与贸易路线的争夺，特别是与当时最强大的佛兰德斯伯爵发生冲突。同时，他大力推动荷兰伯爵领地的陆地与海上贸易的发展，并且填海和围垦农地。他的执政得到商人阶级的支持，反之,与贵族的关系则因为权力的冲突而交恶。有一位名叫冯·阿姆斯特尔(G. van Amstel)的贵族在没有得到教会与伯爵的同意下,就封了一批农民为骑士,并鼓励农民暴动反抗弗洛里斯五世,并联合其他受排挤的贵族谋杀了弗洛里斯五世。弗洛里斯的逸闻趣事成为后来荷兰民间故事中广为流传的英雄故事。

弗洛里斯的儿子为约翰一世,他继承伯爵头衔,但是早逝而又没有子嗣。1299年,其侄子埃诺(Hainaut)的伯爵约翰·德·阿维斯内(Johan d'Avesnes)继承了伯爵头衔及其领地。在中世纪的低地国家历史上,荷兰对于泽兰的征服是重要的历史事件。当时,佛兰德斯以及布拉班特对于河流以北的地区影响很小,但是泽兰的情况则有所不同——它在政治、经济和文化上对于南方和北方之间都有重要的影响。它是一个处于中间的地区,长期以来一直与荷兰以及泽兰形成竞争之势,从12世纪时它先是与佛兰德斯抗争并且占了优势,但是随着荷兰的势力的增强,到13世纪的时候,这种平衡被打破了。1253年,荷兰的威廉二世(William II,1247—1256年在位)伯爵在今天比利时境内的韦斯特卡普勒(Westkapplla)地区打败了佛兰德斯的军队,不久又在泽兰的主要岛屿瓦尔赫伦(Walcheren)击败了佛兰德斯的军队。1256年,双方签订《布鲁塞尔条约》,泽兰的有效管理权转移到了荷兰的手中。为了防止佛兰德斯军队的反攻,威廉二世在海姆斯凯尔克以及哈勒姆建立了坚固的要塞。在他统治期间,其宫廷设在今天的海牙。一般认为,这是后来海牙城市发展的开始。不过,佛兰德斯与荷兰的战争并没有结束,在威廉二世以后继续进行下去。佛兰德斯的历任伯爵并不死心,他们继续挑战荷兰的权威。最后,荷兰伯爵国终于联合了法国,于1304年在济里克泽(Zierikzee)外海的一次海战中击败了佛兰德斯伯爵的部队。根据1323年的《巴黎条约》,路易向荷兰伯爵投降,承认荷兰伯爵拥有对泽兰的统治权。

威廉二世的儿子威廉三世(William III)与法国王室关系良好,还将两个女儿分别嫁给巴伐利亚国王路易以及英国国王爱德华三世(Edward III,1327—1377年在位)。威廉三世为了拉拢市民阶级,允许他们的代表与教师和贵族一起参加会议议论国事,这很可能就是日后三级会议的前身。他的儿子威廉四世(William IV,1307—1345)崇尚骑士精神,曾经三次参加十字军东征。当时弗里斯兰在被荷兰征服以后局势一直不稳定,时有叛乱发生。1345年,威廉四世在与弗里斯兰人的战斗中阵亡。威廉四世没有留下子嗣,于是他的妹妹玛格丽特(Margaret II of Avesenes,1311—1356)继承了爵位,她嫁给了出生在巴伐利亚的神圣罗马帝国皇帝路易四世(Louis IV,1314—1347 年在位)。玛格丽特为了丈夫路易募款,将埃诺、荷兰以及泽兰的部分贵族的领地作为抵押,她本人也过着奢华的生活,挥霍无度,终于引发部属以及荷兰各城市的广大市民的强烈不满。玛格丽特在丈夫去世以后,逃亡巴伐利亚。乌特勒支的主教想借此机会夺取荷兰伯爵的领地。玛格丽特在荷兰的"鱼钩派"贵族(Hoeken or Hook)的支持下,赶回荷兰争权,而另一贵族派别"鳕鱼派"(Kabeljauwen or Cod)则鼎力支持玛格丽特的儿子威廉五世(William V,1330—1389)与他的母亲争权。荷兰伯爵国的内战由此爆发。结果,威廉五世以及"鳕鱼派"的军队于 1351 年打败了"鱼钩派"及其英格兰联军,占据了荷兰以及泽兰领地,玛格丽特则保有埃诺。交战双方的两派贵族,后来也拉拢其他贵族支持自己的阵营,内斗不止。这种贵族家族斗争的形式,逐渐成为中世纪晚期荷兰伯爵领地的政治斗争的基本模式,并延续了很长的时间,从 1350 年开始直至 1490 年才告一段落。这就是荷兰历史上的"鳕鱼派与鱼钩派之争"(Hoekse en Kabeljauwse twisten or Hook and Cod War),这场战争主要是两派贵族为了争夺荷兰伯爵国的领导权而发生的,但是也可能有一些更深的原因。有些历史学家认为"鳕鱼派"中有一些是当时荷兰比较进步的城市中的商人阶级,"鱼钩派"则是由比较守旧的贵族组成。他们对于荷兰伯爵国的前途以及与神圣罗马帝国的关系都有完全不同的看法,这也是导致战争的重要原因。

荷兰在 14 世纪中叶以后终于逐渐平定了弗里斯兰地区,当时,荷兰的重要城镇阿姆斯特丹的市民和商人都支持荷兰伯爵的政策,他们极力要阻止弗里斯兰人的入侵以及海盗的劫掠,因为这些海盗的活动限制了荷兰的船只通往北方的海域通商贸易。在 1396 年,阿姆斯特丹等城镇为荷兰伯爵提供了一笔很大的资助,帮助他组织了一次军事远征,并联合了弗里斯兰的一部分贵族派别,最后成功地征服了弗里斯兰的大部分地区以及奥默兰地区(Ommelands)。

五、社会经济与城镇的发展

中世纪尼德兰社会经济　在尼德兰地区的社会历史中,政治、经济以及文化的发展,与城镇的兴起有着密切的关系。欧洲各地的城镇就其形成与演变来看,并没有所谓的一致性。以尼德兰地区的历史来看,城镇的逐渐形成大致上有两个重要的因素。当时,比较重要的一些城镇,大多是在须德海以及马斯河的河谷当中逐渐形成的。这些地区是河流流入大海的必经之地,由于河道纵横,商旅密集,逐渐形成集市,人口也比较稠密。在集市周围的乡村,农业技术也比较发达。教会团体特别是修道院在发展农业方面起到了重要的作用。如西多会(Cistercian Order)修道院的修士们,在开拓森林以及荒野的土地方面付出了许多的努力,因而也造就了不少的良田。此外,教会团体还在沼泽地以及沿海地区修筑海坝,填出海边的新生地加以利用,修道院也就成为主要的地主。同时,教会也接受皇帝封赐的大片地产,其封地的面积常常超过一般的贵族。教会对租用土地的农民征收"什一税"。靠着税收以及信徒的捐赠,教会团体因而拥有庞大的财力,往往能够在农作物歉收的时候,给予穷人以贷款。

中世纪尼德兰农民种植葡萄

新的农业技术"三耕制"(Three field system),也带来了较为稳定的收入。在中世纪的晚期,尼德兰地区在农业上发展出所谓的"佛兰德斯式耕作法"——农民不再休耕,或者将休耕减少到每7至8年一次,并在原来休耕的荒地上种植芜菁(大头菜)与荞麦,还大量地使用犁耙,以牛马代替人力,大镰刀的发明,也可以使得收割的速度加快。农耕方式的变化,促使了农作物的收成与增长。除了自给以外,还可以拥有更多的利润。原来替地主做工的农奴,也能够以其他方式(如支付金钱)来替代自己的劳役。多出来的人力,可以去从事其他各种工作。在此情形之下,尼德兰封建奴役的现象逐渐消失,比欧洲其他地区要早。

14世纪在欧洲各地猖獗流行的黑死病,也波及了尼德兰地区。虽然各地人口减少、经济衰退的现象相当普遍,但是没有造成毁灭性的影响。在农业方面,由于农民大量种植芜菁,这种作物主要用于牲口的饲料,在牛群甚多的荷兰以及弗里斯兰地区,乳酪以及奶制品就成为该地区的特产。其他肉类动物的大规模饲养也就成为一种可能。

尼德兰地区的农业形态有助于农民可以拥有较为自由的生活,比如他们有可能去从事其他一些非农业的劳动。农产品的专业化种植,使得各地区很早就有了自己的特产,由此推进了不同地区的农产品交易,让市场的买卖也变得更为活跃。如此一来,农业的发达便连带影响到手工业和商业以及城市的逐渐形成。特别在修道院的附近,农民在宗教活动之余,多聚集在那里从事农产品的交易,由此形成了集市。另一方面,封建的贵族领主也需要囤积更多的农产品以及日用品以供消费。一些大的领主为了防止维京人的抢劫,修筑了城堡和要塞,在城墙的周围也形成了集市。人们聚集在这些地方,出售各项产品,在人潮涌动之处,商人们也来到此地,建立商铺,开张营业,职业的工匠也随之出现,城镇的雏形也就逐渐形成。

在此期间,手工业以及商业也逐渐发展起来了。在尼德兰中世纪的历史上,须德海周围地区可能是出现近代意义的工商业的地方。在低地地区,有些城市在制造金属器方面有特长,比如列日出产铁器,迪南(Dinant)则出产铜器,法语"制铜业"(dinanderie)这个词语就是从迪南城的名字得来的。不过,从中世纪晚期至近代的早期,佛兰德斯地区的纺织业尤其发达。那里的纺织业工人所生产出来的布匹、布料、桌布和花边,都已经具有专业的形态。根特地区是专门出产呢绒的。伊帕尔是亚麻布生产的中心。尼德兰的许多城市都有一种特殊的纺织品,有自己特殊的式样以及染色。许多中世纪纺织品的名称,有些是与特定的地方的名称有关:"康布里"白葛布则与康布雷城有关,"瓦伦西"织布则与瓦朗谢纳有关,还有一种叫作"琅"的细麻布则与琅城有关。琅城虽然在法国,但是靠近佛兰德斯。在诸多的纺织业中,呢绒制造业是最重要的,是佛兰德斯城市手工业的基础。佛兰德斯的毛织品以其质地优良和色泽美丽而闻名遐迩。这种呢绒对于贵族以及富有的中产阶级的衣着是必不可少的。法国宫廷在菲律普四世的时候一度禁止尼德兰的其他手工业品进口,但是呢绒不在此列。佛兰德斯的呢绒种类繁多,有黑色以及灰色的普通呢绒,有褐色以及黑色透亮的呢绒,有毛麻混纺织品,有变色条纹呢绒。每一个城市的产品都可以从每匹呢绒的长度以及附在呢绒上的铅印加以识别。在伊普雷,每年使用的这种铅印的标记多达80万个。当时,佛兰德斯的呢绒是销售到世界各地的。

另外,在填海出来的新生地,人们从事的牧羊业,可以提供羊毛作为纺织的原料。但是本地出产的羊毛远远不能满足需要。由于整个佛兰德斯地区的城镇都以呢绒制造业为主,羊毛也就成为头等重要的进口商品。当时一部分羊毛来自阿图瓦,一部分由佛兰德斯的商人从香槟市场采购。但是这些羊毛数量不足,质量也欠佳。佛兰德斯商人必须从英格兰进口他们最需要的高质量的羊毛。英格兰的土地所有者看到有利可图,便以损害农业的方式扩大养羊业,一些修道院,特别是约克郡的西多派修道院拥有数目众多的羊群,国王也在王室的领地养羊,国王的羊毛征集人就是王室重要的收税官员。佛兰德斯的城市很早就有商人去多佛以及伦敦采购羊毛,他们多为布鲁日的商业行会的代理人,这个组织规模最大的时候,有15个从事英格兰羊毛贸易的佛兰德斯城市的行会。

商业组织也随着经济的发展而形成。张淑勤教授指出,尼德兰地区在中世纪晚期的商业运作模式与近代的所谓"资本家"有相似之处。一个拥有资本的商人,先从尼德兰的牧区或者英格兰买入羊毛的原料,再将羊毛运输到城镇给纺织工人,并支付给工人工资,被称为"布商"(lakenkopers)的纺织业者,委托纺织工人制造成品,再将制造好的成品运送到市场。在市场里,来自各地的商人互相交易,贸易也因此推动而且发展起来了。这样的商业活动,已经具有两种近代资本家的特性:一是类似由企业家所经营领导的形式,二是整个过程遵循市场经济的规律。货物的制造,不再局限于自给自足,而是成为一种买卖交易,提供市场所需要的商品。从那时起,尼德兰地区的纺织业逐渐走向专业之路。纺织业的运作是非常复杂的,仅处理作为原料的羊毛,从养羊、剪羊毛、编织、染色到制成各种不同的产品,就需要经过25种不同的工序,每一种劳动力都要拥有不同的专业技术。著名的经济史家比伦(Henri Pirenne)认为,在中世纪时期,因为交通工具的发展有限,在国际贸易中占有重要地位者是价值较高、货物重量中等的商品而非低廉笨重的货物。换而言之,尼德兰地区的毛纺织品与香料具有相同的性质,均为价格高而且运输方便的商品。

城镇的形成与发展　起初,从事贸易的商人团体、农业生产者、手工艺匠人和当地领主往往各自为政,分散居住。但是随着时间的推移,彼此牵扯的利益复杂,他们逐渐地融合在使他们能够彼此合作定居下来的地方。加上城墙以及城门的修筑,区隔了城内与城外,使得城市的面貌日益清晰,一个个"真实的"城市出现了。当时留下的老城墙,至今在尼德兰地区随处可见。阿纳姆(Arnhem)是中世纪尼德兰地区的一个重要的地方,它位于莱茵河的支流上,在它的附近就是奥斯特贝克(Osterbeek)和洛比特(Lobith),这两个地方在商路上设立了收税站,可以想见过往的人流是很多的,外国的商人经常来到这个地方进行贸易。1190年的一份历史文献特别谈到了聚特芬,说此地人来人往,是商业以及贸易的中心之一。1200年,当地的伯爵与乌特勒支的主教签订了一项协定,规定在聚特芬铸造的货币,不得与乌特勒支相同。乌特勒支位于费希特河(Vechte)的河畔,是莱茵河北部支流中最靠近东面的一条河流,这里很早就设立过一个收税站,它位于沿海的鱼类以及食盐,内地的葡萄酒以及谷物转运道路上。乌特勒支以及科隆之间有着频繁的贸易联系,特别是从莱茵兰运来的葡萄酒通过乌特勒支运往英格兰以及北方地区。谷物是河流航运中最重要的交易物资,因为尼德兰北方的三角洲地带以养牲畜闻名,因地势低洼不能出产谷物,当地人消费的谷物必须从南方运来,由此乌特勒支成为谷物交易和转运的中心。在弗里斯兰的商人经常从事食盐的交易,他们从须德海运来大量的食盐。当时最大的城市是位于须德海上最狭的陆地尖端上的斯塔福伦(Stavoren),这是弗里斯兰在中世纪时最大的城市,很可能它与乌特勒支之间是有贸易联系的,该城市的商人经常去莱茵河的上游从事经商贸易活动。在12世纪最初的25年中,德意志的国王对这些来到当地贸易的尼德兰商人已经提供保护。

在此情形之下,居住在城市的人口有了明显的增加,1300年,荷兰地区只有8 000人居住在超过2 500人规模的城镇里,只有佛兰德斯以及布拉班特有超过2 500人的城镇;1400年以后,荷兰省有42 000人居住在超过2 500人的城镇里;到1514年,已经有120 000人居住在这类城镇了,有44%的荷兰人口是居住在城镇里的。乌特勒支在16世纪的早期是北方最大的城市,但是更大的和更重要的城市都集中在南方而不是北方。在1500年的时候,根特和安特卫普都超过了40 000人,布鲁日和布鲁塞尔都超过了30 000人。相比之下,北方荷兰省的4个主要城市——莱顿、阿姆斯特丹、哈勒姆和代尔夫特都在10 000至15 000人之间。在尼德兰城市的经济发展中,南方比北方更早,对于北方有启发和刺激作用。

荷兰地区的城镇制度以及自治的特征在历史上是非常特别并值得关注的。从中世纪开始,荷兰各地的城镇就具有很大的自主性。它们为各自的利益以及防卫的需要而组成,按照自己制定的法律统治,并拥有不同的法院,自己管理各自的财政,荷兰伯爵国在立法上承认各个城市的主权。市政府的管理机构是市政厅(Wethouderschap or Senate),它由 2 位、3 位或者 4 位市长(burgomaster)组成,另外还设有一些治安官(Schepenen),一般情况下共由 7 个人组成。有些城镇如多德雷赫特,只有 1 名市长。市政厅官员的职责是保护城镇的安全,维修城墙以及要塞,在发生外敌入侵以及内部骚乱的时候召集民兵维持秩序,管理城镇的财政,通过对各种消费商品收税来征集城镇的管理费用,规定对每一个个人收税的份额。对于市长来说,他们还有责任要负责城镇的警察以及火药与兵器的储藏,维持城镇的卫生,储存一定的食物和粮食以备不时之需。市政厅通常要指定两名司库收取以及分发城镇的各类资金,检查它们的用途是否合理。每个城镇还设有 1 名"法议长"(pensionary),其职责是保护各市政机构的记录以及颁布的章程,要监督市政机构按照法律执行这些规定。每一个城镇的法院还设立一名由"肖特"(schout)指定的代表,有时则由市政厅指定 3 个代表。"肖特"是一种官员的名称,在英语中找不到适当的词汇作为对应,其职责是监督法庭履行其职责,要将所有的疑犯带上法庭受审。法庭由治安官组成,他们对于所有的民事案件以及小型的刑事案件都拥有执法的功能。在某些城镇如莱顿以及多德雷赫特,由于以前已经有相关章程颁布的规定,他们对大的案件也有执法的职责。"肖特"还有监督法庭最后执行判决的责任。这种官吏从中世纪起已经在荷兰等地的城镇中设立,维持的时间很长,一直到近代拿破仑统治荷兰时期才被废除。

除了市政厅以外,每个城镇都拥有"市民大会"或"大议会"(Vroedschap or Great Council)。该机构很早就已经设立,它最初由许多市民参加,决定某些特别重要的事情。随着时间的推移,它的功能改变了。在许多城镇,它只限于任命市政厅的市长以及治安官。在霍伦,市政府建立在比荷兰各城镇都更广泛的基础之上,所有拥有 200 至 250 荷兰金币的居民都有权决定他们自己城镇的领导人。他们每年聚会,选举城镇的市长以及治安官。当时,该城市的市长以及治安官每年都要换届选举一次,选票是投给 9 个人的,然后再从中挑选 3 个新市长。市民们还要选举其他 21 个人,他们中有"肖特"、法官以及 7 名治安官。在多德雷赫特,市政厅的官员则多由贵族组成,这是当时荷兰城镇中最具有贵族气息的市政厅机构。该城镇的"大议会"则由 40 人组成,任期是终身的。如果有人外出,则由这些人再选举出人来补充。该城镇的市长只有1名，任期一年，治安官则有9名，议员5名，第一年有4名治安官以及5名议员执行公务，第二年则有另外5名治安官以及2名议员执行公务，这样轮流交替任职。一般人民在政府中有8名代表，被称为"八个好人"（geode luyden van achte or eight good men），他们的职能仅限于在市政厅的市长缺任的时候选举市长，如果他们的意见是一致的话，其选票可以被当作12票，不过市长必须从前市政厅的议员中选出。市长、治安官以及大议会的人数，每一个城镇都不一样。鹿特丹的大议会有24名议员，有7名治安官以及3名市长，治安官以及市长每年都要换届。在选举的那一天，大议会的成员要投票，要准备24颗的骰子，其中5颗是黑色的。被黑色骰子投中的人无法在市政厅中任职，但是他们提名的票数可以算作两倍，从这些人中再选出市长以及治安官。

　　城镇的特权还被延伸到城墙以外的一些地方，比如一些贵族的领地以及修道院以及附属的庄园。贵族以及修道院的院长也对属下拥有一些低级的司法权，有时还拥有较高的司法权。特别是一些贵族可以在自己的领地上收税，甚至对于下属的私人事务也有管辖权。贵族免于朝廷的税收，在战争期间有责任保护自己封地上的臣民；在战争期间如果他们不想服兵役，就要寻找一个能够替代他们服役的人或者向政府支付一笔免服兵役的税收（盾牌钱）。贵族的首领被选出来参加三级会议，协助朝廷处理国家的事务，参与签订和约或者与外国结盟。一些贵族经常主持乡间法庭的审判，在国家的低级法庭上扮演重要的角色。

　　从1200年起，尼德兰沿海地区主要的从事对外贸易城市就是布鲁日。当时，外国的商人经常来到此地，当地的羊毛织业相当活跃，与英格兰以及苏格兰建立了贸易的联系，从那里进口羊毛，供本地的羊毛织工使用，并转手向佛兰德斯其他从事毛纺织业的城市出口。布鲁日还与英国在法国拥有的领地进行贸易，如获取诺曼底的小麦以及波尔多的葡萄酒。布鲁日还接待来自汉萨同盟的商船。布鲁日的第一个外港设在达默（Damme），这是一个港口小镇，它既面向大海，也连接着内河的航运，后来还形成了另一个港口斯勒伊斯（Sluis）。这个地方建有一个船闸，主要是为了清除流经布鲁日的几条河流淤积的泥沙，并为来自汉萨同盟的单桅高舷船只准备必要的深水泊位。该港口距离佛兰德斯伯爵管理水利的官员的住所也不远，它在1290年正式成为一个城镇。从13世纪下半叶至14世纪上半叶，从意大利到布鲁日的海上贸易航线建立了。布鲁日从那时起，逐渐地发展成为一个尼德兰沿海地区与海外贸易的中心。当时,欧洲各地的船只都可以在这两个港口停泊。1277年,热那亚的一些商船来到布鲁日,地中海与北海之间的贸易联系第一次建立起来了。1314年,威尼斯人的帆桨船也大批来到这里。对布鲁日来说,它具有双重的意义。本来,布鲁日可以发展自己的贸易,但是威尼斯的商人夺走了他们的一些机会;另一方面,地中海地区的海员、商人和船只的来到也带来了诸多的物资、资金、商业以及金融技术。一些意大利的富有的商人在布鲁日的市区内居住下来。他们带来了从地中海东岸地区运输来的香料和胡椒,用这些当时最珍贵的货物换取佛兰德斯的手工艺品。有17家外国的商行在当地驻有代理人。布鲁日在15世纪以前,有一处名叫"瓦塞哈勒"(Wasserhalle)的大市场,这个词的意思是"位于水上的大厅",这是因为这个市场是一个跨河而建的建筑,货物可以直接由货船的底部进入市场。当时欧洲各国的商人非常喜欢居住在这个城市,因为布鲁日给外国的商人提供各种优惠的关税,他们享有与该城市居民一样的便利。起初,外国商人的房东成为他们与本地商人之间的中介人,替他们办事和联络。不久,就有一些"代理商"的专业机构的形成,还有仓库储存大宗货物。当时有意大利、西班牙、葡萄牙、英国、法国以及日耳曼的商人来此地贸易。他们的到来,也促成了当时多元的文化与不同的习俗的并存。久而久之,外国人的居留地的名称也就成了城市中的街区以及街道的名称。布鲁日还是当时欧洲各种不同货物的集散地,日耳曼汉萨同盟的货物,莱茵地区的葡萄酒,波罗的海沿岸地区的鱼货、大麻、木材、皮革、蜡、沥青,英国羊毛,法国的酒和盐,意大利的糖、水果,东方的丝绸、香料以及药品,葡萄牙的干果以及软木,非洲的象牙以及各种热带产品都可以在这里找到。从1277年开始,每年4月或者5月在复活节以后的第一个礼拜天举行一次最大的热闹非凡的集市,吸引成千上万人来赶集。

中世纪晚期尼德兰各地的教堂也是十分密集,这是社会繁荣的象征。外国商人出资可以在教堂内设立属于自己的小教堂。医院也为外国人提供医疗卫生方面的方便,12世纪的布鲁日有一座圣约翰医院,内有150个床位,今天仍然可以看到这座医院的遗迹。医院中的医护人员接受了奥斯定会的修道士的培训,医术颇佳。13世纪各城镇还出现了一些药房,多取名为"磨药棒""小天堂"之类的店名。尼德兰南方与北方之间的关系非常密切,但是经济和社会发展的程度有所不同,南方比北方更加繁荣,同时对北方造成了刺激与启发。在此情形之下,布鲁日的居民人口一直在增加,1340年为3.5万人,1500年可能达到10万人。同时,它也是尼德兰地区手工业最发达的城市。纺织业不仅在该市稳步发展，而且渗入佛兰德斯的其他城市，带动了根特和伊帕尔的发展。1309 年布鲁日出现了著名的交易所，它很早就已经是先进的货币交易中心。1399 年 4 月，有一位意大利人接到发自布鲁日的客户的来信："看来热那亚目前现金充足，因此不要把我们的钱汇到那里，还是付不大的代价，把钱汇往威尼斯和佛罗伦萨，或者汇到这里（布鲁日）、巴黎或者是蒙彼利埃，或者把钱存放在您认为最合适的地方。"不过，布鲁日本地商人的势力一直不是很大，出入港口的多数船只是属于外国船主的，本地居民在商业活动中只占很小的比重。它是一个尼德兰沿海地区的重要港口，还不是一个"国际级的港口"。1562 年有一幅布鲁日的地志图，图的上方绘有圣雅克教堂，附近还有一个大市场，其广场上有商场以及警钟；在圣雅克街的前方可达驴街，驴街通往设防的驴门，还可以看到交易所的广场。图中显示了街道、修道院、教堂、贵族宅邸、壕沟、城墙、风车、运河与运输船。按照 16 世纪欧洲城市惯常的做法，朝北的地方在城墙内留下大片的没有建筑的空地，以便城市在日后的发展。

14 世纪在城市发展起来的纺织业，后来也迁往乡村地区，因为乡村的劳工工资比城镇更加低廉。原本小规模的家庭手工艺逐渐发展为重要的经济形态，一直维持到工业革命的前夕。在佛兰德斯的一些城镇中，继毛纺织业以后，亚麻布的制造业以及生产昂贵的挂毯开始盛行起来了。"阿拉斯"一词成为挂毯的代名词，说明阿拉斯为勃艮第宫廷提供了大部分的挂毯，据说"良善者"菲律普建造了拱形的石头建筑物以便妥善收藏这些挂毯，以免遭受火灾或者受潮。布鲁塞尔在阿拉斯以后，成为另一个生产挂毯的地方。15 世纪，图尔内制造了许多挂毯，勃艮第家族保存了一套名为《基甸的历史》的精美的挂毯，就是这一时期的作品。布鲁日、根特、安特卫普也生产数量可观的挂毯。据说根特有 15 名织工，每个织工雇用 11 至 12 名工人。1420 年至 1500 年，有一些阿拉斯、里尔、布鲁日、图尔内、布鲁塞尔的制作挂毯的工人流向意大利威尼斯、托斯卡纳以及翁布里亚等地。这些织工移民到意大利的目的是去那里获取意大利艺术家为挂毯画的底图，后者所绘制的底图构图匀称和谐，线条刚劲有力，画面的色彩明亮，包含了丰富的想象力。比如达·芬奇也为挂毯画过底图。还有许多佛兰德斯的挂毯被运往英国的宫廷，被当成礼物赠送给国王或者贵族。在世俗的或者宗教的节日，人们往往把挂毯展示出来以增加节日的气氛。13 世纪挂毯的主题以宗教题材为多，到了 14 世纪的时候，世俗的题材开始流行了。

在 14 世纪,尼德兰南部的地区比北方在经济上更为发达。尼德兰的南部加上意大利的北部,是当时欧洲的城镇化最高的地区。在 14 世纪的晚期,在今天比利时的领土上,至少有 10 座城市超过了 10 万人口,最多的是根特(6 万),还有布鲁日(3.5 万)、布鲁塞尔(1.7 万)和鲁汶(1.5 万)——而在众多河流以北的地区,只有 3 座城市达到了 1 万人口,超过 1 万的则一个也没有。更有甚者,唯有一座城市即多德雷赫特坐落在航海业发展的地区。在那个时代,低地国家中从航海业以及远洋贸易中分得较大份额利润的是佛兰德斯以及布拉班特,而不是荷兰。尽管南部地区在许多领域具有压倒性的优势,但是不能说尼德兰北部地区对于南部就在政治以及经济上依附于南部,或者说是南部的附庸。

填海与筑堤围垦 13 世纪是促成后来的近代荷兰国家形成的重要的转折时期,在尼德兰的北方,人们通过自己的努力,逐渐地奠定了后来荷兰近代国家的基础,他们所取得的成就,使得欧洲以及海外更加辽阔的世界各地的人民感到震惊。

由于尼德兰地区地势低洼,濒临大海,内陆的河流众多,从很早的时候开始,已经有人初步地建筑海堤以及水坝以控制海水以及河流的运动,同时在内陆开凿运河以及灌溉的水渠。但是,直到 1200 年左右,此种工程的规模仍然很小,也不足以让西北部地区按照时节有规律地种植庄稼。尽管这些地方的大部分区域并不位于会遭遇洪水灾害的水平面之下,但是在 12 世纪的时候,荷兰、泽兰、弗里斯兰、格罗宁根和乌特勒支的大部分地区,以及佛兰德斯的靠近斯凯尔特河(Scheldt)河口的地区仍然是一大片汪洋沼泽,那里充满着危险,人烟稀少,与低地国家大部分地方人民的生活迥然而异。编年史里有许多关于洪水造成灾难的记载,如 1135 年、1156 年、1164 年、1170 年、1173 年都有水灾发生。在整个 13 世纪,共发生 31 次大洪水的泛滥。水灾造成了许多佛兰德斯人以及荷兰人离乡背井,外出移民。当时,农业以及商业的活动集中在地势较高的南部以及东部地区,那里免于水灾的侵害。在诸多河流以北的地方,也形成了乌特勒支、坎彭(Kampen)、代芬特尔(Deventer)、兹沃勒(Zwolle)、奈梅亨(Nijmegen)以及聚特芬(Zutphen)等主要的城镇。只是在 1200 年以后,西北部的人们才有系统地从斯凯尔特河河口至埃尔姆斯河(Ems)河口的低洼地区建筑堤坝与开垦土地。随着时间的推移,有更多的地方在建筑堤坝、深挖沟渠、种植庄稼并移民。由此导致了尼德兰北方的内在的变化,人口越来越多,土地也有了生机。

描绘 1421 年 11 月的伊丽莎白洪水泛滥的祭坛版画

尼德兰北方的人民是在 13 世纪开始以泥土和碎石建立巨大的海堤防止泛滥的海水,虽然这些堤坝在设计上还不够成熟,但是对后来的历史发展产生了影响。从那个时代开始,这片广袤的土地就得到了开垦,生长出作物。人们也视这片土地是安全的和可以居住的,于是就逐渐地在这块土地上繁衍生息。当然,所谓的安全性是要根据当时当地的实际的自然状况而定的。在这个转折的世纪里,人们不仅建筑和维护堤坝、围海造田、挖掘运河、寻找必需的生活资源,而且还发展出一种社会的机制与合作的精神,由此将这种活动维持继续下去。在当时的尼德兰,在乡村和城镇中有一种委员会(heemraadschappe),地方贵族有他们的代表,城镇和乡村的社会各阶层也有代表出席此种会议,他们通过协商讨论决定上述的这些工程。虽然在最初的 13 世纪早期的时候,这些组织都是地方上的和民间自发的,但是随着时间的推移,各地方的贵族和亲王们则发挥了越来越大的甚至是至关重要的作用,他们要建立更大规模的组织来规划地区性的管理并监督这些城镇和乡村的代表,由此形成了更高级别的委员会(hoogheemraadschappen),并由一名"河伯"(diskgraaf, dike count)领头管理。在荷兰与泽兰,这名官员常常是由地方上的长官来担任,他身兼维持堤坝、控制洪水以及负责相关财政、治安和司法的职能。

约在 1300 年的时候,荷兰、泽兰以及乌特勒支、佛兰德斯、弗里斯兰以及格罗宁根的许多地区实际上已经可以构成一个新的国家了。它们被堤岸、水坝、开垦地以及沿着河流围筑起的高地所包围和保护,其中有许多居留地、农业区,航运以及贸易也十分便利,人口也向这些地方集中,政治的和文化的平衡也就随之发生了改变。除了大海以外,尼德兰地区的内河在国家和民族的兴盛中也发挥了重要的作用,现代荷兰伟大的历史学家赫伊津哈(Johan Huizinga,1872—1945)认为,在早期的历史上其作用可能还胜过了海洋。内河航道仿佛是由动脉和静脉组成的完备的循环网络,在大大小小的天然水道和运河上,靠无数互联的支流,人们可以在东西南北纵横的国土上扬帆航行,也可以靠船桨和纤帆行船,安全、舒适而且相当快捷;在马的牵引力有限,路况不佳或是无路的情况之下,水路的行船就比较快捷。在1200年的时候,尼德兰北方特别是沿海地区还是荒无人烟的边远之地,到1290年的时候,荷兰已经从北方的蜿蜒流淌的诸多大河中脱颖而出,与佛兰德斯与布拉班特等地相媲美。赫伊津哈还指出这种地理环境对于后来尼德兰国家民主政治产生的深远影响:"这种水文地理结构在一定程度上反映到了我国人民的民主结构中。在水道纵横切割的国土上,一定程度的地方自治势在必行。市政官和司法官等古老的官职随着时间的流逝而改变或者消失。但是负责管理堤坝的官员却一直不换。最贫穷的农夫或者渔夫驾着自己的小船通达全国,在这一点上,他们并不比地位最高的绅士吃亏;当然,他们常常不得不绕道以避免过路费或者其他的障碍。虽然沼泽地里响起了狩猎者的马蹄声,但是堂皇的马车在日常的交通中并没有很大的作用。因此,这里贵族的地位远远不如国外的贵族。因为尼德兰濒临三大水系即瓦登海、须德海和北海,又是莱茵河、马斯河与斯凯尔特河汇聚成的三角洲,所以它就必然成为并始终是水手、渔夫、贸易商人和农夫的国度。"

荷兰人建筑的水坝以及开凿的沟渠是需要经常不断地维持和改进的,否则就会引发巨大的自然灾害,所以他们经常需要改进自己的技术、提高建筑的水平,既要加快围垦土地的面积的速度,也要加深排水系统的容量。这些技术的发展到了荷兰黄金时代(1590—1648)终于达到了顶峰。接着其发展的速度就缓慢了,到1672年以后渐渐趋于停滞,直到18世纪中叶为止。1850年以后又有所恢复。

历史上,大海与河流对于荷兰民族与国家有着特殊的和深刻的意义。在世界各地"人们印象中的荷兰风光,常是如画般的景致,经常与水景运河、风车鲜花联结在一起。对荷兰人而言,海水与潮汐、无止境的海沙与风雨、冷冽

的空气与海埔新生地，使得荷兰人拥有了特别的勇气、毅力、机警与精明"。历史学家西蒙·夏玛(Simon Schama)认为，荷兰最早的民族主义，是与他们必须共同协力抵抗海上的洪水而产生的。惊涛骇浪会将荷兰的许多地方顷刻之间化为废墟。当然，风平浪静的海洋，也带给荷兰丰饶与繁荣。潮水

伦勃朗所描绘的传统的荷兰风车，蚀刻画，作于 1641 年

的回荡之声，成为每一个荷兰人生活的一部分。蛮横的洪水、无数的海滩，以及无止境的筑堤、修坝与填海，需要荷兰人发挥互助团结的精神，以及养成彼此沟通的宽容心态。张淑勤教授在《荷兰史》中指出海水也成为荷兰人宗教想象中的隐喻。在早期，许多荷兰人曾经认为洪水的泛滥是上帝惩罚人类罪恶生活的一种方式。毕竟在《圣经》里，海水对于人类不怎么友善。传说中，海底栖居着令人畏惧的怪物。后来，荷兰的加尔文教派的信徒，曾经将挪亚方舟的故事与荷兰的历史相联系。他们认为不论是起伏跌宕的汹涌海浪，或是横行无忌的滚滚洪水如何粗暴地肆虐他们，最后，荷兰依然如同挪亚方舟一般，安然无恙，固若金汤。荷兰的大地历经无数次大洪水的劫难之后，成为被洗涤过的新生之地，看见了雨过天晴之后的美丽彩虹，成为上帝的"应许之地"。在荷兰人的心目中，"海水"还是一种"政治上的辩论"。在 16 世纪的时候，大海被荷兰人用来比喻该国与西班牙的政治关系。他们将汹涌横暴的大海隐喻为西班牙对于荷兰施行的暴政。西班牙人的暴虐与压迫，正如同历史上无数的冲溃了堤防的海洪，卷走了男女老幼、牲口家畜、树木良田，粉碎了温暖的家园，带给荷兰人民巨大的物质与精神的伤痛。

第二章
勃艮第以及哈布斯堡王朝的统治

一、勃艮第诸公爵

研究尼德兰地区历史的历史学家如毕伦、赫伊津哈、科斯曼(E. H. Kossman)以及兰伯特(E. Lambert)都认为,勃艮第王朝统治尼德兰地区的时期,是现代荷兰以及比利时形成的奠基时代。在这个时期,尼德兰各省在勃艮第王朝的领导之下走向了松散的统一。当时的尼德兰地区,无论在政治、经济以及文化艺术各个方面都呈现出一种与以往中世纪时代不同的改变以及进展。本来,尼德兰地区因为南北地理位置以及城镇和乡村的经济和社会形态就有较大的差异,在文化以及人民的日常生活上也稍有不同,但是在勃艮第王朝的统一之下,尼德兰南方以及北方的历史发展互相交织,逐渐融合,其整体上出现同中有异、异中有同的面貌。

公元9世纪的时候,在法国的封建制度之下,以今天的法国勃艮第地区为中心形成了勃艮第公国。勃艮第的公爵"大胆的"菲律普(Philip the Bold, Philippe le hardi, 1363—1404年在位)是法兰西国王瓦罗斯的约翰二世(John II of House of Valois, 1350—1364年在位)的幼子,在他的治理之下,勃艮第公国的势力日渐扩张,至14和15世纪的时候达到高峰。宫廷历史学家科米亚(Philippe de Commynes, 1445—1511)曾经将该公国的繁荣比喻为《圣经》中所说的"应许之地",当时的欧洲各国均投以羡慕和妒忌的眼光。

勃艮第的公爵们与欧洲中世纪诸多的贵族诸侯们一样,以贵族和豪门之间联姻的方式达到扩张其政治与外交以及兼并土地等目的。1369年,"大胆的"菲律普迎娶法兰德斯地区势力显赫并且十分富裕的路易·梅尔(Louis of Male, 1330—1384)伯爵的女儿玛格丽特(Margaret of Male, 1350—1405)为妻子,由此拥有了玛格丽特的领地包括法兰德斯、弗朗什-孔泰(Frenche-Comté)以及当时重要的商业城市安特卫普以及梅赫伦(Mechelen)。1385年,"大胆的"菲律普更安排其长子即后来的"无畏的"约翰(John the Fearless,Jean sans peur,1404—1419年在任)与女儿玛格丽特与当时位于神圣罗马帝国境内的拥有权势的巴伐利亚贵族联姻。"大胆的"菲律普在他统治的这片新的领地上集中财富,整顿原有的工商业,渐渐地脱离了法国宫廷的控制。在经济上,他要摧毁在加莱的英格兰羊毛贸易中心,迫使英格兰的羊毛直接运输到佛兰德斯的港口,促使佛兰德斯的繁荣发展。为此目的,他在斯吕伊等地修建牢固的防御工事,并禁止当地人民与英格兰地区建立贸易联系。虽然他的本意是想让英国人将羊毛运到佛兰德斯去,但是事与愿违,给自己的人民造成了困难。

"无畏的"约翰于1404年继位,他的性格正如其雅号"无畏的",雄心勃勃,胆大异常。他的第一个举动就是安抚其在佛兰德斯的臣民。在此以前,勃艮第在低地的首府和宫殿一直设在布鲁日,这是一个瓦隆人的城市而不是佛兰德斯人的城市,具有典型的贵族气派,宫廷语言以及法律语言是法语。"无畏的"约翰将自己的官邸迁到奥登纳德,宣布所有臣民一律使用佛莱芒语。他还宣称要恢复法国与英国之间的和平,恢复佛兰德斯的繁荣。他身上毕竟流着法国王室的血统,并不满足于封建制度下公爵的称号,希望通过种种的谋略,尝试让自己成为法兰西真正的主人。但是在1419年遇刺身亡。

此后公国的权力由其子菲律普三世即"良善者"菲律普(Philip III or Philip the Good,1419—1467年在位)接管。"良善者"菲律普为勃艮第朝廷中最负盛名的一位公爵,他通过继承、买卖、扩张和征讨扩大其势力范围。他虽然是一位公爵,但是其势力与财富足以与欧洲各王室相媲美——他以各种灿烂夺目的艺术品布置其宫廷,由此成为当时欧洲国际政治引人瞩目的焦点,其高贵的品位也成为欧洲君主争相效法的对象。他早年与英格兰的关系十分友好,英格兰国王亨利五世(Henry V of England,

"良善者"菲律普像

1413—1422年在位)曾经想授予他英格兰最为光荣的嘉德骑士团勋章(The Most Noble Order of the Garter),但是"良善者"菲律普不想因此触犯他名义上的领主法国国王而婉拒了这份荣誉。不过,他内心十分向往英格兰嘉德骑士团的组织形式。1430年1月,他仿效英格兰的嘉德骑士团创立了著名的"金羊毛骑士团"(Order of the Golden Fleece),其创始成员共有25位,骑士团成员要宣誓保卫基督教会以及勃艮第家族,接受勃艮第大公为自己的终身领主,并且不得加入别的骑士团。金羊毛骑士团勋章的式样是金质的绵羊壮垂饰,项圈领上的羊毛上镶有28枚燧石,也写有大写的"B"字样,代表勃艮第。正面刻有骑士团的拉丁文铭文"Pretium Laborum Non Vile"(辛劳必有收获),反面则刻有菲律普喜欢的名言"Non Aliud"(不侍二主)。赫伊津哈认为,该骑士团闻名遐迩的原因,除了其创立者的权势与品位以外,也要归功于他们特选的纹章典故。最初取名为"金羊毛"的原因,只是意指希腊神话中杨森(Jason)历尽艰辛到科尔齐斯(Coichis)寻找金羊毛的故事;但是后来却被赋予更深的含义,延伸到《圣经》故事里的人物基登(Gideon)将金羊毛铺在地上,以便使金羊毛可以承接来自天堂的圣露的典故,由此金羊毛象征了圣母玛利亚由圣灵的感孕生下耶稣基督的奥秘。"金羊毛骑士团"象征着勃艮第王朝,也象征着骑士对于教会的忠诚。骑士团经常举行类似宗教仪式的典仪,以表示效忠于勃艮第公爵以及教会。骑士团成员遵守会规就如同教士遵守修会的会规一样,他们要尽力保持个人道德上的完美;在个人生活上,也要过优雅的骑士式的爱情生活,努力地保持忠于公爵、忠于教会以及忠于世俗的情人的完美的一致。

当时,勃艮第公爵统治下的尼德兰的文化事业也有所发展。1425年,鲁汶大学建立,成为那时尼德兰唯一的大学和学术中心。1430年以后,尼德兰的地毯编织业、绘画、家具制作业、雕刻、精致家具业、彩绘玻璃业以及乡村音乐都有长足的发展。这些与文化艺术有关的行业主要集中在布鲁塞尔、根特、布鲁日、鲁汶、梅赫伦以及安特卫普等南方大城市。在阿尔卑斯山以北,没有一个地方如尼德兰南部这些城市具有文化艺术气息,所集聚的财富也流入勃艮第宫廷之中。

"良善者"菲律普在1421年买下了那慕尔(Namur),1430年占领了布拉班特公国,在他的侄子林堡的公爵猝死以后,又以精明的手段继承了其领地。1433年,他乘巴伐利亚家族断嗣之际,又兼并了其领地。从那时起,荷兰省、泽兰省以及埃诺也归于他的统治之下。

在争夺领地的过程中,"良善者"菲律普与巴维埃的女贵族杰奎琳(Jacqueline de Bavière)之间的斗争最为激烈。杰奎琳为一奇特女子,勃艮第的历史学家夏斯特兰(George Chastellain)称她为兼具活泼可爱以及倔强好胜之性格。她是荷兰省伯爵威廉六世(William VI)的女儿,在14岁的时候就被安排嫁给法国的王子图尔内的约翰(John of Tournai),但是不久丈夫以及父亲就相继去世,17岁的杰奎琳就成为孤儿、寡妇。随后,她又被安排嫁给布拉班特的约翰四世,但是不久她又选择了离开。这是她对于掌控自己的男子的第一次反抗。1417年,她在父亲去世以后理所当然地继承了女伯爵的地位。但是其叔父巴维埃的约翰(John of Bavière)因为觊觎荷兰省的经济地位企图角逐继承权。当时的贵族分为两派,分别支持杰奎琳以及约翰。后来杰奎琳逃亡英国,英王亨利五世为了扩张他在欧洲大陆的影响力,热烈地欢迎她,并安排他自己的富有魅力的弟弟格罗切斯特(H. Glocester)公爵与她在1422年结婚。1425年,"良善者"菲律普利用机会,将杰奎琳拘禁在根特。不久,杰奎琳在一些贵族的帮助之下逃亡到荷兰省的豪达(Gouda)。1427年,杰奎琳的前任丈夫约翰四世去世,新任的英国丈夫则与杰奎琳的侍女结婚,由此断绝了她英国方面的援助。在无助以及各方的威胁下,在乌特勒支主教的调停之下,杰奎琳接受了"良善者"菲律普的要求,订立了《代尔夫特和约》(Peace Treaty of Delft)。根据此和约,菲律普承认杰奎琳为

荷兰女贵族杰奎琳

埃诺、荷兰省以及泽兰省的伯爵地位,但是其附带条件则是在杰奎琳之后,"良善者"菲律普将成为继承者,有权统治他的领地。和约还规定,在荷兰省的议会中,菲律普拥有6个代表的名额,杰奎琳则只有3个,领地的税收由两人平分。没有"良善者"菲律普的同意,杰奎琳不可以再婚。但是,在1436年,杰奎琳在海牙与另一位贵族凡·博斯兰(F. van Borselens)秘密结婚,"良善者"菲律普在听闻此事以后,盛怒之下用计谋囚禁了博斯兰。杰奎琳为营救丈夫,不得已将荷兰省与泽兰省割让给了菲律普。1436年,杰

奎琳去世。她的一生充满了传奇的色彩,为捍卫自己的婚姻与权利,常常与当时最有权势的男子们抗争。

1441年,"良善者"菲律普从自己的姑母手中买下了卢森堡公国。除了赫特兰以及格罗宁根以外,大部分的尼德兰地区已经成为他的势力范围。"良善者"菲律普还致力于将法兰西的领地与尼德兰的领地联合为一个政治实体,还对当时的三个重要的采邑主教区即乌特勒支、列日以及康布雷拥有保教权,即这些主教区的教堂、修道院以及宗教建筑的维护费用以及神职人员的圣俸由菲律普支付,而菲律普则有权决定这三个主教区的主教的候选人名单。在"良善者"菲律普统治时代,勃艮第公国的势力已经大到不必要向法兰西国王行使封建义务的地步,菲律普本人也不必向巴黎的王室负责,只需向"勃艮第大参议院"(Burgundian Council)负责即可。由此,勃艮第公国已经被欧洲各国默认为一个独立的王国。1435年,"良善者"菲律普与法兰西王室的代表在阿拉斯(Arras)签订了一份条约,结束了勃艮第与法兰西之间的封建臣属关系。

自中世纪以来的尼德兰地区,一向有自治的传统,不易接受统一的政治以及经济体制。这种情况,在勃艮第公爵的统治之下有所改变。从1430年开始,"良善者"菲律普参酌了各地原有的制度,制定了一些方针和规划,希望达成相对集中的中央集权的管理。他首先设立了一个管理立法和司法的"大参议院",其职责是管理立法以及司法大权。在"大参议院"之下,又在梅赫伦设立最高法院,并设有检查以及司法制度,并在司法上迈向专业化。法院的执法人员都要拥有法律学的学位。成文法虽然是法庭的依据,但是地方上仍然保留法庭,必要时也可以依据各个地方的习惯法以及自然法来执法。在此时期,"良善者"菲律普建立的新的中央机构还有著名的"联省议会"(State General),它召集勃艮第公爵统治下的尼德兰各省的代表开会议事,开会的地点往往选在布鲁塞尔或者其他南方某一个城市。还有就是上文所述在1430年建立的"金羊毛骑士团",这是一个由有名望的贵族参加的团体,当时该骑士团的大部分成员都是南方的贵族,在最初的25名贵族中,没有一位是北方人。从1430年至1559年该骑士团召集过23次会议,只有2次是在北方召开的。在财政方面,他建立了中央的"审计院"(the Chamber of Account),设有1名司库和1名总收税官,还设立了4个统理财政的"会议院"(Council Chamber),希望集中管理地方税收。第一个设在第戎,这里本来就是勃艮第公国的统治中心;第二个设在今天法国北部城市里尔,以便将法兰德斯、阿图瓦、埃诺以及皮卡蒂等地的地方税收纳入国库;第三个设在布鲁塞尔,主要是管理布拉班特、林堡以及卢森堡地区的财政收入;第四个设立在海牙,主要是方便荷兰省以及泽兰省两个海上贸易的大省的税收。但是,由于各地都有自己传统的簿记制度,较难达成统一的总额以作为中央的税收,也不易统计实质上的开销,所以时常发生争执。1433年,"良善者"菲律普在尼德兰地区发行统一的货币,称为"四个登陆者"(De vierlands, The Fourlanders),希望可以借此沟通商业贸易,并与其他重要的贸易组织如汉萨同盟竞争。

从那时起,勃艮第公爵统治下的尼德兰成为自加洛林时代以来第一个延伸至河流南方和北方的统一的国家,当然,这个国家主要建立在南方的基础之上。1451年,"良善者"菲律普在布鲁塞尔建立了公爵的宫殿,当时的朝廷主要设在这里,有时也轮流驻扎在里尔、布鲁日、梅赫伦,偶尔也会在第戎,布鲁塞尔则是首都。那时,勃艮第朝廷的重心在南方,朝廷中的显贵以及高级教士主要也是居住在南方,朝廷使用的语言是法语而非荷兰语——这样做是为了迎合权贵们的需要。当时瓦隆、佛兰德斯以及布拉班特的社会上层人士都讲法语,尽管后二者是讲荷兰语的省份,但是贵族阶级在传统上使用法语。在"良善者"菲律普时代,他向荷兰以及泽兰派出"执政官"(Stadholders)作为省的总督代表他本人治理省的事务,执政官的人选都是从南方选出的。公爵本人很少去北方视察访问,即便去那里,逗留的时间也很短。更重要的是,荷兰以及泽兰的贵族,与瓦隆和布拉班特的不同,很少有被指定居住在公爵的宫廷里的。

在"良善者"菲律普看来,北方诸省份只要保持平静的休眠状态即可,不要生事,同时能够按时向中央政府缴纳税收。他对于这些省份的贵族以及平民的政策的关注焦点就在于此。他任命乡村司法官来处理地方上的事务以及纠纷。在城镇的议会中,他故意选择了曾经对立的"鱼钩派"以及"鳕鱼派"两派贵族,让他们的势力达到平衡,在他们有分歧的时候,就会依赖于勃艮第宫廷的裁决。这也是防止整个城镇发生叛乱的一种方法。在此情形之下,勃艮第公爵的权威就与日俱增了。

勃艮第宫廷比较不重视北方的荷兰省以及泽兰省的利益。当时的荷兰正日益与汉萨同盟发生航运以及商业利益方面的冲突,他们希望勃艮第的公爵能够捍卫其地方上的商业利益。但是公爵却全力关注英法百年战争的发展以及与英国的关系,既没有时间,也没有精力和资源考虑与日耳曼人以及波罗的海沿岸的商业事务。佛兰德斯以及布拉班特也对荷兰的诉求不抱同情的态度,在他们看来,如果荷兰在与汉萨同盟的竞争中获胜,不仅会巩固其商业的地位以及纺织品的生产与出口,还会对他们的海外贸易构成威胁以及竞争。结果是北方的荷兰省等地与汉萨同盟的冲突加剧了,在1438年至1441年,双方爆发了战争,荷兰省调集了全省的资源和人力武装及舰队与北方日耳曼联军作战。值得注意的是在这次战争中,荷兰作为一个省,它的团结全省各方力量的能力大大提高了,政府的运作也变得越来越有效,该省中6个城镇团结互助,内陆的城镇则全力支持沿海的城镇。

在那时低地国家的大部分省份,贵族阶级陷于分裂,而各个主要的城市都强调各自的独立性以及独特地位。在15世纪的时候,各省的农村地区都发生了自然灾害,而城市的经济却在不断发展之中,城镇的经济主宰了乡村。在荷兰以及泽兰都特别明显地出现城镇与乡村之间头重脚轻的现象。由此造成的另一个结果就是城镇的平民阶级越来越多地在省的议会中拥有发言权——荷兰省的议会就是这样。更重要的是,当时的尼德兰的两大重要的经济产业——远洋贸易以及鲱鱼捕捞业并非坐落于多特雷赫特、哈勒姆、莱顿、阿姆斯特丹、代尔夫特以及豪达六个主要城市,而是集中在北方的恩克赫伊曾(Enkhuizen)、霍伦(Hoorn)、梅登布里克(Medemblik)以及埃丹(Edam),这些城市都在鹿特丹附近以及马斯河河口的地方。上述六个主要城市为了维护自己的经济地位,只有团结合作,共同行动。这种态势,也是后来尼德兰城市力量越来越显得重要的原因之一。勃艮第公爵对于荷兰在波罗的海沿岸与汉萨同盟的战争以及北方的政治,采取一种不闻不问的疏离的态度,既不积极干预,也不加以限制,他只是让荷兰自行其是。即便当荷兰的商业利益与佛兰德斯和布拉班特发生冲突的时候,它也能够在勃艮第统治下的尼德兰找到自己的位置。当勃艮第公爵忽视荷兰对于波罗的海地区的关注的时候,毫无疑问他也忽略了自中世纪以来荷兰一直怀有的对于尼德兰北方最高霸主地位的诉求——这理所当然不符合勃艮第的利益。为了整合他领导下的新国家,勃艮第公爵也要调和海尔德兰以及弗里斯兰两个省份之间的摩擦与冲突。他要利用荷兰的资源控制北方其他尚未掌握的地区,同时也要利用佛兰德斯以及布拉班特的人力以及财政资源统治南方以及西部地区。在15世纪50年代,"良善者"菲律普重新支持荷兰对于弗里斯兰的领土要求,很可能他想强迫弗里斯兰合并到勃艮第统治下的尼德兰国家中去。同时,他还将自己的影响扩大到乌特勒支以及海尔德兰。1455年,乌特勒支爆发武装冲突,当时该城主教座堂的参事会议在海尔德兰公爵支持下选出了一名反对勃艮第的新的采邑主教,并得到该城行会的支持。"良善者"菲律普快速地从荷兰集结军队并利用荷兰的金钱入侵乌特勒支,让他自己的私生子大卫担任该城市的主教。荷兰的军队还借此机会进入了上埃瑟尔省。

在"良善者"菲律普统治期间,低地国家实现了真正的统一。他合并了那慕尔、布拉班特、林堡、荷兰、埃诺、泽兰、卢森堡以及安特卫普,实际上形成了后来的比利时王国的基础。有人说:"他虽然不是国王,但是却拥有与国王一样强大的权力。他与英国结盟,使得佛兰德斯诸城市重新繁荣。他在逝世的时候已经成为基督教世界最富有的王侯,当时的人估计他每年收入达90万杜卡特,与威尼斯共和国的收入相当,比佛罗伦萨多四倍。而国家之富有在很大程度上要归于他的治国之才能以及贤明的内政。"

勃艮第统治下的尼德兰国家在"良善者"菲律普之子"勇者"查理(Chales the Bold, 1467—1477年在位)时期达到了顶峰。他是父王在其第三次婚姻时与其结缡的葡萄牙公主伊萨贝拉(Isabella of Portugal, 1397—1471)所生之子。1465年,他在皮卡第(Picardy)与法国军队的作战中,其勇猛的形象为他赢得了"勇者"的称号。他觊觎法国的最高统治地位,拉拢英国,欲获得其支持与法国抗衡。他的政策就是扩充军队,占领更多的领土,加强中央集权的各项措施,征收更多的税收。他采取高压措施,但是不得人心。1468年,他对泽兰以及荷兰施压,指定一些新人去这两个省的省级管理机构任职,还派人插手城镇议会的事务,通过这些人行使权力满足他征收赋税的财政需要。他还将高级法院置于中央的管制之下。"勇者"查理最大的成功就是利用阿诺德公爵死后无嗣以及当地贵族的分裂攫取了中部的面积较大的海尔德兰省。在他统治时期所扩张的领土,还包括了阿尔萨斯。他还想攻占洛林,甚至希望拥有神圣罗马帝国皇帝的头衔。不过,他的梦想并没有实现,最后于1477年与瑞士人的作战的南希战役中阵亡。由于"勇者"查理生前的举措不得人心,死后各地都聚集力量反对他的中央集权措施。他的死亡以及军队的涣散都造成了勃艮第人在尼德兰的管制的巨大危机。

"勇者"查理与王后

虽然勃艮第有"勇者"查理这样胸怀大志,想要建立从北海到意大利北方这样大帝国的统治者,但这毕竟是昙花一现的现象。从历史发展的脉络来看,勃艮第国家的形成,既不是靠征服扩张,也不是靠集权联合,而是通过逐渐凝聚形成的。在它的统治之下,佛兰德斯的西部、埃诺、那慕尔、阿图瓦以及布拉班特南部居住着讲法语的瓦隆人,佛兰德斯人主要居住在佛兰德斯的东部、布拉班特北部以及卢森堡,低地的荷兰人则居住在荷兰、泽兰、海尔德兰和聚特芬。勃艮第实际上是介于今天的法国和德国之间的一个"中间国家",虽然名义上没有这样说。尽管勃艮第国家有着多质性、二元性,缺乏自然的边界,但是它为一个真正的政治实体,而不是一个杂乱的组合体,它是历史进化的产物。这里人口稠密、城市众多、手工业以及商业集中,是西部欧洲许多地方无法匹敌的,它依靠着经济的力量而不是政治上的集权才能够克服地方分离主义的倾向。

二、哈布斯堡王朝下辖的尼德兰

"勇者"查理没有男嗣,其女儿玛丽(Mary of Burgundy,1457—1482,1477—1482年任勃艮第公爵)继承了包括尼德兰在内的勃艮第领地的全部领土。但是,但是尼德兰各省地方为了保持各自的传统权益,联省议会要求她颁布《大特权宪章》(The Great of Privilege),该宪章明确规定玛丽的婚姻必须得到联省议会的同意方可以成立。非经联省议会的同意,玛丽也不得随意宣战、媾和以及征税。《大特权宪章》的主要条文的内容,是为了保持尼德兰地方的自治——特别是各省拥有的司法以及财政的权力、使用本地语言的自由以及自由贸易的保障等。当时各个重要地区如佛兰德斯、布拉班特、荷兰、泽兰、弗里斯兰以及纳慕尔等,都在《大特权宪章》的保护范围里面。

从很早的时候起,勃艮第与法国之间早就存在利益的冲突与对立。法国国王路易十一世(Louis XI,1461—1483年在位)曾经希望他的王子与玛丽成婚,这样法国与勃艮第就有了联盟的可能。玛丽在其父"勇者"查理在世时已经被许配给奥地利的哈布斯堡王朝的马克西米连一世(Maximilian I of Austria-Habsburg,1459—1519,1508—1519年在位),这意味着哈布斯堡王室已经先于法国有得到玛丽继承其领土以及财产的可能。联省议会一直担心法国对于勃艮第的合并企图,因为这不符合勃艮第统治下尼德兰地区的利益。因此联省议会很快地批准玛丽与哈布斯堡王朝的联姻,于是,哈布斯堡家族的势力就进入了尼德兰地区。

但是联省议会附加的条件是马克西米连一世也必须承认《大特权宪章》的前提条件。根据这个条件,双方达成了婚前的协议:日后如果有一方先亡,只有他们的子女才能获得尼德兰地区的继承权利。马克西米连一世的父亲是神圣罗马帝国皇帝腓特烈三世(Frederick III,1452—1493 年在位),他们早就想要尽力扩大哈布斯堡王室在欧洲的统治范围,他们与勃艮第家族的联姻,很自然地就将哈布斯堡的势力引入尼德兰地区。

1482 年,玛丽意外地坠马死亡,联省议会立即通过决议,让玛丽未成年的儿子"美男"菲律普(Philip the Fair or the Handsome,1475—1506,1482—1506 年在位)成为勃艮第-尼德兰的继承者,并拒绝了马克西米连一世提出的摄政要求。但是后者并不满足于他所处的尴尬地位,1484 年,经由"金羊毛骑士团"的调停,并在维护"美男"菲律普地位的前提之下,承认马克西米连一世的摄政地位,直到"美男"菲律普亲政为止。当时尼德兰的许多地区并不承认这个调停的结果,马克西米连一世也想扭转这种情况。但是每当他有所动作,反对他的一些大城市就会发生大规模的示威暴动,尤其是佛兰德斯,一直不愿意承认来自日耳曼方面的介入。1487 年的时候,马克西米连一世甚至被抗议的市民掳押到布鲁日作为人质,哈布斯堡王室只得动用军队的力量才将他解救出来。经此事变之后,马克西米连一世有意削弱布鲁日的力量,他刻意地鼓励在布鲁日的外国商人将他们的业务转移到安特卫普发展,布鲁日原先的经济贸易中心地位因此受到很大的影响。这也是尼德兰地区的经济贸易中心从佛兰德斯转移到布拉班特的原因。马克西米连一世与尼德兰地方的紧张关系直到"美男"菲律普亲政以后才有所缓和。

"美男"菲律普长大以后,城府颇深、处事谨慎。他为自己的施政前途着想,不再重申母亲玛丽时代留下的《大特权宪章》,但是愿意听取联省议会的建议。与父亲相比,他与联省议会的关系更为融洽,经常亲自与联省议会沟通与交涉,并逐渐脱离其父亲的控制。在外交方面,他采取既不亲法也不亲英的中间立场。他于 1496 年与西班牙公主阿拉贡的若安娜(Joanna of Aragon,1479—1555)结婚,在若安娜的父亲斐迪南以及母亲伊莎贝拉去世以后,"美男"菲律普从妻子那里得到西班牙王位的继承权,历史上称为菲律普一世(Philip I of Castile,),于是,尼德兰地区就被并入西班牙哈布斯堡王朝的势力范围。

1500 年,"美男"菲律普与若安娜的儿子查理(Charles,1500—1556)在佛兰德斯的根特出生,所以又被称为根特的查理(Charles the Ghent)。由于父亲早逝,查理在六岁的时候就成为勃艮第-尼德兰的主人。1516年,他又继承祖父斐迪南的王位,成为西班牙的国王,称为查理一世(Charles I, 1516—1556在位)。1519年,他与法国国王法兰西斯一世激烈竞争以后成为神圣罗马帝国的皇帝,史称查理五世(Charles V, 1519—1556在位)或查理五世大帝(Charles V the Great)。查理的幼年时代,是在南部尼德兰的梅赫伦度过的。勃艮第的宫廷生活以及文化生活对于早年的查理产生了深刻的影响。他会流利地讲法语以及荷兰语。他还接受了良好的宗教教育,著名的天主教神学家阿德里安(Adrian Dedel, 1459—1523)是他的私人家庭教师。这位神学家出生于乌特勒支主教区,早年就已经是鲁汶大学的神学教授,后来成为鲁汶大学的院长,相当于副校长。1507年,他成为后来的查理五世的私人教师。1516年,查理成为西班牙的实际上的统治者,阿德里安也成为西班牙托尔托萨(Tortosa)地方的主教,一年以后又担任过西班牙阿拉贡和纳瓦拉宗教裁判所的裁判官,并在年轻的查理帮助下晋升为枢机主教。1522年1月,阿德里安又被选举为教宗,称为哈德良六世(Hadrian VI, 1522—1523年在位),在罗马教会的历史上,他是第一位出生于尼德兰地区的教宗,虽然他当选为教宗的时间只有一年,一年以后就去世了。当时的罗马教会面临深刻的危机,他坚定地反对刚刚崛起不久的由马丁·路德(Martin Luther, 1483—1546)发动的宗教改革运动以及奥斯曼帝国向中欧的进攻,他视路德的思想为完全的异端邪说,毫无妥协的余地。他也看到了罗马教会在行政以及维护教规方面改革的必要性,但是他的任期太短,并且遇到了意大利宗教界以及世俗界的重重阻力,无法去实施自己的理想。不过,可以想见,他的坚定不移的天主教信仰以及对新教不妥协的态度必定对后来的查理五世产生了思想上的影响。查理五世接受的世俗教育也相当出色,他精通大部分欧洲国家和地区的语言,具有明智的个性以及亲民的作风,虽然他并非在西班牙出生,却赢得了西班

青年时代的查理五世肖像,由佛兰德斯画家Bernerd van Orfey作于1519年

牙贵族和人民的尊重和爱戴。他也具有骑士的作风,热爱音乐和长枪比武,堪称旧时代的完美的君主。

查理五世早年时代,从1507年至1515年,勃艮第的尼德兰地区是委托给其姑母——奥地利的玛格丽特(Margaret of Austria,1480—1530)摄政的,玛格丽特的第二次摄政时期则在1518年至1530年。那时玛格丽特一直将她摄政的宫殿设在梅赫伦,她与尼德兰上层贵族的关系一直不是很好。1530年以后,则由查理五世的妹妹玛丽代管尼德兰的事务。这主要是因为当时的查理五世必须与法国长期斗争,对尼德兰的事务分身乏术。

查理五世击败了奥斯曼土耳其人、消灭了出没于地中海上的海盗、派遣麦哲伦、科尔特斯与皮萨罗前往美洲征服原住民,统治那里的殖民地。他统治下的辽阔的疆土,包括了那不勒斯、西西里、萨丁尼亚和新西班牙(即西属美洲)。而后,他完成了勃艮第公爵们未完成的心愿,将整个尼德兰地区收归于他的版图之中。1515年,他买下了弗里斯兰的主权;1521年,他征服了图尔内主教区,在早期,这个主教区一直是法国王室极为重视的地方,它属于法国在佛兰德斯境内的属地;1528年,他降伏了乌特勒支的主教巴伐利亚的亨利,由此他成为乌特勒支主教区的世俗领主;1538年,他征服了格罗宁根和康布雷。不过,海尔德兰的公爵埃格蒙特的查理(Charles of Egmond)不愿意承认哈布斯堡王室的权力,曾经与查理五世多次发生冲突,最终在1534年双方签订了《凡洛条约》(*Treaty of Venlo*),此后海尔德兰终于归入查理五世的版图。查理五世还与法国签订了《康布雷和平条约》(*Peace Treaty of Cambrai*),从此与法国也维持了一种相对和平的关系。自此,尼德兰与西班牙的关系已经变得非常密切了。"在那个时代,查理象征着过往的世界、欧洲的过往、西方的过往,是欧洲的王权和中世纪纹章的象征。他极尽所能维持中世纪的世界秩序的各项重要的支柱—君主强权、天主教会的优势、封建土地的管理制度、神权、重商殖民主义、遵守严格而抽象的众生序列以及服从权威。"

从基本方面看,查理五世需要对尼德兰加强其中央集权的措施。1531年,他花了大部分时间一直居住在当时哈布斯堡在尼德兰的首府布鲁塞尔,设计他的统治尼德兰的新的中央政府机构,以达到重组、加强和管理低地国家的目标。这一年,他建立了三个中央机构:(1)一个较大的正式的机构称为"国务会议"(Council of State)。从官方的层面来说,"国务会议"是这些组织机构中最重要的,这是由最主要的封建领主集会的场所,由12名高级官员组成,大部分都是南方的显贵,还有一位主席,由当时位于哈布斯堡王朝统治下的西西里巴勒莫的总主教兼法学家卡隆多尔特(Jean Carondolet)担任这个职位。(2)一个重组的财政会议。(3)枢密会议(Secret Council),并非由贵族而是由一批专业的官僚以及法学家担任其中的官吏。查理五世希望在贵族与职业官僚之间获取平衡,其中一些官僚是外国人。他还在布鲁塞尔设立了一个所谓的"附属会议"(Collateral Council)。这个代表哈布斯堡王朝官吏的尼德兰的中央政府的机构一直持续到1788年。

哈布斯堡王朝在布鲁塞尔的王宫,当时布鲁塞尔是帝国在尼德兰地区的首府,该王宫于1731年毁于火灾

代表哈布斯堡王朝统治各省的主要官员,也就是省的总督或省长,也称为"执政官",这个职务沿用了以前勃艮第公国时代的旧制。只有布拉班特以及梅赫伦两地,因为其地理位置接近布鲁塞尔,就没有设立"执政官",其他各省都设立了执政官。执政官都是从主要的贵族中选拔出来的。泽兰、乌特勒支与荷兰是同一位执政官担任省长;而佛兰德斯、瓦隆·法兰德斯以及阿图瓦则由另一位省长兼任;弗里斯兰、格罗宁根、德伦特和上埃瑟尔也是由同一位省长兼任。这些执政官中有不少人都是来自西班牙,他们担任各省的省长,使得尼德兰人感到不安。但是尼德兰的商人们同时感到与查理五世统治下的伊比利亚半岛发展出的密切的关系也会给他们带来庞大的商机。有时,各省也会有长期没有执政官的情况发生,在这种情况之下,设在布鲁塞尔的"附属会议"以及设在梅赫伦的"大议会"(Grote Road or Great Council)即哈布斯堡

王朝统治下的尼德兰最高法院就要对各省进行司法管理工作,中央政府对于地方的管理是通过中央的会议与各省的高等法院之间的联系来完成的,这种工作上的联系扩大了中央政府对于地方各省的政治、财政以及司法的影响。在 15 世纪的时候,大部分各省的高等法院的参事都是贵族;但是随着时间的推移,到 16 世纪上半叶的时候,贵族在各省管理体制中的作用降低了,中央政府更喜欢任用大学毕业的拥有法律学文凭的法官来充实这些岗位,因为管理的复杂性需要官员拥有更多的专业知识、更加勤勉和更加完备的职业习惯。1520 年,在 13 名参事中有 6 名是贵族,到 1572 年的时候,只剩下 2 至 3 名。

在以往的时候,乡村的官员主要也是由贵族来担任的。这些官员拥有许多名号,其管理的职能也相当广泛。他们在各省的地方管理中发挥着至关重要的作用。在北方各省,他们被称为"地区法官"(baljuws, drosten or district magistrates),他们是各省的高等法院与乡间、小镇以及村庄之间的联络人;在地势较低的地区,他们也负责地方上修筑水坝和用于灌溉的水渠,相当于"河伯"。他们是由布鲁塞尔中央政府任命的,是代表哈布斯堡王朝在地方上的统治官吏,他们有强迫执行的权力,还要负责监管出版事业、张贴王室的告示、维持地方秩序、代表王室审判罪案以及收税。在一些情形之下,他们也会充当总督以及要塞司令的角色。当时,荷兰省有 16 位这样的地区法官。在乡村的法官还有责任维护和修缮王室在乡间的城堡,但是他们没有军事上的责任。到 1530 年的时候,他们中拥有贵族身份的人越来越少;到 1570 年,那些没有军事职责的地区法官基本上都不是贵族了。在乡村法官权限之外的地方以及主要城市里还沿袭上文提及的"肖特"低级官吏,他们的职责是维护地方上的治安。在查理五世统治时期在官场里面有一个明显的倾向,就是非贵族的官员逐渐地取代了贵族出身的官员。管理城镇的主要机构就是市政厅,由市长担任其议长。民事政府以及法官一如既往仍然由摄政团担任。但是市政府在许多方面要受到中央政府以及不断改变的省政府的决策的影响。他们要面对和应付日益增长的财政压力,特别在 1540 年以后,还要应付日益加强的中央议会特别是省的高等法院的监督——这些官吏都是由布鲁塞尔任命的。

最后就是各省的议会以及联省的议会。尽管在查理五世统治时期国家日趋官僚化以及中央集权化,但是各省的议会仍然拥有相当的自主权。由于与法国的冲突,哈布斯堡的统治者特别在 1542 年以后亟须尼德兰提供财政和税收的支援,但是查理五世也知道,过多地压制会得罪为其提供经费的各省政府,引发强烈的反弹,这是他不愿意看到的。他知道要增加新的税收,还是要通过早先就已经存在的各省议会与地方三级会议才能够实现。由于中央政府在省市一级没有直接的税收机构,查理五世就通过在省市机构中委派代表的办法来增加税收,以此扩大中央政府在地方上的行政以及财政的权力。在1539年至1540年,根特因为不满查理五世的代表在当地的所作所为,曾经发动过叛乱,但是最后被镇压下去了,并被中央政府剥夺了其享有的特权。从此以后,各省以及城镇都大体上选择与中央政府合作而不是对抗。在查理五世统治时期,他在尼德兰地区的税收大体上比以前多了四倍,在此期间物价大体上上涨了两倍。在哈布斯堡统治时期,中央政府还约束联省议会的权力,马克西米连一世在1477年、1488年两次反对赋予联省议会更大的权限,特别是联省议会赋予佛兰德斯、布拉班特和埃诺每年召集会议的权力。从1488年至1559年,联省议会就不能够像以往那样按照惯例每年两次聚集开会——以前,联省议会经常开会,以便迅速地向所有主要各省的会议沟通情况。从前,当中央政府有财政需求的时候,总是先向联省议会提出"一般命题",后者召集各省的代表讨论,再提出"特别命题",大家都认为只有在全体讨论的前提之下,才能避免联省议会片面顾及皇帝的或是地方的诉求。自1477年以来,联省议会一直拥有定期开会的特权,现在则被取消了,变成了只有在皇帝召集的情况之下才能开会。

1548年,查理五世以及神圣罗马帝国的帝国议会(Imperial Diet)制定了《国事诏书》(*Pragmatic Sanction*),由帝国议会以及联省议会颁布。该诏书将尼德兰地区组成一个"大勃艮第圈(Burgundian Kreis)",正式命名为"尼德兰十七联省"。这十七联省由荷兰、泽兰、布拉班特、乌特勒支、弗利斯兰、埃诺、上埃瑟尔、佛兰德斯、瓦隆·法兰德斯、阿图瓦、卢森堡、梅赫伦、那慕尔、格罗宁根、海尔德兰、林堡以及聚特芬组成。诏书强调神圣罗马帝国的皇帝为尼德兰地区的宗主,哈布斯堡王朝统治下的尼德兰既是分立的,也是单一的整体,它奉行自治的原则。哈布斯堡统治下的尼德兰的统治权在皇帝逝世以后将由皇帝的男继承人或是女继承人永远继承下去。同时,《国事诏书》还规定了哈布斯堡王室统治下的尼德兰未来与神圣罗马帝国其他部分之间的关系。不久,查理五世更是亲自巡视了十七联省,以表示自己为该地区的神圣的合法君主。1548年的《国事诏书》对尼德兰地区的政治、经济和文化生活产生了重大的影响,它在一段时间里结束了当时政治上的不稳定、地方上的无秩序和不受法律约束的现象——特别是东北诸省份几个世纪以来一直有这样的乱象。

1555年10月25日,在布拉班特省的布鲁塞尔的雄伟的宫殿中,查理五世作为尼德兰君主宣布退位。当时,他的年事并不高,只有55岁,但是由于历年频繁的四处征战、旅行视察以及繁重的国务活动,他已经身心疲惫,体弱多病,因而作出这个决定。那天,在联省议会中,他斜倚在最钟爱的年轻的尼德兰贵族威廉·奥伦治即后来被称为"沉默者"威廉(William I of Orange Count of Nassau-Dillenburg, William of the Silent, 1533—1584)的肩上,后者才22岁。查理的即将即位的儿子,后来的菲律普二世(Philip II, 1527—1598, 1556—1598年在位)也在场,菲律普此时也才28岁。威廉搀扶着即将退位的皇帝就座时表现出来的关爱和温柔,以及两人之间外显的感情交流,使得在场所有的人都觉得他比菲律普更像皇帝的儿子以及模范的继承人。查理五世脸色苍白,显得疲惫,还因为痛风而跛脚,他流着眼泪向朝臣和贵族发表了诚恳的演说,诉说了自己辛劳为国的一生以及对于天主的信念,他解释说自己并没有野心,但是基于一种强烈的责任感,他还是做了许多事情。他知道自己的能力和才智的限度,所以将重任托付给已经成年的菲律普二世。当时的气氛庄重而且伤感,许多人为之动容。查理五世退位以后还是居住在尼德兰,直到1558年才回到西班牙西部的卡塞雷斯省山区中的一所安静的尤斯特修道院(Yuste monastery)中,9月28日,查理五世在那里罹患疟疾逝世,据称临终前他手中紧紧握着十字架。那所查理五世度过最后生命的静谧的修道院成为西班牙历史上的名胜,在19世纪初年的"半岛战争"中被摧毁,20世纪上半叶西班牙独裁者佛朗哥将军又下令将其修复。

查理五世与尼德兰地区的关系十分复杂。他出生于根特,幼年是在梅赫伦度过的。他在成年登基以后,由于统治的国土面积广大,除了必须居住在西班牙宫廷以外,也经常访问尼德兰。他还为了其他的国务活动到处奔波活动,堪称欧洲历史上旅行次数最多的君主。不过,他最喜欢的地方,始终是他的出生之地尼德兰。在他将王位传给菲律普二世以后,便定居于尼德兰,直到他去世前一年即1558年,方才回到西班牙。今日比利时首都布鲁塞尔,于每年7月的第一个星期天都要举行大型的欧明翰节日游行(Ommegang Procession),这种游行起自中世纪的时候,先是宗教节日即圣母升天节的庆祝,然后是城市中的各个行会组织组成的方阵队伍的世俗游行以及狂欢活动。在这一天,人们在游行队伍中扮演查理五世大帝及其宫廷成员,重温当年的盛大场景,也一定程度显示低地国家人民对于查理五世的认同。

大体说来,查理五世对于尼德兰境内长期以来形成的自治的传统,能够给予一定的尊重。由于查理五世出生在尼德兰的根特,在他晚年的时候,又与当时的贵族以及宗教界的人士过往甚密,他对于尼德兰境内的固有的自治传统和人民的意象基本上能够理解,只要其政治统治能够维持,地方税收能够按时缴纳。他知道尼德兰地区的丰厚的税收以及提供的各种资助,可以支付他庞大的各种经费支出。尼德兰作为欧洲的十字路口以及商业中心,也必须以广大的消费市场以及安定的政治环境来保障和引领。他也知道,尼德兰的人民只有通过他统治的广袤的地区才能获得广泛参与欧洲以及海外的贸易的机会。他不否认荷兰在尼德兰诸省中的特殊地位,特别是荷兰在安抚诸省以及保卫诸省中所发挥的特殊作用。作为神圣罗马帝国的皇帝以及尼德兰联省的宗主,他比以往的统治者更加注意保持自己作为各派势力之间的平衡者、仲裁者以及保护者的角色。在1536年合并了格罗宁根以后,他也特意保留了当地的三个筑有城墙的要塞以表示对地方势力的尊重。

尼德兰境内出现的日益激烈的天主教与新教的冲突是查理不愿意面对又必须解决的问题。查理五世基本上是一位政治家,他固然接受了良好的天主教教育,不过他将维持帝国的统治和秩序而非维护宗教的信仰放置在首要的位置。他甚至与教宗也有过冲突。不过,在1521年马丁·路德在沃尔姆斯会议上拒绝撤回其反天主教的立场时,年仅19岁又拥有完整的世俗权力的查理五世则坚决发出对路德著作的禁令。他之所以作出这样的决定,出于虔诚的天主教信仰固然是重要的原因,担心新教的渐次传播会动摇哈布斯堡王朝统治下各地的社会结构,也是同样重要的原因。他始终对于新教持反对以及禁止的态度——这是后来西班牙统治者一直坚持的立场,也是最后导致哈布斯堡王室将宗教裁判所引入尼德兰并激发北方各省"反叛"的原因。

三、经济发展与社会生活

16世纪在欧洲的经济史上,是一个重要的历史发展时期,主要表现为当时的人口持续增长,城市也在快速发展。欧洲从黑死病的梦魇中逐渐复原,人口的数量大约增长了70%。与15世纪相比较,10万人以上的城市增加了不少。

就尼德兰地区而言,人口也有复苏的迹象。在15世纪的晚期,佛兰德斯以及布拉班特是人口最多的地方,荷兰仅次于这两个地区,不过荷兰省中居住在城镇的人口比例是最高的。1477年低地国家主要省份的人口统计是佛兰德斯66万多、布拉班特41万多、荷兰27.5万、阿图瓦14万多、埃诺13万、列日 12 万、海尔德兰 9.8 万、瓦隆·法兰德斯 7.3 万、弗里斯兰 7.1 万、卢森堡 6.8 万、上埃瑟尔 5.3 万。安特卫普以及阿姆斯特丹也都变得热闹起来了。前往新大陆探险回来的欧洲人,也在南部欧洲地中海沿岸以及北方的大西洋以及北海的沿岸地区寻找新的立足点来发展自己的利益。他们常常携带着新的技术以及货品,有时还伴以激烈的商业和暴力行为。在中世纪的晚期,欧洲有两个地区在商业以及手工业方面比较发达,同时在城镇化的程度上比较高,那就是意大利北方以及低地国家地区。在 1300 年以后,尽管农村人口还是很多,但是尼德兰的南方与意大利北部、巴黎的盆地以及英格兰的南部已经成为当时欧洲人口居住密度很高的地区之一。同一时期,尼德兰的北方还是人烟稀少。但是到了 1500 年,情况就完全不同了,虽然北方人口的总量仍然比较少,但是在城镇居住的人口就比较集中,而且人数众多。

当时欧洲在经济上的另一个变动,就是粮食价格的上扬。16 世纪的中叶,粮食谷物的价格上涨了 3 至 7 倍——这在欧洲的经济史上称为"价格革命";加上西班牙在中南美洲殖民地的白银流入欧洲市场,农业以及经济上的结构由此发生改变,生产力也在持续发展。上涨的物价,也刺激了经济的生产,这种情况逐渐导致后来欧洲资本主义式的全球经济模式的形成。

西班牙以及葡萄牙建立的美洲以及东方的殖民地,也带动了尼德兰地区海外贸易市场的形成与发展。虽然在北海与伊比利亚半岛之间经常有海盗出没,阻碍了两地之间的交流。但是,16 世纪的尼德兰在欧洲大陆上的经济发展仍然引人瞩目。因为新航路的发现,终于将欧洲的海外贸易路线从地中海转移到了大西洋。从那时起,位于尼德兰南方的安特卫普成为该地区乃至欧洲大陆最重要的商业港口,是当时欧洲以及海外市场货物的集散地。安特卫普位于布鲁塞尔以北大约 40 公里的须德河上,通过斯德海尔水道连接着北海,自古以来就是尼德兰地区重要的文化和商业城市。"安特卫普"的名称起自一个古老的民间传说,据称古代的时候这里有一个守桥巨人安蒂刚(Druon Antigoon),他在桥边向过河人收缴过河费,如果有人拒绝,他就把那人扔到河里。后来,他被一名罗马的士兵布拉伯(Brabo)杀死,他的手臂被砍下扔到河里。今天在安特卫普市政厅的广场之前,竖立有一尊铜像,雕刻着这位勇敢的士兵将巨人的手砍下的场面。4 世纪的时候,日耳曼的法兰克人就在此地定居下来,7 世纪的时候,圣徒阿曼德来到这里传教。10 世纪的时候,它是神圣罗马帝国的边境城市。980 年,这里是神圣罗马帝国皇帝奥托二世(Otto II, 980—983 年在位)的领地。1406 年,它成为布拉班特公国的一部分，由贵族王公统治。由于近海的地理位置，在布鲁日的商业地位衰落以后，安特卫普的地位日益重要。

冬天的安特卫普港口，由佛兰德斯画家 Lucas van Valkenbrch 作于 1590 年

16世纪初年，安特卫普先是成为欧洲蔗糖加工业的主要城市，从西班牙以及葡萄牙的海外大西洋岛屿上的甘蔗种植园进口原料进行加工，同时吸引着意大利和德意志的甘蔗加工业者来到这里。不久以后，它的海外贸易就迅速地发展起来了。1501年，葡萄牙人已经将东方的印度等地的胡椒和肉桂等香料运到安特卫普的港口，葡萄牙的商人也居住在这里就地从事香料的交易。从那时起，安特卫普首先取代原先的威尼斯，成为欧洲大陆最富于魅力的香料交易市场。原先从东方运来的香料都是先抵达威尼斯共和国，然后在当地的一些贸易机构如"德意志商馆"分散交易以后运往神圣罗马帝国境内的各个地方。现在，欧洲香料交易的中心已经转移到了大西洋的边上。葡萄牙的商人，还带来非洲西海岸以及内陆的黄金、象牙和钻石，通过设在安特卫普的商站分批贩卖到北欧以及法国等地。久而久之，这些葡萄牙的商人在这里建立了固定的商站以及仓库，他们在安特卫普的天主教教堂举行弥撒，死后也埋在当地，甚至在当地建立了属于葡萄牙人自己的坟场。

当时的安特卫普的城市并不是由商人管理的，市政厅的官员都是少数几个贵族家族的成员。虽然在传统上不允许他们从事经商活动，但是在实际上他们与商人和商业都是有联系的。当时这座城市拥有100艘从80至100吨的船队,安特卫普的商人还发展出与波罗的海沿岸地区的货物交易,他们的商船行驶至那些地方,购买小麦、木材与黄麻,再运输到法国的沿海地区以及伊比利亚半岛的各个港口销售,再从当地满载香料以及葡萄酒通过位于波罗的海与北海之间的桑德海峡返回安特卫普等地。另外,尼德兰北方荷兰以及泽兰两个航运大省的船队,也从波罗的海沿岸地区运来了木材以及谷物,还有布拉班特地区出产的挂毯、家具、钟表、乐器、手工艺品、纺织品、刺绣、成衣也被运到这里,同时还可以看到来自英格兰的羊毛以及日耳曼地区的金属与矿产。荷兰省的双桅大帆船,除了自己载货以外,也承担为查理五世的军队在围攻阿尔及利亚与突尼斯时运输士兵、武器以及各类补给物资的工作,由此带动了运输业的勃兴。

不过,当时该城市除了本地的商人以外,更重要的还是外国商人在这里的活动。除了葡萄牙人以外,还有卡斯蒂尔人、卡塔隆尼亚人、意大利人、拉古萨人、英格兰人以及布列塔尼人,他们驾驶着大小不等的船只来到这里从事各种不同的货物的贸易。法国年鉴学派的历史学家布罗代尔(Fernand Braudel, 1902—1985)高度评价这座城市在近代早期欧洲的贸易以及文化史上的地位,并认为从1501年至1521年是它第一次飞跃发展的时期。这位历史学家这样描绘安特卫普的各类贸易活动:"1500年左右的安特卫普还只是一个新兴的商埠。但是在它的四周,人口稠密的布拉班特和佛兰德斯地区正处于平稳发展的时期。汉萨城邦的贸易正在不同程度地遭到排斥;大西洋诸岛的蔗糖代替了蜂蜜,华贵的丝绸代替了裘皮。但是即使在波罗的海,荷兰与泽兰的船只也在与汉萨城邦的船只相竞争。英格兰的商人把贝亨奥普佐姆和安特卫普的交易会当作交接站,进口的呢绒坯料在当地染色以后供应给欧洲各地,特别是中欧。安特卫普的最后一个优势就是有大批的日耳曼的商人在市内定居,特别是日耳曼北方的商人。最近的研究表明,正是这些商人首先接受在安特卫普就近交易,不再前往布鲁日。他们提供的货物有来自莱茵河的葡萄酒、铜和白银。后者使得奥古斯堡的商人和银行家发财致富。"在1502年至1503年,奥古斯堡的富格尔家族出口的采自匈牙利的铜有24%运到安特卫普;到1508年至1509年,则达到49%,运往威尼斯的只有13%。1508年,从欧洲各地经由安特卫普运往里斯本的白银达到6万马克。

安特卫普的市场不仅有来自世界各地的货物的交易,而且该城市还提供商业贷款的服务。商人在新成立的"交易所"(Bourse)进行金融交易服务。当时安特卫普的金融以及商业活动非常活跃,尼德兰整个地区的许多城市都利益均沾。安特卫普依靠着香料、白银和借贷业务,加入欧洲各大市场的金融网络,吸引着整个欧洲的商人们的目光和行动,由此,安特卫普也成为欧洲的金融中心。随着工业组织的专业化,延伸出早期资本主义的经济形态。

由于工商业的发展,尼德兰地区城市化的进程也在加快,此一地区约有总数一半的人口居住在城镇里。就欧洲当时情况来看,尼德兰地区的城镇化、商业化以及人民平均收入是全欧洲最高的。

就借贷方面来看,由于查理五世奉行在欧洲大陆以及美洲同时扩张的政策,需要庞大的资金支撑。尼德兰地区从事商业以及金融的人士,凭借优厚的借款利息,纷纷贷款给查理五世的朝廷。虽然当时天主教会禁止商人贷款获得巨额利润,但是商人们仍然可以用各种迂回曲折的方式,突破不准放高利贷的禁令进行贷款活动;就连查理五世也以哈布斯堡王朝的收入作为担保,进行债券交易。安特卫普的金融交易所,也提供债券交易的业务。债券等同于货币,因此其他相关的银行金融服务也兴盛起来了。布罗代尔指出,在那个时代,与其说安特卫普取代了布鲁日的地位,不如说它取代了威尼斯的地位。

同一时期内,昔日繁华的布鲁日的地位却越来越衰落了,其部分的原因要归咎于狭隘的商业寡头统治,他们过于顽固地墨守商业上的陈规陋习,对外国的商人监视过严,极力限制外国商人在布鲁日出售从安特卫普以及贝亨奥普佐姆等有竞争关系的地方的商品。布鲁日还规定只有当地居民充当经纪人的交易才是合法的。1477年,布鲁日采纳了一个计划,要将商业贸易限定在一个交易中心里完成。所有这一切都与当时整个尼德兰地区的日益发展的对外贸易的趋势背道而驰,较有进取心的商人都离开布鲁日另求发展,甚至大自然也与布鲁日为敌。14世纪初年,它的港口开始淤塞,外来的船舶在接近港口的时候遇到的困难越来越大。"大胆的"查理试图另外再开辟一条运河以为补救,但是需要资金,他迫使根特以及伊普雷捐资,但是这两个城市无力承担。最后,河床变得越来越浅,在低潮的时候,人们从哪里都可以踏着河床过河,布鲁日不再是一个港口城市。1494年,该市的4 000多幢房子都空无一人,化为废墟。

北方的阿姆斯特丹则悄然兴起,不仅取代了已经衰落的布鲁日,而且紧紧赶上了安特卫普。早在13世纪,阿姆斯特丹已经是一个重要的商业港口了。构成阿姆斯特丹港口的阿姆斯特尔河大坝比斯勒伊斯大坝早建了90年。早在1204年前后,阿姆斯特尔兰的领主在河口建立了一座堡垒和一座堤坝,阿姆斯特丹就是以此命名的。1270年有记载说从汉堡取道乌特勒支进行贸易的商人喜欢在威赫特河的河口与乌特勒支商人进行贸易,此河在离阿姆斯特丹稍微偏东的穆伊顿附近流入须德海。但是在冬天的时候,远洋的航船不能在此地停靠,因为冰雪封冻,船只会搁浅。在此情形之下,阿姆斯特丹港口开阔而又隐蔽,其优越性很快就显露出来了。另外,阿姆斯特丹与布鲁日不同,它是一个允许自由贸易的港口——这一点与安特卫普一样。1315年,荷兰伯爵弗洛里斯从阿姆斯特尔领主手中夺取了这座城市,并把它与荷兰的领地合并,从此阿姆斯特丹走向强盛。在汉萨同盟和佛兰德斯的航运记录中,阿姆斯特丹的名字频繁地出现,《哥得兰海洋法》第 54 款写道:"倘若船只在斯堪的纳维亚或者其他什么地方装运货物,并且驶向佛兰德斯或者其他的市场,由于恶劣的天气或者给养的缺乏而来到阿姆斯特丹……"显而易见,阿姆斯特丹以及须德海是往返于波罗的海和佛兰德斯各港口之间船只的避难所。1358 年,阿姆斯特丹成为汉萨同盟中的一个城市,并且成为汉萨同盟在须德海周围许多汉萨城市的最重要者。

虽然当时南方在经济贸易上超过了北方,但是北方的一些省份特别是荷兰省的经济发展状况也不可以完全忽略,因为正是在北方后来发生了反抗西班牙封建的中央集权的斗争,其中经济上的因素是应该加以考量的。荷兰人在 15 世纪初年的时候,自夸本省在拥有船只以及海员人数方面超过了佛兰德斯以及布拉班特两省加起来的总和。不过,荷兰在海上航运的力量只是集

《冬天的鱼市》,Lucas van Valkenbrch 绘制于 1595 年

中于运输较低价值的笨重货物,包括谷物、木材、盐和鱼类,而渔业是没有大商人参与的,商业的价值与佛兰德斯与布拉班特的工业品出口所获得的高额利润不能相提并论。有鉴于此,哈布斯堡政府要求荷兰省在财政上缴纳的赋税只有布拉班特的一半,而布拉班特所缴纳的赋税只有佛兰德斯的六分之一。但是,从15世纪的上半叶开始,荷兰的经济就发生了很大的改变,原因之一是当时该省已经发展出帆和桅杆等装备完整的用于远洋航行的船只(full-rigged seagoing ship),这种船只是后来迅速发展起来的大宗货物海上运输的基础。1400年以后,荷兰省的船只就已经前往波罗的海沿岸地区运输谷物和木材,又去葡萄牙以及法国的西海岸运输盐。在15世纪的早期,荷兰还发展出带有帆的捕捉鲱鱼的船只,在以后的3个世纪中,在北海鲱鱼出没的海域,都可以看见荷兰省以及泽兰省的这种渔船。同一时间里,荷兰在农业发展方面遇到了一些问题,主要原因是该省在1400年以后围海造田的速度有所减慢,造成海水倒灌、农田荒芜的情况时有发生,由于一些土地不适合耕种庄稼,因此当地农民转而养牛发展乳业,这种情况造成农业人口移民进入城市以及需要从海外进口谷物饲养乡间的牛群。另外,从事乳业的结果是当地生产出大量的奶酪,也需要出口到外省以及外国。由此,荷兰省的居民城镇化的程度就不断提高,海外贸易的能力也在不断增加。当然,荷兰的经济也不是完全单纯的远洋贸易,因为该省中6个主要城市中有4个——莱顿、哈勒姆、代尔夫特以及豪达都是内陆的城镇,没有远洋贸易以及捕捞鲱鱼的舰队,它们都以加工业闻名,主要出产优质的啤酒以及中等质地的布匹。

　　在农业经济方面,尼德兰人想出了新的办法。他们采用不休耕的耕作模式,轮流种植燕麦与亚麻。在动力蒸汽出现以前数百年的13世纪,他们就利用风车改良排水系统,改变土壤的性质以提高农作物的收成。在16世纪的时候,筑坝、灌溉以及水利的系统已经有了很大的改善,在低洼的地区尤其如此。一个重要的因素就是新式的风车已经系统地运用到灌溉工程中。早在14世纪的时候,人们已经使用风车将水从筑坝围垦出来的低田里面抽出,保证庄稼的自然生长。但是,直到16世纪人们才在风车的制作结构上做出很大的改进并推广使用。尽管风车的技术在改善中,但是洪水所造成的自然灾害也时有发生。1421年11月,发生了历史上著名的和可怕的圣伊丽莎白日的大洪水,荷兰省南部有72座村庄被洪水淹没,海水冲垮了多德雷赫特的城墙并将弗里斯兰西部的大地切割开来,造成极其重大的人员伤亡以及财产损失。1530年的圣菲利克斯节再度发生大洪水,造成泽兰省的严重灾难。不过,这没有改变尼德兰人民特别是北方沿海地区的人民使用风车抵御洪水、改进灌溉系统的决心。风车排出的水,进入堤坝周围开凿出来的运河中,运河再将水汇集起来排入北海。风车除了排水的功能,还可以用来碾磨谷物、压榨种子取得油料以及传递讯息。当时尼德兰的大地之上,到处布满着风车。仅在北方地区,就有9 000多座提供动力的风车。

四、基督教人文主义

曾经在西欧历史上有过重要影响的基督教人文主义是15世纪70年代至80年代在尼德兰地区产生的,其具体的地点就在相对遥远的东北部省份上埃瑟尔以及格罗宁根。这样一个对整个欧洲的文化发展产生如此深远影响的思想运动居然起源于一个经济和政治上相对封闭的地方,本身就是一件比较奇怪的事情。但是,如果加以仔细地考察,自中世纪以来这个地区的神职人员以及平信徒中一直有虔敬的和灵修的传统,当地教育的发展也为这一思想运动的发生作了准备。

14世纪晚期在尼德兰地区出现的一种名为"现代虔敬运动"(Devio Moderna or Modern Devotion)的宗教思想为基督教人文主义的出现作了准备。当时,有一位名叫格罗特(Geet de Groote,1340—1385)的人,他创立了一个名叫"共同生活兄弟会"(Brethren of the Common Life)的团体,倡导一种虔敬的宗教生活。他原本是代芬特尔的普通市民,早年在巴黎接受教育,学习医学、法律以及神学,后来也有了成功的职业。在一段时间以后,他又去了科隆以及别的地方教书,并过着一种奢华的和自我沉沦的生活。从1374年开始,他的思想发生了转变,想开始过一种虔敬的和简单的生活。以后的三年,他是在一所修道院里度过的,他听从卢斯布鲁克(Jan van Ruysbroeck)的教导,在1379年成为乌特勒支教区的一名传教员,不过他并没有成为一名拿圣俸的教士。他用荷兰语布道,赢得了许多民众的敬仰。不过,他也坦率地批评当时教会存在的诸多弊端,后来并不见容于教区。在离开教区以后,他在各地旅行并批评当时教会中的一些神职人员的腐败生活,遭到了许多人的非议,他特地写了《公共抗辩》(Publica Protestatio)坚持自己的立场。格罗特在自己的周围聚集了一些人,他们成为"共同生活兄弟会"的核心成员,他并不要求这些人发终身圣愿,而要他们在内心听从天主的召唤。他们在代芬特尔过着一种半修道式的生活——奉献个人的财产、居住在共同的房舍里面、有纪律之维持、按时祈祷并从事劳动。他还在同一座城市为妇女建立了一个类似的团体。他们的虔敬的宗教生活带有明显的神秘主义色彩。在格罗特去世以后,"共同生活兄弟会"仍然发展,其中一部分人居住在温德斯海姆(Windesheim),遵循着奥斯定会的会规。他们非常强调教育,在尼德兰全境广设学校,以后还到日耳曼开设学校。他们还为学校提供书籍,许多成员抄写经书并付诸印刷。这个运动赢得了许多有识之士的敬仰和参与,在市民阶层以及修道院两个方面发展,对于15世纪中叶的尼德兰社会产生了重要的影响。上文提及的查理五世的私人教师,后来成为罗马教宗的哈德良六世早年也是代芬特尔和兹沃勒的"共同生活兄弟会"的成员之一。

"共同生活兄弟会"的另一位重要成员就是托马斯·埃·肯皮斯(Thomas à Kempis,1379—1471),他出生于古城肯彭(Kempen),这座城市位于今天德国境内,莱茵河以西,靠近科隆,有河流与风车。他的父亲是一名手工艺人,家境贫寒。他12岁的时候就去拉丁文学校读书,后来,他去了尼德兰的代芬特尔的"共同生活兄弟会"办的学校读书,此类学校在当时享有良好的声誉,他在那里读书,学习的课程相当于大学的预科,有语法、逻辑、修辞与哲学等。他于1399年进入位于阿格尼藤贝格(Agnietenberg)的一种按照奥斯定会会规生活组成的灵修团体,过灵修的生活。该团体也是隶属于温德斯海姆的"共同生活兄弟会"的。他于1406年在这里出家当了修士,以后也在此地度过了他的余生,将绝大部分的时间花在了祈祷、写作、布道以及抄写经文上面。他也是当时的一位著名的灵修导师。他写作的书籍的题材十分广泛,包括苦行、布道、诗歌以及人物传记。他对于格罗特的生平事迹极为敬佩,特地撰写了他的传记。不过,肯皮斯最著名的具有深远影响的著作莫过于《效法基督》(又被译为《师主篇》,*De Imitatione Christi or Imitation of Christ*)。这本灵修的书籍旨在指导基督徒如何追随耶稣的榜样过一种完美的精神生活,它分为四个部分,第一和第二部分是讨论灵修生活的,第三部分是关于灵魂的内在意向的,第四部分则是关于圣体圣事的。此书的手稿以及抄本已经十分流行,1473年,此书第一版印刷本已经出版。

卢道尔夫·阿杰里科拉(Rudolph Agricola,1443—1485)也是"现代虔敬运动"的一个重要代表人物。他出生于今天荷兰的巴夫洛(Baflo),是当地的一名座堂神父的私生子,该教堂是奥默兰的六个主要地区教堂之一。他在格罗宁根的提倡虔敬运动的学校中接受教育,后来又去意大利学习,当他于1479年回到尼德兰的时候,已经是一位在尼德兰以及德意志教育界的知名人物,并进入了勃艮第在布鲁塞尔的宫廷。他在安特卫普担任拉丁语学校的校长。但是,他不久就认为当时的学术文化相当粗鄙和简陋,决意离开安特卫普。他通过家庭和别的联系去往尼德兰的东北部地区,并在那里度过了大部分的余生。他被称为北欧人文主义之父。他在那里不仅向人们传播意大利的人文主义注释法,而且鼓励人们学习古典的拉丁语、新的批判哲学以及进行有关古希腊的学问研究。在当时阿尔卑斯山脉以北,他是为数极少的同时懂得希腊文、拉丁文以及希伯来文的学者,他也是教育家和音乐家,提倡教堂的管风琴演奏以及圣乐。同时,他也反对长期在中世纪占统治地位的经院哲学。在他去世以后,人们出版了一些关于他的生平传记,由此他获得了更大的名望。他受到下一代的荷兰以及日耳曼的人文主义学者的尊敬,伊拉斯谟(Desiderius Erasmus, 1469—1536)等人都承认他的思想是北方人文主义的源头,从他那里受益良多。

"现代虔敬运动"以及"共同生活兄弟会"并不与社会隔离,却希望过简单纯净的宗教生活。他们一定程度受到中世纪以来基督教神秘主义的影响,强调内心的体悟,不提倡经院哲学。但是,与狂热的神秘主义相比,他们的取向仍然很不相同。关于肯皮斯的神秘主义,赫伊津哈将它称为"冷静的神秘主义"(nuchtere mysticisme),这位历史学家和文化学家认为,尼德兰的基督徒们,在中世纪的晚期已经舍弃了狂热浓烈的神秘主义,他们制止了灵修生活中的偏激,将宗教的热忱转化为对天主的谦恭柔顺以及平实温良,并且崇尚日常生活中的虔敬、道德、简朴以及慈善。但是,他们对于弥撒特别是圣体圣事中的"奥秘"仍然充满着温和和静谧的热情,对于圣灵的指引感到含蓄细致的恩宠。赫伊津哈在《中世纪的秋天》中提到:"在温德斯海姆的修道院,见到的是在日常生活与工作中的宗教情怀与微妙细致的神秘。它并非雷霆式的浓烈的神秘,它是一种小小的火花,持续地在静谧、不张狂的小圈子内产生的一种私密与融洽的灵修。肯皮斯最优美且有力的作品是《效法基督》,作者一心探求万物静谧的本质。"他形容《效法基督》是散文诗,其韵律是"在黄昏的海洋,下着温和如丝的细雨,是某个秋天微风的叹息"。这个运动还有一层更深刻的含义,就是回归早期教会的那种质朴以及虔诚、从个人的内心而非外表的形式(如华丽的辞藻以及繁文缛节的礼仪)深度体验基督的信仰,从内心去追求真理,跟随基督的脚踵。因此,它又带有一种深刻的个人主义色彩。肯皮斯已经提到只有内心的对于基督的体验才是最重要的:"人们知道如何去走内在生活的道路,将小事置于自己的身外,人们不需要在特定的地方,或者固定的时间去表现自己的虔敬。"

在 15 世纪以后,"共同生活兄弟会"从尼德兰流行到欧洲的其他地区以及国家,他们对于教育的推动规模很大而且意义深远,其学校的课程除了宗教课以外,也注重希腊文的教育,以便培养学生研究古典作品的能力。他们还继承了自中世纪以来抄写经典手稿的能力。印刷术出现以后,"共同生活兄弟会"拥有自己的印刷厂,出版中小学的课本、包括宗教、语文以及古典的作品。在 16 世纪以前,他们印刷了 9 000 多本书籍,很多尼德兰地区的人文主义学者都受教于"共同生活兄弟会"的学校,在思想上也受到"现代虔敬运动"的影响,其中最著名的就是来自鹿特丹的伟大的人文主义学者伊拉斯谟。

伊拉斯谟出生于鹿特丹,是一位神职人员的私生子。他早年最初是在豪达上学的,后来他又去了代芬特尔的"共同生活兄弟会"办的学校读书,在后一所学校里,日耳曼的人文主义学者亚历山大·赫吉乌斯(Alexander Hegius 1439—1498)是他的老师。1486 年,他在豪达附近的格里高利奥斯定会成为一名执事。在此期间,他如饥似渴地学习古典的以及早期教父的著作。1492 年,他成为一名神父。1495 年,他离开了修道院前往巴黎大学深造,在法国期间,他对于宗教改革以前的社会气氛非常敏感和了解。1499 年,他在其学生威廉·布罗恩特(William Blount)的陪同之下初次访问了英国,在牛津大学,深受英国学者科勒特(J. Colet)的影响,开始放弃经院哲学而直接研究《圣经·新约》。1500 年,

伊拉斯谟肖像,由艺术家小汉斯·荷尔拜因绘制于 1523 年

他回到欧洲大陆,其间他拒绝了巴黎大学和鲁汶大学授予他的教授席位,潜心学习希腊文。他于 1506 年至 1509 年之间三次访问意大利,但是并没有从意大利找到自己在学术上的灵感。在 1509 年亨利八世登基以后,他再度访问了英国,一度居住在托马斯·莫尔的家中,他们由此成为终身的好朋友。他又被枢机主教和神学家费舍尔(John Fisher, 1469—1535)邀请到剑桥大

学,成为那里的第一位希腊文教授。1516年,他接受未来的查理五世的邀请前往设在布鲁塞尔的朝廷,成为查理五世的咨询顾问。1516年,教宗发布简谕,解除伊拉斯谟在修道院的义务,他又恢复了旅行。但是在1521年,他选择在巴塞尔永久地居住下来了。为了保持自己的自由,他婉拒了许多国家君主授予的高官厚禄。1529年,宗教改革波及巴塞尔,他逃离了那里,在弗赖堡定居下来,一直居住到1535年,继续推进宗教信仰之间的和平相处。他是在巴塞尔去世的。

伊拉斯谟认为,基督教世界在他所处的时代面临三个方面的威胁,学者有责任去维护基督教的信仰和教会的统一。这三大威胁:一是教会中人过度地沉湎于希腊罗马的古典学问有可能会导致当代的"异端"的产生,古典的异教观念有可能会渗入和败坏基督教的信仰。二是"犹太主义"的观念,即过度地强调礼仪、仪式和律法,反而忽略了真正的基督的爱的真义。伊拉斯谟的原意不是反犹太主义和反犹太人,他只是认为从犹太教来的这种过分地依赖于外在的律法和礼仪比古典的异教主义更加危险。三是他已经敏锐地预见到了基督教世界面临的大分裂,它将会导致灾难性的后果——社会的解体以及欧洲各国的残酷而频繁的内战。伊拉斯谟向往的是一种较为理性的、人文主义的和去教条化的基督教信仰。他提倡每一个个人应当效法基督,追随基督的榜样,与基督直接地融为一体,要去除那些虚假的虔敬——如敬拜图像、膜拜圣徒、朝圣、禁食与斋戒、空洞地背诵拉丁文的经文(其实大部分人民群众并不理解拉丁文)以及过度沉迷于仪式和礼仪。尽管他并不积极地批评修道主义,但实际上他认为修道的观念并无太大的意义。他在"真正的基督教"与虚假的宗教之间划出一条明确的界限,他告诉读者说当时的基督教世界中充斥着或者说大部分都是假基督教。伊拉斯谟哲学中的基督是理想的个人。在他生活的时代,马丁·路德发动的宗教改革运动如火如荼,许多保守的天主教会人士视其为洪水猛兽,滥施打压。伊拉斯谟同意路德对于教会弊端的抨击,尽管他不同意路德其他的神学见解,主张以和平与宽容的方式解决教会内部的争端。伊拉斯谟认为,路德的思想过于极端,而且有着易怒的性格,他不喜欢路德否定意志自由,也认为马丁·路德缺少人文主义者的文雅品质。伊拉斯谟的著作中充满着宗教宽容的思想,在他的思想中,神学与哲学、理智与信仰、热忱与谦逊、宽容与持守、激情与和平、科学与艺术都能够达致一种和谐的状态。伊拉斯谟的时代,"宗教改革"与"反宗教改革"之间的冲突已经达到异常尖锐的地步,这使得他感到不安与痛苦,他以坚定的立场表达应当以和平的方式解决这些冲突,从而使得教会再度复兴。尽管他被认为是在为宗教改革铺路,但是他的学者的性格使得他厌恶暴力、追求心智的和平,没有偏向宗教改革派,而是选择回归教会的传统以及稳定。他的著作的内容相当丰富,涉及的领域也相当广泛,遍及教育学、宗教、伦理道德、古典文学以及译著。其文风文雅质朴、时而滔滔雄辩、兼具冷嘲热讽;时而诙谐有趣,不乏机智幽默。

《愚人颂》(*The Praise of Folly*)是伊拉斯谟最经典的代表作。此书的构思是他从意大利去往英国的途中跨越阿尔卑斯山的时候萌发的,他到了伦敦以后在托马斯·莫尔家中迅速地写成,并把它题献给莫尔。他以"愚人"的口吻讽刺当时的世态与世像,特别是那些被他称为"贤人"的高级教士们的伪善与无知。他称那些教士"计算每个灵魂在炼狱里逗留的时间"的赎罪券,称修道院的僧侣是"精神错乱的蠢物",他们"深深地爱恋自己,是个人幸福的痴赏家",他们的行为举止拘泥于小节,"缚凉鞋带要准确到打多少个结;各式的衣服分别取什么特异的颜色,用什么衣料做成,腰带有多宽多长"等。教宗应当以谦逊和清贫来效法主耶稣基督,"他们唯一的武器应该是神圣武器,在这种武器的使用上,他们慷慨之至,例如他们的禁止圣事、停权、谴责、重诫、大绝罚与小绝罚,以及他们的令人一见即使人的灵魂堕入地狱最底层的怒声咆哮的赦令"。[①] 他以幽默讽刺的笔法来表达他的思想,不带教条意味的说教,被视为人文主义的经典巨作。

由于伊拉斯谟主张从《圣经》的原文理解教义的本质,他曾经在鲁汶大学设立三语学院(Collegium Trilingue),提倡以拉丁文、希伯来文以及希腊文来解读和注释《圣经》,由此也推进了人们对于古典文学的兴趣。伊拉斯谟摒弃中世纪长期以来统治神学界的以继承亚里士多德思辨为特征的经院哲学,认为此种哲学过于烦琐,"是从荆棘丛生的书籍中演绎出来的",他主张回到基督教的源头及《圣经》中耶稣原来的思想以及早期教会的历史以及教父的思想,"这样去求真遇到的麻烦少,成果多",他致力于研究古典的语言,翻译《圣经》的目的就在于此。"我希望,所有的贤妻良母都能够读《福音书》以及保罗的《使徒书》;我希望福音书和《使徒书》能够翻译成为一切的语言;我希望所

[①] 禁止施行圣事,天主教会中给个人、团体或者某一个地区不许参加或举行某些教会仪式的处分;停权,教会对教士的处分,全部或部分禁止他行驶宗教事务上的职权;谴责,教会中的一种处分,用书面的形式列举所犯的过错;重诫,教会中经过三次训诫以后进一步作破门警告的一种处分;小绝罚是禁止领圣体,大绝罚就是开除教籍。

有的农夫都能一边耕地一边唱圣歌,所有的织工能够一边织布一边唱圣歌;我希望,这些故事能够帮助出门在外的人减轻旅途劳顿之苦……这样的哲学是神的倾向问题而不是三段论的问题,是生活问题而不是争论的问题,是神启的问题而不是深奥的学问,是人的转变而不是逻辑问题。"伊拉斯谟的著作中充满着宗教宽容思想,荷兰有不少杰出的人物受到了他那种宽松的和非教条化的基督教人文主义思想的影响。赫伊津哈认为这是17世纪荷兰联省共和国的杰出的政治家所特别提倡的"宗教宽容"理想的原型。不过,在当时无论是天主教会还是加尔文教会中都有许多人不喜欢他,1549年,有人在鹿特丹竖立了一尊他的木质的雕像,后来西班牙人在国王访问这座城市的时候将它砸碎扔进了运河里。1616年,当阿明尼乌派势力强大以后,人们又制作了他的石刻的雕像竖立在一个地方;到严格的加尔文派掌权之后,市政厅又把雕像放到了一个不起眼的地方。到1622年,人们再把它竖立到了集市广场上。

"现代虔敬运动"以及与之相关的伊拉斯谟等早期基督教人文主义属于天主教思想的范畴,但是他们的一些思想特点对于后来的宗教改革运动中的新教改革者是有所启发的。这些特点是:(一)注重个人内在的宗教经验的体验与上帝的直接的对于个人的神启,他们视宗教的信仰为一种个人的道德行为,是出于个人的内心世界在静默中的对于耶稣教诲的体验的结果。(二)对于教会的体制的僵化、神职人员文化素养和道德品质的低下和腐败持批判的态度。他们倾向于认为所谓教会的组织以及礼仪只是外在的形式而已,相比于内心对于上帝的信仰,很可能只是次要的。人们向上帝的祈祷应当是有思考的内容的。(三)注重对于《圣经》中上帝的话语的原意的理解,因此他们提倡学习古典的语言,尤其是希腊的语言,其目的是更加贴近《圣经》原意。他们还提倡研究初期教会的历史以及阅读早期教父著作,因为早期教会的历史包含了以后教会发展中的一切的问题,早期教父的著作中更是充满着真义。他们对中世纪烦琐的经院哲学持保留和怀疑的态度,认为此种过于烦琐的经文解释很可能是出于对学问的炫耀而非对本意的接近。(四)他们都主张宗教宽容,特别是在伊拉斯谟的著作中,宽容的精神是无所不在的。所有这一切,对于后来荷兰共和国的许多非主流的(即非加尔文派的)基督教神学思想如门诺主义以及阿明尼乌主义者都有启发,一些开明的荷兰共和国政治家也视伊拉斯谟为精神的导师。不仅如此,许多现代的政治以及哲学思想也可能追溯到他们的身上。

第三章
"反叛"前的尼德兰社会

近代早期荷兰人"反叛"的历史,在史学研究上历来有许多不同的讨论重点。一些具有民族主义思想的荷兰历史学家,常常将荷兰对于西班牙的反抗,解释为荷兰人的"爱国的精神"是反抗运动的主要的动因——他们经常强调威廉·奥伦治和执政官莫里斯等领袖人物以及一般民众对于荷兰的深切的感情。另一些具有新教意识的历史学家,则往往注意到荷兰在反抗西班牙人统治的过程中,西班牙人在宗教上对荷兰人的严酷的压制以及加尔文教派在革命中所发挥的作用。还有一些历史学家则注意到城镇中的商人以及其他中产阶级捍卫自己的经济主权以及利益,抵制西班牙人的沉重的苛捐杂税,以及西班牙中央集权体制与荷兰地方自治的矛盾冲突。不过,总体说来,以上包括政治、经济、宗教、文化种种原因在探讨荷兰人的反抗中都是应该加以考虑的。张淑勤教授在其《荷兰史》中指出,荷兰"反叛"的根源,还要放在近代早期欧洲历史的整体脉络上来分析。因为这是整个辽阔的西班牙帝国与当时西欧最为繁荣和重要的地区的对抗,也可以说是两种不同文化之间的冲突。换言之,这是一种具有"收复失地"(Reconquista)中世纪心态的西班牙人与拥有较为开放之商业精神以及比较容易接受新文化的尼德兰人之间的冲突。

一、城镇发展与社会经济

1500年的时候,所有后来形成荷兰共和国的领土上居住的人口大约是100万。但是在不同的地区,人口的密度很不相同。北方最重要的一些城市如多德雷赫特、莱顿、乌特勒支以及阿姆斯特丹与南方的主要城市相比，人口的数量还是比较小。1560年，阿姆斯特丹因为发展出与波罗的海沿岸地区的大宗货物的海上贸易，已经赶上或者超过了梅赫伦和布鲁日，但是与安特卫普以及布鲁塞尔相比，城市规模以及人口的数量还是比较少的。在1550年的时候，包括米德尔堡以及斯海尔托亨博斯(s-Hertogenbosch)等不低于12座北方城市的人口超过了1万人，由于当时整个北方地区人口比较少，这些城市的出现还是引人注目的，它们声称总人口已经达到18.2万人，其中有5座城市位于荷兰省，加起来的人口有8万，荷兰省的人口有一半是居住在城市里的。但是城镇人口比较集中的现象只是出现在荷兰省，尼德兰北方的大部分地区都是乡村。在15世纪后半叶，在上埃瑟尔省的3座比较大的城市居住的人口只占该省总人口的38%，如果加上在其他小城镇居住的人口，该省的城镇人口大约达到52%。

另一方面，在比较偏南的佛兰德斯以及布拉班特，则较多地稠密地分布了一些村庄以及大量的农业人口，这些地方人民的生活与当时欧洲大多数地方是一样的。有一点比较特别的是，许多农村的人口赖以生存的不是干农活，而是用船只贩运货物、河流交通、捕鱼业以及挖掘泥煤——又称草灰，是在沼泽地带的煤化程度最低的煤。就城市的人口密度来说，北方超过了南方。

就南方最大的港口城市安特卫普来看，1521年至1529年哈布斯堡王室与瓦罗阿王室之间的战争使得该城市的对外贸易受到一定的影响，该城市刚刚形成的金融市场也间接受到损害。16世纪30年代，胡椒和其他香料的市场也不太景气，里斯本关闭了在安特卫普的商站。但是到16世纪30年代末期，葡萄牙与安特卫普的香料贸易又恢复了。1539年11月至1540年8月，共有380艘主要是运输香料的葡萄牙船只停泊在安特卫普的港口。但是在新的环境之下，葡萄牙没有保持胡椒贸易的垄断，只是与威尼斯平分秋色。同时，安特卫普的经济再度获得了发展，主要原因是美洲白银进口到西班牙塞维利亚的数量不断增长。1537年，西班牙的白银已经非常充裕，查理五世不得不提高金价，使得金银的比价从1∶10.1变至1∶10.6。西班牙国力的强盛使得它进而要开发大西洋彼岸的美洲，由于西班牙本国在物资上的缺乏，它需要波罗的海沿岸国家的木材、厚木板、柏油、船只、小麦，英国和法国的布匹、五金、呢绒，这些物资基本上都是转运美洲的。1553年，安特卫普将5万多匹布运往伊比利亚半岛。西班牙运往安特卫普的货物有羊毛、食盐、明矾、葡萄酒、干果、植物油、胭脂、美洲的染料、加纳利群岛的蔗糖等来自海外的产品。但是这不足以达到贸易的平衡,西班牙王室进而通过输送银币和银条结清亏空,从西班牙运来的美洲白银往往在安特卫普制币所铸造成银币。安特卫普通过与西班牙的商业贸易以及从西班牙进口的白银再次获得生机。1535年至1557年是安特卫普城市发展的辉煌时期,城市人口有了很大的增加。1500年,城市人口是4.4至4.9万人,到1568年已经超过10万;房屋由6 800幢增加到13 000幢,几乎翻了一番;街道的总长度达到8公里。1550年有一位名叫斯孔贝克的商人负责建造安特卫普的城墙,他组织了一个机构,将15家砖厂、一个泥炭矿、几座石灰窑、一个森林采伐场统辖在自己的手中,夜以继日地工作以完成此城市建设工程。在以后的一段时间里,安特卫普的手工业得到了进一步的发展,特别是羊毛纺织业、棉织品以及挂毯制作业。

北方经济发展的动力主要依赖于一些沿海地区的从事海洋贸易的城市,以及乌特勒支和格罗宁根的非从事农业生产的中产阶级的力量。当时,北方尼德兰还没有形成那种像意大利北方、巴黎盆地等地出现的周围有乡村以及小镇拱卫的大都市,也没有大城市可以主导整个地区的政治以及社会生活。根据1514年的统计,北方诸城市中人口最多的是莱顿(1.25万),接着是阿姆斯特丹(1.2万)、多德雷赫特(1.1万)、哈勒姆(1.1万)以及代尔夫特(1万)。因此,在荷兰"反叛"以前,北方并没有真正的大城市出现。

在16世纪的时候,尼德兰南方的城市的经济主要依赖于当时比较昂贵的货物贸易——纺织品、香料、金属以及蔗糖,主要的贸易城市就在安特卫

佛兰德斯出产的挂毯《狩猎者归来》,约制作于1525年至1550年

普。同时，在佛兰德斯以及布拉班特的与这些货物贸易相关的手工业如羊毛织品、亚麻布、挂毯以及蔗糖加工业也是重要的支柱产业。金属制造业主要在里尔以及亚琛。在北方，城市的经济主要依赖于大宗货物的远洋贸易以及鲱鱼捕捞业。在1585年以前，南方的那些价格比较昂贵的货物贸易在北方很少看见。1520年以后，原先莱顿出产的老式的布匹由于竞争不过英国的布匹而退出了北方的交易市场。

1580年以后，北方沿海地区的从事远洋航海贸易的城镇发展起来了，阿姆斯特丹的发展速度是最快的，但主要不是依赖于昂贵的货物，也没有大商人的出现，城市的中小商人通过海上的航运与波罗的海南部沿岸的但泽、旧普鲁士的科尼斯堡以及今拉脱维亚境内的沿海城市里加建立贸易联系，从那里运输大量的谷物以及木材进入尼德兰地区。米德尔堡也是一座特别的城市，在1523年被授予特权以后，专门从法国运输葡萄酒到哈布斯堡统治下的尼德兰地区。1550年，大约60%的产自法国的以及莱茵兰的葡萄酒是通过航行于河流的船只经由米德尔堡被运输到哈布斯堡统治下的尼德兰地区的。与阿姆斯特丹一样，还有一些北方的城市如霍伦、恩克赫伊曾、梅登布里克也与波罗的海的城市建立了频繁的海上贸易，霍伦还特别从挪威进口大量的木材以及从法国和葡萄牙进口盐。

鲱鱼捕捞业在北方沿海城市占有十分重要的地位，与大宗货物的海上贸易一样，稳步发展。1470年的时候，这些地区的城市拥有250艘鲱鱼捕捞船只，捕鱼业者大约有3 000人；到1560年的时候，拥有500艘鲱鱼捕捞船只，从业人员大约有7 000名。北方的鲱鱼捕捞业大致分为三块：泽兰的捕鱼船队主要集中在济里克泽、费勒和布劳沃斯(Brouwershaven)三个港口；荷兰省南部的船队集中在鹿特丹以下马斯河河口的一些小城镇；荷兰省北方的船队则在恩克赫伊曾。在荷兰"反叛"以前，佛兰德斯的海港城市敦刻尔克、新港、奥斯坦德(Ostend)也有一些小的鲱鱼捕捞船队。所有这些城镇都从海外进口大量的盐用于腌制鲱鱼，特别是霍伦和济里克泽有重要的盐加工业。

与航运业以及鲱鱼捕捞业相关的造船业也兴旺起来了，包括船只的装备，人手的培养，制作缆绳、木桶、篮子以及袋子等船用物品，还有建造码头以及仓库等工作都变得非常活跃。16世纪60年代，仅荷兰省就有1 800艘远洋的航运船只，其中有500艘是以阿姆斯特丹为停泊基地的，这要比当时欧洲任何一个港口的停泊的船只更多，威尼斯在它15世纪50年代的全盛时期不过拥有300艘远洋船只。当时大部分的荷兰远洋船只主要行驶于波罗的海沿岸、挪威、法国的西部以及葡萄牙。16世纪60年代中期以后,超过1 000艘荷兰省的远洋船只一年之中会第二次出海前往波罗的海沿岸国家,超过4/5的船只是从阿姆斯特丹出发的。与昂贵货物的贸易不同,荷兰省等北方地区建造的船只在造价上都比较便宜,在船型的设计上尽可能地考虑运载更多的货物,也没有军事装备,船员也比较少,它们不适合运载价值高的货物,所以外国人也很难与他们竞争。

由于南方和北方在贸易以及工业结构上的不同,它们的商船队运输的货物也不相同。安特卫普的商船队规模较小,但是船只建造得非常结实,造价也较高,在设计上就是为了运输贵重的商品和进行远洋航行的。许多生活在安特卫普的商人非常富有,他们拥有自己的船只,或者2人、4人或6人共同拥有一艘船。相反,在北方直到16世纪80年代以前没有特别富裕的商人出现,尽管船只的数量和种类都很多,但是船只的拥有者都是人民大众,包括制作啤酒的人、磨坊主、谷物和木材购买者、鲱鱼交易者等,他们不拥有大的资本。

北方内陆城镇的人民主要从事手工业以及加工业,这些地方远不如南方那样繁荣。荷兰省的织布业在15世纪的时候是比较繁荣的,但是16世纪20年代以后因为无法与英国的羊毛织品竞争,莱顿、哈勒姆以及豪达都衰落下去了。以前,荷兰的布匹主要是出口到波罗的海沿岸地区,后来也就消沉下去了。除了造船业、鲱鱼加工业以及其他一些与航海直接有关的工业以外,北方大城市没有其他有特色的工业。在荷兰省与格罗宁根省的内地有几个小城的啤酒酿造算是有一点特色,因为这些地方有许多人喜欢喝啤酒。还有哈勒姆、代尔夫特和豪达三座城镇能够制作优质的啤酒,它们通过内陆的河道将啤酒运输到南方。即便如此,荷兰省的啤酒酿造业在16世纪也衰落下去了,因为南方的安特卫普、布鲁塞尔以及鲁汶的啤酒业发展起来了。

二、行会、民兵、文学社与摄政团

在低地国家与德意志北方的城市社会经济中渗透的基本组织是行会团体。自中世纪以来,尼德兰地区的每一个城镇都有自己的行会。手工业者根据自己不同的职业组成不同的行会。每一个行会都有各自的头人或称为执事(dekken or deacon),其职责是管理和规范行业的事务,维护行业的利益。许多城镇的行会都从朝廷或市政厅得到过特许状,拥有某些特权。所以,行会都视市政厅为各自行业利益的保护者。每一个行会都居住在城镇中某一个特定的区域。自中世纪时,市长就指定2名官吏(Wykmeesters),他们拥有所有居住在这片区域的人员的名单及其所拥有的兵器。当城市需要保卫的时候,教堂和市政厅就会敲钟,行会人员就要聚集起来,无论早晚,都不得延迟。每一个行会都有自己的旗帜和纹章,还有各自的主保圣徒。到16世纪的时候,尼德兰地区行会的发展有增无减,每一个城镇都拥有大量的行会,在安特卫普就超过了100个,每一个大的城镇,至少有几十个。自中世纪晚期以来,行会在城市的经济生活中就发挥着重要的作用。在这些行会中有不同职业的人们组成的各种团体,有商人和交易者组成的团体,有手工业者诸如鞋匠、铁匠、木匠组成的团体,还有与纺织业有关的织工、漂洗工和染工等组成的团体,还有其他职业如车夫、面包师、屠夫、鱼贩和渔夫、杂货商、裁缝以及港口的搬运工和纤夫组成的各种不同类型的团体。行会团体最大的功能就是将特定的人群限制在固定类型的贸易以及经济活动中间,这就意味着他们必须自认是拥有不同职业的城镇的居民,并支付加入行会的费用。行会的成员行事要符合行会的行为规范以及成员的身份,这是市政当局要求大家做的事情,行会还要指定价格的准则,规范同行之间的竞争以及遏制同行之间的恶性竞争,保护消费者的利益,禁止假冒伪劣产品。有些行业在当时是祖传的,所以行会要保障这些成员的职业祖祖辈辈传下去。如在根特,在16世纪早期的时候,啤酒制造业者的职业就是祖传的,他们只让自己的儿子接班。

每一个行会除了拥有自己独特的纹章、收藏以及仪式的用品之外,还设有各自的理事会,主要的行会成员拥有自己的大房子,往往是城市中引人注目的重要建筑物。在宗教改革以前,城市的行会在宗教节日的时候都要参加市政厅以及天主教教会组织的庆祝活动或者游行。每一个行会都在教区教堂里拥有自己的小教堂和祭坛,他们要出钱维持这些宗教建筑设施,还要支付管理的费用以及资助本城的宗教、文化以及社会活动。他们还要出钱资助城市的病者、残疾者以及年老的行会成员及其家庭。市政当局要求行会成员要具有合作的和互相监督的精神,城市里的每一处活动都要遵守更高一级的有关规定。比如,鱼贩子只能够在城市规定的市场里出售他们的鱼。在16世纪的时候,荷兰省以及北方其他地方行会制定的规则越来越严,主要目的就是保护各自成员的利益并阻挡外部的竞争。

画家们也有自己的行会,叫作圣路加行会,因为根据教会的传说,使徒圣路加就是一名画家,中世纪以来,罗马和欧洲一些地方有一些重要的据称具有神迹和神力的圣像画出自圣路加的手笔,所以画家们奉圣路加为他们的主保圣徒。17世纪尼德兰的画家行会,也就是画坊是很多的,许多城市中的教堂里面的圣像以及雕刻就是这些行会中的艺术家的作品。在18世纪北方的荷兰省,还有许多画坊被保留了下来。在后来荷兰海洋帝国的黄金时代活跃着的许多画家都与画坊有密切的关系。行会是必须有赖于合作才能组成的团体,他们的活动构成城市生活的一个重要的方面。

除了行会以外,还有一些团体在维持城市社会生活方面具有重要作用的就是民兵组织(militia companies or schutterijen),其主要的功能是维持城市的秩序以及制止骚乱,在必要的时候还要保卫城市。荷兰的民兵被称为"第二等精英",他们的社会地位比贵族要低一点,但是比平时挣工资的人要高一点。他们往往是手工业作坊的老板、店主、买乳品的、买鲱鱼的或是木材商人。他们不是穷人,要自己出资购买民兵所需的全副装备,他们还要负担民兵组织的一些费用,特别是要提供食品和饮品。最近的研究也表明莱顿的民兵中有5%的穷人,大部分的民兵都是一些有一点积蓄的平民。自14世纪晚期以来,荷兰省的城市中大约每5 000人中有150名民兵。1560年,莱顿以及哈勒姆两个城市大约各维持400名民兵;阿姆斯特丹则有600名左右。民兵的指挥官往往与市政厅的官员们有比较密切的往来。

荷兰画家哈尔斯笔下的圣阿德里安民兵组织

在组织与征募方面,民兵与行会是非常相似的,与行会一样,民兵组织不仅具有功能性,而且也是文化的、社会的以及宗教的团体,他们不仅要定时练习射击,也要参加社会活动,要参加城市的游行、在城门以及城墙的旁边巡逻。每一个民兵团体都有属于自己的建筑物,里面还设有射击场,当夏天来临的时候,每个月都要举行射击比赛。与其他的行会一样,每一个民兵团体都有自己的纹章,收藏盘子以及华丽的服饰。16世纪20年代以后,阿姆斯特丹等城市就有一种习俗——民兵团体悬挂小分队的集体肖像。在阿姆斯特丹,从1522年开始,有3个民兵组织,每一个组织共有12个小分队,每个小分队17人。现存最古老的民兵小分队集体肖像画作于1529年,上面画了17个小分队队员。还有一幅描绘整个民兵团体成员肖像的画,上面的人物围坐在圆桌旁举行宴会。

从15世纪早期开始,在尼德兰的城市里活跃着一些文学社,它们都是业余文学家从事诗歌与戏剧创作的团体。最初的时候,他们创作的都是与虔敬的宗教生活有关的神秘剧,表现的是宗教的神迹。从16世纪20年代至30年代以后,人文主义思想影响到了这些城市的文学团体,人们在文学作品中增加了道德的训诫以及基于希腊罗马古典神话的隐喻。在组织上,文学社与行会以及民兵也有相似之处,它们有属于社团的房子,有自己管理的执事,他们的活动也具有社会性、民事性以及宗教性,当然,更富于戏剧性和文学性。在宗教改革以前,它们的成员在天主教会的宗教节日期间是非常活跃的,朗诵诗歌,表演神剧。随着时间的推移,它们受到了伊拉斯谟的人文主义以及新教思想的很大的影响。从30年代开始,它们的许多成员在思想上倾向于反对天主教会的圣礼,也反对圣像以及圣物崇拜。可以想见,哈布斯堡以及天主教会当局对于他们持怀疑的态度,不过他们在民众中的影响是越来越大了。

由于太穷的人付不起财产税,为了财政统计,尼德兰各地留下了一些城市对于穷人的数量的统计资料。在莱顿,穷人的人数是有波动的,1514年占总人口33%,1529年低一点,16世纪40年代中期为40%。在内陆以加工为主的城镇也差不多。北方城市中穷人的人数要比南方更多。自中世纪的晚期以来,西欧的许多城市中都有由个人、行会、神职人员建立的众多的慈善机构以及基金,有各种各样的人士进行管理,当然管理者中最多的就是神职人员和教会机构。许多慈善机构、托钵僧侣以及修道院发放善款、提供食物以及燃料。大的城市还设立总的收容院。在哈勒姆就设有"伊丽莎白客房",特别招待穷人居住,还有一些规模更小的收容院、孤儿院以及小屋给穷人居住。这些穷人中有老年的行会成员,或者行会成员的寡妇。这些机构对于提供慈善救济的对象有时也做出一些限制,如有家庭的人、当地人、从事某些特别的职业以及创立这些机构的人的家人都不可以接受救济,它们有时也为流浪者以及朝圣者提供短期的住宿。

16世纪的上半叶,在西欧,无论是天主教会或是新教会,在社会救济方面都接受了一些新的观念,采用了一些新的方法。在这种变化的后面有几个新的因素。第一,一些人文主义者对于修道士以及托钵僧侣不加分别地或是效率不高地救济穷人提出了批评;第二,在一些发生宗教改革的地方,天主教会的慈善机构被充公了,除了新教的团体接管了一些机构以外,当地的政府也接管了一部分机构。与欧洲其他地方相比,尼德兰的不少城市社会慈善机构的发展一直比较好。20年代,佛兰德斯的一些城市禁止路边乞讨,由市政厅组织的慈善机构负责处理救济事业。1527年,里尔、布鲁日以及伊帕尔建立了一种新的"穷人会"(Order of the Poor),除了朝圣者以及孤儿以外,不允许别的人乞讨,也谴责穷人游手好闲,并将慈善救济局限于在本城居住两年以上的人,还建立了市政团体来管理福利事业。这些城市还制定了救济的规章制度,将已有的救济基金转到市政中央机构的管理之下。北方城市的救济事业也发生了一些变化。1527年,荷兰省开始借鉴布鲁日以及伊帕尔的一些经验,但是在尼德兰"反叛"以前,北方城市没有出现很大规模的慈善事业。直到16世纪七八十年代以后,莱顿以及哈勒姆出现了由市政府主导的比较合理的和标准化的救济病人和穷人的慈善团体。

根据荷兰当代历史学家马尔腾·波拉(Maarten Prak)在《黄金时代的荷兰共和国》中的分析,尼德兰社会中的这些行会、民兵组织、文学社以及慈善救济院等的市民组织以及社会团体之间有许多共同的特征:第一,它们都是地方性的组织,它们的存在是以地方的观念为依据的。行会的成员缴纳的税收占了地方税收的大部分,民兵是城市的保卫者,普通的市民则是社会的脊梁。第二,这些团体本身基本上都是自治的,至少在原则上是这样的:它们都以开会和选举的方式决定自己的领导人,都各自制订自己的计划,并且有一定的财政手段付诸实施。但是,在城市领导人的选择上以及城市的管理层面,市民们则不能发挥什么影响。民兵们有时声称有权挑选自己的领导人,但是城市民兵的军官往往还是由市政厅任命的。在16世纪至17世纪,这种情况往往造成冲突。第三,这些团体的成员往往来自中产阶级。行会是由独立的小商人以及手工业者组成的,他们的市民身份是成为行会成员的先决条件。民兵则必须自己出钱配备火器和装备,这不是一般的穷人随便都能够去充当的社会角色。在某些城市,要获得市民的权利,必须先向城市的武器库捐献一件武器。第四,这些市民团体的成员大部分都是男性。从来没有过"女民兵"。16世纪以后,大多数的行会成员只接受男子。妇女可以获得市民的权力,但是在大部分情况之下是通过继承而不是购买获得的。市民的身份不能为他们提供什么东西。在慈善机构中男人和女人多多少少是在平等的条件之下一起工作的,但是所有团体的管理人员无一不是男性。第五,这些社会团体都存在于城市,乡村中基本没有这样的机构。这种情况与居民的人数没有关系,虽然不能说农村中完全没有行会,但是毕竟非常稀少。部分原因是管理这样一个团体所需的费用非常昂贵。例如,一个面包师行会需要有许多的面包师傅才能组成,只有两三个面包师傅就没有必要建立行会。另外,乡村的情况与城市完全不同,乡村往往是由附近村庄的领主统治的。在当时的尼德兰地区,只有布拉班特省的乡村有民兵组织,他们举行射箭比赛这样的娱乐活动,也帮助团体中贫困的成员落葬,他们还要举行每年一度的宴会。在该省以外的地区则没有这样的团体。

在市民社会的高层最重要的是摄政的阶层。广义地说,就是那些参与市政府管理的人,他们是市政厅的议员或称摄政团。摄政团不完全局限于出身和社会成分,即便如此,他们也尽可能地想成为贵族寡头集团并保持自己的生活方式,特别在17世纪50年代以后,他们的成员有许多是内部通婚的。他们是一个特定的团体,通过掌握市政厅的权力影响城市的生活。年轻人和妇女可能是摄政团成员的家人,但是他们不能担任市政厅的议员以及掌握市政权力。

从15世纪中叶开始,勃艮第诸公爵就有意地培植亲近他们的摄政寡头集团,他们不愿意一般平民参加政府,希望市政的管理局限在城市中最富有的阶层手中。在15世纪晚期至16世纪,财富都是集中在摄政阶层的手中的,他们是城市中最富裕的阶层,但并非仅仅拥有财富就有资格成为市政厅的议员。首先,议员最好是本省的甚或是本城的人;其次,他还要得到勃艮第、哈布斯堡当局以及执政官的认可,多余的候选人包括上一届的市政厅议员可以被挑选成为城市的法官以及市长,执政官从各个城镇提上来的名单中的候选人中挑选出合适的人选。更有甚者,即便摄政团的成员目前是城市中最富有的人,但是随着时间的推移以及情况的改变,其他的人也会变得富有或者更加富有,摄政团成员之间的财富也会变得悬殊。因此,在 16 世纪或者更晚的时候,摄政团成员的情况都不是纯粹的。相反,他们的地位、互相之间的关系从来就是非常复杂和多变的,有时还是非常紧张的。

三、宗教信仰的分裂与冲突

16 世纪早期欧洲的宗教改革运动,对于尼德兰地区各阶层人民的思想造成巨大的冲击和影响。1517 年,马丁·路德在威登堡大学的大门上张贴《九十五条论纲》,揭开了宗教改革的序幕。1518 年至 1519 年,路德的著作借由印刷术的普及,已经在尼德兰地区流传开来。"再洗礼派"(The Anabaptists)又被称为"重洗派",是 16 世纪初期继路德思想以后在尼德兰地区又一个激烈的宗教改革运动的教派。他们并非一个单一的有凝聚力的宗教组织,而是许多民间运动的松散的组合。他们的共同特征就是不承认人在幼年的受洗礼仪,认为这是无效的,主张人们应该在成年时接受了基督教的信仰以后再次接受洗礼。当时他们也不认同别人称呼他们为"再洗礼派"。不过,"再洗礼派"后来作为历史的名词并没有贬义。该派的信徒从《圣经》中摄取有关千禧年的说法,希望实现社会正义,甚至有人还主张财产公有,激烈地反对贵族、地主以及教会的土地占有制。他们在宗教生活中还主张回到早期教会时期的状态,那时的教会并不是一个拥有强大势力的团体,而是充满着爱和忠诚,是在基督之中的兄弟姊妹结合而成的大家庭。他们坚持政教分离,主张基督徒是"自由和不受胁迫"的人,"用铁腕推行上帝之道"是不可接受的。教会不同于社会,是一生在世为旅客的人的结合。在尼德兰地区后来成为最重要的新教宗派的是加尔文派(Calvinists)。加尔文(John Calvin, 1509—1564)是法国人,沉着而敏锐,具有不可动摇的意志,早年在奥尔良以及巴黎大学等地求学。1535 年,他流亡到瑞士日内瓦,一年以后发表《基督教原理》,不久即成为当地的宗教领袖。一度流亡以后又在 1541 年 9 月回到日内瓦,致力于在当地建立所谓的"上帝之城"。加尔文还认为,自上帝创造世界以来,人类就被分为两种群体,一是被上帝拣选的选民,另外一种就是被诅咒的人。但是上帝"预定"的旨意,即"预定论"(Predestination),是人类没有办法测知的。不论人如何努力行善,均无法改变上帝的旨意。人类只有依靠上帝的启示,才能理解《圣经》的教导并进而管理教会以及社会。善行并非得救之原因,而是结果。加尔文派比较注重从理性以及法律的角度来探讨神学,他们在礼拜的仪式上不推崇比较情绪化的以及繁复的艺术与美学,但是崇尚自制与规范以及勤俭刻苦的生活伦理,加尔文的信徒要辛勤劳动、经常出席教会礼拜、帮助邻居之事;法庭、监狱、济贫院以及慈善机构都应当置于加尔文主义的制度之下。这一教派从一开始就吸引了一些具有进取心的商人、企业家以及城市中的从事手工艺的匠人以及普通市民。加尔文的神学观点还具有政治以及权力的意涵,与路德倡导的教会与民族国家合作的观点不同。加尔文反对国家和政府凌驾于教会之上。该派在法国一度流行,被称为胡格诺派(Huguenots),后来受到王室以及罗马教会的镇压,它在尼德兰则被称为"荷兰改革教会"(Dutch Reformed Church)。16世纪20年代以后,路德派、再洗礼派、加尔文派以及茨温利派(Zwinglianism)等各种新教的流派和思想如滔滔洪流全都在尼德兰不同的地区泛滥,这些教派的信徒以及接受他们思想影响的人数的增长的速度都很快。

所有这些新教的派别在神学上对于《圣经》的原典以及教会的组织结构的理解不尽相同,但是具有三个基本的共同特点:第一,强调上帝话语的权威性。路德以及新教各派的神学家都相信,在整个人类的历史上,上帝曾经向人类说话,施展作为。上帝与人类的谈话以及交往都写在了《圣经》里,上帝还通过使徒以及先知向人类说话,凭借着神的启示以及信仰,人类可以听到并且回答祂。所以新教各派都重视《圣经》,罗马教会也重视《圣经》,同时主张传统也是信仰的来源,这是两者之间的重要区别。第二,称义全凭上帝的恩典。路德等人发挥初期教会时代保罗的"因信称义"的教诲,主张个人的得救完全依靠对上帝的信仰以及上帝的恩典。罗马教会则强调信心和善行的并重,新教则显然更注重信仰,不同意人可以靠行为立功、反对赎罪券、圣母玛利亚以及诸圣徒的中保的地位以及所有他们认为不是基督设定的礼仪、拒绝变体论、忏悔(告解)、圣像、念珠等。第三,信徒皆为祭司。宗教改革者认为早期教会没有祭司作为中间人的先例,福音书里没有这样的角色,《圣经》里面也没有支持神职人员处理世俗事务的权利的经文。这等于说基督徒不再区分为神职人员以及信徒两个阶层,只有一个福音,一个因信而称的义,在上帝面前,所有的男女信徒和神职人员都处于平等的地位。由此,教阶制度包括教宗的地位都是应该予以否定的。新教的改革重视每一个基督徒的责任,信徒有权利也有义务阅读新翻译出来的《圣经》而不是简单的教理问答;每一个信徒对于社会的管理以及公共事务,应当负起积极的责任。有人认为这种思想倾向促成了欧洲近代意义的个人主义以及北美国家近代民主的兴起。

1518年至1519年的时候,路德书写的一些文章很早就已经流传到尼德兰地区的埃姆登、多德雷赫特、代尔夫特、安特卫普等城市以及其他的一些地方。

1519年5月,伊拉斯谟从安特卫普写信给一位朋友说:"路德的著作在低地国家每一个地方流传。"1521年6月,德意志的大画家丢勒说,在安特卫普,有人也在阅读路德的著作。16世纪20年代的早期,路德的著作还从埃姆登流入低地国家的各个地区。从1520年至1530年间,安特卫普成为整个欧洲印刷发行马丁路德著作的中心,并出现了除荷兰文以外的其他各种不同的版本。其中路德派的追随者多居住于与日耳曼有贸易往来的城镇,如安特卫普、根特、海牙以及乌特勒支主教区。

神圣罗马帝国皇帝查理五世从一开始就谴责路德的思想和著作,其使用的办法就是公开焚毁路德的书籍以及建立宗教裁判所。1521年3月,查理五世发布禁令,禁止阅读和宣讲路德以及追随者的"书籍和布道集",并下令将这些书籍烧毁。接着,哈布斯堡统治下的尼德兰各地方政府也纷纷下令杜绝路德的思想和作品,特别积极贯彻这些禁令的是几个重要的天主教主教区如列日、乌特勒支、科隆以及明斯特。接着在1520年10月,在鲁汶举行了规模很大的公开焚书,有8种版本的路德书籍被焚毁。1520年7月,在安特卫普再度举行焚书的活动,此次,皇帝查理五世亲临现场,不少于400本路德的书籍被烧掉,其中有300本是从书商那里收缴的。1521年7月,在根特也有300卷路德的书籍被烧毁。1522年在安特卫普以及布鲁日两地也都有焚书活动。

在尼德兰北方地区,虽然皇帝的统治相对比较软弱,路途也比较遥远,但是路德的影响仍然不小。1524年9月,代芬特尔的一位法官抱怨当地有人到处分发路德书籍,神职人员以及平信徒中都有人阅读。1525年8月,伊拉斯谟报告说"荷兰、泽兰以及佛兰德斯诸省的人都知道路德的教义"。1525年9月,皇帝在给荷兰省下达的一份谕旨中指出,路德的思想在许多神职人员中流传,由此影响到一些不成熟的信徒,他们在阅读路德著作的译本。1521年,北方在天主教会比较强大的乌特勒支主教区第一次公开举行焚毁路德书籍的活动,但是在哈布斯堡统治下的阿姆斯特丹直到1526年才举行第一次公开的焚书活动。

路德的书籍以及从中摘录文章的小册子在讲荷兰语的尼德兰地区的流传可能比法国、英国以及斯堪的纳维亚半岛更加广泛。首先,尼德兰要比周围的地区城镇化的程度更高,也有更多的人识字并喜欢阅读。其次,在1520年以前,基督教的人文主义在当地已经被许多人接受,特别在民办的拉丁语学校以及社会上更是如此,有一些校长本身就是基督教人文主义者,他们同情路德的思想。再次,当时的安特卫普是除了巴黎以外最大的出版中心,有大量的印刷工场以及书商,他们喜欢出版禁书,因为有利可图。从1500年至1540年的40年间,有56家印刷工场活跃在该城市,出版了2 480本书,大约占尼德兰地区总的出版量的54%。不过,许多路德的书籍是匿名出版的。在北方,路德的著作主要通过埃姆登、汉萨同盟诸城镇和南方的阿姆斯特丹流入。在16世纪20年代中期政府有计划地压制新教思想以前,当地已经有人印刷路德书籍。最后,从地理上来说,从日耳曼地区有许多条河流流向尼德兰南方和北方,两地在海上也有频繁的海路贸易,便利的交通以及密切的贸易联系也是新思想传播的条件。

　　1522年,查理五世运用政治的力量,在尼德兰建立了宗教裁判所,任命法朗斯·凡·胡尔斯特(Frans Van der Hulst)为第一任宗教裁判官,一年以后,得到了罗马教宗的批准。以后,又任命了数名副手当裁判官,其中有多明我会士雅各布·凡·霍戈斯特拉顿(Jacob van Hoogstraten),此人臭名昭著,备受德意志人与荷兰人的厌恶。开始的时候,宗教裁判所的裁判官将注意力集中在路德本人所在的修会即奥斯定会,他们怀疑低地国家的奥斯定会是路德的思想酝酿的温床。1523年7月,有两名奥斯定会士亨德里克·沃特(Hendrik Voet)和杨·凡·埃屯(Jan van Etten)被怀疑是异端而遭到逮捕,并在布鲁塞尔的大集市中央被处以火刑烧死,他们不仅是荷兰也是西欧最早的新教殉道者,他们遇害的消息使得整个德意志以及荷兰的人民都感到震惊。路德从威登堡向"所有的荷兰的、布拉班特的以及佛兰德斯的基督内的敬爱的弟兄们"致信,为失去这两颗"基督的明珠"而痛心疾首。从那时起,宗教裁判所一直在紧张而高效地工作着,到1525年,又有几位北方的倾向新教的基督徒遇害。

　　虽然被宗教裁判所处死的人数并不太多,但是产生的影响和冲击却很大。1526年9月,一位同情和造访过路德的海牙教士杨·杨森(Jan Jansen)被宗教裁判所判定有罪,在著名的海牙行政中心市政厅广场上被烧死,当时在场的有宗教裁判所的裁判官、高级市政官吏以及法官。1527年11月,又有一名妇女温德姆特·克拉斯多切(Wendelmoet Claesdochter)在海牙当着三名宗教裁判所的裁判官被烧死,这是第一位女性新教殉道者。尼德兰以及德意志的人民是高度同情这些新教的殉道者的。当时流传着一些诗歌歌咏他们不幸的命运,这些诗歌是民间的文学团体创作的,流传甚广。1523年,海牙拉丁语学校的校长威廉·格纳普黑斯（William Gnapheus）因被怀疑是异端而被宗教裁判所逮捕，但是荷兰省的议会释放了他。1525年，他又被重新逮捕并被判处死刑，但是在行刑前有人帮助他逃到德意志去了。

查理五世还想将宗教裁判所的势力延伸到尼德兰的北方。1525年，荷兰省首先发生宗教迫害事件。同年，乌特勒支的新任主教一改以往主教们的怀柔政策，对同情新教思想的人采取强硬措施。1530年，在弗里斯兰第一名异端在当地被烧死。海尔德兰的公爵也开始处死异端。在尼德兰的北方，当16世纪20年代中期迫害刚刚开始的时候，人民就同情新教，许多同情新教的文学作品流行很广。宗教裁判官们知道在北方的城镇里，到处都可以看见新教的或带有新教思想的书籍，每个人都在讨论这些观点。对于现存的教会，人民的支持度是很低的。但是宗教裁判所仍然在活动，他们要帮助皇帝遏制或者部分地瘫痪新教思想在低地国家的蔓延。他们非常注意社会的知识精英阶层诸如神职人员、书商、学校的校长和教师，防止他们倒向新教的思想——实际上他们中已经有不少人同情新教了。但是这种压制和监视并没有效果，人们对之采取的是阳奉阴违的态度。1522年，有一位代尔夫特的拉丁语学校的校长指出这座城市里的大部分人都同情新教。在16世纪20年代的中期，同情新教的情绪在尼德兰广为蔓延，在说荷兰语的省份更是如此，在这些省份，宣扬人文主义以及路德思想的印刷品广受欢迎，已经成为人们在宗教生活和灵修中的指导思想。1527年，荷兰的执政官忧心忡忡地声称"在荷兰的土地上，特别是阿姆斯特丹、代尔夫特、霍伦已经严重地受到异端的感染，到处充斥着路德的思想。"在16世纪20年代的晚期，在乌特勒支、莱顿以及费勒（Veere）等地，已经出现了一些具有新教思想的人士的秘密集会以及地下布道活动，不过当时还没有出现任何新教的组织团体。

"再洗礼派"最初是16世纪20年代中期在苏黎世出现的，后来波及瑞士的其他地方和日耳曼地区。1530年6月，霍夫曼（Melchior Hoffman）从斯特拉斯堡来到了今天德国北方的主要港口之一埃姆顿，组织了"再洗礼派"的团体，并以埃姆顿为基地，进入哈布斯堡统治下的尼德兰地区。他的两名信徒即吕伐顿的裁缝佛利克斯（Sikke Freerks）以及阿姆斯特丹的沃尔克兹（Jan Volkertsz）在尼德兰建立了最初的"再洗礼派"团体的网络。但是，它们一成立就立即遭到了镇压，前者在1531年3月在吕伐顿被砍头，后者连同8名追随者被捕以后押送海牙，于这一年晚些时候也被执行死刑。但是镇压并没有能够阻止此种新的教派的发展，在荷兰、弗里斯兰、格罗宁根诸省都出现了

"再洗礼派"团体。"再洗礼派"的教徒杨·马修(Jan Matthys,1500—1534)是哈勒姆的一位面包师,他在16世纪20年代已经接受霍夫曼的教诲成为一名"再洗礼派"的信徒,在前者被囚禁以后成为这个派别的新的领导人。他为数以千计的信徒再度付洗,并抛弃了霍夫曼和平主义的立场,声称如果再发生镇压的情况,就要奋起反击。他率领着该派教徒攻击日耳曼的威斯特伐利亚的明斯特的采邑主教区,并控制了当地的议会,导致明斯特的主教必须动用军队包围城市。马修后来在一次冲突中阵亡。他的学生中有一位名叫作杨·博克尔生,又被称为"莱顿的约翰"(Jan Bockelson or John of Leyden,1510—1536)的人充当领导者率领民众继续斗争下去,他是一名市长的私生子,早年当过裁缝。他宣布成立"新耶路撒冷"的新政权,自行称王,并实行财产公有制和多妻制。后来,天主教的贵族的军队包围这座城市18个月以后攻破了它,莱顿的约翰和另外几名"再洗礼派"领袖被捕后在1536年1月被残酷地处死,他们的尸体被放在铁笼子里吊在明斯特的圣兰博教堂的窗户边上,这些铁笼子至今挂在那里,不过里面并没有尸体。也就在上述"明斯特暴动"发生的同一年即1534年3月,阿姆斯特丹也发生了"再洗礼派"的骚乱,他们在严寒的冬天的晚上聆听完布道以后在街道上裸体狂奔。该市的警长逮捕了一些人,这些人则宣称"我们是赤裸的真相",当时阿姆斯特丹已经有3 000多名"再洗礼派"的信徒。除了阿姆斯特丹和哈勒姆,"再洗礼派"在代尔夫特也拥有不少信徒。1535年3月,有300名弗里斯兰的"再洗礼派"信徒包围并占领了西多会在弗里斯兰西部博尔斯瓦德(Bolsward)附近的一所修道院,他们焚毁圣像以及祭坛,又要建立地上的"新耶路撒冷"。当地的执政官派军队包围修道院,并用大炮攻破了它。有24人被当场吊死,还有许多人战死了,还有一些妇女被扔到河里淹死。

在经历了血腥的"明斯特暴动"

门诺肖像

等事件以后,到16世纪40年代,开始出现了主张和平主义的"再洗礼派"思潮,主要的代表人物就是门诺·西蒙(Menno Simons, 1496—1561),有一些学者认为他是荷兰宗教改革历史上最伟大的人物,也是对后世产生深远影响的人物。他在16世纪20年代受到路德思想的影响,后来又像许多荷兰的隐秘的新教徒一样,他放弃了路德转向茨温利。最后大约在1531年的时候,他接受了"再洗礼派"的教义。不过,他当时在表面上仍然遵从天主教会的训导以及礼仪,在弗里斯兰的乡村维特玛瑟姆(Witmarsum)当一名教区的神父。1534年至1535年,他开始在布道中猛烈地抨击明斯特的暴行。1536年,他在当了十年的隐秘的新教徒以后,宣布与天主教会决裂,正式地加入"再洗礼派"。此时,他流亡到格罗宁根,哈布斯堡政府要逮捕他,他于是就在弗里斯兰隐居起来了。此时,他写了著名的《基督教教义基础》(Fondament-Boeck, or The Foundation of Christian Doctrine, 1539)。1541年至1543年,他一直在阿姆斯特丹布道,后来则主要居住在日耳曼的西部,同时也继续保持与哈布斯堡统治下的尼德兰北方"再洗礼派"团体的联系。

门诺不是一位有思想体系的神学家、学者或《圣经》注释家,他的写作是基于个人的宗教的体验以及对生命的理解,他的作品中深深地流露出他对于《圣经》中教义的忠实以及他温和的个性。他要求信徒要谦卑和忠于上帝。极端反对使用暴力,这并非出于对哈布斯堡政府以及现存的天主教会的惧怕,相反,他要用自己的笔与当局斗争。他写了一系列的著作,通过一位同情他的主张的阿姆斯特丹的书商简·柯拉松(Jan Claeszoon)分送到许多读者的手中。后来这位书商被逮捕并被判处死刑。他写的著作既面向哈布斯堡政府当局和公众,也面向再洗礼派的信徒。他要求世俗的以及宗教的当局冷静下来,"以上帝的名义使自己谦卑下来",面对"再洗礼派"的教义。他还提醒读者和当局,唯有基督才是人类真正的政府以及主宰。他的助手和学生名为迪克·菲律普(Dirk Philips, 1504—1568),他是弗里斯兰人,也是一位和平主义者。他可能比门诺更加熟悉伊拉斯谟以及路德的著作,他在自己写的著作中极力宣扬门诺派和平主义的立场,门诺派由于其温和的特征,后来在荷兰的知识分子中取得了一定的影响。

由于加尔文主义兴起相对较晚,直到1550年以前,在低地国家一直是较小的新教宗派。不过,早在16世纪40年代的中期,瓦隆的一些城镇除如图尔内等外已经有加尔文教派的出现,后来安特卫普也有该教派成员的活动。加尔文派的思想主要是从法国流入尼德兰地区的,这也许是由于加尔文本人出生于南部尼德兰与法国边境的小镇有关,加尔文本人在传教的时候,对尼德兰地区的人自称为"比利时人"。尼德兰南方的一些比较富裕的纺织业大城市也吸引了法国的信奉加尔文教义的商人来到这里。还有一个传播的渠道可能在伦敦,因为在那里居住着一些荷兰难民,加尔文思想在他们中间传播得很快,英国人以及在英国的荷兰人与尼德兰保持着贸易的联系,加尔文主义也就辗转来到了尼德兰地区。另外,在日耳曼的北方如埃姆登、威塞尔、杜伊斯堡、中部的法兰克福以及法兰肯塔尔等地也有一些加尔文派教会,他们也有人员进入尼德兰地区。相比于"再洗礼派"所受到的底层社会的支持,加尔文派从一开始就得到城市的中产阶级以及贵族的支持,在尼德兰地区的加尔文派,也在具有自治传统的城市中发展,后来居然演变为尼德兰北方的最大的新教派别。这很可能是因为它的教义非常明确而具有逻辑性、教会的组织性较强以及世俗性的特征,由此能够引起中下层民众的认同与支持。

第四章
争取自由与建立新国家

一、菲律普二世的高压政策

继查理五世后统治庞大的哈布斯堡帝国的是菲律普二世,他是查理五世及其妻葡萄牙的伊丽莎白所生的儿子,出生于西班牙中北部地区的巴利亚多利德(Valladolid)。西班牙王室指定他的导师以及监护人是胡安·马丁内斯·斯里索(Juan Martínez Silíceo, 1486—1557)枢机主教,这位德高望重的高级神职人员也是一名学者,早年在巴黎大学就读,后来在萨拉曼卡大学教授神学以及伦理哲学,而且精通数学,他还是菲律普二世的私人忏悔神师。菲律普二世从小就接受了虔敬的天主教宗教教育以及良好的宫廷文化的教育,在礼仪、音乐以及艺术方面都有很高的修养。长大以后,他曾经大力赞助意大利著名的艺术家提香的绘画创作,还支持当时的一些音乐家为教会创作圣乐以及为宫廷举行的音乐典礼谱曲。

菲律普二世常常被他的敌人描绘为冷酷、偏激、阴郁和具有野心且行事果决之人。但是从另一个方面来看,他勤勉刻苦,处理国务亲力亲为,批改公文,视治理国家为神圣的义务;更为特别的是,他在

菲律普二世肖像

宗教信仰方面表现出来的虔诚的程度远远超过了父王,他对于天主教会的热爱到了异常固执的地步。他定期前往修道院避静与退省,对神职人员表现出极大的热忱,极力提高当时已经非常强大的西班牙宗教裁判所的地位和功能,对异端和异教徒表现出毫无余地的不宽容。比如,在1561年3月,他带领第三任妻子瓦洛的伊丽莎白(Elizabeth of Valois, 1559—1568婚姻存续)参加了西班牙宗教裁判所在马德里举行的声势浩大的火刑宣判仪式,在这次宣判中有24人被处决,然后他观看了盛大的宗教游行。他以强烈的使命感自视为天主教会的捍卫者,极力要挽救当时处于奥斯曼土耳其帝国的威胁以及风起云涌的新教改革两面围攻下摇摇欲坠的罗马教会。在他晚年的1588年,他还策划"无敌舰队"远征英国,企图一举消灭伊丽莎白一世统治下的英国的信奉新教的政权,重新建立罗马教会在英格兰的统治地位。与父王不同的是,菲律普二世在处理政治和外交问题的时候,经常会掺入自己的宗教感情,常常被他所信奉的天主教信仰以及宗教伦理所左右。他的政治以及外交顾问中不乏天主教会的神学家与教士。

埃斯高里亚尔宫历史建筑群

菲律普二世在有生之年集全国的财政力量,包括从美洲运回西班牙本国的大量黄金,修建了集皇宫、修道院、教堂、图书馆和王家陵墓于一体的著名的埃斯高里亚尔宫(San Lorenzo de El Escorial)。它位于马德里西北45公里处,于1563年4月28日奠基,最后落成于1584年9月13日。这个巨大的四方形要塞一般的历史建筑群的中央庭院中坐落着有高大圆顶的教堂,体现了菲律普二世要效仿所罗门王在耶路撒冷圣山上建立膜拜上帝圣殿的宗教思想。它的修道院中居住着圣热罗尼姆修会的僧侣。它一共有9座钟楼、2 600余个窗户、86道阶梯以及许多条走廊。菲律普二世亲自监督建造工程。他本人所居住的卧室和工作室非常简朴,但是从其中的一个门洞就可以进入恢宏壮丽的大教堂的祭坛一侧,这位自命为"新时代的所罗门王"就可以看见并参加在那里举行的辉煌的弥撒礼仪。这座巨大的建筑物奉献给圣劳伦佐(San Lorenzo, 258),这位圣徒是罗马主教(教宗)西克斯图斯二世(Sixtus II, 257—258年在任)期间罗马教区的七名执事之一,在罗马皇帝瓦勒里安(Valerian, 253—260年在位)统治时期殉道。根据米兰的主教安布罗斯(St. Ambrose, 340—397)等人的记载,当时罗马的市政官要圣劳伦佐交出教会的财产,但是他拒不服从,将财产分给了穷人。恼羞成怒的市政官下令将他放置在铁制的炉架上烤死了。自中世纪以来,劳伦佐是罗马教会重要的圣徒之一。1557年8月10日,西班牙军队在佛兰德斯的圣昆廷战役(the Battle of St. Quentin)中击败了法国的军队,当天正是圣劳伦佐的主保节日,于是菲律普二世将此次战役的胜利归功于圣劳伦佐的庇佑,这也是他决定将埃斯高里亚尔宫奉献给圣劳伦佐的理由。菲律普二世聘请了当时西班牙最负盛名的建筑师胡安·包蒂斯塔·德·托雷多(Juan Bautista de Toledo, 1515—1567)主持了建筑工程,其巨大的建筑群的平面呈现出圣徒劳伦佐殉道时躺着的铁架的网格状。由于建筑工程费时甚久,托雷多没有活着见到它的完工。他的徒弟、另一位西班牙著名建筑师以及数学家胡安·德·埃雷拉(Juan de Herrera, 1530—1597)继续负责工程直至最后落成。菲律普二世是极为崇尚圣物崇拜的,他对于收集圣徒的遗骨以及遗物怀有极大的热忱,据说埃斯高里亚尔宫保存了7 000多件圣物,包括《圣经》里记载的耶稣为门徒倒酒的6个水罐、耶稣荆冠上的9根刺以及"一万一千童真圣女"中的24名圣女的头颅骨等。这座巨大的建筑工程对于西班牙后来的政治以及经济的发展产生了一定的影响,它耗尽了西班牙从美洲运回国内的黄金和白银。1602年,西班牙人若泽·德·西古扎(Fray José de Siguenza)估计整个建筑费用为5 701 955达克特。

菲律普二世虽然被人认为具有极其强烈的雄心或是野心,他却自认为自己没有真正发动过战争,他确信自己就代表着天主,"天主与朕"是完全一致的。他的个性以现代的观点来看带有偏执狂的倾向,但是他并非不懂权谋。他为了自己的政治目的以及宗教信仰,与欧洲其他国家的王室成员多次联姻。他结过四次婚,第一次是与他的表妹葡萄牙公主玛丽亚(Princess Maria of Portugal),并生下儿子堂·卡洛斯(Don Carlos);在玛丽亚去世以后,为了使英格兰不干预西班牙在尼德兰地区势力的发展,他迎娶了都铎的玛丽公主(Princess Maria of England);在第二位妻子去世以后,他又为了拉拢法国,与法国国王亨利二世(Henry II of France,1547—1559年在位)和美第奇的凯瑟琳(Catherine of Médicis)所生的女儿瓦洛的伊丽莎白(Elisabeth of Valois)结婚;在伊丽莎白去世以后,他为了维持哈布斯堡王室在中欧的地位和影响,又与奥地利公主安娜(Anna of Austria)结婚。

菲律普二世自幼接受的是西班牙宫廷的教育,对于天主教有着极为深厚的感情。他不擅长尼德兰地区经常使用的法语,更不通晓荷兰语。由此,他不像出生在根特的父王那样熟悉和了解尼德兰当地的情况,当然对于尼德兰地方的绅士以及人民也没有很深的感情。而且,他的行事作风也不像父王那样有亲和力。相应地,尼德兰的贵族以及一般人民也都认为他高傲自大、保守固执以及不易沟通。相比于查理五世,人们对他的印象都比较负面。总之,由于菲律普二世对于尼德兰地区以及人民的认识并不深刻,也就经常忽略该地区贵族以及人民的需要以及他们要求沟通以及协商的意愿,也有意无意地忽视该地区人民要求经济自主、贸易自由以及宗教信仰上实行宽容政策的诉求。

菲律普二世对于尼德兰地区的政策,主要有两个重要基点。第一,他要继续扩大对于该地区的经济上的控制与压榨,让尼德兰承担西班牙帝国金库的角色。他在即位以后就发现,他那热爱战争与冒险的父王留下了一些严重的问题需要处理,最重要的就是财政上的缺口。当时西班牙帝国每年的税收为100万荷兰盾,但是政府的债务高达700万荷兰盾,利息的支出也极为沉重。菲律普二世必须筹钱,而富裕的尼德兰是他首选的对象。1556年3月,他第一次向联省议会提出筹钱的要求,开出的要钱数目是闻所未闻的300万荷兰盾,包括向全体尼德兰人民征收1%的不动产税以及2%的动产税。尼德兰人民极为不满,他们将自己与同样在哈布斯堡王朝统治下的意大利的一些地区人民所交纳的税相比较,发现自己缴纳的实在太多了。布拉班特省的贵族和人民带头反对,事情就这样拖着。直到1558年,联省议会才作出了妥协,提案同意向人民征税,在未来的九年里为国王筹款 300 万荷兰盾。但是联省议会设有附加条件,那就是由联省议会与各省协商决定何时分配税金。菲律普二世对于这个附加条件非常愤怒,但是考虑到这份巨额税收可以帮助他缓解帝国政府财政的矛盾,只得暂且忍耐。从那时起,国王对尼德兰再没有好感,同时他也失去了尼德兰人民的民心。由此,国王和联省议会似乎再也没有对话的基础了。第二,出于强烈的天主教信仰,菲律普二世绝对不能容忍新教思想在尼德兰地区任意泛滥。他已经注意到新教的各种流派的思想不仅在尼德兰人民中广泛地普及开来,而且德意志、尼德兰、瑞士以及丹麦等地的亲王贵族甚至主教当中的许多人都已经受到蛊惑,由此放弃了天主教的正统立场,他们中有人容忍新教的传播。加上当时英格兰的亨利八世已经开始在当地改革教会,冲击英格兰的天主教会。这股汹涌而来的浪潮,在菲律普二世看来就是洪水猛兽,他作为欧洲最强大的天主教国家的国王,应当作中流砥柱,力挽狂澜,以最强硬的手段予以遏制。

正是在此情形之下,菲律普二世针对尼德兰作出了两个重要的决定:第一,他下令由 3 000 名士兵长期固定驻守尼德兰地区。这支部队本来是准备与法国作战时进入尼德兰的,属于防御战略的一部分。现在国王要求这支部队驻扎在当地以防出现不测的情况。第二,他取得了罗马教宗庇护五世(Pius V,1556—1572 年在位)的同意,在新教思想已经蔓延开来的尼德兰新设立了 11 个天主教会的主教区,并且准备将臭名昭著的西班牙宗教裁判所引入尼德兰。他希望通过这些举动能够整顿尼德兰地方教会,去除新教思想的影响。在他看来,许多尼德兰地方上的修道院院长甚至主教们都可能感染了"异端"思想,他要委任罗马教廷或者是他本人信任的高级神职人员担任这些地区的宗教领袖。

1559 年 4 月 3 日,菲律普二世在为解决西班牙与法国之间为争夺意大利的战争中产生的利益问题,与法国国王亨利二世(Henry II,1547—1559 年在位)签署了《卡多-康布雷斯条约》(*Treaty of Cateau-Cambresis*),西班牙与法国的战事告一段落。这一年 7 月,菲律普二世出席在根特的尼德兰诸省的代表会议,宣布他将离开低地国家,将宫廷迁移到西班牙,并让士兵驻守尼德兰诸省,执行对当地的"保护"。尼德兰诸省的代表,在休会的时候拟定了一份应答书,他们告知国王,除非西班牙国王撤回军队,否则他们将暂停缴纳 9 年的税款。菲律普此时异常愤怒,但是他也面临严重的困难。因为就在最近,西班牙的海军在远征的黎波里的战役中受到土耳其舰队的袭击,有数十艘战舰沉没,1万名士兵投降,经费严重短缺。所以,对于他所看来的尼德兰人的要挟只得妥协。不久以后,西班牙的士兵就离开了尼德兰。菲律普这一年离开尼德兰以后,就再也没有回来。

从那时起,菲律普二世对于尼德兰只心存恶感。他不断重用西班牙人出任尼德兰的总督或者顾问,一切事务都要听从马德里的指挥。在查理五世时期作为尼德兰首府的布鲁塞尔,此时已经不再是中心了。菲律普二世在离开尼德兰回国时,先是安排自己的异母妹妹"帕尔玛的玛格丽特"(Margaret of Parma,1522—1586)担任总督,她是菲律普二世的父亲查理五世与尼德兰的佛兰德斯一名地毯商人的女儿私通以后生下的女儿。查理五世勇于承担,承认她是自己的后代,让她在宫中长大成人。18岁的时候,她嫁给另一名血统也不纯正的王室成员帕尔玛公爵,这位公爵是罗马教宗保禄三世(Paul III,1534—1549年在位)的私生子的儿子,也就是教宗的孙子。玛格丽特接受过良好的教育,但是她的才干和能力显然不足以应对当时尼德兰风雨欲来的那种错综复杂的局面。菲律普二世让她监国,实际上只是名义的,具体事务仍然由他自己决定。不久以后,菲律普二世又任命格兰维尔枢机主教(Antoine Perrenot de Granvelle,1517—1586)来到尼德兰,要求联省议会让这位枢机主教监国。格兰维尔为勃艮第著名的高级教士以及政治家,也是当时著名的艺术品收藏家。他出生于当时属于神圣罗马帝国的帝国城市奥尔南,该城市周围地区也是帝国的领地弗朗什孔泰(Frenche-Comté),他的父亲是查理五世时代帝国议会的议长,位高权重,是查理五世在日耳曼的亲信,对于尼德兰地区也拥有影响。格兰维尔早在帕杜瓦大学学习法律,后来又到鲁汶大学学习神学。1540年在晋升神父以后立即被罗马教宗任命为阿拉斯的主教,当时他才23岁。他一直是帝国议会的列席代表,也作为查理五世的代表出席过特兰托大公会议的开幕式。他随同查理五世参加了许多政治活动以及与撒克逊的战争,也帮助菲律普二世处理政治以及外交事务。菲律普二世将他派遣到尼德兰就是要让他成为该地区诸多教区的总管。在此之前,尼德兰的宗教事务是由阿夫利赫姆修道院(Affligem Abbey)的院长统辖的。该修道院位于布鲁塞尔西北19公里的地方,最初创建于1062年,由本笃会管理,是布拉班特公国历史上最重要的修道院。菲律普二世的这个决定,自然引起了尼德兰地区高级教士的不满。在尼德兰当地的许多倾向新教的神职人员以及贵族看来,菲律普二世在北方设立的新的教区以及格兰维尔的任命不仅具有宗教压迫的含义,也是政治压迫的一种手段。

二、北方的"反叛"以及阿尔巴公爵的暴政

1566年是尼德兰历史上非常特别的一年,有历史学家认为就在这一年荷兰人民举起了反抗西班牙人统治的旗帜,标志着反抗西班牙的独立战争的开始。这一年的4月5日,有200多名来自低地国家的不同地区的贵族,在韩德里克·凡·布雷德罗(Hendrik van Brederrode, 1531—1568)的率领之下,骑着马来到布鲁塞尔宫殿面见玛格丽特公爵夫人,向这位女摄政总督提交了"妥协请愿"(Petition of Compromise),该请愿书有400名贵族签名,它强烈地谴责了宗教裁判所的活动并且要求解散这个机构,这份请愿书有荷兰文、法文以及德文的版本。他们请愿的重点在于废止宗教裁判所这个被所有低地国家人民厌恶的机构,既没有反对国王和哈布斯堡王室,也没有反对天主教会。在请愿者看来,宗教裁判所这个机构不仅是邪恶的,而且对于尼德兰社会和法律具有颠覆性,也与这个地区人民的权力与福祉有冲突。他们声称宗教裁判所"消除了所有自古以来的特权、选举权以及豁免权,使得这个国家的市民以及居民困苦不堪、永世为奴"。他们请愿的方式也非常特别,挑选的日子是圣枝主日前的星期五,似乎象征耶稣进入圣城耶路撒冷,既是和平的宣示,也可能含有殉道的意义;同时,耶稣是上帝之子,是否也预示荷兰人自视为上帝之子?他们表现出非常的谦逊,似乎符合西班牙国王"良善与忠诚的仆人"的身份,但是在宣读完请愿书以后又全体奇怪地做了一个优雅的半转身的动作,似乎又是一种强烈的警告,"预示可能爆发一场群众运动"。

玛格丽特的幕僚讥讽这些荷兰贵族的逢迎与献媚,称呼他们为一群"乞丐"。但是玛格丽特本人面对这批人站在她面前的壮观场面则感到困惑、犹疑以及惧怕。她以国王菲律普二世的名义答应了暂时停止宗教裁判所的火刑和宗教裁判官的宣判活动,直到联省议会的代表团到马德里向国王正式请愿得到答复以后为止。当天晚上,这些贵族举行了宴会,他们套上了教会的修道士们穿的无袖罩袍,背着乞丐们使用的麻布袋,捧着质地粗糙的木碗,打扮成乞丐的模样,同与会者饮酒庆祝宗教裁判所停止活动,还向"乞丐"这个名称致以最高的敬意。根据历史学家凡·尼洛普(Van Nierop)的解释,这是一种以类似嘉年华的形式表达出的反抗讯息,因为颠倒与反转正是嘉年华的本质。后来,果然西班牙的统治者称尼德兰的"反叛者"为"乞丐",尼

德兰的革命者也顺势接纳了这个名称,并以托钵僧的麻布旅行口袋作为自己的象征。

"乞丐"这个名称与他们穿戴的标记,迅速地传播到尼德兰各地,甚至有时连妇女们也佩戴小木碗图案作为装饰。一些具有反抗思想的贵族们也舍弃了象征高贵身份的华丽的金、银、红、紫等色彩,选择穿上乞丐和修士们穿的灰色和棕色的衣服。其实这种行为本身就有相当强烈的颠覆意味。参加请愿的"乞丐们"还以一种凯旋的方式从一个城镇走到另一个城镇,征集布拉班特以及佛兰德斯贵族们的签名,许多贵族都愿意签名,荷兰省的贵族表现得特别积极。在哈勒姆、阿姆斯特丹以及其他一些城镇还出现了支持"乞丐们"的公开的游行示威活动。

就在"乞丐们"去布鲁塞尔请愿的时候,在佛兰德斯西部,加尔文派的群众举行了大型露天布道活动。这个运动的发展也十分迅速,6月,在安特卫普、布雷达以及斯海尔托亨博斯都出现了加尔文派的露天布道活动,有时几百人,有时上千人。到了7月和8月,在哈勒姆、阿姆斯特丹、恩克赫伊曾都出现了这类活动。

就在这一年的8月10日,南部尼德兰地区终于爆发了规模巨大的群众性的"圣像破坏运动"。那一天,许多长期被压迫的激进的新教徒,在聆听完一天的布道以后,情绪亢奋而狂热,他们从法国与比利时交界处的小镇史汀福尔德(Seenvoorde)开始,发起"圣像破坏运动",他们闯进当地的圣劳伦斯修道院,捣毁圣徒的雕像、毁坏并焚烧祭坛、绘画和壁画。此次"圣像破坏运动"是基督教会历史上继拜占庭帝国的"圣像破坏运动"以后的第二次相同类型的运动。在尼德兰地区的此次运动又被历史学家称为"圣像破坏的怒吼"(iconoclastic fury)。它虽然具有非常鲜明的宗教和文化特征,但在它的背后也自然有深刻的政治以及经济的原因。这一年4月,荷兰的贵族向玛格丽特请愿以后西班牙当局表现出来的犹疑不决以及惧怕的心理,无疑给社会上聚集起来的反天主教以及西班牙的政治力量(其中大部分为具有新教思想的各界人士)以某种鼓舞;同时,16世纪60年代中期以后尼德兰北方在波罗的海的战事以及推迟从英国进口布匹造成某种程度的经济危机,这种情况使失业以及食品价格上涨,造成底层人民的不满。因此,在后来日益发展的"圣像破坏运动"中有人攻击政府机构特别是市政厅,还有人抢劫商店或者食品店。当然,在此次运动中群众最主要的攻击对象还是天主教会的教堂。

这个狂热的运动从今天的法国与比利时交界处的小城一直蔓延至大城

市安特卫普,在8月20日至21日,安特卫普有42座教堂遭到洗劫,无数的圣像、绘画等宗教艺术品和法器都被扔到街上砸碎,到了晚上,人们点燃火把继续打砸抢,整个城市一片狼藉。包括主教座堂在内的内部装饰如画有圣像的彩色玻璃、十字架、基督受难像、管风琴等被破坏殆尽。在这些新教徒的心中,所有这些外在的物品都象征着罗马教宗的权力。两天以后,暴乱从安特卫普蔓延至西南部的米德尔堡、法拉盛,

《1566年圣像破坏运动》,Dirk van Delen 绘制于 1630 年

人们抢劫了米尔德堡当地的修道院教堂以及许多乡村教堂。同一天,暴乱还蔓延到南部城市布雷达,又过一天,一群年轻人袭击了阿姆斯特丹的一些重要的教堂。北方各地在"圣像破坏运动"开始的时候与南方一样混乱与无序,但是到了8月下旬,运动就变得更系统和组织化了,一些具有新教思想的贵族以及城市的主要市民参加了进来。在斯海尔托亨博斯,人们在破坏了圣像以后围在城市主教座堂的周围唱起了赞美诗。在乌特勒支,人们在当地新教的贵族率领下将教堂里的大量法器、艺术品以及祭披堆在街道上焚烧,还有方济各会修道院的整座图书馆的书籍都被付之一炬。9月,起自南方的暴动继续向北方蔓延。9月25日,在莱顿以及海牙,市民在武装的贵族的保护之下焚毁圣像。在布里尔及其周围的乡间,民众在一些贵族的鼓动之下系统地洗劫了许多教堂。同月,在另一北方城市吕瓦登,市政厅在民兵组织的压力之下将教区教堂里的圣像撤出,让新教徒进去进行自己的崇拜。在城市里的大部分天主教神父不是选择逃亡就是留下与新教徒一起进行崇拜。又过了一个月,弗里斯兰整个地区都建立了新教的团体组织。在这

场"圣像破坏运动"中约有 400 多座教堂遭到劫掠,无数圣像和圣物以及宗教艺术品遭到破坏,许多天主教的神父和修女遭到虐待,导致整个尼德兰社会的严重不安。

然而,当时尼德兰全境中主要的人口仍然是天主教徒,新教徒只是散居于全国各地的少数人团体,北方各省中新教徒的人口更少。在天主教势力较大的地方,城镇的政府动员军队以及民兵的力量保卫教堂或者镇压暴动的民众。在一些地方如瓦隆的城镇里尔、列日、那慕尔以及杜埃(Douai),天主教徒激烈地抵抗新教徒。在里尔,天主教徒表现得比新教徒更加暴烈。在一些地方,新教徒根本无法建立自己的团体,天主教徒更是冲进新教徒的家里洗劫他们的财产,强迫新教徒重新为他们的孩子受洗。在安特卫普,天主教徒的反应比较软弱;但是在布拉班特其他的城镇,天主教徒的反应就比较激烈,有一些天主教贵族武装起来保卫教堂。8月下旬,在荷兰与德意志交界处马斯河畔的奈梅亨,新教徒一度占领了城市,但是天主教的民兵不久就夺回了城市。在阿姆斯特丹,当时起来的民众分为两派,比较底层的民众是激烈的圣像破坏者,但是新教的主体市民后来是在一个由加尔文派的监督会议领导之下的,他们不赞成使用暴力的手段。另外,阿姆斯特丹的地方秩序是由民兵或民团组织维持的,他们不愿意使用武力对付圣像破坏者。在代尔夫特,市政厅试图阻止新教徒举行崇拜,地方民兵不但不服从市政厅的命令,而且将天主教方济各会的小修道院交给了加尔文派管理。在哈勒姆,地方民兵告诉市政厅的议员他们既不会反对圣像破坏者也不会镇压他们的聚会崇拜。在当时的情形之下,许多地方的市政厅在民兵的压力之下不得不允许新教徒在城墙内举行他们的崇拜活动。

1567 年 8 月,菲律普二世派遣阿尔巴公爵(Don Fernando Alvarez de Toledo, the third duke of Alva, 1507—1582)率领 10 000 名由西班牙以及那不勒斯士兵组成的军队和一部分日耳曼的雇佣军来到尼德兰镇压当地的骚乱。许多地方的反抗活动一时停止下来,或者转入地下。但是阿尔巴公爵以及西班牙国王菲律普二世绝不满足于此。当时菲律普二世觉得,西班牙帝国在地中海已经遇到了许多的困难,帝国的财源枯竭,前景堪忧,与奥斯曼土耳其帝国的陆地以及海上的战争将继续进行下去,所以在低地国家维持一支强大的部队也是非常必要的,王室需要当地的秩序稳定下来,才能保证这片肥沃之地的财政税收不出问题。从天主教信仰的角度考虑,保持这一地区天主教会的稳定也至关重要,唯其如此,西班牙才能成为名副其实的罗马天主教会的柱石,这也与帝国的经济利益相符合。

阿尔巴公爵原名堂·费尔南多·阿尔瓦雷斯·德·托雷多,是西班牙的主要贵族,他出生于阿维拉省,父亲也是一名公爵。在他还是 3 岁的时候,父亲领兵远征非洲时阵亡。阿尔巴 6 岁的时候就由祖母养育,完全接受的是卡斯蒂尔贵族的宫廷教育,在公爵府邸长大。他幼年的天主教宗教教育是由两位意大利的教士担任的,一位是西西里的本笃会士贝尔纳多·真蒂莱(Bernardo Gentile),另一位是塞内罗·马里尼(Severo Marini);他的文化知识课程是由西班牙文艺复兴时代的诗人与作家胡安·博斯坎·阿尔莫达尔(Juan Boscán Almogávar, 1490—1542)教授的。他具有虔诚的天主教信仰,以道德上的严肃著称。他身材高大,外表英俊,面容有棱角,有人说他外表和个性上是兼具人文主义者的世界主义精神以及顽固不化的排外主义的奇怪的综合体。他在年龄上比菲律普二世大 20 岁。菲律普二世在小时候就已经研究过父王查理五世以及阿尔巴公爵指挥的一些战役。他们两人在天主教信仰上的保守立场也是如出一辙,阿尔巴比国王更加聪明,不过眼光更加狭隘。他在 17 岁时已经参军,1532 年被查理五世调往维也纳参加抵抗奥斯曼土耳其军队发动的围城战役,1535 年又参加西班牙军队攻占突尼斯的著名战役。由于深得朝廷的信任,他被任命为哈布斯堡王室在米兰的公爵(1555—1556 年在位)、驻那不勒斯的总督(1556—1558 年在位)。阿尔巴极端忠诚于查理五世,在查理五世去世以后在军事上极力辅佐年轻的菲律普二世。他在军事行动上以冷酷无情闻名遐迩。别人认为不必要的事情,在他看来就是必须之恶。比方说,在某一次与法国军队的作战行动中,他提出只要对方投降就可以保住性命。但是法军不予理会,继续作战,只是后来因为战局不利还是选择了投降。阿尔巴公爵将投降的法国士兵一一吊死,理由是如果不那么做,他原先的提议就毫无意义。

由于阿尔巴公爵冷酷的名声,他的军队还没有抵达尼德兰的时候,当地的抵抗活动已经沉寂下来。阿尔巴的 10 000 名精锐部队开进尼德兰的时候,他很会营造恐怖的气氛。西班牙的大军如长蛇一样地移动,分成三支小队,先头的部队先抵达一处营地,立即引起人们的注意,然后继续前进;中间的小队隔天出现在同一地点,提高吓人的气势;最后的大部队则带着大批的旗帜以及作战的武器弹药和粮草,再隔天抵达,给人以源源不绝的印象。他的部队配备有滑膛枪,这是新式的军事发明,曾经使得法国人胆战心惊。

按照菲律普二世的意愿,玛格丽特应该继续摄政,而阿尔巴公爵则全面执掌低地国家的军事事务。但是阿尔巴在抵达布鲁塞尔以后,以不可一世的气势扩大他的权威,这就使得玛格丽特只能选择退位。9月,她就离开尼德兰去了意大利。从那时起,阿尔巴公爵就成为西班牙驻扎在尼德兰的总督。

1568年1月,西班牙军队轻而易举地击败了奥伦治威廉亲王最初仓促组织起来抵抗西班牙人的临时部队。阿尔巴率领的军队在挺进中攻陷了一座又一座城市,从1572年至1573年,西班牙人向哈勒姆、聚特芬、梅赫伦以及莱顿等大城市发起攻击。当一座城市被攻陷或者投降以后,他就指挥士兵任意劫掠,以惩罚市民。他在聚特芬心满意足地给国王写信:"我的士兵割开他们见到的每一个人的喉咙。"不久,他的部队沿着布满风车的围垦的沿海地区向荷兰省前进,这里几乎都是由信奉新教的市民占领的城市,唯有阿姆斯特丹是在亲西班牙的人士以及天主教会控制下的。在进抵阿姆斯特丹之前,西班牙军队在阿尔巴公爵的儿子堂·法德里克(Don Fadrique)指挥下攻击东南方14英里处的小城纳尔登(Naarden),那时已经是12月的冬天,市政厅成员看到声势浩大的敌军展出攻城的武器时,决定投降。西班牙军队进城以后,杀死全体市民并放火焚烧全城。几天以后,西班牙军队占领了阿姆斯特丹,受到当地天主教会的欢迎。军队进入各大修道院,这些宗教建筑成为士兵的庇护所和马匹的收容所,由于大批军队的到达,城市中的食物短缺。西班牙的军人在屠杀了信奉新教的平民以后虔诚地跪在教堂里举行弥撒。西班牙军队的下一个目标就是哈勒姆,阿尔巴在攻击该市的时候组织了3万重兵,围城的行动持续了整个寒冬。城内饥馑流行,城外西班牙士兵也死伤惨重。堂·法德里克给父亲写信,希望能够撤军。阿尔巴回信说:"如果你拔营撤退或者没有让他们投降,我就与你断绝父子的关系。如果你在围攻行动中丧命,我会亲自取代你的位置,尽管目前我仍然卧病在床。如果我们两人均失败了,那么你的母亲就会从西班牙过来,打赢这场他儿子缺少勇气或者耐心打赢的战争。"最后,哈勒姆市弹尽粮绝,在重围之下投降。西班牙人则杀光了仍然存活着的2 000名荷兰士兵。除了北方以外,荷兰南方的一些大城市在战争中流失了财富以及影响力。

在重建西班牙人的统治秩序方面,阿尔巴公爵在其军队抵达以后不久,就成立了一个"纷争调解委员会"(Conseil des Troubles),由9名委员组成,虽然其中尼德兰人有7名,但是投票权的行使只限于西班牙人。这个机构设立的主要目的就是要调查过去的两年中所发生的反对西班牙人以及天主教会的事件以及参加的人士,并且惩罚他们的所谓的罪行,也就是"秋后算账"。1569年,这个机构设有负责检控的职员170人,即便按照当时的标准,也算严厉与高效。它还设立秘密搜捕组织,侦查新教徒,鼓励社会各界告密与相互揭发,大批新教徒遭到逮捕,在严格的审判之下被处以极刑。据估计,在阿尔巴统治时期,有8 950名来自社会各阶层的人士遭到调查并被判处叛国罪或者异端罪、或者两者兼而有之,记录在案的大约有1 000人被处死,1.2万人的财产被充公。另有统计说有1.8万名尼德兰人被处死。这个"纷争调解委员会"后来被人们称为"血腥的委员会"。

阿尔巴公爵主持"血腥议会"镇压尼德兰人民,由Simon Frisins作于1621年

在"纷争调解委员会"迫害下遇难的,还有埃格蒙特伯爵(Egmond Lamoraal, Count of, 1523—1568)与霍伦的伯爵菲律普(Philippe de Montmoreny, Count of Hoorn, 1524—1568)。1567年9月9日,阿尔巴公爵在布鲁塞尔宫殿宴请他们两位,宴会结束以后就将他们逮捕。他们两人是尼德兰地区的主要贵族。埃格蒙特家族为尼德兰地区很富有的和很有声望的家族之一,埃格蒙特伯爵的父亲埃格蒙特·约翰五世是"金羊毛骑士团"成员之一,母亲出身于卢森堡的名门望族,他本人是佛兰德斯以及阿图瓦的省议会的主要议员。他与霍伦伯爵菲律普虽然对西班牙王室在低地国家的政策特别是宗教裁判所的活动十分不满,同情"圣像破坏运动",但是他们效忠于国王的立场从未改变,而且人所共知。玛格丽特摄政与他们的私人关系也很好,阿尔巴逮捕他们两位贵族也是导致玛格丽特辞职的重要原因之一。两位伯爵遭到逮捕以后先是被关押在根特的一座城堡里,后来又被转移到布鲁塞尔。埃格蒙特伯爵是一位

具有中世纪骑士风度的贵族,在阿尔巴大军压境的情形之下,反叛者希望他离开,转移到敌后。但是埃格蒙特伯爵明确地表明自己的心志,他认为逃离是不对的,根据骑士的传统,此举等于是羞辱国王。从一开始,埃格蒙特对于他所持的政治见解与对国王的态度就区分得十分清楚,他认为政治见解的不同不等于不忠诚国王。前者是已经发生的事情,后者是不可能发生的事情。埃格蒙特理解叛乱者的立场,同时表示当阿尔巴公爵来到时,他会对他表示敬意,他也相信后者会与他礼尚往来。尼德兰诸省的各界人民都知道他们都是忠诚王室的,除了感到阿尔巴是暴君以外,他们还感到困惑不解,更难以想象两位伯爵最后是何以被处决的。次年6月5日上午10点钟,在布鲁塞尔城市的中央的大广场,埃格蒙特伯爵与霍伦的伯爵菲律普被西班牙士兵公开斩首,据称两位伯爵临刑时从容镇定,毫无怨言,表现出旧时代贵族应有的尊严。当时有许多同情他们的民众驻足观看,还有许多人情不自禁公开地流下了眼泪。4天以后,另有18名贵族也在同一地点被处死。1810

被西班牙人杀害的埃格蒙特伯爵和霍伦的伯爵菲律普

年,贝多芬所创作的《埃格蒙特序曲》也是以此历史事件为主题谱写的名曲。阿尔巴公爵事后在给菲律普二世的信中这样写道:"由于他们得到报应,我心满意足……""应该立即杀一儆百,我以为以冷酷的手法执行,效果会更佳。""无人敢问我,我是否有权执行现在的任务。我拒绝表明我的权力的来源,只说我必须为陛下效命。"

在埃格蒙特被处决的事件发生以后,许多著名的贵族因为害怕而逃离了这个国家。由于南方与北方情况的不同,北方有许多贵族在过去的两年中都参加了反抗西班牙王室以及天主教会的斗争,特别在荷兰有更多的贵族,大约有50%以上的人，包括荷兰省议会的11名议员中的6名在1565年的《妥协请愿》上签字，人数远远超过其他任何省份。在乌特勒支、弗里斯兰以及奥默兰都有大量的贵族同情叛乱。在荷兰省，大约四分之一的贵族都倾向于新教而反对天主教。即便在大部分是乡村的上埃瑟尔省（1565年当地没有破坏圣像运动的发生）大部分的贵族也反对讨伐新教徒。这些人面临阿尔巴的反攻倒算，许多人只得选择逃亡。其中一些人在以后的抵抗运动中又回到尼德兰。还有许多贵族的宅邸遭到搜查，他们的信件和文件都被充公。阿尔巴将卫戍部队的指挥部设在处于交通要道布雷达的奥伦治亲王的宅邸，然后将武器弹药以及其他物资用船运到这里，再运送到根特。当时低地国家人民的外逃运动分为两拨：第一拨发生在1567年的春天，倒不是因为当时南方与北方在宗教信仰上的差别，而是因为许多南方人要逃到北方会聚到北方抵抗运动领导人的麾下，拿起武器抵抗西班牙人的压迫；第二拨则在1567年下半年至1568年的冬天，有许多人越过冰雪封冻的斯德尔河逃亡北方。单在恩克赫伊曾一个地方，就有350名逃亡者越过冰雪地带逃往弗里斯兰。当时主要有三条逃亡的路线，第一条是从阿姆斯特丹、弗里斯兰的西部城镇、弗里斯兰和格罗宁根逃往西北部日耳曼地区，特别是北方的港口埃姆登；第二条是布拉班特、荷兰省南部和乌特勒支逃往克里夫斯和莱茵兰；第三条则是从佛兰德斯以及泽兰从海上移民英国。

阿尔巴还代表西班牙王室向尼德兰当地人民征税。1569年3月，阿尔巴召集联省议会开会，这是1559年以来以西班牙王室名义第一次召集联省议会开会，主题就是要向各省征收巨额的税款。征税的方式主要有三个途径：第一，向财产的拥有者征收1%的财产税；第二，征收5%的土地税；第三，征收什一税，这是仿效卡斯蒂尔的税制征收的一种税收。这三种税收都激起了尼德兰社会各阶层的极为不满，因为大家都知道这些巨额的税款不是用来改善本地的行政以及社会管理，而是用来维持西班牙驻扎在当地的军队的军费。如果省议会或者联省议会默许这样的做法，就等于放弃了各自本来拥有的在政府税收上的杠杆作用，向国王的权威投降。如果菲律普二世成功地做到这一点，那就等于说他可以免除宪法上的限制，因为在勃艮第时代以及哈布斯堡的查理五世时代，征税是必须经过省议会讨论和联省议会同意的。

联省议会迫于压力在字面上勉强同意阿尔巴的征税，但是省议会以及市政厅则坚决反对。阿尔巴只得接受省议会提出的一种权宜的征税办法。

1571年月31日,阿尔巴下令重新征收什一税,但是引发人民广泛的不满,遭到整个尼德兰地区的抵制。阿尔巴威胁以惩罚手段迫使市政厅的官员以及法官执行他的命令,否则主要官员要处以罚款——如在豪达,市长被罚款1 000荷兰盾,每一个法官被罚款500荷兰盾。这种做法只能引发更大的愤怒,在佛兰德斯、布拉班特、荷兰诸省尤其如此。在豪达,当地的民兵组织表示,如果开征什一税,他们就会罢工,不再维持社会秩序。1572年3月,许多地方的民兵单位已经公开与地方政府闹对立。虽然阿尔巴的征税没有直接引发暴乱,但是此举极大地损害了西班牙王室在尼德兰人民心中的威望。

恢复天主教会的秩序是阿尔巴公爵所作的另一件重要的事情。随着西班牙军队的到来,当地的抵制新的天主教主教任职以及取消对于特兰托大公会议决议宣传的活动就立即停止了。格罗宁根立即任命了新的天主教主教。1569年3月,新的天主教主教也在位于南部林堡的鲁尔蒙德(Roermond)任职。1570年2月,教廷委派了第一任弗里斯兰的主教。1570年10月,最后一位天主教新的主教在代芬特尔任职。从那时起,低地国家开始了反宗教改革运动,又称天主教改革运动,每一个新的主教区都开始印刷特兰托大公会议的决议和文件,分发到教区的各个阶层,同时各教堂也召开了参事会,贯彻反宗教改革的各项决议。但是教会的各级组织、地方政府以及教育机构对于反宗教改革运动还是采取抵制的态度。市政厅在大多数情况之下都采取消极的不合作的态度,这就对其他方面也造成了很大的影响,包括学校也是如此。新的主教们的目标之一是整肃各级学校中的那些他们认为不可靠的校长,特别是拉丁语学校的校长,代之以虔诚的天主教徒。但是控制民办的学校首先就让市政厅的议员们感到不快。即便在阿尔巴公爵直接控制的地区,新主教们要替换一个民办学校的校长也并非易事。

三、"沉默者"威廉与抵抗运动

威廉·奥伦治即"沉默者"威廉在历史上被视为荷兰联省共和国的创建者,也是荷兰反抗西班牙统治的运动的初期的领导人。他出生于德意志境内风景如画的迪伦堡(Dillenburg),是信仰路德派的奥伦治拿骚伯爵的儿子。他的父亲是拿骚的伯爵,最初并非属于富裕的阶级。威廉在一共有17个孩子的家庭中成长,生活舒适平顺而又简单,接受的是传统的贵族教育。他本来的前途就可能是继承家业与房产,与父亲一样一辈子照料它。不过后来有了转折,他的伯父比父亲拥有更多的财富、土地和头衔,伯母的家族也十分显赫,可是在1544年,这对夫妻的儿子成年以后不幸战死沙场,于是他们只得将可观的家业和财产全部留给堂弟拿骚的威廉伯爵,条件是威廉将来必须接受罗马天主教的教育。威廉的父亲答应了这个条件,于是,他就拥有了"富有的老威廉"之称,其家族领有万贯家财以及日耳曼以及尼德兰的部分领地,还有许多家族中人为哈布斯堡王朝服务。

威廉的伯父与查理五世是童年的旧识,皇帝在获悉他的家族的事情以后,表示愿意照顾这位年轻人。于是,威廉就被送进布鲁塞尔的皇宫接受教育。他从此过上宫廷生活,参与国务和外交活动,也有宴饮、骑马竞技以及坐着让艺术家描绘自己的肖像等活动。他也暂时将自己的母语德语放在一边,学习布鲁塞尔皇宫里流行的法语以及荷兰语。查理五世很喜欢这位年轻人,一直将他带在身边。他们两人在个性上也非常相似,都博览群书、善解人意、机智聪明、充满着冒险精神。威廉喜欢与人群和社会交往,深受宫廷中人的喜爱;同时,他也爱好安静的生活,能够远离宫廷,外出狩猎或参加严格的军事训练,由此成为优秀的军人,1551年,他已经是皇家卫队的骑兵,两年后在20岁的时候就被任命为哈布斯堡王朝在低地国家皇家军队的中将。之后,他平步青云,1554年成为奥伦治的亲王;1556年成为拿骚的伯爵,费勒的侯爵以及金羊毛骑士团的骑士。威廉·奥伦治为人沉默寡言、谨言慎行和处变不惊,故有

"沉默者"威廉肖像,由 Adrian Thomasz Key 于 1579 年绘制

"沉默者"之称。查理五世从这个孩子幼年的时候就开始栽培他,还有其深刻的用意。随着他对于威廉的感情的日渐加深以及对于后者身上优点的了解,他似乎已经将这个男孩视为自己的亲生子,刻意将他培养为哈布斯堡未来在

荷兰诸省的代理统治者。查理五世对于低地国家的计划包括要强化它们原先的中世纪的特色,增加这个地区历史上向来比较弱小的贵族的力量,培养出一批亲西班牙的荷兰的新贵族,由宫廷赋予他们权力以及声望,进而听命于哈布斯堡的皇帝。查理五世希望这项计划由儿子菲律普二世以及年轻的奥伦治亲王合作加以实现。在此过程中,查理五世还刻意地劝说威廉放弃他父母皈依的路德宗,改信了天主教。在 1555 年查理退位时,才 22 岁风华正茂的威廉已经被皇帝提升为联省议会的主要议员以及荷兰省、泽兰省和乌特勒支的执政官。1561 年至 1567 年成为弗朗士-孔泰的总督,是尼德兰诸省中最有势力的贵族。

在当时众多的尼德兰社会各界人士的眼中,威廉是哈布斯堡王室信任的重臣,他也尽心尽力地为王室办事。在国王的指使之下,他与英国商讨借贷事宜,说服英国向哈布斯堡提供贷款。他也尽力让各界人士理解,尼德兰的前途,有赖于与西班牙的合作而非对抗。不过,他与西班牙王室的关系终于在 1559 年的时候发生了微妙的变化。如上文所述,这年 4 月,菲律普二世与法国国王亨利二世签署了《卡多·康布雷条约》。6 月,威廉率领代表团抵达巴黎,他发现这座城市已经精心布置,准备举行停战的庆典,有各种舞会和宴会。亨利二世对年轻文雅的威廉颇具好感,他邀请威廉去香特黎森林狩猎。在茂密的森林里的橡树下,亨利二世向他表示,法国与西班牙这两个天主教的大国理应停战,否则欧洲的天主教会的势力即将土崩瓦解。亨利二世以为威廉是知道菲律普二世的计划的,所以在谈话中滔滔不绝地全盘透露了西班牙国王企图使用一切手段包括酷刑以及大规模的斩首以全面打击尼德兰的新教特别是加尔文派的计划。这使得威廉内心感到十分震惊,他开始相信菲律普二世坚决镇压尼德兰省新教势力的意志。不过,当时他没有做出任何的表示(这也是使得他后来赢得"沉默者"的名声的原因之一)。7 月,菲律普二世在签署《卡多·康布雷条约》以后准备离开低地国家,这时他知道在尼德兰贵族所提出的让西班牙士兵撤离当地的提案中,威廉也是署名者之一。这让他感到震惊和愤怒。在此事发生以后几天,在弗利幸恩(Vlissingen)的港口,众多的尼德兰贵族聚集于此地为国王送行,其中也有刚刚从法国回来的威廉。菲律普二世告诉他,他非常清楚不是有更高层的指使,尼德兰诸省的贵族是不敢有胆子以拒绝缴纳赋税为条件向他提出撤兵的要求的。他所指的那个更加高层的人士就是威廉。此时的威廉虽然知道国王想要在将来镇压尼德兰新教的心思,但并不决意要与西班牙决裂,故极力撇清,表示那只是联省议会的决定。菲律普二世面对这位从小就认识、父亲似乎相当偏爱,年纪比他更轻的男子怒吼:"不是尼德兰诸省,而是你,你,你!"他说完以后就立即从港口登船,从此再也没有踏足尼德兰。

威廉的个性以及独特的地位在尼德兰反抗西班牙的历史进程中扮演了重要的角色。就像菲律普二世的敌人评价他为"暴君"一样,威廉的敌人也认为威廉的城府很深,为了自己的政治理想以及贵族利益,可以随时改变其宗教的信仰。"沉默者"这个称号,来自他平时沉默寡言、谨言慎行的个性色彩;也说明他处变不惊或者说高深莫测、不动声色的性格。

在宗教信仰上,威廉出身于信奉路德宗的日耳曼贵族家庭,后来受到查理五世的器重和鼓励,改宗为天主教徒。1572年,在荷兰与西班牙战事激烈的时候,他希望得到加尔文派的支持,再改宗为加尔文派的信徒。他认为在宗教信仰上人类有自己选择的自由。事实上,在尼德兰地区,贵族们在宗教改革运动以后所关心的主要问题并非人民选择天主教或是新教的信仰问题,而是把重点放在当面对教派的分裂时,当权者应当采取怎样的态度。当菲律普二世毅然决然地推行维护天主教为唯一合法信仰并镇压"异端"的新教的时候,很多贵族认为,这样的宗教措施不适合尼德兰地区。他们对新教抱着同情的态度,对人民或者自身拥有何种宗教信仰持比较自由的观点。

威廉的几次婚姻也颇受争议。他的第一任太太是富有的埃格蒙特家族的安娜(Anna van Egmont, m.1551—d.1558),他们生育了三个孩子。安娜于1558年去世以后,他与撒克逊选帝侯的女儿安娜(Anna of Saxony, m.1561—d.1571)结婚,共育有五个孩子,其中的三个孩子活到了成年。撒克逊家族信奉新教的路德宗,安娜是当时日耳曼最富有的女贵族继承人,而且该家族还与查理五世有世仇关系,威廉完全漠视了这一点。当时的总督格兰维尔枢机主教对于这门亲事持激烈的反对态度,他们之间的紧张关系公开化了。格兰维尔总督兼枢机主教不仅看到以威廉为代表的尼德兰上层贵族在追求财富、权力以及声望时所表现出来的野心,而且更加担心由于这些上层贵族在皈依新教以后对于一般民众的引领作用,从而导致新教在尼德兰地区不可遏制的发展。威廉的第二次婚姻也更加加深了西班牙国王菲律普二世对于威廉的怀疑。在1566年正式放弃天主教信仰以前,威廉在给菲律普二世的信件中一再表达对于罗马天主教会的忠诚。威廉的第三任妻子是夏绿蒂(Charlotte of Bourbon, m.1575—d.1582),他们育有多名女儿。在夏绿蒂去世以后,很可能是他想赢得法国的新教徒的支持,他又与法国新教的领袖科里尼将军（G. de Coligny）的女儿路易丝（Louise de Colign, m. 1583—d. 1584）结婚。16世纪60年代以后，尼德兰北方的许多贵族已经明显地表现出倾向和同情新教的情绪，威廉对他们甚表支持。在他统治的驻地布雷达，即便他不积极提倡新教，也极力庇护新教不受西班牙和天主教会当局的迫害。威廉在宗教观上认为在信仰的问题上应该让人民拥有自己的意识和良知，他反对国王和亲王们对人民的宗教信仰加以控制。有些历史学家还认为他的思想明显地受到了伊拉斯谟的影响。他个人政治上基本的目标也是坚定不移的，他就是要在尼德兰新教急剧发展而菲律普二世极为热忱地持守天主教信仰的矛盾冲突中，在哈布斯堡统治下的尼德兰地区扮演一种宗教妥协的仲裁者和调停者的角色，从而在政治上受益。1566年9月，在玛格丽特尚未授权的情况之下，威廉在安特卫普准许当地的加尔文派教徒举行礼拜仪式。不久，南方的其他城市也相继出现这类情况。12月，他本人抵达安特卫普，在当地鼓吹宗教的包容，同时极力拖延战争。他写信告诉玛格丽特"当地的市民对于行政官员的成见以及敌意很深，而且为时已久，有朝一日可能出现很大的问题"。

　　威廉最后走向反叛的道路，有一个过程。开始时，他声称并不反对国王本人，他承认菲律普的统治是合法正当的。他说他反对的是西班牙人邪恶的政策、特别是阿尔巴公爵的暴政。这种表达，无论是出于真心或者是策略，不得而知。

　　从政治的角度考虑，当时他并没有完全倒向加尔文派，他不想与菲律普二世彻底决裂，当然也不想让日耳曼的信奉路德宗的贵族支持者失望。最初，他没有突出他所领导的抵抗运动在宗教上的特性，他只是强调必须拯救尼德兰人民脱离暴政，回到他们"以前所享受的自由和特权"。

　　威廉在内心挣扎许多年以后，特别在阿尔巴的暴政表露无遗以后，终于选择了反抗。有一件事情可以说明他的反抗心思的确立——那就是当他听到阿尔巴的军队即将抵达布鲁塞尔的时候，他约埃格蒙特伯爵在佛兰德斯的登德尔蒙特村（Dendermonde）中的一间小屋里见面，他劝说这位伯爵逃跑，但是被后者拒绝。威廉说："兄弟，如果你拿起武器，我会加入你的行列；否则，我必须离开你，离开这个国家。你忘了阿尔巴公爵以前曾经对查理五世说'死人无法作战'吗？我不会等待他们的正义或是仰赖他们的善意。"从那时起，反抗者已经在他的周围聚集。当时，在阿尔巴的军队抵达尼德兰以后，至少有6万名加尔文派的信徒逃出低地国家。他们流亡到日耳曼的北方、法国以及英格兰南部的沿海地区。他们翘首以待，期盼一位领袖与豪杰的出现。在威廉最初组建的军队当中,有不少这样的从戎者。在他的周围还聚集了不少流亡的反西班牙的尼德兰贵族,包括以前布雷达的一些户主。威廉还得到日耳曼境内信奉新教的巴拉丁的选帝侯金钱上的资助,能够筹集相当数量的经费。他还逐个地与别的日耳曼的亲王、欧洲国家的统治者谈判,希望得到他们道义的以及物质上的帮助。他自己也是一名信奉新教的日耳曼亲王。在他的周围有一批非常懂得宣传以及鼓舞人心的人才,其中包括后来在他麾下的富有才干的秘书菲律普斯·马尼克斯(Philips Marnix, Lord of St. Aldegonde, 1540—1598),这是一位出生于布鲁塞尔的作家和诗人,早年在日内瓦学校加尔文的神学,1560年回到尼德兰,投身于当地的宗教改革运动,以后一度又去了巴拉丁选帝侯那里,再回来投奔威廉。从拿骚和迪伦堡,威廉向人民发出呼吁,历数西班牙人的残暴不仁,特别是生动地描绘了阿尔巴公爵的暴戾,呼吁尼德兰的人民拿起武器、拯救国家,使得人民从"难以忍受的奴役"中解放出来。威廉还派遣他的私人代表前往尼德兰各个城镇,与市政厅的议员们交换意见,鼓励他们举旗反叛。他还设法组织海军,提供捕押许可证给各种不同类型的,有些甚至是具有海盗性质的各国船只。这些船只停泊在英格兰的一些港口,船长们都宣誓效忠威廉。也就是在阿尔巴来到的这段黑暗的岁月,威廉逐渐地成为那些在心底反抗西班牙人统治的尼德兰社会各阶层人民的希望。他骑着高头大马,穿梭于各个城市之间,他的形象轮廓分明、挺拔稳重,赢得了人民的信任,许多城市的人民出来夹道欢迎他。1568年"沉默者"威廉在联省议会上演说时提到:"对于所有爱好自由的人民来说,你们是美德的范例。你们是打击对联省不义、施行恐怖统治的暴君之人。你们将留给子孙后代最好的示范,为了保护自由的思想和权力,你们将提供给后代基于正义与合法的基础上的不可改变的自由与价值。只服从合法与正义的亲王,如此,你依照良心,参与付出道义上的责任。你们代表全体人民,全体人民的自由与福祉委托于你们。"威廉谈到他组织"荷兰的反叛"的原因时说:"当我被告知阿尔巴公爵欲图谋害在尼德兰与法国等地的新教徒的时候,我悲悯这些受迫害的新教徒。他们(西班牙人)正计划引进比西班牙宗教裁判所更加冷酷的异端裁判所,当我看到这种机构摧残贵族和人民的时候,我却只能看着他们一步步走上火刑柱,所以我决定将西班牙的恶徒撵出尼德兰。"

这些准备策动起义的人士非常注重宣传。大约就在1568年的时候或以后不久,有无名氏创作了《威廉姆斯》(*Het Wilhelimus* or *Wilhelmus*,又被译为《威廉颂》)的诗歌(也有人说诗歌的作者是威廉的谋士菲律普斯·马尼克斯),颂扬奥伦治亲王"沉默者"威廉的虔敬精神以及英雄主义,鼓舞那些担惊受怕、士气低落的人民,允许他们英勇的威廉即将回来领导他们起义,推翻西班牙人的统治。从这个意义上来说,《威廉姆斯》真的是世界上最古老的国歌。歌词有 15 节,在 15 节当中,每一节的第一个字母组成了 Willem van Nassov。当时的 V 和 U 可以互通,歌词是以奥伦治家族的威廉·拿骚为第一人称的形式写成的,歌词就如同他本人在叙述荷兰人民反抗西班牙人战争的悲壮事迹。因为全曲共有 15 节,需要 15 分钟才能演奏完毕,故一般场合只演唱其中的第一节和第六节。这首民谣第一次在荷兰广为流行是在 1572 年以后,它成为"乞丐"们的战歌,出现了瓦隆语、德语、法语以及意地绪语(Yiddish,犹太人通用的语言)等各种不同的版本。到 17 至 18 世纪的时候,成为奥伦治家族的赞美诗,19 世纪的时候才成为荷兰的国歌。

在与西班牙人的战争开始进行的时候,威廉的军队并不顺利。效忠阿尔巴的法国军队协助西班牙人,击败了荷兰与法国新教胡格诺派的联军。威廉带领着信奉新教的日耳曼雇佣军进入南方的瓦隆地区,但是当地的市民不仅不支持他,还认为他是敌人。威廉运用宗教的和政治的手段,请求同情反叛者的外国统治阶级的支持。他特别向英国女王伊丽莎白一世请求援助。他通过使者向女王透露西班牙人有意支持英国的信奉天主教的贵族推翻她的统治——这种情况并非空穴来风,因为阿尔巴根据菲律普二世的旨意与英国的天主教徒联络,企图以玛丽·斯图亚特(Mary Stuart,1542—1587)取代伊丽莎白一世。伊丽莎白开始的时候允许规模逐渐扩大的亲荷兰的海盗船只停靠在英格兰的沿海地区,他们宣誓效忠威廉,后来被称为"海上乞丐"。但是伊丽莎白最后没有选择与西班牙立即对抗,没有协助"海上乞丐"入侵荷兰的军事行动,反而强迫他们离开英格兰的港口。1572 年 4 月 1 日,600 名"海上乞丐"在一名出身于里尔的贵族卢梅(Lumey de la Marck)的率领之下,他们穿越英吉利海峡,轻而易举地意外攻下了荷兰省的港口城市布里尔。此次攻击行动产生了一定的效果,因为先前的战事都是发生在尼德兰南方的,这次战斗则发生在北方,距离阿姆斯特丹只有 60 英里。布里尔不是一个重要的地方,但是"海上乞丐"通过此次成功的袭击,发现阿尔巴在西北沿海地区的防务并非坚不可摧,于是掀起了更大的袭击的浪潮,五天以后,他们攻下了须德海口的具有战略地位的弗里辛恩,阿尔巴公爵在此地修筑要塞以吓唬当地居民,以便更好地防卫尼德兰北方。当"海上乞丐"进攻此地的时候,当地的居民起而响应,他们推翻了当地的镇政府,并以奥伦治亲王威廉以及西班牙国王的名义发布告示禁止破坏教堂，否则处以死刑。另有800名"海上乞丐"分乘8艘船从布里尔赶来增援。这里还有海军的船坞，起义者控制了河口。4月下旬，费勒等地也发生反抗西班牙人的起义，渔民们控制了这个地方。泽兰省到处充满着反西班牙的情绪，当地的海员拒绝为国王的船只服务和提供给养，极大地阻碍了西班牙军队的行动。在米德尔堡，双方军队进入胶着状态，最后西班牙军队在增援下终于守住了这座城市。在主要的渔港城市恩克赫伊曾，5月1日当地民兵选择站在反叛者一边，他们占领了这座城市。6月2日，"海上乞丐"的领袖奉威廉之命在这里建立了指挥部，任命迪德里克·索诺（Diederick Sonoy）为指挥官，这里成为反叛者在北方的行动中心。在霍伦，支持西班牙人的贵族与商人阶级之间发生激烈的冲突，大部分的市政厅成员都逃跑了，从日耳曼境内的埃姆登来的新教徒控制了这座城市。在哈勒姆，直到7月，仍然有一些亲西班牙人的贵族留在当地。当时，北方许多城市的市政厅议员都与威廉的使者保持接触，他们承认威廉的权威，拒绝西班牙人的权威。哈勒姆的市政厅议员尤其如此，他们在思想感情上非常同情威廉和"海上乞丐"，支持国王和天主教会的只是极少数。他们把城门打开迎接威廉的使者，全体议员心里都明白，如果阿尔巴公爵重新占领这座城市，他们都将难逃一死。两星期以后，哈勒姆市当局允许在城内的教堂举行公开的改革宗礼拜。在反叛者攻下哈勒姆以后，北方大城市除了阿姆斯特丹和代尔夫特以外，都在改革派的手里了。

　　反叛也带来了一些骚乱。当时"海上乞丐"打着拥护威廉的旗帜进行攻击，但是并不完全受威廉的控制，他们攻击一座又一座城市，激发了人民反抗阿尔巴统治的热忱以及加尔文派激进者的新一波的破坏偶像的行动，伴随着攻击天主教神父以及修女的暴力，有些地方还出现了抢劫行为，尽管这些事情都是威廉极其反对并再三重申必须避免的。

　　当时，奥伦治亲王威廉以及联省议会还是在表面上保持所谓的"合法性"以及"宪法本质"，他们没有打出公开反对西班牙国王的旗号。威廉声称他仍然是"国王在荷兰省、泽兰省以及乌特勒支的总督和执政官"，他"并没有被这个国家的习俗和特权所要求的方式解除职务"。更有甚者，联省议会不仅承认奥伦治亲王威廉是这三个省的执政官，他们还承认他"在国王陛下不在的情况下"是"整个尼德兰的保护者"，完全否定阿尔巴公爵的任命和权威。联省议会进一步授予威廉任命各省军事总督的权威。任命卢梅为南方军队的指挥官，索诺为北方军队的指挥官。6月，"海上乞丐"占领了奥德瓦特和豪达;在莱顿,市政厅的大部分议员倾向西班牙王室,但是民众以及民兵组织的长官和成员都倾向反叛者,民兵拒绝镇压群众的起义。最后,起义成功,"海上乞丐"在十天以后进入城市,但是不久城市里面发生骚乱,许多天主教会的教堂被劫掠、圣像被摧毁。威廉试图制止这些骚乱,但是没有成功。接着便是多德雷赫特,这座城市的上层阶级是极端保皇的,但是底层人民以及民兵组织则是同情起义者,两派发生了激烈的冲突。荷兰省的军队围攻代尔夫特的战役具有战略的意义,城市里的效忠西班牙王室的军队准备积极抵抗,他们关闭了客栈,将大炮置于市政厅的围墙之上。但是,城内的人民中到处弥漫着反西班牙以及天主教会的情绪,最后城市被起义军攻占,市长逃跑。城市内的教堂和修道院遭到洗劫。8月,反叛还蔓延到弗里斯兰等地。总体说来,在尼德兰"反叛"的初期,荷兰省以及弗里斯兰省的民众中酝酿着反抗西班牙王室的激烈的情绪;尼德兰的南方则不是如此。尽管威廉缺乏经费的支援,日耳曼的信奉路德宗的亲王以及牧师由于他与加尔文派的密切关系也不喜欢他,但他还是赢得了布拉班特以及佛兰德斯诸多城市的支持。在此危难时刻,从16世纪70年代开始,威廉为了扩大兵员,还将原先在城市中的"民兵"团体转变成军事战争的组织,其中一个重要的原因是民兵不是军队,不需要像正规军一样发放军饷。原来的民兵组织是由比较富裕的市民组成的,现在则对所有年龄在18岁至20岁的有条件购买武器的市民开放,他们承担起保卫城市以及维持公共秩序的任务。1578年,在荷兰省的阿姆斯特丹以及其他的城市,原有的民兵组织都进行了类似的改组。

  荷兰与西班牙在尼德兰西北方的最大的两次战役发生在米德尔堡和莱顿。起义者紧紧包围米德尔堡城市,而该城市的城防要塞修筑得非常坚固,双方的攻防战长达二十个月,西班牙人从安特卫普等地派遣大型的河流护航舰队试图解救城市,但是被泽兰省的战舰驱逐回去,最后,守城的西班牙军队发生饥馑,被迫于1574年2月投降。在莱顿的保卫战即便不是最漫长的,也是最激烈的、最富有史诗性的和具有决定意义的。当时莱顿城中的起义部队中职业军人的数量很少,主力部队则是民兵。西班牙的重兵将莱顿的城池紧紧围住,并且占领了大部分的乡村地区,几乎要将城池攻下了,但是守军以坚韧的毅力于1574年3月将敌人击退。威廉的部队则从东面进攻,试图减轻守军的压力,进而为莱顿解围。5月,西班牙人重新包围了城市。威廉创建了初步的军事管理体制,将部队的人数扩充至15 000人,但是即便如此,荷兰军队的人数仍然远远少于西班牙的军队。同年8月,守城部队快要弹尽粮绝，处于极端困苦和危险的境地。威廉使尽全力解救这座城市，他放信鸽到城中，通知饥饿的市民只要再坚持一会儿，援军就会到来。从泽兰赶来的援军有几千名海员，他们带来了大量的给养。起义军还不管荷兰省的反对，将马斯沿岸的堤坝挖开，以河水阻挡西班牙的军队，但是河水的上涨既不足以使得西班牙军队退却，也不足以让护航的战舰护送在代尔夫特和莱顿之间航行的补给船队，补给舰队只能在远处开炮通知城里的守军援军即将到来，企图以此鼓舞士气。但是数周之内，他们仍然难以接近莱顿。9月下旬，威廉也绝望了。但是最后，天公作美，风向改变，大雨倾盆使河水上涨。新教徒普遍认为这是全能上帝的干预，西班牙军队只得撤回，孱弱无比的守军竟然屹立于危城之中。

莱顿的解围是一个非常关键的事件。西班牙的军队撤离了南部荷兰地区，退守乌特勒支和哈勒姆。起义军则稳固地据守荷兰省的南部、泽兰省以及除了阿姆斯特丹和哈勒姆以外的荷兰省的北部。1573年10月，双方在须德海发生激烈的交战，西班牙军队以及保皇的阿姆斯特丹城市的军队被击败，从那时起，起义军在斯海尔德河的河口至弗里斯兰地区一直保持海上军事力量的优势。保皇的阿姆斯特丹以及哈勒姆受到很大的压迫，它们与国内外市场的联系几乎被切断了，处于十分困难的境地。

四、《根特协议》与《断绝法案》

战事的发展使得西班牙人在财政、兵源和战略上感到越来越困难。1573年11月，菲律普二世派遣堂·路易斯·德·雷克森（Don Luis de Requsens）替代阿尔巴为驻尼德兰的总督。他采取了怀柔的策略，取消了阿尔巴的恐怖政策以及什一税，希望通过谈判的方式让尼德兰各省重新效忠西班牙。1574年12月，西班牙王室又派遣当时富有名望的学者利奥尼奴斯（Elbertus Leoninus，1520—1598）与奥伦治亲王以及联省议会谈判。利奥尼奴斯生于海尔德兰，他并非贵族家庭的子弟，但是接受过良好的教育。他也是鲁汶大学法学教授和法学家，典型的信奉伊拉斯谟人文主义思想的学者，他在外表上是信奉天主教的。他代表西班牙方面与反叛领袖们谈判，他说西班牙国王将永远不会允许在他的土地上有正式的新教崇拜，而尼德兰永无止境的冲突和纷争也应该尽快制止。当时尼德兰境内反天主教的思想正如火如荼地传播并得到人民的认同，谈判不可能取得进展。1575年春天，雷克森亲自到布雷达与反叛领袖谈判。奥伦治亲王与联省议会的立场非常明确,他们不希望与国王陛下"分离",或做任何不忠诚国王的事情。但是,国王应当允许新教在尼德兰地区流行,应当以各省赞同的誓言宣誓统治尼德兰地区。反叛者坚持要对君权加以限制,认为西班牙国王应当与联省议会以及省议会共同治理尼德兰。布雷达谈判展现了双方的根本分歧——那就是宗教信仰以及政府的形式问题,双方都不可能在这两个立场上妥协。

1576年3月,雷克森死于一次意外的战事。不久,西班牙驻尼德兰的军队领不到军饷,发生哗变。11月初,哗变的军队劫掠安特卫普,并击败了布拉班特省的试图保卫这座城市的军队。几天之内,安特卫普这座欧洲的最大的商业城市沦为充斥着抢劫、焚烧、屠杀的地狱,有报道说大约1.8万名市民被杀,当时人们称呼西班牙人的暴行为"西班牙人的愤怒"。哗变军队的暴行产生了重要的政治后果,它使得西班牙统治者以及军队的名声变得更加恶劣,增加了部分起义军领袖们除了以武装斗争的手段驱逐西班牙人而别无他法的决心。同时,哗变引发的暴行也使得西班牙以及尼德兰的高层集团意识到他们必须加强谈判和沟通。这一年年底,西班牙和尼德兰的上层达成共识,签署了《根特协议》(Pacification of Ghent),主要内容如下:(1)荷兰省以及布拉班特省这两个最重要的尼德兰权力中心承认西班牙王室对于尼德兰的主权;(2)南方诸省还有乌特勒支加入荷兰和泽兰中成立临时政府,置于同一个省议会的领导之下,可以继续参加在布鲁塞尔的议会会议;(3)联省议会寻求解决宗教信仰分歧的最后方案,一个过渡性的安排就是允许荷兰以及泽兰两个省份举行公开的新教的礼拜,其他省份保持天主教会的官方地位;(4)在荷兰省和泽兰省以外的贵族和摄政议员都不可以仿效这两个省以宗教信仰为理由向国王发动无止息的叛乱;(5)以前王室公布的所有取缔异端的谕旨都不再有效,在各地私人信仰的宗教信仰中履行新教以及拥有新教的书籍是被允许的;(6)西班牙当局充公的新教徒的财产(特别是奥伦治亲王威廉的财产)应予归还。

新的西班牙驻尼德兰的总督堂·胡安(Don Juan de Austria,1547—1578)为菲律普二世的异母兄弟,他在任内采取了一些比较温和的措施。上述《根特协议》就是在他刚刚上任的时候签订的,并且一直维持到他在那慕尔病逝。在堂·胡安率领军队入驻尼德兰之际,尼德兰各省要求他恢复各城市自中世纪以来勃艮第诸公爵时代就已经颁发的特许状中规定的特权,他们也要求西班牙从尼德兰撤军。在此情形之下,堂·胡安与联省议会于1575年2月签订了《恒久诏书》(Perpetual Edict),声明保存各省城的特权,但是并没有保障宗教自由的任何条款。西班牙军队也在同年5月一度撤离尼德兰。堂·胡安希望得到威廉的支持，威廉领导下的荷兰省以及泽兰省本来就没有参加《恒久诏书》的签订，他当然也不会与堂·胡安合作。不久，堂·胡安还与联省议会发生冲突，7月，他来到布鲁塞尔，并且在那慕尔重新建立了司令部，再度召集西班牙军队进入尼德兰境内待命。此举意味着堂·胡安毁约。

堂·胡安的举动使得尼德兰的反抗运动变得更加坚决。1575年6月，荷兰省和泽兰省跨出重要的一步，它们率先成立了"同盟"(Union)，以信奉新教的人民为基础，建立了一个政治的、军事的、财政的和宗教信仰一致的实体。这是后来出现的荷兰共和国的胚胎。这个刚刚浮现的北方小国采用了相同的税收以及行政管理结构，有一个单一的军事领袖，奥伦治亲王威廉是毋庸置疑的领导人，其职责是"保护改革宗教会的传教活动、镇压并终止罗马天主教会的活动"，并且还要保证没有任何个人会因为他或她的私人信仰以及宗教的原因会被调查和检控。这个处于胚胎中的荷兰国家第一次在欧洲历史上宣布保证个人的良心自由，此举具有极为重要的历史意义。这个新的"同盟"的理想得到海尔德兰省的执政官约翰·凡·拿骚(Johan van Nassau)以及乌特勒支人民的支持。最初的想要联合在一起的只是北方的几个省份，包括德伦特和林根，并没有包括南方数省以及联省议会。北方数省的目标非常清晰，就是要建立有荷兰省主导的属于北方的自卫体系而将当时设在安特卫普的联省议会排除在外。

由于《根特协议》只是将信奉新教的地区限定在荷兰以及泽兰两个省份，于是，尼德兰地区的许多新教徒对于威廉并不十分信任。这也迫使威廉为了得到更多的支持改变自身的策略，他移往布拉班特作为再图进取的基地，从1577年9月至1583年夏天，威廉先是居住在布拉班特，后是在安特卫普，他希望一方面与荷兰省和泽兰省继续保持密切的联系，另一方面在南方建立属于自己的根据地。但是，他取得的进展不是很大，因为布鲁塞尔更为激进的加尔文教派不愿意与他合作。

在堂·胡安以后的新一任的总督是亚历山大·法内塞(Alexander Farnese，1545—1592)，他是前摄政玛格丽特的儿子，具有军事才能以及外交手腕，曾经参加过勒班陀战役，在他的母亲就任摄政的时候就陪同她一起来到布鲁塞尔，对于尼德兰的情况有一定的了解。他于1577年来到尼德兰增援西班牙的军队，1578年被委任为西班牙王室驻尼德兰的总督。在其任内，他制止了西班牙军队的残酷的屠杀行为。同时，他观察到当时尼德兰虽然矛盾错综复杂,但主要的分歧是在信奉新教的佛兰德斯人以及信奉天主教的瓦隆人之间,他施展外交手段,利用两者之间的对立进行分化瓦解。他与瓦隆的法语区的贵族和人民谈判,表示只要尼德兰人愿意重归于西班牙王室的统治之下,后者将给予人民安全的保障以及地方上的种种特权。在法内塞的拉拢、地方贵族的拥护以及天主教徒出于对狂热的新教徒的恐惧诸多因素的影响之下,南方诸省于1579年1月6日宣布组成了阿拉斯同盟(Union of Arras),效忠于西班牙国王。这些省份是埃诺、阿图瓦、瓦隆·佛兰德斯(里尔、杜埃和奥尔希)、康布雷主教区;有些地方虽然没有签署协议,但是表示支持,它们是那慕尔、卢森堡以及林堡。同盟协议的要点是:(1)效忠西班牙国王;(2)西班牙军队不再在这些省份增加军力;(3)省议会以查理五世国王时代的模式组成;(4)三分之二的省议会的议员必须得到全体议员的同意以后方才可以就任;(5)在荷兰"反叛"以前所有的地方特权仍然有效;(6)天主教是唯一的正统信仰,新教必须取缔。

"阿拉斯同盟"是后来尼德兰地区走向南北分裂的肇因。在听到这个消息以后不久,1579年1月23日,北方诸省组成"乌特勒支同盟"(Union of Utrecht or Unie van Utrecht)以对抗西班牙王室以及南方的天主教省份,这些省份是荷兰、泽兰、乌特勒支、海尔德兰、格罗宁根、弗里斯兰、上埃瑟尔、布拉班特以及佛兰德斯,城市有图尔内以及瓦朗谢纳(Valenciennes)。"乌特勒支同盟"开始时将首府设在安特卫普,直到这个城市沦陷为止。"乌特勒支同盟"宣称其成员在政治、经济、军事诸方面达成统一行动,各

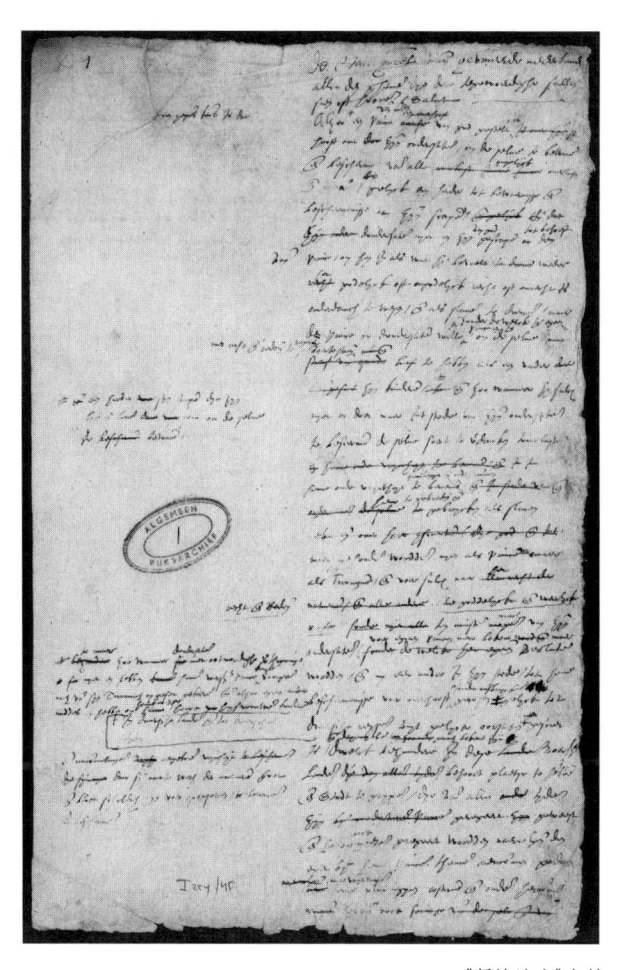

《断绝法案》文献

省之间不得单独与西班牙媾和,推动宗教信仰自由和地方自治。"乌特勒支同盟"标志着包括整个北方尼德兰领土的荷兰共和国的正式开端。不过,即便如此,它们仍然承认西班牙王室的地位,直到 1581 年 7 月 26 日,尼德兰北方诸省终于宣布《断绝法案》(Act of Abjuration or Plakkaat van Verlating),这份协议签署于海牙,并在公布前的四天得到尼德兰联省议会的确认。该法案开宗明义,透露出"天赋人权、主权在民"的重要思想:"一个国家的君王是为了治理其人民,其权威是由上帝授予的。君王是为了管理人民、保护人民,并使他们免于遭受压迫,免于遭受暴力。君王要如同牧者一样照顾他的羊群,这是众所周知的事情。的确,上帝创造了人,但并不是要人民成为君王的奴仆,不分是非服从君王的命令。君王是要站在人民的立场来管理人民(如果没有人民,君王也就不会存在)。君王是以平等的爱去扶持他的人民,就像一位父亲对待他的孩子,牧者对待他的羊群。在危难的时候,甚至可以牺牲其性命去保护人民。如果君王并非如此,反而压迫人民,乘机侵犯传统的习俗,剥夺他们原有的权利,压制人民并使之屈服之时,他就不再是一位君王了,人民只能视他为蛮横的暴君。"该法案特别指出,如果君主没有经过联省的同意固执行事,各联省不但可以拒绝君主的职权,而且可以通过合法的过程去选择另外的国君来保护他们。该法案还指出玛格丽特摄政、联省议会的代表以及对国王怀着忠诚之心的埃格蒙特伯爵曾经以请愿的方式向王室陈情,非但没有得到应有的答复,而且国王听信顾问的逸言,宣布陈情者为叛乱者,并没收他们的财产甚至将他们处死;历数了阿尔巴公爵在尼德兰地区施行的暴政,诸如没收当地人民的财产,剥夺他们的权利,使得许多人没有栖身之所,许多乡绅以及中产阶级的市民被流放或者处死。阿尔巴的暴政还包括经济上的压迫——除了强迫人民缴纳"百分之一税""二十分之一税"以及"什一税"以外,还有各种不同名目的捐献与分摊,这些钱都是用来建造军营和新增设的防御工程的,尼德兰的人民还被征调去镇压自己的同胞,西班牙人并不是将尼德兰视为自己的领地,而是视为新的征服地,所有这些倒行逆施都使得正直的人们痛心疾首。该法案指出西班牙在尼德兰地区执行的宗教政策是不得人心的,诸如国王派出的新的主教取缔了以前修道院院长的职责,又在设立宗教裁判所的省份强行贯彻特兰托大公会议的决议,剥夺尼德兰地区的原有的权利。人民认为,君王不但实质上要求管理人民的财产,还要操控人民的良心。可是人民则相信人类只应该在上帝的面前对自己的良心负责。最后,该法案宣布这片遭受西班牙人痛苦蹂躏长达 20 年之久的土地与西班牙国王菲律普二世以及继承人永久地断绝关系。它宣布联省议会委任全体法律工作人员、官员以及相关人士,立即停止使用西班牙国王的名号、头衔以及纹章。如果安茹公爵因为缺席且发生与国家权利相关的紧急状况时,则应该以联省议会的大议长或者联省议会的名义代行职责。荷兰省与泽兰省应该以奥伦治亲王的名义行事。各个省的省政府在上述联省议会获得合法地位之前,则需服从与亲王协商同意之议会的命令。在与公共事务有关的方面,则需得到上述议会的授权才能够使用国玺、议会的印章,以代替西班牙国王的印玺。司法裁判部门在处理相关事务之际,该地区的省议会以及其他会议应当使用该省的名称和印章。已经送审的案件以及相关的函牍公文则须全数销毁。联省议会命令各地区须在法律颁布之日,立即将西班牙国王的所有的印玺,交给各省的财产管理部门或者专人妥善保管,以免被其他人恣意损毁。所有联省的货币,从今以后不再印制西班牙国王的称号以及纹章。所有新发行的金银货币上的纹章要依照联省议会的指示铸造发行。所有的政府公务员、地方议会的议长、法官以及民兵组织人员以前所作的向西班牙国王效忠的宣誓一律无效,他们必须重新宣誓效忠联省国家并明确表示反对西班牙国王及其追随者,宣示的内容是由联省议会决定的。联省议会还要求布拉班特公国、海尔德兰公国、聚特芬省议会、荷兰省议会、泽兰省的须德海沿岸东部以及西部的接管者、弗里斯兰省议会、梅赫伦的法议长、乌特勒支的议会议长和所有这些地区的法官、政府官员以及代理人促成"法案"在本地区的贯彻执行。

《断绝法案》标志着荷兰共和国作为一个联邦国家基本上的创立与形成,它改变了荷兰"反叛"诸省的面貌。在这以前,虽然人民激烈地反抗西班牙人,但是大家表面上或者口头上都没有直接批评或指责西班牙的国王。突然之间,国王的肖像和纹章从货币上、建筑物的内部和外部以及所有签署的文件上完全消失了;更有甚者,反对国王的举动无论大小,现在都人民被视为神圣的事业。这是具有近代意义的第一份国家的独立宣言。"乌特勒支同盟"成立以后,西班牙国王菲律普二世在格兰维尔枢机主教的激励之下于1580年6月宣布威廉为"叛国者"。菲律普二世还悬赏25 000克朗"刺杀全体基督教会以及人类的敌人"威廉。威廉则于1581年写了《申辩》(*Apology*)一文,回应国王的谴责。据称这篇文章的思想受到法国的胡格诺派作家菲律普·德·普雷西·莫尔奈(Philippe de Plessis-Mornay,1549—1623)的启示。莫尔奈早年在海德堡大学学习法律和法理学,后来又去帕杜瓦大学学习希伯来语。在法国天主教和新教冲突的战争中,他于1567年参加孔德亲王的军队,后从马上摔下受伤而离开军队,他曾经访问过尼德兰威廉的军中。1572年8月23—24日,法国发生圣巴托洛梅乌大屠杀,他及时地逃过一劫,去了英国。1579年他写作《维护(自由)反对暴君》(*Vindiciae contra tyrannos*),讨论人民是否要服从违反神法的暴君,结论是否定的。威廉的《申辩》中充斥着对于"宽容"和"自由"的颂扬,第一次提出"一个宗教信仰与另一个宗教信仰之间应该相互宽容"的主张。《断绝法案》以及《申辩》中表达的思想,被后来的历史学家和一般民众认为与宣告美国革命的《独立宣言》有着惊人的相似之处,具有"社会契约论"思想的最初的雏形;还有人指出《独立宣言》起草者之一托马斯·杰斐逊(Thomas Jefferson,1743—1826)的思想,部分地受到《断绝法案》的影响。

　　威廉深知他在领导荷兰人民反抗当时欧洲最强大的哈布斯堡王朝以及罗马天主教会,而且国内的各派新教势力在宗教和政治问题上并不完全一致,所以他也曾经引入外国的力量,争取他们帮助荷兰赢得独立。在尼德兰的一些贵族拉拢以及联省议会的同意之下,法国国王的弟弟安茹公爵(François Anjou, duke of, d.1584)被冠以"自由的维护者"的名义,入主尼德兰。此事是因为当时许多的省份对于威廉并不十分信赖,联省议会才做出此项决定,希望能够赢得法国的支持。安茹公爵也允诺了他们的请求。1581年8月,他率领1.8万人马进攻佛兰德斯,拿下康布莱。安茹公爵有法国王室的血统,在法国的宗教战争中显示出他的领导能力,联省议会希望利用他的名声找到更大的外援。同时,他也是一名天主教徒,威廉也希望能够借助他的力量,制止加尔文派的信徒攻击天主教徒,进而在尼德兰境内实现教派之间的和平共处。英国女王伊丽莎白一世也曾经提供3万英镑给安茹公爵表示支持。不过,荷兰省和泽兰省还是更愿意支持威廉作为他们的领导者。安茹公爵最终觉得他的总督职位名不副实,他也没有办法阻止加尔文派攻击天主教会的行为,于是在1583年离开了尼德兰,并于次年去世。

　　1584年7月10日,一位极端忠诚于菲律普二世的天主教狂热分子吉拉尔德(Balthasar Gérard, 1557—1584)在代尔夫特的亲王官邸(Prinsenhof)与另一位客人(画家伦勃朗的岳父,一名律师)面见了威廉,他们一起用餐,在用餐完毕,威廉与吉拉尔德一起上楼的时候,后者用双轮手枪刺杀了他,至今在官邸的楼梯一旁还留有两个子弹的洞。根据官方的记载,"沉默者"威廉在临终时说:"祈求上帝怜悯这个国家以及我的灵魂。"刺客在逃出代尔夫特以前被捕,他受到极为严厉的酷刑拷打,于7月13日被处死。威廉的遗言不仅使得他个人成为荷兰历史上伟大的"殉国烈士",而且也激励着尼德兰人民坚持反抗西班牙人的不屈不挠的斗争。按照传统,拿骚家族的成员是应该埋葬在布雷达的,但是,当时这座城市处于西班牙国王军队的控制之下。威廉逝世以后,人们将他埋葬在代尔夫特坐落在市政厅对面市场广场的新教堂(Nieuwe Kerk or New Church)。最初人们竖立的纪念碑是非常简朴的,1623年,人们建立了一个新的纪念碑,由荷兰建筑师与雕刻家亨德里克·德·凯瑟(Hendrick de Keyser, 1565—1621)制作,他的儿子彼得·德·凯瑟(Pieter de Keyser)完成。从那时起,许多奥伦治-拿骚家族的成员都选择在身后埋葬在这座教堂。

在威廉的时代,许多人视他为尼德兰革命的领袖与反叛西班牙王室的英雄,是尼德兰独立运动的领导者。不过,后来的历史学家在仔细地研究了与他有关的许多公私文件以及信件以后,发现他其实是一位充满矛盾的人物,在举旗反抗西班牙以及效忠西班牙两股极端势力之间,他徘徊良久,试图找出中间的道路。他毕竟深受查理五世的栽培以及哈布斯堡宫廷的养育之恩,不能说背弃就背弃。同时,他的宗教自由的理想深深地根植于心中,不可能认同西班牙王室全面取缔以及残酷压迫新教的立场,这是他不能与菲律普二世妥协的根本点。所以,有历史学家指出,尼德兰反叛的最重要的原因是尼德兰人民要追求宗教的自由,这种说法不无道理。另外,威廉想要极力维护自中世纪以来尼德兰地方享有的"特权与自由"。自勃艮第诸公爵以及查理五世以来,虽然他们都试图建立中央的管制,但是对于中世纪以来尼德兰地方自治的传统,多有了解,也基本上表示尊重。到了威廉的时代,尼德兰的大城市如安特卫普、阿姆斯特丹、乌特勒支、鹿特丹等地的商人和店主更是在日渐衰落的封建制度下蓬勃发展,他们公开申明对于城市和社区拥有义务。在他们的眼中,所谓"特权与自由"可能包括更多的新的时代的内容,诸如贸易自由原则以及贸易保护法规的建立,还有对于政府的课税措施持有发言权等等。在他们看来,菲律普二世的中央集权措施是一种倒行逆施。荷兰著名的历史学家赫伊津哈指出,在威廉的心目中,勃艮第的传统是理想的世界,但是由他所推动的历史运动的结果即荷兰共和国则远远超出了他的期望:"今年,我们庆祝伟大的奥伦治亲王冥诞四百周年。如果仔细考察他的重要的历史地位、伟大精神以及高尚的宗旨,我们就会惊奇地发现,他高举的反叛的旗帜是勃艮第的旗帜。实际上,他捍卫的传统是勃艮第王室的传统,之所以反叛西班牙的统治者,是因为他们不尊重勃艮第的遗产,他们不得不为此付出沉重的代价。奥伦治公爵反叛基督教世界最为强大的统治者,没有多少成功的希望,历尽沧桑,随之产生的不是由十七省组成的国家,而是七省联盟组成的小国。由十七省组成的大国将以最古老和最富裕的佛兰德斯、布拉班特、埃诺和阿图瓦为主导;相反,七省联盟组成的共和国却是一个航海、经商和捕鱼的国度。勃艮第这个国家在此成为一个徒具躯干的空架子。在勇者查理之下,勃艮第曾经像一个位居中心的国家,从北海贯穿到阿尔卑斯山的可能性似乎指日可待。这种泛勃艮第的理想随着勇者查理的死亡而被埋葬了。一百年以后,奥伦治亲王威廉实现了根特和解以后,团结各省人民反抗西班牙人。他希望至少从弗里斯兰到皮卡和洛林的勃艮第治下的尼德兰能够成功地维持独立。奥伦治亲王历尽沧桑、死而后已、坚守希望。他相信局势总会好转。最后的结果非常神奇,远远超过尼德兰诸省的大团结——一个小小的共和国却建立了庞大的海外帝国,收获了空前的繁荣,创建了独特的文化。"

五、莫里斯亲王的战争以及《十二年停战协定》

执政官莫里斯亲王肖像

"沉默者"威廉逝世以后,由其侄子威廉·路易拿骚(William Louis, Count of Nassau-Dillenburg, 1560—1620)以及他的儿子莫里斯·凡·拿骚(Maurice of Nassau, Prince of Orange, 1567—1625)继承奥伦治家族的事业。莫里斯是"沉默者"威廉的次子,出生于迪林根。1584年他的父亲被谋杀的时候,他正在莱顿大学念书。虽然那时他才16岁,但是仍然被推举为荷兰省和泽兰省的执政官以及省议会的议长。他抓紧一切时间学习政治、历史、军事战略、战术、天文、数学等各方面的知识,努力使自己成为当代最杰出的战略家。他对于当时著名的佛兰德斯数学家、物理学家以及军事工程学家西蒙·斯蒂芬(Simon Stevin, 1548—1620)的军事围城战术特别在意,表现出很强烈的对于军事围城技术的兴趣。1586年荷兰省的议会确认了他的亲王称号。威廉·路易则被任命为弗里斯兰以及格罗宁根的执政官。

同时,联省议会在荷兰痛失威廉并且莫里斯尚年轻的情况之下,邀请伊丽莎白一世为联省共和国的宗主。但是,英国女王顾虑到如果此时英国公开干涉尼德兰的事务,会立即导致英国与西班牙的战争,她目前尚不愿意看到这样的情况发生。不过,她最终还是同意派遣军队7 000人,委任她所信任的莱斯特伯爵(Robert Dudley, Earl of Leicester, 1532—1588)为总指挥前往尼德兰支持荷兰军队,同时为荷兰的军队提供一定的经费支援。莱斯特在来到尼德兰以后,被联省议会任命为总督。英国之所以看重尼德兰,是因为当时的安特卫普是英国纺织品在欧洲大陆的最重要的销售市场,伊丽莎白一世不愿意看到法国干涉尼德兰,也不愿意看到西班牙中央集权在尼德兰的全面建立,她希望看到的是尼德兰的仍然处于查理五世的时代的自治区地位。所以,她对于尼德兰的支持是有自己的考虑以及立场的。莱斯特在尼德兰严厉禁止当地商人与西班牙保持贸易的往来,此举符合英国削弱西班牙的政策,但是不符合荷兰省商人的利益。当时荷兰一边与西班牙打仗,一边也与西班牙贸易,所获的利益部分地供给荷兰的行政与军事事业。

在莫里斯刚刚担任执政官的初期,当时的军事和政务是由莱斯特掌握的,1587年8月,在莱斯特伯爵离开尼德兰以后,约翰·凡·奥登巴恩维尔特(John van Oldenbarneveldt, 1547—1619)成为这个荷兰主要的政治家,并在后来的荷兰政坛发挥影响长达30年之久。他出生于乌特勒支省的阿默斯福德(Amersfoort),其家族成员均为摄政议员,具有反哈布斯堡王室的倾向,其母亲的家族则是反勃艮第家族统治的。他于1566年至1570年在鲁汶大学学习过法律,以后又去布鲁日、海德堡大学以及帕杜瓦大学求学,还去了法

奥登巴恩维尔特肖像

国以及意大利旅行,具有广博的见闻,萌发了宗教宽容的思想。后来定居于海牙。他对于修筑堤坝以及灌溉系统有很大的兴趣,在莱顿围城战的时候他被荷兰省派去监督决堤的工程。他与"沉默者"威廉非常投契,支持威廉反抗西班牙的事业,并参加威廉指挥的军队。早在1573年的哈勒姆战役以及1574年的莱顿战役中有非常勇敢的表现。1575年,他与玛丽亚·凡·乌特勒支(Maria van Utrecht,约1551—1629)结婚,后者是一名贵族的私生女。奥登巴恩维尔特于1576年成为鹿特丹的市政厅的法议长,由于他的能力、才干以及具有说服力的演说技巧,他受到当时联省议会成员的欣赏。1579年,"乌特勒支同盟"成立的时候,他是积极的倡导者之一。与当时邀请英国人入主尼德兰的联省议会成员的意见不同,他激烈地反对邀请英国人介入尼德兰的事务,特别是反对莱斯特执行的禁止与西班牙贸易的政策,由此赢得荷兰省的大商人阶级的支持,他们联合起来,终于迫使莱斯特离开了尼德兰。此后,联省议会决定从此不再邀请外国的君主或者贵族来担任荷兰的宗主。1585年,他作为外交代表出使英国,争取英国对于荷兰"反叛"事业的支持。1588年,莫里斯被任命为联省军队的统帅以及海军上将,1590年至1591年又当选为乌特勒支、上埃瑟尔省以及海尔德兰的执政官。从那时起,他主要负责荷兰共和国的军队以及与西班牙的作战,奥登巴恩维尔特则负责处理政治和其他的国务以及民事事务,1586年3月16日,他就任荷兰省的"大法议长"职务。"法议长"(Advocaat van den Lande, or Land's Advocate of Holland)原本为城市中的领薪的法律顾问,在荷兰"反叛"的过程中,这个职位逐渐成为举足轻重的法律政务官,与执政官旗鼓相当。从那时起,奥登巴恩维尔特执掌这个共和国最重要的职务之一长达32年之久,在荷兰共和国的政治、经济、外交、宗教和社会各个方面都发挥了重要的影响。

莫里斯在军事方面表现出同时代的人很难企及的才能。他在1588年执掌荷兰共和国的军队以后,他没有采取贸然出击的态势,而是谨慎行事,稳扎稳打。他对于军队也是训练有素,其军事训练的思想以及军队纪律反映了加尔文主义的严格要求。军人具有钢铁一般的坚毅,能够统一行动,绝对服从。在部队的整体中,个人就像是一颗可以随时被替换或调遣的螺丝钉,个人的七情六欲在军队中都被压制。莫里斯还注意建立军队的物资供应站,注意军队的后勤与补给,及时向军队提供所需的物资。为了保护尼德兰地区北方诸省免受西班牙人的再度入侵以及准备向更远的地方进攻,莫里斯在北方城镇的边界地带建立了多所要塞和堡垒。由于他对于围城的战术多有研究,赢得多次重要的围城战争的胜利,如1590年的布雷达战役,1591年的聚特芬以及诺森贝格(Knodsenburg)战役,1592年的在上埃瑟尔省的斯滕维克(Steenwijk)以及库福尔顿(Coevorden)战役,1593年的海特勒伊登贝赫(Geertuidenberg)战役,1594年的格罗宁根战役等。到1597年,莫里斯的军队已经占领了海尔德兰的东部地区。到16世纪90年代后期,荷兰军队甚至越过了马斯河以及斯海尔德河,大有"解放"尼德兰南部的势头。莫里斯的军事胜利大大地巩固了荷兰共和国的边界,使得共和国的社会经济能够在安全的环境之下获得稳步发展。在北方七省以外靠近南方的林堡以及布拉班特在日后也被北方联省合并,但是基于北方七省的政治和行政机构的运作方式已经确定,各个省份又各有其属于省的自主权,不愿自身的利益被分享或是受到干预。于是,新归入的林堡以及布拉班特只能被划入七联省共和国的共属之地,并有联省议会直接管理,是为"公地"(Generaliteislanden)。

在西班牙方面,在菲律普二世统治的后期,与英国女王伊丽莎白一世发生了频繁而激烈的冲突。菲律普二世曾经协助爱尔兰信奉天主教的"反叛者"以及苏格兰女王玛丽·斯图亚特,后者被伊丽莎白一世处死,导致菲律普二世派遣"无敌舰队"与英国作战。这支训练多时的庞大舰队由130艘船舰组成,原本由圣克鲁兹侯爵(Marquis of Santa Cruz)出任总指挥,因为侯爵猝死,遂改由不谙海军作战的西多尼亚公爵(Duke of Medina Sidonia)临时接替指挥。1588年5月30日,无敌舰队从里斯本浩浩荡荡起航,却在英吉利海峡遭到英国舰队的袭击,并在暂时撤退之际,遭受暴风雨的袭击,舰队被吹向敦刻尔克沿海。强烈的暴风雨持续肆虐,以致西班牙的舰队最终溃散,半数的舰船沉没于海底。西班牙从那时起国运走向衰落。

1597年1月24日,莫里斯指挥荷兰军队在北方和南方尼德兰边界上的蒂伦豪特(Turnhout)击败了西班牙军队,西班牙4 500名步兵以及骑兵中有半数伤亡。荷兰军队攻占了蒂伦豪特要塞并焚毁了它。荷兰军队之所以取得胜利的部分原因在于莫里斯将新式的骑兵投入战斗,这些骑兵穿着盔甲并拥有可以携带的枪支,使得西班牙的军队难以抵挡。在战事结束以后的2月8日,莫里斯凯旋,回到海牙,他将俘获的西班牙军旗挂在联省议会大厦的外面。

1600年,莫里斯指挥的荷兰共和国军队在今天比利时境内的沿海城市新港(Nieuwpoort)附近的海滩击溃了西班牙军队。为此战役,莫里斯动用了荷兰的精锐部队,集结了12个步兵团以及25支骑兵分队,由12 000名步兵

《新港战役》，由艺术家 Pauwels van Hillegath 作于 1632—1642 年间

和2 000匹马组成，6月22日就从荷兰人的基地奥斯坦德出发渡过斯海尔德河河口向敦刻尔克方向挺进。当莫里斯率领军队进击作战的时候，奥登巴恩维尔特则率领联省议会的一个委员会入驻奥斯坦德，他们的目的是监督莫里斯的军队的作战以及观察其军事战略。很久以来，奥登巴恩维尔特以及联省议会就认为军队对于共和国是至关重要的，不能由个人单独控制，莫里斯当然对此非常不满和愤怒，并公开表露出来，这是他与奥登巴恩维尔特第一次发生冲突。在7月2日的决战中，莫里斯军队与西班牙人展开了非常激烈的战斗，西班牙人的步兵在当时的欧洲是最强大的，他们沿着堤坝顽强抵抗荷兰军队的进攻，其作战技艺非常高超，要不是荷兰军队训练有素，就很难有效地推进，双方进入胶着状态。最后，荷兰军队使用了特制的垫子平铺在地上，这样大炮就可以在上面移动并且开炮，而且大炮不会陷入泥潭和沼泽里，而西班牙人则办不到。莫里斯等到西班牙人感到疲惫不支以后，让骑兵分队发起进攻，此时夕阳西下，西班牙人迎着阳光，看不清楚对方的敌人，在荷兰人的猛攻之下终于节节败退。据称西班牙人有2 500多人伤亡，溃不成军。

虽然莫里斯赢得了军事上的胜利，但是他发现尼德兰南方的人民对于荷兰共和国的军事行动既不支持,也不感到高兴,他们心中愿意效忠西班牙王室。这是一个令人错愕的结果,也使得荷兰共和国"解放"南方失土的热忱降低了许多。从那时起,北方的一些人民不仅对于那些愿意生活在西班牙统治下的南方尼德兰人有所轻视,甚至产生敌意。其实,对于莫里斯以及北方的许多人来说,他们需要努力克服心中的那种"失去"南方的情绪。同时,在新港战役之后,莫里斯统帅的军队的运输线也已经延长到它的极限,在军事胜利之后,他不得不下令撤军。莫里斯当时最想占领的城市敦刻尔克则仍然留在西班牙军队的手中,这个城市曾经在 1577 年至 1583 年一度被起义者占领,西班牙总督法内塞统治期间又被西班牙人夺回。由于荷兰共和国的海军一直在封锁这个港口,所以有一批亲西班牙的当地海商自行组织船队逃避封锁,驶向外海向荷兰的舰队发起攻击。荷兰海军一直拦截这些船队,但是到了冬天就无能为力。由于敦刻尔克还在西班牙人手里,这些当时被称为"敦刻尔克人"的船队仍然可以骚扰荷兰以及英国的贸易船队。就在这一年的 8 月,一批"敦刻尔克人"的私掠船只在北海击沉了 36 艘荷兰的鲱鱼捕捞船。

那时西班牙国内因为国库空虚,财政困难,无法支付巨额的军费,王室和政府希望找到一个解决尼德兰问题的办法。同时,西班牙在西印度的发展也受到了荷兰的威胁,西班牙方面希望通过停战,促使荷兰停止在西印度的扩张。当时荷兰正计划在南美洲的东海岸开辟新的殖民地以及新的商机。另外,从 1605 年开始,荷兰在亚洲的东方也获得了很大的发展,东印度公司的舰队征服了今印度尼西亚的安汶岛、特尔纳特岛以及蒂多雷岛,西班牙政府发现他们完全没有办法阻止荷兰人在远东的扩张。在此情形之下,他们产生了休战的想法。荷兰方面,虽然荷兰的军队使得西班牙人处于困境,但是荷兰为了维持军事上的优势也需要不断地招募和扩大兵源,荷兰的军队在 1599 年是 3.5 万人,到 1607 年已经增加到 5.1 万人,需要庞大的军费维持其战斗力。同时,荷兰还要花费昂贵的费用维修各地的要塞,并且建立新的要塞。虽然自 1590 年以来,荷兰海上贸易迅速发展,经济处于上升的态势,但是,长久的战争使得军费的维持倍感困难。1606 年,奥登巴恩维尔特在给荷兰驻巴黎的使节写信时说:"国内的形势极端困难,但是我们仍然不敢向城镇和乡村增加税收,害怕引起更大的骚乱。……一半以上的城镇居民倾向于和平。"奥登巴恩维尔特认为,仅仅依靠"公地"上的税收很难支付战争的开销,再要增加税收无疑会引发骚乱。他和联省议会中的主和派希望借着暂时的休战,以使经济得到复苏。但是,荷兰人也考虑到长久的停战对于自身不见得有益,主要是因为如果与西班牙处于的战争的状态,直布罗陀海峡是封闭的,这会使得尼德兰诸省有机会在北海与地中海之间通过航运贸易获取利润。如果双方停战,荷兰相当部分的贸易机会就会丧失。在此种矛盾及犹豫的心态下,从 1607 年起,双方已经开始接触,并且互相有一些口头的承诺。荷兰答应退出西印度(不过从未实施),西班牙则承诺解除对于荷兰的封锁,也答应在荷兰实现宗教信仰的自由,并对待荷兰如同对待一个独立的国家。但是就在这一年,荷兰军队中的强硬派却无视西班牙的停战条件,在西班牙的沿海攻击西班牙的船只,并持续在南美洲的东岸发展自己的势力,于是谈判停顿了下来。次年,西班牙再度提出要求荷兰退出西印度,荷兰也因战事疲惫而与对方协议自 1609 年休战。在此过程当中,莫里斯亲王与奥登巴恩维尔特意见不一,他认为荷兰不应该与西班牙停战,1608 年秋天,他在荷兰省的市政厅的公开场合表示,荷兰与西班牙人达成和平协议只会削弱荷兰的安全甚至导致西班牙暴政的恢复。另外,西印度公司的主要的主管威廉·乌里克斯(Willem Usselincx)也认为和平协议会危及哈勒姆、莱顿以及代尔夫特的纺织业。这位主管以前居住在南方,为逃避西班牙的迫害逃亡北方,是坚定的反西班牙人士。尽管有不少反对的声浪,但在议和的问题上,身为大法议长主持荷兰外交与国内事务的奥登巴恩维尔特还是占了主导的地位。

1609 年 4 月 9 日,荷兰与西班牙在安特卫普签署了《十二年停战协定》(*Twelve Years' Truce*),主要条款如下:(1)西班牙答应在条约规定的休战时间里,对待荷兰联省共和国"如同"(de facto or as if)一个独立的国家。在荷兰文以及法文的版本的词句表达中多多少少承认荷兰是一个独立的国家。(2)在十二年中,双方停止敌对的行动;在协议签订之日起,双方的军队在各自的疆界内活动;所有的人质都要释放;所有的各自的海上私掠行为都应该制止。(3)恢复贸易的活动,荷兰的商人以及海员在西班牙以及西班牙统治下的尼德兰地区会受到保护,享受西班牙与英国在伦敦条约中规定的同等待遇;荷兰答应终止对于佛兰德斯地区的封锁,但是没有解除须德海的航行自由。(4)从南部尼德兰流亡到北方的人可以回到故土,但是必须遵守天主教的信仰;在战争期间被西班牙人充公的部分贵族的财产应予归还,其中最主要的就是执政官莫里斯家族的财产。和约对于印度的贸易问题没有提及,也没有改变荷兰统治地区天主教徒以及哈布斯堡尼德兰地区的新教徒的状况。

《十二年停战协定》给荷兰共和国奠定了其国际地位。自 1590 年以来,荷兰共和国实际上已经跻身于欧洲列强,但是她的国际地位一直没有确定,即便是英国也一直没有在官方层面承认联省共和国的主权地位,荷兰共和国一直被认为是一种暂时的现象,一个临时的反叛国度,没有法理上的地位,她派出的外交使节也不被当成大使。这些情况在1609年以后发生了改变,既然西班牙已经不太情愿地承认荷兰"如同"一个主权国家,那么欧洲的其他国家和中近东以及北非的伊斯兰国家也就视和约合法地承认荷兰是真正的主权国家了。1609年,法国以及英国政府首脑在各自的首都接见了荷兰的使节,以大使的礼节对待他们;不久以后,荷兰与威尼斯也正式建立了外交关系;1610年12月,又与摩洛哥建立了外交关系。同年,奥斯曼帝国也向荷兰共和国联省议会发出邀请函,邀请后者派出驻扎该帝国首都伊斯坦布尔的常驻大使,又过一年,荷兰派遣科内利斯·哈加(Cornelis Haga)为第一任驻奥斯曼宫廷的大使。虽然当时荷兰常驻外国的大使人数不是很多,但是各国对于荷兰的承认使得她有机会在许多地方建立自己的领事馆,它们按时发回本国的报告对于荷兰共和国海上强权的建立以及发展极为有利,也有助于解决荷兰的商人和海员在海外遇到的各种麻烦,包括政治上的困难以及商业上的纠纷。在这些外交人员的帮助之下,荷兰分别在不同的地方如德意志、波罗的海沿岸国家、里窝那(1612)、阿勒颇(1613)、塞浦路斯(1613)、威尼斯(1614)、热那亚(1615)、阿尔及尔(1616)以及桑特岛(1618)建立了领事馆以及办事处。

荷兰共和国地位的初步确立还有助于她进一步扩大其权威和影响,特别在与别的国家发生纠纷的时候更是如此。1611年,当丹麦王室企图干预荷兰航运的时候,荷兰与汉萨同盟的城市以及瑞典结成军事联盟迫使丹麦最后让步。1613年至1614年,荷兰与波罗的海沿岸国家签订了一系列条约,保障了各国之间在贸易以及航运方面互不干扰以及航行自由。1614年,英国王室企图采取一种垄断布匹出口的措施,将所有的布匹在输出本国时先行染色加工,做成成品布出口到荷兰。阿姆斯特丹的市政厅以及联省议会鉴于这会损害本国商人的利益,坚决反对这种做法,各省联合抵制英国的成品布,最终使得英国的计划流产。1609年以后,荷兰共和国由于其外交地位的确立以及军事实力的强大,在事实上成为法国的新教地区以及德意志的新教联盟依赖的保护者,抵抗天主教会反宗教改革运动的中流砥柱。不过,奥登巴恩维尔特以及摄政团中其他一些人不愿意在反天主教会以及反西班牙的立场上走得更远,他们没有意愿参与或建立反西班牙的轴心。1609年至1610年,摩洛哥苏丹国与奥斯曼帝国企图拉拢荷兰加入反西班牙同盟,荷兰联省议会故意忽略了这个计划。

《十二年停战协定》的另一个影响就是仍然处于西班牙统治下的南方地区的农业因为战事的平息逐渐地得到恢复,西班牙当局鼓励围垦土地,在今天法国和比利时边界上的大片多沼泽的土地被逐渐地填平了,有的地方还种了庄稼。农业的恢复也导致人口在以后的几十年中逐渐增加。被毁坏的教堂以及其他的建筑物也慢慢地被修复。手工业特别是一些比较昂贵的物品如内衣的加工也开始重新兴旺起来。另一方面,纺织业以及啤酒酿造业由于从业工人的工资要比北方更低廉一些,也发展起来了。南方的西班牙当局还疏浚运河系统,将奥斯坦德、布鲁日、根特以及斯海尔德河以及马斯河与莱茵河连接起来,使得内河航运以及贸易活动更加活跃。为了减轻城市中的贫困现象,政府也按照意大利的模式设立了"公典制度"(Monti di Pietà),使得穷人得到某种程度的照料和救济。同时,西班牙当局稍微放宽了一点对于生活在南方的新教徒的管制,他们可以留居在当地,只要不公开履行新教的崇拜仪式。法律禁止宗教之间的讨论和争论。

荷兰共和国之所以取得成功,除了自1572年开始的尼德兰地区人民不屈不挠的斗争以外,主要还是因为富庶的尼德兰南方人逐渐地移居到北方,带来的财富以及技术导致北方的经济的逐渐壮大。同时,南方为躲避西班牙人的宗教迫害移居北方的人民,也都信奉新教,造成北方宗教信仰的团结更加巩固。当时的西班牙帝国,幅员辽阔,各处地方的利益并不一致,人民在宗教信仰上对峙以及分裂,又忙于与法国的争权以及与英国的对抗,尾大不掉,不能集中力量来对付荷兰的反叛。荷兰本身的日渐发展,无论是经济的强大以及寡头的统治,都促成了共和国的诞生。在国际上,英国与法国都协助荷兰的反叛,也有推波助澜的作用。荷兰共和国的诞生,最初并不是出于爱国的情感以及民族的意识,贵族、商人以及市民只是想要恢复菲律普二世以前的特权以及宗教信仰上的自由,人民对于土地和文化的认同反而是次要的原因。对于荷兰作为一个国家的认同,或许是在后来的历史中逐渐发展起来的。尼德兰北方七个省人民的英勇奋斗终于在1648年获得最后的成功。自1648年至1795年,这个国家被称为荷兰共和国(Dutch Republic, Republiek der Zeven Verenigde Nederlanden/Provincien)。

第五章
"黄金时代"的荷兰共和国

一、共和国的政体

　　荷兰共和国的政治体制属于寡头政治,联省国家不设立国王,也没有绝对专制的独裁领袖。这种荷兰模式的共和主义,可以视为对当时欧洲流行君主专制王权的否定和拒绝。

　　荷兰共和国由各个自治的省份组成,在"乌特勒支同盟"中,各省就已经相互约定,每一个省份在共和国中将是单一的自治体,但七个省同时又归属于共和国,即所谓荷兰联省共和国。

　　城市是由市政厅领导的,如前所述,市政厅的议员是由富有的市民所组成,称为"智者"(vroedman)。自中世纪晚期以来,尼德兰的每一个城市就是由这些大约 20 至 40 名的"最富有和最有荣誉感"的市民来管理的,他们是每一个城镇选举产生的"最富有的和最明智的"市民,其任期是终身的,或者要等到迁徙到别的地方时候才放弃这个职位。一旦这个职位空缺以后,也要在与他们相同的社会阶层中选举产生新的人士来充当。这些城镇的市议员每年都从他们当中选举出市长(burgomaster),组成市政府的议员们的主要职责是维持公义与和平的城市秩序以及当地市民的税收。城镇的保卫依赖于市民的军事组织即民兵,但是他们是官方的,有较高的官阶并从执政的阶级中产生,当地的市长常常担任民兵的上校,伦勃朗的名画《夜巡图》(*Night Watch*, 1641)以及哈尔斯的《圣阿德里安民兵的宴会》(*Banquet of the Civic Guards at Adrian*, 1627)所描绘的就是民兵在巡逻以及宴饮的生活情形。

　　当 1581 年荷兰各省正式宣布放弃对西班牙国王菲律普二世的效忠的时候,他们制定了一项法律,禁止城镇的议员与行会的以及民兵的代表讨论协商任何省一级的问题,这有利于摄政的议员阶层巩固自己的寡头统治的地位并领导人民与西班牙王室斗争,同时将普通的人民排斥于地方的或是省的管理事务之外。在两个航海的大省荷兰与泽兰以及其他省份中,市长的人数(从1名至4名)以及议员的人数(从7名至12名)有所不同,但是这种贵族统治的制度是类似的。还要补充说明的是,在17世纪的时候,荷兰、泽兰以及乌特勒支的大部分地方是由统治阶级中的城市有产阶级供养的,这使得他们能够利用市政厅的议员的地位和影响来集中发展城镇的贸易以及工业而不是乡村的家庭以及屋舍的小手工艺。当时荷兰联省共和国的各个不同省份的社会结构都有所不同,但是自从荷兰省的经济地位日益增长并且远远超过其他省份以后,在考虑荷兰共和国中产阶级的社会作用的时候,弗里斯兰的乡绅、海尔德兰的地主以及上埃瑟尔省的佃农就差不多可以忽略不计,只需要考察荷兰省以及泽兰省的摄政者即商人以及海员就可以了。

联省共和国的七个省的每一个省都是自治的。在荷兰,各个省都是由18个城镇的摄政团(议员)所指定任命的代表团组成,还有一种更高的代表团是代表省一级的贵族的。每一个城镇只要它愿意,就可以派出任何规模的代表团,但是每一个代表团只有一张选票。荷兰省的议会共有19张选票,其中18张属于18个主要城市,1票是属于贵族的。城市的代表控制了省的议会。小城市以及乡村地区,没有自己的代表,只好含糊地寄希望于贵族代表他们的利益。在泽兰省的议会,共有7票,其中6票属于6个主要城市,1票属于贵族。如果贵族家庭绝嗣,或者效忠于西班牙王室,那么就要被剥夺选举权。乌特勒支的情况比较复杂,教士在该省曾经发挥很大的作用,虽然随着时代的发展,他们的地位降低了,但是要摆脱他们复杂的影响仍然是不可能的。教士在该省拥有许多的土地,他们终身享有选举权,他们中的许多人被贵族和小城市任命为代表。贵族也拥有1票,其他4个大城市一起拥有1票。海尔德兰省的贵族和弗里斯兰省的拥有土地的农民由于他们情况与别的省份的不同,能够发挥更大的影响。海尔德兰省曾经是公爵的领地,被划为三个"区",每一个"区"都有自己的小议会,每一个小议会都有2票,分别属于城市以及贵族。每一个城市都有一个由30人至40人组成的市政厅,在特殊情况之下,议会要听取他们的意见。弗里斯兰省的情况也复杂,它共有4个"区",其中1个"区"有11个城市。每一个"区"拥有1票,发生争论的时候由省的执政官决定。

总之,联省共和国没有任何形式的普遍制度,每一个省都保留了自古代就已经传下来的制度，它们反对任何统一的形式，经常出于各自的利益决定事情，地方分权的色彩极为浓厚。当然，在一些城市贵族不占主导地位的地方，如两个航运的大省荷兰以及泽兰，他们经常能够靠着自身在经济上的重要性扩大自己的权力和影响。城镇的法官也是由市政厅选举产生的，乡村的和司法的官员则由各省任命。所以，学者雷内尔(G. J. Renier)教授指出，从1581年至1795年，荷兰各省的自治就是意味着全荷兰共和国是由社会的中上层阶级管理和主宰的；或者，按照另一名学者瓦勒克(Dr. B. Vlekke)的看法，荷兰共和国实际上是由1万名左右的寡头统治者治理的，他们垄断了所有重要的省一级的或是市政的领导职位。

1651年联省议会开会时情形，由艺术家Anthomie Palamedes作于1651年至1652年间

设在海牙的"联省议会"(States General)似乎是共和国最高的权力机构，它掌握外交事务，在内政事务上也有很大的发言权。自1579年乌特勒支联盟建立以后，反叛的各省达成一致，在外交事务上应当一致对外。"联省议会"仅仅是由七个自治的省的代表参加会议，它要接受来自七个不同省份各

自的训令,最后达成的结果要符合荷兰联省共和国的整体利益,为了产生结果的有效性,他们的投票是无记名地进行的。在不能达成一致的时候,或者在不符合各自省份的训令产生争辩的时候,代表团不得不回到各自的省份继续开会讨论进一步达成新的意见。这种事情是经常发生的。没有任何一个省认为必须服从联省议会的命令,除非这个代表团被授权这样做。每一个代表团只有一张选票,或者说,只能够发一个声音。这种政治运作的模式,往往要耗费许多时间才能够使得联省议会的决策顺利地达成。当共和国发生需要联省共同协议的重大事务的时候,如商讨国家主权、宣战、媾和等重大外交政策以及财政预算、有关"公地"等问题的时候,就必须召开联省议会。如上所述,"公地"是指北佛兰德斯、北布拉班特省以及林堡省。这些地方是在后来的"八十年战争"结束以后的《威斯特伐利亚条约》中针对尼德兰签订的《明斯特条约》订立之后才加入荷兰共和国的省份,在当时并不包含在七省之内。这些地区在联省议会中并没有自己的代表,其人口也多半是天主教徒,是直属联省议会管理的,所以称为"公地"。联省议会虽然在宣战、媾和、外交等方面具有决策权,但是没有征税的权力。征税必须经过七省全体一致同意方可通过。

除了一个不太重要的"国务会议"以外,"联省议会"是荷兰共和国唯一的国家管理机构。当各省的利益发生冲突的时候,它们就很难发挥作用。有时,它们自己也会陷入难以达成一致的困境。在遇到僵局或是危机的时候,有些强有力的人物或是集团会通过融合权威以及劝诱的方法促进人们做出决定。荷兰省以及奥伦治家族是两个决定性的势力。前者在理论上要负担荷兰共和国58%的财政运作,有时甚至更多。阿姆斯特丹1585年以后在荷兰经济的重要性方面具有压倒性的优势,使得这个城市在荷兰经济上具有举足轻重的地位,也使得它所在荷兰省在联省议会中具有较大的发言权。另一件事情是一样的,那就是荷兰省由于阿姆斯特丹的地位而成为这7个省的领袖。它通过最高级的官员与联省议会中选举产生的一个小型的委员会合作来实现其领导工作。荷兰省在经济上的优势是后来许多该省的杰出政治家掌握权力的基础。

共和国的七个省份当中,荷兰省以及泽兰省的权力和影响最大,贡献也最多,其中又以荷兰省最具有领导地位与影响力。荷兰省独自提供了共和国近60%的费用,该地区的人口也占共和国全国人口的40%。其他联省的各个省份,则视其经济状况和地理因素,适度分担国家的财务。荷兰共和国内最繁荣和最重要的大城市都在荷兰省境内。所以,荷兰省因其在各个方面的实力成为其他省份的领导者。虽然在理论和形式上，各个省份都具有平等的地位，在联省议会中也都只有一个投票权，但是荷兰省不希望自身的地位被其他省份的投票权影响决策，所以设置了否决权的办法。荷兰省可以否决其不愿意支持的政策与经费，而荷兰省常常能够说服其他的省份重视其领导地位。荷兰省的经济成长不仅在尼德兰地区是非常迅速的，而且还迅速扩张成为全球性的航海贸易实体，由于它与世界各大洲的国家和地区拥有与众不同的联系，这也决定了它与其他各省在外交政策上不会持有相同的考量，它历来重视高度的自主以及世界性的贸易发展。在联省议会中，除非荷兰省同意其决策，否则其他省份提出的政策不会被联省议会接受。即使是拥有高高在上的权力威望的执政官，也必须依赖荷兰省的支持。于是，共和国的领导权，也经常在奥伦治-拿骚家族与荷兰省之间此消彼长，互相较劲。

如前所述，荷兰共和国各省份都设有两个重要的政治领袖职位，即执政官和法议长。执政官在早期是由勃艮第公爵委任的省的领导者，他握有地方上的统治权。哈布斯堡时期的查理五世也沿用了这个制度，所以执政官原本就是荷兰反叛之前各省总督的职位。在荷兰共和国成立之后，也沿用了这个官职的名称。执政官的职务，在共和国时期，除了具有与先前的朝代相同的性质，其地位和职权随着奥伦治家族成员担任此职务以后而日渐增长。在荷兰省，执政官的产生来自贵族代表团的成员，这是一个大贵族的精英团体，起源于勃艮第和哈布斯堡时代。在共和国时期，很少有新的贵族的产生。在许多方面，执政官的权力比议会更加直接和广泛，当执政官是一位铁腕人物的时候，他有时可以置议会的权力于不顾。所以，在很多时候，执政官就成为议会不希望设立的职务。有时，各省的议会不任命执政官而自行管理自己的事务。有时，也会出现几个省设立一个执政官的情况。

法议长原本为城市中领薪的法律顾问。这个职务在14世纪的时候已经有了。在荷兰反叛的过程中，这个职位逐渐演变为举足轻重的法律政务官。在荷兰省，在该省的法议长奥登巴恩维尔特1619年遇害（下详）以后，易名为"大法议长（Grand Pensionary）"，并在后来的共和国中，渐渐地演变为与执政官旗鼓相当以及最有权力的官员。尤其是在荷兰省，"大法议长"一职更是具有很大的政治权力。特别在荷兰与西班牙战事激烈的时候，执政官经常离开政府前往前线指挥作战，"大法议长"就显得十分重要。他既参加荷兰省的议会，也参加共和国的联省议会。在荷兰省的议会中，他不仅是议会的主席，而且负责公布贵族的选票。在独立的初期，当联省共和国组织外交机构的时候,"大法议长"成为该机构的主管,实际上成为共和国的外交事务大臣。执政官和大法议长两种职务,都需要具有政治才能和出身良好的门第的人物才能担任。由于荷兰省的富裕以及领袖群雄的地位,其政治的领袖也就顺理成章地成为全国最有势力的统治者。在荷兰反叛的初期,出身奥伦治家族的荷兰省的执政官与法议长奥登巴恩维尔特的权力是最大的。

执政官与军队有着密切的联系。"乌特勒支联盟"盟约的第八条宣布对从18岁至60岁的人进行一次人口普查,以便征集军队保卫国家,但是实际上从来也没有这样做过。除了一个省份以外,其他省也没有进行过人口的普查。大家都觉得使用雇佣军比较好,因为普通的荷兰人更愿意从事赚钱的商业活动,既不熟悉也不愿意去打仗。由荷兰军官指挥的外国雇佣军直接归执政官调遣,许多荷兰的军官来自各省的贵族,他们喜欢军人生涯而非商业活动。执政官有权任命军官,每天都与军队接触——他当然比议会的议员或是"大法议长"更加受军队的欢迎。虽然议会支付军队的费用,但是军队在许多情况之下嫌议会太吝啬,觉得议会总是在削减军费。当没有执政官的时候,议会会直接指挥军队,这时议会和军队经常会发生矛盾。

在荷兰共和国的寡头统治中,奥伦治家族的地位非常独特。该家族成员经常担任一个或者多个省份的执政官以及武装力量的实际上的指挥官。历代的奥伦治亲王既是荷兰联省共和国的也是联省议会的官吏,但是他在指派政府机构官员上具有很强的,有时甚至是决定性的影响。奥伦治家族的亲王们由于其出身、拥有的财富和声望以及军事实力(不管是实际上的或是潜在的),不可避免地在上层阶级中形成一种看法——那就是该家族实际上拥有君主的身份;而在下层阶级中,他们更加尊重的是亲王的贵族血统而不是他们的商人地位。在工人阶级中,许多人不喜欢荷兰共和国的寡头统治,这些人的思想也比较倾向支持奥伦治家族出来统治国家。荷兰共和国是由各个独立的省份联合而成,各省的大贵族通常为独立的大地主,所以贵族们之间也缺少一种相互联系的中心。拥有庞大领地与财富的奥伦治家族除了作为联省共和国的联合的象征,也是贵族们联系的中心。另一方面,就奥伦治家族而言,尽管他们在1644年以后经常与外国的王室成员通婚,但是在外表以及思想上与荷兰的寡头统治阶级(议员们)还是有着密切的联系并且受到后者的影响,正是由于后者的支持,他们的地位才得以巩固。由于奥伦治家族成员经常成为执政官,所以军队高度支持奥伦治家族。

奥伦治家族的亲王们与荷兰联省共和国的高级官员密切和谐地合作,处理国家的事务。在"沉默者"威廉、莫里斯亲王、奥登巴恩维尔特、威廉三世以及后来的大法议长安东尼·赫西乌斯(Anthony Heinsius, 1641—1720)时期,情况都是如此。联省议会以及各省当局倾向于执行一种既定的政策;但是当两大势力发生冲突的时候,或者其中一个不能发挥其压倒性的优势的时候,荷兰与泽兰两个航海的大省之间的矛盾,或者这两个大省与其他五个省份之间的矛盾就会凸显出来,于是联省共和国就会倾向于分裂。不过,在任何情况之下,历代执政官都要发挥其不可挑战的政治权威以控制不利局势的发展,在此情形之下,他们不可避免地要依赖于摄政团阶层(议员们)的支持与合作,运用财政的和经济的手段执行他们的政策。他们可以通过自己拥有土地的贵族私人朋友渗透到市民寡头集团以及"联省议会"中去,散布自己的看法影响他人,但是他们不能破坏上层集团的经济实力,因为正是这些上层集团不仅仅成为执政官,而且成为荷兰共和国最终命运的决定者。

二、宗教与政治的内争(1616—1618)

就在《十二年停战协定》签订的前后,荷兰共和国的内部出现了分裂,形成了两个对立的派别。它们之间的分歧,既表现在宗教信仰上,也表现在政治立场上。荷兰共和国政坛以及教会的团结由于他们之间出现的分歧出现了严重的危机。

这两个对立派别其中一派的著名领袖人物是雅各布斯·阿明尼乌(Jacobus Arminius, 1560—1609),他所倡导的思想被人们称为"阿明尼乌主义"(Arminianism)。阿明尼乌出生于乌特勒支省的奥德瓦特(Oudewater),父亲是当地的一位刀锯匠,很早就去世了。阿明尼乌早年在乌特勒支和马尔堡学习神学。当他听说家中大部分亲戚都因为宗教信仰而被西班牙人杀害以后,便来到荷兰省的鹿特丹避难。此时,他在神学上表现出一定的造诣和才华,赢得了一些有影响的神学家们的青睐和支持。1576年至1582年,他又到莱顿学习神学,受到著名的新教神学家以及博学的学者西奥多尔·贝扎(Theodore Beza, 1519—1605)的指导。贝扎曾经是加尔文的朋友,编撰过一部具有批判性的希腊文的《圣经》注释本,他曾经反对由加尔文派占绝对主导地位的政教合一的日内瓦当局将信奉异教的西班牙医生塞维图斯烧死。在当时新教和天主教信仰激烈对峙的时代,贝扎主张宗教间的对话与和平。贝扎的这些思想可能对当时还很年轻的阿明尼乌产生过一定的影响。阿明尼乌后来又去巴塞尔学习神学,还去过意大利的帕杜瓦以及教宗国首府罗马访问学习。1587年,他回到阿姆斯特丹,几年以后成为一名牧师。阿明尼乌在莱顿、巴塞尔、帕杜瓦以及罗马等地的广泛的游学经历,开拓了自己的视野以及对基督教各派不同思想的理解,从而对加尔文的教义产生了怀疑。加尔文派的教会察觉到了这一点,指责他具有异端思想和对加尔文教会不忠诚。随着时间的推移,他与加尔文派在思想上的距离越来越大。阿明尼乌还与莱顿大学的教授弗朗西斯·尤尼乌斯(Francis Junius)保持着密切的通信联系,他们之间的信件以及他所撰写的关于驳斥"预定论"的论文一直到他去世以后也没有发表,但是这些争论使得他自己在神学思想上变得更加系统和明晰了。阿明尼乌后来也介入了当时荷兰共和国的政治斗争,他支持奥登巴恩维尔特的政治主张,后者对西班牙人以及天主教会采取了某种调和与妥协的政策,这与阿明尼乌的比较倾向天主教的神学观点相吻合。1603年,阿明尼乌被聘任为莱顿大学的教授,不久以后就与热忱的加尔文主义的支持者弗朗西斯·戈玛尔(Francis Gomar,1563—1641)发生了激烈的冲突。戈玛尔早年

阿明尼乌派与加尔文派的争论,由 Abraham Van Der Eyk 作于 1721 年,右边加尔文派经书上的宝剑表示他们得到共和国政府的支持

在斯特拉斯堡、牛津大学和剑桥大学和海德堡大学读书,是坚定的加尔文主义的支持者,自 1594 年起就已经是莱顿大学教授了,他毕生都反对与天主教会妥协以及和所谓的"异端"思想调和,坚定地反对阿明尼乌的思想。1603年 5 月 6 日,阿明尼乌和戈玛尔在海牙举行了一次面对面的辩论,奥登巴恩维尔特出席了此次辩论并同情阿明尼乌的观点。在此次辩论中,阿明尼乌成功地撇清了与"异端"的关系,保住了他在莱顿大学的教授职位。但是法官们毕竟不是神学家,他们对于两位教授陈述的具体的学术观点无法再作进一步的评论,只是要求他们消除他们的歧见并且停止兴风作浪。法院要求他们以书面的形式阐述他们各自的立场,而且书面的意见不可以公开。由于健康等原因,阿明尼乌一直没有写完这份申辩书。在莱顿大学期间,他还与当时最著名和博学的学者斯卡利杰(其生平后详)交往,有机会拓宽自己的知识和加深自己的信仰。当别人指责他或与他争论的时候,当时的莱顿大学的校长总是支持他。在晚年的时候,阿明尼乌一直为争论和病痛所困扰,由于他在政治上表现出来的所谓"亲西班牙观点",执政官莫里斯亲王也不喜欢他。1609年 10 月,他因健康衰竭而逝世了。

  阿明尼乌的神学见解被称为"阿明尼乌主义",它最重要的特征就是反对加尔文神学思想中的"预定论"。他认为:(一)上帝不会预先授予某一个人以仁慈和恩宠,上帝是为所有的人牺牲的而不是仅仅为了某些特定的选民,预定论的观点在《圣经》里找不到根据,无论是"堕落前预定论"或是"堕落后预定论"都不符合上帝的全能的爱的教义,上帝对于人类的爱是无始无终的,无所谓预定或前后。(二)虔诚的信徒可以按照上帝的要求来生活,也可以拒绝接受这种要求按照自己的意志来生活,自由的意志可以导向拯救,也可能远离救恩,将人们引向地狱;人类具有自己的自由意志,选择的后果则要自己承担。他认为上帝的本意是让每一个人都认罪悔改,如此才能说明上帝已经在永恒中预见哪些人将会悔改行善,哪些人是永远执迷不悟。(三)人类认识真理的能力是非常有限的,故认识自身的谬误也是非常困难的。所以,如果人类能够参考不同的意见,就会有更多启发自己的机会。反对阿明尼乌神学见解的加尔文派人士认为这种解释实际上贬低了上帝的全知与全能,而且这种说法与天主教的观点是相当接近的。"阿明尼乌主义"与加尔文派的神学争论还涉及当时非常敏感的关于教会权力与世俗政权的关系问题,前者基本上认为教会应当被置于世俗当局的管理之下,后者则一直保持着强烈的干预政治甚至凌驾于世俗当局之上的立场,并试图在荷兰共和国排除其他新教派别的存在与活动。

1610年，阿明尼乌派向荷兰省的议会递交了一份请愿书，要求召开全省的宗教会议，以便为他们自己的立场辩护，这就是《抗辩书》(Remonstrance)。他们向省议会发出这个呼吁，就是表明他们是将省议会的权力置于教会之上的。

他们主张担任政府官员的人士，不一定要限制在同一个教派当中，唯有如此才能最大限度地保证国内各宗教派别的和平共存。他们希望阿明尼乌主义的学说能够得到国家的保护，并对那些反对者提出抗议和谏言，从那时起，他们又被人们称为"抗辩派"(Remonstrants)。荷兰省议会一直将此事搁置到7月，最后还是没有召开宗教会议，而是让各方在另一个场合表明他们的意见。在1611年3月11日进行的辩论中，戈玛尔则发表了《反抗辩书》(Counter-Remonstrance)。荷兰省的行政当局裁决他们之间的分歧微不足道，希望他们达成和解并且不要影响政局的稳定，由此形成了以加尔文教派成员为主的"反抗辩派"(Counter-Remonstrants)。开始的时候，两派的争论仅仅限于荷兰省和乌特勒支省，后来逐渐扩大到其他省份和各个大学，"反抗辩派"运用政治的手段拉拢各省民事当局的领导人，这些人不像荷兰省以及乌特勒支省的领导人那样支持奥登巴恩维尔特，于是争论迅速扩大到联省共和国的各个地方以及社会的各个阶层。争论实际上已经超出了宗教的范畴，带有很大的政治色彩——其政治层面的问题主要涉及荷兰共和国与西班牙人和天主教会的关系，还涉及加尔文教派在国家政治和宗教生活中的地位。"反抗辩派"认为完整的教会信仰（在他们看来就是加尔文主义）受到了威胁，他们拒绝参加由"抗辩派"牧师主持的宗教仪式，有些在本城没有本教派牧师的"反抗辩派"成员甚至步行到邻近的城市去做礼拜。在"反抗辩派"的成员中有许多原先都是为了持守自己的宗教信仰而离开自己的家乡来到北方的。戈玛尔就是他们中间的一员。他们憎恨西班牙人，决心与西班牙人作战到底，视奥登巴恩维尔特主持签订《十二年停战协定》的举动为叛国的行为。在该协定签订以后，北方的商人们向尼德兰南部信仰天主教的地区输出谷物引发物价的上涨更加证实了他们的担心和疑虑。

从1615年开始，在联省议会中也形成了"反抗辩派"，包括来自泽兰、弗里斯兰和格罗宁根的代表。由于全国各地的"反抗辩派"在每一个礼拜天都要在泥浆中跋涉去他们远处的教会做礼拜，就赢得了"泥乞丐"的称号。1616年的冬天，由于天气寒冷，海牙的"反抗辩派"在阿姆斯特丹的同伴的鼓励之下，要求在海牙拥有他们自己举行礼拜的地方。市政厅将教会医院拨给他们,但是不给他们教堂。1617年1月,执政官莫里斯拒绝派出军队维持秩序。"反抗辩派"的活动更加得寸进尺,他们选举了属于自己的教会,政府也没有阻止他们。荷兰省议会决定召集一支400人的特别的维持秩序的部队,他们效忠的对象是雇用他们的城市而不是共和国的执政官。泽兰、弗里斯兰以及格罗宁根的"反抗辩派"都占了上风。海牙的"反抗辩派"占领了空置多年的一座教堂,它就坐落在奥登巴恩维尔特家宅邸的隔壁。

荷兰省的上层也严重地分裂了。执政官莫里斯是支持"反抗辩派"的,奥登巴恩维尔特则支持"抗辩派",很可能他更多地出于政治原因的考量,除了权衡考虑必须与西班牙缔结和平条约以外,他对于加尔文教会企图干预甚至控制政治的意图十分不满。"反抗辩派"则视奥登巴恩维尔特为利用政治干预教会事务的代表人物。

如上所述,莫里斯与奥登巴恩维尔特之间本来很早就相识,后者是莫里斯的父亲"沉默者"威廉的崇拜者与追随者,也是莫里斯的长辈,在莫里斯刚刚担任执政官的时候,奥登巴恩维尔特对他的支持是不遗余力的,他还将英国的莱斯特赶走,巩固了莫里斯的地位。在很长一段时间里,两人分工合作,莫里斯指挥军队,奥登巴恩维尔特负责内政与外交,可谓相得益彰。但是,随着时间的推移,莫里斯与奥登巴恩维尔特之间主要在政治以及宗教观点的不同,对共和国外交、军事以及政治上采取的措施发生了很大的歧异,导致彼此之间无法互信,进而造成两者以及他们的追随者之间的权力斗争。最重要的是,莫里斯反对奥登巴恩维尔特与西班牙人议和并主持签订《十二年停战协定》,他认为这个协定对西班牙人表现出太多的妥协,完全没有体现出荷兰人多年以来为争取独立和自由所获得的成果。除此以外,他们之间还有许多其他的分歧。奥登巴恩维尔特主张加强各省的自治权,并让各省适当拥有自己的军队,还认为军队最终应该置于共和国政府的管制之下;莫里斯身为执政官,拥有统率共和国海陆军队的权力,当然不愿意分权,他认为奥登巴恩维尔特的见解对于他是一种威胁。在宗教信仰上,奥登巴恩维尔特本人具有加尔文派教徒的那种工作伦理,即遵守严谨的秩序以及勤奋地工作,克己奉公,但是他在思想上受到伊拉斯谟的启发,也非常同情阿明尼乌主义。他认为个人不可能完全掌握知识与真理,主张政府应当实施宗教信仰宽容的政策,让市民在信仰上充分自由,彼此尊重。他不主张宗教派别之间过度的对立,在与西班牙人的关系中也表现出他的这种认知——他没有将荷兰共和国与西班牙人的战争视为水火不容的宗教信仰之战,希望在合适的条件之下以外交手段赢得和平取代与西班牙人的长期战争。莫里斯等人在加尔文派的极力支持下则倾向于将与西班牙人的战争继续进行下去。奥登巴恩维尔特所担任的荷兰省的大法议长职务,虽然重要,但是尚不足以与执政官抗衡。基本上,其大法议长的权限只在荷兰省之内,不能够代表其他的省份行使权力。大法议长的职务也不能像执政官那样由家族世袭。大法议长更不能如同执政官那样拥有调动军队的权力。所以,当大法议长与执政官发生冲突的时候,执政官往往可以动用军队的权力使对方臣服。在他们之间权力斗争的最后阶段,莫里斯及其追随者甚至怀疑奥登巴恩维尔特已经通敌,所以才不惜牺牲荷兰的国家利益与西班牙人媾和。

莫里斯运用他作为执政官的权威,极力地扩大其政治、军事影响,在与"抗辩派"的斗争中,他经常亲自率领大队人马,访问了许多的城市如阿尔克马尔、莱顿、阿姆斯特丹以及豪达等地,在民众的簇拥之下在市政厅的议员以及民众面前宣示支持"反抗辩派"的观点,让一般民众知道执政官本人的态度;他还撤换了一些同情"抗辩派"的市政厅议员的职务,替换成另一些持有相反观点的人。比如,他在鹿特丹的逗留的4天时间里,就撤换了15名议员,另外替换了17名新人。他还在荷兰省任命了一些对他卑躬屈膝的人出任某些重要的职位,以巩固自己的权威,削弱奥登巴恩维尔特的影响。在一些另外的省份,他还利用贵族阶级反对那些有商人和手工业者组成的比较开明的议员。可以说,"抗辩派"的观点虽然在学术上具有很大的影响,但是在政治上已经处于弱势。也可以说,莫里斯与"反抗辩派"在酝酿一场悄悄的政变。

1618年8月29日为施洗约翰的圣日,奥登巴恩维尔特在去参加联省议会的路上,被共和国执政官召见。这位已经70岁高龄的政治家拄着他的那根片刻不离的手杖走上执政官官邸的二楼时被士兵逮捕。不久,他的两位拥护者雨果·格劳修斯(Hugo Grotius, 1583—1645)以及龙布·霍格比茨(Rombout Hogerbeets, 1561—1625)也分别在鹿特丹以及莱顿被逮捕。奥登巴恩维尔特等人是在没有得到联省议会的同意下在荷兰省被捕的。这次逮捕是公然的违法行为。联省议会对执政官发出强烈抗议,但是无效。此次逮捕以及审判具有重大的政治意义,但是在法理上有许多地方站不住脚,与荷兰共和国以往的法律程序有很大的不同。奥登巴恩维尔特被关在一幢房子的顶楼内,4名地方法官(其中2名是他的政敌)对他进行了严厉的审问。他们不许他请律师,也不许他接触相关的文件。他甚至得不到纸和笔。在外面,在荷兰省的各大城市都掀起了反对"抗辩派"的浪潮,许多城市的市政厅的"抗辩派"议员都被替换。从 11 月 15 日开始,奥登巴恩维尔特受到地方法官长时间的讯问,他们主要关注他是否有通敌的嫌疑以及他是否故意破坏有关政治的和宗教的命令。他没有改变他惯常的高傲,庄严地为自己辩护,他告诉法官自己在各个方面都是无罪的。他的敌人都明白只有彻底消灭他,才能够粉碎"抗辩派"的力量。1619 年 2 月和 3 月,奥登巴恩维尔特受到最后一次审讯,这次是由联省议会出面组织的,荷兰省在其中发挥了主导的作用,共有 24 名法官出席,其中 12 名来自荷兰省,12 名来自其他各省,审讯持续了一个月的时间,在此过程中,奥登巴恩维尔特一直保持着自己的尊严,甚至有时是高傲的态度。他的其他的同事则比较顺服。法官们完全否定了他的每一个省可以根据自己的情况决定教会问题的主张,也否定了他关于每一个省可以征集自己的军队的看法。4 月 14 日审讯突然终止。最后罗列的罪名共215 点,判定奥登巴恩维尔特、格劳修斯以及霍格比茨等人是有罪的。法官们用了三个星期的时间来阐述他们的判决,大家都知道判决是早就预定的。5 月 9 日,法庭宣布对奥登巴恩维尔特执行死刑,格劳修斯以及霍格比茨终身监禁,但是直到 12 日才将死刑的判决告诉奥登巴恩维尔特本人。据说他得知这个消息的时候似乎有一点吃惊。不过在生命最后的几个小时里他完全能够保持自己的尊严,他让乌特勒支的牧师维勒斯(Rev. Walaeus)请求执政官莫里斯取消没收他财产的命令,此时莫里斯也再一次清楚地问到他是否要求赦免,他没有提出这个要求。第二天早上,阳光明媚,这位 71 岁的为

奥登巴恩维尔特被处死刑

创建共和国呕心沥血的年迈的政治家拄着拐杖走向了断头台。执行死刑的地方在海牙市政厅前的大广场上,无数民众聚集观看。据说他在步上断头台以前嘟囔着说:"这就是对我40年忠心服务国家的回报。"一个从乌特勒支赶来的刽子手执行了对他的死刑。有流言说在执行对奥登巴恩维尔特的死刑的时候,莫里斯亲王化装成平民在人群中观看,还有流言说他在刑场一边的执政官官邸的塔楼里观看行刑的场面。

莫里斯在推翻奥登巴恩维尔特以后,极力巩固自己的地位和权力,他要避免在联省共和国出现另一个与之匹敌的领袖,他觉得这样的人迟早会成为他的竞争对手。他的个人强权一直维持到17世纪40年代的后期。奥登巴恩维尔特的原"大法议长"的头衔被取消了,"法议长"的头衔仍然保留,但是其职权的范围被大大地削弱了。

上文所述,与奥登巴恩维尔特几乎同时被捕的还有两位信奉阿明尼乌主义的重要的人物,他们就是近代早期荷兰著名的法理学家和神学家格劳修斯和霍格比茨。霍格比茨是一位法理学家和政治家,他被长期监禁,直到莫里斯执政官去世以后,才从监狱中被保释出来,生活环境有所改善,不过一直在家居住,自由受到限制。

至于在荷兰政治史以及文化史上具有极为重要地位的格劳修斯,他的经历也是丰富多彩。格劳修斯于1583年出生于代尔夫特。就在他出生前两年,荷兰联省共和国宣布脱离西班牙哈布斯堡王朝独立建国。自13世纪以来,他的家族就已经是当地的显贵,家庭中一些成员当过市政厅的议员。他的父亲杨·格鲁特(Jan Groot)是莱顿大学的校监,也是奥登巴恩维尔特的私人朋友。格劳修斯则继承了这种政治上的联系。他是一个非常早熟的孩子,在12岁的时候,他已经到莱顿大学读书,深受博学的人文主义者斯卡利杰的影响。1598年,他当时才15岁,已经作为外交使团的成员,陪位高权重的奥登巴恩维尔特出访法国。回国以后,他在海牙开办了一所初级律师事务所,帮助荷兰法庭处理民事案件。在莱顿大学拉丁文教授丹尼尔·赫希乌斯(Daniel Heinsius)的指导下,他开始从事一些出版事务。1601年,在奥登巴恩维尔特的建议下,他作为荷兰官方的历史学家开始撰写荷兰人反抗西班牙统治的历史。1607年,在奥登巴恩维尔特的提议之下,他又被任命为荷兰省、泽兰省以及西弗里斯兰的财政官。此时,他与费勒市市长的女儿玛利亚·凡·里格斯贝格(Maria van Reigersbergh)结婚,他是一位忠诚的丈夫,与妻子育有8个子女。这场联姻也使格劳修斯与泽兰省建立了密切的联系。

后来,他开始对神学问题产生兴趣,研究教会的神学以及历史,其思想倾向于阿明尼乌主义。1611年,他访问格罗宁根以及弗里斯兰,当时他只是一名教会的和平主义者,与各派的关系都很好。但是随着时间的推移,他对于"抗辩派"的观点表示出更大的同情。1613年,他在奥登巴恩维尔特的推荐之下,作为荷兰东印度公司的代表出访伦敦,与英国方面谈判荷兰与英国在东印度的关系问题。同时,他受奥登巴恩维尔特的委托与英国国王詹姆斯一世讨论尼德兰的宗教问题,希望英国不要支持荷兰国内的"反抗辩派",但是没有说服这位国王。

格劳修斯在同年回国以后,成为鹿特丹的大法议长,在其撰写的《荷兰省与西佛里亚诸省已得明证之虔信》(*Pietas Ordinum Hollandiae ac Westfrisiae Vindicata*)中直率地批评"反抗辩派",提倡宗教信仰上的中庸之道,维护荷兰省"抗辩派"的立场。他的见解引起了许多人的惊讶,因为在此以前,他一直在表面上是保持中立的,与各派人士的关系都很好。在鹿特丹,他公开批评市政厅中的"反抗辩派"议员的强硬立场,他想把该市变为"抗辩派"的基地。同时,他也以自己为奥登巴恩维尔特在荷兰省的最主要的支持者之一自居。格劳修斯发挥他在学术界的影响,声援"抗辩派",他联合了一些志同道合的人文主义者,他们都认为狭隘的加尔文主义者不仅影响国家和教会稳定,也是对个人自由和良心的威胁,他们还声称伊拉斯谟就是阿明尼乌主义的精神之父。当时荷兰最高学府莱顿大学的神学院的教授们也出现了分裂的趋势,大学教长任用了两位比较温和的"抗辩派"以及"反抗辩派"的教授担任神学院的领导,表面上维持了和平和中立的局面,但是实际上暗流涌动,双方都在聚集力量展开进一步的对峙。他主张在强大的政府以及教会存在的前提之下保持个人在宗教、政治以及灵性的领域的良心自由。他的这个思想来源于他英国访问的经历,当时英国国王詹姆斯一世以及英国的主教们对于各种教派不断涌现、纷争不已表示出不安和震惊。格劳修斯对于这种情况也感到忧心,觉得这样下去总会发生破坏性的后果;他主张政府或者教会应当对此加以规范由此维护社会的稳定,在自由与权威之间达到一定的平衡。他的见解得到奥登巴恩维尔特的赞同,但是引起莫里斯亲王以及加尔文教会的强硬派的不满和敌意。1614年,他草拟了《教会和平的解决》(*A Resolution for Peace of Church*),表达了上述的观点。不过他的见解即便在"抗辩派"的内部也没有得到强烈的支持,莱顿以及鹿特丹的"抗辩派"认为他对对方的批评不够坚定。事实上,格劳修斯完全没有要粉碎"反抗辩派"的意思,他只是希望将两派之间的神学争论限制在神学领域而不要延伸到政治领域,后来的事实发展证明他的这种看法只是书生之见。最后,他所持有的和平主义的态度以及与奥登巴恩维尔特的长期的友谊使得他卷入政治斗争,在 1618 年身陷囹圄。1621 年 3 月 22 日,他的妻子极力营救他,让人将他塞入一个书箱逃出了监狱,流亡法国。

多德宗教会议,此画作于 1630 年

  1618 年 11 月,各派都希望召开的全国宗教会议终于召开了。当时奥登巴恩维尔特的案件还在审理过程中间。会议没有像"抗辩派"所希望的那样在阿姆斯特丹召开,而是放在多德雷赫特召开,此次会议被称为"多德宗教会议"(The Synod of Dordercht or The Synod of Dordt, 1618—1619)。此时,加尔文教派即"反抗辩派"即将在政治和宗教上取得全面的胜利,他们胜券在握,不仅想通过此次会议确立在全尼德兰北方的完全的权威,也想将它开成国际上加尔文派势力的总的集结。在荷兰共和国以外,德意志的新教教会特别重视此次会议。荷兰教会的参加者一共分为十个"组"(colleges),共八个省,每一个省派一个组,瓦隆的教会派一个组,大学的代表组成一个特别的组。外国的代表分别来自英国、瑞士以及德意志(黑森、巴拉丁以及不莱梅)等三个不同国家,分别组成三个组。法国的胡格诺派本来也想派代表参加,但是路易十三不允许他们参加。英国的代表不仅列席会议而且在会议的进程中发挥了调和各派的作用。会议由弗里斯兰教会知名的"反抗辩派"领袖博格曼(Johannes Bogerman)主持,联省议会为会议提供了资助,有 18 名政治代表列席了会议,其中有著名的未来的荷兰省的法议长维特的父亲雅各布·维特(Jacob de Witt, 1589—1674)。大会讨论了许多方面的主题,如教会与国家的关系、加尔文等诸教会与路德教会的关系、在宗教改革背景之下的主教与主教会议的关系等。另一个非常重要的主题就是是否设立一部"国定的"《圣经》,荷兰教会和联省议会决定出版一部荷兰语的"国家的"《圣经》,当时已经有七种不同语言的荷兰文《圣经》,但是大家都觉得必须有一部全新的、权威的从希伯来语、阿拉米语以及希腊语翻译过来的荷兰语《圣经》,会议指定了六位博学的翻译者从事这项艰苦的工作,汇总古代各种不同的古经版本,翻译成一部标准的荷兰语的版本。荷兰语的"国家的"《圣经》调和了不同地方的荷兰语言的表达,特别是布拉班特省以及荷兰省的语言。

当然,多德宗教会议最重要的议题还是讨论如何处理阿明尼乌派的问题。当时,奥登巴恩维尔特、格劳修斯以及霍格比茨已经被捕。但是"抗辩派"的牧师们还是准备了认真的申辩。他们派遣了莱顿大学教授西蒙·伊皮斯科丕乌斯(Simon Episcopius, 1583—1643)于 12 月 7 日做了慷慨激昂的申辩,他呼吁在荷兰教会内部对阿明尼乌主义做出宽容的姿态,允许这种神学思想的合理存在,并且对执政官莫里斯亲王提出了批评。在随后的几个月时间里,"抗辩派"并没有扭转局面。1619 年 5 月,多德宗教会

荷兰国家《圣经》扉页,1637 年版,从希腊文以及希伯来文直接翻译成为荷兰文

议第137次会议正式谴责阿明尼乌派是异端以及错误信条的传播者,是国家和教会的"捣乱分子"和不安定的因素。赞同"抗辩派"思想的在荷兰教会内部从事布道工作的牧师们被列入了一张黑名单,准备提交大会作最后的处理。大会最后的决议呼吁全体教会遵守《尼德兰信纲》(Netherland Confession)以及《海德堡教理问答》等新教的重要信纲。1619年6月,在第180次会议以后,有31位荷兰神学家以及28位外国神学家聚集在多德雷赫特做出了最后的决议并且得到联省议会以及各省的批准,宣布有大约200名"抗辩派"的牧师和布道人被驱逐出荷兰各省教会以及民事当局的机构,他们被剥夺布道的权利以及失去了生计。后来,其中大约40人因为表示服从决议而被免予处分;另外还有70人被永远剥夺在教堂的讲经台布道的权利,但是在他们愿意签署不再涉及神学争论的文件,以后可以作为一般的公民留居在荷兰境内平静地过他们的私人生活。另外还有80人不愿意签字,或者保持沉默,被驱逐出荷兰共和国的各个不同的省份。那些潜伏下来继续布道的人一旦被捕将被关押在监狱里。

西蒙·伊皮斯科丕乌斯等一批离开尼德兰北方的"抗辩派"人士以及牧师,于1616年10月在南方的安特卫普也召开了一次宗教会议,他们坚持自己的神学见解,也想建立国际的"抗辩派"组织。他们与丹麦的王室以及德意志的一些新教城市保持沟通和商量,希望能够在公开的教会里展开传教和布道的工作。丹麦王室特别允许一些"抗辩派"人士到当时属于丹麦,今天属于德国的下易北河附近的荷尔斯坦因的港口城市格吕克施塔特(Gluckstadt)居住。安特卫普宗教会议也决意继续在尼德兰北方的一些城镇以及乡村继续在私下展开布道工作,因此有一些"抗辩派"的牧师潜回到荷兰省等其他的北方地区,他们还秘密地筹集一些资金资助当时留在荷兰共和国境内的该派牧师。在家人、亲戚以及一些商人的支持下,"抗辩派"的人士还在安特卫普城内建立了属于自己的团体。

三、绵延的战事与国内外局势

在整个17世纪,荷兰联省共和国处于其黄金时期,同时,也仍然处于战事连绵不断的状态。在这个世纪的上半叶,荷兰延续了与西班牙的战争,以后则不断地与英国与法国交战。

荷兰与西班牙在1609年所订立的《十二年停战协定》,并没有带来荷与西班牙之间长久的和平。首先,荷兰与西班牙在海外的东印度以及西印度的殖民地从来就没有停止过冲突。当时,西班牙与葡萄牙两国是合并的,东西印度之间的冲突实际上是荷兰与原葡萄牙殖民地的冲突(这在本书的下一章将会提到)。其次,西班牙与荷兰双方也各自派遣军队参加日耳曼地区因为宗教改革的余波而发生的战争。两国对于所签订的休战协定没有信心,也互不信任——特别是荷兰方面力主达成和平的政治家奥登巴恩维尔特被处死及其信奉阿明尼乌主义的同僚们落势以后,西班牙方面更觉得荷兰是没有诚意维持和平的。当时,西班牙人要求荷兰在海外的商人和开拓者离开东西印度群岛,不要危及西班牙人(和葡萄牙人)在美洲、亚洲的商业以及传教利益。同时,他们要求荷兰人要开放被他们封锁的斯海尔德河流域,以便维持当时仍然在西班牙人手中的尼德兰南方特别是安特卫普的航运的通畅,西班牙人还要求在荷兰共和国境内生活的天主教徒应该有举行公开的宗教崇拜仪式的自由——即共和国政府应当对他们实行宗教宽容的政策。但是荷兰共和国当局不愿意开放斯海尔德河流域,刻意让安特卫普的经济地位衰退,以便使得以阿姆斯特丹为首的北方城市以及港口在经济发展和商业竞争上获得更多的机会。荷兰共和国对于天主教徒的复苏,尤其在北方的发展更是不可能加以容忍,因为在奥登巴恩维尔特以及阿明尼乌主义者被清除以后,加尔文派在宗教甚至政治事务上占绝对的主导地位,他们视境内的天主教徒为西班牙人的"第五纵队"。

1621年,《十二年停战协定》终止了,双方名正言顺地再度燃起战火。西班牙王室首先在佛兰德斯扩充军队至6万人,想要从佛兰德斯和林根进攻荷兰共和国;与之相应地,联省议会也不得不将荷兰共和国的军队从3万人扩充至4.8万人,以便守住各条防线。同时,荷兰军队还加固了边境线上所有的要塞的防卫。这些都需要经费的支援,莫里斯执政官以及联省议会不得不向人民增加税收。莫里斯统治的末期,共和国政治以及外交方面都遇到了挑战。由于他清除了"反抗辩派",城镇的一部分同情阿明尼乌思想的议员在心底不支持他。奥登巴恩维尔特与法国的关系很好,他遇害以后,法国的当权者对莫里斯持冷淡的态度。英国与荷兰在贸易的问题上也发生纠纷。

在与西班牙重新开战以后不久,双方最主要的军事角力集中在布雷达城市以及要塞的争夺战。布雷达位于北布拉班特省,极具战略意义。从布雷达要塞上远眺,从斯海尔德河至马斯河河口之间的开阔地形可以一览无遗。从1624年夏天开始,西班牙人就准备着手进攻这个战略要地。在夏天过后,西班牙将军斯皮诺拉(Ambrosio Spinola, 1569—1630)率领 18 000 名士兵从北方向这个地区进攻,他是一位出生在热纳亚的意大利军人,为西班牙王室效力。他的军队先在布雷达东面的一个小镇安营扎寨。当时,他的军队中有许多军官对于布雷达的围城战心怀疑虑,因为他们知道莫里斯亲王以及荷兰人事先已经充分加固了这个城市的要塞建筑以及防卫力量,武器弹药充足,这很可能是荷兰最为坚固的军事要塞。但是,斯皮诺拉不顾军官们的反对,在 8 月 28 日突然下令包围了这座城市,然后迅速发动进攻,莫里斯当时不相信西班牙人会围城,他从东面集结军队赶来增援,但是荷兰军队行动缓慢,给予斯皮诺拉足够的时间巩固阵地,发起攻击。斯皮诺拉还下令掘开城市附近的乡村的堤坝,让洪水淹没通往布雷达的道路,有效地阻止了荷兰的援军。在西班牙人的重炮的轰击以及重兵的围困和进攻之下,布雷达城中的守军弹尽粮绝,城市中饥馑流行。其间,英国的军队也进行了增援,但是被西班牙人击退。最后在 1625 年 5 月荷兰城防官尤斯丁奴斯·凡·拿骚(Justinus van Nassau)投降。此役也是西班牙人在八十年战争中的一次重要的胜利,不过,马德里政府认为战事消耗了西班牙国库中大量的金钱,会使得西班牙王室的财政困难不断加剧。还有一些马德里政府官员认为,布雷达并不具有十分重要的战略意义,因为它不在通往尼德兰北方的要道之上。无论如何,斯皮诺拉被西班牙王室册封为侯爵、金羊毛骑士团的成员并被授予圣地亚哥骑士团的袍服。西班牙著名大画家委拉兹奎斯(Diego Velazquezh, 1599—1660)就此战役画成《布雷达的投降》(Surrender of Breda, Las Lanzas),被许多人称为"世上最伟大

由西班牙大画家委拉兹奎斯所画的《布雷达的投降》

的历史画"。画面上荷兰的城防官半弯曲着身子将布雷达城门的钥匙交给斯皮诺拉将军。将军把右手放在败军之将的肩膀上。背景是广阔的平原,远处是海洋。委拉兹奎斯只描绘了十来个人物,两匹马以及几个人头就制造了两支大军的幻觉。画面上的光线集中在西班牙与荷兰指挥官之间。灿烂的阳光照耀在征服者得意的然而也是和蔼的脸上,被征服的将军悲惨的面容则在阴影中半显半露——这是展示艺术才华和慷慨仁慈的杰作。画面上最醒目的物体则是右边士兵手中的长矛,他们细高、挺拔、整齐排列,像是没有风的日子里一丛细长的山毛榉一样。

这一年的4月23日,就在布雷达战事最激烈的时候,莫里斯亲王去世了,这似乎是布雷达战役不利的征兆。他的异母所生的弟弟韩德列克(Frederik Hendrik, Prince of Orange, 1584—1647)立即被联省议会宣布为执政官以及荷兰军队的总指挥,宣誓就职。他是"沉默者"威廉最小的儿子,在父亲被刺以前六个月出生。他一直追随莫里斯亲王在军队中服务,表现十分优异。他在就任执政官以及军队总指挥以后,从海上以及陆地上组织了一系列对西班牙人的反击战役。当时,西班牙人在海上的封锁堵塞了荷兰通往海外殖民地的许多航路,对于荷兰共和国的财政造成了很大困难。直到1628年,荷兰西印度公司的海军在海上战役取得一系列的成功才扭转了战局,也使得共和国的财政困难得以纾缓。在陆地上,韩德列克指挥荷兰军队取得最成功的就是1629年的位于布拉班特的斯海尔托亨博斯的围城战役。在这一年4月的时候,荷兰军队在韩德列克的指挥下已经扩充到7.7万余人,军力已经相当强大,荷兰军队在布拉班特北方的莱茵河畔的赫拉弗(Grave)集结并开始攻击行动。当时西班牙菲律普四世及其大臣将主要的精力放在欧洲外交的事务上,由于经费困难以及其他方面的问题,对于尼德兰境内的防务以及军事有所松懈,韩德列克趁机对尼德兰境内的西班牙人发动大规模的进攻,他选择的进攻对象是布拉班特地区最主要的城市斯海尔托亨博斯,他明白如果荷兰军队拿下这个城市,对于荷兰共和国有着重要的意义。韩德列克的部队共有2.8万人,他还动员了各城镇的5 000民兵参加战斗,另外还动员了本来要准备派往巴西的1 200名西印度公司舰队的兵员以及武装海员,有一支英国的部队也参加了战斗。他们在外围包围了西班牙人的一些战略要塞,使得西班牙人不能够增援斯海尔托亨博斯。西班牙国王感到明显的威胁,他调动了一支1.6万名士兵组成的部队以及一部分奥地利-德意志雇佣兵。西班牙军队以及同盟军放火烧毁了海尔德兰省等地乡村的庄稼,试图使得荷兰军队处于饥馑之中,削弱其战斗力,迫使他们撤围。但是这一切都均是徒劳。7月中旬,荷兰军队已经稳步前进,攻下城市外围的一些重要的要塞,包括最大的伊萨贝拉要塞,这对于城市中的西班牙守军是一个重大的打击,在荷兰军队重炮的轰击之下,城市中的大部分房屋都被摧毁了。不过,围城部队也是伤亡重大,英国军队的指挥官阵亡。9月9日,英国军队成功地突破城市的最后一道外围防线。又经过一个月的重炮轰击以及隧道挖掘,最后城市终于被荷兰军队攻陷,有3000名西班牙精锐部队的士兵被俘。马德里的王室深感震惊与错愕,他们对于执政大臣奥利瓦雷斯以及同僚的错误判断以及任用指挥官的不当十分不满。1632年,韩德列克率领荷兰军队紧逼至马斯河流域,占领了林堡省的芬洛以及该省南部的城市鲁尔蒙德。除了杰出的军事能力以外,韩德列克还拥有卓越的外交能力,他争取到欧洲各国不少的支持,通过各种努力,将西班牙的军事和政治势力逼退到马斯垂克城以南的地区,由此奠定了后来尼德兰北方与南方之间永久的分界线。

当时,法国路易十三主政时期的枢机主教兼国务大臣黎塞留(Armand Jean du Plessis, Cardinal et Duc de Richeleu, 1585—1624)的国际和外交政策是在战争上尽量避免与哈布斯堡王朝的直接冲突,但是在非战争的领域支持与后者的敌对活动,所以,他对荷兰暗地里给予支持。因此,西班牙方面曾经拘留了与黎塞留合作的当时在神圣罗马帝国境内的特里尔的枢机主教的候选人以及帝国选帝侯的候选人施特恩(Philipp Christoph von Sotern, 1567—1652)长达十年之久作为报复。施特恩曾经在1610年至1652年担任德意志境内斯拜尔地方的采邑主教,1623年至1652年为特里尔枢机主教的候选人。他的母亲是天主教徒,父亲是新教徒,他在很小的时候就已经皈依天主教。在三十年战争期间,他支持法国黎塞留的政策以及新教联盟,反对神圣罗马帝国。法国的军队在1635年1月进攻西班牙占领之下的南部尼德兰,荷兰的军队与法国的军队联合起来,同时越过马斯河一线,他们的兵力加起来一共有6万人,是当时欧洲最大规模的陆地部队。在进攻尼德兰南方地区的时候,荷兰的军队也发生了抢劫的行为,引起当地人民的反感。法国-荷兰的联军在进攻中占领了迪斯特、阿尔斯霍特以及特尔菲伦,最后包围了有西班牙重兵以及坚固的要塞鲁汶,但是由于法军与荷兰军队的意见分歧,战事没有结果。7月4日,联军放弃围攻鲁汶,退到东北方地区。1637年,荷兰军队在韩德列克的率领之下,展开夺回布雷达的重大战役。此次荷兰军队有1.8万人,还有 5 000 名荷兰省南方地区的农民协助参加战争,法国的军队当时分散在佛兰德斯等地,没有尽力协助荷兰军队包围城市,但是韩德列克仍然克服种种困难,清除西班牙人在布雷达外围的军事要塞和建筑,渐渐地逼近城墙,一面用重炮轰击,另一方面则系统地挖掘地道。10 月 7 日,布雷达终于再度被荷兰人收复。3 500 名西班牙守军只有 1 600 人存活下来,荷兰方面则有 850 人阵亡以及 1 300 人负伤。据说荷兰人使用了 23 130 发炮弹,城市中的大部分的建筑物都被摧毁。布雷达光复的消息传来,荷兰共和国的人民奔走相告,举国欢腾。

1639 年 2 月 18 日,一支由 27 艘西班牙海军舰船组成的舰队运载 2 000 名步兵前往比利牛斯前线作战,荷兰共和国杰出的海军上将马尔腾·H.特伦普(Maarten Harpertszoon Tromp,1597—1653)率领的舰队向它们开火,逼使它们回到敦刻尔克港口。10 月 21 日,特伦普率领由 9 784 名海军战士以及海员组成的庞大舰队,在北海南部靠近英吉利海峡的海域向西班牙舰队发动奇袭,取得巨大的胜利,有 47 艘西班牙、葡萄牙以及那不勒斯舰船被荷兰人击沉,占西班牙王家海军舰队舰船总数的三分之二,西班牙人的海上优势被击溃了,荷兰人取得了海上的以及沿海地区的关键性的胜利。

自 1640 年以后,西班牙国内发生加泰罗尼亚人的反叛,紧接着那不勒斯、西西里以及葡萄牙等地先后发生反抗西班牙统治者的脱离运动,西班牙王室顾此失彼,应付不暇,特别是西班牙当局考虑到 1638 年帝国政府花费了 4 774 000 杜卡特以维持在尼德兰的 8 万名士兵的军费,这种局面是再也维持不下去的,于是,对于荷兰的战争不再成为马德里政府考虑的重点所在。在联省共和国方面,特别是阿姆斯特丹的上层人士为了商业利益的考量,也不愿意继续进行与西班牙的旷日持久的战争。1646 年,双方达成停战的协定。联省共和国的代表抵达明斯特,召开所谓恢复神圣罗马帝国和平的协议,来自其他地方的代表以及马德里当局的代表也一同参加了会议。经过长达两年多的谈判与协商,各方于 1648 年签订了历史上非常著名的《威斯特伐利亚和约》,至此,荷兰与西班牙长达八十年之久的"八十年战争"以及欧洲各国都不同程度介入的"三十年战争"(1618—1648)都宣布结束了。

1648 年 6 月 5 日早上 10 点钟,联省议会选择在海牙的最高法院的大礼堂向民众宣告和平的到来。当时的仪式隆重而简单,荷兰人只是宣读了《威斯特伐利亚和约》各项条款的主要内容。然而,选择这个时间来公布和约的主要内容,是经过精心考虑的,因为这是一个富有纪念意义的时刻——80 年

《〈威斯特伐利亚和约〉的签订》,由 Gerand Ter Borch 作于 1648 年

前的此时此刻,埃格蒙特伯爵以及霍伦伯爵在布鲁塞尔市中央的大广场上被阿尔巴公爵的手下杀害。一位曾经在海牙高等法院现场目睹公布和约条款仪式的葡萄牙外交官员以富有哲学意味的语句写道:"天主经常将人们抬高和抛下,人们并不了解这是为什么。每一个活着的人都会看到短时间里发生的很多事情。"博克塞则认为,在那个时代,八十年的时间跨度,对于满怀期盼的人类生命来说不能算短暂。在当时欧洲大多数国家里,对于在 1568 年已经是三十岁或者三十二岁的人们来说,他们是很难看到后来的这位葡萄牙外交官所描绘的情形的。但是,在 1648 年的时候,任何一位明智的荷兰人或者西班牙人都不能否认在以往的八十年中,时事已经发生了沧桑巨变。在 1568 年的时候,尼德兰还是由信奉天主教的哈布斯堡王朝统治下的由操佛兰德斯语和法语的各省以及城镇组成的松散的联合体,到 1648 年的时候,尼德兰北方七省已经与位于南方仍然效忠于西班牙的各省截然不同了,它们在没有外力有效帮助的情形之下依靠自己的努力奋斗和流血牺牲终于赢得了完全的独立和解放,阿姆斯特丹取代了安特卫普成为尼德兰北方的船运以及

外贸的中心,联省共和国已经超过葡萄牙帝国并与幅员辽阔的西班牙帝国并驾齐驱,其海外的殖民地从印度尼西亚的香料群岛一直分布到加勒比群岛的广大海域之间,加尔文教派虽然只占有荷兰共和国全部人口的三分之一多一点,但俨然已经成为那里的官方教派。

联省共和国执政官韩德列克于1647年去世,他的儿子威廉二世(William II, Prince of Orange, 1626—1650)继承了荷兰联省中五个省份的执政官的职务,并且担任军事指挥官。在韩德列克统治的末期,当他主持与西班牙等国签订《威斯特伐利亚和约》的时候,荷兰国内的加尔文派正统教会人士已经对他产生不满,他们认为应该将与西班牙的战争进行下去。泽兰等省份也附议这种主张,它们担心和约会像1609年时一样阻碍这些省份与尼德兰南部地区的贸易。有"反抗辩派"主导的乌特勒支特别持反对态度。但是当时在政治和经济上占主导地位的荷兰省以及阿姆斯特丹市政厅则有着与他们不同的见解,在阿姆斯特丹,"抗辩派"的议员占了优势。威廉二世上台以后,与他的父亲采取了不同的政治理念。他在宗教信仰上支持加尔文派的正统教会地位,反对"抗辩派"即阿明尼乌派;在政治上,他的重点不仅在于扩充军队,更在于加强执政官的地位,试图在荷兰建立以执政官为主导的中央集权。他在1641年与英国斯图亚特王朝国王查理一世(Charles I of England, 1625—1649年在位)的女儿玛丽(Mary, Princess Royal, m. 1641—1660)结婚。1649年,在英国发生的内战中,查理一世被处死。威廉二世企图召集军队,代表斯图亚特王朝干预英国国内的政治。这一事件,成为后来荷兰共和国分裂的一个原因。威廉二世年少气盛,喜欢以军事战争实现他的共和国强权的理想。他并不完全接受《威斯特伐利亚和约》,他认为和约虽然承认了北方的荷兰共和国的完全独立,但是南方的尼德兰地区仍然在信奉天主教的西班牙王室的统治之下,他希望荷兰与西班牙继续战斗下去,直到整个尼德兰地区完全从西班牙人的统治之下解放出来。他还决定干预英国的国内战争和政治事务,为遭到处死的岳父查理一世报仇,帮助他的妻子的兄弟即后来的查理二世(Chales II of England, 1630—1685, 1660—1685年在位)恢复英国的王位,并推翻克伦威尔(Oliver Cromwell, 1599—1658)建立的军政府的企图。在欧洲的国际事务上,威廉二世的策略是与法国结盟对抗西班牙,因此他开启了荷兰与法国之间的谈判。在国内事务上,他要扩大执政官也就是他自己以及联省议会的作用,降低各省市政厅尤其是阿姆斯特丹摄政议员的政治影响力。对于威廉二世的雄心和军事计划,当时除了泽兰省和乌特勒支省以外,其他的省份特别是荷兰省都不支持他将庞大的开支用于军事目的。荷兰省的摄政议员希望缩减军队的规模,与西班牙保持《威斯特伐利亚和约》规定的和平协议,发展海上贸易以及与欧洲各国的和平贸易,不过他们的提议在联省议会中受到阻挠,因为威廉二世作为执政官,在联省议会中仍然具有较大的影响力。威廉二世在 1650 年 9 月,以强硬的手段逮捕阿姆斯特丹主要的摄政议员,将他们囚禁在海尔德兰省的卢文斯坦堡(Loevestein),以此宣示他在荷兰省以及阿姆斯特丹的统治地位。威廉二世这种强势的作风,迫使阿姆斯特丹的市政厅一度不得不听从他的命令。但是,也就在两个月以后,威廉二世突然感染天花去世,其子威廉即后来的威廉三世(William III, 1650—1702)在他去世以后九天出生。从那时起,荷兰省以及阿姆斯特丹市政厅的政治地位再度上升。荷兰省出面召集了在海牙召开的联省议会,各省以及各大重要城市都派遣代表参加。该会议由荷兰省的法议长凯茨(Jacob Carts)主持,决定采取分权的制度,荷兰共和国的各省将拥有自己的海军,即七个省有各自的海军,而不是一支统一的由中央政府组成的海军和军队,也不再设立执政官的职位。于是,从 1650 年至 1672 年,荷兰共和国历史上出现了"第一次无执政官时期"。

当时,英国的克伦威尔政府试图与共同实行新教的荷兰共和国结盟,条件是荷兰在政治上要服从英国的意志,特别是荷兰不要与英国发生对峙与正面冲突。1651 年 3 月,英国的使团来到海牙,希望达成结盟的协议。荷兰的谈判代表没有回应英国的政治要求,但是希望纾缓与英国的关系。英国的谈判重点则在于荷兰必须在政治上服从英国。结果,两国没有达成共识。英国对于荷兰国际贸易以及海上运输的兴盛本来就心存妒忌,加上克伦威尔政府的建议被拒绝,1651 年 8 月,英国的国会制定了《航海法案》(The Navigation Acts)。该法案规定,凡是欧洲国家运输至英国的货物,只能由英国本地的船只或者提供货源国家的船只运输至英国。该法案明确禁止荷兰的船只将殖民地的货物以及鱼类进口到英国,也禁止进口意大利的生丝、土耳其的马海毛、西班牙的各类商品、桑特岛的葡萄干、那不勒斯的橄榄油以及加纳利群岛的葡萄酒。它禁止所有的荷兰船只将南欧国家的货物运输到英国各大港口,刚刚兴起不久的荷兰与英国在加勒比海域的殖民地之间的贸易也被宣布为非法。该法案还不是直接导致后来第一次英荷战争的原因,因为当时英国还不是荷兰最主要的贸易对象,荷兰与法国、波罗的海以及西班牙的贸易规模也很大。最关键的是,英国不断骚扰、拦截以及捕获荷兰的船只,在 1651 年,不少于 140 艘商船在公海、英吉利海峡、大西洋以及爱尔兰海上被英国俘获；仅 1652 年 1 月，就有 30 艘荷兰船只被英国捕获，这就使得第一次英荷战争变得不可避免了。

从 1652 年至 1654 年，第一次英荷战争爆发。尽管荷兰军队的指挥官表现出勇敢和才干，但是荷兰海军在总体上是失败的。在英吉利海峡以及北海海域，荷兰海军损失惨重，大量人员死亡使得荷兰省以及泽兰省的各个重要港口的士气受到严重的打击。在 1653 年，荷兰的损失特别严重。这年 2 月在英国多塞特附近的波特兰岛海域的战役中，荷兰损失了 12 艘战舰；在 6 月和 8 月，在英国埃塞克斯的哈维奇以及海牙附近的斯凡席宁恩海域，荷兰的海军都被打败。在最后一次战役中，荷兰海军上将特隆普以及 4 000 名官兵阵亡。在第一次英荷战争中，荷兰还损失了数百艘商船，后来阿姆斯特丹的市长估计荷兰的商船以及渔船损失的数量在 1 200 艘左右，鲱鱼的捕鱼业以及海上交通几乎瘫痪，远洋贸易也受到严重的阻碍。在此期间，荷兰在南美洲最富饶的殖民地巴西也被葡萄牙人重新占领。

四、德·维特主政时期的内政与外交

在 1653 年 7 月，在第一次英荷战争中荷兰失利的关键时刻，约翰·德·维特(Johan de Witt, 1625—1672)临危受命，继凯茨以后担任荷兰省的大法议长，实际主持联省共和国的内政与外交。他被英国驻外交家威廉·坦普尔爵士(Sir William Temple, 1628—1699)称为所谓的"完美的荷兰人"。

约翰·德·维特所成长的著名的维特家族(De Witt family)三代人的历史从一个侧面反映了荷兰商人寡头统治集团成员的成长史。自从 15 世纪末叶以来，维特家族一直是从事木材生意的。同时，该家族的成员一直担任位于莱茵河以及马斯河汇合处的多德雷赫特的市政厅的议员。在 1572 年以后，维特家族成员在政治上站在威廉一世一边，同时在宗教信仰上皈依加尔文教派，家族的社会地位在以后的荷兰政治以及社会生活中显得日渐重要。科尔纳利斯·法朗兹·德·维特(Cornelis Franzs de Witt, 1545—1622)从父亲那里继承了繁荣昌盛的木材生意，以后他继续管理这些生意，不过并没有终生进行下去。他在政治上的作为令人瞩目，曾经担任过市政厅的议员，并且在 1572 年至 1620 年长期担任多德雷赫特市的市长，还在 1602 年成为荷兰东印度公司泽兰省议事厅中最大的投资者以及捐款者。他有三个儿子即安德烈亚斯·德·维特(Andries de Witt, 1573—1637)、法朗斯·德·维特(Frans de Witt)以及曾经担任多德雷赫特市市长的雅各布·德·维特,他们在青年时代就被家族安排学习法律并四处游历,以便他们在未来适应各自在商业以及政治上的职业——后来许多有名望的议员在安排自己的孩子接受教育时都采用这样的方式。安德烈亚斯后来曾经出任荷兰共和国的大法议长。雅各布的经历就更丰富,他继续他父亲从事的商业活动,以善于经营著名。上文提及,在1618年的时候,他成为多德宗教会议中主管财务的司库。他在父亲去世以后,将自己的家庭搬迁到了多德雷赫特市政厅所在的地方,从那时起,他集中精力投身于政治事业,并在1632年至1651年之间继续处理家族在商业方面的事务。他是议员和市长,也是多德雷赫特市在荷兰联省议会中的代表,他还是许多政府委员会的成员以及1644年荷兰派往瑞典的使节。他信奉寡头统治的信条,认为"市民社会其实是很小的,就应该维持这样小的规模"。在摄政团阶层中,他还是一名在宗教信仰上非常虔诚的人士,他和家庭成员定期到教堂礼拜、热忱地阅读《圣经》,让他的家族成员每天为家族事业祈祷。同时,他也很坚定地反对教会干预世俗政治的事务。

雅各布·德·维特的儿子就是著名的约翰·德·维特,他于1625年9月25日出生于多德雷赫特。他早年在莱顿大学学习法律,在笛卡尔主义者大斯霍滕(Frans van Schooten the elder)指导下培养出对于数学的浓厚兴趣。1647年在荷兰省的法院宣誓就任律师。此时他对于政治的兴趣不大,热衷于数学,有很强的计算能力。他写过一篇关于圆锥曲线的论文,而且在几何学研究上享有名声。他能够讲流利的法语,也懂得英语、德语以及意大利语,并在1671年署名发表过一篇论述年金制度的论文,被认为是保险精算科学的创立者。从政以后,他尽管不

德·维特肖像,由画家 Adriaen Hanneman 作于 1652 年

像爸爸那样在宗教信仰上如此虔诚,但是终其一生他都履行父亲的治国理想并极力维护摄政团阶层的特权,他认为政府以及管理的事务"只应当并且必须保留给合格的人"。他的弟弟科纳利斯·德·维特(Cornelis de Witt,1623—1672)早年也在多德雷赫特市的"杰出学校"中接受良好的古典教育,后来又在莱顿大学学习法律,尽管他后来是在胡格诺派的安格斯大学(University of Angers)得到学位的。德·维特也不忽略严格的体育锻炼,这使得他能够胜任后来的年复一年的繁重的公务活动以及文书处理。从1645年至1647年,他们兄弟开始了所谓的"伟大的旅程"(den grooten tour or the grand tour),他们游历了法国与英国的大部分地区,短暂地访问了当时在瑞典首都斯德哥尔摩的父亲。在回国以后,他们都成为律师。科纳利斯留在多德雷赫特从事父亲的职业,约翰·德·维特则去了海牙,在成功经营了法律事务以后,他先是在1650年11月成为多德雷赫特的大法议长,1653年7月当选为荷兰共和国联省议会的大法议长。1655年,他与富有的汪德拉·比克(Wandela Bicker)结婚,由此与多年以来控制阿姆斯特丹市政厅的主要家族和议员建立了密切的联系,他的朋友包括主要的阿姆斯特丹的银行家以及莱顿的工业家,这些经历使得他在以后成为荷兰政坛最重要的政治家之一。他以本人的和太太拥有的资产积极地投资贸易活动,使得他在去世时积累了100万荷兰盾的财富。

德·维特担任大法议长的时候,荷兰国家处于危急关头。1653年夏天,由于荷兰在海上被英国打败,国内许多城市发生骚乱。多德雷赫特、海牙、鹿特丹、阿尔克马尔、霍伦以及恩克赫伊都曾有民众暴动,他们既攻击天主教徒,也攻击摄政团的议员,动荡持续了许多天。泽兰省的米德尔堡也有暴动。维特尽一切努力维持国内各派政治力量的团结,平息各地的骚动。同时,英国虽然赢得了北海的胜利,但是荷兰的海军仍然十分强大,没有被摧毁。英国没有力量切断荷兰海上运输的通道。同时,荷兰与丹麦联盟,封锁了桑德海峡,使得英国的船只不能进入波罗的海沿海地区通商。在地中海上,荷兰的海军也成功地向英国船只发动攻击。在东印度,荷兰的舰队在波斯湾以及南中国海上是占绝对优势的。1653年11月,克伦威尔以及英国国会开始考虑与荷兰议和。双方的谈判持续了好几个月,最后双方达成了《威斯敏斯特条约》(Treaty of Westminster),该条约的重点是继续维持先前的《航海法案》,荷兰船只在英国海域行驶的时候要向所有遇到的英国船只降旗致敬。英国与维特之间还有一个秘密协议,那就是荷兰联省议会将来不会再任命奥伦治家族的任何成员担任联省议会的执政官或者军事总指挥,以防止奥伦治家族支持斯图亚特王朝在英国复辟。当这项秘密条款被人披露以后,在荷兰各地引发亲奥伦治家族的许多人士的不满,他们认为这项秘密条款很可能是德·维特动议的,至少也是德·维特与克伦威尔双方合作阴谋的结果。德·维特在与英国达成的和平协定中,维持了荷兰在海洋以及殖民地的各种利益,没有做出任何方面的实质性让步。从荷兰的国家利益来说,它是成功的。但是有许多人,包括奥伦治家族成员以及他们的支持者表示强烈不满,德·维特给一部分公众留下的口实多年以后则演变为剧烈的冲突以及他个人的悲剧。

在德·维特主政的17世纪50年代晚期,是荷兰联省共和国黄金时代的顶峰阶段。英国的威胁已经去除了。由于1655年至1660年英国与西班牙之间发生战争,英国与西班牙、意大利南部以及西班牙统治下的美洲的贸易都大受影响,这就使得荷兰得以喘过气来,与这些地方大力发展贸易,由此恢复了海上贸易的昔日的荣光。在17世纪50年代晚期,荷兰征服了锡兰的大部分地区,垄断了肉桂贸易,并巩固了她在印度西海岸的地位。所有荷兰各大城镇的财富都在不断增长之中。在整个17世纪50年代,阿姆斯特丹的一般房租一直保持很便宜的价格。相反,在阿姆斯特丹沿着运河一带的房子的价格则在飙升,特别在17世纪50年代末期更是如此。

由于奥伦治家族被排斥在荷兰共和国统治集团之外,德·维特的政治地位不断地得到巩固,在荷兰省更是如此。同时,荷兰省在共和国各省的地位也在不断地提高。在此期间,维特还加强了对于"公地"的军队管理的控制权。不过,奥伦治家族仍然在联省共和国政府和军队中拥有很大的影响,对维特的权力造成制约。在17世纪50年代的晚期,联省共和国加强了与波罗的海沿岸地区的联系,派遣了一支舰队前往但泽,以防但泽落入瑞典人之手。当1658年瑞典向丹麦发动进攻的时候,荷兰人站在丹麦一边,派遣海军穿越桑德海峡解救哥本哈根之围,并保护荷兰与丹麦船只在桑德海峡的通行,不让瑞典的海军通过。在1659年,荷兰派遣了第二支舰队增援丹麦,使得丹麦能够在这一年抵御住瑞典的进攻,并在1660年与瑞典签订了和平协定。在1657年,荷兰的海军还向葡萄牙发起进攻,封锁了里斯本的港口。由荷兰人在背后鼓励的海盗船只也在大西洋上攻击葡萄牙人的船只,荷兰的东印度公司的军队也完成了对于葡萄牙人曾经占据的锡兰的最后占领。

德·维特被一些历史学家称之为以"国家利益"为重的政治家,他的确是这样一位政治家。不过,他所认为的国家利益主要不是领土的扩张、军事力量的增加以及国家权力的集中。他努力奋斗的最终目标是维持国家的安全、免于遭受外部的干预以及保持国家的独立;他也努力保持联省共和国与欧洲各国发展贸易以及海外贸易的不断繁荣,努力发展荷兰国家的航运业。这是他作为一个有为的政治家的社会基础。由于德·维特把国家的安定以及贸易的繁荣作为首要的目标,他也把自己所处的摄政精英阶层看成国家利益理所当然的代表以及维护者。德·维特是真正的共和主义者,他所效忠的联省共和国是一个宪政国家,没有执政官或总司令之类的准君主的职位(他愿意由各省自己决定是否任命一位执政官)。在他看来,共和国各城镇以及各省的市政厅以及省议会有权选择他们所愿意的任何人担任省一级的职位,而且在省一级上代表他们出席联省议会。他提倡"真正自由"之说,在荷兰联省共和国的政治生活中大力推进将中央权力下放到地方,主张主权属于各省。他认为联省议会只行使"乌特勒支同盟"所赋予的宣战以及议和的权力。一切其他的权力本应该属于各省的议会,各省议会的职权和特权源自各城镇派来作为议员的代表。当然,德·维特也不是民主主义者,像摄政团的任何议员一样,他忠于他所受益的寡头制度。德·维特坚定地相信,由他所领导的联省共和国与欧洲的君主国家以及德意志的王侯国家是完全不同的,那些国家的目的是君主与王室特权的扩大以及领土的扩张,它们的目标是经常与臣民的利益相冲突的。

在英国方面发生的情况也对荷兰的政局发生了很大的影响。1658年克伦威尔病死,其子理查德继承护国公的职位,但是他的能力很差,不具备统治国家的威望。高级军官不把他放在眼里,他则想利用国会制衡这些军人。最后军人对他施加压力解散了国会。这些动荡使得英国的资产阶级新贵族想方设法要稳定国家的政局,他们与流亡海外的查理举行谈判,希望他回国复辟。查理许下诺言,赦免英国内战时期反对查理一世朝廷的人士,允许宗教信仰自由以及承认内战以后英国各地土地产权的变化。1660年,查理回到英国伦敦,斯图亚特王朝正式复辟,查理即位以后被称为查理二世。这一年春天,查理在回英国之前,路经荷兰时在布雷达以及海牙住了两个月的时间。荷兰的一些城镇的市政厅议员都向查理示好,热情地接待他,以宴会招待他。他们希望与这位新的英国国王建立友好的关系。查理一方面接受了他们的款待,另一方面也强调他对于当时还年幼的侄子奥伦治亲王威廉三世及其母亲,也就是他的妹妹玛丽的关心。许多机会主义者都觉得奥伦治家族还会在将来荷兰政坛上发挥重要的作用,所以采取了见风使舵的骑墙态度。这些变化是维特感到担心的。当然,他也感到与英国恢复良好的关系对于荷兰的海上贸易、船运业以及海外殖民地的利益会带来好处。同时,德·维特也得到阿姆斯特丹市政厅的议员如新任的法议长格劳修斯的儿子皮特·德·格罗特(Pieter de Groot)等人的有力支持,他们都警惕奥伦治家族的势力会重新抬头。不过,总的来说,坚决支持维特的人士不多,大多数人持观望的态度。很多人都希望与英国建立更加紧密友好的关系。这一年6月,局势的变化更让维特感到担心,阿姆斯特丹市政厅在继哈勒姆以及莱顿以后,邀请奥伦治家族的玛丽以及奥伦治亲王正式访问了这座城市,并表示了隆重的欢迎。还有一些政要试图与英国达成同盟协议,共同对付第三国的威胁,不过这只是停留在口头上的讨论。1660年,联省议会还支付了8万荷兰盾购买了提香、丁托雷托等著名意大利画家的作品以及一批希腊-罗马的古董与一些当代荷兰画家的作品赠送给英国王室。这年11月,英王查理二世在白厅举行的官方宴会上,向联省议会的使节表示了"发自内心"的感谢。

1661年1月,玛丽患天花去世。临终前,她委托她的兄弟英王查理二世为奥伦治亲王的监护人。这种情况使得德·维特感到压力,因为荷兰在政治传统上是不允许外国势力在国内拥有如此之大的影响的。同时,荷兰与英国的外交和商业关系也发生了转变,双方举行了一些谈判,荷兰方面希望取消原先的《航海法案》,但是英国方面则完全不同意。相反,英王查理二世还希望以他的名义重新肯定这个法案。另外,荷兰与英国两个东印度公司的矛盾也再度激化,由于商业上的互相竞争,它们在加勒比海域、非洲西部以及新尼德兰的紧张关系变得加剧了。西弗里斯兰的港口、马斯的从事渔业的城镇、泽兰的从事捕捞鲱鱼的港口以及阿姆斯特丹也对英国国会的政策表示出很大的不满,当时英国国会决定,在英国沿海十英里之内,除了英国的臣民以外,任何国家的渔民都不可以在那里捕鱼。尤其严重的是,英国还在公海上不断地袭击和扣押荷兰的商船,严重影响了荷兰的海外贸易以及殖民地的利益,这种局面使得荷兰人感到除了与英国决战以外似乎别无选择。

1665年3月,荷兰与英国之间爆发了第二次英荷战争。这次战争是世界性的,冲突发生在非洲的西部、加勒比海域以及东印度。双方都非常愿意打这场战争,并为此准备了许多年。1664年,英国开始大规模袭击荷兰的船只以及海外殖民地,查理二世公开向荷兰宣战。英国的海军在公海上不断地骚扰以及攻击荷兰的船队。这一年有200艘荷兰船只被英国捕获,荷兰的许多海外殖民地包括新尼德兰都受到英军攻击。1666年6月,荷兰海军先是在连续四天的战役中取得胜利;但是到 8 月 4 日则被英国海军击败,损失惨重。不久以后,英国海军穿过荷兰北部海域诸岛屿,焚毁了荷兰 150 艘商船。但是,荷兰海军有足够的资金、弹药以装备它的舰队,英国方面则缺乏资金维持它的舰队。当时,英国的海上商业活动由于战争的拖延几乎陷于瘫痪的境地,船只损毁、贸易停顿以及储备不足。同时,英国国内瘟疫流行,伦敦发生了大火,从 1666 年至 1667 年的冬天,伦敦的市民缺乏煤炭取暖,英国的经济也因此损失惨重。在 1666 年底,荷兰事实上已经取得了胜利。1667 年,荷兰海军进一步封锁英国的东南沿海地区,并袭击了英国肯特郡的梅德韦,焚毁了 5 艘皇家海军的战舰,还拖走了旗舰"皇家查尔斯号"(Royal Charles)。荷兰国内大肆庆祝此次海战的胜利,全国教堂都敲响了钟声。同年,由 7 艘战舰以及 1 000 名士兵组成的泽兰的海军跨过大西洋攻克了英国在苏里南帕拉马里博的要塞,西印度公司的舰队也攻占了多巴哥岛。1667 年 7 月,英国与荷兰双方签订了《布雷达条约》(Treaty of Breda),根据条约,英国维持住了纽约,但是归还了安德烈斯群岛中的圣尤斯塔歇斯岛,割让了苏里南以及英国以前在非洲

《受到惊吓的天鹅》,由艺术家 Jan Asseljin 绘制于 1652 年,寓意德·维特主政期间共和国的内忧外患

的基地科尔曼丁(Cormantine),英国答应修正《航海法案》的一些条款,让德意志作为联省共和国的"自然的内陆"的一部分。《布雷达条约》是联省共和国的军事与外交胜利的结果。维特兄弟以及荷兰国内的亲德·维特派的政治地位得到了巩固,亲英国的奥伦治派则处于尴尬的地位。

在德·维特主政时期,荷兰与法国的关系则十分微妙。开始时,联省共和国的德·维特政府并没有把法国当成敌人,相反,它视法国为联合的对象,可以一同对付英国以及西班牙。亲维特派还认为与法国结盟还可以对付国

内的亲英国的奥伦治派。1662年,荷兰与法国曾经签订过和平条约,该条约对于荷兰在许多方面是有利的。在第二次英荷战争中,法国军队曾经直接与间接地帮助过荷兰的军队。但是不久以后,两国的关系就发生了微妙的变化。首先,法国与荷兰的关系变化首先与法国的"太阳王"路易十四(Louis XIV,1661—1715年在位)想在尼德兰南部西班牙人统治下的信奉天主教地区实行扩张政策有关。在1659年的时候,法国与西班牙订立了《比利牛斯条约》(Treaty of Pyrenees),结束了两国自1635年以来的冲突。西班牙试图恢复它在尼德兰南部地区的影响力,尽管当时西班牙与葡萄牙以及英国都存在着激烈的矛盾,但是它不愿意放弃在欧洲的影响,仍然在南部尼德兰驻扎大量的军队,还想利用尼德兰南部的人力资源重新在军事上再度征服已经宣布独立的葡萄牙。但是路易十四一直有称霸欧洲的野心,而富裕的由西班牙统治下的尼德兰南部地区毗邻法国,一直是他觊觎的地方。随着西班牙势力从南部尼德兰地区的撤退,法国就想填补这个地区的真空地带,由此将改变这个地区的势力均衡状态。由于法国的军队是当时欧洲最强大的,因此荷兰对于近在咫尺的南部尼德兰地区的变化以及法国的野心不能不感到担心。从1660年以后,德·维特最为担心的就是西班牙统治下的南部尼德兰的处境,他认为最危险的就是布拉班特以及佛兰德斯落入野心勃勃的法国人手中。德·维特政府试图与法国讨论,让尼德兰南方诸省模仿瑞士的模式,成为"自由的"行政区,处于荷兰-法国的共同保护之下。但是荷兰国内也有人对此持不同的意见,阿姆斯特丹就很担心在此情况之下安特卫普会重新恢复往日的繁荣,成为它新的竞争对象。1663年春天,法国的军队开进尼德兰南方,路易十四入侵南部尼德兰地区的借口是:西班牙国王菲律普四世同意将他的女儿玛利亚·特丽莎(Maria Theresa)嫁给路易十四,同时约定支付给路易十四50万克朗,条件是玛利亚·特丽莎和路易十四必须放弃他们对于西班牙的王位继承权。菲律普四世在1665年去世以后,由才4岁的查理二世(Charles II,1665—1700年在位)继承王位。此时,路易十四以50万克朗尚未付清为由,向西班牙王室提出继承毗邻法国的由西班牙统治的南部尼德兰的要求,但是立即遭到西班牙的拒绝。于是,法国与西班牙之间的王位继承战争爆发。路易十四亲自统领大军,向尼德兰南部进攻。法军在里尔、图尔内以及布鲁日的战事均告胜利。法军的军事行动给北方联省共和国造成很大的威胁,由此造成了荷兰对于法国的进一步的警觉。

荷兰与法国关系变得紧张的另一个原因是两国在商业的和殖民地利益

上的冲突。在1662年以前,法国把重点放在与荷兰结盟共同反对西班牙,它避免采取积极的步骤阻止荷兰在商业上向法国市场的渗透。荷兰则乘机从法国运输出口大量的法国商品,包括葡萄酒、白兰地,荷兰还向法国倾销本国的纺织品、东印度的货物、鱼类、鲸鱼、烟草、陶瓷器皿以及精加工的糖。但是,法国的王室终究要建立法国的商业、航海以及殖民地帝国,这就会与荷兰的商业扩张发生矛盾。17世纪60年代以后,荷兰在商业上的成功使得法国的商人、加工业主心生羡慕与嫉妒,同时,路易十四极力要扩张法国的海洋势力以及海外殖民地的利益,与荷兰与英国抗衡,他的野心在重商主义的刺激之下势必要与荷兰发生冲突。1664年,法国财政大臣库尔贝(Jean Baptist Colbert,1619—1683)对从荷兰进口的精加工的糖征收很高的税收,此举对阿姆斯特丹的糖业打击很大。同年,路易十四建立新的国家政策,支持法国东印度以及西印度公司在海外殖民地的发展。从那时起,法国的海外扩张的步伐大大加快了。也就在这一年,法国占领了原先由荷兰西印度公司占据的卡宴(Cayenne),这个地方后来成为法属圭亚那的首府。由于当时荷兰正忙于对付英国,所以维特政府只能采取视而不见的态度。1667年4月,法国的军队再度进入尼德兰南部,库尔贝同时加重了对荷兰共和国多种进口商品如精加工的布、羽纱、鲱鱼、鲸鱼制品、代尔夫特瓷器、烟草以及东印度货物的税收,这对荷兰各个口岸的出口业都造成很大的影响。

当时,德·维特政府判断,西班牙面对法国的压力可能会寻求荷兰的帮助。果然,马德里当局训令它在尼德兰南部的代表与荷兰谈判,答应可以割让奥斯坦德、布鲁日以及达墨给荷兰,条件是荷兰提供100万荷兰盾以及军事援助。德·维特与西班牙谈判的最终目的不是要公开反对法国,而是要给法国造成心理上的压力,使得它不敢对荷兰控制的地区造成实质上的威胁。德·维特在获得联省议会的同意以后向奥斯坦德、布鲁日、布兰肯堡等地派驻了卫戍部队,并答应给西班牙提供借款。虽然德·维特和阿姆斯特丹的本意不是要介入法国与西班牙在尼德兰南方的冲突,但是,在路易十四看来,荷兰的举动很可能是对法国不利的。特别是在1668年,联省共和国、英国以及瑞典达成了三国同盟,介入了法国与西班牙的对峙。三国同盟呼吁西班牙割让卢森堡或者法兰西-孔泰给法国,也承认法国已经占领的尼德兰南方的一些地方。法国则要求三国对西班牙施压,让它做出更大的让步,但是三国没有响应。这一年,路易十四与西班牙王室订立《亚琛条约》(Treaty of Aachen),西班牙承认里尔与图尔内归入法国的版图,而法兰西-孔泰则归属西班牙。

德·维特认为,从荷兰国家利益考虑,应该极力避免与法国发生正面的冲突,得维持与法国表面上的友谊。路易十四迫于形势,也没有进一步向尼德兰南部进攻。但是,他从内心痛恨维特与荷兰共和国在阻止他向南部尼德兰扩张中所发挥的作用。从那时起,法国的东印度公司的舰队在王室命令之下加紧在加勒比海域的巡逻,阻止荷兰的舰队和船队靠近法国的殖民地。1670年,法国政府训令要在印度建立永久的基地,与锡兰以及印度的南部发展贸易关系。这些地区以前都是荷兰的势力范围。1669年,库尔贝建立了由王室支持的"北方公司"(Compagnie du Nord),试图发展法国与波罗的海沿岸国家的贸易,将荷兰从这一地区排挤出去。同时,法国还发展与荷兰东部邻国的关系以遏制荷兰,勃兰登堡的选帝侯一直对荷兰长期占据威塞尔等地心怀不满,明斯特的天主教"采邑主教"(亲王主教)对信奉加尔文派的荷兰恨之入骨,这些地区和人物都是路易十四要利用反对荷兰的力量。

1672年是联省共和国的"灾难之年"(Rampjaar),荷兰面临内忧外患的严峻局面。法国军队大举入侵,英国政府、明斯特的"采邑主教"以及科隆的选帝侯也向荷兰宣战,落井下石,结果导致荷兰在军事上的失利以及国内政局的剧变,德·维特遇害,他领导的政府也由此垮台。

这一年,路易十四在宣称"荷兰人为傲慢无礼之徒"后,发动了对尼德兰地区的大规模战争。路易十四首先使用外交手段,促使英国与瑞典退出与荷兰的联盟关系。英国为了确立其海上霸权地位,决定与法国站在一起对付荷兰。3月20日,英国海军在威特岛海域向从地中海东岸巡航回程途中的荷兰舰队发起攻击。路易十四则向荷兰正式宣战。4月6日,英国也接着宣战(这是第三次英荷战争)。5月,路易十四亲自统帅了当时欧洲最大规模的陆军约11.8万人以及1.25万名骑兵大举入侵,这支大军的人数远远超过当时荷兰常规军队的人数。法军穿过西班牙统治下的尼德兰南部地区向马斯特里赫特进军。5月22日,法军越过马斯特里赫特以北的马斯河。5月18日,明斯特的采邑主教也出于征服新教徒国家的宗教信仰的原因向荷兰宣战,科隆的选帝侯也接着向荷兰宣战。

在十分危急的情况之下,荷兰举国积极动员,在荷兰省以及乌特勒支召集了几千名民兵,驻守南北各个要塞。海尔德兰省也召集了3 000名武装市民驻守边境上的要塞。但是,这些武装力量的人数实在是太少了,行动也太迟了。

法国的海军也加入英国对付荷兰的行动中来了。法国装备了37艘战舰,约1.1万名战斗人员以及1 926门大炮,加入英国的海军中向荷兰进攻。这两个国家的海军舰队加起来在船只以及炮火上已经超过了荷兰的海军。联省议会的议员以及维特的兄弟科内利斯认为除了英勇地拼死抵抗以外别无他法。6月6日,在英国东部沿海索勒贝(Solebay)的海战中,荷兰海军取得了胜利,从海上保卫了共和国。但是陆地上荷兰军队的抵抗节节败退,许多以前在南北尼德兰地区边界上的要塞,过去曾经在抵抗西班牙人的攻击中发挥过积极的作用,现在都落入法军手中。这些地方包括克雷夫斯-莱茵伯格、埃墨里希、威塞尔等地,这些城镇后来都没有划归荷兰,而是被并入勃兰登堡。法军在阿纳姆以南的罗比特越过了莱茵河。荷兰省以及联省议会决定放弃埃瑟尔河一线,撤回军队保卫荷兰省、泽兰省以及乌特勒支,因为东部边界上的要塞比较巩固,军力也比较充裕。但是,荷兰人的士气低落,6月15日,阿纳姆没有抵抗就被法军占领。6月21日,莱茵河下游的最坚固的要塞申肯桑斯(Schenckenschans)没有抵抗就向法军投降,这座要塞的卫戍司令是一个沉湎于酗酒的没有作战经验的年轻军官,他的父亲是奈梅亨的市长,也是德·维特的支持者。这激起了人们对德·维特的政治派别的很大不满。

那时,越是靠近前线的城市,就越是弥漫着失败主义的情绪。无论是亲德·维特派或是亲奥伦治派控制的城市都是如此。亲奥伦治派占优势的莱顿市政厅准备与路易十四议和;荷兰省的议会,也不顾德·维特的劝告,准备与法国谈判。德·维特的亲信德·格罗特在乌特勒支陷落以后回到海牙,声称除了向法国投降以外别无选择。一些人主张只要保住荷兰共和国七个省以及加尔文派教会就已经算是幸运了,"公地"等其他地方都可以割让给法国。在这种情况之下,公众的舆论就起到了决定性的作用。民众对于德·维特派的政治家们的消极表现极为不满。不久,从多德雷赫特开始就开始爆发了大规模的骚乱,民众要求德·维特领导的政府将权力转交给奥伦治亲王,让奥伦治家族的人出任执政官以挽救危局。首先发难的是手工艺行会的领袖、加尔文派的牧师以及地方民兵,骚乱很快就蔓延到了鹿特丹以及阿姆斯特丹。鹿特丹的市民坚决反对德·格罗特、该市的市长以及亲德·维特派,他们要求以更加坚决的态度保卫共和国。民众的态度与该城市的议员们的态度完全不同,议员们已经派人去路易十四的军营谈判割让公地的事宜,但是民兵组织则坚决要保卫城市。阿姆斯特丹的民众也认为亲德·维特的市长是失败主义者,他们要求奥伦治亲王出山挽救国家的危难。整个6月至7

月,到处充满着民众暴动的场面。在多德雷赫特以及鹿特丹,民众特别要求废止禁止奥伦治家族干预政治的决定,选举奥伦治亲王为执政官。甚至一些妇女也冲上街头,进行示威游行。在豪达,愤怒农民因为他们的田地被军队开掘堤坝阻止法军前进而淹没了,他们与手工艺工人和妇女们联合起来控制了街道,以至于奥伦治亲王不得不亲自出面劝他们离开。一些政治宣传小册子也出现在街头巷尾,它们都向人们宣传奥伦治亲王是"真正的爱国者",这些小册子大部分都是亲奥伦治派散发的。

7月2日,泽兰省终于选举威廉三世为执政官,第二天,荷兰省也宣布奥伦治亲王为执政官。六天以后,威廉三世宣誓就职。在乌特勒支以及鹿特丹,骚动持续不断,德·格罗特被民兵囚禁在家,动弹不得,无法履行职务,最后他逃亡到了安特卫普。7月11日,暴乱蔓延到济里克泽和托伦,参与暴动的是从城外来的渔民和农民。到8月底9月初,骚乱达到了顶峰。早在6月21日,德·维特在海牙遭到4名亲奥伦治家族的人的持刀攻击,已经受伤。只有一名刺客被捕,六天以后被处以死刑。德·维特的伤势虽然不是很重,但是不能视事。8月24日,他辞去了荷兰省大法议长德职务。他的兄弟科奈利斯已经在7月23日被捕,罪名是图谋刺杀执政官,当然这是捏造的。经过审讯以后,被法庭于8月20日宣告无罪。德·维特要把兄弟护送出监狱到附近的亲戚家里,但是他们步出庭院的时候,被一群暴徒围困,不得不退回楼内。暴民(其中大部分是民兵)闯入监狱,据说他们看到科奈利斯躺在床上阅读一本法国的戏剧,德·维特则手持《圣经》坐在床脚一边,他们被暴民抓住,拖到联省议会议事堂对面的广场上,他们受到殴打、被刀剑所刺,最后被开枪打死。他们的尸体被悬吊在附近的绞架上示众。德·维特兄弟的悲剧如同1619年的莫里斯亲王与大法议长奥登巴恩维尔特的冲突的再次重演。这些暴民,其实是被奥伦治家族利用的,因为杀死德·维特兄弟的凶手,后来不仅没有被判罪,而且受到威廉三世的奖赏。在德·维特兄弟遇害以后,暴乱进一步蔓延,整个荷兰各地都在清除所谓的亲德·维特派,在鹿特丹,民兵组织的领袖不遗余力,清除所谓的"叛国者"。

五、威廉三世与"光荣革命"

1672年6月,荷兰各地发生暴动以后,军事上节节失利。7月,法国军队攻占了布拉班特北部的奈梅亨。另外,德伦特以及格罗宁根的大部分地区都沦陷了。格罗宁根成为战区,城市也被法军包围起来了。海尔德兰、上埃瑟尔、乌特勒支、德伦特的乡村都被敌军劫掠。在荷兰内陆每一个地区的经济和贸易活动差不多都停止了,在城镇以及乡村的地方官吏也都纷纷逃亡。在占领区的法国军事长官要求逃亡的地方官吏回到原来的岗位上视事,部分地方官吏回到原来的驻地与法军合作,还有许多贵族以及地方官吏则纷纷逃到荷兰省避难。

8月27日,荷兰省议会授权奥伦治亲王威廉三世有权"劝告、解散甚至强迫"组建各城镇的议会并以强硬的手段恢复地方的秩序。此时已经身兼荷兰省以及泽兰省执政官的年轻的威廉三世加紧肃清政治上的敌人。在1672年的荷兰的460个摄政团中,他替换了130个他认为政治不可靠的人。一些政治上不再可能发生影响的人士,如阿姆斯特丹的德·格拉夫家族,也被迫流亡海外。许多德·维特的亲信与朋友,都选择流亡到安特卫普。这些家族的大量财富,都留在了荷兰国内。肃清活动使得当时的暴动与政治上的动荡逐渐地平息了下来。由于反对的声浪被消除了,人们把精力集中到抵抗和战争中来了。荷兰军队掘开堤坝,让洪水淹没了所有的通往荷兰的道路。从1672年秋天开始,法军发现前进的道路都被堵住了。从1672年底至1673年的冬天,荷兰军队的防卫能力大大增加。路易十四已经离开尼德兰,卢森堡元帅统领的法军没有快速进军,失去了战机。1673年,英国和法国还想摧毁荷兰共和国的海上力量,但是,他们没有办到。荷兰海军奋起反击,取得了伟大的成就。在海军上将德·鲁特(De Ruyter)的领导之下,在6月初,荷兰海军在泽兰的浅海海域挫败和摧毁了占绝对优势的英法联合舰队——这支舰队有76艘战舰和4 812门大炮,却被击败,一个星期以后,在泽兰的外海,英法联合舰队再一次被击败,第三次,英国与法国孤注一掷,想从海上入侵荷兰。英国的远征军在大雅茅斯聚集,并与法国舰队会合,共有86艘战舰、5 386门大炮。德·鲁特的荷兰舰队在规模上要小一点,拥有3 667门大炮,从特塞尔出发迎战。从海面上两支舰队雷鸣般的开炮声在荷兰北方沿海的大部分地区都可以听到,战事持续了11个小时之久,荷兰全国教堂同时举行了隆重的祈祷仪式,人民希望国家赢得胜利。最终,荷兰的海军胜利了。英法海军被迫放弃了从海上入侵荷兰的计划。1673年荷兰海军的三次胜利是影响深远的。在这段时期,英国在海上处于弱势,不仅在本国的海域,而且在北美、西班牙以及加勒比海域都是如此,这种影响甚至比以前两次英荷战争更大。英国的海上航运业遭受严重的打击,在一些地方甚至瘫痪了。查理二世除了撤退以外别无选择。1674年,英国与荷兰达成和平协议,英国什么也没有得到。

1673年8月,西班牙加入荷兰并肩与法国作战,迫使法国在尼德兰地区采取守势,奥伦治亲王威廉三世则采取了攻势。荷兰军队占领了由3 000名法军驻守的纳尔敦要塞。这一年的秋天,西班牙军队与荷兰军队进攻科隆选帝侯国,最后迫使法国军队决堤放水,撤出埃瑟尔河一线。在乌特勒支的主教座堂,天主教徒举行了最后一次弥撒,几个小时以后,市民就冲进主教座堂,捣毁了圣像、油画以及天主教神父的祭披,把它们扔到街上烧掉了。这一年的秋天,英国与明斯特正式撤出了对荷兰的战争。1674年秋天,法军再次掘开埃瑟尔河的堤坝,河水淹没了上埃瑟尔以及海尔德兰的部分地区,他们想阻止荷兰军队,但是徒劳。当法军撤出阿纳姆的时候,信仰加尔文派的市民冲进教堂,捣毁圣像和油画,在教堂的尖顶上竖立起象征奥伦治家族和胜利的橘黄色旗帜,并举行感恩祈祷仪式。荷兰军队重新攻克了曾经被法军占领的许多要塞,最后攻克了林根要塞。荷兰军队克复了上埃瑟尔、海尔德兰的广大地区。1674年6月,法军只保留了赫拉夫以及马斯特利赫特两座要塞。

威廉三世此时的威望急剧上升。1674年1月,哈勒姆市议会提议,荷兰执政官的职位将来一直由奥伦治家族的男性成员世袭继承和担任,荷兰联省议会也表示赞成。在这两年中,荷兰军队急剧扩充,军队行动的效率也大大提高。

威廉三世在国家财政收入以及国防开支上与维特采取了完全不同的政策,威廉三世以及联省议会采取积极的巩固和扩大陆地以及海上军备的措施,加固要塞,扩充武器弹药,以海牙为中心征召新的部队人员,荷兰的军队扩大到10万人。1673年,仅仅在"公地"就花费了100万荷兰盾,是荷兰每年岁入的五倍——当时荷兰的近一半的领土还在法军的占领之下。1675年,在"公地"的开支又支出50万荷兰盾。因此,奥伦治亲王和联省议会面临着巨大的财政压力。当时荷兰省的年岁入为1 800万荷兰盾,联省共和国七个省份加起来不到3 000万荷兰盾,公众的负担以及公共的债务是一直迅速增加的。在此国难当头,荷兰各阶层的人民同仇敌忾,为国家缴纳了大量的税金,才得以支撑危局。正因为如此,直到1676年,威廉三世一直能让国家和军队处于战争的状态中,到1676年,荷兰军队的人员仍然维持在9万之众。

荷兰海上贸易制度的维持也要依赖于经济的状况。在1672年的"灾难之年"中,荷兰海上的贸易几乎处于瘫痪状态。从1672年至1674年,由于英法舰队在海上的封锁,荷兰的商船大部分停泊在港口里不敢出海。从1674年开始,奥伦治政府采取积极的措施以图挽救。特别在与英国以及明斯特缔结和平协定以后,荷兰的海上运输业以及海外殖民地的贸易活动都有所恢复。但是由法国政府鼓励的从敦刻尔克出发的海盗船只还在劫掠海上航行的荷兰商船。因此,阿姆斯特丹股票交易所的东印度公司以及西印度公司股票交易仍然不很活跃,直到1676年,才有所恢复和活跃,股票的面值才有上升。

1678年8月2日,奥伦治亲王统领35 000名士兵(其中有部分西班牙人和勃兰登堡人)抵达今比利时境内的蒙斯。路易十四意识到不可能再取得优势,故撤出了荷兰城镇中的法国军队,法国还取消了1667年制定的对尼德兰地区的高关税的政策。不久以后,双方签订了《奈梅亨条约》(*Treaty of Nijmegen*),荷兰与法国的战事终于停止了。荷兰取得了政治上的和军事上的胜利,特别是法国取消对尼德兰的高关税政策对于荷兰在17世纪80年代以后的经济复苏具有决定性的意义。同时,荷兰由于单独与法国谈判签订和约,西班牙国王以及勃兰登堡选帝侯都对奥伦治亲王不满,他们视他为不可信赖的同盟者,由此也损害了荷兰与这些国家的贸易往来和贸易利益。

从1688年至1691年,荷兰以及英国两国的历史进程发生了戏剧性的改变,那就是发生了欧洲历史上著名的"光荣革命"(Glorious Revolution),它对于荷兰、英国以及欧洲的其他地区都产生了深远的影响。

1685年2月6日,英国国王查理二世去世,这位国王没有正式的子嗣,由他的弟弟詹姆士二世(James II, 1633—1701, 1685—1688年在位)即位。他原为约克的公爵以及海军大臣,在任海军大臣期间,英国的海军与荷兰作战时经常失利。他的第二任妻子摩德纳的玛丽是一位天主教徒,英国的新教徒对他们夫妇很不信任。约克公爵詹姆士曾经表示不否认天主教会举行的弥撒中的圣体是耶稣真实的临在,这种宗教信仰上的看法与新教大相径庭。他在同年4月23日即位成为英国国王以后,被称为詹姆士二世。当时,英国国会曾经要求他宣誓效忠新教的信仰,但是他拒绝这样做。一开始,他与国会没有发生更大的冲突,但是随着时间的推移,情况发生了变化,特别是查理二世的一位私生子企图夺取王位而被他处死以后,他致力于扩大君权,想要效法路易十四建立一支忠于王权以及他本人的常备军和海军,他将英格兰的陆军从查理二世时代的7 000人扩充至2万人,以此震慑国会中的反对势力、新教贵族以及英国国教会的主教以及民众中的清教徒。他还任命了一些具有天主教信仰倾向的人士担任高级官吏以及军队中的军官。他还在伦敦接见了罗马教宗的代表，这是自玛丽一世以来第一个来到伦敦的教廷代表团。早在詹姆士二世还是约克公爵的时候，他就十分关注英国海外殖民地利益的发展，并致力于推广英国经济的成长。他在成为英国国王以后，鼓励海外有技术经验的人才移居英国，并不论及他们的宗教信仰。他从另外一个角度理解荷兰共和国在商业贸易上的成就是基于宗教宽容和良心自由的缘故。同时，在处理和国会的关系方面，他比较强调君主的权力。因此，他与国会中以托利党为主的议员以及当时英国国内的大部分坚定的新教徒不可避免地要发生冲突。1686年至1687年两年之中，他使国会处于休会的状态。1687年，他取消了原来的镇压天主教徒的法令。

从1688年初开始，英国国内的托利党人以及绝大部分的信奉新教的臣民就企图废除这位信奉天主教信仰的国王。他们想到让信奉新教的荷兰执政官奥伦治亲王威廉三世从荷兰渡海来英格兰充当英国的国王。他们的理由是：威廉三世既是查理二世也是詹姆士二世的侄子，他还是詹姆士二世的长女玛丽公主（Princess Mary, 1662—1694）的丈夫——原来威廉三世在1677年即与玛丽公主结婚，所以威廉三世是詹姆士二世的女婿。反对詹姆士二世的人士认为由这位新教徒的荷兰执政官同时兼任英国国王可以保住国会的以及英国新教教会的地位和利益。这种要求正好满足了威廉三世想要统治英伦三岛的野心。当时，法国国王路易十四正大肆迫害胡格诺派的教徒，每天都有不幸的受害者在英格兰沿海地区登陆，英格兰举国上下都加深了对于天主教会在英格兰复辟的恐惧与仇恨。英国社会各阶层的人们都知道，詹姆士的宫廷与法国的宫廷互相合作，对于他们的今生来世都是威胁。威廉三世对于英国人民的这种普遍的心理是非常了解的。

1688年4月底，詹姆士二世签发了第二个《免罪令》，这是有利于天主教徒的法令。他要求在全国各地的教堂里宣读这个法令。5月18日，英国国教会的7名主教在德高望重的坎特伯雷大主教威廉·桑克罗夫的带领之下，抗议国王的命令。普通教士服从教会上司的命令，没有在教堂宣读《免罪令》。詹姆士二世看到教会的领袖们居然抗命，愤怒异常。他要求以煽动叛乱罪审判闹事的主教。他的大臣们对国王的决定感到震惊，但是詹姆士二世一意孤行，下令进行审判。各位主教也决不让步，拒绝保释，他们被关进了伦敦塔。当他们登上驳船沿着泰晤士河被送往伦敦塔的时候，人民群众向他们欢呼致意。人民的欢呼包含着政治上的支持。主教们在6月15日被带回到威斯敏斯特宫,6月29日,法庭对他们进行了审判,此时又出现了动人的场面,审判持续到晚上,审判员们整夜聚集在一起。次日,法庭宣布主教们"无罪",人们欢声雷动。当主教们离开法庭的时候,连一些毕生反对英国国教会的人都跪下请求主教们降福。当天晚上,在人民的欢呼声中,7名主教向威廉三世写了一封信,他们在信中这样写道:"如果形势的发展使您认为能够在今年及时赶到这里给予援助,……我们必将迎接阁下登陆。"这封信由一名乔装成普通水手的英国海军舰队舰长赫尔伯特交给在海牙的联省议会以及威廉三世的执政官。

在大海的彼岸,威廉三世密切地注视着英格兰事态的发展。他从政治、外交、财政、军事(海军和陆军)、人员以及国内事务各个方面积极入手,准备入侵英国。荷兰举国的海陆军以及来自德意志和瑞典的雇佣军都投入了战斗准备,无数的商船都被投入使用运输军队、弹药和装备。9月下旬,威廉三世的一支拥有500艘战舰以及60艘护航船只的巨大的舰队聚集在荷兰西南部的沿海的港口城市海勒夫特斯勒斯(Hellevoetsluis),准备远征英国,这支伟大的舰队的规模是1588年西班牙"无敌舰队"的四倍,远征军中有荷兰人、瑞典人、丹麦人、普鲁士人、英格兰人和苏格兰人,还有刚刚遭受迫害离开法国的胡格诺教徒,总共有1.4万人。由于当时风向不合,所以一直在港口等待。直到11月初,庞大的舰队终于出发了,它沿着多佛以及加莱一线前进,并向多佛和加莱两边的要塞同时鸣炮致敬,并且吹号和敲鼓。目睹这场浩大的海上入侵的人们都声称这是他们毕生见到的最为壮观的景象。还有人声称这是一场"新教之风"(Protestant wind)。最后,舰队在多佛登陆,没有多久就攻占了埃克塞特。在最初的三个星期中,荷兰的军队就展现出比英国军队更强大的优势,而且赢得英国各界明显的欢迎。威廉三世在向埃克塞特的绅士界发表演说的时候,指出他不需要英国民众在"军事上的协助",只需要他们在"道义的支持与参与"。有些英国民众向威廉三世的军队欢呼"上帝庇佑你们",有些农民还送苹果给他们吃。詹姆士二世迫于国内外巨大的压力,在10月3日取消了宗教法庭,关闭的天主教会的神学院,恢复同情新教的官员的职务以及一些城市的自治特权,敦促主教们捐弃前嫌,但是这一切为时已晚。到12月的时候,詹姆士二世军队的败象已经毫无疑义了。12月11日,詹姆士二世逃出王宫,渡过泰晤士河,他逃到了一只船上,可是没有赶上海潮,被渔民抓住,押回伦敦。过了一段时间,他再度逃跑,这一次他成功逃离英格兰,最后到逃到了法国。

威廉三世在英国登陆

  12月18日,"光荣革命"达到了它的最高峰。这一天,奥伦治亲王威廉三世和他的军队以凯旋的姿态进入伦敦。奥伦治亲王下令首都所有的官员,包括王宫的卫兵在内,都要撤退到伦敦城市以外20英里的地方。白厅、圣詹姆士王宫以及伦敦的其他地方都由荷兰的士兵把守,他们已经在数月之内陆续来到英国。奥伦治亲王现在已经成为英国的主人,早在与国会的议员们见面以前,他已经控制了这个国家的陆军、海军和财政。1689年2月,威廉三世与妻子玛丽正式登基成为英国的共主。

  早在入主英国之前,威廉三世就策划了一个复杂而缜密的计划,起草了一份历史性的文件《根据上帝的旨意,威廉·亨利殿下即奥伦治亲王的宣言,他带领军队出现在英格兰的原因》。威廉三世的探子以空前的规模暗中散布数万份副本,印刷的地点包括阿姆斯特丹、伦敦、汉堡、约克等几座城市,接着运输到全英格兰等地,按照预定的时间大量地发放。在这份宣言中,威廉三世刻意模仿他的祖父"沉默者"威廉的模式,向英格兰人民宣示:"如果合法权威所建立的法律、自由与惯例公然遭到违反与废除,那么任何国家或者王国大众和平与幸福均无法获得维护,这对所有人而言都是确定且明显的事实。"它列举了詹姆士滥权的一些事实,特别提到天主教会接管国家权力可能会

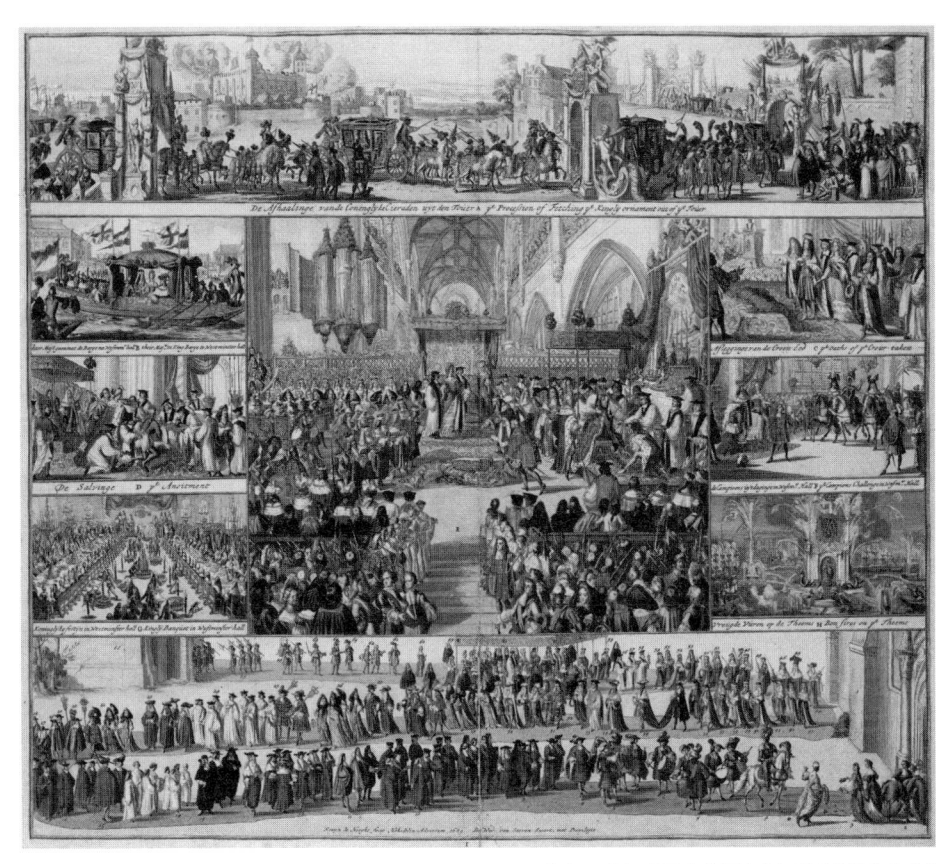

威廉三世与玛丽在英国加冕,是为"光荣革命"

导致宗教信仰自由的原则遭到侵犯。因此,他作为实现宗教信仰自由的外国领袖接管英格兰的君主政府具有绝对的合理性。这份宣言后来在英格兰城镇的广场上以及乡间公开宣读。一些历史学家认为,威廉三世的入侵之所以取得成功,一方面是英国人民担心詹姆士会走上独裁之路以及天主教会恢复以后可能发生的反攻倒算;另一方面是因为过往几十年中来英格兰一直受到荷兰文化的侵蚀与影响,从落地钟、廉价绘画、资本主义精神、世俗主义、务实的地方自治以及宗教宽容思想等太多的荷兰元素注入英格兰。罗素·修托(Russll Shorto)在《阿姆斯特丹:一座自由主义之都》中引用英国历史学家丽萨·加丁(Lisa Jardine)的看法指出:"到了1688年,英格兰与荷兰的文化、知识、宫廷以及政治上的交流已经十分密切,因此那场入侵更像是一次合并。"

威廉三世在进入伦敦以后,召集各地区的代表来到伦敦开会,共商国策。此次会议后来成为真正的国会。会议宣布詹姆士二世擅离职守,自动退位。

威廉和玛丽共同执政。在此之前,国会颁布了一项《权利法案》,作为新国王登基的条件,其中肯定了"英格兰人民自古以来就拥有的"的权利,比如只有国会才能征税,臣民可以自由地请愿,议员可以自由发表政见,国会应该定期开会,等等。这些权利属于英格兰长期以来的传统,但是以书面的形式加以肯定,而且作为国王和臣民之间的"契约"出现,仍然具有重要的意义。"光荣革命"还附带有几项法律文献。它们是:(1)1689 年的《兵变法》,规定国王如果征召一支常备军,只可以维持半年左右,否则国会就不拨款;国会由此控制了军队,国王在很大程度上丧失了军权;(2)1689 年颁布了《宽容法》,确立了宗教宽容的原则,但仍然维持非国教在政治方面的不平等地位;(3)1694 年颁布了《三年法》,规定一届国会的时间最多为三年,每三年要改选一次;(4)1696 年颁布的《叛国法》,其目的是不让国王以"叛国罪"为借口清除反对派,为被指控犯"叛国罪"的人提供了法律保护;(5)1701 年的《继承法》,规定了以后王位继承的顺序,保证王位不会再回到詹姆士二世的男系后代的手上。[①]一般历史学家都认为,在这场跨海政权转移的"光荣革命"对于英国后来的历史进程产生了重要的政治影响。这些影响包括英国金融的现代化、英国东印度公司的扩张等。其中最大的影响还是终结了英国的君主制,开启了君主立宪制,一个强大的和稳定的国会逐渐形成——这是威廉三世在宣言上多多少少做出的承诺。

  威廉三世在登基以后,就要求英国参与对法国的战争。1689 年 5 月,他让英格兰以及苏格兰分别向法国宣战。但是,他从荷兰带到英国的大量军队在以后的三年中一直没有办法开回荷兰与法国作战,因为英国国内的亲詹姆士的势力在苏格兰、爱尔兰甚至英格兰仍然存在;没有荷兰军队驻扎在英国,"光荣革命"的成果就有可能会失去。开始时,英国国会中有一部分人认为威廉三世对法国宣战的目的是维护荷兰的利益,一时间心怀疑虑。但是最后因为担心法国的势力过于强大,还是同意和支持英国加入西班牙和勃兰登堡的结盟,共同反对法国,即英国还是加入了反法的"奥格斯堡同盟"(The League of Augusburg)。这是威廉三世为了防止路易十四及其王族参与西班牙王位争夺的举动。当时,西班牙国王菲律普四世的继承者查理二世身体虚弱,法国想乘此机会以姻亲之名夺取西班牙的王位。威廉三世认为法国的野心和称霸将破坏全欧洲的势力平衡,也会成为最强大的和好战的天主教国家,危及英国、荷

[①] 钱乘旦、许洁明:《英国通史》,上海社会科学院出版社 2012 年版,第 185 页。

兰以及新教的整体利益。所以,他决心与法国展开长达15年的战争。

威廉三世入侵英国以后他对于法国的战争,给荷兰本国带来复杂的甚至是负面的影响。在入侵以后的三年,荷兰大量的精锐部队必须留在英国维持新秩序;与此同时,荷兰共和国本身还必须集中国内的军队与法国作战。联省议会、荷兰省与阿姆斯特丹以及其他各省都必须分出力量支持威廉三世,以防止詹姆士二世卷土重来,并将英国转变为一个由反天主教会的国会主导的立宪政体。荷兰除了维护"光荣革命"的成果以外别无选择。在威廉三世的安排下,在英国的1.7万名荷兰精锐部队的经费是由英国的纳税人支付的。但是,从长远的观点来看,荷兰的摄政团的议员们心存疑虑。他们知道,一旦英国的新政权安定了,矛盾的焦点就会转到欧洲大陆的低地国家,荷兰本身的形势就会变得复杂起来。荷兰的军队在英国和低地地区一分为二,势必对荷兰国家的防务造成弱化的态势,勃兰登堡选帝侯的力量比较薄弱,荷兰在北方以及德意志地区与法国的抗衡就会起主导的作用。威廉三世还要面对爱尔兰天主教徒的反抗,这决定了他很难站在荷兰执政官的地位上多多为欧陆的本国再作考虑。英国也要维持在海上的军事力量,这也会对荷兰海军以及航运业的发展造成制约。总之,威廉三世的主要目标是要遏制法国的扩张,击败路易十四,维持欧洲的势力平衡。荷兰摄政团的主要的考虑是联省共和国的利益不要在欧洲各国的争斗中卷入太深,阿姆斯特丹以及荷兰省的各城镇将自己的安全利益置于首要的地位,并且极力保护各自的航运业以及贸易活动。联省议会还担心威廉三世作为英国的国王、英国以及荷兰两国军队的实际统帅,其权力将比1688年以前更为强大(而不是摄政团所希望的更加弱小)。法国的一些抱有敌意的宣传小册子不怀好意地宣扬威廉三世实际上已经是英格兰、苏格兰、爱尔兰以及联省共和国"四个王国"的元首。

在威廉三世成为英国的国王以后,英国与荷兰两国的经济和贸易关系也发生了改变。两国协议,由荷兰的商人提供资金为英国制造船只与军舰,这就使得英国的海军后来居上,两国还规定了造船数的比例为3∶2,这使得英国后来在海上力量上超过了荷兰的海军。两国还对各自的东印度公司在印度的贸易利益做了分配,荷兰东印度公司主要从事东方的香料贸易,英国东印度公司则从事印度的纺织品贸易,后者还因获得大量的荷兰资本而重组。到了18世纪,英国东印度公司的纺织品的贸易额逐渐地超过了荷兰东印度公司的香料贸易额,到18世纪后期,英国东印度公司成为欧洲国家中最强大的贸易垄断公司。

第六章
"黄金时代"的社会和人民

一、尼德兰社会各阶层

定栖的工人阶级 尽管缺乏对于失业的工人人数统计以及其他相关问题的资料,但是可以肯定的是"黄金时代"荷兰共和国的经济扩张以及国家繁荣也伴随着工人阶级的努力工作以及普遍的贫困,这与后来英国工业革命时代的工人阶级的状况是一样的。当时荷兰工人贫困的很大原因是价格革命所引起的食品和房屋价格的上扬,在 17 世纪中叶的时候,在尼德兰北方地区物价的上涨到了顶点,而工人的工资则远远落后于物价。另外一个原因则是在一些城镇,人口在急剧地增加,特别是阿姆斯特丹;由于卷入对外战争,贸易的活动不时会出现混乱和间断的情况,对经济以及社会造成冲击和动荡,尽管在八十年战争期间,荷兰在总体上保持了海外贸易的繁荣。早在 1566 年,荷兰北部城市莱瓦顿的编年历史学家就已经注意到富有的摄政团议员以及商人阶层是高踞于"低微的、悲哀的和饥饿的普通民众"之上的。1597 年,阿姆斯特丹的市民公开谴责剥削童工,当时有人注意到一些雇主"经常以提供慈善援助或教他们做生意为借口驱使两个、四个、六个或者更多的劳工阶级的孩子们为他们工作,他们羁留这些孩子们许多年,对待他们如同奴隶而非学徒。"在 1638 年至 1640 年莱顿的纺织业繁荣时期,至少有 4 000 名童工从列日被带到这里的工厂里从事廉价的劳动;人们还指责定居在莱顿的瓦隆布商将那些远在诺维奇、杜埃以及克里夫斯等地的讨饭的男孩带到莱顿当童工。劳工阶级的妻子儿女都居住在济贫院(poor-houses)以及教区的劳动救济院(work-houses)里,此种情形,又与后来英国工业革命时期的社会状况十分相似。在 1646 年,许多织布工人一天竟然要工作 14 小时!处境十分艰难以及惨淡。13年以后,一位来自莱顿的主要的工业家注意到许多工人居住在过度拥挤的贫民窟里面,在冬天的时候,一些工人因为寒冷难当只得焚烧木头的床和家具取暖。

1747年的时候,阿姆斯特丹有41 561户的户主,有19 000人居住在肮脏的房屋、地窖或是地下室里。直到17世纪末叶在乡村地区的许多房屋都是用木头和灰泥建造的,少数的用石头和砖瓦建造的房子只是供富人居住的。当然,在荷兰共和国,穷人的居住条件可能并不比18世纪英国工人阶级更差。博克塞引用普伦伯(J. H. Plumb)教授的话指出,那时荷兰的"穷人的房子通常是只有一两间屋子的不适合居住的小屋,四周用挡风板隔起来,上面铺设有坡度的屋顶,背靠背建成,像是要倒塌似的兔穴,肮脏而充满着疾病;富人的房子则建在空地上,因为他们想要居住在有益于健康的乡间。大部分的地下室里不仅居住着人,还有猪或者家禽,有时甚至有马和牛"。在17世纪的上半叶,据说荷兰省以及泽兰省的房屋要比法国的更好,但还是有许多穷人居住在拥挤不堪的贫民窟里面,尽管这些房屋阴暗潮湿,勤劳的家庭主妇们还是尽力把房间擦洗得干干净净,以维持自己的体面,这些情况在荷兰的描绘家庭生活的绘画作品中也可以看到。

慈善事业 有许多来到荷兰的外国人对于该国的慈善所、济贫院以及教区救济院称赞不已,他们甚至觉得荷兰的精神病患者也要比别的国家的得到更好的照顾。这种赞扬有时可能有些过分夸大,但是也反映了部分事实。荷兰的救济院是市政当局与加尔文派教会共同协调的机构。加尔文派的贫穷的信徒能够从本教会的执事那里得到救济,其他的人则有赖于公共的救济。加尔文派的人士认为,健康的与心智正常的人,至少都应该具备赚取温饱的能力,富裕的人应该救济年迈和贫穷的人以及身心残障的人。宗教的和世俗的公益慈善组织,必须负担对弱势群体人士伸出援助之手的责任。但是加尔文派人士视乞讨的行为为一种软弱或是罪恶。教会规定不可以在路边随意施舍给乞丐,施舍的行为要由慈善机构统一管理。不过,教会的大门口,总是聚集着乞讨者以及流浪汉。同时,设立救济院也与荷兰黄金时代经济的发展与繁荣有关,因为经济发展所积累的社会财富是行使救济事业的物质基础。1589年,阿姆斯特丹的救济院首先建立,接着有许多城市仿效,它们是吕伐登(1598)、格罗宁根(1609)、哈勒姆(1609)、豪达(1610)、阿尔克马尔(1613)、乌特勒支市(约1616)、代尔夫特(约1620)和米德尔堡(1642)等。各个城市对于救济院的管理方式有所不同。比如,在斯海尔托亨博斯,各种不同信仰的人都有权得到救济。当时流行有一种"施舍站"（Give-house，Geefhuis）被称为"圣灵桌"（The Table of Holy Spirit or Tafel van de Heilige Geest）——这是根据用于正式发放救济品时使用的那张桌子命名的。它最初是属于教区的，后来市政当局在其中发挥的作用越来越大。除了由市政厅的治安官管理并以市政的资金提供的救济以外，各个地区都用各自的资金向较小群体的穷人提供救济。1629年起，加尔文教派的穷人还可以从教会的执事会管理的教区福利基金中得到帮助，尽管数量很少。在阿姆斯特丹还有一笔单独的资金向某一个特定时间居住在这座城市里的穷人提供帮助。在传统上，阿姆斯特丹的市政厅的官员是有专人负责管理贫困救济工作的，可是他们只向那些拥有市民权利的人以及至少在本城居住达五年之久的人分发救济品，其他不符合这个条件的人须向阿尔蒙纳会（Board of Almoners）申请救济。在其他城市的情况也是这样：吕伐登最初要求必须在本城居住满一年的居民方可领救济，后来到1630年则延长到了两年；1660年，弗里斯兰省则规定为五年；1680年，荷兰省也企图做出同样的规定；1705年，泽兰省也通过了类似的法律。当然，也有许多城市尽量避免做出这样的决定。除此之外，在城市中还有一些措施是用来减轻穷人的负担的——比如，城市里的医生为病人免费提供医疗服务；在一些地方，穷人的家庭可以免费将孩子送到学校读几年书。在兹沃勒以及斯克莱巴茨，贫穷的家庭是不需要支付房租的。在斯海尔托亨博斯的一个"施舍站"拥有一家面包店和布拉班特农村的农场，这些农场会提供一些烤面包的谷物，面包店则每天把烤出的面包分给穷人，有时穷人会得到一点零花钱、衣物以及鞋子等，在冬天的时候，他们还会分发到一点泥炭作为取暖的燃料。所有的接受贫困救济的人都是居住在家里的，被称为"居住在家里的人"。这种办法比将他们限制在作坊里更加

伦勃朗《城市中的穷人》，城市中的穷人往往是救济的对象

方便,但是不可能产生效益。在当时的人看来,救济不是一种权利,而是慈善基金的管理者提供的一种优待或者说是一种善举。

市政当局对于接受救济的穷人的迁徙是有限制的,而且也监控他们的行为举止,会派人定期走访他们并记录他们使用这些救济品的情况,看他们是否将钱花在正当的途径。从现代的角度来看,这样做是理所当然的;但是,在当时这却是一个非常新颖的做法。在中世纪的时候,人们在从事慈善事业的时候,拯救个人的灵魂与关心现世的福祉是一样重要的。直到16世纪的时候,人们才对值得救济的穷人与不值得救济的穷人做出了区分,市政当局的任务就是要确保前者能够得到救济。

在阿姆斯特丹还有一座感化院,居住在里面的人要从事锉巴西红木的工作。巴西的红木来自荷属巴西的殖民地,从这种木材的碎屑中可以提取红色的染料,由此这个感化院被取名为"锉木监狱",人们只要花费一点钱就可以在走廊里看这些人的工作。他们中的一些人是罪犯,大部分人是因为行乞而被捕的。"锉木监狱"不是为了容纳和照料穷人而设计的,相反,它是一个惩戒性的机构,目的是警告和阻吓那些有犯罪倾向的和社会边缘的人。由于要维持这种感化院的代价太大,所以在20年以后这类机构都关闭了。"锉木监狱"也引起了外国人很大的兴趣,在那些有大量荷兰人居住的地方,人们也设立类似的机构,尤其是在德国的北部以及波罗的海沿岸地区。

在荷兰的乡村,社会救济的情况与城市非常相似。不过,在德伦特省的农村地区,所有的贫困救济工作都掌握在加尔文教会的手中,因为该省其他教会的人很少。加尔文派教会的执事们企图通过扶助妇女儿童以及小农在乡村站稳脚跟。他们给穷人提供一些土地、工具和种子来耕作。德伦特省有大量的荒地,他们很容易执行这个计划。在高度商业化的西部沿海地区,则必须有赖于市政当局的合作。

许多外国的来访者将荷兰的贫困救济制度视为学习的模范。1673年,英国驻荷兰的大使威廉·坦普尔是这样描绘荷兰人的民族性格的:"在他们中间,做慈善事业似乎是全国性的共识。"1685年有一名叫作詹姆斯·蒙生(James Monson)的外国人说:"没有什么比荷兰人的慈善性格更引人注意的了,他们在救济、维持和教育穷人上显示出很大的爱心,在所有地方的街道上都看不到乞丐。"他对于莱顿附近的小镇维斯乌斯(Weeshuis)的社会救济事业印象很深:"这里有为穷人的孩子特别是孤儿开设的收容所,还持续不断地收容500名不幸的人们,他们得到十分仔细的照顾,教他们阅读、写字以及做

由画家 Gerrit Adriaensz Berckheyde 于 1660 年所绘的阿姆斯特丹中心广场,有市政厅以及新教堂

一点小生意,最后还给他们一点钱让他们自立。"他还访问了一家收容病人的医院,"那里干净而且宽敞,收容大量的穷人,他们得到很好的照顾,医院维持得整洁干净以至于与他们居住在一起的别人很少去干扰他们,还有一所男子医院也整洁而便利,但是我觉得为年老的妇女开设的医院是最好的,也许一点也不亚于意大利最好的医院,尽管在荷兰的医院是用砖头而米兰的则是用石头建造的。我可以确定地说这里的房间、厕所以及厨房特别干净整洁,是在任何其他国家以及城镇我没有见到过的"。他提到的那家为老年妇女开设的医院当时里面收容了 400 人。他在阿姆斯特丹看到,荷兰的国家和城市除了花费大量的金钱维持如此众多的医院以外,每年还要花费 18 吨的黄金救济贫穷的家庭,这也说明这城市中的许多大富豪对于居民怀有善心。卡尔(W. Carr)在 1688 年对于阿姆斯特丹的描绘中特别提到该城市的慈善机构可以满足 2 万名贫民的日常生活。

维持众多的慈善机构的经济来源则来自各种公共和私人财源,特别是后者。有一些是荷兰国家和省议会在没收了原来罗马天主教会的修道院以及个人的小教堂后将它们再交给加尔文派教会作为慈善院使用。这些机构中许多都是由市政厅以及地方税收补贴的,纳税人中既有穷人,也有富人。总体上看,17 世纪的荷兰共和国的人民,贫富参半,有许多贫穷的人的薪水不能支付生活的基本开销。如果遇到天灾,特别是饥荒发生的时候,就有人会乞讨。不过,当时大规模的饥荒,在荷兰共和国历史上并无详细的记录,至多是有关食物短缺以及相关的营养不良与疾病的记录被保留下来。营养不良是底层人民经常遇到的事情。贫穷的人们除了寻求教会以及世俗的救济院的帮助以外,也有人经常到店铺典当物品,因此当时荷兰城镇当中几乎都有合法的而且由专业人士经营的当铺。至于救济,联省共和国政府希望由专业的教会以及世俗的慈善机构集中管理。个别的沿街乞讨行为是被禁止的。荷兰政府希望做到贫民不只是接受金钱上的救济,也必须培养一种远离贫穷的社会价值观,以免造成社会上的动荡与不安。在荷兰共和国的历史上,由于贫穷而造成的动乱十分少见,这是因为荷兰的教会以及政府实施了从根本上解决荷兰贫穷问题的济贫措施,而非杯水车薪的临时救济。

农业社会 荷兰的农民与城市里的工人与日耳曼、佛兰德斯、西班牙以及法国的相比,在两个方面的情况都要相对好一些。首先,他们比较少受到外国入侵的军队的侵扰。1629年西班牙帝国的军队劫掠了海尔德兰的森林地区,1672年至1673年法国的军队入侵了几个省份,但是这两次入侵只是短暂的占领,社会经济没有遭受特别严重的破坏。其次,荷兰的国土面积比较小,通过运河以及河流,各地之间的交通也比较方便,在联省共和国任何地方发生的农民生活困难都很容易地就能进行救济,在一段时间里,阿姆斯特丹被称为"欧洲的谷仓"。相比之下,法国的情况就完全不一样,由于国土面积较大和交通系统的不便以及昂贵,如有地方发生饥荒,较远的省份就无法及时提供足够的粮食实施救济。同时必须承认的是,在荷兰正因为延伸至各处的运河网为交通提供了便利,所以各个不同的城镇、省份都可以拥有、维持和利用这些运河系统,由此增加了它们之间的竞争。这些地方的机构相互之间妒忌不已,维持着中世纪以来的特权,其中包括各地的船只要沿着流经主要城市的运河进行交通运输活动,由此保证这些主要城市可以从中征收过路费。

从17世纪初年开始,荷兰共和国农村地区的人口有所增加,但是该国主要经济繁荣的地区却是在城市,特别是靠近西部大西洋沿海地区的城镇。这就使得农村的人口实际上被剥夺了工作的机会,变得越来越贫困。尤其在17世纪60年代以后,随着西部沿海城市以及弗里斯兰的经济的不断发展,城市人口的比例不断增加,农业人口比例就缩小了。在17世纪晚期,上埃瑟尔以及德伦特的人口在从1500年至19世纪上半叶的漫长的时段中增长的速度是最快的，但是那里的农业人口几乎没有什么工作的机会，土地贫瘠，可供耕作的面积很小，只有8%的土地可以用耕牛犁地。在17世纪下半叶以及18世纪上半叶，上埃瑟尔的没有耕地的无业农村人口一直有增无减。乳业在衰落，粮食的价格也在下降。荷兰农业的萧条，虽然是地方性的问题，影响所及只是内陆地区以及布拉班特的北部，但是到了17世纪60年代的晚期，已经演变成为全国性的问题。随着三十年战争的结束，原来从海路出口的农产品越来越少。同时，德意志以及尼德兰南部地区的农业也在恢复之中，中心地区对于荷兰的农产品以及乳制品的需求也变得少了。1662年以后，整个欧洲的谷物以及乳制品的价格急剧下降，这对荷兰农业的冲击格外严重，因为荷兰一向是欧洲农产品进出口的大国。不久以后，英国取而代之成为向欧洲大陆国家出口农产品和乳制品的另一个大国。

妇女 从17世纪至18世纪的早期，外国的旅行者来到荷兰以后都发现，荷兰的社会生活是比较自由的，无论是个人生活和团体生活都是如此。荷兰妇女的社会生活也比欧洲其他国家更加自由，所有社会各阶层的妇女，都可以在没有男性和年长者陪伴的情况之下来来往往，从事工作和贸易，像男人一样与别人交谈。所有来访的外国人都承认，在荷兰，家庭主妇不像欧洲别的国家那样对男主人那样唯命是从，她们表现出更多的主见。17世纪90年代，有一位德意志人这样写道，德意志人与荷兰人在星期天上教堂做礼拜的时候走路的样子也不一样——在德意志，丈夫们总是走在一起谈话，他们的妻子领着自己的孩子们跟随在后；唯有在荷兰，妻子们则在一起谈话，而她们的丈夫则照顾着孩子，这使得他倍感惊异。还有一位外国人注意到，在荷兰妇女可能享有更大的自由，她们可以想去自己爱去的地方。同样地，独自一人的男人，或者是外国旅行者，在白天或者是晚上，都可以在城镇和乡村漫步，不需要过分害怕被抢劫或者遭受袭击——他们会有安全感。17世纪20年代晚期，有一位名叫哈勒（Aibrecht von Haller）的生活在荷兰的瑞士人，很惊讶地发现在莱顿每一个人都没有自己的武器，他们的家庭和财产都是安全的，即便离家几天也不需要锁门，没有人会进去偷东西。荷兰黄金时代的犯罪率是欧洲最低的。

还有人注意到，荷兰的家庭暴力比欧洲其他国家要小得多。丈夫打妻子的事情很少见，因为邻居不允许这样的事情发生，他们会向教会以及民事当局报告这些事情。因此，人口较为稠密的城镇生活防止了这类事情的发生。这位外国人还注意到，在荷兰，家庭中仆人也比欧洲其他国家能够得到更好的对待,享有更多一点的尊严。在荷兰,无论有人或者无人在场,打仆人耳光都是不被允许和不可接受的。而在当时的法国,这种事情司空见惯。直到1679年,有一份海报出现,反映了社会上的抗议,它声称在荷兰出现了虐待女仆的事情。因为当时随着富人的增多,许多富人在乡间购置了新古典主义式样的别墅,男主人或者女主人在自己的别墅里打仆人或者关押仆人,那里没有邻居,人们就不知道这样的事情发生了。这份海报提醒社会上的人们要注意和防止这类事情的发生。

荷兰社会的另一面就是与欧洲其他国家相比,对色情、淫秽、同性恋和街头妓女等社会现象持更加压抑的态度。许多外国人都提到荷兰人对于妇女的矫揉造作以及卖弄风情都持冷淡的态度。他们看到荷兰社会中对色情的事情是持负面看法以及压抑态度的。一个单身女子在没有人陪伴的情况之下天天外出实际上就会被当成是与男相好会面。在1650年以后,荷兰的上流社会的妇女,她们想采用法国的生活时尚与风格。与法国、英国和意大利一样,荷兰的上流社会的妇女及其她们的女仆,都采用高的领口。荷兰社会的街头妓女是非常普遍的现象,但是与其他国家相比,她们不太公开地在街上拉客,而是在经过伪装的妓院里做皮肉生意。在阿姆斯特丹,这些妓院经常演奏音乐,被称为"音乐厅",门口拉着一张布帘,客人则可以掀开布帘上楼去会客。更有甚者,在当时的阿姆斯特丹,并没有真正的有妓女身影出没的"红灯区"。在另外一些城市如莱顿,既没有街头妓女,也没有任何妓院。妓女只是在小酒馆里和供借宿的房子里出现,或者在更偏远的乡村中才会被人看到。北方各地的确有妓院的存在,但是不太公开。人们也知道哪里有妓女出没,当局认为只要不危害公共秩序,有时也不去管她们。即便有时大学生是妓院的常客,但是在莱顿大学及其附近地区这种体面的地方是绝对看不到她们的身影的。事实上,在尼德兰的北方荷兰等地区,当局要比南方对待妓女问题采取更加严厉的管理措施。相反,在南方安特卫普的市中心就有妓院区的存在。

远航的海员 在八十年战争的后期,形势有了根本的改变,获得自由的北方七个省份很快地从仍然保留对于信奉天主教的西班牙人忠诚的其他邻居省份中脱颖而出,它们不仅拥有完全的独立,而且成为超过葡萄牙人并与西班牙人争雄的航运与商业帝国。这个荷兰海上强权的出现,不仅使得当时的而且使得后来的人们感到惊异。其实,早在1568年以前,它已经奠定了坚实的基础。其基本的原因是与尼德兰的两个最大的从事航运业的省份——

荷兰与泽兰的经济发展有关。1548年，当时的查理五世刚刚将荷兰十七省置于自己的统治之下不久，荷兰各省就向这位神圣罗马帝国的皇帝进呈了一份请愿书，该文献这样写道："显而易见的真实情况是荷兰省是一个很小的国度，它的长度很短，宽度就更短，几乎三面被大海包围，必须从海上进行开垦的工程才能保护这个国家，多年以来一直耗费精力、时间以及财力来修筑堤坝、设立水闸、水车、风车和低田。更有甚者，上述荷兰省份还有许多沙丘、沼泽以及湖泊，而且它们还在不断地扩大，另外还有一些不毛之地，不适合农作物以及牧草的生长。上述国家的居民为妻儿老小以及家族的生存繁衍，必须通过手工艺以及贸易来维持生计，他们是如此聪明地从外国获得原材料再将它们加工成成品出口，其中包括各种各样的布匹和褶布，它们被运往许多地方诸如西班牙、葡萄牙、日耳曼、苏格兰，特别是丹麦、波罗的海地区以及挪威诸王国，还有一些其他的地区。从那里他们又运回许多货物和商品，特别是小麦和其他谷物。结果是，这个国家主要的商业必须依靠航运及其相关的贸易，正是从这些贸易活动中许多人获得生计，如商人们、船长们、师傅们、领航员们、海员们、造船工人及其相关的人们。这些人们走南闯北在各处从事航海、进口以及出口各种商品，他们将带到这里的货物在尼德兰出售，就像他们在布拉班特、佛兰德斯以及其他临近地区所做的一样。"

换句话说，在荷兰省和泽兰省的商人以及从事经商的海员在人口中所占的比例是很高的。很可能在16世纪中叶荷兰与西班牙的斗争开始以前，在波罗的海以及西部欧洲之间从事海上航运贸易的人们已经在数量上占了优势。1548年的荷兰各省所提交的这份请愿书是针对全国的情况所写的，北方各省的牛奶乳品业以及农业没有被陈情者所提及，但是这些地区在北海的渔业以及在波罗的海沿岸、法国西部以及伊比利亚半岛的转运贸易肯定是更加重要的经济活动。荷兰海外贸易不断增长的原因还与低地地区在北海所处的地理位置有关，从这里出发的海船比较容易接近日耳曼、法国和英国的市场；但是更加主要的原因在于荷兰的贸易活动超过了它的主要的竞争对手即汉萨同盟诸城镇，荷兰人和泽兰人从事海上航运活动比他们更加勤劳繁密，他们节省了航运的费用以便以更加低廉的价格在市场上出售他们的商品，由此击败自己的竞争对手。

如果说手工业者以及农民的生活是艰辛的话，那么海员这个群体的生活就更加辛苦了。尼德兰北方严酷的冬天非常漫长，从事航海业的人面临失业是经常发生的事情。在逆向风、冰川来临的时候，港口一连几星期会封港，情形就更加糟糕。在战争或者流行有关于战争的谣言的时候,国内的或者国外的港口都会关闭。在1648年以前,伊比利亚国家对荷兰的船只不时地采取禁运的措施,使得大批海员不能出海,或者穿过松德海峡(Sound)①去往波罗的海沿岸国家的海上贸易也会暂时停止,这些情况都对海员的谋生不利。尽管在1585年至1650年间,荷兰的造船以及航海业有了显著的进步,但还是有许多海员剩余,在以后的60年以及70年间这种情况时有发生。在此期间,荷兰的船业主还是在召集海员,尽管工资很低,食物的配额也是斯巴达式的——这已经是这个行业的行规。正是在这样的情况之下,在欧洲的海域,荷兰的海员从事着与这些国家的海上贸易。此外,这些海员冒着生命的危险远航去那些极不健康的热带殖民地从事贸易活动,从那里甚至活着回来的机会也不是很多。

各省的荷兰海军经常在为战舰配备人手的时候发生困难,特别是鹿特丹的海军,虽然级别很高,但没有钱支付工资。尽管如此,在17世纪下半叶荷兰海军征集人手的时候从来也不缺乏前来报名的人,当时的荷兰能够向海外派遣配备有16 000至24 000人的庞大的舰队,实际上所有人都是志愿参军者。虽然荷兰政府并没有像英国人那样通过抓壮丁的办法扩充海军,但是当局发现在战争期间有时必须公布禁运令,禁止商船外出,由此让更多的海员到海军服务,以此挣得他们每日所需的面包。荷兰海军的工资通常故意地被压到低于在商船上服务的工资,由商人控制的政府,担心给前者增加工资会使得后者的工资也水涨船高,由此会损害商人船主的利益并削弱他们与外国人的竞争力,这是他们不愿意看到的。但是,在17世纪中叶以后,这种情况有所改变。博克塞估计,从1665年至1780年,荷兰海军服役人员的基本工资停留在一个月15荷兰盾没有改变;而在此时期一位服役于东印度公司的能干的海员的工资可能更少,大约每个月10至11荷兰盾。

1629年,有一位阿姆斯特丹的主要的船主声称,在《十二年停战协定》签订的时候,荷兰得到了欧洲海上贸易的最佳的份额,这得感谢他们的较低的运费和较高超的技术。荷兰人能够坚持运营是因为船主在控制服役人员的人数以及维持他们较低的工资方面精打细算。还有一位名叫凡·梅特伦(Van Meteren)的人说得更加坦率,根据他1599年得出的历年统计,他观察到北海的鲱鱼捕捞业是最危险和不确定的职业,"英国人和其他任何人"都不

---

① 松德海峡,即厄勒海峡(Öresund),在瑞典和丹麦西兰岛之间。

会去干这项工作,因为它的工资非常低,提供的食物也非常恶劣,只有荷兰的渔民才会去。一些年以后,另一位编年历史学家也持相同的看法,他指出荷兰的"船长以及海员在远洋航海以及捕鱼方面的技术是如此娴熟,以至于他们节省了我们的船主至少大约三分之一的费用,而其他国家的人在数量以及质量上要更大和更高"。他进而指出这就是荷兰的船主在与斯堪的纳维亚人以及日耳曼人竞争时胜过他们的原因。他在1645年写道:荷兰的船主"在经营他们的船只的时候更加精打细算,支付给他们的海员以较低的工资。因此,可以相信后者的一艘去往东方的船需要雇用10多个人,而一艘荷兰的船只需要雇用6个人就足够了"。同时代的葡萄牙人和西班牙人也承认在荷兰东印度公司服役的人在经营上比他们自己更加精打细算和勤奋高效,英国人有时也是这样看的。同时,一位有经验的英国人在1674年观察到,正是由于荷兰船只上食物供应的不足以及低质量导致了荷兰船只上船员的死亡率要高于英国船上的。"飞船"的发展对于荷兰的海外转运贸易具有很大的推动作用,但是这种经济形的节约人力的船在刚刚投入使用的时候有很大的弊端,许多荷兰的船员因此离开了他们的工作。在挪威从事木材贸易的荷兰船主也非常节俭甚至吝啬,也曾经招致批评:他们使用的船只异常老旧,已经不适合在海上航行。同年,阿姆斯特丹的船主向人们夸耀他们赢得了欧洲海上贸易的很大的份额,但是马斯勒伊斯(Maassluis)的从事航海的人口却被人们描绘为处于"可怕的贫穷以及不幸的状态,他们是由备受折磨的贫困以及巨大的危险中渔民组成的"。当然,在航海的时代,所有国家的海员如英国的、法国的,伊比利亚半岛的都是十分辛苦的,但是,有足够的证据表明荷兰的海员和渔民缺乏生活的必备物资,特别是那些需要养家糊口的海员更是如此。而那些雇主,如东印度公司的主管、各省的海军军官、商人和船主则过着优裕的生活。而当时还有许多外国人从日耳曼以及斯堪的纳维亚半岛来到荷兰的航海业寻找工作,他们的到来及形成的竞争使得原来底层海员的生活倍感艰辛。

1588年的时候,据报告在荷兰有2 000名商人可以跟随战舰一同去从事海外贸易,荷兰海军的副指挥声称他在14天内可以集结3万名海员参加战斗。1608年,东印度公司的主管声称该公司在亚洲海域拥有40艘战舰和5 000名海员,还有20艘战舰以及400名海员在几内亚的沿海服役,还有100艘战舰以及1 800名海员在西印度群岛服役。同时,在欧洲海域活动的船只和人员超过了殖民地地区。1644年,有一名书籍商人声称当时荷兰共和国可供使用的战舰超过了 1 000 艘,另外还有上桅船(topsails)在远洋的公海上行驶,而鲱鱼捕捞船以及内河航运的船只加起来也达到 6 000 多艘。他还带有一种明显的爱国情怀略有夸张地说,这些船只配备有 8 万名世界上最好的海员,还说东印度公司拥有 150 艘船只以及配备有 15 000 人(当然并非所有的人都是海员)。可以肯定地说在 17 世纪的最后 25 年,荷兰东印度公司拥有 200 艘主力舰,并为服役于这些船只的 3 万人支付工资,其中 1.5 万人是海员。

在 17 世纪的时候,荷兰海员是经常会发生哗变的,一旦他们遇到发觉自己的工资被克扣的时候,这样的事变就难以避免,这也是摄政团阶层最为担心的。1629 年,一批西印度公司的海员不满荷兰舰队在俘获了西班牙的白银舰队以后分发给他们的奖金太少,就驱散卫兵企图破门进入存放战利品的房屋从事抢劫。1652 年 9 月,在阿姆斯特丹发生的哗变特别严重,士兵后来向暴动的人群开火,有两名领导暴动的头目后来被吊死。1665 年 1 月 15 日,在邓布里尔,愤怒的海员妻儿老小们以及支持他们的人暴动,他们错怪了泽兰的海军中将约翰·埃夫森(Johan Evertsen),认为他在最近与英国东岸的罗斯托夫特的作战中贪生怕死,企图以私刑处死他。这个不幸的海军军官后来被士兵及时救起,但是当局也不敢逮捕那些肇事者。在 17 世纪的时候,官方文件以及大众文学中对于这些哗变多有报道和描写。

在考察海员生活的艰辛的时候,另一个必须考虑到的因素是他们在海上的死亡率特别高,有时会达到灾难性的比例,特别是去东印度服役的人们更是如此。有一些最常见的致命的疾病是经常在船上流行的,由于缺乏新鲜的食物引起的坏血病、船热(斑疹伤寒,也是一种常见的流行疾病,主要是由于那些新近被征召入伍的士兵的被污染的没有清洗干净的衣服互相叠在一起感染引起的)、腹泻(荷兰以及英国的海军称之为"血痢或痢疾")、感冒伤风、胸膜炎、肺炎以及化脓性的肺疾病往往会夺取许多人的生命。憋尿症也是另一种致命的疾病,它通常是由于前列腺肥大引起的,在那些五六十岁的年龄较大的海员中非常普遍。疾病引发的死亡率绝不可低估,在那个时代处在初级阶段的外科手术除了对坏血病有用以外,对于其他的疾病实行外科手术都非常危险。

二、行会和金融业

荷兰共和国从一个现代国家的政治层面而言,其政治结构和属性尚不完全成熟,但就经济层面来看,当时的荷兰已经具有近代形式的经济体系。历史上尼德兰的各个省份均具有较多的自治权,各大城市也享有自主地位,容易与欧洲和世界各地自行进行自由的贸易。

尼德兰城市的兴起,本来就与商业贸易有着密切的关系。开始的时候,这些地方都是在河流交汇处、沿海地区或是交通要道的商站,随着时间的推移,形成筑有城墙和城门的城市。这些城市都有与海外地区发展海上贸易的长久的历史,意大利、西班牙、葡萄牙、英国、法国和日耳曼等外国的商人也来到这些城市居住,欧洲各国也在一些重要的城市如布鲁日和安特卫普设立商站即代理商据点。在16世纪中叶至反抗西班牙的战争公开爆发之前,荷兰省和泽兰省在从西欧至波罗的海沿海地区的海上贸易中扮演着举足轻重的角色,尼德兰独特的地理位置使得这些城镇非常容易融入北欧从波罗的海至大西洋的贸易体系中去。在此情形之下,整个尼德兰地区各城镇的市民在经济的层面上更希望独立自主。原先由封建领主统治的城镇,虽然在名义上分别属于法兰西王国或是神圣罗马帝国,但是活跃于城镇中的社会精英,如大贸易商人,无不希望谋求政治和经济上的权力。还有一些城镇则是由世家贵族掌权或是他们与大商人阶级共同联手统治。在14世纪的后期,商人新贵们因为拥有巨大的财富以及广泛的人脉,颇有取代封建贵族的趋向,并且逐渐地控制了市政厅的权力。商人阶级拥有经商得来的财富,加上因为交游甚广而产生的见解,使得他们的社会地位迅速上升,成为社会中的精英分子,并有机会左右城镇中的政治与法律。他们为了在贸易上与外国人竞争并保护自己的利益不受别的城市和中央政府的侵犯,谋求通过制定法律的形式来保障自己的权益。一般的市民也因为城镇有特许状保护而拥有法律上的自治,他们拥护由富裕的市民即商人阶级而非封建贵族建立的新的政治和经济体系。他们所要求的"政治自由",并非空洞的名词,而是要求能够保证自由贸易为前提的自治。在商人阶级的率领之下,荷兰人们组成了高度灵活的海上贸易合作组织,在北方尼德兰被称为"行会"(rederij),他们自行联合起来,合作购买、建造、承租运输船只或者货物,形成自己的经济利益共同体。在此过程中,由各界手工业者组成的互助团体"行会"也扮演着重要的角色,尼德兰城镇的市民,借由行会的组织,时而请愿,时而示威,表达自己的声音和不同的意见,迫使当权者让步,以至于有些历史学家认为"行会"是近代民主的先声。

荷兰的海外贸易以及其他的经济活动有一个很重要的特征,就是它是由

"行会"作为其基本单位进行的。这是一个高度灵活的经济合作体,自从荷兰与泽兰的海外贸易发展起来以后,就出现了这样的同业公会式的团体,一群人集合在一起购买、建造、包租运输一艘船只及其所承载的货物。到了17世纪的下半叶,造船业者以及船长也成为股东投资于出售货物的商业活动。参加行会的每一个个人(reders)都要以不同的比例投资于其中,他们中有岸上的投资大额金钱的富有的商人,也有在甲板上出资几文小钱的水手。有一位作家在1644年写道:"从这个国家驶出的渔船、笨重的大帆船,或者是小船无一不是由几个人合作出资建造的。"他还声称在一百条出海的船中没有一条不是由行会操纵行驶的。在任何情况之下,由行会领导下的经营活动使得对于造船业的投资变得更加广泛,对于船只拥有的人数也变得越来越多,在很大程度上从事商业以及航运的活动和团体已经合二为一了。

在这种情形之下,政治的以及经济的权力很容易地就转移到了商人阶级的手中,特别是那些商人中的富有者。从中世纪晚期以来,这些富人就掌握或者控制市政厅的权力,有些市政厅的议员自己即是船主又投资于各种各样的海外贸易——他们出售的货物有北方的谷物和木材,也有南方的葡萄酒、水果以及盐,他们也投资于鲱鱼业以及鱼类出口加工业。他们日益增长的权力影响到了市政厅做出的决定,最后荷兰各省与西班牙的决裂也与他们的政治取向有关,他们的权力也随着战争的进行而日益增加。不仅如此,在荷兰与西班牙战争期间,除了少数几个间隙的时段以外,特别在1590年以后,荷兰的海外贸易有了显著的增长。反过来,海外贸易的增长也使得这些城镇的市政厅的议员们获得了更多的经济以及政治权力。在荷兰以及泽兰以外的诸省份,农业显得相对重要。在海尔德兰省的乡村贵族以及弗里斯兰省的富有的农民比城镇的市政厅的议员具有更大的影响。但无论如何,与奥伦治亲王相比,市政厅的议员在各省的影响还是比较大,"沉默者"威廉起义的成功,主要就是依靠城镇的财政以及道义上的支持。在1572年荷兰和泽兰承认"沉默者"威廉的地位时,市政厅的议员们就赋予他"执政官"的名称,就是中世纪以来人们普遍使用的词汇"最高领主"(locum tenens)的意思。

许多荷兰的城镇都拥有比较丰富的财力和人力资源,在阿姆斯特丹,该城市的人口在1585年至1622年从75 000人增加到105 000人。超过三分之一的人口是从南方尼德兰各省移民来到这里的,或者是这些移民的第一代后代。在安特卫普的海上贸易地位衰落以后,阿姆斯特丹的地位就扶摇而上。虽然在经济上,安特卫普在近代早期无疑是阿尔卑斯山脉和比利牛斯山脉以北最重要的贸易以及银行业的中心;阿姆斯特丹则是尼德兰北方主要城市以及航运业的中心,尽管该城市与波罗的海地区、法国西部地区以及伊比利亚半岛的贸易量呈现激增的趋势,由此导致它的不断繁荣以及人口的增加,但是安特卫普的地位仍然是西方世界最重要的商业枢纽。不过到了16世纪的末叶,情况就完全倒过来了。1594年,一个新近来到这里的移民说:"阿姆斯特丹已经变成了新的安特卫普。"从南方来的富有的企业家以及熟练工人源源不断地涌向北方各省,由此导致了产品的增加以及新的市场需求。西班牙-葡萄牙王国在1585年、1595年和1598年禁止尼德兰北方各省的船只进入伊比利亚的港口,由此反而使得荷兰人和泽兰人必须经常依靠从事海外贸易的佛拉芒人、瓦隆人以及犹太人或者带有犹太人血统的商人们经营贸易——所有这些因素都导致荷兰人的海外贸易事业扩展到了比地中海以及地中海东岸更远的地方。由于阿姆斯特丹实际上的经济领先地位,其人口也在慢慢地不断增长,到17世纪上半叶的时候人口的增长尤其明显。历史学家伊斯列尔估计在荷兰经济发展的黄金时期全国的人口为190万多一点,到1700年的时候仍然维持在这个数字。同时,荷兰最大的和最繁荣的三十个城镇人口加起来大约占总人口的38%,后者是1688年的统计。荷兰最大的城市阿姆斯特丹的人口从1647年至1672年,由于繁荣的商业的刺激,从17世纪40年代的15万增加到1672年的20万。经过17世纪70年代的衰退之后,有所恢复,到1700年的时候仍然有20万多一点。荷兰第二大城市莱顿,从1647年的6万,增加到1672年的7.2万。在1647年的时候,阿姆斯特丹占联省共和国总人口的8%,到1700年,增加到11%。

人口的增加在一定的意义上就是劳动力的增加。在阿姆斯特丹、莱顿、哈勒姆、代尔夫特、豪达、海牙、鹿特丹等城市,对于商业船运、渔船以及海军战舰上的人力资源的需求有增无减。这种需求使得内陆以及海外的劳动力源源不绝地来到荷兰。1661年,莱顿的一位加工业主以及经济学者考特(Pieter de la Court)写道:"的确,我们在这里的加工厂、渔业、商业和航运业,以及依靠这些企业生活的人,没有持续不断的外来移民是维持不下去的。"荷兰的主要城镇,就像是欧洲其他城市的城镇一样,它们的出生率和死亡率是维持着正常情况的,如果没有外来的流动人口补充血液,就会迅速地减少,后果是灾难性的。在17世纪的联省共和国,大约有10万名工人在从事加工业,约占总人口的5%,这还没有加上船运业中的雇佣劳工。这些社会地位低下的无产阶级中有大量的外来移民。17世纪40年代,在阿姆斯特丹的出生在外国的移民与本城人结婚的数量达到了高峰,但是仍然有联省共和国的外省的人员不断地来到当地,特别是上埃瑟尔省与海尔德兰省的人。这些来自东部省份的人在阿姆斯特丹等港口城市服务,对于这些城市的出口业、海外贸易以及海军的维持做出了很大的贡献。在17世纪下半叶的阿姆斯特丹,来自上埃瑟尔省以及海尔德兰省的移民占据城市人口的20%,到了18世纪的第一个二十五年,上升到了42%。除了荷兰内陆省份以外,来自外国的移民也很多。在1650年代,有6 677名外国出生的移民在当地结婚。来自阿姆斯特丹的大部分移民是德意志的新教徒,也有相当多的是来自斯堪的纳维亚国家、德意志以及葡萄牙的犹太人。相比之下,莱顿则很少接受斯堪的纳维亚国家以及其他地方的犹太人,它主要更多地接纳来自尼德兰南方的人士。17世纪40—50年代,莱顿建立了羽纱制造业,主要是由来自瓦隆地区的移民从事这项职业的。莱顿也吸引了大量的来自德意志的移民,他们中有路德宗教徒、天主教徒以及加尔文派的教徒。因此,莱顿吸引移民的政策中显然没有宗教信仰上的偏见。

博克塞引用历史学家巴博尔(Violet Barbour)的话指出阿姆斯特丹等城市建立自己的资本资源的另一个原因就是在荷兰以及其他北方各省土地很少,只能以高价出售或者出租,同时政府对交易课以重税。结果是,许多中层人员,在别的国家依靠购买以及出租农庄和小物业为生;但在荷兰,他们则投资于购买船只的股份、渔业以及短期的海运贸易、土地开垦计划、市政厅以及省的各种借款。在1585年以后公布的每周货物价格表中可以看出阿姆斯特丹已经迅速变成了国际贸易的商业中心。在17世纪40年代以后,阿姆斯特丹又迅速地恢复了它原先就已经存在的与西班牙人的贸易活动。阿姆斯特丹在商品的输出、船运业、货物的运价以及金融实力方面拥有很大的优势,在与西班牙人的贸易方面取得了主宰的地位,包括帮助西班牙人向尼德兰南部地区汇款以及运输西班牙出产的羊毛以及燃料出口,而以前这些业务是由英国人负责的。同时,阿姆斯特丹在意大利以及地中海东岸的贸易活动中也有很大的竞争力。在1645年至1669年威尼斯-土耳其战争期间,威尼斯人在地中海东岸的航海活动几乎处于瘫痪的状态,荷兰的航运业由于运费比较低廉以及船只的安全性能比较优越,赢得了大量的业务,由此,荷兰人在这方面取代了以前威尼斯人的作用。阿姆斯特丹的庞大的船队在此过程中发挥了很大的作用。

17世纪荷兰的主要港口不仅是储存世界各地物资的仓库,也是金融业以及保险业务的中心。当时的世界贸易由几个大的商业帝国所操纵,各国都在囤积货物,使得商品的价格上扬。在16世纪末叶的时候,荷兰已经成为欧洲主要的商品市场,同时,它对于商品的交易、分类、钱款的支付、保险以及信贷的要求以及需求也在增加。荷兰需要发展并且改进它的金融体系。在16世纪90年代,阿姆斯特丹已经取代了安特卫普和伦敦,成为新的世界级的商品交易中心。在17世纪的第一个十年,这里已经聚集了相当数量的中介人或经纪人,1612年的时候有300名持有执照的经纪人,其中有10名是来自伊比利亚的犹太人,他们专门从事地中海东岸的丝绸贸易以及伊比利亚半岛与美洲贸易的中介,特别是蔗糖贸易的中介。从16世纪80年代晚期的时候开始,阿姆斯特丹已经每周都公布一次商品价格表。在荷属东印度公司(这将在下一章中详述)成立以后,该公司立即于1602年成立的阿姆斯特丹股票交易所(Amsterdam Stock Exchance)上市,这里是当时荷兰经济发展和国际贸易交易额变化的晴雨表。该股票交易所被称为欧洲最古老的具有近代意义的股票交易所,刚刚成立的荷属东印度公司的股票持有者和交易者致力于将传统的欧洲股票交易所发展成为一个推动世界贸易的机构。最初的时候,那里并没有宏伟的建筑物,那些股票交易者都是在烟雾弥漫的小酒馆以及咖啡室里进行交易,慢慢地变得越来越活跃和繁荣。1611年,曾经设计了东印度公司大楼的著名设计师韩德里克·凯瑟设计建成了气势恢宏的带有回廊的阿姆斯特丹股票交易所大楼,从那时起,股票交易者们有了一个固定的和体面的从事交易活动的场所。在荷属东印度公司成立的初期,它在阿姆斯特丹股票交易中心上市的股票的价值一度攀升至其原来价值的200%。1608年则回跌下来。到《十二年停战协定》签订以后则保持在132%,在17世纪20年代则持续保持疲软。1637年10月,荷兰军队在布雷达取得了重大胜利以后,自17世纪30年代早期荷兰在经济上的发展就日益取得成功和稳定的发展。在海外殖民地的贸易、纺织品的出口,在农业方面的投资以及泽兰省与尼德兰南部的转运贸易方面都取得了进展。17世纪30年代荷兰经济发展的另一个原因是当时德意志经济状况不佳,需要从荷兰进口大量的食品。东印度公司在亚洲的贸易也在发展,西印度公司在17世纪30年代的经营也十分成功,从巴西进口的蔗糖有了明显的增加。从17世纪30年代开始至整个17世纪,在阿姆斯特丹股票交易中心上市的东印度公司的股票一直被人们看好。从1615年至1630年,东印度公司的股票价值一直疲软不振。但是从1630年至1639年,股票的面价增加到两倍,大部分的增值都是在1639年以

阿姆斯特丹股票交易所大厅的回廊

后发生的;1640年以后则又在此基础上增加了20%。在1636年3月的时候,其面价是229%,到1639年8月的时候,则为412%,一个月以后则上扬到500%。①在荷兰海洋帝国的黄金时代,商人阶级、摄政团的议员以及外国驻荷兰的外交人员,都十分关注荷兰的股票交易市场,特别是阿姆斯特丹的股票交易中心的东印度公司的股票价值的上升以及跌落,更是所有的人关注的焦点,也是荷兰联省共和国以及海外庞大的殖民地经济状况的信心指标。从1664年初开始,东印度公司的股票居高不下,达到498%,反映了自17世纪60年代初期以来的经济上的繁荣以及政治上的稳定。西印度公司的股票也从17世纪40年代晚期至17世纪50年代早期的疲软不振恢复了稳定与上扬。但是到1664年春天,由于英国与荷兰的海上冲突,西印度公司的股票又有了明显的下跌,使得金融投资者蒙受了严重的损失。当海军上将德·

---

① Jonathan I. Israel, *The Dutch Republic*, *Its Rise*, *Greatness*, *and Fall*, *1477 – 1806*, p.533.

鲁特在非洲西海岸重新夺回了被英国人攻占的要塞以后，西印度公司的股票曾经一度恢复上扬。但是在 1665 年春天以后，这两家公司的股票又开始下跌，从 336% 下跌至 322%，这是 17 世纪下半叶的最低点。但是，不久之后，这两家公司的士气、商业经营以及信心又恢复了。这与当时联省共和国海军的建设有关，当时的鹿特丹以及阿姆斯特丹等港口城市都在大规模地建设新的海军战舰。①

阿姆斯特丹威塞尔银行

当时荷兰共和国另一个极为重要的金融机构是于 1609 年成立的阿姆斯特丹威塞尔银行(Amsterdan Wisselbank)，它是模仿威尼斯的吉罗银行(Giro Bank)的模式建立的。在以后的一个多世纪里，威塞尔银行是欧洲除了意大利以外的第一个属于公众的银行。在 17 世纪的大部分时间里，在北欧只有 1619 年成立的汉堡银行可以与之相媲美，这种情况一直维持到英格兰银行

---

① Jonathan I. Israel, *The Dutch Republic, Its Rise, Greatness, and Fall, 1477 - 1806*, pp.768 - 769.

(the Bank of England)的建立为止。威塞尔银行建立的主要原因之一是联省共和国担心当时金钱以及股票交易过分扩大并且不可控制。在1606年的时候,阿姆斯特丹大规模的股票交易已经发生混乱的局面,由此导致股票的交易率与实际情况不符以及过度的贴现。因此,设立这个银行的目的不仅在于提供贷款,而且在于防止肆无忌惮金钱交易者的"控制所有各地的股票交易和金钱交易",并且提供快速的、有效的和可靠的交易设施。这个银行的最重要的特征就是它是一个市政公民组织而非私人机构。它为市民提供存款的服务,其信用完全是由市长们、城市的政府以及荷兰联省共和国政府提供稳定的保证的。由于威塞尔银行的这些保证人的身份,使得它的业务很快就取得了成功。市政厅为该银行提供了很好的服务,银行的大门在每一个工作日至少向公众开放六个小时。银行的监督有三个人,其中两人是市政厅的成员。由于公众认为存放在该银行的钱要比在外面流通做股票更加安全,在17世纪50年代以后,存在该银行的钱大量地为荷兰的海外贸易服务。

阿姆斯特丹经纪人的主要业务之一还有为那些从事长途海上贸易的船主提供和寻找财政借款,其资金来源一般都是富有的商人。这种借款有比较高的风险,也有比较高的利息,一般都局限于私人领域。荷兰商业信贷的支柱之一就是船舶抵押借款。这种借款用于资助长途航运贸易活动,往往利率比较高。在商船回到港口的时候还清。如果船只沉没,那就血本无归。船舶抵押借款实际上是一种与保险业务结合在一起的借款形式,它可以使得商业活动在一定的合理的规模中运作。在1599年至1608年,那些专门从事运盐的商船往往能够得到此类贷款。越是危险的航程、越是遥远的路线,所提供的贷款的利率就越高。

16世纪90年代的时候,去往北欧的荷兰船只所得到的借款利息是15%左右;到非洲西部以及加勒比海域地区的船只得到的借款的利息达30%左右。在船只安全回到荷兰港口以后船主就会还清贷款,即便如此高昂的利息,船主仍然会赚到可观的利润。直到1614年,阿姆斯特丹市终于成立了阿姆斯特丹借款银行(Amsterdam Loan Bank),这是当时荷兰著名的有国家背景商业信贷机构。即便如此,此类借款仍然被认为是有高风险的,也是高利息的。

在此期间,阿姆斯特丹的航运保险业也有了很大的发展。1598年,人们组成了一个专门从事保险业的机构,它监督执行有关保险的规定,解决各方的争端。1628年,有4名富裕的阿姆斯特丹商人制订了一个雄心勃勃的计划,他们要为在所有海域航行的荷兰船只提供义务保险业务。这个计划遭到人们的反对,但是继续以各种不同的形式被重新提出来。同时,阿姆斯特丹继续发展大量的各种各样的保险业务,包括给外国人提供的保险业务。在17世纪的最后25年,阿姆斯特丹还发展出再保险业务,到18世纪初期的时候,阿姆斯特丹已经成为欧洲从事海上保险业务最发达的城市。

在16世纪的最后10年,荷兰人将他们从事的已经非常繁荣的海外贸易扩张到史无前例的规模。从1586年至1590年,南欧持续五年粮食丰收,给了荷兰人以机会保住直布罗陀海峡以外的市场,荷兰人迅速地将这些地方多余的粮食运往海外各地的市场。比如,荷兰人与巴西之间的直接贸易,在1585年以前的规模不是很大,但是在这以后就迅速增加。在最初的时候,荷兰人与汉萨港口的日耳曼商人展开合作,后来则主要与从葡萄牙流浪出来的隐秘的犹太人或者新基督徒合作。1591年,有一名驾船驶往巴西的荷兰船主落入了来自圣多美岛的葡萄牙人的手中,他得到了许多有关葡萄牙人与非洲西部黄金海岸的贸易的讯息。在回到荷兰以后,他成功地组织了前往黄金海岸的先驱者的航行,1594年回国的时候带了大量的极有价值的黄金以及象牙。荷兰人就是以这样的活力和韧性来发展属于他们自己的新的海外市场。1621年,他们在巴西和欧洲之间的贸易量上已经占了一半或三分之二的份额,同时,联省共和国发行的金币都是采用从几内亚输入的黄金铸造的。在那些年,荷兰人还通过北冰洋发展与俄罗斯人的贸易,不过,荷兰举国投入最大热忱的是与东印度的香料贸易。在1585年以前,在地中海以及地中海东部地区从事贸易的荷兰人的船只很少造访伊比利亚半岛或更远的地方,25年以后,荷兰人与那些地方的贸易上升为仅次于波罗的海沿海地区的重要地位。在安特卫普衰落之前,该城市是尼德兰地区与上述所有地方的贸易与文化联系最重要的城市,双方在语言、血统以及贸易上的联系越来越强,在一段时间里,超过了与它们的宗教上与政治上的联系。比如,在意大利的里窝那,居住在那里的佛拉芒商人为海牙以及布鲁塞尔的当局充当顾问。荷兰第一位驻奥斯曼土耳其帝国宫廷的使节科纳利斯·哈伽(Cornelis Haga)在1616年的时候说,所有荷兰驻扎在地中海东岸地区的商行的代理人以及代表西班牙王室统治荷兰的那些"服从的省份"的大公爵的臣民都出生于布拉班特。另一个使得荷兰海外贸易得以扩张的原因是在16世纪90年代的时候,荷兰发展出一种在制造上更加便宜以及在速度上更加高效的被英国人称为"飞船"(fluit, flute or fly-boat),驾驶这种船只使用的人手较少,但是运载的货物量却很大,有时船上安装有少数火炮,有时则没有。由于造价便宜,可以大量地制造,有一点像第二次世界大战期间美国为向英国输送货物时建造的"自由之船"。

在八十年战争期间,有一个很特别的地方就是荷兰与西班牙交战双方在大部分的时间里都维持着与对方的贸易,也就说他们各自都将资源供给自己的敌人。在以往所有的战争中,双方维持着违禁品贸易以及走私贸易,但是在1578年至1648年期间,这种贸易如此长久地存在并不多见。荷兰共和国当局中的许多位高权重的人都是船主和商人,他们深深地卷入与伊比利亚半岛以及由西班牙与葡萄牙王室统治的海外领地的贸易活动,除了短暂的时间以外,他们允许继续进行这样的贸易,只要双方支付相应的港口税就可以了。这些税收的收入成为荷兰的五个重要的省份即鹿特丹、荷兰、泽兰、北角以及弗里斯兰建设海军以及海军战舰的主要财政来源,还要用于荷兰战舰的维修,这些战舰中的大部分是由商人雇用的。在西班牙人和葡萄牙人方面,他们也发现没有原材料以及成品材料,特别是荷兰人从波罗的海沿岸以及北欧带来的谷物以及航海用具也是难以维持国家的运作的,伊比利亚国家对荷兰的阶段性禁运不过是捉襟见肘而已,西班牙和葡萄牙没有与荷兰的贸易就不能维持长久。

三、宗教纷争与外来移民

宗教信仰上的冲突曾经是导致"荷兰反叛"的最主要的原因之一。博克塞引证了两位历史学家埃诺·凡·盖尔德(Enno van Gelder)和凡赫顿(A. L. E. Verheyden)关于从1567年至1573年西班牙人在尼德兰设立的臭名昭著的"血的议会"(Conseil des Troubles or Council of Blood)所迫害的12 302名受害者的社会成分的调查和分析,可以看到16世纪70年代尼德兰社会阶层的横截面。这些被迫害的对象对于天主教信仰不是持消极的看法就是持积极的敌视态度,反正都没有好感。这些人中有绅士、商人、外科医生、律师、药剂师、铁匠、木匠、石匠,以及许多从事各种经商活动的人们,人数众多。尽管他们中的许多人可能不是加尔文派的信徒,在经历流放以及坐牢等迫害以后活了下来,主要居住在城镇里面,后来这些城镇中都流行加尔文派的预定论思想。在此情形之下,新教在城镇中迅速地广为流传,自然要超过乡村地区。而在南方诸省的乡村地区拥有土地的绅士们中则仍然保持对于西班牙王室以及天主教信仰的忠诚。新教在北方各省的发展情况也是参差不齐,在《明斯特和约》签订以前,新教徒的人数是否超过大多数居住在乡村、仍然保留对天主教信仰忠诚的人是很值得怀疑的。

从1572年开始,一些城镇的骚乱标志着荷兰人开始反抗西班牙人的统治,但是这还并不意味着尼德兰的反抗已经发展为一种全民的运动。在一些地区,几乎所有的社会阶层都对罗马天主教会心怀不满,路德宗、"再洗礼派"、加尔文派以及其他形式的被天主教会视为"异端"的派别来自社会的各个阶层,但是对于天主教会的不满并不意味着所有的人都要摈弃举行弥撒、神父的独身制度以及取缔宗教修会。好战的加尔文派是少数,好战的罗马天主教徒则分布甚广。双方的市民以及工人更关心的或者说更喜欢的是政治的而非宗教的自由,当然他们都不喜欢也不容忍在荷兰广设宗教裁判所。参加"反叛"的贵族以及绅士相当多,他们中的一些人成为运动的领导者。1572年"反叛"的成功很大程度是由于一批信奉新教的贵族、市民、手工艺人、农民以及半海盗式的海员临时凑合起来举事,荷兰省以及泽兰省的上层和中层阶级勉强地承认了他们举动的正当性,后者对于西班牙的军队横暴地驻扎在他们的民舍里以及宗教裁判所的倒行逆施是极为不满的。

在这一时期,城市的工人以及失业的人们也在反抗西班牙人的斗争中发挥了作用。特别是失业者的人数在这个宗教-政治动荡以及物价高企的岁月里与日俱增。在1567年至1572年间,饥饿和失业特别流行,尼德兰的经济和社会条件也因为与英国关系的破裂,在波罗的海沿岸贸易遇到困难,1571年的瘟疫流行,1571年至1572年谷物价格的上涨而饱受负面的影响,最后,在1572年春天,阿尔巴公爵还仿效西班牙的税收,加征一种名叫"第十便士"(Tenth Penny)的营业税,此时荷兰人已经快要发动起义了。在起义发生以后,由于城镇的好斗的信奉加尔文主义的市政厅的议员们的加入,起义的方向也由他们主导,穷苦的底层阶级的人们更有理由参加这一行动,因为运动的领导者可以给他们工作和面包。另一方面,在西班牙军队重新占领的城市,许多市民也无法马上就立即调整他们的新教信仰,去迎合经过反宗教改革运动再度加强和巩固了的罗马天主教会特兰托大公会议的信条。阿尔巴公爵下辖的西班牙人的肆意妄为和来自意大利的军人士兵使得原来持中间立场的人们倒向了荷兰的起义者,同时,"海上乞丐"们的激烈的暴力斗争也使得许多动摇分子回到了服从教会以及国王的立场。

其实,在最初的时候,加尔文主义是在尼德兰的南部而非在北部获得许多追随者的,但最后形成分野的地方似乎出现在东西之间而非南北之间。当阿姆斯特丹支持罗马天主教徒的时候,安特卫普则拥有强大的加尔文派团体。东部各省,包括后来已经是新教大本营的东北部省份,当时是保持对于天主教的忠诚的。但是帕尔玛在16世纪80年代对于佛兰德斯、布拉班特以及部分东北地区的重新征服,并没有使得西班牙的势力超越由斯海尔德河、马斯河、莱茵河、埃瑟尔河以及弗里斯兰沼泽地构成的那条强大的防卫线。在1592年帕尔玛去世以后,莫里斯亲王率领的信奉新教的荷兰军队重新征服了东北地区。他的继任者韩德列克执政官则进军南部地区,占领了东南部的天主教的重镇马斯特里赫特。然而,直到1637年荷兰人重新占领布雷达为止,西班牙人对于北方各省的威胁仍然没有最后消除。

执政官韩德列克与"沉默者"威廉一样,企图在他重新征服的地区推行宗教宽容的政策,允许罗马天主教会公开举行弥撒的仪式,他希望以此方式可以诱使所谓南方"服从的省份"加入北方七省的联盟。不幸的是,更为严格的加尔文教派有足够的力量阻止这个政策的施行,他们不择手段地想要建立加尔文派的至高无上的地位并排斥罗马天主教会以及别的教派。

在1572年的夏天,当"海上乞丐"的斗争蔓延到荷兰省以及泽兰省的大部分地区的时候,好战的加尔文派只是少数人,在通过暴力的或是欺诈的手段占领了一些城镇以后,他们就想方设法巩固和扩大自己的权力。他们有能力做到这一点,因为他们是在反叛的以及逃跑的人口中唯一的拥有精良武器的群体。他们尽快地和尽可能地在占领的地区驱逐罗马天主教会的神父以及修士。尽管奥伦治亲王以及其他的一些政治家主张采取宗教宽容政策,但是加尔文派中的一些强硬派仍然我行我素。他们废除了罗马天主教会的圣统制,代之以他们自己的在城镇的教区以及牧师。当时,大部分北方城镇的居民在思想上都倾向于他们这个严格的加尔文教派,然而,在日常的社会生活中信奉罗马天主教信仰的居民并没有受到干扰并且仍然可以在自己的教堂里举行弥撒。随着时间的推移,获得胜利的加尔文派教徒并不以此为满足,他们建立了属于自己的教会组织系统。每一个教区都有各自教会参议会(council or consistory),由加尔文派的牧师以及平信徒组成,由加尔文派的牧师担任主席。各个教堂还组成了"评议会或教区会"(colloquy),它们是教区管理和裁决机构,荷兰联省共和国7个省在"评议会或教区会"的基础上再组成一个"教会会议"(synod),当时的加尔文派在北方以及南方各设有一个"教会会议"。

这些加尔文派教会组织团体经常开会积极主动地向城镇居民或者教区的民众施加影响甚至压力,试图让他们加入加尔文派的官方教会,他们特别急于要皈依年轻的一代。自 1574 年以后,他们通过自己控制的设立在城镇的小学以及乡村努力地皈依城镇的劳动阶级。大部分的罗马天主教会修道院以及其他的建筑物几乎都被改成教授基本宗教教理的学校,它们的教师都是参加了当地的加尔文派牧师以及教会参议会组织的考试并同意才能任教的。正统的加尔文派的教士在共和国中占有相当特殊的地位。他们大多数都是从中产阶级下层中招募来的。家境贫寒以及头脑灵活的男孩一直愿意而且善于学习,他们能够具备成为教士所需的知识。教士的职位能够使得他们进入社会的高层。他们都是奥伦治家族的积极支持者,对于人民的影响也很大,所以摄政集团也要依靠他们的支持。一般来说,加尔文教会的教士也是关心普通人民和共和国的利益的,人民也愿意把自己的事情委托给教士。教士不太迎合贵族,也没有忘记在人民群众中存在的模糊的民主原则。

从总体上看,教士是赢得人民尊敬的。但是,一些加尔文派的教士则过度热忱,他们努力促使地方的寡头统治即议员们禁止人们履行罗马天主教的教义和仪式,并极力削弱所有其他形式的新教派别如阿明尼乌派、"再洗礼派"和路德宗的影响。加尔文派的牧师以及他们的同情者在寡头统治者中也占有一席之地,有时也发挥一定的作用。甚至在阿姆斯特丹这样的城市,人们经常将商业置于宗教之上,他们的努力也获得了一些成果。他们极端热忱地主张向西班牙宣战,视对于西班牙的战争为反对基督者的新的十字军远征,但是由更多的平民议员组成的摄政团的心胸和视野更加广阔,他们并不很认真地看待这些牧师的见解。为了扩大他们的影响,这些加尔文派牧师们进而要在市政厅的议员中全部安排他们自己圈定的人选,而那些已经拥有职位的议员们并不完全同意牺牲罗马天主教徒的信仰去满足新教徒的信仰。于是,严格的加尔文派教徒就将罗马天主教的神职人员赶了出去,不允许他们举行公开的带有罗马天主教会礼仪的礼拜,只允许他们私底下按照自己的良心举行崇拜活动。在新教徒重新征服的地区,罗马天主教徒没有政治的和投票的权利,他们不能够在荷兰共和国的经济、社会和文化生活中发挥重要的作用。尽管如此,随着时间的推移,加尔文派的教士在失去往日的重要性,他们也不再是所在的社区中的知识领袖。经济的繁荣使得人们特别是年轻人选择职业的范围越来越广,神职人员逐步失去了作为信徒精神导师的旧有特权,社会的宽容度越来越大,使得荷兰成为当时欧洲最能够容忍不同思想和宗教信仰的地方。

房龙指出:"在宗教事务方面,共和国没有公开宣布现代的宽容观念,当然也没有公开承认涉及灵魂的所有事情的完全自由。但是共和国没有故意迫害那些暗中寻找不同于改革宗教会的灵魂得救方法的人。只要不信奉国教的人士不危及国家的安全,不努力改变其他人的宗教信仰,那么他就是完全自由的。这使得共和国成为其他国家遭受宗教迫害的人的天堂。大量的人从欧洲各地迁到荷兰。这些新的公民很快就被证明是有相当价值的。他们不仅给荷兰带来从事商业活动的能力,而且还常常携带他们的资金和存款,把它们投入共和国的商业活动中。"

南方移民进入北方 在南部西班牙统治下的各省,当局更加想要杜绝他们眼中的新教"异端"。结果是南部的具有或者同情新教思想倾向的人们不得不选择移民北方,于是加尔文派在由布鲁塞尔当局统治的南方各省逐渐地绝迹了。这种趋势使得从南方移民到北方的加尔文信徒成为北方强硬的加尔文派的有力支持者,他们希望在最后联合的由 17 省组成的荷兰共和国中加尔文派将会在国家和教会中占绝对的优势。这些好战的少数新教徒能够以此方式行事,主要是因为早在 1572 年的多事的夏天,大约有 4 000 名富有的天主教徒市民已经逃离了荷兰省。他们留下的位置正好由信奉新教的市民和商人来填补,这些人以前因为格兰维尔枢机主教、宗教裁判所以及阿尔巴公爵的严厉迫害离开了自己的祖国,他们现在则与从事海外贸易的人士一同回到了自己的土地。对于当时荷兰城镇的市政厅议员的全部情况人们现在并没有完全了解,但是可以肯定的是他们中大部分富有的行为思想与荷兰革命以前的情况是大体相似的。许多富有的市民在选举市政厅议员的时候都考虑到适应这个新的国家的状况,以免重蹈覆辙。为了维持他们特权的地位以及商业利益,他们多多少少地都接受了新教的信仰。随着时间的推移,他们与当局的态度越来越接近,久而久之,荷兰在外表上也就成为一个拥有官方的宗教即加尔文派信仰的国家。不过,这个国家的领导人有时主动地、在大多数情况下被动地抵制加尔文教派的狂热分子特别是其中的一些牧师,将他们自称所谓的"真正的基督教归正宗"教派的利益置于国家或者商业活动之上。在此情形之下,原来的低地国家只会走向分裂,不再是沿着地理、语言和种族的边界构成,而是由八十年战争的人为的军事斗争以及天主教徒和新教徒双方的不宽容所决定的边界线划定的。

1585 年帕尔玛公爵重新征服安特卫普的时候,他给予信奉加尔文派教义的人两年的宽免期限,让他们带了自己的资本以及货物外出移民,而非强迫他们改信天主教。在 16 世纪的时候,安特卫普曾经是欧洲最大的商业中转站,在该城市居住的佛拉芒、瓦隆商人主要从事簿记、银行业和保险业,那时只是阿尔卑斯以及比利牛斯山脉以南的人们从中受益。加尔文派在许多富裕的商人中赢得了信徒,尽管从安特卫普移民出来的人中并非所有的人都是富人,但是在 16 世纪的最后 20 年里,他们流散到欧洲各地,其结果也可以与一个世纪以前伊比利亚半岛犹太人的流离失所以及一个世纪以后胡格诺教徒的大流散相媲美。在 1585 年以前,佛拉芒的商人已经在但泽和里窝那频繁活动,但是在以后的 15 年里他们的人数和影响由于这些来自尼德兰南部的富裕的从事企业经营活动的避难者的来到有了更显著的增加。

那些从南方诸省移民到北方荷兰省以及泽兰省的人士,其中包括一些最富裕的和最成功的经营者,他们与那些在从波罗的海沿岸直至地中海东岸的欧洲全境从事经商活动的合作者有着血缘以及业务上的密切的联系。这些人中居住在意大利以及伊比利亚半岛的人仍然保留着罗马天主教信仰,但是他们与尼德兰北方的信奉加尔文教派和路德宗的子弟们在经商活动上合作无间,就像流亡在外的伊比利亚半岛的犹太人与他们留在西班牙与葡萄牙的"新基督徒"以及"马拉诺"亲戚们在经商上合作一样。这些来自南方尼德兰的移民将自己的资本以及商业联系带到阿姆斯特丹、米德尔堡以及其他的荷兰城镇,给他们的经营活动特别是阿姆斯特丹的经济发展给予很大的推进。当然,数以千计的大部分的南方移民并不是富有的市民而是中等收入阶层或是劳动阶层,他们中有许多小商人、熟练的手工艺人以及不熟练的劳工。莱顿就因为这些人的到来,从而在纺织业上有了很大的发展。

在北方尼德兰有多少人和多快放弃自己的旧的信仰转而拥抱新教是一个复杂的问题,但是可以简单地说少数加尔文派的统治者对于贵族阶层以及平民阶层都施加了一定的影响诱使他们接受新的秩序。比如所有的市政厅的以及政府的职位只保留给那些信奉正统加尔文派信仰的人士,仅此一条就可以使得许多在城市中生活的上层阶级适应新的秩序。上文所述,在 1618 年至 1619 年,荷兰发生了政治以及宗教的危机和斗争,莫里斯亲王集团反对和清除了奥登巴恩维尔特,并且召开了多德宗教会议,主要处理当时新教中关于阿明尼乌派思想的争论,自此以后,加尔文正统派的政治和宗教地位日益上升。到 1648 年《明斯特和约》签订的时候,绝大多数荷兰的统治阶级都已经成为(即便不是十分积极)加尔文正统教派的信徒。

随着时间的推移,当天主教的神父被驱逐、天主教徒的财产以及慈善机构和救济院被充公以后,管理社会慈善事业的救济穷人的机构的负责人自然都由加尔文派的牧师或者平信徒充当,他们的社会影响与日俱增。城市中的平民无产阶级,特别是因为季节性的事业而流落街头的海员和渔夫们仅仅为了面包和家庭就可以皈依此种新的信仰。许多小学就是设立在被充公的罗马天主教会的教堂里,也是由加尔文派的牧师担任校长或者管理的,课程也是由他们决定的。在此情形之下,持改革宗信仰的人们在以后数代人中与日俱增。

宗教的因素掺入荷兰人反抗西班牙人的斗争,并与北方以及南方的经济变迁发生了密切的关系,使得信奉不同宗教信仰的人们之间的战争变得更加激烈与复杂。信奉罗马天主教的葡萄牙人和信奉加尔文教的荷兰人都认为他们自己是各自的宗教信仰的最杰出代表,他们都认为是在为上帝而战。荷兰人认为自己所信奉的是由多德宗教会议规定的"真正的基督教归正宗"的追随者和拥护者,罗马天主教会是"巴比伦的大淫妇",教宗则是"敌基督",而葡萄牙人则认为由16世纪中叶召开的特兰托大公会议规定的罗马天主教正统信条才是最后得救的真理。1624年,一位葡萄牙编年历史学家写道:"荷兰人虽然是精良的炮手,但全都是裂教的异端,应当被推到火刑柱上烧死。"他的话代表了当时许多葡萄牙人的心声。

胡格诺派移民　欧洲的宗教纷争还给荷兰带来了新的胡格诺派外来移民。1685年,法国"太阳王"路易十四取消了历史上提倡宗教宽容的《南特敕令》,这一事件给荷兰的历史带来了一定的影响。法国有一批胡格诺派教徒为了躲避宗教的迫害逃到了荷兰,在以后的几十年中,估计人数有3.5万至5万人。根据伊斯列尔的统计,胡格诺派移民的人数占荷兰总人口的2%,在荷兰30个大城市中约占人口的7%,这不包括在乡村中的人。由于他们拥有较为高超的技艺,所以对经济的发展具有较大的影响。法国的胡格诺派来到荷兰的时候,正是荷兰从1672年的经济衰退中慢慢复苏的时刻。当时,城市中的人口尚未恢复到以前的水平,因此,城市中(包括阿姆斯特丹)的房租比较低廉,房子也容易找到。因此,胡格诺派信徒来到荷兰是比较幸运的。荷兰省与泽兰省的城镇与内陆的城镇争夺胡格诺派移民,它们知道这些移民拥有金钱和技艺。从1672年至1674年,乌特勒支、兹沃勒、奈梅亨、阿纳姆、聚特芬以及格罗宁根都受到过法国军队的包围和蹂躏,它们比沿海地区的城市受苦更多,所以它们希望新的移民能够为城市带来活力。泽兰省以及弗里斯兰省由于人口流失严重，它们也在主动寻求移民的到来，希望由此刺激经济的发展。

1686年2月，弗里斯兰省为愿意到该省居住的胡格诺派牧师解决了工资问题，由此帮助他们在该省建立胡格诺派的教会。在瓦隆教会的监督之下，胡格诺派信徒建立了说法语的归正宗教会团体，隶属于荷兰的加尔文派改革宗（即归正宗）的领导，事实上，它们成为荷兰改革宗教会的扩大组织或者说延伸组织，这是吸引胡格诺派信徒前来当地定居的好方法。早在16世纪80年代的时候，在荷兰省和泽兰省的大部分主要城镇已经有"瓦隆教会"的团体存在，它们的信徒是从尼德兰南方移民来到北方的。1577年，在多德雷赫特已经有一个讲法语的归正宗教会团体。以后，在许多设有要塞的城市也出现了"瓦隆教会"，如在马斯特里赫特（1633）、奈梅亨（1644）等地。由于法国胡格诺派信徒的到来，新的"瓦隆教会"团体在海尔德兰省、弗里斯兰省以及泽兰省的一些城市都出现了，它们都有胡格诺派的背景。当时，大部分胡格诺派团体的人数都很少，规模也很小。数量较多的胡格诺派信徒都居住在阿姆斯特丹、莱顿、哈勒姆、鹿特丹、海牙、代尔夫特以及乌特勒支等大城市，他们中约有1/6的人口即5 000人居住在阿姆斯特丹，海牙是他们选择居住的第二大城市，人数大约2 750人，鹿特丹是他们居住的第三个大城市。

胡格诺派来到荷兰，对于当地的经济起到了推动的作用。1685年至1688年，正好是荷兰的经济、贸易以及工业的恢复时期。但是这一段时间持续不长，1688年8月，阿姆斯特丹发生经济危机，荷兰的经济形势就发生了逆转。当时，胡格诺派对于荷兰的丝织品加工业的发展做出了贡献。他们在阿姆斯特丹开设了许多时髦的专卖妇女服饰的店铺。在海牙，胡格诺派制作成衣、帽子、假发、钟表，将原来法国的流行时尚和高雅精致的生活品位介绍到荷兰来。以前，胡格诺派在法国以制作纸张以及玻璃加工业为主，但是他们来到荷兰以后并没有在这两个方面有所作为。胡格诺派曾经在荷兰创办过玻璃加工厂，但是没有经营成功。1688年，阿姆斯特丹的股票交易所发生了危机，许多荷兰的企业蒙受损失，胡格诺派的企业也没有例外。到1688年"光荣革命"以后，大量居住在荷兰的胡格诺派教徒移民去了英国。以前，法国的胡格诺派认为荷兰是他们在欧洲大陆上最理想的避难之地，现在，这些新的移民更喜欢选择去英国。1690年，当英国银行建立以后，胡格诺派更喜欢把自己的金钱存放在伦敦而非阿姆斯特丹，英国银行的利息明显地高于荷兰。

犹太人移民 在外来的有宗教信仰倾向的移民中,犹太人是一股非常重要的势力。对于荷兰黄金时代的贸易以及经济发展做出较大贡献的是来自西班牙与葡萄牙的犹太人即西-葡系犹太人(Sephardi Jewry)。从葡萄牙来到荷兰的犹太人大多属于葡萄牙社会的中产阶级的所谓"沾染了犹太人血统"的"新基督徒",他们大多是出于害怕葡萄牙宗教裁判所的迫害来到荷兰避难的,他们中多数人都拥有一些资产。当时,阿姆斯特丹等商业和港口城市正在崛起,一贯注重物质利益的荷兰城市包括阿姆斯特丹在内对于这些外来的移民一概表示欢迎。从1595年至1608

伦勃朗《两个谈话的犹太人》,画作的年代不详

年,来自伊比利亚半岛的西-葡系犹太人在阿姆斯特丹以及鹿特丹建立了最初的犹太人社团,这段时期也是荷兰与西班牙在经济和贸易上发生冲突的时期。西班牙王室禁止与荷兰进行官方的贸易,但是荷兰却维持着与当时仍然在西班牙统治下的葡萄牙地区的海上船运贸易。移民到荷兰的犹太人积极地参与到荷兰与葡萄牙人的贸易活动之中,因为他们或多或少地和自己原先居住的葡萄牙祖国有一定的社会联系。在1595年以前,从葡萄牙发往北欧的葡属印度的香料以及葡属巴西的蔗糖都是通过流亡到安特卫普的葡萄牙新基督徒分发到欧洲各地如阿姆斯特丹、伦敦、汉堡以及罗恩等城市的。到了1605年的时候,居住在阿姆斯特丹以及鹿特丹的葡萄牙籍犹太人就已经大量地从事将葡萄牙海外殖民地的货物运往欧洲各地的事业,他们的转运方式与安特卫普的犹太人是一样的。当时来到阿姆斯特丹的犹太人,除了从伊比利亚半岛移民而来的以外,还有的是1585年帕尔玛公爵攻陷安特卫普以后从那里来的逃难者。这两部分人中的有些人甚至在想办法重新回归犹太教。"乌特勒支同盟"条约第十三条明文规定宗教信仰的自由,这些人很可能受到了这个条款的吸引。有迹象表明,在16世纪末叶,就已经有犹太人移民

来到阿姆斯特丹。

1602年,第一个犹太教的拉比来到了阿姆斯特丹,奠定了阿姆斯特丹犹太人社团的基础。1605年,阿姆斯特丹已经有了定期的犹太教崇拜仪式,虽然这是私底下举行的,但是当局有可能知道并且容忍他们的行为。来自葡萄牙的犹太人还曾经向当局申请建立犹太人的墓地,希望按照犹太人的习俗举行葬礼,但是这件事情没有成功。1608年,第二个犹太教拉比也来到了这座城市。当时,犹太人还是在家里举行宗教礼拜仪式的。不过,到了1612年,他们在阿姆斯特丹建立了第一所犹太教会堂。荷兰省的改革宗教会当局对市政厅提出抗议,建造工程暂时停止了。不久,犹太人会堂的财产落入一名市政厅议员的手中,他把这座建筑物租给了犹太人社团,市政厅认为这样就没有借口可以进一步阻止取缔行动了。1614年,来自葡萄牙的犹太人终于能够在靠近阿姆斯特丹的地方——"老教堂区"买到了一块墓地。到了1649年,来自伊比利亚的犹太人在阿姆斯特丹建立了第二座犹太人会堂。

1609年,阿姆斯特丹有来自伊比利亚的犹太人共200名。到1615年的时候,在阿姆斯特丹已经有164个西-葡系犹太人家庭,总人数有550人左右。

1620年,流亡到荷兰的来自伊比利亚的犹太人已经有1 200人,其中约1 000人居住在阿姆斯特丹。1640年,仍然在1 000人左右;1700年的时候已经达到3 000人左右。由此,阿姆斯特丹的犹太人社区成为欧洲最重要的犹太人社区之一。他们在街头和家庭中日常用语是葡萄牙语,夹杂着若干希伯来语、西班牙语甚至荷兰语。西班牙语被他们视为高级的文学语言,希伯来语则在宗教礼拜中使用。当时大多数犹太人都是在基督教的文化环境中成长的,极少懂得希伯来语。这些犹太人在职业上主要从事与葡萄牙以及几内亚有关的蔗糖、巴西红木、肉桂以及钻石的转运贸易。他们还不能插手荷兰与波罗的海沿岸地区、斯堪的纳维亚半岛、不列颠和法国等地的传统的贸易活动。在17世纪20年代,在阿姆斯特丹有一些来自伊比利亚的犹太人在从事荷属殖民地的麝猫(灵猫)的交易,他们还从麝猫的身上提取麝香。这种珍贵的麝香是当时巴黎、威尼斯以及西班牙的香水制作业者非常珍视的。当时,在阿姆斯特丹,麝香出售的价格非常昂贵,有时达到每盎司20荷兰盾。有些品质上乘的则更加昂贵。这些犹太人从印度、爪哇特别是几内亚进口数以千计的麝猫。到了17世纪五六十年代,基督徒和犹太人的麝猫交易者在向西班牙出口麝香的时候甚至发生了冲突。在17世纪三四十年代,荷兰的西-葡系犹太人在卷烟业方面有了长足的发展。同时，在16世纪最初的十年，来自伊比利亚半岛的犹太人将丝织业引进到了阿姆斯特丹，它是卡斯蒂尔犹太人的传统行业。在以后的几十年中，由西-葡系犹太人操纵的丝织业发展很快，以至于在17世纪50年代，荷兰人组织了一个丝织业行会，将犹太人从这个行业中排挤出去，在阿姆斯特丹，犹太人从事的丝织业终于不能生存下去了。但是不久以后，一些犹太人在乌特勒支附近的一个村庄继续从事小规模的丝织业生产。1655年，在荷兰的犹太人亚伯拉罕·佩雷拉（Abraham Pereira）以及他所在的犹太人社团拥有了一家蔗糖精加工工场，并且开始从事较大规模的蔗糖精加工业。事实上，早在《十二年停战协定》签订后，已经有一些来自伊比利亚半岛的犹太人以及一些来自巴西的移民在从事蔗糖加工业。17世纪50年代，荷兰人在库拉索岛的贸易活动兴盛以后，那里的可可豆大量流入荷兰本国。在阿姆斯特丹，西-葡系犹太人随即从事起制作巧克力的手工艺，以满足人们对于这种新的甜饮品的需求。1627年，有一位名叫曼萨亚·本·伊斯列尔（Menasseh ben Israel）的犹太人在阿姆斯特丹开设了一家印刷厂，在基督徒的帮助下印刷犹太人的书籍。从17世纪40年代以后，希伯来的经文以及其他犹太教的书籍以西班牙文、葡萄牙文以及意地绪语大量地印刷，并且被运输到整个欧洲以及近东地区。从那时起，阿姆斯特丹取代了以前的威尼斯成为欧洲印刷犹太教书籍的中心。当时，最著名的犹太人印刷家是约瑟夫·阿萨亚斯（Joseph Athias, d.1700）印刷了著名的希伯来文《圣经》、拉比书以及塔木德书籍，还印刷了大量的英文版《圣经》。在这个领域，他的成就超过了任何其他的荷兰出版商，他的出版社在英格兰以及苏格兰出售的《圣经》超过100万册。到17世纪70年代，联省议会授予他在共和国境内出版英文版《圣经》的官方垄断权。从1647年至1672年荷兰的海外贸易活动的黄金时代，还有大量的来自伊比利亚半岛的犹太人来到阿姆斯特丹定居和生活，在该城市形成规模不小的犹太人团体。

来自伊比利亚半岛的犹太人对于荷兰黄金时代阿姆斯特丹乃至整个荷兰联省共和国的经济和社会发展做出了重要的贡献。他们中有内科医生、外科医生、出版商、学者和其他的专业人士，尤其是商人以及经纪人的数量最多。在18世纪30年代的时候，犹太人控制了很大一部分荷兰的对外贸易，估计达全国对外贸易份额的6%至8%，阿姆斯特丹城市的15%至20%。犹太人与葡萄牙、西班牙以及海外殖民地的贸易完全可以与荷属东印度公司和西印度公司相媲美。当时有一种名为"印坡斯塔"(imposta)的全部按照交易值计算的商业税,包含商品、运费、税金以及保险在内,根据这项税金统计的档案,在1622年,犹太人自己经营或者为他人代理的交易达170万荷兰盾,次年超过200万荷兰盾;1630年至1639年间,每年成交额平均近300万荷兰盾。其实在荷兰的犹太人经营的业务范围非常小,但是他们却能够开拓出很大的经济盈利。

在17世纪30年代以前,犹太人还经营荷兰以及葡萄牙海外殖民地,特别是巴西航线的贸易。他们从尼德兰北方向葡萄牙出口谷物(尤其是小麦以及裸麦),同时向新大陆的荷兰殖民地出口各种来自荷兰的货品。他们又从葡萄牙带来盐、橄榄油、杏仁以及无花果等,还有调味品(如姜)、木材、酒、羊毛和一些烟草。最重要的是他们给荷兰与欧洲各国带来了巴西的蔗糖以及葡萄牙殖民地的各种货品如木材、香料、宝石和金属。巴西的蔗糖贸易有半数以上是由犹太人控制的。由于蔗糖进口的增长,仅阿姆斯特丹一地就出现了21座糖厂。在阿姆斯特丹的犹太人与他们的葡萄牙合伙人(通常是他们在祖国的亲朋好友)合作,投资自己开设的公司或者船舶,而不投资有官方背景的荷兰公司。定居在阿姆斯特丹的犹太人在回归犹太教以后,常常在自己的犹太人社区里使用犹太姓名;同时,他们也保留作为葡萄牙"新基督徒"的姓名,以供做生意以及其他目的之用。

移民到荷兰的犹太人中还有一部分来自德意志、波兰、立陶宛以及东欧其他地区,他们来到荷兰是因为当时的德意志地区比较贫穷,生活条件太差以及当时社会各阶层对于他们的歧视。"三十年战争"使得日耳曼各地的犹太人的生活变得更加困难,当时德意志地区对于犹太人的屠杀非常残忍而且频繁。所以,阿姆斯特丹等荷兰城市中的犹太人数量急剧增加。除了德意志以外,还有来自波兰以及立陶宛的许多犹太人。相对于伊比利亚犹太人,这些来自德意志的犹太人大多都比较贫穷。前者不仅比较富裕,而且组织性也比较强。后者大多贫困,缺乏自己的任何组织。在17世纪后半叶的时候,来自伊比利亚的犹太人人数在逐渐减少,只有3 000人左右。相反,来自德意志的比较贫穷的犹太人无论在阿姆斯特丹或是联省共和国的其他地方的人数就比较多,在17世纪最后四分之一的时间里其人数增加还特别快。1672年,来自德意志的犹太人已经在鹿特丹、阿默斯福德、莱顿以及阿姆斯特丹建立了自己的团体,来自西班牙和葡萄牙的犹太人则在米德尔堡、鹿特丹、阿姆斯福德、奈梅亨、海牙、奈凯尔特以及阿姆斯特丹建立了自己的团体。当时,在荷兰的乡村,许多地方依然排斥犹太人,无论他们是来自伊比利亚半岛的还是来自德意志的,可见在荷兰乡村的农民中,歧视犹太人的偏见依然存在。在某些城市如格罗宁根、乌特勒支以及德文特分别在1711年、1789年以及1790年制定了禁止犹太人建立居留区的规定。在17世纪晚期的时候,在海尔德兰省的城镇中,只有奈梅亨允许犹太人定居。18世纪20年代以后,阿纳姆也允许犹太人居住下来了。在莱顿、哈勒姆以及代尔夫特,直到18世纪二三十年代以后才允许犹太人定居。在1700年的时候,在阿姆斯特丹的来自伊比利亚半岛以及来自德意志的犹太人团体发展以及相处得比较平衡,总共加起来共有6 000人,约占城市总人口的3%。总的来说,在1648年以后,来到联省共和国的犹太人有增无减。1660年和1671年,来自波兰和德意志的犹太人在阿姆斯特丹建立了2座犹太教会堂。

总体上来看,来自伊比利亚半岛的犹太人与来自德意志以及波兰的犹太人不太相同。前者中有人鄙视后者。他们轻视来自德意志以及波兰等地的犹太人,觉得他们衣衫破旧、习俗古板以及风气未开。在犹太人居住区的街道上,这两种人的差别触目可见。在当时许多有名的蚀刻画家所画的作品中来看,来自伊比利亚的犹太人着装时髦,裁制考究,在许多方面与荷兰人无异。另一方面,来自德意志的犹太人则显然不同,他们身穿黑色的长大衣,须髯未修,头戴旧式的便帽。尽管如此,在开始的时候,来自伊比利亚的犹太人对于德意志的犹太人还是慷慨解囊,予以帮助。1628年以后,他们从进出口的税收中拨出一笔钱,分给贫苦的来自东欧的犹太人。但是后来的情况则有所改变。

在18世纪的时候,大部分生活在荷兰各地的犹太人都以从事叫卖的工作作为谋生手段,他们背着包裹沿路叫卖一些质量较低的或是二手的货品,价格一般也比较低廉。他们做买卖的时候对顾客的态度非常谦卑,这样他们就可以保住自己的饭碗。尽管如此,他们的叫卖活动还是引起了在行会组织下的基督徒店主们的不满,他们发现原来属于自己的生意被那些背着包裹来来回回流动叫卖的犹太人抢去了。1733年,莱顿的市政厅迫于城市中从事亚麻布以及棉布生意的零售商人的压力,下令禁止犹太人从事这两种布料的交易。但是,四年以后,同样的一批零售商人还在抱怨犹太人抢去了他们的生意。在18世纪,荷兰城镇颁布的一些针对犹太人的禁令大部分都与他们与当地人发生经济利益上的冲突有关,这些禁令都是出于保护行会和基督徒店主的利益的。上埃瑟尔、海尔德兰、格罗宁根以及德伦特各省都从省一级的政府下令限制犹太人的活动。1724年,上埃瑟尔省将流浪的以及巡回叫卖的犹太人驱逐出省。1739年,该省又下令禁止犹太人在乡村从事贸易活动,并限制他们在城镇居住。1726年,海尔德兰省下令禁止犹太人在乡村从事贸易活动。

四、军事以及工业技术的改革

16世纪90年代由拿骚的伯爵莫里斯、威廉·罗德韦克(Willem Lodewijk)等人倡导的军事改革受到联省议会的支持,是荷兰军事史以及军事组织史上的一个重要的变革以及转折点。所谓荷兰16世纪至17世纪的军事改革是一个广泛的现象,涉及新的要塞建筑的构建,更大规模以及更好地训练军队,扩大资源,建立更加复杂的后勤管理系统。当时欧洲的军事改革不仅限于荷兰,这个改革过程起自15世纪的意大利,在法国国王路易十四时期进一步理论化,包括采用军队的制服。16世纪90年代荷兰的军事改革则具有关键的意义,引进了一些根本性的转变,后来被欧洲各国所广泛采用。

荷兰的军事改革是在低地国家处于特殊的历史时期发生的。荷兰在与西班牙进行军事斗争的过程中,其社会也需要调整,它需要拥有大量的军队驻扎和保卫城镇以及人口密集的地方,还需要驻扎在靠近商路以及水路的地方,其中包括荷兰共和国的两个最重要的河口。大多数要塞的驻军都是在《十二年停战协定》前的20年时间里建立起来的,他们是荷兰共和国武装力量的主要组成部分。17世纪初年,军队的兵力只有3.5万人,一个世纪以后增长了三倍。1608年,在军队中服役的人数增加到5万,但是到1613年就下降了一半,到1688年与法国对峙的时候又大大地增加了。在17世纪,荷兰是欧洲最强大的军事国家。这些军事上的发展都在军队组织、战备以及后勤方面产生了一些意想不到的新问题。

荷兰军事改革的首要问题就是要在相对较短的时间内通过严肃军纪以及正常地发放军饷使得军队能够有效地保护市民社会。联省议会一再重印在1590年第一次出版的军事规条。有关军纪的规条每年都要向士兵以及新入伍的军人宣读,特别的军事司法官员会在要塞和兵营的门口张贴这些军纪的规条。军纪规定粗暴的行为、偷窃、从事贸易活动的民兵以及士兵都要关禁闭,更大的违反军纪的行为如参与绑架和抢劫的士兵将被枪毙。莫里斯,以及韩德列克都将参与抢劫的士兵吊死。长期驻守在一个固定兵营的士兵需要进行不断地操练,以免闲着无聊的士兵外出扰民。为了维持民事社会与军队之间的和谐,军纪规定军人不得侵犯妇女,这在当时是一个新的观念。1620年,威尼斯驻荷兰的大使非常惊讶地写道,荷兰的城镇与别的国家不同,它们为军队提供安置兵营的地方。他还看到荷兰的军人在城市当中与市民和平相处,市民的妻子和女儿们在与士兵相隔很近的地方站着谈话。这些军事规条也会向市民经常地宣读,让市民知道士兵的哪些行为是属于违反军纪的。在当时的荷兰,由士兵实施的骚乱、小偷小摸以及抢劫的行为明显地减少了。当1591年荷兰军队光复格罗宁根的时候,只有少量被允许进入城市,即便在入城以后,他们也被安置在一所已经被充公的天主教修道院里面,任何扰民以及抢劫都在严禁之列。甚至动用军队清除教堂里的圣像以及祭坛也要在执政官的监督之下进行。整齐划一以及遵守纪律是当时荷兰军队的一大明显的特征。莫里斯还非常重视定期给士兵发放军饷。在16世纪的时候,在欧洲国家的军队中欠饷是一个非常严重的问题,西班牙的军队因为多年欠饷曾经发生过严重的兵变,导致西班牙人不得不放弃一些重要的军事要塞。

军事技术以及装备的改革也是重要的方面。荷兰军队采用更加复杂和先进的技术。一个比较典型的例子就是它的步兵在1594年引进了"后退制",即步兵配备了滑膛枪以及火绳枪,前面一排士兵在发射子弹完毕以后后退再填装子弹,后排已经填装完毕子弹的士兵调换至前面,这样轮换射击,以增加部队的火力。这是从古罗马军队的齐投标枪战法中学来的。与罗马人一样,荷兰人的这种战法非常成功,后来传到欧洲的其他国家,并且按照更加精确的标准加以不断的训练。采用"后退制"以及先进的步枪需要武器和弹药的标准化,由此进一步提高效率。标准化以及齐射的观念也要求军队必须在负荷以及进入准确的位置进行射击方面加强训练,因此装备以及武器技术方面会面临进一步的改进。根据新的训练法,军队被分割成更小的编队,低级军官可以通过训练不断地控制队形,高级军官则通过画出的指令进行指挥。1607年,最后的指令画版本在荷兰出版,很快就被翻译为欧洲各国文字。

16世纪90年代的荷兰军事改革是在当时荷兰特定的社会以及文化背景之下产生的。它特别受到了当时流行的新斯多葛主义以及人文主义思想家尤斯图斯·利普修斯(Justus Lipsius,1547—1606)等人的影响。利普修斯是文献学家、哲学家以及人文主义者,出生于布拉班特的上埃瑟尔,早年父母将他送到科隆的耶稣会学院学习,但是后来他们担心他成为一名耶稣士,在他 16 岁的时候又送他去了鲁汶大学,1567 年因发表拉丁文著述成为格兰维尔枢机主教的秘书,不久访问罗马,居留当地两年,学习拉丁文古籍,从罗马回来以后,于 1570 年访问勃艮第、日耳曼、奥地利以及波希米亚,又成为耶拿大学的教师。此时他的思想一度倾向于路德宗。1579 年,刚刚成立不久的莱顿大学请他做历史学的教授。1583 年,他出版了名著《论忠诚》(De Constantia, or On Constancy),宣扬古典时代的斯多葛主义与基督教的信仰是可以调和的。1590 年,他离开莱顿前往美因茨,此时又回到了天主教的立场,最后他定居鲁汶成为一名拉丁语的教师。他还是西班牙国王菲律普二世的私人顾问以及王室历史编纂家。利普修斯等人文主义者认为紧张的军事训练对社会有益,也可以使得国家变得更加强大,同时也有益于构建军队与民事社会之间的和谐的关系,将纷争减少到最低限度。这种思想在当时的文化界十分流行,并得到莫里斯亲王、罗德韦克和奥登巴恩维尔特的认同。莫里斯亲王曾经在 1583 年至 1584 年跟利普修斯学习,他们对于古罗马、古希腊以及人文主义思想中关于战争问题的看法深感兴趣。具有讽刺意味的是,利普修斯的一本主要著作《论罗马军事》(De Militia Romana)是在 1595 年至 1596 年之间出版的,当时尼德兰处于西班牙的统治之下,他当时已经回到鲁汶,并将此书献给未来的菲律普二世。利普修斯是当时知识界的一个重要的人物,而且他在尼德兰的南方以及北方都居住过。虽然军事改革首先发生于北方,但是在 16 世纪 90 年代后期,军事改革在南方的一些地区也广泛地展开,布鲁塞尔的一些军事单位采用了新的军队给养制度以及普通军用密码,并规范了军营的生活。1598 年阿尔伯特大公(Duke Albert)受到上述关于建立和谐的军队与民事社会关系的思想的影响,提出了一个雄心勃勃的计划,要在盖尔登(Geldern)、格罗尔(Grol)等地建立大型的兵营。

在受到新教影响的地区,人们热心地学习莫里斯的军事改革、荷兰的军事科学以及利普修斯的思想,并且广泛地采纳。在欧洲的其他地区,也有一些地方在仿效。1616 年,莫里斯的侄子拿骚的伯爵约翰为绅士们在今德国中部的锡根专门建立了一所军事学院,教授军事课程。黑森的莫里斯是日耳曼新教联盟主要领袖,他非常热忱地推崇学习和模仿荷兰的军事技术。在 17 世纪的早期,还有许多日耳曼的亲王出版了自己编撰的军事训练手册,它们都受到了荷兰的样板的影响。勃兰登堡-普鲁士的大选帝侯弗雷德里希·威廉(Friedrich Wilhelm, 1640—1688)是普鲁士军事传统的真正创立者,他毕生都与荷兰的执政官阶层保持着密切的私人以及文化的联系,他曾经亲自到荷兰的军营学习该国的军事技术。

在工业技术方面,在荷兰"反叛"以前,安特卫普是欧洲商业活动与金融活动的中心,是尼德兰技术以及工业最成熟的地方,从里斯本和塞维利亚直到波罗的海沿岸都有大量的商人、工程师、技术工居住在这个城市。这座城市还居住有尼德兰各类熟练技工和专家,对于欧洲特别是中欧地区、斯堪的纳维亚、西班牙以及普鲁士产生过巨大的影响。在16世纪90年代,尼德兰经历了拥有相当经济实力的北方各省的"反叛",安特卫普以及其他尼德兰各地的商人按照不同的宗教信仰分开居住了。西班牙、葡萄牙、意大利、科隆、布拉格、维也纳这些具有明显天主教特征的地区的商人主要来到并居住在以安特卫普为中心的尼德兰南方,那些居住在如法兰克福以及汉堡的具有路德宗背景的商人则选择去了荷兰共和国。

西班牙以及葡萄牙在工程技术上是相对落后的。从查理五世统治时代开始,伊比利亚国家就引进信奉天主教的尼德兰工程人员,他们在西班牙受到欢迎,他们对于里斯本以及塞维利亚城市的发展做出了贡献,特别在印刷、城市排水系统以及矿业方面。荷兰的工程技术人员甚至来到了西班牙统治下的中南美洲殖民地即新西班牙,其中比较著名的是信奉天主教的尼德兰工程师阿德里安·博特(Adrian Boot),他是由马德里印度事务会议派遣到美洲协助墨西哥的城市改造,特别是要帮助解决该城市的下水道严重阻塞的问题,这是当时新西班牙最大的下水道改建工程。他在1615年至1616年,他还协助西班牙王室建造在太平洋沿岸的阿卡普尔科的圣地亚哥炮台的建筑,这座屹立在太平洋沿岸的雄伟的炮台后来专门用于抵抗荷兰人海上的威胁。

在17世纪,尼德兰的积排水以及土地围垦工程技术在欧洲的许多地方是很需要的。在1624年至1626年,荷兰的建筑师、磨坊建造家以及水利学家杨·阿德里安兹·利瓦特(Jan Adriaensz Leeghwater,1575—1650)在法国南部的波尔多地区规划抽干沼泽地的工程。在托斯卡尼以及教宗国,荷兰的专家也被雇用从事几个积排水系统的工程。另一位著名的人物是科纳利乌斯·瓦姆登(Cornelius Vermuyden,约1595—1683),他出生于托伦(Tholen),在泽兰学习工程技术,他征募了许多工头以及工程师前往英国,对英国当地产生了很大的影响。1621年,他受雇参与弥补伦敦东部的泰晤士河沿岸堤坝的裂缝的工程。他后来又参与建设许多重大的围垦工程,特别是围垦英格兰东部的沼泽地带,取得了很大的成功。1628 年,英国国王授予他骑士的称号。

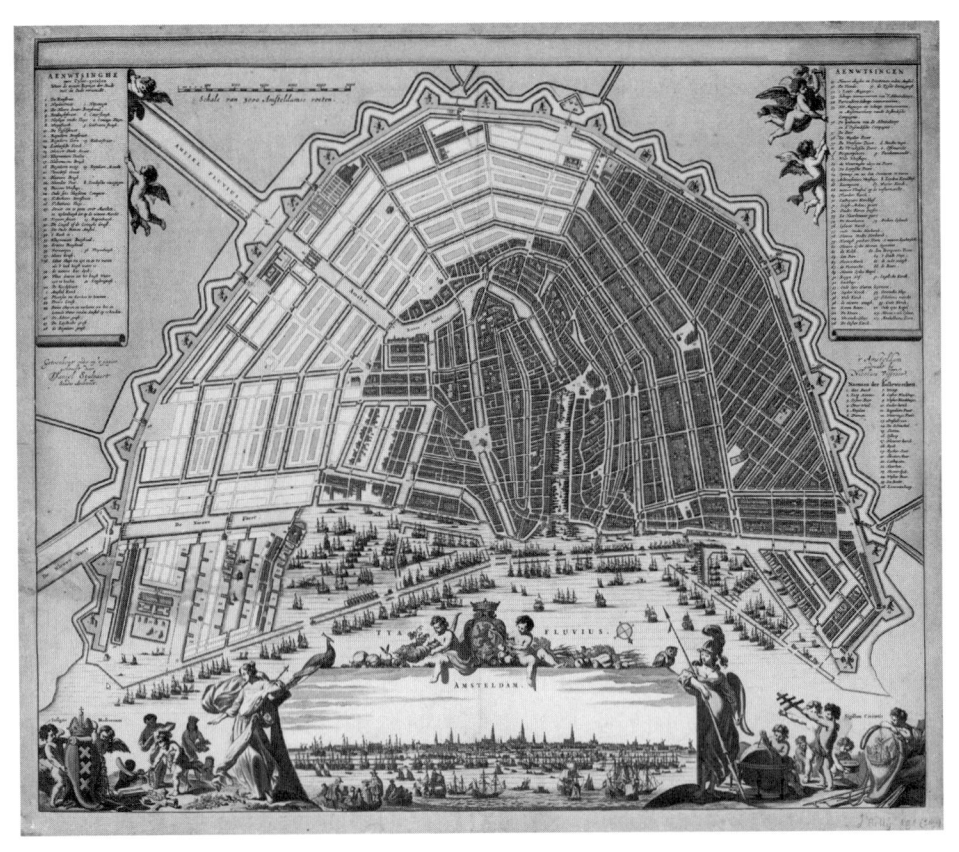

阿姆斯特丹运河画,1662 年

荷兰工程技术对于欧洲产生了重要的影响,那就是要塞建筑与港口建筑。荷兰人以建筑要塞闻名遐迩,自 16 世纪 70 年代至 80 年代,当时正值荷兰反抗西班牙人的高潮,出于军事斗争的需要,要尽快加固荷兰各个城镇的城墙,当时荷兰最著名的要塞设计师为阿德里安·安东尼茨(Adrian Anthonisz, 1541—1620),他是数学家、测绘家、制图学家以及军事工程学家。他曾经设计了著名的阿尔克马尔要塞建筑群,在 1572 年以前,他专门负责设计水坝以及策划围垦土地。以后,他又为许多城市的城墙设计加固工程,如在 1578 年以后阿姆斯特丹的重建工作中他也发挥了重要的作用。在 1579 年至 1586 年间,他又设计建造了赫斯登(Heusden)巨大的军事要塞,他是"沉默者"威廉以及莫里斯亲王最为信任的要塞建筑顾问专家。同时,他在建筑水坝以及经营灌溉工程方面也做出了杰出的贡献,1590年,他主持恩克赫伊曾城市的扩建工程,1591年,他还监督特塞尔岛的新水坝以及灌溉渠道的建设。

1590年以后,荷兰的要塞建筑工程有了扩大。荷兰人已经在欧洲各国领导人中间建立起了城墙、要塞以及港口建设方面的声誉。1590年,有13个省议会拥有训练有素的军事工程技术人员;到1598年的时候已经增加到25个。此时,荷兰共和国的工程师队伍已经成为该国增加其国际影响的有力工具。1599年,巴拉丁的选帝侯写信给莫里斯亲王以及威廉·罗德维克,要求他们派遣熟练的军事工程专家在其领地设计一个新的主要的要塞,他说全欧洲最熟练和富于专业精神的军事工程学家只能在荷兰找到。在16世纪90年代,西蒙·斯泰芬(Simon Stevin)对于要塞建筑也非常有研究,并著书立说,1594年,他出版的著作将荷兰在此方面的技术介绍到国外,他还将工程技术与要塞建筑技术结合起来。1591年,在但泽市长的邀请之下,他访问了这座城市,并向对方提出了加深港口的具体方案。另一位著名的军事工程师约翰·凡·里什维克(Johan van Rijswijck,1550—1612)受"沉默者"威廉指派从事加固城墙的工作;他还在荷兰省和泽兰省的其他地方工作,在1597年至1605年之间为林根设计建造了新的棱堡。后来,他还去德国北方的城市不来梅等地,接受地方政府的委托修建和改进当地的城墙。还有一位荷兰工程师尼古拉斯·凡·坎普(Nicolas van Kemp)曾经为在东普鲁士的勃兰登堡选帝侯工作,1607年,他受邀请到瑞典,在那里逗留了三年,为哥德堡设计港口和要塞,这座城市是当时的瑞典王室急于要扩大建设的。

在这一段时间里,荷兰在港口工程建筑方面发明了"泥磨机"(mud mill),目的是用机械进行水下的土方开挖,疏浚河道以及海底,使得港口以及河道更加有利于船只的航行。它有一个以杆子固定的搅拌袋并以马拉为动力,大约于1590年在阿姆斯特丹首次使用,当时使用的是人力,到17世纪20年代改为使用马力。到1677年的时候,已经有4台这样的机械可以连续不断地操作使用,每台有2至3匹马拉拽。当时欧洲的许多港口被泥沙淤积所困,所以许多国家和人民对于这类机械很感兴趣。比如,威尼斯元老院曾经不顾宗教信仰上的差别,想邀请荷兰的一位信奉路德宗的工程师去该市,安装这种机器疏浚航道,但是该计划没有实施。

当时荷兰的工程技术传播到了欧洲各地,影响最大的地方是瑞典。当时的瑞典缺乏商业组织以及资本,却需要挖掘国内的铁和铜等矿产资源,荷兰的资本以及技术在这里发挥了最大的作用。在16世纪的早期,许多荷兰人来到了瑞典,他们移居到新建成的城市哥德堡,这座城市在早期,可以说是荷兰人的殖民地。在低地国家的移民中有一位名叫威廉·乌斯林克斯(Willem Usselinx)的荷兰人,在瑞典王室的鼓励之下建立了以瑞典人为基础的"非洲、亚洲以及美洲总公司"(General Company of Commerce with Africa, Asia and America),取得了不小的成功。不过在瑞典的荷兰人中最重要的莫过于路易斯·德·吉尔(Louis de Geer,1587—1652),他生活在今天比利时境内的列日的信奉加尔文派的家庭,后来像许多列日的加尔文派难民一样,移居到多德雷赫特建立自己的事业。他们家族从事驳船运输,运送的货物主要有盐、谷物和铁,其中铁是从列日进口的。1627年,路易斯·德·吉尔已经是一名富有的商人以及生产铁的专家,他移居到了斯德哥尔摩,在瑞典建立了一个庞大的商业帝国,包括铁矿以及工厂、黄铜锻造厂、造船厂、缆绳制造厂等。他还建立了当时不仅在斯堪的纳维亚半岛国家而且在欧洲也是最大规模的大炮以及炮弹制造厂。这里的专家大部分都是信奉新教的瓦隆人,其中有一位名叫威廉·德·贝什(Willem de Besche)的专家在工厂中负责金属工艺,他引进的锻造以及冶炼技术是当时在斯堪的纳维亚半岛地区最进步的。

第七章
荷属东印度公司与海上霸权的确立

一、东印度公司的建立及其组织结构

荷兰海外扩张的全盛时期是从16世纪90年代开始的,有许多因素导致了荷兰海外事业的发展。首先,荷兰经济的发展是其海外扩张的物质基础。张淑勤教授在其《荷兰史》中曾经这样分析:第一,荷兰的地理位置非常优越,莱茵河、须尔德河以及马斯河都在其境内流入北海,形成面向大西洋的一些重要的良港。第二,因为当时的欧洲在政治上以及宗教上发生了一些重要的变化,使得荷兰拥有一些具备经济条件以及技术实力的人口,他们大量地是从尼德兰的南部以及其他地区移民进入北方的,如法国在路易十四在废除《南特敕令》以后,为数众多的受迫害的胡格诺新教徒迁移到北部尼德兰发展。迁入尼德兰北方的知识分子、手工业的匠人和从事贸易的人才都成为荷兰共和

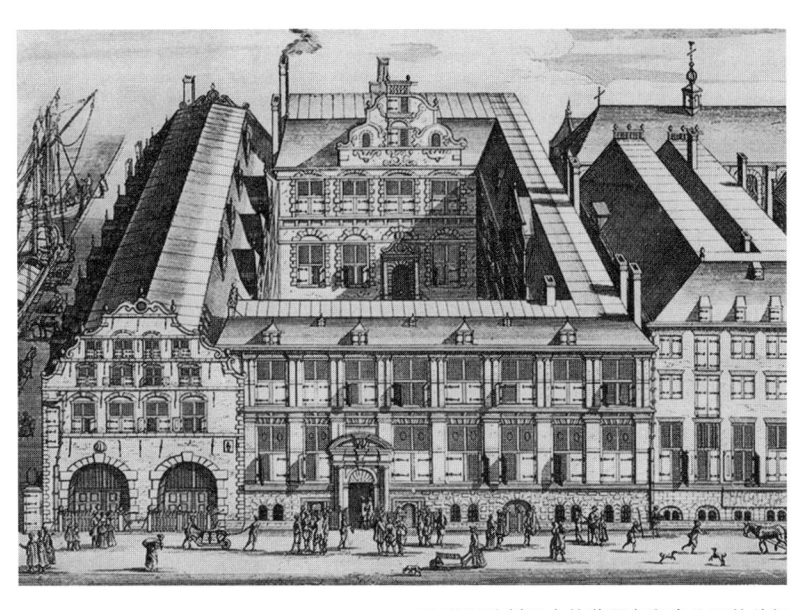

17世纪蚀刻画中的荷属东印度公司的总部

国的人力资源,特别是1585年以后,从南方安特卫普大量的商人以及资本迁移和流入北方。荷兰省在欧洲以外地区贸易的勃兴,都在16世纪90年代早期和中期发生,大大增加了荷兰的竞争能力,而阿姆斯特丹取代了安特卫普成为与汉堡以及波罗的海的贸易中心,成为将胡椒等香料以及蔗糖分发到北欧地区的集散中心,也都是有力推动荷兰海外事业的动力。荷兰共和国政治体制的稳固和确立是其经济和社会得以发展的重要的政治保障。第三,造船业是荷兰当时工业的支柱。尼德兰地区很早就已经发展出蓬勃的造船业。在中世纪的早期,其沿海地区以及运河上的航运船只,是当地与汉萨同盟之间的最主要的商业运输工具。在近代早期发展出来的新的航运技术,为荷兰建造出在大西洋甚至印度洋上航行的大型船舶。在17世纪的上半叶,荷兰的国内以及海外贸易都突然呈现异常繁荣的景象。1669年,英国人约书亚·查尔德爵士(Sir Josiah Child)写道:"荷兰的国内以及海外贸易、财富以及船只数量有着惊人的巨大的增长,现在就足以令人羡慕,并且一定会使未来的世代感到神奇。"

同时,西班牙对于荷兰的封锁也是导致荷兰必须突破禁运,独立发展海外贸易的一个重要原因。西班牙-葡萄牙王国的国王菲律普二世一开始即对尼德兰人的反抗予以严厉惩罚,除了向尼德兰本土开战以外,在贸易方面,还禁止荷兰人来到葡萄牙进行贸易活动,而以前荷兰一直是从葡萄牙获得其所需的包括香料在内的东方商品的,葡萄牙与荷兰及佛兰德斯地区曾经有过非常活跃的贸易,现在衰落了下去,这就导致了荷兰人想直接与非洲、南亚、东亚以及美洲通商,并试图以武力打破伊比利亚人在海外贸易上的垄断地位。

1594年,设在阿姆斯特丹的私人的公司"长途贸易公司"(Compagnie van Verre or Long-Distance Company)开始了建立荷兰在印度地区的海外商业帝国的尝试。这个机构是由9位精英商人组成的,其中两位是阿姆斯特丹市政厅的成员,与政府以及商业有着密切的关系。其他的人士则是从南方躲避西班牙人迫害而移居北方的信奉新教的商人,其中1位是阿姆斯特丹商人集团中最富有的人士。这个公司拥有29万荷兰盾的资本,拥有4艘舰船以及240名人员,荷兰共和国为他们提供了100门大炮。联省共和国还免除了他们从东印度输入"公地"的海关税收。开始时,他们试图找到一条取道北冰洋前往中国和日本的航线,以免遭其宿敌的拦路抢劫,但是他们的尝试失败了,于是只得转向了旧的航线,这条航线也正是由里斯本到果阿再到中国澳门地区和马六甲的一直由葡萄牙人经营的传统航线。1594 年 4 月 2 日,由霍特曼(Cornelis de Houtman)率领这支由 4 艘船只组成的舰队从特塞尔岛(Texel)启程前往东方,这支舰队于次年抵达爪哇的万丹港(Banten),在继续东行时与葡萄牙人和爪哇人发生了冲突,多人伤亡。荷兰舰队回航时又有一艘舰船沉没,到 1595 年回国时,只有 89 人存活下来。

尽管此行损失惨重,而且获利甚少,这却是荷兰人真正第一次向亚洲航海的探险活动。这些商人们决心再接再厉,继续东行。同时,从 1594 年至 1597 年,阿姆斯特丹从葡萄牙进口胡椒等香料再转运去德意志、波罗的海以及俄罗斯的贸易量一再增加,到 1597 年的时候,荷兰共和国已经控制了从伊比利亚殖民地向北欧地区进行转运贸易的枢纽。当时的伦敦因为西班牙人在 1585 年至 1604 年间对它的封锁,贸易不振。荷兰抓住机会,在 1599 年的 5 次航行中,共派出 22 艘武装商船前往南亚和东亚。

与此同时,荷兰人对于东方的知识也在渐渐积累之中。在这方面做出杰出贡献者是荷兰人林斯霍顿(Jan Huyghen van Linschoten, 1563—1611),他是信奉新教的商人、旅行家和历史学家。他出生于哈勒姆,父亲是一位公证员,早年举家迁到了恩克赫伊曾。1576 年 12 月,他去了西班牙探望他在塞维利亚经商的哥哥威廉,他在当地学习了西班牙语。1580 年,他去了葡萄牙的里斯本与另外一位商人一同经商。生意上的挫折使得他必须另谋出路,通过他的哥哥,他结识了新近任命的葡萄牙驻其海外殖民地印度果阿的总主教多明我会士维森特·达·丰塞卡(Vicente da Fonseca),他被任命为主教秘书,并于 1583 年 4 月 8 日启程前往果阿。他在果阿期间一直有心记录当地的欧洲人以及印度人的生活以及他们之间不同的文化,同时,他也记录了葡萄牙人的航海活动以及航线。这些航线在当时被葡萄牙人视为国家的机密。他还长期在葡萄牙东方殖民地各处旅行,1587 年,丰塞卡主教去世,林斯霍顿则准备回国。在回航途中,他乘坐的船只受到海盗的袭击,途中他又在亚速尔群岛居住了两年,于 1592 年回到里斯本,不久以后,在 1593 年他终于回到了尼德兰。1594 年,他参加了由荷兰制图家威廉·巴伦支(William Barentz)组织的舰队前往北方的海域,希望寻找从西伯利亚以北的海路通往远东的航线,舰队航行到新地岛(Nova Zemlya)遇到了冰山被迫折回。他利用在果阿收集的资料撰写了《葡萄牙人航海东方旅行纪事》(*Reys-gheschrift vande navigatien der Portugaloysers in Orienten*)以及《巡游记:东方和葡萄牙、印地斯及其对于土地和海洋的叙述》(*Itinerario:Voyage ofte schipvaert near Oost ofte Portugaels Indien inhoudende een corte beschryvinghe der selver landen ende zeecusten*），于 1595 年由荷兰的出版商科纳利斯·克拉泽(Cornelis Claez)出版，书中描绘了作者在漫长的旅行中的种种见闻，也记录了葡萄牙人从本国前往印度的航线和航海指令以及航海技术，提供了实用的地图以及对于相关水域特性、群岛和港口的描绘。(印度人则从《葡萄牙人航海东方旅行纪事》一书中辑录出有关印度与果阿的相关资料，出版了《林斯霍顿东印度行纪》"The Voyage to Goa and Back：1583－1592，with His Account of East Indies：From Linshoten's Discourse of Voyages into the East and West Indies，in 1598，New Delhi，AES，2004．")这些关于东印度海域航行的实用知识的普及，促进了荷兰人对于印度和远东的香料群岛的了解以及加以占有的企图。

早在 1598 年 1 月，联省共和国的有识之士鉴于从事自由贸易的商人各自为政，呼吁应当将各自独立的公司合并，在业务上相互合作，以避免残酷且不必要的相互竞争，这个建议在那时没有引起商人们的特别重视。但是，随着时间的推移，经过艰苦的谈判，这种现实的需要变得越来越迫切。在联省共和国有远见的政治家奥登巴恩维尔特的主持之下，开展了艰苦的谈判——此次谈判持续了很长的时间，不仅因为泽兰省对于荷兰省在经济上处于较强的地位怀有自然而然的妒忌，还因为从事自由贸易的商人对于商业上的垄断有一种出自本性上的抵触。更有甚者，早期的南方的一些先驱者所开办的公司领导人如伊萨克(Issac le Maire)和巴塔扎(Baltazar de Moucheron)等人的容易冲动的个性，使得要达成协议变得非常困难。奥登巴恩维尔特极力说服他们，他最重要的理由是"只有建立联合的公司才能摧毁敌人以及保卫祖国的安全"，莫里斯亲王对此也感到信服，他也出面对泽兰的代表们施加压力。那些商人们最后从经济以及贸易的角度同意了合并的计划。他们认为彼此之间残酷的竞争只会导致亚洲的卖家抬高物价、尼德兰的买家以低价购进，最后的损失只能由公司以及公司股票的持有者来承担。经过这两位荷兰省最有影响的政治家的说服，荷兰省的四个公司以及泽兰省的两个公司(它们都是从事与东印度地区的贸易的)同意合并。

在 1602 年 3 月 20 日，联省议会终于颁布特许状宣布成立荷兰"东印度公司"(United Eastern Indian Company or Verenigde Ootindisch Companie or VOC)。荷兰东印度公司的荷兰文缩写为 V.O.C.，开创时各方投入的资本为 6.5 百万弗罗林。由联省议会颁发的特许状赋予公司从最初设立起至以后的 21 年中拥有从好望角到麦哲伦海峡的贸易垄断权，还有在海外设置法庭

荷属东印度公司设于阿姆斯特丹附近赞河的大型船坞，于 1726 年由 Joseph Mulder 所绘

和法官、缔结条约与宣战、修筑要塞和据点、武装舰队设备和铸造硬币等重大权利。除荷兰国家的货币以外，该公司可以发行属于自己的货币。公司还可以征集平民入伍，他们可以加入海军和陆军部队，还必须向公司和联省议会宣誓效忠——这个所谓的公司其实就是"国中之国"。在此以前，只有联省议会才有权力派遣使节、维持在外的军队和要塞、向亚洲地区派遣总督、与东方的统治者建立外交的联系、缔结条约、结盟或者宣战。在联省议会授予东印度公司这些特权以后，公司享有很大的行动自由，它与亚洲国家和地区的缔约、结盟以及公司向东方的总督下达的指令只需向联省议会作定期的报告并得到它的批准即可；而且联省议会给公司的委任状的各项条款和规定可以持续长达 21 年才修订。公司在亚洲的陆军和海军指挥官必须作双重的宣誓效忠，首先是向他们的雇主，其次是向联省议会。

公司的领导人明白要巩固和扩张荷兰人在亚洲的贸易首先就会与葡萄

牙人以及西班牙人的利益发生冲突。葡萄牙人早就宣称拥有东印度海域的贸易垄断权,这种权利是由罗马教宗从1499年至1500年的通谕赋予的。但是东印度公司的领导人从林斯霍顿出版的书籍中已经知道,葡萄牙人从好望角到日本广大海域的沿海地区拥有的要塞、商站以及城市是非常分散的,某些地方的防务是非常薄弱的。同时,荷兰的商人们也明白,与伊比利亚人作战毕竟不是公司的主要目标,联省议会赋予公司具有宣战的权利,使得投资于最初的这些先驱者公司的人们感到担忧,"因为他们是商人,他们组建这些公司的目的仅仅是为了体面地从事和平友好的贸易活动,而不是让自己陷入敌对的和攻击性的行动"。这些批评已经预见了公司将来可能会过多地使用武力行动。从政治家的角度来看,奥登巴恩维尔特和他的同事们从一开始就不仅决定了公司的组织形式,而且他们鼓励这些商人们要坚持发展荷兰自己的海军和陆军,要在东印度的一些关键的地方建立属于荷兰人自己的坚固的要塞,至少在亚洲"要有两三个强大的驻扎军队基地以保障海军的供应,使之成为荷兰海军的永久的港口"。

新的荷兰东印度公司的这种既集权又分权的特征体现在它的管理机构的设置上。公司董事会由76人组成,董事为终身制。但在平时一般事务由拥有实权的17人组成的理事会处理,他们被称为"17绅士"(Heren XVII, or "Gentlmen XVII"),他们都是由原先的先驱者公司的领导者成员组成的,其成员如下分配:阿姆斯特丹8人、泽兰(米德尔堡4人),另外4名则从其他4个部门中产生,还有1位公司的董事。公司一共分为6个部(board or chamber or kamers),它们分别代表以前的6个设在阿姆斯特丹、米德尔堡、代尔夫特、鹿特丹、霍伦以及恩克赫伊曾的先驱者公司。公司在阿姆斯特丹和鹿特丹设有两个领导机构,"VOCA"代表阿姆斯特丹总部,"VOCR"则代表鹿特丹分公司。在名义上,"17绅士"每一年开两次会,于春天或者秋天分别在两个主要的总部的所在地举行,一般规定由阿姆斯特丹承担六年的会议费用,米德尔堡则承担两年的费用(当然在此期间会议也在这两个城市举行)。其他空缺的时间则由其他各部的绅士向他们所在城市的市长提出解决办法,在该市政厅以及市长同意的情况之下就在当地举行。公司的领导层与城市的寡头统治者之间存在着密切的合作与沟通的关系。所以从一开始就有人批评公司领导层与政府中的寡头统治者有过于密切的关系,会影响到公司的股票持有者的利益。但是无论如何,正如霍尔(D. G. E. Hall)教授指出:"这是一项极为卓越的合并的杰作,地方的利益与中央的指挥以和谐的方式为了国家最高的集权努力服务。"①"17绅士"的理事会之下设置有财务、监察、财产管理、造船以及通信等委员会，由来自分部的董事负责实际事务。通信业务非常重要，其秘书处设在海牙。"17绅士"的主要工作，包括决定各分部派往东印度的商品种类与数量，向东印度订购的商品种类与数量，拍卖来自东印度掠夺的或者是通过贸易获得的商品与货物以及决定出资者的股利。

在东印度公司成立以前以市镇为单位进行航海的时代，拟订航海计划出资者必须背负完全的责任，但是自从东印度公司成立以后，就变成有限的责任了，不过大型分部的董事至少得出资6 000荷兰盾，万一公司出现亏损的情况，就必须以这种资金作为弥补。不过，特许状中也明确记载，他们不需背负公司对第三者欠下的债务。这样的有限责任制沿用至今，为现代股份有限公司所采用。此外，董事的收入原本随着每次航海的利润额而改变。1647年引进给薪制度以后，就变成固定的金额。另一方面，投资公司事业的一般股东，平均利润为20%左右，最低也有10%，但是他们对于公司的经营方针不具有任何决定性的影响力。此外，在公司的账簿中记载有出资者的名字与出资的额度。不过，可望获得稳定的高股利润的公司股票相当受欢迎，据说交易额达到400%以上。

一开始的时候，荷兰东印度公司的大部分主管对于亚洲没有第一手的资料，只有在从1616年至1619年服务于摩鹿加群岛的总督将军劳伦斯·雷亚尔(Laurens Reael, 1583—1637)是例外；还有一位就是海军军官亨德里克·布劳瓦(Hendrik Brouwer, 1581—1643)，他在1611年为荷兰人开辟了从大西洋上咆哮的西风带直到爪哇的航线。在1623年重新公布的特许状中，规定东印度公司的主管的任期为三年，三年以后可以重新选举。但是实际上有许多人的任期很长，有一位阿姆斯特丹出生的汉斯·凡·鲁恩(Hans van Loon)从1528年一直担任到1558年；同样出生于阿姆斯特丹的雅各布·比克(Jacob Bicker)和迪克·哈瑟勒(Dirck Hasselaer)分别从1618年担任至1641年，以及1617年至1641年。荷兰东印度公司中6个部中的每一个部都有自己的专人负责派遣各自的船只以及处理运回的货物。但是每年总的投资规模以及船只设备的装配、改进与分配则由"17绅士"负责，运回荷兰的货物的销售也是由17绅士决定的。最初的公司的投资的股份资本为600万荷

---

① D.G.E. Hall, *History of South Asia*, London, 1955, pp.233-234.

兰盾,其资本额是 1600 年成立的英国东印度公司成立时的十倍,到 1691 年时已经达到 6 440 200 荷兰盾,以后一直维持这样的数额。每一个部都维持一定数额的资本,而"17 绅士"则实行总的管理。根据最初的特许状的规定,投资者不允许撤回他们的资本,但是如果他们对公司的经营不满意,或者为了获取更多的利益的话,他们可以出售自己的股份。

荷兰东印度公司股份的持有者来自荷兰社会的各个阶层,从政治家、商业资本家到家庭的仆人。奥登巴恩维尔特本人投资 5 000 多荷兰盾。小的股票持有者的股份被大的所收购,由于阿姆斯特丹的富人比较多,公司资本的持有者也以阿姆斯特丹人居多,该城市中富裕的市民的投资几乎超过了公司总投资的一半。有 184 名市民每个人的投资超过了 5 000 荷兰盾,这笔钱在当时可以买一幢大房子,有 69 名泽兰市民的投资额也超过了这个数字。在 785 名荷兰省人中,有 301 名是从尼德兰南部移民过来的。有一名阿姆斯特丹的活跃富有的商人一个人就投资了 30 000 荷兰盾,还有三个富裕商人各投资 12 000 荷兰盾。在 17 世纪末叶,泽兰省 3/8 的资本在 108 位阿姆斯特丹人士的手中。从 1650 年开始,荷兰东印度公司还成立了一个专门的委员会(Haagsche Besoignes)来处理亚洲各地的职员所写的有关各项收入的来信,并替"17 绅士"起草由他们签字的回信,当然,"17 绅士"是拥有最后的决定权和负责权的。

博克塞分析了荷兰东印度公司的职员主要分为如下四种类型:(一)最重要的是商业雇员,从资深的商人(Opperkoopman)到书记员,他们是官僚机构成员以及管理人员,随着公司业务后来在印度尼西亚、锡兰以及南非的展开,他们的人数也越来越多,主要发挥管理的职能,这些资深的商人要比军官或者海事官员的地位更高,在一些陆地的或是海上的军事远征的时候,他们往往也被授予军衔,如将军或者战地指挥官(Veldoverste or Field-Command),这种情况与后来的英国东印度公司非常相似;(二)大量的低级雇员,他们是军事以及从事航海活动的各级人员;(三)人数较少的神职人员,其中有全职加尔文教派牧师(predikanten)以及教会指派的领读《圣经》的信徒以及病员安慰者(ziekentroosters or Lay-reader or sickcomforters);(四)来自社会底层的技工以及手艺人(ambachtslieden),其中熟练的手艺人的工资要比海员或士兵更高一点。从最高到最低的阶层,阶级分明,等级森严。当时荷兰人对于东印度公司各级职员,无论是商人、传教士、海员或者士兵的观感是相当负面的,许多人对他们持批评的态度。"17 绅士"从一开始就一直对他们在东方的职员怀着怀疑的态度——怀疑他们是否诚实以及工作的效率。他们严格禁止公司的职员在亚洲从事私人的贸易，但是除了高级职员以外的其他人所拿的工资很低，所以这种禁令流于形式，往往成为一纸空文。后来的历史表明，许多各级职员在亚洲各地都从事私人的贸易活动，不仅如此，在他们中许多人看来，去东方的唯一目的就是不择手段让自己致富发财，还有一些人则希望在东方过上奢华的生活，这种生活是他们在自己国内无法想象的。另一些人则是在别无选择的情况之下，如银行破产等情况发生以后就选择去海外移民。有一些人则是为了摆脱家人以及亲朋好友的束缚去了东方。

研究荷兰共和国历史的著名学者 J.I.伊斯列尔（Jonathan I. Israel）指出："东印度公司是一个综合政治的和商业的机构，在当时世界上任何别的地方都是难以仿效的，因为联省国家是当时世界上唯一的联邦国家，它是城镇政府的结合体，由此来推进商业、工业以及航海的事业，同时也扩大陆军和海军的力量。东印度公司是荷兰国家的产物，是商人们实际上开辟了通往东印度的道路，他们自然地不可避免地要投资于这项事业，或者深思熟虑去这样做，他们对于公司的管理、总的战略以及目标也有很强烈的自己的考虑和立场——那就是坚持公司的垄断权。"日本学者羽田正教授指出："荷兰东印度公司虽然取得政府的特许状，但是终究是民营公司，不是荷兰政府成立的国有企业。这点只要仔细观察特许状到期、需要重新延长时，公司的表现就能够明白。公司请求政府给予垄断的许可，而政府也要求公司的回馈，于是公司只好支付 150 万荷兰盾给政府。此外，1665 年第二次英荷战争爆发之际，共和国政府军舰不足，也以更新特许状作为交换条件，要求公司提供 20 艘军舰。公司的船只虽然也配备大炮，但是依然不属于荷兰海军。荷兰国家与荷属东印度公司并非一体，不过荷兰东印度公司与英国东印度公司不同，公司的色彩稍微强烈一点。荷兰政府在公司成立的交涉中扮演着协调者的角色，各都市的政界有力人士，也都投资了以都市为单位所设立的公司分部。除此之外，公司的干部也必须宣誓效忠荷兰议会，返回的船队也有向政府报告的义务。"正是由于这些特征，随着时间的推移，该公司的发展毕竟对推动荷兰成为强大的海洋国家起到了巨大的推动作用，因为荷兰最初的海军建设与公司的事业是密不可分的。1588 年，荷兰省的一位海军上将夸口说仅荷兰一个省就能够在 14 天内动员 30 000 名能投入战斗的海员。1650 年，荷兰拥有 2 000 艘船只的商船队，还有无数的渔船以及从事内河航运的船只，海员的人数在 60 000 至 80 000 人之间。1673 年，被关押在巴达维亚监狱中的囚犯爱德华·巴洛(Edward Barlow)写道:"在东印度荷兰人比任何基督教国家的人都更强大,他们总是待在东印度,不是在这里就是在那里,他们有 150 艘至 200 艘的船只以及 3 000 名雇员。1625 年,公司已经雇用 4 500 名欧洲人在亚洲工作,还有 2 500 人正在前往亚洲的途中,700 人在返国途中。在荷兰共和国国内,公司又另外雇用了 2 000 至 3 000 人。1688 年,英国住阿姆斯特丹的外交人员威廉·卡尔(William Carr)说荷兰东印度公司拥有 30 000 名常年支付工资的雇员、200 艘大型战舰以及许多单桅纵帆船、快艇、护卫舰、小船。1689 年,公司拥有 22 000 名雇员——它不仅是荷兰最大的公司,可能也是当时全世界最大的公司。在该公司鼎盛时期,包括在荷兰本国和海外的工作人员有 35 000 人左右。

二、驶往东方的船只与船队

荷兰东印度公司还拥有庞大的船队。博克塞在《东印度公司的船只:它们的海员、航海家以及船上的生活:1602 年至 1795 年》(*The Dutch East-Indiamen: Their Sailors, Their Navigators, and Life on Board, 1602 - 1795*)一文中指出该公司从 1602 年成立起就有雇用和建造属于自己的船只的能力,在 1615 年以后绝大部分的船只都是由分属于 6 个不同地区即阿姆斯特丹、米德尔堡、鹿特丹、代尔夫特、霍伦以及恩克赫伊曾的造船厂制造出来的。

17 世纪荷属东印度公司的大型船只,由艺术家 Hendrick Cornelis Vroom 所绘

在 17 世纪里的大部分时间,公司建造的船只的类型是很不一样的,每一个部都根据自己订立的规则建造船只。大体上说来,荷兰东印度公司的船只分为两大类型:第一种类型被称为"回航船"(retour-schepen or return-ships),就像它们被命名的名称一样,其用途主要是用于运输尼德兰与东印度之间的货物;第二种类型是更小一点的船只,主要是用于亚洲各港口之间的货物运输和贸易。"回航船"建造得要比一般荷兰的商船的规模更大,在 17 世纪的时候,其中有一些船只在规模以及载重量方面属于荷兰最大的船只。在 1665年 6 月 3 日至 13 日发生于英格兰东部罗斯托夫特(Lowestoft)的海战中荷兰舰队两艘被击沉的最大的战舰分别配备有 70 门和 80 门大炮。到了 18 世纪的时候,荷兰再也没有建造过如此之大的舰船,只有少量配备 60 门大炮的战舰。除了大型的"回航船"以外,荷兰东印度公司还拥有大量的其他类型的船只如"飞船(fluyten or fly-boats)"、快艇、中型艇、渔船、带桨的小帆船、护卫舰以及一种被称为"没有耳朵的猫"(Kat zonder ooren or cat without ears)的飞船,还有一种普通的"猫船"(katschepen or cat-ships),由于其航速比较慢而被称为"驴"。另外还有一种平底船,它们的载重量为 400 吨至 600 吨,它们都有一根很高的桅杆,有一点像中世纪教堂的塔楼,船的尾部则相当宽阔。由于荷兰船只的种类太多,无论在巴达维亚或是本国的港口,要装配以及修复时使用的木材、铁器以及大炮都难以完全配齐,所以在 1697 年荷兰东印度公司总部以及"17 绅士"做出决定,从今以后除了一般的小船以外,公司建造的大船都使用如下三种规格:

第一种:从船艏至船艉的长度为 160 阿姆斯特丹米(40 米),38 门大炮;

第二种:145 阿姆斯特丹米(36.87 米),36 门大炮;

第三种:130 阿姆斯特丹米(33.65 米),26 门大炮。

尽管有上述的规定,在 1722 年至 1747 年之间,仍然有一些配备有 60 门大炮的船只被制造出来。1771 年,米德尔堡制造出长达 155 米的平甲板船。①

最初的时候荷兰东印度公司去东方的来回航程需要 20 至 30 个月,但是在荷兰人的好望角居留地建立以后,这里就成为提供船队补给和获取粮食的基地,外出的以及回航的舰队可以节省至 9 个月的时间。荷兰是新教国家,

---

① C.R. Boxer, "*The Dutch East-Indiamen: Their Sailors, Their Navigators, and Life on Board, 1602 - 1759*", The Mariner's Mirror, 49, London, 1963, p.83.

他们的船的命名也与信奉天主教的葡萄牙人很不一样。加尔文派的教会反对使用圣徒的名字来命名船名。荷兰人的船名大多是使用动物的、色彩的或者是地理的名词。如"黄金""红色""绿色""黑色"和"黑牛""金龙""黄熊""红狮""虎""象""鸵鸟""鲸鱼""蟹""梭鱼""犀牛""锡兰""中国""日本""印度"以及"爪哇"等。还有一些船只是以地名或市镇的行政机构所在地命名的,如"代尔夫特市政厅"等。只有一艘船比较特别,是以圣徒的名字命名的,即"彼得和保罗号"(Pieter and Paul),因为俄罗斯的彼得大帝曾经在这艘船上学习过造船技术,就以俄国人心中崇拜的圣徒的名字命名了这艘船。

  荷兰东印度公司的六个分部会在船只出航以前招募必要的人员,它们要与联省共和国的海军和陆军、在欧洲地中海上进行内海各地贸易的各国商船以及其他各国的海事部门争夺人才。但是因为薪酬水准以及人力资源的来源方面没有太大的不同,而且必须常年在遥远的海外领地进行辛苦的工作,还要面对很高的生病以及死亡的概率,所以没有很大的竞争力。于是,公司只能委托被称为"灵魂的出卖者"的捐客招募人,尝试招募人员。捐客则说服那些不明情况或是负债的人前往东印度,成功以后与他们签订确保公司支付薪酬的专属借据(这被称为"灵魂"),这些捐客中不乏认真工作的人,他们会提供应募者直到出发以前的住所、饮食以及出发所需的物品。但是也有一些黑心的捐客会引诱那些应募的人员前往自己在各港口经营的旅社、妓院、酒馆等地方消费,让他们欠下债务以后再夺走他们的借据,为了避免他们逃亡,捐客将应募者监禁在屋内或者地下室,每天只给他们一点点食物,直到出发为止。后一种捐客的行为几乎与人口贩子没有什么不同。即便如此,依然不足以应付东印度公司日益增长的人力资源需求。越到后来,公司人力资源的素质日益下降。到了18世纪的时候,荷兰的人口只从100万增加到150万,不仅人口不足,而且对外战争不断,荷兰的陆军为了能够雇用到大量的年轻人而提高薪资。在此情形之下,荷兰东印度公司的征募条件并没有改变,甚至因为雇用不到最低员额的水手人数而导致船只推迟出航。公司人员素质的下降使得有人甚至说它几乎成了"恶棍、破产者、落榜者、公司倒闭者、失败者、失业者、逃犯、告密者、流浪者的避难所"。

  在一般的情况下,一艘一等的东印度公司的船只在外甲板上配备有150至160名海员,还有70至80名士兵,后者是去印度当卫戍部队保卫荷属印度的。所以士兵的任务要到他们抵达东印度各地以后才开始。在海上的时候,士兵在船上一般负责巡逻,遇到敌人和海盗袭击的时候他们是武装战斗的主力。不过,在遇到特殊的情况如暴风雨到来的时候,士兵也会协助海员工作。由于海上航行的死亡率很高,一些优秀的海员和士兵都会丧失生命。早在 1614 年的时候,就有人抱怨征兵的困难以及船员的素质逐渐开始越来越低下了。船上的海事人员大约占全体成员的 60%,其中按层次又分为舰长、高级船员、一般海员以及见习生。海员与公司签订的合同开始时规定工作的契约为三年(1658 年以后改为五年),其他人则是五年。如果他们在契约结束以后仍然停留在亚洲,可以选择签订长期契约继续工作,也可以选择不签订新的契约,离开公司后,他们以自由市民的身份,居住在公司在亚洲各地的据点。其中有不少人开始从事自己负责经营的贸易或金融业,并且与公司保持商业联系。原本以海员和士兵身份受雇于公司的人,在抵达巴达维亚等地以后,也有可能靠着个人才能以及运气,在亚洲各地的商站中担任站长、书记官、仓库管理员等职务,甚至成为公司在亚洲的最高级官员——巴达维亚的总督。当时欧洲人在亚洲的死亡率很高,导致各个商站的重要职务经常出现空缺,所以公司必须尽早提拔人选补充这些职位。

在荷兰舰队的海员中,直到 1740 年,大部分的海员都来自荷兰省、泽兰省和弗里斯兰省。但是随着时间的推移,海员中外国人的比例越来越高。在瓦登列岛(The Wadden Islands)地区即从荷兰的特塞尔岛一直延伸到叙尔特岛(Sylt)的沿海地区从事和熟悉海事的人们是荷兰的舰队和船队中就业海员的最佳的来源。"17 绅士"最初很乐观地规定斯堪的纳维亚半岛人、德意志人以及更少的法国人以及英国人不在公司吸收海员的范围之内,但是这个规定在一开始就是一纸空文。许多欧洲人的生命丧失在赤道上的热带地区,当时就有人知道从欧洲出海的四分之一至三分之一的海员是有去无回的。公司的主管将一些他们能够接纳的外国人都安排成为舰队中的海员,许多人认为这样做是无害的。有人在 1671 年的时候指出,在东印度公司船只甲板上的民族大融合实际上减低了船员们策划哗变的机会与可能性。1640 年以后,发生了许多海上的战争,还有别的国家都在谋求发展海外贸易以及航海事业,对于海员的需求在不断地增加,对于商船以及战舰的需求也在增加,因此海员的人数就明显不足。羽田正则指出在 17 世纪中叶以后,在荷兰东印度公司船上服役的人员约有 65% 的士兵以及 35% 的海员是外国人。到了 1770 年,士兵与海员中外国人的比例,更是分别高达 80% 以及 50% 以上。外国的海员主要来自北海以及波罗的海沿岸各国,他们已经长期从事海事活动,对于船只的操控已经十分熟练,至于士兵方面,则多半是贫困以及健康不佳的来自内陆的德意志各地区的低级劳工,他们来到荷兰是希望获得比家乡更高的薪酬。从一开始就有人对于荷兰船只上有那么多的外国人服役的情况感到不满。东印度公司在远东的总督亚克斯·斯佩克斯(Jacques Specx)在1629年给"17绅士"的信中指出:"有那么多的法国人和英国人在船上使得我们在亚洲感到十分麻烦,我希望阁下们将来能够避免这样做,提供给我们品德良好、可靠和忠于尼德兰的人。唉,即便是尼德兰人的心也不总是好的和可靠的。"东印度公司还曾经下令严禁天主教国家如西班牙、葡萄牙、意大利、法国以及爱尔兰等国的人士担任船上重要岗位的工作,但是在实践上有时被完全忽略。由于英国与荷兰不是处在战争的状态,所以严格说来英国人也不能够被征用为海员,但是事实上仍然有英格兰人以及苏格兰人在荷兰人的船上服役,而且英国人的工作还得到过荷兰军官的好评。出于明显的宗教信仰方面的原因,斯堪的纳维亚人以及德意志人经常受到荷兰东印度公司船只的雇用,因为他们共同信奉新教,这些外国雇员主要信仰的是路德宗。即便到18世纪30年代以后,虽然荷兰东印度公司在亚洲海域航行的船只数量在不断地减少之中,但是外籍雇员的人数,特别是德意志的路德宗信徒以及斯堪的纳维亚人的数量还在增加。不过,随着时间的推移,训练有素的海员变得越来越少。

　　当时荷兰海事活动中的另一个重要现象就是东印度公司派出的船上以及巴达维亚的医院中的船员死亡率居高不下。有人举出一个非常经典的例子就是从1768年至1769年,从欧洲驶出的27条荷兰船只上的船员名册共登记了5971名船员的名字,在海上死亡的一共有959名,几乎接近六分之一。博克塞说这个数字并没有夸大,在18世纪的最后20年,荷兰东印度公司海员的死亡率居高不下,几乎成了一种灾难。例如,在1782年,有19艘东印度公司的船只离开尼德兰,带有2 653名海员,其中1 095人,即占43%的人员,在抵达好望角以前就已经死亡,抵达好望角以后又有915人被接纳进入当地的医院。①这些船只在抵达巴达维亚以后装运完货物在回航途中又有许多人死去。这种极为可怕的死亡率使得"17绅士"明白必须征召有色人种的海员作为人力资源的补充。在17世纪的时候,"17绅士"一直没有批准这样做。1734年至1744年,公司主管勉强同意在回航的舰队中允许雇用亚洲

---

① C.R. Boxer, "*The Dutch East-Indiamen: their Sailors, their Navigators, and Life on Board, 1602 – 1759*", The Mariner's Mirror, 49, London, 1963, p.86.

的海员。1781年,东印度公司明确指出在亚洲各地的本地海员中,中国人是可以优先考虑雇用的,因为与日本人以及马来人相比,他们能够吃苦耐劳和忍受海上寒冷的气候。但是三年以后,巴达维亚当局就抱怨说:"中国人不愿意在从巴达维亚出发的回航的船上服务。"尽管如此,许多中国人还是在为荷兰的船只服务,1792年,回航欧洲的荷兰船只在好望角的时候,总共1 417名海员中有579名欧洲人,233名"摩尔人"(大部分是古吉拉特的穆斯林),101名爪哇人以及504名中国人。

在17世纪的时候,荷兰东印度公司船只上的海事活动主要由大副与二副负责,他们的主要职责是由舰长规定的,舰长要密切地与他们讨论关于"纬度的估算、望日、检查罗盘、调整航向以及任何与航海与船只有关的事务"。由于他们的观点有时与别人不一样,他们的意见也要提交船上的一个委员会讨论,这个委员会是由舰长和大副领头的,还有船上的海事高级官员以及资深的商人共5人组成,最后的决定根据大多数票数的意见作出。在17世纪末叶至18世纪初年,大型的东印度公司船只的海事管理事务交给舰长主要负责处理,大副和二副变为相当于海军中尉这样的角色。1780年的时候有人说:"东印度公司的官员们都从联省议会接受委任,他们穿着海军的制服,即蓝色的外套、猩红色的贴边、有着繁复的花边,背心和马裤也是猩红色的。"

在船上除了搭乘船只的乘客、高级海事官员、船上的侍童(一般是13岁至16岁,主要任务是照顾乘客、官员和帮厨)以外,其主要人员分为两组或者三组,他们分别被称为"亲王""莫里斯伯爵"和"埃斯特伯爵"组,这都是以17世纪奥伦治-拿骚家族的贵族名称命名的。在出航的时候人员一般分为三组,因为那时的人总是比较多;回来时因为人员的伤亡人数变得少了,于是大多就分为两组。船上的士兵要轮流站岗监督海员完成他们所有的工作,这样士兵就可以平均地分配他们在海上的和陆地的工作。每一组都要轮流值勤4个小时,他们还要负责照顾伤员和病者,还要轮流清理船舱和甲板。高级官员、商人、乘客在大船舱的舰长的桌子上吃饭,船上其他的人则七个、八个或九个人一起吃饭。每周每个人要为自己群体中的人们轮流服务一次,要从走廊里拿饭给他们,要清洗干净他们吃饭的甲板以及大小便,要让这一块地方一直保持干净。士兵和船员是用木制的勺和盘子在一块光板上吃饭,但是在舰长船舱里的贵客则有特权用锡制的餐具用餐,还有亚麻制成的餐巾和桌布。只要情况允许,每天都有三顿热餐,分别在早上8点、中午以及下午6点供应,大家轮流做饭或在他们做饭的时候帮厨。

最初，荷兰东印度公司的船只预备 20 至 30 个月的伙食供应，但是当荷兰人在好望角的基地建立以后，能够得到补给站供应的食物，去东印度的船只以及从东印度回国的船只一般准备 9 个月的伙食。去往东印度的船只的船员们还可以在抵达巴达维亚以后得到更多的淡水、蔬果以及粮食的补充，这些食物既可以供应船员在巴达维亚逗留期间食用，也可以作船只回航途中的粮食的补给。荷兰人知道供应新鲜的食物的重要性。1706 年，"17 绅士"指示大型的船舰至少要带上十几头活的动物，小的船只也要带上相应的新鲜食物。1760 年，公司一般规定要为 300 人准备四十多头动物，在遇到节日的时候就要屠宰这些动物给大家食用。从当时的海事记录中可以看到，船员每周能够吃到两次 350 克左右的肉类，也有一次能够分配到腌制的肉食用。一遇到机会，船上的海员也会使用鱼镖和鱼叉抓捕海中的新鲜的鱼以供食用。但比较奇怪的是当时的欧洲人不太喜欢吃新鲜的鱼，他们在许多情况之下喜欢吃腌制的咸鱼，有时甚至吃腐坏的咸鱼；一些东印度公司的船尾上也设有一些放置有泥土的木箱，里面种植一些生菜、西芹、水芹和芥末等蔬菜。1695 年，公司规定必须向船只供应橙、柠檬和苹果，还有柠檬汁的定额是每人 32 升。在 18 世纪的时候，公司还向每一艘船上供应大量的腌菜，还在 1791 年的时候规定每 100 人中必须配备一定份额的牛肉以及腌黄瓜，还要有品质较好的洋葱、卷心菜以及胡萝卜。先前出发的一些舰队在抵达一些岛屿如圣海伦娜岛的时候会让船员在田地里播下一些蔬菜瓜果的种子，这样等后面来的舰队抵达这里的时候它们就会长大成熟，可以收割食用了。

荷兰东印度公司的船只的舱内就像伦勃朗画中的室内一样显得非常阴暗。船舱的外面则是风景如画的和色彩斑斓的，里面却是寒冷的、潮湿的和通风不良的。海员和士兵生活在狭窄的空间里，挤在一起睡在晃动的吊床上，光

荷属东印度公司的穿着不同制服的士兵(1783 年)

线和新鲜的空气只能从舱口以及炮眼里进来，在潮湿或者暴风雨的季节舱口和炮眼都要被关闭，在船只通过赤道的时候舱内显得难以忍受的闷热。这种令人窒息的气氛又因为厨房里做饭时冒出的烟雾更显加剧。船上的空间尤其狭小，因为除了货物以外，还要堆放至少9个月的食物以及淡水的仓储。在此艰苦的条件之下，船员们无时无刻不忍受浑身湿透、精疲力竭以及患一些致命的海上疾病的煎熬。坏血病是当时海员最容易患的疾病，主要是因为摄入食物的定量以及维生素不足引起的。船热或斑疹伤寒是另一种致命的疾病，主要是由一些不干净的衣服被带到船上或者受感染的海员来到船上反复感染引起的。还有痢疾，荷兰的英国的海员称他们为"血痢"。肋膜炎或胸膜炎也是常见病，特别是一些体弱的海员在抵达寒冷的港口以后就容易患上。由于前列腺肥大引起的闭尿症也是致命的疾病，一般50至60岁的海员容易染上。除了坏蛆以外，在船上许多外科的疾病还是可以由医生动手术的。为了避免疾病的发生，东印度公司"17绅士"特别强调将船舱清理干净的极端重要性，每一个块面的海员每天早上要将自己的块面彻底打扫干净，每一个人都必须履行自己的天然的职责。他们打扫时是从海里捞起来的干净的海水擦洗甲板的。1695年，"17绅士"下令所有的船上的医生都必须记录和保持船上的医疗记录，要记录疾病的症候、医疗的过程以及治疗的方法（包括用药的剂量）。博克塞曾经对1696年至1702年52艘荷兰船只的医疗记录做过观察，他发现其中一些是没有什么价值的，但是还有一些对于病人的症候以及治疗的过程则记载得十分详细。从这些医疗记录以及航海日志可以看到当时荷兰东印度公司船上的很多情况。"17绅士"曾经就船只上海事人员的疾病以及死亡率请教过莱顿大学医学院的主任、著名医生赫尔曼·波尔哈维(Dr. Herman Boerhaave, 1668—1738)，他是当时那一代人中最杰出的内科医生，但是他在咨询了一些同事以后也没有得出非常有效的加以改进的结论。

　　荷兰东印度公司船上所使用的航海仪器主要是直角器、标尺或称为"戴维斯象限仪"的仪器、罗盘以及沙漏等。荷兰人不像英国人那样大量使用航海日志以及海路图，他们也比较晚地使用八分仪以及六分仪。1747年，所有的东印度公司的船只都配备了八分仪。两年以后，一份描绘及指导如何使用八分仪的指南在荷兰出版。但是直到1805年以前，荷兰的海事人员还是更喜欢使用以前的直角器。所有的船只都配备有克拉斯·德·瓦雷斯(Klaas de Vries)的《领航员的艺术或宝库》(*Schatkamer oft Konst der Stuerluyden or*

Tresure-chamber or Art of the Pilots）以及 C.哈兹·格特马克（C. Hsz. Gietermaker）的《航海的金色光芒》（Vergulde Licht der Zeevaart or Golden Light of Navigation）。从 1702 年至 1811 年，前一本书共发行了 11 版；从 1660 年至 1774 年，后一种书籍则发行了 14 版。在航行的过程中，海事人员特别是大副都配备有海图以及航海的数据，荷兰的首席水道测量家会将这些资料在荷兰母国的港口或是巴达维亚（如果当时船只是停在东印度的话）交给舰长或是大副，船上的海事人员也要保存他们的海事记录，在航行结束以后交给同样的海事当局。除了东印度公司出版的官方的地图和海图以外，海事当局严禁公开或透露这些海图、地图以及航船记录的任何内容给任何人。公司也不允许使用外国的海图和地图，尽管有些外国的地图和海图比荷兰本国的还要好，荷兰的水道测量家可以通过贿赂等方法得到。在 17 世纪的时候，巴达维亚和阿姆斯特丹之间经常交换海事的资料，不断地核对来回东印度的船只在海事记录之间的数据，调整航线和航向，使得海事的资料尽可能地准确更新，由此维持东印度公司船只能够沿着准确的航线航行。在整个 17 世纪，这一套运行的机制运作良好。

伊斯列尔统计了从 1688 年至 1780 年荷兰东印度公司雇用的海员人数，他指出 1688 年在亚洲各个贸易基地的服役的海员有 1 400 名、1700 年有 1 400 名、1753 年有 3 500 名、1780 年有 2 900 名；1688 年在亚洲海域之间从事各地区之间海上贸易的海员有 3 500 名、1700 年有 3 500 名、1753 年有 2 500 名、1753 年有 2 500 名、1780 年有 1 000 名；1688 年在荷兰出发的来亚洲的舰队上服役的海员有 2 490 名、1700 年有 2 790 名、1753 年有 4 860 名、1780 年有 4 320 名；1688 年从亚洲海域回欧洲的舰队上服役的海员有 1 050 名、1700 年有 1 230 名、1753 年有 1 860 名、1780 年有 1 530 名；1688 年在荷兰东印度公司服役的海员共有 8 440 名，1700 年有 8 920 名，1753 年有 12 720 名，1780 年有 9 750 名。

羽田正指出，荷兰东印度公司在 1602 年至 1794 年间，总共派出 1 772 艘船只，航行至亚洲各地多达 4 721 次，其中有三分之一集中在 17 世纪出航，三分之二则在 18 世纪出航。在这些船只当中，有 1 470 艘是由公司各分部的造船厂建造的属于自己的船只，具体说来，阿姆斯特丹为 728 艘（占 49.8%）、泽兰为 306 艘（占 20.9%）、鹿特丹为 107 艘（占 7.3%）、代尔夫特为 111 艘（占 7.6%）、霍伦为 107 艘（占 7.3%）、恩克赫伊曾为 108 艘（占 7.4%），其余的 300 多艘则来自租赁与购买。据伊斯列尔统计，在 17 世纪 20 年代，每十年平均有 117 艘荷兰船只航行于亚洲的海域,到了 17 世纪 90 年代,则增加到 235 艘,其数量几乎翻了一番。在 18 世纪 20 年代的时候还有增加,不过此时期以后就逐渐地下降了,到 18 世纪 40 年代以后则急剧衰减。相应地,从亚洲回航到联省共和国的船只,从 17 世纪 20 年代的每十年平均 70 艘,到 17 世纪 80 年代增加到了 140 艘,直至 18 世纪 20 年代还在增加,到 18 世纪 40 年代以后才衰减下去。荷兰东印度公司与英国东印度公司不同,它除了进行远距离的海外贸易以外,还拥有自己的造船业以及海运业。相比之下,英国东印度公司多采用租用船只的方式,这两种方式各有利弊。1788 年荷兰东印度公司理事会"17 绅士"中有人提出像英国人那样租用船只是否会更加划算,但是经过计算,荷兰人发现荷兰船只每次出航的成本为 190 至 220 荷兰盾,英国船只却要达到 333 荷兰盾,因此荷兰东印度公司贸易采用了租用船只的建议。

三、科恩的开拓与马特索尔科的全盛时代

荷兰人在向东印度海上扩张的过程中,仿效以前的葡萄牙人,在他们所到之处的海岸线上建立"商站"(factorijen or factories),这些商站,有的建筑有要塞,有的则没有。在 1605 年以后,荷兰人想要经营摩鹿加群岛的香料贸易以及其他所有地区的胡椒贸易,他们也想在海外建立军事的特别是海军的基地,他们还想在回欧洲的航线上建立一个总的集合地点,以便在外海游弋的舰队可以在此装运和卸下它们的货物,亚洲各个港口之间的贸易的货物可以在这里集中、储存或转运。在香料群岛,荷兰人从葡萄牙人那里获得的那些港口都相距遥远,不能满足他们的需要。因此他们意识到这个在远东海域的总的集合点必须建立在马六甲海峡或是巽他海峡的什么地方,这也是贸易的航线以及季风汇聚的地方。

1605 年,荷兰人击败胆怯的葡萄牙人守军,不费一枪一弹占领了安汶岛。但同年,他们攻占特尔纳多岛以及蒂多雷岛的战斗就要艰苦得多。1606 年,从马尼拉来的西班牙人夺回了这两座岛屿。尽管一年以后荷兰的将军科奈利斯·马特里夫(Cornelis Matelieff)率领部队控制了大部分的特尔纳多岛,但是西班牙人在该岛仍然维持有一座要塞并且在以后的六年里面一直控制着蒂多雷岛。1606 年,荷兰人第一次企图从葡萄牙人手中夺取马六甲,但是没有成功。1609 年,《十二年停战协定》订立,荷兰东印度公司的"17 绅士"

鉴于海外的属地距离遥远，联系不易，决定设立总督一职以及东印度公司在远东的"评议会"(read or council)，以便更加有效地管理其贸易活动以及对亚洲其他地区进行征服。最初荷兰人指挥在亚洲的贸易帝国的总部设在爪哇岛西部的万丹岛(Bantam)。公司向亚洲派出的第一任总督是皮特·博斯(Pirter Both，1609—1614年在任)，他既不是荷兰人，也不是泽兰人，而是位于乌特勒支省的阿默斯福德人，这很可能是他被委任的原因之一，因为他的出身使得他不太会偏向公司的6个部门中的任何一个部门。尽管他在荷兰的文献里也被称为"总督"，但是他的职位和职能与西班牙和葡萄牙的那种在殖民地的总督是有所不同的，他既不是王室在东印度的代理人，也不是那种寡头议员集团中的政治家，甚至还不是贵族，他实际上只是公司的一名重要职员。他的这种身份和地位反映了荷兰作为一个共和国的特性，当时它的政治体制的形式不同于欧洲其他的那些君主国家。

从1618年开始，由简·皮特逊·科恩(Jan Pieterszoon Coen，1587—1629)担任这个职务。他出生于北方城市霍伦，他的父亲是一个商人，可能在葡萄牙从事过盐业的贸易，有了一点财产的积蓄。他们原来是姓忒斯克(van Twisk)的，因为父亲看到霍伦城市里有太多的同姓的人，所以就改名科恩了。霍伦也是当时荷兰海外贸易非常活跃的城市，它虽然没有阿姆斯特丹那样重要，但是也有许多外来的船只出没法国和葡萄牙等地，成为葡萄酒、无花果、橄榄油、蜂蜜以及葡萄干的集散地。他的家族信奉严格的加尔文主义的信条，是虔诚的加尔文教派的信徒。1600年，科恩在13岁的时候，辞别双亲，去意大利罗马的荷兰人设立在那里的商业机构学习簿记。就在他离开荷兰的两年以后(即1602年)，荷兰东印度公司在阿姆斯特丹成立了，霍伦也是派出船只和资金入股的城市之一。1606年底或者1607年初，霍伦派出的加入东印度公司的头一批船只从亚洲回到了荷兰，赚了数百万荷兰盾，股东获利75%。从那时起，霍伦城市中的人们都开始热衷于海外贸易了。

科恩正是在此时回到了荷兰，受到了当时这种从商的社会气氛的感染。他以自己所学习到的知识，加入了东印度公司，在霍伦入股的船上当起了一名次级商务官员，也就是那种最基层的商务官和职员。1607年底，他所在的霍伦船只加入荷属东印度公司并参加远航万丹岛的航行，次年11月抵达了马六甲海峡。几个月以后，他们又来到了爪哇最南端的贸易港口万丹，随后又渡海参加了远征遥远的香料群岛的战役，并于1610年底回到荷兰。他向东印度公司提交了关于如何展开东南亚贸易可能性的报告，受到"17绅士"的赏识。

1612年10月,他被任命为东印度公司首席会计师以及荷兰人在万丹以及雅加达的商站的站长,率领2艘战舰前往摩洛加群岛,又于1613年2月抵达万丹。不久再次抵达香料群岛,他与东印度公司的总督博斯建立了良好的工作关系,后者十分欣赏他的才干。这年9月,他们两人一同返回万丹。在回程途中,他们听到小巽他群岛中的索洛岛(Solor Island)被荷兰舰队从葡萄牙人手中攻占的消息。这个岛是唯一通向中国人最喜欢的盛产檀香木的帝汶岛的门户。科恩写信给东印度公司董事会说:"有了檀香木,我们就可以迫使中国人用他们的丝与我们交易。"10月6日,博斯与科恩回到了万丹,正好原来的商站站长去世了。两个星期以后,科恩就被任命为万丹和雅加达两个商站的站长以及公司在远东的总簿记长。他凭借着武力与谈判并用的手段,占据并且开发盛产豆蔻的班达岛、盛产丁香的摩洛加群岛以及胡椒产地爪哇。1614年11月,他又被任命为东印度公司地区评议会的评议员以及总管,直接听命于新的总督雷恩斯特(Gerard Reynst,1560—1615),成为公司在海外的第二把手。然而雷恩斯特在一年以后就去世了。公司又任命雷约尔(Laurens Reael,1583—1637)为总督,但是他对于公司支付的薪酬不满意,要求公司董事会加薪,公司于是便改任科恩为总督。在1614年12月27日科恩在万丹给东印度公司"17绅士"的信中指出:"诸位绅士应当很清楚地从以往的经验中了解到在亚洲的贸易应当在武器的优势保护之下进行操作和维持,贸易所获得的利益会拓展武器的力量,贸易的维持不能没有战争,战争也离不开贸易。"

1618年4月30日,科恩接到前一年公司总部任命他为第四任东印度公司总督的决议。1619年5月30日,科恩指挥的荷兰舰队与万丹王国以及与之联手的英国东印度公司的军队发生激战,并且以武力夺取了当时基本上是由爪哇人居住的雅加达,易名为"巴达维亚"。1620年1月,巴达维亚的人口记录是当地有873人,其中71人是日本人,大约每12至13人中就有1人是日本人,日本人口的比例相当可观。当时荷兰已经在平户设立商站,渡海来到这里的日本人,多半是受雇于荷兰东印度公司的雇佣兵。科恩占据巴达维亚的举动引发万丹的苏丹抗议,因为苏丹认为雅加达是他的属地。当时荷兰国内的公司领导"17绅士"则向科恩强调,建立荷兰人在远东总的集合点的举动必须是通过和平的谈判而不是武力的征服。科恩则向他们陈述自己的理由,他的看法与一个世纪以前葡萄牙人在葡属印度的第二任总督、"金色的果阿"的奠基者阿尔伯奎克(Afonso Albuquerque,1453—1515)的想法非常接近:"这些地方所有的土王都明白我们在雅加达建立殖民地意味着什么,接着会发生什么,就像最有远见卓识的欧洲政治家那样。"正是这个原因,井里汶(今印度尼西亚爪哇岛北岸的港口城市)的土王称荷兰人在雅加达的废墟上建立的要塞城市巴达维亚为"新马六甲"。从那时起,不仅万丹的苏丹,而且所有其他爪哇的土王都拒绝荷兰人在他们的任何港口建立筑有要塞的商站,他们担心荷兰人步葡萄牙人的后尘,逐渐地以这些要塞为中心蚕食周围其他的地区以及城镇。在攻占雅加达以后一年的时间里,科恩逐渐地规划他的"王国"的边界,他如下的这番描绘既不顾历史的真实,也违反现实的情况:"王国"的西部边界在万丹、东边到井里汶,北部一直到外海的岛屿,南边则是印度洋。这个纸上谈兵的计划存在了很长的时间,因此直到18世纪荷兰人才有效地控制了爪哇岛西部多山的普雷阳格(Preanger)高地。然而,在当时的亚洲各地的人们以及后来的历史学家看来,荷兰人占领雅加达就像葡萄牙人占领果阿,二者的意义是一样的,正如阿尔伯奎克在征服果阿以后给葡萄牙国王曼奴埃尔一世写信时指出的那样:"印度的人民知道我们在这片土地上建立了一个永久的居留地,因为他们看到我们在这里种树、用石头和灰泥建造房屋并且生儿育女。"科恩作为荷属东印度公司在亚洲权势最大的首长,曾经于1619年至1623年以及1627年至1629年两度出任荷属东印度公司的总督。在他的领导之下,巴达维亚已经被建成了荷属东印度公司在亚洲最大和最重要的根据地,荷兰人以此地为中心建立了庞大的海外殖民事业,在17世纪中叶,荷兰人的势力已经扩张至摩鹿加群岛的大部分、马来西亚和锡兰,并重创葡萄牙人在印度西海岸的殖民地。

荷兰东印度公司将远东的总部设在巴达维亚以后,对于香料贸易的经营比葡萄牙人更加残暴。1620年,班达群岛的一些居民拒绝将香料出售给荷兰人。

17世纪的铜版画中的巴达维亚城墙

荷兰人认为他们的行为是受到英国人指使的,于是派出军队对当地的居民进行讨伐与杀戮,并且接连占领了各个邻近的岛屿,其中有已经被英国人占领的班达群岛中最小的出产肉豆蔻的伦岛(Run islands),荷兰人俘虏了800名岛民,将他们送到巴达维亚当奴隶。其余的居民中有一些人反抗,被俘的47名人质立即遭到处决。其他的地方也发生了类似的事件。1621年,科恩指挥2 000名士兵(其中有800人为日本雇佣兵)在盛产肉豆蔻的班达岛,不分青红皂白地屠杀当地的居民,1 500名岛民不是被杀害,就是被带回爪哇岛当奴隶,岛上的居民消失殆尽。科恩将新的奴隶运到岛上,并且将农田出租给欧洲的白人,展开由荷兰人控制下的肉豆蔻的生产。由此,科恩也被称为"班达的杀戮者。"

随着时间的推移,巴达维亚也成为荷兰海洋帝国在东方最大和最重要的海上航运中转港,也是荷兰人在远东的指挥贸易活动和军事活动的总部。在几十年的时间中,荷兰人强迫当地的劳动者疏浚了河流,挖好了沟渠,竖立起一排排的有山墙的房子。17世纪末到访巴达维亚的一位耶稣会士写道:"这座要塞有四个堡垒,两两面对而立,安装了大量的铜炮,不仅用来对付当地人和来自欧洲别的国家的人,而且在必要的时候可以协助别处的荷兰人,它向东印度群岛所有地区的大使们和君主们展示东印度公司的伟大与强权。"荷兰驻当地的总督配有特殊的交通工具,其马车由六匹马拉着,后面有骑兵以及全副武装的戟兵扈从,他们的坐骑都是波斯与阿拉伯的骏马。戟兵们穿着黄色的紧身上衣和镶着银边的红色马裤,显得华丽壮观,威风凛凛。荷兰总督的就职、生日和葬礼的仪式都是经过精心策划的,都有隆重的游行、献礼,城市中的所有活动都停止下来,所有的街道都灯火通明,礼炮齐鸣。正是以这样的方式,荷兰人向东方各国的统治者和各地区的人民宣示其威权。东印度公司离开母港巴达维亚往外开出前往巽他海峡等地的船只,一般在每年的秋天或者晚春启航,其航程一般需要5个半月至7个月的时间,更长的航程也并非没有,更短的则不是十分频繁。在荷兰东印度公司最繁荣的时期,即17世纪的最后20年以及18世纪的头20年,一般都有三支荷兰的舰队相继离开自己的母港:(1)被称为"露天游乐场"(Fun-fair)的舰队在每年9月启航;(2)"圣诞节舰队"(Christmas)在每年12月或者次年1月启航;(3)"复活节舰队"(Easter)则在每年4月或者5月启航。在这三支舰队中,第一支舰队是最重要的。在它每年3月或者4月抵达巴达维亚以后,正是将亚洲各地货物装船的时候,这些货物来自日本、中国、孟加拉湾以及波斯湾,不会等待下一次的西南季风。回航的东印度公司船只经常分为两支,第一支在年底经过巽他海峡,第二支则将货物从日本、中国以及孟加拉湾运抵一个月或者两个月以后启航通过巽他海峡。这两支舰队经常在好望角会合,然后驶往大西洋上的圣海伦娜岛、多火山的阿松森群岛以及佛得角群岛的西部和亚速尔群岛,再回到荷兰本国的港口。正是通过这种航运的方式,荷兰人成功地控制了摩鹿加群岛的丁香、豆蔻和肉豆蔻,锡兰沿海的肉桂和马拉巴的胡椒。荷属东印度公司的船队从东方运回的货物包罗万象,包括各种香料、咖啡、茶、糖、鸦片、瓷器、生丝,以及金、银、铜、锡等贵重金属。

科恩像葡萄牙的阿尔伯奎克、法国的约瑟夫·法朗索瓦·杜布雷(Joseph François Dupleix, 1697—1763)以及英国的罗伯特·克莱夫(Robert Clive, 1725—1774)一样,[1]是一位具有强烈的主观意识的帝国奠基者,而他的上级领导"17绅士"则不是这样的人,尽管这些绅士们在后来也勉强同意

---

[1] 约瑟夫·法朗索瓦·杜布雷(Joseph François Dupleix, 1697—1763),法国东印度公司的总督。他的父亲是法国东印度公司的董事,1720年被父亲派往东印度,担任公司在本地治里的高级评议员和军事负责人。1731年成为金德纳格尔的商站的站长,他发挥政治、行政以及商业上的才能,成功地经营商站,并且重整公司的业务。1742年被任命为本地治里的总督。1744年以后,他受到奥地利王位继承战争的影响,与英国东印度公司的军队交战。他凭借着出色的军事天赋,在1747年和1748年击败了英国军队从陆地和海洋对于本地治里的进攻和包围。此外,他也给军事上疲弱不振的南部印度诸侯提供武力上的帮助,强化法国东印度公司的影响,并且也与英国支持的印度诸侯打仗。然而此时法国东印度公司的董事会不愿意花钱在打仗的事情上,于是在1754年将杜布雷解职。杜布雷回到法国以后,对公司提起赔偿诉讼,企图取回自己代垫的款项,但是诉讼没有成功,他抑郁而终。

罗伯特·克莱夫(Robert Clive, 1725—1774),英国东印度公司军队总指挥官。他在18岁的时候以英国东印度公司职员的身份前往马德拉斯。当时他年少气盛,情绪容易冲动。当时刚刚爆发了卡纳提克战争,他在1751年的军事行动中发挥了才能。1753年结婚,婚后暂时回到英国。1755年再度回到南印度,抵达马德拉斯以后收到加尔各答沦陷的通知,于是紧急赶回孟加拉夺回加尔各答要塞。不久以后,他又在普拉西战役中击败孟加拉的纳瓦布军队。从那时起直到1760年为止,他一直以孟加拉总督的身份致力于稳定纳瓦布的权力。他在暂时回国时受到英雄般的欢迎,1765年以后,三度回到印度,直到1767年1月为止。他一直以孟加拉总督的身份维持当地的秩序,并且严格执行防止腐败的政策。回国以后受到政敌的严厉批评,他的作为被指责为是导致英国东印度公司财政恶化的根源。他在国会中发表了义正词严的演说,虽然维护了自己的名誉,但是政敌的激烈攻击仍然使他罹患精神疾病,并在1774年结束了自己的生命。

第七章 荷属东印度公司与海上霸权的确立 233

他用武力的方式占领雅加达。科恩的继任者中也不是都有想要把荷兰东印度公司的商业关怀转变为占有领土的帝国意识。但是,这种转变是迟早要发生的。当内陆的马塔兰王国(kingdom of Mataram)企图控制全部的爪哇岛以及想要进而谋求印度尼西亚半岛全境的霸权的时候,荷兰人介入当地政治的机会就来了,在阿姆斯特丹以及米德尔堡的"17绅士"得知科恩的决定以后只得勉强同意他在巴达维亚的政府介入爪哇人的事务。不过,科恩建立爪哇以及将荷兰人的势力扩张到边远岛屿的政策没有持续很长的时间,部分原因是荷兰人过高地估计了以农业为主的马塔兰王国在内陆地区的力量以及凝聚力。马塔兰王国在1645年的时候已经扩张到爪哇的东部和中部,这一地区是荷兰人在巴达维亚以及摩鹿加群岛的粮食供应的主要来源地。马塔兰王国的人口分为4个主要的族群,第一种是占人口绝大部分的黑肤色的农民,他们被紧紧地束缚在土地之上,浅肤色的贵族以及官吏傲慢地对待他们,并且依赖于农民种植的粮食蔬果为生。第二种为贵族,他们的人数也很多并担任各阶层的官吏,有些人更是有王族血统的亲王,在一般情况下,他们的家庭是一夫多妻制的。除了农民和贵族以外,还有第三种社会阶层则是由穆斯林的阿訇、收税人或者书记官以及圣人组成的,他们主要分散居住在内陆地区,坚定地持守伊斯兰教的信仰,并为穆斯林履行伊斯兰教的礼拜仪式。第四种则是爪哇人的商人以及手工艺人,对于这些人,大家所知不多,大概在港口城市这些人的数量不少,内陆的农村更要少一点。

马塔兰王国是属于东方的那种传统的专制王国,在理论和实践上,苏丹都是采用绝对君主制度的。他对于贸易和商业没有太多的兴趣,对于他的臣民的经济利益也没有太多的关注,他只关心家族的统治以及在印度尼西亚群岛的霸权。农民要缴纳土地上种出来的粮食、贵族要向他们的属下收税。君主的生活要依赖于各种劳役和租税的收入,官府通过设在路边的或是河流交叉地方的收税站来收税。有时,外国的使节也会来朝贡。马塔兰王国没有铸币厂,贸易的活动依靠物物交换。流通的钱币主要是中国的铜钱以及西班牙银元(rails),只有在购买武器、珠宝首饰以及价值较高的外国商品,如印度的布匹以及中国的瓷器的时候人们才使用钱币。荷兰人李杰洛夫·凡·戈恩斯(Rijkloff van Goens)在1648年至1654年作为荷兰方面的使节四次出访马塔兰苏丹的朝廷时,他请求苏丹在该国的沿海地区开放和扩大海外贸易,他说只有这样才能使得该国变得更加富裕,因为朝廷可以向从事贸易的国内外商人征税。苏丹阿芒库拉特一世(Amangkurat I)则回答说:"我的人民,与你们的不一样,他们自己并不拥有什么东西,他们拥有的每一样东西都是属于我的。如果我不严厉地统治他们,我就一天也不能再当国王了。"在此情形之下,荷兰人无法扩大在此地区的贸易的规模。

科恩与当时的一些东印度公司的高层主管还认为,荷兰在东方纯粹的白种人市民太少了,他们主张将在尼德兰已经结婚的移民迁徙到这些地方来,这是在东方建立定居在当地的荷兰社团唯一可靠的手段。在1623年,科恩是这项政策的热忱的支持者。像许多同时代的人一样,他认为地域狭小的联省共和国本国的人口太多,甚至已经到了危险的程度,因此在东印度以及西印度建立大规模的移民居留地应当是比较容易的。他很乐观地宣称可以在爪哇岛的西部建立"数十万人"的移民居留地,他还说:"那里的土地非常容易长出果实,水质良好,空气有益于健康,气候温暖,海里多鱼,土地适合饲养各种牛群。"科恩与前几任东印度公司的主管都不喜欢当时荷兰的那些自由市民阶层,他鼓励那些结过婚的品德良好的市民家庭带着自己的资本移民来到东方。他的热忱一定程度上影响到了东印度公司的领导"17绅士",他们一度决定征召合适的家庭移居东方,但是应者寥寥。1628年,马塔兰王国的军队围困巴达维亚,守卫城市的荷兰人患上疟疾以及痢毒等热带病后死亡率很高,这使得科恩原来想让欧洲的荷兰人移居东方的想法发生了改变。更有甚者,荷兰的自由市民在与中国人的贸易竞争上总是处于劣势,联省共和国国内的富裕的市民根本不想千里迢迢来到东方以开垦劳作的方式发财致富,因为他们通过坐在家里投资于东印度公司的商业活动就可以坐收红利。当时那些在荷兰本国失业的穷人也只愿意去离本国较近的国家冒险发财,而不是登船去往遥远的巽他海峡以外的岛屿。服务于东印度公司的商人、士兵和海员都没有在东方长期做移民度过余生的愿望,他们在发财致富以后就想尽快地回到祖国,在这方面荷兰人与葡萄牙人的那种扎根于东方殖民地的性格形成鲜明的对比。最后,东印度公司的领导层"17绅士"还不愿意将东方的各转运港口之间的贸易完全地大规模地开放给荷兰的自由市民,他们想维持自己的垄断地位,这种做法足以限制在东方出现繁荣的来自荷兰本国的移民社会。由此,荷兰人在东方建立一个规模宏大的以及永久的殖民地的计划受到了各种因素的制约。

博克塞认为在东印度公司驻巴达维亚总督若安·马特索尔科(Joan Maetsuyker,1606—1678,1653—1678年在任)管理公司业务时期是荷兰在远东的殖民事业的黄金时代,此一时期与东印度公司在亚洲的全面繁荣是同步吻合的。

虽然在1678年马特索尔科去世的时候,荷兰东印度公司在亚洲不算是一个拥有大片领土的强权,它只在爪哇、锡兰以及南非拥有领地。在此期间,荷兰人曾经侵占过中国台湾地区,但是在1622年被郑成功的军队驱逐出去。不过,荷兰人在1667年平息了望加锡原住民的反抗,从1653年至1663年,荷兰人又征服了原来由葡萄牙人占领的锡兰和印度西海岸的马拉巴沿海地区。在马特索尔科担任总督期间,荷兰与英国进行了三次战争,每一次都以荷兰的胜利而告终。在亚洲海域,英荷两国也卷入了战争。1674年,荷兰与英国达成协议,英国确认了荷兰对于班达群岛拥有贸易的垄断权。对于许多荷兰人来说,生产香料的班达群岛远远要比割让给英国的大西洋上圣海伦娜岛以及北美的曼哈顿更加重要。1672年至1676年,荷兰东印度公司的舰队有效地防御和击退了印度洋上的法国东印度公司舰队。在此期间,西班牙人放弃了特尔纳特岛以及蒂多雷岛,当时他们担心明朝的军队会进攻马尼拉。荷兰人与葡萄牙人长期的战争也在1663年的下半年告一段落,不过,葡萄牙人在帝汶岛、索洛岛以及弗洛雷斯岛(即拉朗土卡岛,Larantuka)保留了一些传教站以及贸易的据点,但是这只是地方性的问题,在总体上不能对荷兰东印度公司在印度尼西亚其他地方的扩张构成威胁。

对于荷兰东印度公司在1633年至1678年这段时期的繁荣发展,若安·马特索尔科本人到底做出了什么样的贡献,人们一直有不同的看法。李杰洛夫·凡·戈恩斯率领了荷兰的舰队击败了葡萄牙人;征服望加锡的荷兰军队是由科尔奈利斯·斯贝尔曼(Cornelis Speelman)指挥的。上述两位荷兰的将军在个性上是非常积极主动和富有攻击性的。但是马特索尔科的性格则完全不同,他比较孤僻,不太喜欢过多暴露自己的观点。加尔文派教会的牧师以及东印度公司的历史学家弗朗索瓦·瓦伦特(François Valentyn,1666—1672)认为他是一名"善变和狡猾的狐狸",是一名"耶稣会士(即狡诈的人的同义词)"。当时有许多荷兰人都认为马特索尔科其实是一名隐秘的天主教徒,但是关于这件事情的证据是相互矛盾的。他的家庭的确具有罗马天主教会的背景,他的一名姐姐是修女,他本人也毕业于天主教的鲁汶大学并且获得法学的学位。1636年,当他第一次被任命为巴达维亚政府中法律方面的职务时,东印度公司米德尔堡分部的"17绅士"中的一名理事提出异议,认为马特索尔科是一名隐秘的天主教徒,但是阿姆斯特丹的理事则不这样认为,他们认为马特索尔科就是他自己所声称的一名加尔文派信徒。

1636年,马特索尔科以法庭议长的身份来到巴达维亚,其主要的职责就是整顿当时非常混乱的法律制度。1642年,他完成了这项工作,并且公布了荷属巴达维亚的法律规条。1644年,他被指定为派往锡兰和果阿的荷兰舰队的指挥官,与葡萄牙人谈判签订和落实和平条约,并在这一年的11月公布了这项条约。他后来被任命为已经由荷兰人占领了的锡兰低地的总督,并在1646年至1650年将总督驻地设在锡兰西南部的港口城市加勒(Galle)。1650年,他被任命为荷兰东印度公司的第二号负责人,以后,他一直留在巴达维亚服务。1653年5月,他成为荷兰东印度公司的总督。他以出色的业绩获得了东印度公司理事会"17绅士"的信任以及支持,直到1678年1月8日去世时为止。

马特索尔科主张对殖民地的当地人们采取怀柔政策。1650年,他在给锡兰的继任总督的指令中强调要以宽容的态度对待当地的僧伽罗酋长和头人。因为"他们对于自己的身份非常敏感,阁下应当特别注意这一点,我们中有许多人对他们怀有偏见,视他们为'黑狗',好像他们就是应该被这样无礼地称呼以及受到这样非基督徒般的对待,是不应当享受荣誉和善待的"。另一方面,在巴达维亚的中国人则认为马特索尔科是一名脾气不好的人,性格不讨人喜欢,低社会阶层的人不敢从他的办公室门前走过,如果有人敢冒犯荷兰人的法律,就会立即遭到逮捕。还有人说他的第二任太太是他从一位最要好的朋友那里骗来的,他对这位太太也不太好,有时在大庭广众面前羞辱她。还有人说他喜欢在职员中安插一些打小报告的探子去探听各种消息,监视他们的工作。

然而,在"17绅士"看来,马特索尔科在行政管理以及如何操作官僚体系方面的能力是无可非议的,他们对他有着不可动摇的信任。这位总督大致在以下几个方面致力于荷兰在东印度殖民地的事业。

一是试图发展荷兰-亚洲本地的贸易社团。1649年1月26日,马特索尔科总督以及巴达维亚评议会写信给"17绅士"指出:"阁下们必须完全明白前来亚洲的人,他们的想法就是为了赚钱而别无其他,赚了钱以后就立即返回自己的祖国了。日常的生活经验已经明白无误地告诉我们这一点了。在此情形下,荷兰人不可能在亚洲建立一个稳定的殖民地,公司也不可能减轻任何财政的负担。相反,如果你们有可能在这里建立一个稳定的殖民地,你们将要肩负起伟大的和沉重的责任。"但是四年以后,经过马特索尔科的努力,情况有所改善。在他的挽留下,许多已经合约到期的公司高级职员继续留在当地为公司服务,回祖国的人数相对较少。许多荷兰人在当地结婚了,其中少数是与从荷兰本国来的女子(她们的人数也很少),大多是他们的太太是欧亚混血儿,还有少量的是完全本地的女子。马特索尔科和巴达维亚评议会试图发展出一种由欧亚混血儿组成的贸易社团,就像以前葡萄牙人在果阿和马六甲一样。然而,这项计划并没有持续很长的时间,因为"17 绅士"有意地不鼓励欧亚混血儿前往欧洲去接受教育,他们担心这些欧亚混血儿会进入公司的领导层甚至成为公司的最高层领导人。同样地,"17 绅士"也不愿意那些自由的市民,比如说已经退休了的雇员去从事和介入亚洲各个港口的贸易活动,他们担心一旦这种事情发生会打破公司对于香料贸易的垄断。最后,就连马特索尔科自己在 1663 年 12 月 21 日的信中也承认,在锡兰的荷兰—欧亚混血儿社团在从事贸易活动方面不一定能够竞争得过在陆地和海洋上的穆斯林以及其他本地的从事贸易活动的人。

二是以巴达维亚为中心,在一定程度上发展文化与科学事业。在马特索尔科统治期间,巴达维亚并非一片文化的沙漠。1668 年,荷属东印度公司在巴达维亚建立了一家印刷所,(一个世纪以前,英国人在孟加拉已经建立了一个印刷所)在此期间,这个荷兰的官方印刷所出版了各种不同的书籍,其中包括两本拉丁文课本《伊索寓言》(*Aesop's Fables*)以及雅各布·凡·斯蒂丹(Jacob van Steendam)《巴达维亚青年道德歌谣集》(*Moral Songbook of the Bataviam Youth, 1671*)。斯蒂丹是"新尼德兰"的荷兰先驱者诗人之一,在 1664 年英国人占领曼哈顿以前他一直居住在当地。皮特·凡·霍伦(Pieter van Hoorn)曾经在 1666 年至 1668 年到中国台湾地区,他于 1675 年在巴达维亚出版了赞美孔子的押韵颂词,这个本子是基于耶稣会士的散文而作的。1677 年,也就是马特索尔科去世的前一年,赫尔曼·尼科莱·格里姆(Hermann Nicalai Grimm)的关于锡兰医学的《锡兰岛医学宝库》(*Thesaurus Medicus Insulae Ceyloniae*)在巴达维亚出版。同一位作者所著的《医学药品知识手册》(*Compendium Medico-chimicum*)于 1679 年出版。一首在 1674 年书写在缎子上的,呈献给开普敦的创立者的女儿玛利亚·凡·利贝克(Maria van Riebeeck)的婚礼颂词后来也在巴达维亚流行开来,成为荷兰海外殖民地婚礼颂词的典范。H.A.凡·里德·凡·德拉肯斯坦(H. A. van Reede van Drakenstein)于 1678 年至 1703 年撰写了《马拉巴的花园》(*Hortus Malabaricus*),是关于马拉巴沿海地区植物学的权威著作。还有乔治·拉姆菲斯(George Rumphius),这位安汶岛的"盲鹿"在1741年至1750年出版了6卷本的《安汶岛草药》(*Amboinse Herbal*),他们两人都是在马特索尔科担任总督时期非常活跃的植物学家,尽管他们的各自的著作都是在马特索科尔总督去世以后在欧洲出版的。还有一位刘易斯·菲利伯特·韦尔纳特(Louis Philibert Vernatty)是常驻在巴达维亚的英国伦敦皇家学会的通信会员,他一直居住在巴达维亚从事科学研究工作,并与伦敦皇家学院保持通信联系。在他后来因为商业合同纠纷被遣送回国以前,他从来也没有向英国提供有悖于荷兰国家利益的任何讯息。

三是发展和繁荣以巴达维亚为中心的荷属东印度各个殖民地的城镇。虽然荷兰人没有在巴达维亚建立起成功的教育制度,但是在马特索尔科在其总督任期之内,荷兰的殖民者还是在按照母国的城市经营他们在东方的要塞与城镇。从巴达维亚到开普敦等诸多殖民地,荷兰人建立了市政厅、医院、孤儿院、教养院、兵营以及要塞。在1661年的时候,有人描绘这些城镇说"它们像荷兰的任何城镇一样干净整洁,尽管没有那么多精美的房子。"当时的巴达维亚不仅是一座殖民地的城市,而且有绿树成荫的街道和运河,使得欧洲的旅行者情不自禁回忆起尼德兰北方的一些城镇。诗人们以及当地的斗方名士都夸耀巴达维亚是"东方的王后"(Queen of East),博克塞认为这样的名声并非名副其实的。当时,荷属东印度公司的高级职员将他们的乡村屋子或者别墅建在这座城市的南端,他们在准备退休以后将会居住在这里。由此,乡村变得更加干净,农业的耕地面积也在逐渐地增长。瓦尔肯纳(Valckenier,1737—1741年在任)是最后一位居住在狭窄的要塞区域的总督,尽管后来历任总督办公的地方仍然在要塞里面。在这座城市中还居住着其他的居民,其中不少是来自欧洲的手工艺人——荷兰人似乎比其他的欧洲人如葡萄牙人和英国人更善于使用手艺人为他们服务。最初的时候,这些手艺人往往是造船的木匠、捻船缝的工人、制作缆绳的人——这些手艺人往往与航运业有关;随着时间的推移,越来越多的手艺人来到巴达维亚,几乎包括了来自欧洲的所有的手工艺门类,他们居住在城市中的某个特定的地方,1682年以后居然形成了被称为"手艺人之角"(Craftsman's quarter or Ambachtskwartier)的一片区域。在这里可以看到有木匠、细木工、家具制作工、铁匠、锁匠、盔甲制作工、枪炮工、火药制作工、铸字工、切割工、石匠、砌砖工、玻璃工、铜匠、裁缝、染工以及珠宝制作工等各种行业的手艺人。每一个行业的手艺人都在自己的头目以及监督者的管理之下相对集中聚集地生活在一起。这些头目不仅管理这些手艺人,也管理为公司服务的奴隶,他们是经过特别训练的,与手工艺人居住生活在一起。

久而久之,这些手艺人以及在他们手下工作的奴隶都变成了技艺精湛的巧手匠人,他们能够制作出非常精美的兼具巴洛克以及印度或印度尼西亚风格的乌木家具,无论在艺术以及技艺方面都达到了很高的成就。在城市的风貌上,以巴达维亚为首的荷兰东方殖民地城市也出现了与本国城市相似的迹象。格拉夫(Nicolas de Graaff)在《东印度宝鉴》(East-India Mirror)一书中描绘了在巴达维亚街头漫步的穿着奢华美丽的荷兰妇女、欧亚混血儿妇女,特别是她们在上教堂或者遇到别的宗教节日的时候更是如此,他激烈地批评了她们的过度奢侈,比如她们在丝绸服装上挂了许多名贵的价值不菲的珠宝等等。格拉夫的描绘和批评与一百年以前林斯霍顿对于"金色的果阿"城市中的葡萄牙-印度混血儿妇女的见解和评论是非常相似的。格拉夫还指出这种现象并不局限于巴达维亚:"只要有尼德兰人生活的地方都是这样。"在南印度生活了好几年的丹尼尔·哈瓦特(Daniel Havart)于1693年在科罗曼德尔的普利卡特(Pulicat)写道:"城镇本身并非不令人愉快。有许多街道只有荷兰人居住,有一些房子是完全按照荷兰的风尚建立的,在这些房子的前面种植了三排树。无论白天或者夜晚,人们都可以漫步其间,欣赏街景。"

荷兰东印度公司尽管在爪哇、锡兰以及摩鹿加群岛建立了拥有一定领土的殖民统治,但是它最终仍然是在广袤的亚洲边缘上的外来政权,即便在它能够直接统治的地区也是如此。对于中国和日本这样的国家来说,在远东的荷兰人只不过是一个很小的和外来的贸易团体,即便在印度南部,在荷兰人能够控制他们要塞周围的邻近地区,人们也是这样看待他们的。亚洲社会的人民,不管是印度尼西亚人、中国人、日本人、印度人、波斯人或者马来人,在17世纪和18世纪的时候都与欧洲人建立了接触和联系,但是他们仍然想保留自己的传统和相对静止的生活状态,并不想激烈地改变自己的社会结构。当然,在某些地方,在欧洲人的压力以及影响之下,情况有所改变,比如西班牙在征服菲律宾群岛以后在当地推广基督教,使得当地的大部分居民成为基督徒。但是整个亚洲社会的基本面貌直到19世纪初期仍然没有很大的变化。直到在英国工业革命、法国大革命以及俄国革命的连续不断的冲击之下,亚洲人民才产生了自觉变革的意识。

在荷兰东印度公司的黄金时代,公司于1652年还在非洲最南端的好望角建立了殖民地。这个地区被称为"两大洋之间的客栈"。这个殖民地建立的时候正是第一次英荷战争刚刚开始的时候,荷兰东印度公司的军队占领这片具有战略意义的地区是为了保护联省共和国与东印度之间的海上交通联系。荷兰人对于好望角殖民地的占领当时最主要的意义是在战略上以及后勤保障方面的,它可以为东印度公司从这里出发或者回欧洲的船只提供淡水和食物供应。由于这里没有黑人劳动力为公司服务,所以荷兰人只得鼓励白人农民移民到这个地方定居,所以这里也就成为除了北美的新尼德兰以外另一个由白人为主要劳动力的荷兰海外殖民地。这个殖民地开始的时候非常小,后来慢慢地扩展了。特别是在由西蒙·凡·德尔·斯蒂尔(Simon van der Stel,1679—1699年在任)担任总督时期,他鼓励白人农民在这里建立农庄、果园以及葡萄园,于是,到这里来的白人移民也就越来越多了,其中一部分移民是1685年《南特敕令》颁布以后从法国避难来到荷兰的胡格诺教徒,他们再被联省共和国安排到南非移民。

荷兰开普敦殖民地港口

　　荷兰殖民当局努力地向南非引进胡格诺派的移民,致使当时有数百名胡格诺派的移民来到南非。这些来自法国的胡格诺教徒非常想聚集生活在一起,由此维持他们自己的文化身份,但是总督斯蒂尔就是不同意,他坚持要让这些人分散居住在原有的白人(荷兰人和德意志人)移民中间。东印度公司的管理层与荷兰本国的省政府以及城镇的政府不同,他们没有在南非建立独立的讲法语的教会,也没有建立相应的慈善机构,随着时间的推移,法国文化就迅速消失了。在18世纪的时候,还有一部分来自德意志的白人移民来到南非开普敦,其中一部分从军,另一部分人成为当地的农民。由于他们都没有妻室,来到当地以后,就与荷兰女子或是荷兰人与法国人混血女孩结婚成家。

由于荷兰船只往来于好望角一带非常频繁,它们需要的物资以及食物供应的需求也就越来越大。从1652年至1700年,每年平均有33艘船只停泊在好望角的港口;从1715年至1740年,每年停泊于此的船只增加到69艘。位于今天西开普敦的斯泰伦博斯城镇建立于1680年,到1685年的时候约有100个荷兰人家庭定居在那里了。由于荷兰人的居留地不断扩大,在南非的荷兰加尔文派教会建立了3个地方教会团体,它们分别在开普敦(1666)、斯泰伦博斯(1685)以及达拉肯斯坦(1691),它们都有各自的评议会、学校以及慈善机构。在17世纪90年代,荷兰在南非的殖民地已经能够生产出足够的粮食自给自足,并且向巴达维亚等地定期出口小麦,满足巴达维亚殖民地的荷兰人以及要塞的卫戍部队的粮食供应需要。90年代,由于荷兰的南非殖民地农业生产劳动量非常繁重,所以荷兰人从西部非洲引进一批黑人奴隶劳动力。1672年的时候,当地只有53名黑人奴隶,但是到1711年的时候,当地1756名白人已经拥有1781名黑人奴隶。在1780年的时候,荷兰在南非殖民地有12000名白人移民,其中3000人居住在开普敦。

17世纪80年代,荷兰东印度公司在亚洲的贸易活动达到了顶峰。据伊斯列尔统计,在1688年,荷兰东印度公司在亚洲的要塞以及商站中的雇员达到12000名,除此以外还有6000名雇员服务于往返于欧洲与亚洲之间的舰队上,另外还有4000人在大约80艘的各类航行于亚洲海域的小船上服务。总共加起来有22000名雇员。他们中有超过1/3即8500人是海员。从17世纪80年代至18世纪50年代,荷兰共和国在欧洲海域的服役人数有所减少,但是东印度公司在亚洲海域的服役人数却在增加之中,1610年的时候,在东印度公司服役的海员人数仅仅占总数的6%,到1680年的时候占17%,到1770年的时候已经不少于1/4。这位历史学家还对荷兰东印度公司在亚洲的一些具体的要塞和商站的人数做过统计。他指出,在1688年,荷兰东印度公司在亚洲拥有20个超过100名士兵卫戍的要塞。它的主要的基地设在巴达维亚和爪哇的北部、安汶岛、望加锡、班达群岛、马六甲、锡兰、印度的最南端以及南非。在南非,东印度公司拥有一支超过 200 名士兵的卫戍部队。据历史学家伊斯列尔统计,在 1688 年的时候巴达维亚有 1 900 名士兵、600 名海员以及工匠、200 名贸易和行政管理人员,总数为 2 700 人;万丹拥有 340 名士兵、75 名海员以及工匠、10 名行政以及贸易管理人员,总数 425 人;贾帕拉有 660 名士兵、170 名海员与工匠、15 名行政以及贸易管理人员,总数 845 名;安汶岛有 600 名士兵、150 名海员、50 名行政以及贸易管理人员,总数 800 名;班达群岛有 500 名士兵、150 名海员以及工匠、30 名行政以及贸易管理人员,总数达 680 名;望加锡有 350 名士兵、100 名海员以及工匠、20 名行政以及贸易管理人员,总数达 470 名;苏门答腊有 235 名士兵、200 名海员以及工匠、35 名行政以及贸易管理人员,总数达 470 名;蒂多尔岛有 290 名士兵、100 名海员以及工匠、25 名行政以及贸易管理人员,总数达 415 名;在南印度科罗曼德尔沿海等地有 500 名士兵、70 名海员、100 名贸易以及行政管理人员,总数达 670 名;科钦与马拉巴沿海地区有 420 名士兵、150 名海员、50 名行政与贸易管理人员,总数达 620 名;锡兰的科伦坡、贾夫纳、加勒以及尼甘布等地有士兵 1 700 名、海员以及工匠 600 名、行政以及贸易管理人员 150 名,总共 2 450 名。除此以外,荷兰东印度公司还在印度北方以及暹罗拥有一系列没有要塞的商站,并在日本设有唯一的欧洲人的贸易商站。总之,当时公司在亚洲总共拥有 11 500 名雇员,其中 1/3 在爪哇岛,还有 1/3 在印度和锡兰。①

四、荷兰人攻击"印度国"

荷兰共和国与西班牙之间的冲突发生在欧洲,但由于西班牙在海外有着辽阔的殖民地,而且这一时期又是葡萄牙和西班牙两国合并时期,因而荷兰东印度公司的舰队与西班牙人的冲突也就波及原先西班牙以及葡萄牙在三大洲的殖民地。

当荷兰在 16 世纪末叶经历摆脱西班牙人统治的八十年战争的时候,不仅仅是西班牙就连葡萄牙的海外殖民地都遭受到荷兰人最为严峻的攻击。即便在 1640 年葡萄牙人摆脱西班牙人的统治重新复国以后,荷兰人也一刻没有放松对于葡萄牙海外殖民地的攻击。博克塞认为,由于伊比利亚人的殖民地遍布世界各地,荷兰人与他们的战斗也遍布四大洲和七大洋,因此可以

---

① Jonathan I. Israel, *The Dutch Republic, Its Rise, Greatness, and Fall, 1477 – 1806*, p.939. p.942.

说早在17世纪荷兰人与伊比利亚人就在全世界开战了,而非1914年至1918年欧洲的大屠杀才可被称为真正意义上的第一次世界大战。当然,相比之下荷兰与伊比利亚冲突造成的伤亡要少得多,但当时世界上的人口以及这两个交战国的人口也少得多(仅就葡萄牙和荷兰交战双方各自国家的人口而言都没有超过150万);不过,他们之间的战斗无疑是世界规模的:除了佛兰德斯和北海地区以外,参加战争的地区还包括亚马孙河口、安哥拉内陆、印度西海岸、锡兰、中国澳门地区、帝汶岛和智利沿海这些相距遥远的地方。他们争夺的目标包括摩落加群岛的丁香和肉豆蔻、锡兰的肉桂、马拉巴的胡椒、墨西哥和日本的银矿、几内亚的黄金、巴西的蔗糖和西非的奴隶。更有甚者,葡萄牙人与荷兰人的全球性的斗争还在不同的时间和地方将第三方拖入其中,他们中有英国人、丹麦人、刚果人、波斯人、印度人、印度尼西亚人、柬埔寨人、中国人和日本人。在南亚以及东亚,荷兰人以更加积极的姿态向葡萄牙人的"东印度国"发起进攻。

进攻锡兰、科罗曼德尔、马拉巴沿海以及望加锡 从1595年至1605年,荷兰派遣了100多艘战舰来到东方的印度,他们直接进攻锡兰以及以果阿为中心的葡属"印度国"以及印度尼西亚岛上葡萄牙人军事防御和航海力量较为薄弱的地方,有计划地劫掠从波斯湾到日本的葡萄牙人在亚洲的贸易港口,将葡萄牙漫长的殖民地链环上的据点一个又一个地攻陷。在1635年英国人与葡萄牙人达成谋求和平的《果阿协定》以后,荷兰人加紧进攻印度洋上的葡萄牙人。1641年荷兰人与葡萄牙人在海牙达成的以十年为期的和平协定在海外也没有得到有效的执行,荷兰人目的之一就是巩固他们对马六甲的占领。同时,荷兰人继续对果阿的港口进行封锁,并加紧对锡兰展开攻击,对那些即将入口的猎物,荷兰人显然并不想马上因停战协定而松手。到1645年6月,在巴西东北部爆发了葡萄牙人反抗荷兰人的战斗,荷兰人以此为借口中止了本来一直要到1652年才终止的海牙停战协定。荷兰人的这种做法,不仅是因为荷兰在国际政治中的需要,而且是由于荷兰东印度公司理事会"17绅士"出于经济利益的考量。

17世纪50年代中期的时候,荷兰人首先加紧了对于锡兰的进攻。1655年至1656年,荷兰人发动了对于科伦坡(Colombo)城市的规模很大的围攻,有2 000名东印度公司的军队围困这个城市长达7个月之久,荷兰的军队还得到了僧伽罗人同盟军的支持,在攻占了这个城市以后,荷兰人最终垄断了锡兰当地的肉桂生产以及贸易的市场。当时,葡萄牙人退居锡兰的北端以及印度次大陆的最南端,并且在此之后还是长期盘踞在那个地方。不过,荷兰人并没有控制整个世界市场的肉桂贸易,特别是马拉巴沿海地区比较粗糙的肉桂种植与贸易还是掌握在葡萄牙人的手中。1657 年,葡萄牙人与联省共和国的战争爆发,东印度公司怀有野心占领所有葡萄牙人在亚洲的贸易据点,他们首先派出一支部队在杰出的军事指挥官李杰洛夫·凡·戈恩斯(Rijikloff van Goens, 1619—1682)的率领之下进攻锡兰。戈恩斯是"集士兵与商人于一身"的人物,他出生于弗里斯兰,十岁的时候成为孤儿,被巴达维亚孤儿院收养。从 1636 年至 1646 年,他从一名普通的商人成为东印度公司的高级职员。1650 年,他作为指挥官指挥军队攻击暹罗,以后又作为使节出访马塔兰苏丹的朝廷。1654 年,他指挥舰队在马拉巴沿海摧毁了 5 艘葡萄牙大帆船。次年,他指挥东印度公司回国的舰队回到荷兰本国。在向"17 绅士"报告的时候,他猛烈批评了 1650 年公司训令中的和平政策,指出在充满敌意的亚洲海域唯有保持和扩大军事存在才是唯一的出路。回到东方以后,他受命进攻锡兰,他指挥的军队横穿整个锡兰岛,攻击在当地的葡萄牙人以及与荷兰人为敌的原住民,在实现了这些目标以后,他指挥荷兰军队渡海进攻葡萄牙人设在南亚次大陆南端的杜蒂戈林(Tuticorin)要塞,此地是控制南亚次大陆以及锡兰岛之间的海峡的战略要地,它是一个自然的港口,附近的海岸以出产珍珠为业,葡萄牙人很早就来到了这个地方。荷兰人攻占了这座要塞。然后,荷兰军队征服了贾夫纳半岛,并且占领了贾夫纳(Jaffna)和马纳尔(Mannar),这两个地方是葡萄牙人在锡兰的最后的据点。然后,荷兰军队挥师北上,再次渡海进军攻占了葡萄牙人在内加帕蒂南(Negaptnam)的巨大的要塞,控制了印度南端的科罗曼德尔沿海地区。

最后,荷兰人开始准备进攻马拉巴沿海地区。早在几十年以前,荷兰人就已经在探测和窥视葡萄牙人占据的马拉巴沿海地区了,早在 1660 年以前,葡萄牙人为了防范荷兰人的攻击,在沿着海岸线的一带修筑了一系列坚固的要塞和工事。葡萄牙人起初进行了抵抗,但后来荷兰人压制并且战胜了他们。此时,不仅葡萄牙人,而且在印度和本国的英国人也开始紧张起来了。英国人想要阻止荷兰人与葡萄牙人在欧洲的和平谈判,他们担心葡萄牙人会给予英国人太多的特权,他们也担心葡萄牙人在印度西海岸的势力会迅速衰落,导致荷兰的过于强大,由此破坏了势力的均衡。1661 年 8 月 6 日,荷兰与葡萄牙在欧洲签订了《海牙协定》,该协定规定荷兰共和国承认葡萄牙王国对于巴西的主权,葡萄牙则支付荷兰 400 万雷亚尔的补偿金,在 16 年中付清。

该协定使荷葡双方的冲突告一段落,葡萄牙人满足于他们在巴西的地位的确立,甚至在 1665 年至 1667 年和 1672 年至 1674 年英荷之间发生战争时,再也不想利用这个良好的时机去夺回它在亚洲的损失了。但是,荷兰军事指挥官凡·科恩并不停手,他在里斯本批准和平协定以后的 1662 年 2 月,率领军队进攻了葡萄牙人统治下的卡拉甘诺尔(Cranganore),最后,在 1663 年,东印度公司的 2 000 名士兵以及他们的同盟军公然违反和平协议,攻占了葡萄牙人长期占领的马拉巴海岸的仅次于果阿的重要港口科钦附近的要塞。

戈恩斯在印度西南沿海的战略就是将贸易、外交和军事合为一体与葡萄牙人竞争。他的基本的政策就是要与科钦以及其他地方的原住民中的王公达成协议,将原来由葡萄牙人居住的城市割让给荷兰人,并且承认荷兰人是科钦原住民中的王公的"永久的保护者",这样西印度公司就可以控制科钦原住民中的王公统治以外的其他地区了。1663 年 3 月,荷兰人与科钦的原住民中的王公达成了协议,以前由葡萄牙人拥有的一切的特权现在都转移给了荷兰人,荷兰人拥有了科钦的胡椒以及肉桂出口的垄断权。邻近的坎纳诺尔的原住民王公也与荷兰人签订了协议,将当地葡萄牙人的要塞转让给了荷兰人,并让荷兰人专营当地的胡椒贸易。最后,在 1665 年,荷兰人运用外交技巧,让印度西南海岸最南端的特拉凡戈尔(Trevancore)王公在其领地上停止了与英国人、葡萄牙人以及丹麦人的一切贸易活动,只将该国出产的胡椒卖给荷兰西印度公司。

为了保障在西印度海岸的香料贸易,荷兰人还在西印度的海岸建立了海上巡航的制度。在 17 世纪 60 年代的中期,荷兰人几乎完全在西印度的沿海地区的贸易活动上占了主导的地位。葡萄牙人在果阿以南的势力完全被打败了,英国人在马拉巴沿海的贸易也受到了压制。不可否认的是,荷兰人的成功是由于他们拥有的强大的海军力量以及卫戍部队,而且他们的外交手腕也发挥了很大的影响力。同时,与英国人以及葡萄牙人相比,荷兰人在商业活动上也有他们不可替代的独到之处,那就是他们将日本的铜以及印度尼西亚的丁香带到了印度西海岸,作为与马拉巴人和科罗曼德尔人交易时很受欢迎的特有的物品。而英国人只能从孟加拉带来鸦片,这在马拉巴当地的贸易中也是很独特的"商品"。同时,荷兰人也极力阻止古吉拉特以及孟加拉商人充当英国人在胡椒和鸦片贸易上与当地人之间的中介人。荷兰人禁止当地的印度商人将胡椒、鸦片、棉花以及小豆蔻等商品运输到任何别的地方,否则就要没收船只与船上的商品。荷兰人只给自己的船只以执照从事这些货品的交易。一位在苏拉特的英国商站的职员指出，荷兰人几乎控制了印度西海岸的所有的港口，他们在海边建立了小的要塞和瞭望站，每个瞭望站配备8至10个人，还有用于追击的小船，几乎没有什么船只和流通的商品可以逃过他们的眼睛。科钦当地的许多人都染上了鸦片瘾，他们只能够从荷兰人那里得到鸦片，否则就没有办法活下去。荷兰人已经在他们中间建立了一种声望，所有的当地人都把各地生长出来的胡椒用大车装运卖给了荷兰人。

随着荷兰军事以及商业势力的扩张，荷兰在东印度的卫戍部队的军费也在不断地增长。1664年，为应对锡兰中部康蒂国王(king of Kandy)的反叛，荷兰人将锡兰内陆出产肉桂的地区整合起来置于自己的统治之下，这些地区以前一直是分散地各自为政的。在17世纪60年代的中叶，荷兰在锡兰的军费开支迅速增加，在十年之间从每年的700 000荷兰盾增加至1 000 000荷兰盾。从17世纪50年代末叶起，荷兰已经垄断了当时的肉桂贸易，肉桂不仅成为荷兰向欧洲出口的主要商品，而且成为它向印度北方以及通过西班牙人向加勒比和西班牙人统治下的美洲出口的重要商品。根据当时人的估计，荷兰人从亚洲装船运往欧洲的肉桂中大约有2/3最后是被西班牙人以及西班牙统治下的美洲居民消费掉的。

如果说荷兰在东印度的军事扩张是非常迅速的话，那么它所获得的利润也是快速上升的。根据学者J.H.伊斯列尔的说法，在17世纪50年代早期，荷兰东印度公司每年向欧洲出口大约25万磅的肉桂；在17世纪50年代中期葡萄牙人出口的那部分已经被取消了。1659年以后，荷兰人每年向欧洲出口的肉桂超过了40万磅，另外还有15万磅出口到科罗曼德尔、孟加拉和苏拉特。在17世纪50年代早期，肉桂在阿姆斯特丹出售的价格大约是每磅1.5荷兰盾。到了1658年9月，每磅的售价是3荷兰盾，再到17世纪60年代，已经超过3荷兰盾。荷兰军事指挥官凡·戈恩斯信心满满，他想要进一步扩张。锡兰和马拉巴地区需要稻米和其他的食物，还需要产自科罗曼德尔、古吉拉特以及孟加拉的棉布。在17世纪60年代，东印度公司保留了对香料以及药物的垄断，但是允许印度北方的商人前来出售稻米以及棉布，以此换取购买当地的大象以及槟榔果。不过，荷兰人的最终目标是排挤掉古吉拉特和孟加拉的商人，将这一地区的贸易全部控制在他们自己的手中。到17世纪70年代的时候，荷兰人试图阻止北方的印度本地商人与锡兰人进行贸易。

荷兰人与葡萄牙人之间持久的冲突，使葡萄牙人在亚洲蒙受了毁灭性的灾难。在冲突期间，葡属印度耗尽了钱财和人力，到冲突结束的时候，葡属印度的繁荣已成为光荣的过去。早在1603年,果阿总主教梅内塞斯已经预感到荷兰人的威胁,他在给朋友的信中写道:"因为荷兰人夺取我们的商业港口,抢劫我们停靠在那些海域的船只,我们这个国家,特别是最南部的边远地带,目前已处于非常危险的困境之中。"为了应对荷兰人的威胁,从1624年至1625年,葡萄牙人花费50万克鲁扎多建造舰队与荷兰人及其英国盟友周旋,但是并不成功。所以在与荷兰人的竞争与战斗中,在印度西海岸的葡萄牙人处处于弱势。不过,荷兰人一直没有直接地攻击葡萄牙人在印度西海岸的首府果阿,而是对果阿实行了海上封锁的措施。荷兰人与莫卧儿朝廷经过一番外交上的密谋以后,他们开始在每年在果阿的港口外面拦截从里斯本至果阿之间往来航行的船只,在它们抵达或离开果阿港口时袭击这些船只。这种常规的封锁有效地阻断和瓦解了以果阿为中心的贸易活动。从1641年至1644年没有一艘武装商船能够离开果阿前往葡萄牙。葡萄牙船只的运货和卸货不得不转到果阿以北的港口如巴辛、曹尔和孟买。将货物从果阿运往北方的港口须增加许多额外的费用。荷兰人是从1638年到1644年第一次封锁果阿,同时又于1644年封锁葡萄牙人在巴西的殖民地伯南布哥。但是,荷兰人在巴西的西北方被葡萄牙人打败了,于是又将主要的精力集中到印度洋上的果阿,于1656年至1663年第二次封锁果阿。他们在果阿的港口外面布置舰队,拦截和攻击葡萄牙人的船只。这两次封锁给葡萄牙人造成很大的打击。在雷尼亚雷斯任总督期间(1629—1635),葡萄牙损失兵员1500名,船只153艘,被荷兰人截获的战利品价值550万克鲁扎多。在下一任总督的三年任期内,有4000名葡萄牙士兵阵亡;为补充兵员,葡萄牙从本国抽调了500名士兵来印度。葡萄牙人在船只方面的损失也十分惊人:在整个16世纪,葡萄牙共有768艘船只从里斯本驶往东方,1579年时损失了10%;但是从1580年至1612年,只有63%的船只安全返回欧洲;仅1592年至1602年就有38%的船只在里斯本至果阿的航线上沉没。另一种统计则是:在1629年至1639年间与荷兰人的冲突中,葡萄牙损失了6000名男子,160艘船只,被荷兰缴获的战利品价值7 500 000歇拉芬(xerafins)。在马六甲、科伦坡、加纳拉和马拉巴定居点的围城战中,葡萄牙人的损失就更为惨重。面临荷兰人的严酷打击、封锁和贸易竞争,果阿的对外贸易额急剧衰落,在17世纪,果阿的海关收入急剧下降,从1600年的270万克鲁扎多降低到1617年的180万克鲁扎多,到1635年为140万克鲁扎多,到1680年只剩下50万克鲁扎多。

在1636年至1644年荷兰有计划地封锁了果阿,1636年至1641年季节性地封锁马六甲期间,历任果阿的总督都极力想打破荷兰人的海上优势,尽管他们不间断地向本国政府(在1580年至1640年统治葡萄牙与西班牙两国的为哈布斯堡王朝,在1640年以后则为复国以后的出身布拉干萨家族的若奥四世政府)请求支援,但是总是没有得到充分的满足。葡萄牙或者说是整个伊比利亚半岛在船只、人员以及金钱方面都极不充裕,大部分的葡萄牙以及卡斯蒂尔的资源都要转而投入应付和抵抗荷兰西印度公司在1625年以后对于巴西的进攻中去。西班牙的菲律普四世以及独立以后的葡萄牙的若奥四世的国策顾问一致认为巴西的白种人口更多,由制糖业带来的财富也更多,因此,保卫巴西要比保卫财政窘迫的"印度国"更为重要,在此情形之下,葡萄牙人在与荷兰人的战斗中处于弱势是不可避免的。

除了戈恩斯以外,荷兰军队中另一位著名的将领就是科尔内利斯·斯贝尔曼(Cornelis Speelman,1624—1684)。他出身于鹿特丹的富裕的市民家庭中,在18岁的时候乘船前往巴达维亚,以后他一直在亚洲作战和生活。当他还是一位年轻的商人的时候,他已经是1651年至1652年荷兰出使波斯宫廷的书记官。当他成为高级商人以后,又在1663年至1665年被晋升为荷兰在南印度科罗曼德尔几个商站的总督。他常年沉迷于饮酒和女人中,但是这并不妨碍他努力勤奋地工作,成为一名出色的会计师。他能够说流利的马来语,并且与科罗曼德尔、西里伯斯岛(今印度尼西亚苏拉威西岛的旧称)以及爪哇岛的原住民沟通。1667年至1669年,他率领荷兰的军队进攻望加锡,并通过两次艰苦的战役征服了这个地区。他的远征军除了荷兰人以外,还有印度尼西亚的同盟军,其中的兵员主要是安汶岛的原住民,还有布吉人(Buginese,生活在今苏拉威西岛、小巽他群岛等地的原住民)等。荷兰在占领了望加锡以后,关闭了从摩鹿加群岛走私丁香的主要通道。当时,常驻在这里的和流动的葡萄牙人、英国人以及丹麦人经常往来此地从事走私贸易,现在荷兰人不允许他们这样做了。

进攻中国澳门地区失利与侵占中国台湾地区的失败 在远东,荷兰人与葡萄牙人的战争则是在香料群岛开始的。林斯霍顿早在他的游记中写道:"如果这个地区被荷兰人占领的话,那么别人就很难与他们匹敌了。"于是,荷兰人加紧在这个地区与葡萄牙人对抗。葡萄牙在香料群岛要塞的专横跋扈以及对本地商人的巧取豪夺使得当地人很容易转而与荷兰人结盟。在当地人的支持以及主动合作之下,荷兰人有效地限制了葡萄牙人在马六甲的影响,不仅如此,他们还对马六甲附近在果阿和中国澳门地区之间来回往返的葡萄牙船只造成极大的威胁甚至打击。

在此期间,荷兰人非常注意中国澳门地区在东西方贸易中的特殊地位。在澳门的葡萄牙人与荷兰人发生冲突最初是在 1601 年 9 月,当时荷兰舰队在范·内克(Jacob Cornelius van Neck,1564—1638)率领之下与澳门的葡萄牙舰队发生激战,一些荷兰人被葡萄牙军队俘虏,其中一些战俘被处死。荷兰舰队司令黑姆斯凯尔克(Jacob van Heemskerck,1567—1607)盛怒之下,率部众伏击葡萄牙船只,1602 年 3 月,两艘荷兰船只在南大西洋的圣海伦那岛的外海,俘获了葡萄牙船只"圣耶戈号",缴获大量瓷器和香料。次年,葡萄牙人因荷兰人的袭击蒙受更大的损失。1603 年 2 月的一天,从中国澳门地区出发前往果阿的葡萄牙大武装商船"圣卡特琳娜号",满载着丝绸、彩缎、漆器、家具和香料,此外还有 70 吨黄金矿砂和 60 吨瓷器(约 10 万件),很可能其中一部分准备在果阿出售。2 月 25 日,两艘荷兰船只在舰长黑姆斯凯尔克的率领下在马六甲海域附近向停泊在港口的这艘葡萄牙船只发起进攻,激战一日,船货半数遭火舌吞噬,但荷兰人仍然缴获了大量贵重的艺术品、漆器、丝绸和陶瓷,并送到阿姆斯特丹展出,其拍卖收入高达 340 万荷兰盾,约合 35 000 公斤白银。这是一笔巨款,刚刚成立于 1602 年的荷兰东印度公司,总资本不到 650 万盾,打劫"圣卡特琳娜号"的战利品一下子为公司带入 54%的股价总值。这笔战利品的价值还是成立于 1600 年的英国东印度公司总资本的两倍。这对荷兰人来说是巨大的鼓舞,他们"再接再厉",1603 年 7 月底,由瓦尔韦伊克(Wijbrand van Waerwijck)率领的荷兰舰队在中国澳门地区附近的海面袭击了一艘驶往日本的大帆船,葡萄牙的士兵和船员不战而逃,俘获的战利品价值巨大,仅生丝就有 2 800 包,每包价格 500 盾,总价值达 140 万盾。1618 年出任荷属东印度第四任总督的科恩(Jan Pieterszoon Coen,1587—1629)于 1622 年 3 月 26 日在巴达维亚所写的一封信中指出,当年荷兰人就截获了伊比利亚人的 9 艘小型战舰,其中 6 艘属于澳门,3 艘属于马尼拉。他在信中还指出:"敌人目前境况窘迫,甚至不敢派船出海,他们在东印度穷困潦倒。众商人因此撤离马尼拉、(中国)澳门(地区)、美洛居(香料群岛)、马六甲、果阿等,整个东印度也将失去保障。"

本来,葡萄牙的里斯本当局和卡斯蒂尔的西班牙哈布斯堡王室都认为,根据《托马尔协定》,原先两大殖民帝国在海外的殖民地在行政、军事、经济和传教事务领域都是分开的和互不隶属的。但是荷兰的迅速崛起,迫使伊比利亚的海外殖民地认识到在防务上果阿、中国澳门地区、马尼拉以及墨西哥之间必须展开合作。在1603年葡西两方合作进攻特尔那特岛失败以后,西班牙人于1606年独自攻占了该岛。1610年,果阿的大总督下令派遣一支有8艘舰船的装备精良的舰队前往中国澳门地区,与马尼拉的西班牙人联手对抗荷兰人。但是葡萄牙人的指挥官瓦斯康塞罗(Dom Diogo de Vasconcellos)是一个胆怯的人,尽管菲律宾的总督愿意与他合作,但他却不敢轻举妄动。5年以后,果阿的总督和菲律宾的总督同意再度展开合作,他们计划在马六甲会师然后进攻香料群岛中的万丹岛上的荷兰人。但这次计划又再受挫,因为有4艘派往马六甲的葡萄牙大帆船在新山海峡(Johore Straits)受到马来人舰队的袭击被迫折回。西班牙人在马尼拉组织了一支最大的和最强的舰队,它包括16艘从600吨至2 000吨的大帆船,300门青铜大炮,2 000名西班牙士兵和3 000名亚洲士兵(其中有菲律宾人、日本和马来人)。但舰队抵达马六甲以后,指挥官德·西瓦(De Siva)即患痢疾去世,而这支庞大的舰队因缺乏供给被迫折回,根本没有办法寻找荷兰人决战。在荷兰人侵占中国台湾地区以后,葡萄牙人与西班牙人也曾有过联手进攻荷兰人的计划,但最后都没有付诸实施。

在以后的一段时间,荷兰人由于发现中国沿海居民愿意与之贸易,因此暂时没有袭击中国澳门地区。但随着时间的推移,荷兰人越来越不满足于他们在中国贸易中所占的很小的份额。同时,由于当时荷兰与英国缔结了反西班牙同盟,荷兰决心加紧对于葡萄牙在东方领地的进攻。1622年4月,荷兰驻巴达维亚的东印度公司总督科恩制订了一个野心勃勃的计划,想要以占领中国的澳门地区来垄断对中国的贸易。为了实现这个计划,首先要征服中国的澳门地区,这样就可以控制与中国、马六甲、日本和马尼拉的贸易,就像1609年他们占领日本的平户一样。6月20日,在莱尔森(Cornelis Reijersen)司令官的率领之下,一支由17艘战舰组成并配备1 300名荷兰士兵的舰队驶抵中国的澳门地区,24日,荷兰士兵发起攻击,虽然他们在军事素质和装备上占优势,但战事一开始即对荷兰人不利。葡萄牙人拼死抵抗,先是荷兰指挥官莱尔森被击中腹部,继而当他们进入圣保禄大炮台的射程时,一发由意大利耶稣会士罗奥(Padre Jeronimo Rho)神父指挥发射的炮弹击中了荷兰军队中的火药桶,引发了大爆炸,使荷兰人死伤惨重,士气受挫。在澳门的葡萄牙军官指挥士兵冲上未被荷兰人占领的高地,再居高临下向海滩上的敌人发起冲击,中国澳门地区的市民、黑人奴隶以及手无寸铁的拖钵僧会士和耶稣会士同仇敌忾,一起冲入敌阵。许多荷兰士兵被淹死或击毙在水中,荷兰的后备队也不战而逃。此役结果是:葡萄牙人估计有300名荷兰人死亡;荷兰方面记载有136名欧洲士兵阵亡,另有126人受伤,还不包括从日本来的雇佣军。荷兰军官的损失也很大,其中有7名舰长、4名中尉和少尉阵亡,并丧失了所有的大炮。从那时起,荷兰人再也没有试图占领过中国澳门地区,这次战役也是葡萄牙人维护其远东地位的最后的辉煌。博克塞曾经谈到1622年澳门之役的意义:"在驱逐东方的葡萄牙人时,荷兰人只有在两个地方遭遇了失败,那就是(中国)澳门(地区)和印度尼西亚的小巽他群岛。1622年,荷兰人发动强大的攻势,企图攻占(中国)澳门(地区),但被击败,损失惨重。于是他们转而于1660年远征中国的台湾(地区)。荷兰人试图剥夺小巽他群岛的檀香木贸易,但终究没有成功,因为当地居民在多明我会士的率领之下群起反抗。"

早在17世纪初年,荷兰人就希望与中国建立贸易通商的联系,但是由于当时明朝政府实行海禁以及葡萄牙人的阻隔,没有取得成功。于是,他们就在中国福建省的沿海地区四处劫掠或者从事走私贸易,还干预中国商人在爪哇以及苏门答腊购买胡椒和其他的香料。他们的行为引起中国朝廷官吏的反感,因此当时的中国人更喜欢与葡萄牙人和西班牙人进行贸易。早在1604年,荷兰人凡·瓦尔维克(Wijbrand van Wearwijk)趁着明朝的军人在澎湖调换驻防军队之际,入侵澎湖,并且要求与明朝政府建立通商关系,但是遭到拒绝并被驱逐。在荷兰人侵占中国澳门地区的计划失败以后,明朝对于荷兰人的反感与日俱增,科恩再度恢复了在南中国海劫掠中国商人的海盗行为,使得中国当时的海外贸易一度处于瘫痪的状态。

在1622年荷兰人攻占中国澳门地区的企图失败以后,他们转而再次侵占中国的台湾海峡离大陆较远的澎湖列岛,奴役当地的人民为他们建筑城堡。但是自宋朝以降,澎湖一直是沿海渔民的渔场,明朝官府更认为此地是中国东南沿海的屏障。1624年9月,明朝的军队攻击了在澎湖的荷兰人,逼迫他们拆毁城堡。荷兰殖民者转而撤退侵略中国台湾本岛。他们先是派兵侵占全岛多地,还往东部寻找传说中的金矿。两年以后,西班牙人也想占领中国台湾地区牵制荷兰人,他们占领了北部,与荷兰人分庭抗礼,双方展开长达16年的对峙,互施计谋想要驱逐对方。最后,西班牙人基于各种原因无意长期经营。荷兰人等到西班牙人从基隆撤退以后,取而代之接管了当地的城堡,更派兵南下,打通台湾岛的南北通道,渗透到平原地带。后来荷兰人的统治中心一直在南部,对中部以及北部的控制较弱。不过他们也能够掌握到300多个当地部落的人口统计资料。最后,他们侵占了台湾地区南部的大员也就是今天的台南安平,建立了贸易据点。当时的大员还是台南外海的小沙洲,退潮的时候,可以涉水至台湾本岛。荷兰人在沙洲北端偏东的地方建造市镇,招徕中国人和日本人前来贸易。由于各地的移民不断增加,荷兰殖民者又在海湾对面的当地人称为"赤嵌"的地方,另外设立新的街市,以低廉的价格从当地人那里买下大量的土地。此地有淡水流过,土地肥沃,鱼类资源丰富,吸引许多从事买卖的人从各地来到这里。不久,他们又用澎湖堡垒拆除以后运来的建筑材料,在沙洲北端靠西与市镇相隔的空间筑城,以两年的时间,建成一个要塞。他们先是将其命名为"奥伦治城",1625年1月又命名为"普罗民遮城"(Provintia),在1627年1月科恩给"17绅士"的信中提到,不久以前他已经以荷兰第二大航海省份泽兰的名称命名它为"热兰遮城或要塞"(Fort Zeelandia),中国人则称之为"安平古堡"。

　　1625年1月,宋克被任命为荷兰在中国台湾地区的第一任长官。荷兰人在中国台湾地区的殖民统治由公司设在巴达维亚的总部制定大多数的决策;设在大员(台南安平)的商馆是执行的机关,对中国台湾地区的情况有比较深刻的了解;设在阿姆斯特丹的"17绅士"董事会则是最高的决策机关。这三个机构之间保持通信联系,讨论有关殖民的最佳方案。由于路途遥远,一次通信联系往往需要一年以上或者多年才能完成。荷兰人在大员还设立评议会,由长官、商务员、舰长以及军队的首领组成,他们是对中国台湾地区殖民事务的决策者。荷兰殖民者在中国台湾地区还设有舰队、法院、监狱、政务员、税务官、军官以及士兵,他们的主要任务是获取商业利益、维持武力的优势以及殖民者所需要的社会秩序。当地还建有宿舍、医院、集市、马厩、仓库、羊圈、孤儿院等设施,其主要功能是提供生活的设备以及机能,还有传教士以及教会机构如教堂,有学校以及学校教员、疾病宣慰员等,他们推广传教事业,主持宗教仪式,以及辅助殖民行政。当时在中国台湾地区的荷兰殖民者的人数为1 000人左右,大部分是舰队的水手和驻扎在各地的士兵,小部分

《静物中的中国瓷器》,William Kalf作于17世纪60年代

是公司的管理人员。荷属东印度公司一方面依靠武器的优势压制当地民众的反抗,另一方面引进欧洲的"领主"与"封臣"的关系,以确立对于原住民的殖民统治关系。他们常常举行盛大的仪式,用礼炮以及丰盛的宴会震慑原住民,以刻着公司符号的礼仪用品宣示所谓的权威,"赐予"村社的首领以权杖,表示公司对于他们的认可,通过长官与村社首领的直接接触加强彼此的联系,比如面对面的会见、口头的劝谕以及身体接触等。每次大员的荷兰商馆的新旧长官交接的时候,都会召集村社的首领,举行所谓的"仪式"重新颁授权杖,让村社的首领"认识"新的"领主"。对于在岛上居住以及渡海而来的大陆人,鉴于他们已经有自己的文字,荷兰殖民者就通过发布文字公告来传达政令,并为他们提供经商的条件和环境,向他们征收更高的税收。同时,荷兰的殖民者将收税的职权以竞标的方式给小部分大陆人,一些人以高价竞标,又以低价收购,造成当时社会的动荡与矛盾,也在公司内部产生争议。由于荷兰人对大陆人征收的税收太高,也引发了大陆人的反抗。

荷兰人从一开始就将对中国大陆地区的贸易以及对日本的贸易放在重要的位置来考虑,并致力于排斥葡萄牙人以及西班牙人在亚洲的传统贸易地位,同时要防范郑芝龙、郑成功等海商和军事力量的攻击。在17世纪20年代的晚期,"热兰遮城"成为荷兰人在亚洲最繁忙的贸易据点,荷兰人在那里囤积丝绸、瓷器以及药物,主要供应日本的市场,小部分则运往印度和波斯。除此以外,来到台湾的大陆人也从事稻米以及蔗糖的生产。虽然稻米和蔗糖主要供应当地的人口食用,但是对岸的福建地狭人稠,粮食供应不足,从台湾运输稻米去大陆,能够以较高的价格获利,稻米于是成为可以换取银两的经济作物。荷兰人将出产的稻米任由大陆人贩卖,蔗糖则全数收购外销。荷兰殖民者还通过征税来盘剥民众。荷属东印度公司向来自中国大陆等地的船只开征关税,以提高公司自己的船只的竞争优势,渔民要缴纳渔获给公司,公司还向七岁以上的大陆男女征税,公司还以贩售执照来控制获利较高的鹿皮贸易,还通过测量土地,开放给商人投标收税,还要求承包宰杀家畜税的商人以固定的价格供应肉和油等。1634年至1640年间,荷兰人从中国大陆输入的货物的金额上涨了近十倍。转口贸易船只的数量也有了明显的增加,从1636年起,从中国台湾地区输往日本和巴达维亚两地的货物量为1627年的两倍以上。1637年5月17日,从巴达维亚出航经过越南于6月21日抵达大员的一艘荷兰船只,载有胡椒、檀香木、苏合香、象牙、樟脑、木香、瓮肉和肥肉、葡萄酒、橄榄油以及醋等货物。7月17日,这艘船又出航前往日本,载去了丝绸、布匹、水银、白蜡、鹿皮和象牙等大陆的转口货物、中国台湾地区的本地货物(鹿皮)以及南洋各地的转口货物。当17世纪30年代巴西的甘蔗种植园衰落下去的时候,欧洲一度缺少糖的供应,荷兰人就开始囤积大量的产自中国的蔗糖,并将其中的大部分运往荷兰。在17世纪30年代,荷兰东印度公司从中国台湾地区装运了大约100万磅的蔗糖前往欧洲。1636年11月26日,据《巴达维亚城日记》记载,赤嵌的中国农民交给东印度公司运往日本的白糖有12 042斤,黑糖110 461斤,预计次年的产量达到30万至40万斤。1650年,东印度公司从中国台湾地区当地的农民那里购买砂糖大约350万斤。

众所周知,郑成功的军队收复台湾,结束了荷兰人在台湾的殖民统治。17世纪上半叶明清政权交替的剧变,影响到了东南沿海以及中国台湾地区。在东南抗清的阵营中,郑芝龙以及郑成功家族的海上势力是一支重要的力量。郑芝龙早年在中国台湾地区活动,占据台湾对抗对岸的明朝官府,后来接受官府的招抚,势力逐渐强大,成为华人海商的霸主。他也曾经与荷兰人合作,采购大陆的货物,并招募大陆人移居台湾,主导大陆与台湾之间的通商。他还乘着葡萄牙人与荷兰人在日本相争不下的机会,将商业活动引入日本的市场,全力扩张自己的贸易事业。不过,后来他转向陆地发展,购买大片土地,投身官场。当清兵攻入浙江与福建之际,他为了维护陆地上的事业,向清兵投降。郑氏家族的海上势力于是出现了裂痕。郑芝龙的儿子郑成功与父亲走的是完全不同的道路。他举起反清的大旗,继续航海贸易以及反清复明的事业。郑成功的母亲是日本人,他幼年也在平户长大,直到七岁才回国接受传统的儒家教育,还受到隆武帝的赏识,赐姓"朱",许多西方人称之为"国姓爷"。他的父亲投降清朝,但是母亲却死于清兵的袭击之中。郑成功英武严厉的性格中交织着国仇家恨,他凭借着家族在海上贸易中所获得的雄厚资源,供养军队,以东南沿海的狭长地带为根据地,抵抗清兵南下,并且一度以强大的军力反攻到南京附近。不过,郑成功的反清战争终于因为后继军需粮食的不足以及战略上的大意而失败,他转而以收复中国台湾地区获取反清复明的基地为目标。

1661年3月,郑成功率领400余艘战舰,2.5万名士兵展开收复台湾的军事行动。4月2日的黎明,郑成功的先头部队已经抵台江外面的沙线,乘着潮水大涨在鹿耳门登陆。不久,郑成功的大部分军队向赤嵌的普罗民遮城挺进,另外再兵分一路自鹿耳门登岸扼守北线尾,以便阻断前来救援的荷兰船只,还部署一部分的军队来袭击向南遁逃的荷兰船只,并进入台江,以切断普罗民遮城与热兰遮城之间的联系。当时,荷兰人已经听闻郑成功收复台湾的计划,只是内部对此看法有分歧。有些人认为郑成功收复台湾的可能性不大,有些人则认为应该防御。在台湾的荷兰长官揆一要求巴达维亚总部应该给他足够的军事增援,但是巴达维亚的总督没有予以足够的重视。4月2日至5日郑成功军队与荷兰军队激战以后,6日赤嵌的普罗民遮城荷兰守将万伦坦(Jacobus Valcutyn)弹尽粮绝,向郑成功投降。郑成功同时派人前往热兰遮城,谕令揆一投降,答应保证他的安全。揆一犹豫不决,召开紧急会议,大多数人觉得郑成功的军队声势浩大,难以抵挡,应该议和。另一些人则希望保住热兰遮城,向郑成功输纳贡赋。于是双方继续对峙。虽然巴达维亚有一部分援军到达,但是没有办法为热兰遮城的荷兰军队解围。

1662年1月至2月,热兰遮城的荷兰守军已经弹尽粮绝,郑成功的军队发动了一次总攻击,荷兰军队死伤惨重,只剩下600名士兵以及300名伤病员。郑成功再派使者入城劝降。荷兰长官揆一知道大势已去,终于同意有条件地投降。2月1日荷兰殖民者与郑成功军队开始谈判,10日达成了一个对荷兰人来说比较体面的投降协议,总计18款。主要内容如下:(一)停止一切军事敌对行为;(二)热兰遮城及其附郭所有的炮台、碉堡等军事设施,以及重炮、火药、战具和公司所有的粮食、商品、金钱等一切财产,都交给郑成功军队;(三)荷兰人从中国台湾地区退回到巴达维亚途中所需的米、面粉、酒、酱、醋、绳索、帆布、锭、沥青、火药、枪弹、导火索以及船中所有必需物品都可以经过报备以后装船运走;(四)荷兰人的一切私人财产都可以带走;(五)除了第三、四条所述的物品以外,东印度公司的评议员28人每人可以携带荷兰货币200力克斯(Rijsdaalders),其他高级市民20人共计可以携带1 000力克斯;(六)荷兰军队在经过检查以后,可以武装列队,在总督的指挥之下登船离开中国台湾地区;(七)荷兰方面将公司的债权和债务列项造册,移交郑成功军队处理;(八)所有东印度公司的公文、账册以及档案,可以由荷兰人带到巴达维亚;(九)郑成功军队将在8日至10日内释放荷兰东印度公司所属的官员、平民、妇女、奴隶和在台湾期间其他的被俘者,在大陆的被俘者也要尽速释放,其他在台湾未受监禁的荷兰人,也都允许安然离开;(十)郑成功军队需还所俘获的4艘荷兰船只以及所有一切附属品;(十一)郑成功军队将准备充足的小船,将当地荷兰居民以及财物迅速送至东印度公司的船舶;(十二)荷兰人留居中国台湾地区期间的蔬菜、牛羊肉以及其他生活必需品,郑成功方面以相当的价格,每天都供应给他们;(十三)荷兰人在等候船只滞留陆上期间,郑成功的士兵以及中国台湾地区人民,非为荷兰人服务者,不得任意进入城堡或者接近郑成功军队所立的栅栏;(十四)荷兰军队撤退以前,不得悬挂白旗以外的任何旗帜;(十五)看守仓库的荷兰人员,仍然得以在其官民以及财物上船以后,留驻三四日于城内,然后登船;(十六)该约按照惯例,一经双方签字立誓以后,双方各派遣二人赴对方以为人质,直至该约各项完全履行完毕为止;(十七)目前监禁在城堡内的中国人俘虏,应该与郑成功军队中所拘禁的荷兰人俘虏相交换;(十八)该约如果有疑义,则由双方临时协议,务期圆满解决。12日,荷兰人退出了热兰遮城。荷兰人于1624年侵占中国台湾地区,于1662年被逐出,由此结束了长达38年的对中国台湾地区的侵占,台湾终于回到了祖国的怀抱。揆一在回到巴达维亚以后一度被囚禁,至1674年始获自由。1675年,有一本题名为《被忽略的台湾》的书籍在阿姆斯特丹刊行,该书作者署名为C.E.S,学者们相信可能就是拉丁文Coyett et socii(揆一及其同事们)的缩写。该书叙述荷兰人在中国台湾地区的殖民统治、郑成功军队在未收复台湾以前的情势,进而详细叙述郑成功军队收复台湾的经过。书中引述了多种原始文献,认为荷兰人在中国台湾地区的失败不应归咎于揆一一人的身上,公司长期以来一直忽略在台湾的防守乃是主要的原因。甘为霖牧师(Rev.William Campbell)编写的《荷兰人统治下的台湾》(*Formosa under the Dutch*)一书的第三部就是这本书的大部分的英译,学者称便。

在整个17世纪,荷兰东印度公司与英国东印度公司一直在与中国澳门地区的葡萄牙人以及马尼拉的西班牙人争夺与中国人贸易的商机。1644年清兵入关以及先前的大规模的农民起义,都使得中国的内陆特别是东南沿海地区的经济与对外贸易遭到严重破坏。在清朝建立以后不久,又在1678年至1682年爆发了"三藩之乱"。直到1683年,康熙皇帝才最后平定了叛乱。从那时起,清帝国进入了一个全面繁荣和平的时代。此时,清朝加开广州以北的福州、厦门、宁波为通商口岸,于是荷兰人与英国人都从中得益。荷兰东印度公司并没有像英国东印度公司那样与中国人建立常规的贸易联系。英国人经过多年的尝试,终于在1701年在广州初步建立了与中国人的贸易联系。荷兰东印度公司在1662年至1690年一直努力地想在中国大陆建立多个有利可图的商站,但是这种努力失败了。于是,荷兰人只能每年从浙江、福建和广东各省驶往巴达维亚的中国人的平底船上获得中国的商品,或与中国澳门地区的葡萄牙人交易。在科恩指挥荷兰舰队纵横南中国海域的17世纪

20年代,他鼓励中国的商人、手工业者以及移民到巴达维亚垦殖。他的后继的历任总督也能够比较宽容地对待中国人。但是到了1690年,中国人在当地的数量已经大大增加,于是引起了巴达维亚殖民地当局的警觉,他们开始严厉地对待中国人并且限制来自中国的移民。

由于巴达维亚当局与"17绅士"的看法不同,直到1728年至1734年,荷兰人才通过广州与中国人建立了直接的和固定的贸易联系。荷兰人从中国进口的货物主要有茶叶、丝绸和瓷器。荷兰的船只有时被称为"茶船",荷兰人则用刻有东印度公司"VOA"印章的银币购买中国的货物。还有一些人想在中国设立荷兰东印度公司中国分公司,订购茶叶以及外销瓷器。最普通的中国出口瓷器就是被称为"粉彩"(famille-rose)的食用瓷器皿。出口到欧洲市场的外销瓷器还要根据欧洲的王室、贵族家族甚至一般平民的要求的图案制作生产。在博克塞的《荷兰东印度公司的战争与和平(1602—1799)》一书中有一幅配图,是一件当时中国的外销瓷,上面描绘了一名天主教方济各会士的不雅场景,很可能这件瓷器是根据一名热忱的加尔文派教士的要求定制的。

无论是荷兰人、英国人、法国人、奥斯坦德人、斯堪的纳维亚人或者是西班牙人,在广州与中国人进行直接交易的时候都使用白银。另一方面,荷兰人在巴达维亚采购中国平底船上的货物的时候,可以用胡椒以物易物。1734年,荷兰人正式开始在巴达维亚与广州之间进行直接的贸易。尽管荷兰人与中国人建立贸易联系的时间处在荷兰东印度公司的黄金时代,但是这一时期英国人主宰了广州的对外贸易,并且在以后很长一段时间里一直处于主导地位。值得注意的是,在英国于1784年公布"折抵法案"(Pitt's Commutation)以前,泽兰省一直在从当地将中国的茶叶走私进入英国,这是荷兰的投资者从事的一种与中国贸易有关的副业。

占领马六甲以及封锁海峡 1633年以后,荷兰人加紧了对于马六甲的封锁与围困,使得葡萄牙人在马六甲的处境变得越来越困难,因为荷兰人对这个港口的封锁越来越紧,葡萄牙的船必须克服重重困难才能进出港口,马六甲的贸易更是陷于瘫痪状态。果阿的葡属印度政府虽然了解马六甲在战略地位上的重要性,可是无力援助。当时马六甲食品匮乏,给养不济。荷兰驻巴达维亚总督迪曼断定出击的时机已到。1640年6月,一支由1 400人组成的远征军开抵马六甲,与一支规模相当的由柔佛王国派来的同盟军会合,他们严密地包围了马六甲,经过6个月的战斗,葡萄牙人虽英勇抵抗,但一年后即 1641 年 1 月 14 日马六甲城及要塞终于被荷兰军队攻克。荷兰军队也付出了上千人阵亡的代价。当时,亚洲各地的葡萄牙人不相信马六甲坚固的要塞真的会被攻陷,有谣言说该船的陷落是因为葡萄牙总督科蒂尼奥(Manuel de Sousa Coutinho)接受了敌人的贿赂。他本人在要塞陷落后不久去世。荷兰人在占领了马六甲以后,致力于与当地人修复关系并恢复与邻近地区的贸易,因此他们要求当地的葡萄牙人居民留下,参加城市的管理,只要他们宣誓效忠荷兰人即可。但是,一部分富有的葡萄牙人,特别是葡萄牙的神职人员还是选择离开,他们最后大部分都去了印度果阿和南方的科罗曼德尔海岸。只有一些葡萄牙人与马来人结婚所生的混血儿后裔选择留下。

从那时起,荷兰人就以马六甲为中心,伏击和拦截往返于果阿和中国澳门地区之间的穿越海峡的葡萄牙船只,使得果阿与中国澳门地区之间的贸易和军事联系变得困难重重。如 1642 年 6 月 20 日,一艘从果阿驶往中国澳门地区的船只在马六甲以北的海域被荷兰人截获,有价值 6 732 荷兰盾的货物落入荷兰人手中。1643 年 6 月,一艘由科钦驶往中国澳门地区的葡萄牙船只又在马六甲附近被荷兰人截获。随着马六甲的沦陷,东亚的要冲落入荷兰人手中,葡萄牙人在澳门这个孤零零的殖民地变得比以往任何时候都更加孤立无援。葡萄牙人则拼命反抗,1643 年 5 月,他们也扣押了一艘驶往印度西海岸的荷兰船只,没收了价值 435 439 余荷兰盾的波斯丝绸,由此迫使荷兰人改变了其对葡萄牙船只的处理办法。葡萄牙人还利用英国人的船只运载货物。1644 年,至少有 3 艘英国船只从苏拉特和果阿经马六甲驶往澳门和马尼拉,并从马尼拉折回。以至马六甲的荷兰总督抱怨说:"利用这种走私,果阿和(中国)澳门(地区)的葡萄牙人想要什么都能够得到。"1644 年 11 月 10 日,荷属印度的正选议员梅祖依以及葡萄牙的果阿总督梅内塞斯在果阿签订条约,葡萄牙人释放扣押的荷兰的船只和船员,荷兰人则释放 1643 年 2 月 22 日以后所有的葡萄牙人俘虏并归还货物。条约于 1645 年 1 月 25 日在果阿公布,双方正式休战(1645—1652)。在此期间,中国澳门地区与果阿之间的航运有所恢复。不过,荷兰人对于过往的船只仍然做出了限制,如第六款规定葡萄牙人不得染指荷兰人与原住统治者订立的有垄断条约的地区,第七款规定葡萄牙船只需在荷兰人事先知道的情况下才可以去马六甲等港口。葡萄牙船只经过马六甲海峡必须付通行费,如 1646 年 1 月,有 8 艘停泊在马六甲的船只每船交中国黄金 4 条,王家船只免交。由此,从中国澳门地区到马六甲再到果阿的船只有所增加,根据张廷茂教授对于 1645—1651 年往返于中国澳门地区与马六甲之间的葡萄牙船只数量的统计,从中国澳门地区至马六甲共有18艘,从马六甲至澳门共有17艘。不过这些船只载货严重不足(主要是因为广州一带由于清兵杀戮连年战祸),无法恢复到以前的水平。

五、荷兰-日本贸易的开辟与维持

由于荷兰人的封锁和拦截,自17世纪20年代后期,葡萄牙人统治下的中国澳门地区与日本长崎的贸易一直在下降,在过去的大半个世纪里,澳门一直依赖于与长崎的贸易维持其繁荣地位,现在这种贸易越来越岌岌可危。其固然是因为日本幕府以怀疑的态度看待在葡萄牙势力扶植下的天主教会势力的壮大,另一方面也是因为在日本的荷兰人利用这一形势来削弱和破坏葡萄牙人在日本残存的利益。

早在17世纪初年荷兰人已经致力于与日本人建立贸易关系。1598年,有22艘荷兰船只驶往远东,1600年4月19日,其中有一艘由雅各布·奎克内克(Jacob Quaeckerneck)舰长率领的"仁慈号"(de Liefde, or Charity),由英国人威廉·亚当斯(William Adams)引航,该船因为被风暴吹离航线,驶抵日本九州的丰后国,虽然当地的葡萄牙人和耶稣会士极不情愿荷兰人的到来,但是荷兰人还是成功地在当地逗留了一段时间。由于船长病重,所以由亚当斯作为代表去大阪觐见了德川家康,这次觐见对于荷兰人以后在日本的立足有重要的影响。德川家康第一次知道欧洲除了"南蛮"(葡萄牙人)以外还有荷兰人与英国人,而且后者信奉不同于天主教的新教。日本人允许荷兰人在当地定居下来,亚当斯也被授予大名的头衔,并且在靠近横须贺的一个地方被赐予一块小小的封地。1601年,当另一支荷兰舰队回到自己祖国的时候,他们把听到的关于荷兰人在日本的消息向鹿特丹当局做了报告。另外,有一艘荷兰的舰船在加里曼丹岛遇到了一艘日本的"朱印船",后者的葡萄牙领航员也告诉他们在日本已经有荷兰人居住下来的消息。在日本的亚当斯一直希望德川家康让他离开日本回到欧洲,但是一直没有获得准许。

当亚当斯和那些荷兰人居住在日本的时候,他们祖国的同伴正在积极地发展与东印度的贸易。林斯霍顿在他的著作中描绘了葡萄牙人在东方的贸易,特别提到中国澳门地区与长崎之间的葡萄牙-日本贸易是非常容易赚钱的,这使得许多阿姆斯特丹的荷兰商人垂涎欲滴。如上文所述,在奥登巴恩维尔特的支持下,1605年,荷兰人占领了安汶岛、特尔纳特岛以及蒂多雷岛,这使得荷兰人获得了久渴望进入的香料群岛,荷兰人还在爪哇的万丹岛建立了商站。1605年,奎克内克再度率领"仁慈号"来到日本的平户,他得到了德川家康颁发的"朱印状",即获得允许与日本通商。1607年9月,荷兰海军上将维霍芬(Pieter Williamsz Verhoeven)率领一支由13艘舰船、1 900名官兵以及377门大炮的庞大舰队前往远东。出发以前,他接到荷兰政府的指令,要求他至少必须派遣一艘船只前往日本通聘。舰队到达远东以后,他任命布罗克(Abraham van den Broeck)和普克(Nicolas Puyck)为商务使团团长,派遣他们于1609年7月率领两艘舰船"带箭的红狮号"(Roode Leeuw met Pijlen, or Red Lion with Arrow)以及"狮身鹰首兽号"(Griffoen, Griffin)前往平户,这两艘船带来的货物远远不及葡萄牙大帆船,但是他们得到德川幕府很客气的接待,幕府告诉他们日本的对外贸易是向所有的国家开放的。当时亚当斯担任使团的译员,在使团后来写的报告中说他得到日本幕府的高度信任。从伊比利亚方面得到的消息也证实了这一点,似乎亚当斯已经取代了著名的葡萄牙耶稣会士陆若汉(João Rodriguez Tçuzzu)的地位,不久以后,后者就被驱逐前往澳门了(亚当斯是一位非常圆滑的英国人,他极力为荷兰人服务,也为自己的祖国英国提供情报;在一段时间里他与葡萄牙和西班牙的传教士也维持良好的关系。但是据博克塞说,在他的晚年,其思想倾向中的反天主教色彩是非常浓厚的)。荷兰的使团还带了奥伦治莫里斯亲王致德川家康的一封信,请求获得允许在平户建立一个永久的商站。在当地大名的引见之下,他们觐见了德川家康,呈上了亲王的信件。他们向德川幕府的官员再度解释,荷兰是从信奉天主教的西班牙人和葡萄牙人统治下获得解放的国家,幕府官员获得的印象是,荷兰似乎不是一个基督教国家,至少不是一个像葡萄牙或西班牙那样的天主教国家。就这一年秋天,由雅克·斯佩科斯(Jacques Specx)担任馆长的平户荷兰商馆成立,荷兰得以与日本建立正式的通商贸易关系。不过,按照羽田正的说法,这个商站在一开始的功能与其说是贸易,反倒是更像军事基地。当时荷兰东印度公司正与葡萄牙人、西班牙人以及英国人争夺出产优质香料的摩鹿加群岛的权益,所以荷兰东印度公司从平户把粮食、武器、木材、石材以及日本的雇佣兵运往东南亚。此外,平户也位于荷兰人攻击航行于澳门与长崎海上贸易航线上的葡萄牙船只的最佳位置。

荷兰东印度公司当时在亚洲贸易的主要目标之一是购买白银,因为荷兰与西班牙在欧洲的战争使得西班牙流入荷兰各港口的白银变得少了,在阿姆斯特丹,白银的价格提高了。而在这段时间,东印度公司在亚洲的军事以及贸易的力量有着显著的增长，于是，科恩等荷兰在远东的总督和将军就将注意力集中在日本、中国以及菲律宾等地，寻求白银和其他可以增值的商品，因为这些地方之间有相互联系的贸易网络。荷兰将日本作为一个除了西班牙以外可以获得白银的贸易国度，但是，在1609年荷兰虽然开辟了与日本的贸易联系，但直到17世纪20年代的早期，仍然没有掌握从中国出口到日本的主要货品即丝绸，在1622年的时候，从中国进入日本的丝绸仍然掌握在葡萄牙人的手中，荷兰人从日本运往巴达维亚的白银数量也很少。但是荷兰怀有很大的野心，要发展与日本的贸易，并在此过程中排斥英国人特别是葡萄牙人等竞争对手，他们想方设法增加日本幕府当局对于葡萄牙人和西班牙人在日本传播天主教的恶感。渐渐地，荷兰在日本的外交策略取得了明显的成功，1623年，英国人关闭了他们在日本的商站，次年，西班牙人也被驱逐出日本。17世纪20年代，荷兰东印度公司在中国台湾地区设立了商站，确立了以日本出产的白银换取中国的生丝的中介贸易机制。到了30年代，荷兰东印度公司从平户开出的商船，也前往巴达维亚、暹罗、交趾、柬埔寨以及东京（越南东北部）等地进行贸易，将各地的土产带往日本。

随着时间的推移，荷兰人在日本最大的竞争对手葡萄牙人发现他们在日本的地位越发显得岌岌可危，其中很重要的原因就是德川幕府极度担忧葡萄牙人在日本传播天主教，而葡萄牙人则执意将天主教的传播与贸易联系起来，这就形成了双方不可避免的冲突。早在16世纪下半叶丰臣秀吉统治后期，日本幕府的反天主教会的立场已经十分明显。1587年7月25日，丰臣秀吉颁布《伴天连追放令》，宣布天主教为"邪法"，与作为"神国"的日本格格不入，该谕令宣布外国神父在20天以后必须回国，但是同时日本当局也没有禁止与葡萄牙人通商。虽然这个命令并没有强迫日本天主教徒改宗，也没有正式禁止与澳门的葡萄牙人通商，但是不久，对于天主教的查禁日趋严厉，丰臣秀吉下令收缴军队中的十字架、念珠和圣物盒，没收大阪、堺、京都的传教士住所，没收长崎、浦上的教会领地，捣毁基督徒大名大村纯忠和有马晴信等奉教大名领地上的教堂，对于基督徒的镇压变得严酷起来。1596年发生了西班牙船只"圣菲利普号"（San Felipe）事件。该船在当年7月从马尼拉驶向阿卡普科，10月19日在遇到风暴以后进入土佐藩港口修理，丰臣秀吉接到报告以后派增田长盛前往处理，准备按例收缴船上价值150万佩索的货物。那位船长为避免厄运，竟然愚蠢地向日本官员炫耀西班牙广阔的领地，并声称西班牙人扩张总是先派传教士前去归化原住民，再派军队，里应外合，占领该地。这种说法引发了日本统治者心底的担忧。丰臣秀吉于同年 12 月 8 日再度发布禁教令,由于当时继耶稣会以后进入日本京都的方济各会非常活跃,引起日本反教人士的不满和反感。京都奉行下令逮捕以方济各会士巴蒂士塔(Pedro Bautista)为首的一批方济各会士及其信徒。1598 年 2 月 5 日,日本幕府在长崎西坂的山丘之上杀害了 26 名天主教会的教士以及日本基督徒。据称,当时有数千名长崎群众目睹了他们被杀害的场面。1614 年,德川幕府再度颁布禁教令,1616 年 9 月,第二代幕府将军德川秀光再度重申 1614 年的禁令。这一年,又有一批传教士遇害。1 名多明我会副省会长以及 1 名奥斯定会士自愿选择受死。在 1622 年的"长崎大殉教"事件中,有 30 名基督徒被砍头,另外有 25 人被烧死,其中有 8 名多明我会士、4 名耶稣会士、3 名方济各会士以及 20 名修士。据博克塞根据外国传教士的书信统计,1614 年至 1622 年被害的日本天主教徒人数逐年依次为:1614 年 63 名,1615 年 13 名,1616 年 13 名,1617 年 20 名,1618 年 68 名,1619 年 88 名,1620 年 17 名,1621 年 20 名,1622 年 132 名。他还认为这个数字远远低于实际的人数。

早在 1592 年,德川幕府将长崎改为直辖的城市,派长崎奉行驻扎在长崎。第一任长崎奉行为寺泽志摩,他将官邸设在本博多町。同年制定"朱印船"制度,提倡海外贸易,当时持有"朱印状"的日本船只到达过中国台湾地区,还有吕宋、婆罗洲、马来半岛、安南、暹罗。他们输入的商品以生丝和丝织品为主,还有鹿皮、鲛皮、苏木和砂糖;输出品则有铜、铁、硫黄、扇子和描金画等。当时的日本统治者,还抱有将传教与贸易尽量分开处理的想法。而在日本的耶稣会士,也利用了日本统治者的这种想法,十分低调地在日本展开传教和巩固信徒信仰的活动,到了 1605 年,日本境内天主教徒的人数竟然达到 70 万之众。这不能不再度引起幕府以及其他反天主教的社会人士的关注和警惕。

正是在这样的情形之下,澳门葡萄牙人尽一切可能极力维持与日本断断续续的贸易联系。面对荷兰人的海上军事优势,葡萄牙人只得放弃了行动缓慢的大帆船,使用荷兰人不能完全拦截的小型快速的运输船。同时,荷兰人处心积虑地减损和危害葡萄牙人在日本的利益和影响。1619 年,荷兰人交给日本当局一封由一名叫若热(Domingos Jorge)的葡萄牙基督徒所写的信,此人为侨居日本的葡萄牙人的首领,信中说要联合葡萄牙人共同颠覆日本帝国,还提到需要西班牙国王提供战舰和士兵,并列出了参与阴谋的日本藩主的姓名。荷兰人声称他们是在好望角附近俘获的葡船上找到这封信的。若热因此被斩首。事实上,关于此信的来历大可怀疑,但是它肯定促使了日本幕府下决定禁教。17世纪30年代,幕府禁止"朱印船"以外的船只与人员航行海外,在海外侨居超过五年的日本人,禁止回国;1635年,禁止一切日本船只与人员回国,违者处死。

最后,在1637年,终于爆发了由于德川幕府禁教政策以及九州大名的残酷的剥削与压迫引发的日本天主教徒规模巨大的岛原之乱(Shimabara Rebellion,1637.12.11—1638.4.12),日本幕府和九州大名调动十余万军队,并要求荷兰人在海上用重炮轰击起义的中心原城,才将起义镇压下去。这一重要历史事件引起日本德川幕府统治者的深深的疑虑,并最终导致长达95年葡萄牙-日本贸易终结的直接原因。日本的统治者认为岛原的信奉天主教居民理所当然是受到某种外国势力(特别是葡萄牙人)的支持的。实际上当时澳门葡萄牙人的议事会已经想尽一切办法严禁天主教的传教士搭乘葡萄牙的商船,以免给日本当局以口实,在岛原城中也没有任何外国传教士。但是在日本当局看来,与马尼拉的贸易在25年前已经被禁止,"朱印船"后来也被取缔,中国人与荷兰人是不可能与日本天主教徒合作的,那么剩下的只有长崎与澳门的葡萄牙人之间的贸易。所以,在1638年,日本的德川幕府统治者下决心最后关闭葡萄牙与日本之间的贸易,并禁止日本人民出海,驱逐所有在日本的葡萄牙人。

1638年,还有葡萄牙船只来到日本,但是,当1639年舰长阿尔梅达(Vasco Palha de Almeida)率领两艘船只来到长崎的时候,日本政府已不再让他进行贸易,日本人交给他一份签署于同年7月5日谕令的抄本,指示立即永久地关闭澳门的葡萄牙人和长崎之间的贸易,如果葡萄牙人再来长崎,就要被处死。日本幕府列举的理由有三条:(1)葡萄牙船只用于偷运传教士,故意违反禁教令;(2)葡萄牙人的船只用来运输给传教士的给养;(3)葡萄牙船只为"岛原之乱"的信奉天主教的农民提供人员和金钱的帮助。日本幕府命令葡萄牙船只必须在顺风的情形之下离开,在其停泊港口期间不允许任何人登岸,以等待东北季风的来临。日本人在口头上和书面上通知葡萄牙,禁止任何葡萄牙人再来日本贸易,否则处以死刑,并将通知传达给果阿和澳门的葡萄牙人。在阿尔梅达舰长带回这个对于澳门的葡萄牙人来说是致命的消息以后,澳门的葡萄牙人还是极力挽回局面,因为与日本的贸易对于他们的生存实在是太重要了。1640年3月13日,澳门的葡萄牙人议事厅决定派遣一个庞大的使团前往日本,恳请日本当局重新开启贸易。使团于6月22日出发,7月6日驶进长崎港口。他们立即被日本人带去审问。8月2日,长崎奉行召集全体使团成员,宣读了日本的决定:由于葡萄牙人利用贸易资助天主教的传教活动,幕府已经禁止澳门的葡萄牙人与日本的贸易,违者处死。此前已经将日本的禁令明确告知澳门的葡萄牙人,故此次使葡萄牙人的再访日本是违反了禁令,日本当局不能将来访的葡萄牙人视为使者,只能视为违反禁令的罪犯,日本当局将从这些葡萄牙人中选出13人,命他们将消息带回澳门,其他的人在8月3日早上被带到位于长崎港口的处死天主教徒的"致命山",使团成员被分为三组,一组为使团领袖以及葡萄牙人和西班牙人,一组为其他被判死刑的人,余下的13人为一组站在一边高处的山上,他们将会回到澳门,将此消息带给在澳门的葡萄牙人。在众多观众的注视下,63名葡萄牙人被杀害了。他们停泊在长崎港口的大船也被焚毁了,剩下的13人被释放,乘小船于9月1日离开长崎,一路漂流,于当月20日回到澳门,报告这一不幸的消息。

随着德川家族出于政治和宗教的目的禁止与葡萄牙人贸易并查禁天主教,整个欧洲与日本的贸易便逐渐被荷兰人垄断了。从根本上来说,德川幕府与荷兰人进行贸易的最大的益处就在于荷兰的商船不会带来天主教的传教士,同时又能够与获得来自东南亚的商品。羽田正教授指出另一个重要的原因就是荷兰人对于日本人的那种恭顺的态度。荷兰人严格遵守不向日本人输出武器的规定;1628年,在中国台湾地区的东印度公司商站企图向日本的"朱印船"征收关税,双方发生纠纷与冲突,荷兰人后来把驻中国台湾地区商站的站长带往平户交给日本当局处理。1633年以后,平户商站的站长总是定期前往江户拜谒幕府的将军,表达他们被获准在日本从事贸易的谢意。在"岛原之乱"时,荷兰人受德川幕府的邀请,把船驶往有明海,向叛乱军队的最后据点原城发射了一些炮弹。1637年,在荷兰东印度公司在远东的总贸易额中,平户商站所占据的利润已经高达70%,所以,在日本的荷兰人必须忍耐和屈尊。1640年,日本当局命令荷兰人拆除刚刚在前一年建设完成的石头建造的仓库,荷兰人立即照办。1641年幕府命令荷兰人将商站从平户搬迁至长崎的"出岛",荷兰人也毫无异议地立即执行。当时荷兰人在东亚的许多地区都不是这样卑微地行事的,他们在南中国海经常劫掠中国人的船只,充当海盗的角色,在东南亚也经常以暴烈的手段攫取香料贸易的权益,这与他们在日本的行为形成鲜明的对比。

由此,日本进入了所谓"锁国"时期。日本历史学家坂本太郎指出:"有关锁国的利弊,历来议论纷纷,但它确实是加强和巩固了幕府封建统治的有效政策,长达二百余年的江户时代,能在国内保持和平,幕府政权得以维持,锁国无疑是一个有力的措施。在经济方面,国内产业得以发展,在文化方面,日本独特的文化得以昌盛等,可以说都是由于锁国的影响。但是,在另一方面,它缩小了人民刚刚开始的、面向世界的眼光,扼杀了不断探索的精神,妨碍了欧洲近代合理精神(理性主义)在日本的传播与成长。这对于整个日本历史的发展来说,不能算是值得庆幸的事。然而幕府并没有认识到这一点,所以它难免要受到只是为了维护自己政权而愚弄人民,阻止文化发展等谴责。这毕竟是武家专制政治发展的必然结果,换言之,它是武力统治对于文化专制的胜利,是封建统治实现了对于自由思想的彻底压迫,进而也开辟了国粹主义压制国际主义的道路(有关认识还可以参见和计哲郎《锁国——日本的悲剧》,1950 年,筑摩书房出版。作者认为近代日本人民缺乏理性和科学精神,根源在于锁国。见坂本太郎著、汪向荣、武寅和韩铁英等译:《日本史》,第288 页)。

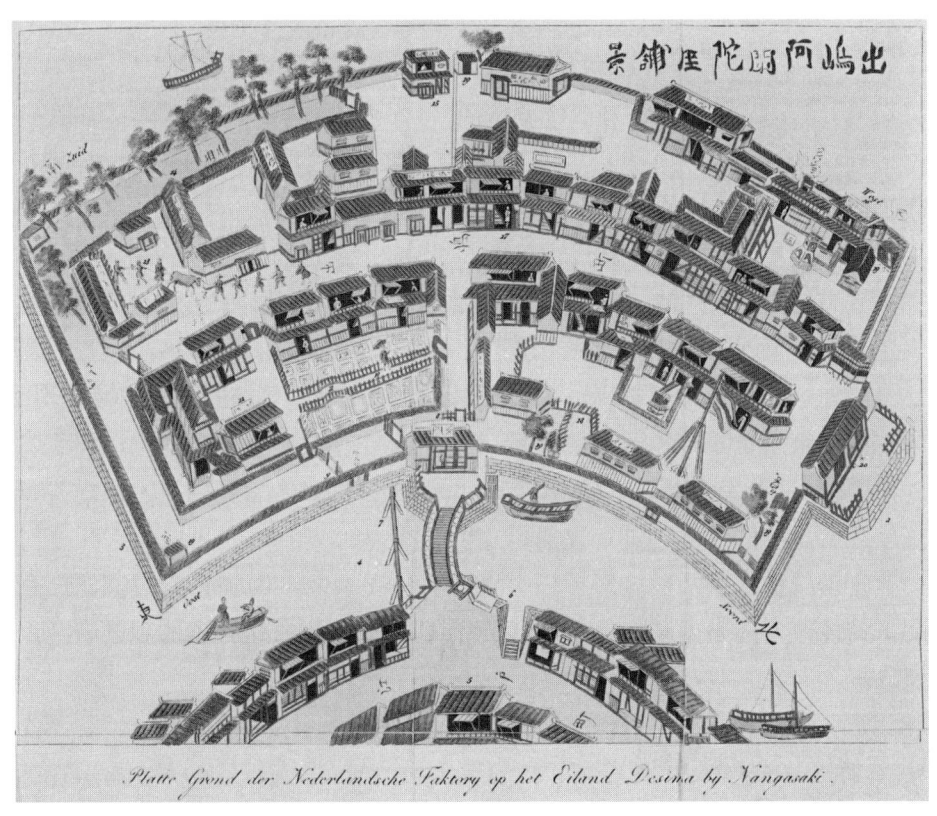

长崎出岛的荷兰商馆

从 1640 年起,荷兰人接受日本幕府的安排,居住在长崎港口外面的扇形的人工岛——出岛(Dejima)上与日本人从事贸易活动。出岛是幕府将军德川家光于 1634 年下令建造的,它原本是为了圈定葡萄牙人的活动范围而建造的,1636 年初步完工。这个人工岛范围北侧长达 190 米、南侧长达 233 米,东西宽约 70 米,面积 13.698 平方千米,有一座桥连接长崎市内。最初幕府是想将葡萄牙人的活动限制在此区域内部,其建筑费用是由有钱有势的 25 位商人("町众")出资的,这些富商分别来自长崎、博多、京都、大阪和堺等地,这些富裕的商人大多以长崎为基地从事"朱印船"的贸易。1637 年"岛原之乱"以后,1639 年幕府下令驱逐所有葡萄牙人,停止与澳门的葡萄牙人的贸易,原先出资建造出岛的町众,对于资金不能收回感到为难,1641 年幕府便强令原先在平户贸易的荷兰人迁往出岛居住。荷兰人每年向町众支付一定数量的金钱,原则上日本人除商业事务或其他公事以外不能进入该岛,荷兰人也不可以随意走出该岛。从理论上来说,出岛是"天领"(德川将军家的领地),所以居住在这里的荷兰人的身份不过只是"店子"(房客)而已,当时外国人是不允许在日本列岛取得不动产的,所以荷兰人居住在这里的建筑物由身份为"家主"(房东)的商人准备,然后由荷兰东印度公司每年支付白银 55 贯目的房租。根据羽田正教授引述另一位日本学者片桐一男的研究,这笔钱如果换算成现代的日元,其金额近 1 亿日元。被称为"出岛町众"的房东,把"地子银"(地租)缴纳给德川家族以后,剩余的金额就根据出资额进行分配。如果屋子出于台风等原因损坏了,房东要负责维修。岛上的建筑物除了经过特别许可自行建造的 2 栋荷兰建筑风格的仓库以外,所有的建筑物都是日本风格的家屋,其中有商馆馆长的住宅(加比丹屋舍)、商馆员住宅、仓库、炊事场、浴室、家畜小屋、菜园和日本官员住屋。目前长崎市已经将出岛的建筑物进行复原,一共有十余栋,复原时尽可能地采用当时的建筑工程技术以及建筑材料。这些屋子有着日本风格的建筑结构和外观,配上荷兰风格的室内装潢与家具,重现了当时东西方文化合璧的独具特色的建筑群。

常驻在荷兰商站的荷兰方面的人员主要有加比丹(Kapitan,商馆长)、次席、仓库长、书记官、医生、厨师、木匠、锻工和召使(黑人)等 15 人左右。在日本方面,德川幕府在长崎市镇的前段,设立了长崎奉行役所,由长崎的奉行负责管理出岛,监视荷兰人的一举一动。这座只靠着一座桥连接长崎市的小岛,最适合管制人员的进出。除了荷兰商站的站长前往江户拜谒幕府的将军、参加长崎山上访神社等特殊的宗教活动情况以外,严格禁止荷兰人离开出岛,进入长崎市镇。在平时,由名为"出岛乙名"的官吏直接与荷兰人交涉,他是日本方面在岛上的负责人,要监视荷兰人和海员的动向、商品的卸货、货款的支付、日本人的出入、荷兰人日用品的购买等事务。在"出岛乙名"之下则有通译(与荷兰人交往的通译被称为"阿兰陀通词",与中国人交往的译员则被称为"唐通事",日本人通过这些通译也可以了解荷兰人等外国人的影响)、组头、同行使、笔者、小使、船番、庭番等100余名工作人员。在桥边的告示牌上写着,除了被称为"倾城"或"游女"的公娼以及"高野僧"(传教的僧侣)以外,其余人等不可以随便进入出岛。日本的妓女是唯一能够获准进入出岛的日本妇女。她们来自丸山地区的妓院。她们无法与江户以及京都的妓女竞争。同时,长崎本地的妓女有时也被引入出岛里面与荷兰人交游。所有运送日常用品到商站的商人、维修商站以及家屋的工匠以及搬运货物的工人等,必须取得"出岛乙名"的官吏所发的通行证以后,才得以进出这座岛。由此可见,荷兰人与日本人的交流受到严格的限制。最初的时候,就连在出岛或是在船上死亡的荷兰人的遗体也被禁止埋葬在日本的土地。日本对于荷兰船只运来的商品也加以严格的管制,规定所有的商品必须在船上原封不动地接受日本人的检查,然后再从出岛西侧的水门搬运到岛上,在确定买家之前,所有的商品都必须存放在仓库里面。长崎奉行的手下,会严格检查水门旁边所有商品的运进运出。由于幕府严禁外人使用武力,所以在荷兰的船只驶抵长崎以后,必须卸下船上的大炮并且把它们搬运上岸,然后封印。在长崎的荷兰商站里面没有任何士兵,这是荷兰在亚洲各地的商站有别于长崎商站的最大的地方。幕府严格禁止基督教,即便是荷兰人也严格禁止在出岛内举行任何基督教的宗教仪式。此外,由于日本人认为荷兰人是由于日本幕府网开一面的善意才得以在长崎进行贸易,所以为了表示感谢与敬意,幕府要求荷兰商站的站长每年都要前往江户拜谒将军。荷兰商站的站长原则上一年一任,如上所述,新任的站长每年会前往江户拜访幕府的将军(后来改为四年一次),此时出岛上的其他荷兰人也可以一起同行,乘机呼吸外面的自由空气并接触日本的风光景物。新任馆长必须在此时向幕府呈交《荷兰风说书》,幕府借此了解海外的情况。

从1640年开始,荷兰成为欧洲唯一被允许与日本进行通商贸易的国家。

在此之前的 1635 年,幕府当局已经禁止日本人离开自己的国家参与与中国等国家和东南亚地区的贸易。幕府除了掌握居住和来到日本贸易的外国人的动静以外,也建立了管理长崎贸易的一些特殊制度。最初制定的是"丝割符制度",即让拥有特权的商人垄断和购买这项最重要的进口商品。接着通过实施"货物市法"与"御定高制度",事先决定对外贸易的总额,并且只允许特权商人在已经限定的总额范围内进行交易。尽管在日本出岛的荷兰人受到严格的限制。但是他们还是利用一切的机会,提供日本社会和市场所需要的一切商品,主要是中国的货物,特别是丝绸。荷兰船只通常在每年 8 至 9 月份的时候乘着季风从巴达维亚来到长崎,到这一年 11 月或者次年 2 月间离开返航。船只在入港口以后会接受检查,宗教(天主教和基督新教)的书籍和武器不允许携带,岛上禁止举行任何宗教活动。船到以后,帆被没收,直到返航时才发还。从 1641 年至 1847 年间,总共有 606 艘荷兰船只抵达长崎港口。早期荷兰船只抵达的次数比较频密,每年有 2 至 5 艘船只抵港,1715 年幕府限制每年只能有 2 艘船进港,1719 年更限制为 1 艘,1799 年又恢复为 2 艘。荷兰方面主要输入的商品除了中国的丝以外,还有产自孟加拉和越南东京的丝,荷兰从日本输出的主要是它本国所需要的白银。1622 年,荷兰东印度公司的船只从日本输出的白银价值 410 000 荷兰盾,1627 年的价值为 851 000 荷兰盾,1635 年为 1 403 100 荷兰盾,1638 年为 4 753 800 荷兰盾,1640 年至 1649 年为 1 518 870 荷兰盾,1650 年至 1659 年为 1 315 120 荷兰盾,1660 年至 1669 年为 1 048 000 荷兰盾。[1]在荷兰与日本通商的中期以后,荷兰还输入罗纱、天鹅绒、胡椒、砂糖、玻璃制品,日本输出的则有铜、樟脑、瓷器等物品。荷兰船只还带来了一些域外的动物,如洋马、猎犬、食火鸡、麝香猫、驼鸟、鹦鹉、红雀、九官鸟、虎等,还有一些供欣赏用的植物。由荷兰人第一次带入日本的西洋物品有台球、啤酒、咖啡、甘蓝、番茄和巧克力等。在 17 世纪荷兰人设在亚洲的各个商站之间,相距遥远的波斯以及日本商站之间显得特别重要,因为能够取得购买印度的棉织品所需的黄金、白银、铜等贵金属的只有这两个商站。荷兰东印度公司的船只把砂糖、胡椒、香料运往波斯,再把生丝、丝织品、鹿皮以及鲨鱼皮等货物运往日本,

---

[1] Jonathan I.Israel, *Dutch Primacy in World Trade, 1585－1740*, Oxford: Clarendon Press, 1989, p.173.

以获取黄金、白银与铜。

在17世纪的后60年,荷兰东印度公司在与英国东印度公司的竞争中获得优势,先是从日本获得大量的白银,后又获得黄金。由于日本的"锁国",荷兰人的竞争者不能进入日本了。荷兰东印度公司从日本出口的这些贵金属也相对地减少了。到了18世纪的上半叶,这种优势已经渐渐地失去,因为日本银矿的出产量也在减少,银币也在贬值。德川幕府则严禁贵金属的出口。于是,荷兰人就把主要的精力放在出口日本的铜,他们戏谑地说:"这是我们找到的新的舞伴。"从18世纪中叶起,荷兰东印度公司将日本的铜出口到欧洲,这些铜的数量可以与瑞典出产的铜相媲美,尽管当时铜的主要市场还是在亚洲,主要在印度和波斯。在18世纪的最后25年,局面发生了变化,瑞典的铜以很高的竞争力进入亚洲市场。

荷兰东印度公司与日本一度繁荣的贸易在18世纪的下半叶慢慢地衰落下去。1697年以后,幕府采取通过长崎会所直接管理贸易的体制,如此一来,各地的商人与大名再也没有机会插手长崎的对外贸易了。1715年,新井白石制定了对外贸易的限制条例:规定每年驶往长崎的唐船(中国船)最多为30艘,贸易额最多为白银6 000贯,荷兰船只最多为2艘,贸易额最高为白银3 000贯,还规定中国的船只必须持有幕府颁发的信牌才可以进入长崎港口。1790年日本幕府限定每年只允许1艘荷兰的船只来到长崎。尽管如此,双方都没有彻底断绝贸易的意愿。荷兰人方面非常紧张,担心一旦被逐出出岛,英国人就紧接着取而代之。更有甚者,虽然荷兰人每年的贸易额有所下降,但是他们留在出岛的职员仍然能够通过私人贸易获利。从日本人方面来看,官吏以及商人也喜欢与有利可图的人保持贸易的联系,即便是在江户的幕府也是如此看待。所以,日本-荷兰的贸易以及文化联系一直持续到了幕末时代。

更为重要的是,对于幕府来说,出岛是当时日本人唯一了解外部世界的窗口,通过这个窗口,幕府的官员可以定期地了解荷兰和外部世界发生了什么。也正是这个原因,日本人与荷兰人在文化以及智识上的交流变得更加有趣和重要了,至少,对于后世的人来说,要比那种受到限制的荷兰-日本贸易更加有趣和重要。在日本方面,对于西方文化的兴趣似乎广泛而迫切,不仅仅局限在那些官方的译员——尽管他们更加容易接触到外国的文化。早在1720年,德川幕府第八代将军德川吉宗(1716—1745)放宽禁书令,除基督教以外的欧洲其他学问的书籍可以入岛,从那时起,有一些欧洲的自然科学方面的书籍流入日本。德川吉宗有学习荷兰以及西方学术的意愿,他亲自询问来到江户晋谒的荷兰人有关域外的知识,并派家臣到长崎和江户的荷兰人宿舍询问各种问题,订购来自荷兰的物品。他对于天文学特别感兴趣,在继承将军职位以后第一次接受荷兰人的晋谒时,曾命人拿出荷兰人奉献的天体观测仪来询问其使用的方法。五年以后,幕府几乎每年都要订购望远镜。1736 年,他还从荷兰招聘精通历法的荷兰人,求购四分仪,还派使者去长崎询问日食和月食的现象与原因。他还想改良马种,从域外进口马约 30 匹,招聘三名荷兰的马术师,让他们传授马术与兽医学。此外,德川吉宗还对船舶、武器、钟表、世界地图、医学等感兴趣,经常派员向荷兰人询问相关问题。他还计划购买相关书籍、器具和物品,还想输入域外的动植物和食品。一些理解德川吉宗意图的日本医生和学者,乘着荷兰人来到江户晋见的机会,到他们的住所探访。幕府的书物奉行深见有邻,曾经特别向荷兰人提出有关月球的运行、日食与月食、历法、诸星排列等天文学方面的知识。医官桂川甫筑、粟崎有道、丹羽正伯等在荷兰人在江户的宿舍,请教西医的相关知识。德川吉宗对于荷兰的食物也颇感兴趣,曾命荷兰人献上各种食物的样品,并派近臣去荷兰人宿舍品尝西洋菜饭,还指名献上奶油、乳酪和腌肉等。当时,吉宗近侧和知识分子对于荷兰的学术文化的关心有所提高。

在 18 世纪的下半叶,由此形成了一些所谓的"兰学学者"(Holland scholars or Rangakusha),他们有兴趣研究外国的和荷兰的学问,是一个社会成分复杂的群体,其中有医生、天文学家、流浪的武士甚至一些封建的领主。有时他们在很短的时间里面就能够掌握荷兰的知识与学问。日本的幕府甚至允许一些"兰学学者"在相关的荷兰人离开日本以后继续保持通信联系。"兰学"的建立首先是从翻译开始的。据说早在 1717 年,将军德川吉宗看到了荷兰人杨斯顿(J. Jonston)所写的《动物记》,为书中精美的插图所动,曾经产生请人学习荷兰语和翻译荷兰书籍的想法。早期从事学习荷兰语的日本学者以青木昆阳(1698—1769)较有成就。他在 1739 年被幕府任用,1740 年开始学习荷兰语。他并非前往长崎的荷兰商馆学习,而是利用荷兰人来江户参观的机会,向随行荷兰译员学习荷兰语。他用了十七年的时间,编译了如下书籍:《荷兰话译》(1743)、《荷兰话译后集》(1744)、《荷兰劝酒歌译》(1745)、《荷兰樱术一角说》(1746)、《荷兰文字略考》(1746)、《荷兰文译》(全十集,1758)。

其中《荷兰文字略考》共三卷,第一卷记述荷兰语拼音法与发音,第二、三卷是简单的日荷对译辞书,含有721个词汇。在长崎的荷兰语通译西善三郎(？—1768)曾经着手编译《日荷辞典》,但因病去世没有完成。另一位幕府御用医师与通译本木良永(1735—1794)翻译了一部由荷兰人写的1722年版的《新旧地理问答》,取名为《荷兰地理图说》,于1771年出版。此外,他还翻译了《阿兰陀地球图说》(1772)、《天地二球用法》(1774)、《太阳距离历解》(1774)、《日月圭和解》(1776)、《阿兰陀海境书》(1781)、《阿兰陀全世界地图书解》(1790)以及《新制天地二球用法记》(1793)等许多关于天文、航海以及地理的书籍。还有一位著名的日本外科医生和"兰学学者"吉雄幸作(1724—1800)精通天文学、地理学和医学。他是驻长崎的日本荷兰语译员的领袖人物,经常陪同荷兰东印度公司的使团前往江户参观幕府将军。他的家族深受幕府的信任,他也被任命负责进口域外的各种除基督教以外的图书资料,以供幕府参考研究。他根据荷兰医生的指导与荷兰医书所提供的知识,创立了吉雄派外科术,据说日本全国追随他学习医术的弟子多达600人。他家的装饰也具有荷兰风味,吸引了许多人士的兴趣和关注。吉雄幸作还非常关心和支持日本学者翻译荷兰的医学书籍。1774年,荷兰的《解剖学图谱》被翻译成日文,题名为《解体新书》,译者为杉田玄白、前野良泽、桂川甫周、桐山正哲、石川玄常等,均为"兰学学者"及医生,吉雄幸作特别为这部具有历史意义的译作写了序言。

　　本多利明(1743—1821)是一位能独立思考的"兰学家"和经世家。他出生于越后国,所以很关心日本北方的开发与利用。他对于航海与贸易十分关注。他荷兰文可能不太好,但是非常热心学习荷兰语,也翻译过荷兰文的航海书籍。他认为拓展贸易的第一步就是要发展航海技术,他不太主张向大陆的国家学习,而是强调向海洋国家学习,特别是荷兰与英国。他认为当政者除了关心儒家的伦理道德以外,还应当是知识渊博、手段高明的科学家,应当懂得现代文明带来的新的技术。他不太关注长崎的贸易问题,认为幕府将贸易收缩在长崎的一个口岸,实际上是一种倒退的行为。在"兰学学者"中有一名最重要的人物名叫司马江汉(Shiba Kokan,1747—1818),他在15岁的时候就在"狩野派"画家的指导下作画,后来他的画风受到木刻画家铃木春信的影响。此后,他又尝试包括西洋蚀刻版画在内的各种不同的画风,他是第一位在日本学习西方风格的蚀刻画的先驱者和艺术家。他生活在江户,有机会接触到"兰学"。他也是一位致力于将哥白尼和开普勒天文学知识普及给大众的学者,曾经撰写并配图出版了一部介绍哥白尼天文学说的《天文图解》。1792年,他还按照哥白尼的学说手绘过一本世界地图,其中太阳、地球以及月亮的位置都是按照哥白尼的理论安排的。此书在说服日本知识界接受地动说的过程中发挥了重要作用。当时日本人还普遍地以佛教须弥山的观念解释世界地理。他只到过长崎一次。司马江汉完全意识到在当时江户幕府提倡"新儒学"的沉闷的社会文化气氛中他个人所拥有的那种创造性。他将传统儒学提倡的"格物穷理"运用到对于欧洲社会的认识上,并赋予新的解释。他认为所谓的"格物穷理"就是由哥白尼新说所代表的近代欧洲的科学或者科学精神,其具体的表现就是欧洲的制度,如人才的录用,教育制度的完备,救济院、孤儿院以及医院等社会设施的发达。他特别注意到对于人权的尊重以及人类平等的观念。欧洲诚然也存在身份等级制度,有诸侯与庶民之别,但人们仍然能够通过"穷理"而弄清楚"若由天定则同为人类而非禽兽"这一道理。因此,所谓"王侯与庶民"的差别与日本社会有所不同,只是相对的。他举例说,荷兰的图画中没有轿子,都是马车,御者坐在车前。"可知无使人做牛马之事,人敬人如斯。"司马江汉对于欧洲的认识与事实是有出入的。但是他对于欧洲的教育以及各种制度的留意与关注是深入认识欧洲科学的结果,他对科学与世界观及各种制度的关系产生了自觉的认识,这是很有意义的。他不加掩饰地宣传西方文明中技术以及艺术的优越性,同时极力避免违反幕府"锁国"的种种严厉的规条。与日本后来另外一些提倡学习西方思想以及技术的先驱者不同,"兰学学者"是一个较小的知识群体,他们的受众主要在江户以及京都等大城市,他们的书籍,如司马江汉的作品,都要获准才得以出版。身处极为严厉的"锁国"时代,他是一位具有宽广胸怀的艺术家和思想家,堪称日本明治维新之后的思想家们的启蒙者和先行者。

在出岛受限制的荷兰人或者外国人并不都有兴趣从事传播学问的事业,只有少数人是例外。恩格尔伯特·肯普费尔(Engelbert Kampfer, 1651—1716)出生于威斯特法利亚,早年在哈默尔恩、汉堡、吕贝克等地接受教育,在克拉科夫大学毕业以后,一直从事医学和自然科学的研究。1683年,他充当瑞典驻波斯帝国使节的秘书前往东方。1684年,准备回国的瑞典使节推荐他作为荷兰东印度公司驻波斯湾舰队的外科医生。1688年,他随荷兰舰队前往巴达维亚。不久,他被任命为荷兰驻日本出岛商馆的医官,于1690年抵达出岛。他对于日本当地的植物很有兴趣,多方留意并加以研究。他是第一位向欧洲人介绍日本银杏树的学者,并且把银杏树的树种带到了欧洲。他曾著有《日本本草》(Flora Japanica)。他还写过两卷本的《日本史》(History of Japan),于1727年在伦敦出版,此时他已经去世。《日本史》分为五大部分:日本的地理、种族、语言、物产,政治历史,宗教,对外关系与贸易,从长崎到江户之行的记录。此书在以后一百多年的日本"锁国"时代,成为西方人了解日本的最主要的知识来源。

伊萨克·蒂进(Issac Titsingh,1740—1812)是荷兰的学者、商人和外交使节。出生于阿姆斯特丹,1765年获得莱顿大学的法学博士学位。他在1779—1780年、1781—1783年以及1784年三度出任长崎出岛的荷兰商馆馆长,曾两次率领商馆人员前往江户觐见将军,认识众多的幕府官员以及日本从事"兰学"研究的学者。他与当时具有开明思想的长崎奉行保持密切的往来,后者请他前往巴达维亚招募懂得造船技术的技师,他则建议派日本人去巴达维亚甚至荷兰学习造船。他在长崎待了三年零八个月。虽然他是一名商馆馆长,却有文化素养,通晓日语和拉丁语、葡语、德语。他收集了相当多的书稿、地图、图画、钱币带回欧洲,这些成为后来欧洲日本学的基础。设在荷兰的巴达维亚人艺术与科学学院(Batavian Academy of Arts and Science)出版过七篇他所撰写的文章。虽然是一名商业的管理者,但他却有人文的情怀。他在书信中向朋友们表达了一些重要的价值观,如对于金钱的鄙视,对于知识的热切探索以及对于生命短暂的感叹。他说自己不希望将时间浪费在一些无益之事上。

出岛的"红毛人"以及荷兰东印度公司的船只在长崎港口的出现会给一些当地画家带来艺术的灵感,他们创作了许多所谓的"长崎绘"(Nagasaki-e),它们出现在1750年左右,是以木刻板制作的彩色的图画,这是当时的一种"流行艺术",主要是出售给来访者与旅行者的。与更为著名的江户和京都的"浮世绘"相比,他们更加便宜,艺术的品质也更低一点。"长崎绘"的最主要的主题除了表现长崎港口中的荷兰的以及中国的船只以外,还有出双入对的荷兰人,有时有白人妇女以及日本的妓女,一些域外的动物如大象、骆驼以及火鸡,出岛的风景,还有中国的商人与海员等。

从1621年至1647年,荷兰东印度公司通过在亚洲的战争以及贸易,其经济实力迅速地超过了其他所有的贸易竞争对手,扩大了商业活动的范围。从1620年至1670年,仅白银一项货品,荷兰人从亚洲各通商口岸输出的数量就相当可观。1602年至1609年输出白银的价值为519.7万荷兰盾,1610

年至 1619 年为 965.8 万荷兰盾,1620 年至 1629 年为 1 247.9 万荷兰盾,1630 年至 1639 年为 890 万荷兰盾,1640 年至 1649 年为 880 万荷兰盾,1650 年至 1659 年为 840 万荷兰盾,1660 年至 1669 年为 1 190 万荷兰盾,1670 年至 1679 年为 1 098 万荷兰盾,1680 年至 1689 年为 1 972 万荷兰盾,1690 年至 1699 年为 2 900.5 万荷兰盾。[①]

[①] Jonathan I. Israel, *Dutch Primacy in World Trade, 1585 – 1740*, Oxford: Clarendon Press, 1989, p.177.

第八章
荷属西印度公司与美洲殖民地的经营

一、荷属西印度公司的建立

为了打破西班牙人在大西洋海域、西印度群岛以及中美洲的贸易和军事垄断地位,荷兰人决定以建立东印度公司的方式建立西印度公司。"西印度"一词的出现,最初可能是因为1492年哥伦布(Christopher Columbus, 1451—1506)抵达今天的加勒比海一带的时候,错将那里当作印度而造成的;直至达伽马到了今天南亚次大陆的印度以后,人们才确认了哥伦布的误解。不过,欧洲人依然依据着传统的表达,将今天的加勒比海诸岛屿习惯上地称为西印度,而将南亚次大陆的印度甚至更东面的亚洲广大的地区和海域称为印度或者东印度。

最初建议创立荷兰西印度公司的是威廉·乌瑟林克斯(William Usselincx, 1567—1647),他出生于安特卫普,当时这座城市经历了它最繁荣的时期,他是一名富裕的小书经销商人,他很富于想象力,在有些方面他的思想是超前的。他的最主要的思想就是认为荷兰应该将它的农业的殖民地设在海外的新世界地区的某一个地方,这样就有足够的发展

荷属西印度公司的倡导者乌瑟林克斯肖像,无名氏作于1637年

空间。如果这种想法能够实现,这些农业殖民地就能够为母国提供足够的农产品以及其他有价值的产品,并且扩大母国的出口贸易。他对西班牙的那种仅仅将殖民地经济建立在开采中南美洲金银矿的经济发展模式持批评的态度。他认为新世界的自然的产品如甘蔗、靛蓝、胭脂虫、可以用作燃料的木材(如巴西红木)以及珍珠等,在某种意义上是更加珍贵的资源,而西班牙人只是将这些东西作为手工艺者以及艺术家的作品的原料,乌瑟林克斯则认为它们具有经济价值。他认为巴西是荷兰人实现这个理想的最佳的实验场所——这块繁荣的葡萄牙人的殖民地虽然不出产矿产,但是有丰富的蔗糖、棉花和巴西红木等。这些自然的产品在葡萄牙的市场上出售,不仅满足了葡萄牙本国的需求,根据他的估计,在 1580 年至 1640 年两国合并时期仅仅巴西的蔗糖就至少为西班牙-葡萄牙王国产生了 48 万荷兰盾的利润。

  乌瑟林克斯并没有建议荷兰去攻击西班牙人或葡萄牙人在美洲的殖民地,但是他敦促联省议会在与西班牙人签订和约的时候要规定允许荷兰人在那里通商并设立定居点,特别是在圭亚那(Guiana,所谓"野性的海岸"Wild Coast)以及拉普拉塔河(Rio de la Plata)流域南边的地区,这里是西班牙人和葡萄牙人都没有占领的区域。他认为荷兰人可以通过与当地的印第安人建立友好的贸易联系在这里站稳脚跟。通过与荷兰人的贸易,印第安人可以生产欧洲人需要的产品,这样荷兰与其海外殖民地的贸易联系也就日益增加和稳固了。他甚至认为西班牙人与当地人的混血儿后代也很可能与他们这些信奉"异端"的新的定居者交往和通商,因为这些人并没有将美洲视为自己的祖国。他还认为荷兰人要比西班牙人以及葡萄牙人更廉价和更有效地为当地人进口他们所需要的货物。像许多同时代的人一样,乌瑟林克斯认为殖民地首先要为母国提供生产的原材料,成为母国为自己的加工业而存在的垄断的出口市场。因此,他建议政府不要在殖民地发展工业和手工业,而是要提供足够的住房。他强调要向殖民地输出的是农业人口而不是熟练的技工和手艺人(在他看来荷兰的技工流入美洲只会减弱本国经济的实力)。日耳曼以及波罗的海沿海国家中有许多的农业家庭的人口,他们在本国的收入很低,生活没有改善的希望,荷兰人可以帮助他们移民到美洲这片肥沃而广大的土地。乌瑟林克斯并没有到过美洲,他曾经在亚速尔群岛生活过一段时间,他有点低估了热带地区对于欧洲劳动者生活上带来的负面影响。他认为白人劳动者可以在黄昏、夜间或者拂晓从事重体力劳动,如在磨坊里榨甘蔗,他还认为使用奴隶劳动既不符合经济学原理,也不合人道,这种思想在当时是非常先进的。乌瑟林克斯还是一位热忱的加尔文派信徒,他的计划中贯穿着传播所谓"真正的基督宗教(归正宗)"的精神,他要在新世界发动一场针对基督——教宗的精神上的战争。这只有在荷兰人设立的新的定居点上才能够实行。

虽然在1609年荷兰与西班牙签订了《十二年停战协定》,但是这个协定实际上是限于欧洲范围之内的。在此期间,奥登巴恩维尔特对于规划西印度公司一事,并没有给予大力的支持,其原因是一些先驱者组建的公司常常以贸易之名,行海盗私掠之实,由此与伊比利亚人在海上发生激烈的冲突,这种行为与他想与西班牙维持和平关系的理念大相径庭。奥登巴恩维尔特以《十二年停战协定》为借口搁置了乌瑟林克斯的雄心勃勃的提议。奥登巴恩维尔特和他的支持者们认为荷兰现在在西班牙与葡萄牙在美洲的港口获得当地的货物更加容易和安全(虽然说不一定便宜),荷兰人是不需要直接航行去加勒比地区的。那时,荷兰的寡头统治集团中的议员们并不热心在海外建立农业的居留地,或者在新世界推广加尔文派的教义。他们认为荷兰人在东印度与葡萄牙人作战的任务已经很重,无法再向西面扩张。

但是在1619年奥登巴恩维尔特被控叛国罪处死以后,执政官拿骚的莫里斯亲王以及激进好战的政治家们则改变政策,急于重新向西班牙人开战,他们与奥登巴恩维尔特持完全不同的见解。同时,属于"反抗辩派"的由阿姆斯特丹的商人、加尔文派的极端分子组成的团体也对《十二年停战协定》持反对的意见。荷兰海外殖民地的民事当局对这个和约也不看好,因为他们要向伊比利亚的海外领地发动进攻,扩张自己的势力。由此,执政官莫里斯大力支持组建西印度公司的活动。在此时刻,荷兰人重新检视了乌瑟林克斯以前的组建西印度公司的计划,尼德兰北方的寡头统治集团议员们与商人们经过热烈的讨论,大多表示同意,加尔文派的牧师们也积极支持这项计划。另一方面,马德里的政府也看到荷兰在海外不断地扩张也会危及西班牙王国海外殖民地的根本利益,所以,一些好战的西班牙政客也想在1621年4月停战协定终止以后在欧洲重启战端,企图遏制荷兰等新教国家,从根本上消除荷兰的威胁,从而维护其海外殖民地的安全。因此,在奥登巴恩维尔特遇害以后,双方的形势都发生了变化。

1621年6月3日,荷兰人终于组建了"西印度公司"(Geoctroyeerde Westindische Compagmieor West India Company,简称 WIC)。此时建立的荷兰西印度公司与乌瑟林克斯最初的设想已经大大不同,它主要已经不是一个仅仅从事和平贸易的商业公司，而是通过征服殖民地以及对当地进行殖民地化并且展开商业活动的机构。荷兰联省议会授予西印度公司的特许状在许多方面模仿了东印度公司的运作模式，但是它的商业活动是隶属于荷兰海军和陆军的。西印度公司不仅仅是一个通常人们所认为的私人的机构，从公司最初的特许状的内容来看，它同时顾及殖民化以及商业活动两个目标。1621年6月3日公布的特许状（以后又经过数度修改）授予该公司24年在航行、征服以及贸易诸方面的垄断权，其范围包括从北美的纽芬兰一直到大西洋一边的麦哲伦海峡之间广大的海域以及岛屿，还包括另一边的从北回归线至好望角的广大区域。荷兰西印度公司在太平洋上的经营范围包括从美洲西海岸一直到新几内亚东端的广大的海域与岛屿。联省议会在1602年以及1621年分别授予荷兰东印度公司、西印度公司的特许状是对1493年罗马教宗为西班牙人和葡萄牙人在欧洲以外地区划分势力范围的著名的通谕的彻底否定，新教的荷兰联省议会授予这两个公司的垄断权替代了以前罗马教宗授予西班牙人和葡萄牙人在同一海域的垄断权。只有一个地方是例外，就是蓬塔·德·阿拉亚(Punta de Araya)的盐场，任何联省共和国的人都可以来到这个地方从事食盐的繁荣交易，但是这种情况也没有持续很长的时间。当时霍伦以及其他荷兰北方的城镇都想各自专门从事这项贸易活动，但是遭到了公司的反对。不久以后，公司就接管了盐场的经营活动。

联省议会还授予西印度公司可以与非洲西部、美洲以及新几内亚以东的太平洋上岛屿上的原住民的统治者结盟的权力，可以在当地建立要塞，委派总督、官员和法官，可以拥有和维持军队、卫戍部队以及舰队。公司还被授权去殖民那些"富饶的和没有人居住的土地，去做任何有利于国家以及增进贸易利益的事情"。联省议会提供维持殖民地所需要的军队以及物资，但是军人的工资以及维持军队的费用则由公司负责，海军和陆军人员必须同时向公司、联省议会以及作为军事长官的总司令即执政官三个方面宣示效忠，高级的行政官员则向前两个单位宣示效忠。公司还收到一笔100万弗罗林的政府补贴，其中一半的资金是联省议会和其他股份持有者以牟利的目的加入进来的。如果公司要向敌方开战，联省议会有义务提供16艘战舰以及4艘快艇，要配备充足的人员、设备和供给，公司则要负责维持这支舰队的费用以及配备同样的军事力量。同时，公司还享有许多商品的免税以及进出口的自由。

西印度公司是一个联合体，根据五个地区分为五个部，其领导成员由五个地区选出的官员组成,它们是阿姆斯特丹、泽兰(米德尔堡)、马斯(鹿特丹)、北角(霍伦与西弗里斯兰)、弗里斯兰以及格罗宁根,它们所持有的股票额分别是如下比例:阿姆斯特丹为 4/9,泽兰为 2/9,马斯为 1/9,北角为 1/9,弗里斯兰以及格罗宁根为 1/9。每一个部有各自的主管,他们是从这些省份的地方行政官员以及主要城镇的主要执政官中选举出来的。西印度公司与东印度公司一样,有一个中央管理机构,不过其成员不是 17 名,而是"19 绅士"(Heeren XIX),其中 18 人从地方的主管中选举产生,其人员比例如下:阿姆斯特丹 8 人,泽兰 4 人,马斯、北角、弗里斯兰以及格罗宁根各 2 人,第 19 名则是由联省议会指派的代表。"19 绅士"轮流在阿姆斯特丹(6 年)以及米德尔堡(2 年)开会。每一个部的主管第一次可有任期六年,然后其中的三分之一的人在间隔两年以后可以退下,被另外一些由各省政府以及市政厅选举出来的较大的股票的持有者(他们至少要持有 4 000 弗罗林的股份)所取代。

在西印度公司的投资者中,阿姆斯特丹的市民在西印度公司初建的时候贡献了 300 万弗罗林的资金,他们是荷兰省中最大的投资者。西印度公司从开始到建成的时间比东印度公司更长,只不过后来集结到的资本比后者更大,达 700 万弗罗林。

与乌瑟林克斯等最初的倡导者的想法不同,西印度公司既不是由联省议会,也不是由执政官直接管辖的,像东印度公司一样,它是由其主管特别是"19 绅士"管理的。它在条款中规定要定期地进行公开的审计、要审查公司的账目以及出版公司的财政报告,但是这些规定都没有得到有效的执行。特许状委任给公司的主管特别是"19 绅士"权力在实际操作中变得更大了。由于公司的主管是由市政当局推选出来的或至少是与市政当局协商产生的,这就意味着市政厅的寡头议员们可以在更大的程度上控制公司的运作。事实上,在东印度公司和西印度公司的理事会中都有一些著名城市摄政议员家族成员参与其间,其中比较大的有阿姆斯特丹的别克家族(Bickers of Amsterdam)以及泽兰的兰普森家族(Lampsens of Zeeland)。不过,从总体上来看,不同的人群投入公司中的金钱份额也很大。就西印度公司来说,小的投资者所起到的作用似乎应该更大。从理论上来说,西印度公司的股东要比东印度公司的投资者有更多的机会看到他们的金钱是如何运作的。同时,联省议会也可以通过提名一些人进入"19 绅士"当中,以此方式控制和监督公司的运作。不过,在实际的运作过程中,西印度公司与东印度公司一样,都是由他们的理事会,即"19 绅士"以及"17 绅士"管理的。

一些带有明显偏见的伊比利亚作家以及其他一些历史学家认为,犹太人的智慧、资本和工业技术对于荷兰东印度公司以及西印度公司的形成发挥了重要的作用。德国经济学家和社会学家松巴特(Werner Sombart,1863—1941)极力鼓吹从西班牙和葡萄牙出逃以后,大批拥入阿姆斯特丹的富有的马拉诺或者说隐秘的犹太人用金钱和资本资助荷兰东印度公司以及西印度公司的建立,以此作为反对信天主教的西班牙人的手段,这是一种明显的阴谋论。档案历史学家瓦特杰(Watjen)和凡·迪伦(Van Dillen)则认为这种说法是大大地言过其实的。博克塞指出在最初的阿姆斯特丹市民资助西印度公司的300万弗罗林当中,有18名犹太人的投资者,他们出资仅仅36 000弗罗林,只有5名犹太人的投资者超过2 000弗罗林。迟至1630年只有1 000多人居住在阿姆斯特丹,其中只有21人是富人。到1568年,在169名富裕的股票持有者的名单当中,只有11名犹太人。当然,随着岁月的流逝,在17世纪30年代以后,有不少犹太人对于参与荷兰在巴西殖民地的经济和社会发展的确表现出兴趣,但是犹太人在东印度公司与西印度公司组建过程中所起的作用是非常有限的。直到1680年以后,犹太人才大量地和积极地参与东印度公司的活动。不过,在西印度公司服务的人中倒是有不少属于佛兰德斯的加尔文教会的信徒。事实上,无论是东印度公司还是西印度公司,都有那些从西班牙统治下的南部尼德兰出逃的具有好战精神的加尔文派教徒加入其中,不过他们当中几乎没有什么犹太人。他们的人数可能没有有些学者所想象的那么多,不可否认的是他们中商人以及知识分子的比例是很大的,虽然这些人的人数在整个移民群体中所占的比例并不是很大。

尽管西印度公司在1621年6月正式组建了,但投资者并没有像想象中那样踊跃,公司在没有筹足资本以前不该大力推进它的事业。联省议会是大力支持公司的发展的,通过各省的法官以及各城镇的市政厅当局大力推动投资者入股,甚至鼓励这些法官和市政厅的议员们自己入股。他们中许多人这样做了,但是商人团体却踌躇不前,他们不满于股东不能够影响主管者的政策,也不能够控制投资者的金钱;还有许多人认为公司很可能是主管们和他们的亲戚洗钱的一个骗局;还有一些人则认为公司很可能会沦为联省共和国政治以及军事目的的工具甚至是牺牲品;最后,西班牙人在1622年6月至10月围困尼德兰南部的贝亨奥普佐姆(Bergen-op-Zoom),战事的发展使得大家不敢把金钱投入公司的事业中。在10月战事结束,该城市解围以后,联省议会决定在财政上对西印度公司提供支持。它没有局限在本国寻找资本,命令共和国驻海外的机构公布公司成立的消息,而是向那些有意投资的人宣布他们将得到与荷兰国内的投资者一样的善待。联省议会的努力没有徒劳,1623年有许多法国的、威尼斯的以及日内瓦的投资者将他们的资本投入公司当中。后来又有一些新的投资者看到了公司的远景加入其中,特别是泽兰的一些好战的加尔文派教会的人士。1623 年 11 月,公司资本总额达到 7 108 106 弗罗林,其中 2 846 582 弗罗林是由阿姆斯特丹的投资者出资的。荷兰西印度公司的 700 多万弗罗林的资本可以与东印度公司成立时的 650 万弗罗林的资本相提并论了。

荷兰西印度公司最初的时候拥有 15 艘船只,大部分开往非洲西部沿海地区以及南美洲的亚马孙河流域。西印度公司与东印度公司在海外事业上是有分工的,它主要关注的是夺取在"新西班牙"即西属美洲以及墨西哥与秘鲁的银矿,由于葡萄牙与西班牙合并,因此在 1640 年以前的西属美洲也包括南美洲的巴西——巴西的蔗糖也是荷兰人掠夺的主要对象。除此之外,西印度公司还要夺取葡属非洲西海岸的黄金、象牙和奴隶;它还要攻击大西洋上的西班牙的船只,削弱西班牙在美洲的根基。此外,西印度公司对于走私贸易以及海上的私掠活动也非常感兴趣——在 17 世纪的荷兰,在政府的鼓励之下,一些配备武装的商人在战时可以在海上攻击敌国的船只。这些从事私掠活动的船只由于受到政府的鼓励以及军方法律的管制,所以他们私掠所得,也必须与政府分赃。在一般的情况之下,法律规定不可以攻击无辜的中立国家的船只,只能够在战争期间攻击敌国的船只。但是,当海盗的行为过度地扩张的时候,私掠的船只为了贪图利益,也开始攻击无辜。与荷兰东印度公司不同的是,西印度公司允许私人的船只航行于两大洋之间。西印度公司常常为了自身的利益来掩护海盗以及私掠的行为,私掠为荷兰的军事以及经济均带来了相当的利益,西印度公司还鼓励这些私掠的船只去从事非洲西海岸以及巴西等殖民地之间的奴隶贸易。随着时间的推移,这些海上的私掠船还在加勒比海周围的地区如库拉索岛与美洲内陆之间从事私人贸易,包括奴隶贸易。因为荷兰与西班牙以及英国的复杂关系和政治因素,海盗的活动更为猖獗。所以,后来各国之间只得订立法律,互相约束彼此的私掠行为。

荷兰人的私掠者的形象,有时在通俗的历史小册子、民间流传的诗歌以及一些绘画作品中,被歌颂为一种海上冒险英雄的角色。例如德雷特(Michiel de Ruyter)海军上将就被人们认为是一位具有传奇色彩的海上英雄。他原本是一名私掠船的船长,由于他不凡的能力,在第一次英荷战争的时候,他在泽兰省被任命为海军上将。第二次英荷战争的时候,在当时的大法议长维特的派遣之下,他率领荷兰的舰队长驱直入英国的泰晤士河,并且在查塔姆(Chatham)附近击败多艘英国的战舰,于是成为荷兰的民族英雄。德雷特去世以后,被安葬在阿姆斯特丹的新教堂之内。

二、非洲西海岸以及加勒比海域的贸易

荷兰人进攻葡属非洲殖民地是与他们自己在巴西的战略,特别是与荷兰人需要从非洲引进黑人奴隶的劳动力有关。

荷兰人于1607年和1608年两次进攻葡萄牙人占据的莫桑比克岛,但是都没有成功。荷兰人在那里的失败是导致他们后来于1652年在好望角建立自己的殖民地的原因。同时,荷兰人也花费了很长的时间渗入非洲内陆即今天的南罗得西亚地区。

在非洲的西部沿海地区,早在1598年,荷兰的商人已经来到黄金海岸进行贸易,尽管葡萄牙人早已在这里定居和从事黄金与奴隶贸易了。1621年的时候,荷兰人已经替代了原先在几内亚湾的葡萄牙人成为在当地从事黄金和象牙贸易的主要的欧洲商人。当时,葡萄牙人还拥有像圣若热·达·米纳(São Jorge da Mina or St. George of the Mine, or Elmina,北欧人更喜欢称它为埃尔米纳堡)以及其他的一些沿海的要塞,但是他们以前主要从事的奴隶贸易已经慢慢地转移到荷兰人的手中。荷兰人用纽伦堡出产的陶器以及其他商品与当地的黑人进行交易,他们提供的商品价格要远远比葡萄牙人的更有吸引力。葡萄牙人对于荷兰人的到来当然是愤怒不已。早在1609年,西班牙-葡萄牙王国与荷兰订立《十二年停战协定》,葡萄牙人自认为有理由维护他们在黄金海岸的贸易垄断权,于是开始攻击荷兰人设在那里的商站。1601年,荷兰人在莫里(Mouri)的商站被葡萄牙人焚毁。于是,荷兰的商人请求荷兰政府在当地建立要塞。1612年,荷兰人建立了坚固的拿骚要塞(Fort Nassau),从那时起一直到1637年,拿骚要塞是荷兰在非洲西部沿海地区的贸易中心,荷兰人决意要最大限度地分享葡萄牙人在黄金贸易中的利润。荷兰与非洲的西海岸本来不存在贸易的联系,但是从1612年以后荷兰逐渐地开始取代了葡萄牙,成为与黄金海岸最大的贸易国家,从那里进口大量的黄金与象牙,在《十二年停战协定》生效期间,荷兰每年都派遣20艘船只

前往西非的几内亚湾进行贸易活动,每年要进口超过 2 000 磅的黄金。

除了黄金以外,荷兰人还要控制非洲西海岸的主要的奴隶贸易市场,西印度公司的"19 绅士"认为乌瑟林克斯最初将荷兰人即将在赤道热带地区的殖民地设定为农业劳动的开垦地的想法是不切实际的。他们认为在占领巴西以后(下文即将提及),当地高度使用劳动力的甘蔗种植业只能由黑人奴隶来承担,不管是葡萄牙人或是荷兰人的白人统治者都不适合这样艰苦的劳动。另一方面,荷兰人也认为白人所从事的劳动的方式也不太适合当地实际的气候以及地理状况。1624 年初,有一支由 3 艘战舰组成的舰队在祖伦(Philips van Zuylen)的统帅之下去安哥拉的沿海地区,但是这支舰队太小了,没有取得任何有价值的成果。不久,当鹿特丹人皮特·黑恩(Piet Heyn)率领的舰队抵达安哥拉沿海的时候,他发现祖伦的小舰队已经离去,当地的要塞仍然由葡萄牙人防守,他只能够沿着海岸线航行并抢劫了一些船只以后于 4 月离去。

1625 年 10 月,荷兰人第一次对葡萄牙人长期占据的战略据点米纳要塞发动攻击,荷兰西印度公司下辖的 13 艘战舰和 1 200 名士兵在米纳外港登陆并向要塞开炮企图攻占它,但是一时不能攻克。葡萄牙守军在总督方济各·索托马约尔(Francisco Soutomaior)的指挥下埋伏在附近的树林里,总督许诺他的黑人士兵如果他们能够割下荷兰士兵的首级将会得到重赏。日落时分,葡萄牙人和黑人士兵发起攻击,当时许多荷兰士兵在海滩上休息纳凉,还有几名军官在附近的小山丘上侦察敌情,大部分的荷兰士兵面对葡萄牙军队及其黑人奴仆的猛烈进攻,猝不及防,几乎没有抵抗就被逮捕,到夜晚的时候,海滩上留下了 442 具无头的尸体,还有一些人只得选择逃脱。荷兰人进攻米纳的失败并没有阻止荷兰人在黄金海岸的贸易活动,他们的船只不断地从几内亚的沿海运输黄金和象牙回国。有人估计从 1623 年至 1636 年,有不低于 40 461 马克价值 1 178 688 弗罗林的黄金,以及 1 137 430 磅的价值 1 178 688 弗罗林的象牙被运输回荷兰。①这个数字还不包括走私进口的贸易额,但是已经足以说明当时荷兰在黄金海岸地区进行贸易活动的范围和程度。

到 1635 年的时候,荷兰人占领下的巴西东北部对于奴隶劳动力的需求越来越大,"19 绅士"写信给黄金海岸的荷兰要塞的指挥官要尽快定期向伯

---

① C.R. Boxer, *The Dutch in Brazil*, 1624 - 1654, p.28.

南布哥供应奴隶劳动力。同年,在伯南布哥的荷兰人也准备对非洲西海岸的葡萄牙人的米纳要塞发动攻击,因为在黄金海岸的荷兰人报告说那里的葡萄牙人的防卫非常薄弱,尽管米纳的要塞在当时还是被人们认为是非常坚固和强大的。1637年8月,荷兰西印度公司下辖的军队从巴西的伯南布哥累西腓出发横渡大西洋,再度进攻米纳要塞。此次远征军由海军上校科恩(Colonel Coen)统帅,由荷兰士兵以及巴西的印第安人组成,葡萄牙人的黑人士兵先是向荷兰远征军发起了猛烈的进攻,荷兰军队几乎不支,但此次荷兰军队还坚守住了自己的阵地,击退了葡萄牙人的攻击并使得对方损失惨重。荷兰人先攻克了米纳要塞外的圣若热城堡,葡萄牙人两次想夺回城堡都没有成功。8月28日,荷兰人再向要塞本身进行了为期两天的猛烈的炮击,葡萄牙人终于向荷兰守军投降。荷兰人允许葡萄牙人不带武器乘船离开要塞前往圣多美岛,但是他们必须留下黄金、白银和奴隶。在攻占了这个重要的要塞以后,荷兰人发现该要塞是非常坚固的,而且储备也十分充裕。荷兰人攻占米纳要塞的主要目的之一就是向他们已经占领的巴西输送黑人奴隶,1636年的时候,荷兰人从几内亚向伯南布哥地区输送1 000名奴隶;在1637年攻下了米纳要塞以后,激增至1 580名。此后,荷兰人进一步向非洲西海岸的其他地区渗透。

但是,后来葡萄牙人对于米纳的奴隶市场并不感到十分满意,主要是因为那里的奴隶要比刚果和安哥拉的奴隶更难以驾驭。所以,葡萄牙人的下一个目标就是要占领罗安达。荷兰人认为,一旦夺取了罗安达,他们就能够保证每年从西班牙人那里夺取本来要运输到墨西哥和秘鲁的银矿中去的15 000名奴隶。自1641年4月至5月间开始,荷兰人就准备组织一支强大的军队去攻占非洲西海岸在葡萄牙人控制下的安哥拉、本格拉以及圣多美。这支舰队由海军上将乔(Admiral Jol)以及亨德森(Colonel Henderson)上校指挥,由21艘战舰、3 000名士兵以及240名巴西印第安人组成。当时葡萄牙在巴西的首府巴伊亚当局派出使节询问荷兰此次舰队的去向,荷兰人则佯称该舰队是去加勒比群岛海域拦截西班牙的珍宝舰队的。荷兰的舰队在5月30日离开累西腓,8月23日在罗安达港口外出现,三天以后,荷兰人就轻而易举地攻占了罗安达。葡萄牙总督梅内塞斯(Pedro Cezar de Menezes)以及部分市民在稍作抵抗以后就逃亡北方。紧接着,荷兰人就在10月攻占了本格拉、圣多美岛以及几内亚湾中的阿诺波姆岛(Anobom),只有在圣多美的圣塞巴斯蒂奥要塞遇到了葡萄牙人的激烈抵抗,其余的地方荷兰人的进攻都频频得手。1624年2月,葡萄牙人在几内亚湾的最后一个要塞阿克西姆也被荷兰人攻陷了。

17世纪90年代,荷兰人在非洲西部遇到了进退两难的困境,他们缺少足够的要塞,也没有足够的原住民能够帮助他们。由于没有足够的要塞,当地人就能够撇开他们与其他欧洲国家的人贸易,与后者进行黄金、象牙以及奴隶的交易。当时,英国人已经在黄金海岸建立了11个要塞,与荷兰人一样多。勃兰登堡人也在1684年在靠近米纳的地方建立了他们的第一个要塞,不久又建立了三个要塞。根据米纳要塞的荷兰将军的估计,欧洲人将在黄金海岸展开一个建立要塞的竞赛。到了1703年的时候,由于欧洲人竞相购买奴隶,当时奴隶的价格已经是1685年时的三倍。到1700年以后,荷兰人在非洲西海岸的优势地位已经成为过去。根据一个消息灵通的荷兰观察家的估计,荷兰大概获得了非洲西海岸一半的黄金,只比英国多20%。1676年的时候荷兰从几内亚进口的黄金价值484 421荷兰盾,1685年的时候为515 119荷兰盾,1694年的时候为405 798荷兰盾,1697年为317 232荷兰盾,1700年只有252 503荷兰盾,1702年则为274 238荷兰盾。①

17世纪50年代,非洲西海岸的荷兰人与加勒比地区的贸易有所加强,特别是与那里的由英国人以及法国人占领的一些岛屿,特别是在那一段时期,巴西的蔗糖种植业有所衰落。荷兰人将非洲的奴隶、象牙、黄金运往那里。阿姆斯特丹的商人在西班牙人占领下的加勒比诸岛屿也成功地进行了贸易活动,这些地区是远离西班牙的政治统治中心的,西班牙中央政府对这些地方的管理鞭长莫及。在1648年至1657年,至少有22艘荷兰的船只前往埃斯帕诺拉(Española)进行贸易,它们带去了奴隶、香料、亚麻布以及白兰地与当地人交换兽皮、白银以及烟草。在17世纪50年代,荷兰人从非洲西海岸开出去的船只还抵达了波多黎各以及古巴。但是,荷兰人还想进入西班牙人控制的美洲大陆,马德里的印度委员会并不阻止荷兰人与加勒比的西班牙人岛屿进行贸易,甚至下令西班牙的海军不要向荷兰的船只开火。事实上,加勒比岛屿与非洲西海岸的贸易对于西印度公司以及荷兰的海外殖民地双方都是有益的,荷兰在加勒比的船只需要有停泊的基地、仓库、军需以及食物的供应和维修设施,西印度公司则要加强对非洲西海岸的奴隶贸易的控

---

① Jonathan I. Israel, *Dutch Primacy in World Trade, 1585—1740*, Oxford: Clarendon Press, 1989, p.329.

制。直到1660年,荷兰东印度公司还在将大量的黑人奴隶运往大西洋的另一边;荷兰人还是非洲西海岸最大的黄金出口商,从1655年至1675年,西印度公司从西非运出的黄金总价值为8 500万荷兰盾。

从1662年开始,荷兰西印度公司将库拉索岛(Curaçao)作为一个奴隶贸易的中心,这里也成为荷兰在加勒比地区的一个贸易的中心。该岛属于荷属安德烈斯群岛的一部分,最早的时候是由西班牙人在1499年发现的,西班牙人后来在当地大肆屠杀原住民。1634年,荷兰人占领了这里,虽然这个荒岛不适合开辟种植园以及发展农业,但是该岛屿拥有深水港口,适合从非洲西海岸等地来的荷兰大帆船停泊,而且它距离西班牙人在中美洲大陆的主要属地都不远,所以葡萄牙人便逐渐地将它发展成为"大西洋奴隶贸易"的一个据点。荷兰人将他们在非洲西海岸运来的黑人奴隶集中到岛上名叫"阿西恩托"(asiento)的地方,从那里奴隶被运到中南美洲的各个不同的目的地,当时在中美洲的西班牙属地,这种奴隶贸易还是半公开的。荷兰人以及荷兰的犹太人商人从17世纪50年代末期就已经大规模地从事奴隶贸易活动,于是该岛的经济就有了很快的增长。1661年,西班牙驻海牙的使节向马德里报告说荷兰人在该岛建立了储藏各种商品的仓库,利用夜晚的时候从那里发货到各个不同的地方。后来,马德里方面也决定将荷兰人的奴隶贸易合法化,西班牙国王菲律普四世委托一名意大利的奴隶贩子与荷兰人进行交易,由此,从非洲运来的黑人奴隶被分发到加勒比沿海的各个地区。还有一部分泽兰的私商避过西印度公司直接从几内亚的黄金海岸将奴隶运输到库拉索。17世纪60年代的早期,阿姆斯特丹的商人团体与阿西恩托的荷兰奴隶贩子合作,将安哥拉的黑人奴隶运往库拉索出售。在1664年,阿姆斯特丹商人团体的1艘船只将350名安哥拉黑奴运往库拉索,同时再从那里运回大量的价值45 000佩索的委内瑞拉烟草。1666年4月,一艘荷兰船只从非洲西海岸抵达库拉索,运来350名黑人奴隶,同时带回大量的香料,其中包括价值15 000磅的肉桂。从1650年以后,荷兰人设在库拉索岛上的首府威廉姆斯塔德(Willemstad)也成为奴隶贸易的重要港口,从非洲西海岸运来的奴隶也被集中到这个港口,西班牙以及法国殖民地的船只也驶到这里贩运黑奴。在17世纪的最后25年,荷兰西印度公司每年从非洲西海岸向加勒比沿海地区派出3至4艘运输黑人奴隶的船只,这还不包括荷兰向圭亚那殖民地派出的奴隶运输船。由于西印度公司的管理是由5个分部按照轮值制度分管的,其中阿姆斯特丹的业务比例最高,所以由阿姆斯特丹的船只运输的奴隶也就越多。

除了西印度公司的奴隶船只以外,还有另外一些包括私人公司的船只从欧洲来到几内亚沿海地区,再从非洲将当地出产的货品以及黑奴跨过大西洋运输到圭亚那以及加勒比海域的岛屿上,特别是库拉索岛。荷兰人运来的货品中有纺织品、白兰地以及其他欧洲货品,也有非洲的象牙和黑奴。他们把这些货物存放在威廉姆斯塔德港口的仓库里。荷兰驻有重兵把守这个城市,它是当时通向西班牙控制下的美洲内陆地区的战略要地和贸易通道。荷兰人从这里向加勒比沿海地区特别是委内瑞拉、新格林纳达(哥伦比亚)、波多黎各、圣多明各、圣托马斯以及英国的一些殖民地包括北美分发货品,进行转运贸易。尽管根据英国的法律,这些贸易都是非法的。但是荷兰人还是从纽约、波士顿、费城开出无数的船只,运载着面粉、腌猪肉以及其他各种食品来到其他地区,并将荷兰人自己拥有的从东方来的香料以及加工产品再运输到英国统治下的北美地区。这些运输船中有许多是单桅小帆船与三桅运输船,船主都是在库拉索的犹太人,他们以库拉索为贸易的基地,将货物分散装运到加勒比沿海的所有的地区,回到威廉姆斯塔德的时候带着委内瑞拉的可可豆、用于燃料的木材、蔗糖、靛蓝以及白银。在 17 世纪 80 年代的时候,这种贸易达到了最高峰。从库拉索出发的有小型帆船组成的舰队大约有 80 艘,每艘船只配备有 15 名至 80 名不等的船员。

在加勒比地区从事地区贸易的船只还有由那些主要生活在库拉索的海员组成的私人船队。这些船只中有西印度公司的船只,也有大型的私人船只,它们要向西印度公司支付费用以及缴纳税金。与东印度公司不同,西印度公司的船只是可以用来作为私商运货的工具的,私商可以通过经纪人在西印度公司的船只中拥有一定的空间装载自己的货物。从 1707 年以后,在阿姆斯特丹以及库拉索之间的海上贸易部分地由荷兰海军舰队提供护航保护。从 17 世纪末叶到 18 世纪的初叶,主要的代理商都是新教徒,经常由德意志人充当,但是在威廉姆斯塔德的中小商人都是来自伊比利亚半岛的犹太人,他们与阿姆斯特丹以及苏里南的犹太人家族有着密切的联系。

在 18 世纪的时候,位于加勒比海地区背风群岛中的圣尤斯特歇斯岛(St Eustatius)作为一个贸易的中转站也发挥着关键的作用,对于加勒比地区以及北美之间的贸易联系尤其重要。从 1720 年开始,有大量的荷兰船只来到这里,卸下从欧洲运来的货物,并将殖民地出产的货物再运输到联省共和国。不过,与库拉索岛不同的是,圣尤斯特歇斯岛不需要使用自己的舰队,因为这里是一个非常方便的贸易集散地,大部分的船只来自英国、法国、西班牙、美洲各地或者荷兰本国。比如,在1773年的时候,有146艘船只停泊在该岛,其中1/3来自法国的殖民地马提尼克以及瓜达罗普,还有来自新英格兰的大量的美洲船只。在18世纪英法战争的大部分时间里,圣尤斯特歇斯岛是法国海外殖民地的产品流向欧洲的主要的通道。

荷兰本国在大西洋上另一个转运贸易的重要组成部分就是联省共和国与南美洲北部的殖民地苏里南之间的海上贸易。1700年以后,苏里南广种咖啡豆与甘蔗。苏里南专门向荷兰省和泽兰省出口咖啡与蔗糖,只从联省共和国进口欧洲的产品。该地区一直使用黑奴作为劳动力,直到1730年西印度公司合法垄断奴隶贸易结束为止。由于蔗糖以及咖啡产量持续上扬,从阿姆斯特丹来到这里的海船每年增加到20多艘,到18世纪40年代至80年代,每年有40多艘来自阿姆斯特丹的商船。这使得阿姆斯特丹—苏里南的海上通道成为18世纪荷兰海上长途贸易的最重要的线路。

1678年以后,先后有英国人、法国人、丹麦人沿着黄金海岸来到非洲西海岸地区,他们是荷兰人的竞争者,也要寻找黄金、象牙以及奴隶。到1700年以前,荷兰人在非洲的西海岸一直保持着贸易上的领先地位,但是这种地位越来越危险并受到别国的挑战。与荷兰东印度公司在东方的军事以及贸易力量相比,荷兰人在非洲西海岸的军事实力是非常小的。在1699年的时候,西印度公司在非洲西海岸拥有11个军事要塞,还有一些补给站以及少量的巡逻的战舰,真正从荷兰来的欧洲士兵只有500多人,主要是依赖于当地的与他们结成同盟的原住民作为补充的兵源。尽管西印度公司在财政上捉襟见肘,但是他们还是要维持这些要塞的修筑和管理,这对于荷兰人保障他们在非洲西海岸的奴隶贸易是至关重要的。面对恶化的形势,西印度公司想要修建更多的要塞。因为西印度公司的"19绅士"以及当地的总督们相信,只有将要塞建立起来,才能够对原住民造成威慑作用,这其实是一种"外交"上的手段,有助于将奴隶贸易继续进行下去。从1697年开始,荷兰人在非洲西海岸所获得的黄金数量有所下降,米纳的荷兰军官认为,这与英国人以及勃兰登堡人在非洲西海岸建立的一系列新的要塞有关,因为当地原住民也愿意与他们交往和贸易。

在私商竞争的压力之下,荷兰省、泽兰省以及联省议会在1730年终于做出决定,开放所有的黑人奴隶贸易,希望以此手段增进荷兰海外殖民地的经济和贸易竞争力,降低奴隶的价格,提高荷兰的庄园主与英国、法国庄园主的竞争能力。从那时起,荷兰的商人们,特别是泽兰的商人专营这项贸易。结果是,流入苏里南、圭亚那西部、库拉索等地的黑人奴隶的数量有了明显的增加。从 1750 年至 1780 年,抵达苏里南的运输奴隶的船只有了明显的增加,每年平均为 12 艘之多,每年被带到这里的奴隶多达 3 000 至 4 000 名。

新阿姆斯特丹示意图,1660 年

三、"新尼德兰"和"新阿姆斯特丹"

在美洲方面,从 1609 年以后,有一些有进取心的荷兰商人开始探索在北美的哈德逊河流域的皮毛市场,他们派出了一位英国舰长亨利·哈德逊(Henry Hudson)率领 20 多名荷兰人经北方海域去寻找前往亚洲的捷径,他们的船只抵达今天加拿大的东海岸。这一年的夏天,他的船只"半月号"沿着海岸南下,一直航行到现在的北卡罗来纳州,然后又折回向北返航。9 月,他的船只进入现在的纽约海湾。他们发现,有一条大河从北方流下延伸下来,哈德逊希望这条大河能够载着他向西航行,带他前往亚洲,于是他逆行而上,把

"半月号"驶往今天纽约州的首府奥尔巴尼(Albany)，但是最后因为找不到前往亚洲的水上通道，不得不往南折回，离开了这条后人以他的名字命名的大河。

1614年，荷兰人根据哈德逊以及后来的航海家的发现，在奥尔巴尼附近建立了一个贸易站，后来这个贸易站四周建立了要塞的围墙，他们将它命名为"奥伦治堡"(Fort Orange)。并且，他们很亲切地将要塞周围的地区称为"新尼德兰"(New Netherland)。1625年，荷兰的西印度公司派出30户家庭共110个大人与小孩来到哈德逊河口，其中一些人沿着河流北上，在"奥伦治堡"定居了下来。还有一些人则去了现在的康涅狄克和纽泽西，剩下的少数人就在曼哈顿岛(Manhattan)居住了下来，从此他们开始了荷兰人在北美洲的殖民事业。在以后的几年中，有更多的荷兰人乘船来到这里，他们带来了耕牛，在曼哈顿岛的南端建立了一座名叫"新阿姆斯特丹"的城镇。西印度公司决定以此地为中心，建立一个行政管理中心。第一任行政长官是由当地人推选出来的，名叫彼得·米纽特(Peter Minuit)，他以微小的代价从当地的土著人手中"购买"了大片的土地，用一些布匹、刀子、闪闪发亮的小珠子(时值60荷兰盾)换取了整个曼哈顿岛。该岛只有20多平方英里，为了满足对于粮食的需求，米纽特要求在附近建立农庄，吸引本国的移民前来这里居住和垦殖。但是，那时荷兰正处于黄金时期，很少有人愿意来到这片荒凉的地方。米纽特只得将散居在各处的移民聚集到这里。到了1640年，来到这里的人数总共才500多人而已。

西印度公司为了吸引更多的人来到这里，推广了一种名为"庄园制度"(patroon)的办法，凡是公司的股东只要愿意支付50个人到北美垦殖土地的费用，他就能够在当地拥有大片的土地，在这片土地里的所有的人、物品都任其支配。

尽管有这样优渥的条件，愿意前来从事开发的人还是很少。在不得已的情况之下，西印度公司就向别的国家的移民开放这片土地。于是，慢慢地有北欧人、英国人以及逃避旧大陆的犹太人漂洋过海来到这里，此地也就称为汇聚不同民族的熔炉了。17世纪40年代，一位在新阿姆斯特丹的法国传教士报告说，这里的居民操着18种不同的语言。新阿姆斯特丹的市政管理官员对于欧洲来的各国移民，不管是荷兰人或者外国人，都采取平等的办法，也不用缴纳人头税，他们的人数始终维持在几百人至1 000多人。尽管如此，荷兰人还是建设了街道、商店以及教堂，甚至还有酒馆。荷兰的行政官员与他们的关系就是市政长官与平民的关系。荷兰的长官虽然是执法者，但是他们之间主要就是市政长官与一般市民的关系。当时，还有律师可以为市民伸张权利。

但是，荷兰人对于印第安原住民就采取了压迫、歧视甚至屠杀的政策。印第安人大约在很早以前就已经居住在今天纽约州的地区。在荷兰人抵达这里以前，有一支印第安部族伊洛克人（Iroquois）已经占据了今天的宾夕法尼亚州向北一直到加拿大的广大区域。他们已经发展出简单的农业，伊洛克人的妇女用木头和鹿角做锄头翻土种植玉米。男人则从事狩猎，用弓箭、吹箭或者石槌袭击野鹿、水獭或者大熊。兽皮则被制成衣服保暖。在社会组织上，伊洛克人发展出五个部落的联盟，也称为"五族联盟"（League of Five Nations），还共同组织了一个评议会，每年集会一次，解决彼此之间的纷争。据说美国的开国先贤富兰克林曾经一定程度吸收了这种民主的管理方式，发展出美国的民主制度。在荷兰人占据当地的初期，他们想要谋求印第安人的兽皮特别是水獭皮，于是，就与他们保持较为良好的贸易关系。

可是，1638年西印度公司驻当地的第二任总督威廉·基福特（William Kieft）到任以后，荷兰人与原住民的关系就发生了改变。基福特先是要求印第安人交税，接着又以印第安人偷猪为名杀死附近小岛上的原住民。1644年，基福特又派兵屠杀散布在曼哈顿附近的印第安人居住的村庄，烧毁他们的房屋，杀害当地的印第安人。1655年9月，一名印第安小女孩在新阿姆斯特丹南端的现在的华尔街的地方采了几颗荷兰人种的桃子，被一个荷兰人用枪残忍地打死，引发印第安人的极端愤怒。破晓时分，500多名印第安人驾着独木舟沿着哈德逊河而下，袭击来自欧洲的白人居民，杀死100多人，抓走了150人，迫使居住在要塞外面的白人居民不得不挤入城堡里面避难。这场动乱后人称之为"桃子战争"（The Peach War）。就在纷乱之时，接替基福特的新的荷兰长官皮特·斯特文森（Peter Stuyvesant）正在南方的德拉瓦（Delware）处理荷兰人与瑞典移民的纠纷。他赶回来以后做了一个明智的决定，即放弃了对于印第安人的报复。当时，荷兰人的处境也非常困难，北方英国人正在扩大他们的殖民地，已经对荷兰人构成了威胁；另一方面，除了兽皮的贸易以外，荷兰人在北美几乎找不到什么新的利润来源，如果再与印第安人的关系恶化，就等于结束了西印度公司在北美的商业经营。尽管如此，荷兰人与印第安人在以后的五年时间里仍然处于激烈的对抗状态。

到了1660年，约有5 000名欧洲居民居住在新阿姆斯特丹沿着哈德逊河向北150英里到奥伦治堡的河流两侧和新阿姆斯特丹东面现在被称为"长岛"(Long Island)的岛上,其中还有约 1 000 人集中在新阿姆斯特丹的街市上,另外的 4 000 人则居住在当时大约 30 个城镇和乡村里。1647 年,荷兰派驻新阿姆斯特丹的最后一任长官皮特·斯特文森抵达当地的时候,这里的治安和卫生都非常差,街市上堆满了垃圾,酒馆林立并且居民酗酒成风,城市里妓女、赌徒四处闲逛。他采取铁腕的手段治理城市,整顿卫生和治安。他建立了警察队伍、建造了医院和邮政局,在马路上铺石头以及安排和清理垃圾等。

根据中国台湾地区学者汤锦台先生在《大航海时代的台湾》一书中的介绍:荷兰人在社会风习方面给后来的北美洲留下了一些痕迹,如今天风行美国和全世界的"甜甜圈"(donuts)就是源于荷兰人的一种炸糕点(olykoeck),而搭配肯德基炸鸡吃的一种高丽菜沙拉(cole slaw)也是源于荷兰人的配醋高丽菜沙拉(koolsha)。圣诞节的习俗也是荷兰人带到美洲的。荷兰人的圣诞节原来是每年的 12 月 6 日,圣诞夜是 12 月 5 日。在圣诞夜的时候,有一位叫辛特克拉斯(Sinterklaas)的穿长袍的老人会造访每一个孩子的家庭,给他们礼物,放在长袜子里。后来这些习俗传到了邻近的英国人的殖民地,英国人将辛特克拉斯的发音速度加快,就变成了 Santa Claus(圣诞老人)。后来英国人又将平安夜和圣诞节往后移到 12 月 24 日与 25 日,就变成了现在流行的圣诞节。美国人打保龄球的运动也与荷兰人有关:当时每年荷兰人都会在新阿姆斯特丹一个名叫包令·格林(Bowling Green,今华尔街纽约证券交易所附近)的地方举行展销会,远至康涅狄克和纽泽西,英国人以及荷兰人都会带着他们种植的作物以及养殖的牲口来到这里比赛。在这个节日里,荷兰人会玩一种从本国传来的滚球游戏,最先的时候是撞 9 个瓶子,后来因为当时法律禁止在星期天和节假日玩这种 9 个瓶子的游戏,有人取巧,改成了 10 个瓶子,于是就变成了今天 10 个瓶子的保龄球(取名 Bowling Green)的游戏了。另外,荷兰人还给纽约留下了一些值得纪念的街名以及来自欧洲本国的建筑风格。著名的金融街"华尔街"(Wall Street)原来竖立着荷兰人隔离印第安人入侵的围墙(wall),从中国城中心穿过的"运河街"(Canal Street)原来就是荷兰人修建的运河,今天黑人聚集的哈勒姆区(Harlem)以及亚洲移民集中的社区法拉盛都是源于荷兰本国的地名。今天哈勒姆区还保留了一些荷兰建筑式样的房子。

根据 1640 年所订的"新尼德兰"殖民地的有关章程,"新尼德兰"除了加尔文派的教会以外,荷兰当局不允许别的教会和教派公开进行其宗教崇拜活动,直到17世纪50年代初期,情况依然如此。1653年,在曼哈顿的新教各派中的一些赞成《奥古斯堡信纲》的人士请求总督斯特文森允许他们组织自己的教会并指定自己的牧师。斯特文森为此询问了西印度公司的"19绅士",后者受到负责殖民地宗教事务的长老监督会的压力,没有同意这件事情。此举引起当地的路德派信徒的不满,他们便在殖民地举行秘密的宗教聚会。西印度公司命令斯特文森制止他们的活动,只允许他们"在自己的房子里举行崇拜"。在阿姆斯特丹的路德教会团体请求西印度公司允许他们不仅在"新尼德兰"而且在公司势力到达的所有地方都让路德派教会举行公开的宗教崇拜活动。在阿姆斯特丹的加尔文派教会极力阻止路德派教会这样做,不过没有成功。阿姆斯特丹的路德派教会向"新尼德兰"地区派遣了第一位牧师,然而,在西印度公司的命令之下,斯特文森还是在1659年将这位牧师驱逐出境。在1657年和1662年期间,斯特文森对于当地从英国受到排挤来到当地的贵格派教会则采取了严厉的压制措施,将在法拉盛街道上传教的两名贵格派妇女以及一名在长岛传教的男年轻信徒逮捕入狱,士兵几乎把后者鞭打致死。后来,居住在法拉盛地区的31名英国人以及荷兰人联名写信给斯特文森抗议,指出每一个个人都享有"爱、和平与自由",而且这种"爱、和平与自由"应当扩大到"犹太人、土耳其人和埃及人"中间。这是北美洲殖民地的人们争取基本权利的较早的活动之一。以上这些殖民地人民争取基本权利以及宗教信仰自由大大小小的活动,日积月累,构成后来美国的立国精神的一部分。它们要比美洲13个殖民地人民反抗英国的统治还要早一百年的时间,并对于后来美国国家与社会产生了深远的影响。

1664年,英国国王查理二世将荷兰人的势力范围赠送给了他的兄弟约克的公爵詹姆士(James, Dukes of York)。这一年的8月28日,4艘英国战舰驶抵新阿姆斯特丹的港口内,要求荷兰的指挥官斯特文森投降。斯特文森准备死守要塞,但是居民们不愿意与装备精良的敌人对抗,联名写信给斯特文森要求他向英国人投降,甚至他的17岁的儿子也在居民的签名信中署名。斯特文森被迫于9月8日签署了移交要塞和城市的文件。这样,英国人就不费一兵一卒拿下了新阿姆斯特丹并占有了所有荷兰人的属地,北美东部的大片土地归于英国人的手中,"新阿姆斯特丹"改名为"纽约","奥伦治堡"改名为"奥尔巴尼"。

1673年,有一支荷兰的舰队驶回纽约港口,在炮口之下收回了这个原先就是由他们占领的属地。但是在几个月以后,英国与荷兰签署了和平协议,英国人同意用他们在南美洲的殖民地苏里南交换纽约。从那时起,荷兰人结束了在北美洲殖民的历史。也是从那时起,英国人、荷兰人、犹太人以及其他民族在这片土地上继续保持原有的生活方式和宗教信仰之间相互宽容的态度,和平地生活在一起。

四、荷兰人在巴西的殖民统治(1630—1654)

荷兰人攻占伯南布哥 荷兰人与南美洲东北部巴西沿海地区贸易上的联系可以追溯至16世纪的上半叶,但是在1619年至1621年期间,尽管西班牙-葡萄牙王国严格并且反复重申禁止殖民地的贸易,荷兰在巴西的贸易还是大大地扩张了。自1594年西班牙-葡萄牙王国政府颁布第一次禁令以后,一些荷兰的商人就通过在葡萄牙维安纳(Vianna)以及波尔图两个港口的商人为中介进行贸易,一些葡萄牙人出于对西班牙人的反感和利润的考虑,暗中支持和鼓励荷兰人这样做,这些葡萄牙人中还有许多是犹太人出身的"新基督徒"。在16世纪末和17世纪初年,荷兰的商人估计他们可以掌握一半或者2/3的巴西与欧洲之间的转口贸易。在1621年的时候,荷兰每年要制造13艘船只专门从事跨越大西洋的巴西与欧洲之间的贸易,除了运输大量的巴西红木、棉花和兽皮以外,还有5万箱蔗糖,大部分的商品都是要通过葡萄牙的维安纳和波尔图港口转运的,因为这两个港口所征收的税比里斯本要低。荷兰人再从阿姆斯特丹将这些货物出口到法国、英国和波罗的海沿岸诸国。巴西还出产对于荷兰人极为有利可图的亚麻布和纺织品。那时,荷兰的商人已经对于巴西沿海地区的地貌和水文非常熟悉,在17世纪20年代,他们已经不需要葡萄牙方面的那些变节的犹太人当向导,尽管他们仍然需要本地的新基督徒的合作。

在《十二年停战协定》终止以后,荷兰人产生了进攻巴西的想法。巴西东部沿海地区都在葡萄牙人的占领之下,由于当时是西班牙-葡萄牙王国合并时期,所以向巴西进攻也就是向西班牙宣战。1624年5月,西印度公司辖下的荷兰军队,在雅各布·威勒肯斯(Jacob Willekens)的率领之下拥有26艘战舰、450门大炮以及3 300名士兵的远征军,横渡大西洋直接进攻葡属巴西的首府巴伊亚。荷兰的军队兵分两路,分别于1623年12月以及1624年1月出发,在这一年的3月在佛德角群岛会师。指挥官维勒肯斯原先是阿姆斯特丹的一名鱼贩子,副指挥官是鹿特丹人皮特·黑恩(Piet Heyn),他早年曾经在东印度公司服役,在以后的五年当中他在西印度公司有卓越的表现,陆军指挥官为简·凡·多特(Jan Van Dorth)则是一位富有经验的士兵。荷兰的军队在5月8日抵达当时葡萄牙人设在巴西的总督府巴伊亚的外海。当时,巴伊亚的总督迪奥戈·德·门多萨·富尔塔多(Diogo de Mendonça Furtado)事先已经得到马德里的通知:荷兰舰队将要进攻巴西,他判断荷兰人即将进攻巴伊亚。但是,巴伊亚的主教特谢拉(Dom Marcos Texeira)和附近的甘蔗种植园主却认为总督大惊小怪。5月9日早上,荷兰的军队开始炮击港口的要塞并登陆,在没有遇到抵抗的情况之下逼近城市。有一名耶稣会士目击者记载说,葡萄牙军队惊慌失措,老百姓也四处逃窜,不管是白人或是印第安人,大家东奔西跑,四处寻找安全的地方躲藏。到了夜幕降临时分,荷兰的军队已经抵达城市郊外的圣本笃会修道院。同时,荷兰海军的炮击也取得了威慑葡萄牙人的效果,他们不仅向城市发射炮弹,而且向停泊在港口中的所有的葡萄牙船只射击,葡萄牙守军难以抵挡,第二天的傍晚,守军撤退,整个城市形成不可遏制的出逃的洪流,只剩下了一些有犹太人血统的新基督徒以及一些黑人奴隶,几乎变成了一座空城。5月10日早上当荷兰军队冲进总督府的时候,富尔塔多拒绝投降,但是在黑恩出现并有礼貌地答应一些条件以后,前者宣布投降。一些逃到城外去的葡萄牙人坚持说巴伊亚的陷落是由于城中的新基督徒也就是犹太人策动里应外合,他们也怪罪于总督的怯懦。但是这并不完全符合事实。

攻占巴伊亚的消息传到了联省共和国以后,举国欢腾。但是伊比利亚半岛却布满了愁云惨雾。由于巴伊亚在巴西举足轻重的地位,它的失守让伊比利亚举国震惊。西班牙人认为,荷兰人不仅关注巴西的蔗糖,而且更重要的是还要染指秘鲁的白银。葡萄牙人更加担心,因为他们知道,一旦巴伊亚不能夺回,失去巴西则是早晚的事情。于是整个伊比利亚半岛社会各阶层都动员起来了,他们同仇敌忾,誓死要远征巴伊亚,夺回城池。荷兰人当然知道西班牙人的企图,因此也积极反应,企图增加新的强大的舰队以及武装人员以固守城池。但是,1624年至1625年大西洋上恶劣的气候阻止了荷兰人的军事行动,他们的舰队因为逆风而不能在海上航行,只得困守在荷兰母国的港口之中。1625年4月,当时西班牙-葡萄牙国王菲律普四世下令集结一支以52艘战舰、12 566名士兵以及1 185门大炮的庞大兵力组成的西班牙-葡萄牙联合舰队远征军(其中有葡萄牙海军的22艘战舰以及4 000名士兵),以门多萨(Fadrique Álvares de Toledo y Mendoza)为统帅,横跨大西洋,这是当时穿过大西洋上的赤道的最大的一支舰队,它于 1625 年 4 月 1 日复活节兵临巴伊亚城下的外港,但西班牙的统帅发现他没有面对荷兰人的强大的兵力,因为荷兰增援的海军没有赶来。当时守卫城市的荷兰军官是一名经常醉酒的不称职的军人威廉·斯高藤(Willem Schouten),原先能干的陆军军官多斯在他抵达当地一个月以后遭遇伏击身亡。在斯高藤的统治之下,当地的行政机构普遍地低效率以及腐败,他无法安抚城市里的居民,另有 11 艘战舰在上一年 7 月在威廉肯斯的率领之下驶回了荷兰,8 月,皮特·黑恩又被派往安哥拉,荷兰人的这些举动大大削弱了自己的兵力,并使得他们占领下的巴伊亚处于群龙无首的地位。在此次战役中,城里的葡萄牙人也克服了去年 5 月的恐惧,举行了人民起义,先是主教率领人们起来反抗(后来他死了),然后是在一名出生在巴西的贵族毛拉(Dom Francisco de Moura)的领导下,有效地阻止了荷兰卫戍部队在要塞上开炮,最后迫使荷兰人投降。西班牙人与葡萄牙人终于联手重新夺回了这座原来就是葡萄牙巴西殖民地最重要的城市。

尽管荷兰人丢失了巴伊亚,他们并没有停止针对西班牙人在美洲的军事行动。他们在海上展开了攻击西班牙人从中美洲运输黄金和白银的"珍宝舰队"的行动。1626 年 5 月,皮特·黑恩又率领一支拥有 14 艘战舰、1 675 名士兵和 312 门大炮的舰队在海上活动,其目标是增援荷兰在加勒比海的舰队,攻击西班牙的珍宝舰队。当黑恩的军队抵达尤卡坦海峡的时候,他发现在那里的荷兰舰队的司令已经死亡,舰队也已经回国了。尽管他在 9 月的时候也发现有 40 艘装备精良的运输白银的西班牙舰队,但是他觉得自己的舰队战斗力太弱无法攻击这些船只。他将舰队开往亚速尔海峡以及塞拉利昂,最后于 1627 年 3 月 2 日晚上至 3 日早上抵达巴伊亚。尽管葡萄牙的守军从岸上的炮台向荷兰舰队猛烈开炮,黑恩还是将舰队开进了巴伊亚的港湾,并且俘获了 26 艘武装的商船,大部分属于来自波罗的海的商人们。荷兰人缴获的战利品包括 2 565 箱的蔗糖,还有大量的香料、烟草、兽皮、棉花以及巴西的红木。在许多人看来,西印度公司似乎重振雄风了。黑恩率领舰队再次巡航于巴伊亚至里约热内卢之间的沿海海域,于 6 月 10 日回到诸圣湾,并再度进入港口。最后,荷兰舰队于 10 月回国,带回大量的通过抢劫而来的蔗糖和烟草等货物。"17 绅士"授予黑恩以金质勋章。

1628 年末至 1629 年初,荷兰西印度公司"19 绅士"准备组织第二次对巴西的军事远征,目标是葡属巴西的当时世界上最大的和最富庶的蔗糖产地伯南布哥。但是远征的动员因为在本国费吕沃(Veluwe)发生的西班牙人以及保皇者的反叛而推迟了一段时间。一部分远征军在1629年5月至6月间已经派遣出去了,还有一部分则在10月至11月才出发。荷兰的舰队由龙克(Hendrick Corneliszoon Loncq)指挥,他曾经随同黑恩在大西洋上拦截和攻击西班牙人的"珍宝舰队"。西印度公司还任命了3名文职人员作为将来在攻占巴西以后统治当地的官员。荷兰的舰队在6月27日出发,到了佛得角以后等待其余的舰队,其间还与西班牙的舰队发生了小规模的冲突。直到圣诞节期间,已经会合了的荷兰舰队才抵达圣维森特的外海。此次荷兰人的远征军非常强大,拥有67艘大大小小的战舰,有7 000名士兵以及1 170门大炮。

由于荷兰人此次进攻巴西的准备时间较长,葡萄牙人已经风闻他们的攻击目标,他们已经加强了从巴伊亚至伯南布哥一带的炮台和要塞的守卫,但是马德里的政府所做的事情仍然不多。伯南布哥受封地的总督马萨亚斯·德·阿尔伯奎克(Mathias de Albuquerque)在两年以前就已经回到了马德里,在听到荷兰进攻的消息以后,他于1629年10月立即回来并且被任命为当地的总督和将军率领东北方四地即伯南布哥、伊塔玛拉卡、帕拉伊巴以及格兰德河的军队抵抗荷兰人的入侵。他率领的军队是从奥林达出发前往前线的。

马萨亚斯·德·阿尔伯奎克尽了最大的努力加强当地的防务,但是他发现当地的部队人数很少,军械不足,防备松懈,只有200名士兵以及650名民兵可供调动。居民对于荷兰人即将入侵的反应也无动于衷。但是,他最后还是聚集了2 000名战斗人员,他们中大部分人是没有战斗经验的。他在累西腓港口还发现了65艘商船,他派出其中的18艘商船满载着蔗糖驶回葡萄牙,并将其中剩余的38艘中的16艘改建成为可以开炮的战舰。他还想在一些最暴露在外的海滩上建立炮台,但是发现既没有人员可以守卫,也没有大炮可供安置。1630年2月9日,阿尔伯奎克在累西腓港口得知大西洋上葡萄牙快船送来的消息说荷兰人即将来到,他还想再做准备,但是时间已经来不及了。荷兰舰队在2月15日抵达当地。

荷兰的军队兵分两路发动攻击。龙克率领主要的舰队进攻累西腓港口;另一支陆军部队则在指挥官瓦登布格(Jonckheer Diederik van Waerdenburgh)率领之下在奥林达以北6英里的地方登陆。荷兰人在海上的攻击被击退了,但是他们在陆地上的进攻取得了进展,没有遭到任何抵抗。2月16日傍晚,荷兰人以伤亡50至60人的代价攻占了伯南布哥地区的奥林达。17日早上,葡萄牙人看到奥林达失守以后,下令烧毁船只以及堆放蔗糖的仓库。累西腓

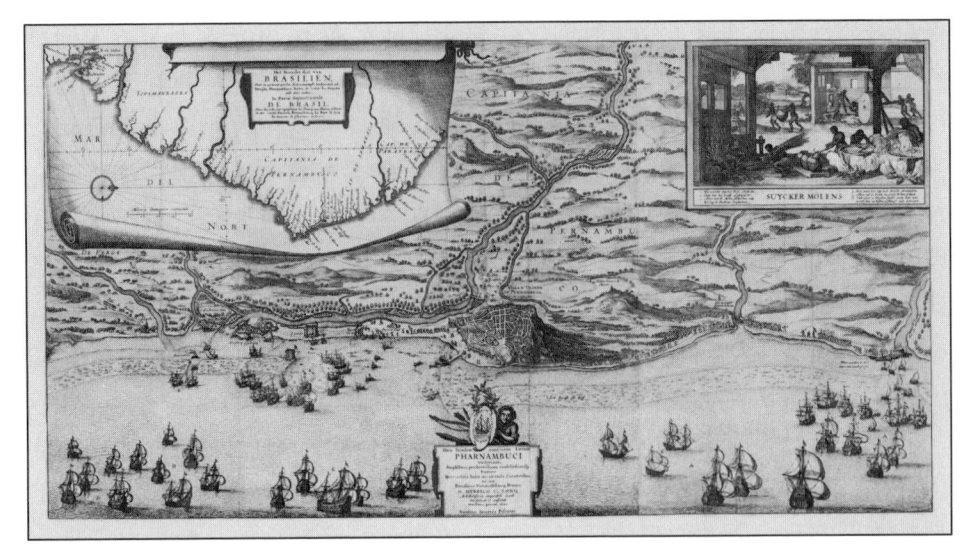

荷兰军队包围奥林达与累西腓，1640年的地志画

因为有要塞的保护，所以葡萄牙人据险抵抗了一段时间，3月3日失守。荷兰人终于渐次攻克了奥林达、累西腓以及毗邻的安东尼奥·瓦兹海滩，然后他们举行了感恩崇拜的仪式。马萨亚斯·德·阿尔伯奎克曾经组建过一支游击队试图反攻，他将游击队的总部设在距离奥林达和累西腓3英里处的森林里，并将这座建有要塞的兵营以基督教化的名称命名为"好耶稣的兵营"（Arraial do Bom Jesus）。荷兰人很快地就知道了他们的计划，并从三个方向向它发动进攻，葡萄牙人则发起反击，一些葡萄牙人定居者也加入了收复失地的战斗，双方还因为食物以及弹药的缺乏陷入窘境。马德里政府在4月底得到奥林达失守的消息，它要求里斯本当局在5月组织一支舰队前往营救。这一次，葡萄牙当局的反应远远没有1624年的时候那样热情，因为葡萄牙人对于西班牙人征收的重税极为不满，所有的准备工作都拖拖拉拉，进展缓慢。荷兰方面则加强了对于刚刚攻下的巴西殖民地的增援，1630年11月至1631年4月，荷兰的舰队陆续抵达累西腓。5月，西班牙方面派出一支强大的舰队由安东尼奥·德·奥肯多（Antonio de Oquendo）指挥，从特茹河启航前往巴西，葡萄牙人则派出5艘战舰加入作战的行列。伊比利亚的舰队抵达巴西以后，有800人滞留在巴伊亚，1000人前往伯南布哥以及200人前往帕拉伊巴。但是伊比利亚人的反攻没有取得胜利，荷兰人损失了500名士兵，但是西班牙人阵亡者更多，仅奥肯多的旗舰"圣地亚哥号"就有250名士兵阵亡。两边都不想重新开战，荷兰军队退回到了累西腓，西班牙舰队

不久索性离开巴西海岸线回国了。

自1630年3月14日起,荷兰人在奥林达和累西腓建立了一个"政治会议"(Politiek Raad or political council),它是根据1629年西印度公司"19绅士"为将要占领的殖民地制定的规则而建立的。这个会议最初的时候由3位文官组成,以后又增加了2位。在1630年5月龙克离开以后,瓦登伯格成为它的高级官员,他被授予总督的官衔,指挥陆地和海上的军事力量。同时,他也是"政治议会"的第二名负责人,但是不被允许当主席。这个会议的每一名文官每月都要轮换选举。瓦登伯格本人在会议中也有一名军事顾问协助他的工作,文官与军人密切合作平稳地处理所有的事务,并且在整体上相互协调。他们最后同意,将奥林达作为不设防的城市,而将军队集中到累西腓加强那里的防务。

1631年11月,荷兰人开始执行这个计划,他们聚集了7 000名战斗人员,其中包括士兵、海员与黑人奴隶。荷兰人在伯南布哥的统治区域只集中在累西腓、安东尼奥·瓦兹以及伊塔玛拉卡(Itamaracá)。荷兰人在伊塔玛拉卡建立了奥伦治堡,由366名士兵驻守,由一名勇敢的波兰籍军官担任驻军的指挥官。

荷兰人放弃奥林达的一个理由就是他们不想让太多的士兵去当卫戍部队,而想让他们成为攻击部队的军人。因为荷兰人觉得还有太多的地方应当去占领,比如帕拉伊巴以及格兰德河流域,最后他们还想占领圣阿格斯蒂纽海角(Cabo de Santo Agostinho)。但是荷兰人在进攻所有这些地方的时候都小心翼翼,因为有葡萄牙人的军队以及游击队的出没。1632年4月,有一名名叫多明各斯·费尔南德斯·卡拉巴(Domingos Fernanders Calabar)的葡萄牙人与原住民的混血儿逃亡并且投奔了荷兰人,在此以前,已经有几百名黑人奴隶在为荷兰人服务,他们大多数都是从葡萄牙人的种植园主那里逃亡出来的。但是卡拉巴比任何其他人都要显得重要。他出生于波尔图·卡沃(Porto Calvo),对于当地的每一处地方都非常了解,为人也十分聪明与活跃,力壮如牛,荷兰现在找到了一个得力的向导,可以帮助他们去攻击葡萄牙人防卫最薄弱的环节。在他的引导之下,荷兰的军队很快就攻下了伊瓜拉苏(Iguaraçu)。同年的年底,荷兰的增援部队赶到,在卡拉巴的引导之下,他们对分散在不同地区的葡萄牙人发动了更大的攻势。1633年2月,荷兰人攻占了里奥·福莫索(Rio Formoso),3月,荷兰人又攻占了阿弗加多斯(Afogados)并且在当地建立了要塞与兵营。紧接着,荷兰人又采取了一系列激烈的攻击行动,到9月的时候占领了里斯·马果斯(Reis Magos)要塞,这个地方是扼守格兰德河的入口处的兵家必争之地。从那时起,荷兰人开始与居住在巴西内陆塞拉(Ceará)的塔普亚食人族建立了联系,他们是葡萄牙人殖民者最惧怕的美洲印第安人敌人,这些塔普亚人愿意与荷兰的入侵者合作,一起进攻和屠杀当地的葡萄牙人以及带有葡萄牙人血统的白人定居者。同时,并不是所有的塔普亚人都愿意与荷兰人合作,他们中的另一部分人则效忠葡萄牙人。

荷兰人的进攻也不都是频频得手的。1633年5月至8月他们对于葡萄牙人上述设在累西腓以及奥林达之间的兵营的两次进攻都被打退了。1634年2月,荷兰人进攻帕拉伊巴的葡萄牙人军事要塞的进攻也被打退了。1634年3月1日,经过周密的策划,荷兰人对累西腓发动了夜袭。同月,他们也对该城市附近的港口圣阿格斯蒂纽海角发动了第二次攻击,这个港口曾经是葡萄牙船只来到当地以后的最安全的停靠点,这些船只运来的物资是要供应葡萄牙人兵营的军需,它也是葡萄牙人将巴西的蔗糖装运回国的最方便的口岸。葡萄牙当地的总督马萨亚斯·德·阿尔伯奎克当然知道这个地方的重要性,但是他没有把荷兰人驱逐出去。他从邻近的要塞密切监视荷兰人的动向,伺机反扑。但是总的来说,荷兰人在伯南布哥地区慢慢地占了上风,他们的增援部队陆续赶来,并且组织了第三次向帕拉伊巴的进攻,这一次他们终于取得了成功,在圣诞节以前拿下了卡贝代罗(Cabedello)要塞。这一地区葡萄牙人的处境已经非常危难,荷兰人控制了从格兰德河至圣阿格斯蒂纽海角的海岸线,一些逃离荷兰巡航战舰的葡萄牙大帆船找不到合适的地方停靠,只得找一些平时不太停靠的小港湾卸货。许多当地的白人定居者对于战争取得胜利已经不抱有希望。荷兰人为了争取他们归顺,在1635年占领帕拉伊巴以后宣布当地人的宗教信仰自由以及财产将会得到保护,这项政策取得了预期的成功。一些白人定居者已经宣誓向荷兰人效忠。荷兰人还允许一些天主教的神职人员以及修道士继续居住在当地并可以进行天主教的崇拜活动;还允许他们携带武器防备土匪的攻击。

当时葡萄牙与西班牙正合并为一个国家,马德里经历了多事之秋:在德意志,瑞典的军队向西班牙人发动进攻,1631年11月,西班牙的西印度珍宝舰队在离开墨西哥的时候受到飓风的袭击,损失惨重;从1630年至1632年,葡萄牙连续三年干旱,饥馑蔓延。不仅伯南布哥,在东印度、西印度、德意志和意大利到处向马德里告急,伊比利亚人无暇顾及伯南布哥发生的事情。很明显,出于总督马萨亚斯·德·阿尔伯奎克要求,巴伊亚的主教决定从荷兰人的征服地区召回天主教的神职人员,主教将此决定报告里斯本当局,结果遭到里斯本的"良心与秩序委员会"(Mesa de Conscience e Ordens or Board of Conscience and Orders)的强烈谴责,他们指责巴伊亚的主教将羊群丢弃给了异教徒,并且指出一旦白人定居者放弃了天主教的信仰,他们很容易地就会服从荷兰人的统治。

1635年3月,荷兰人在卡拉巴的引导之下进攻波尔图·卡沃,许多白人定居者欢迎荷兰人的到来,荷兰人则许诺给他们比帕拉伊巴更宽厚的条件。紧接着,荷兰人就开始进攻久攻不下的"好耶稣兵营"。在经过三个月的围攻以后,荷兰人拿下了这座兵营。不久,在圣阿格斯蒂纽海角附近的一座要塞也被荷兰人占领。一些白人定居者归顺了荷兰人,但是仍有7 000名信仰天主教的不同民族的居民出逃去了巴伊亚。葡萄牙总督马萨亚斯·德·阿尔伯奎克曾经组织反攻,但是由于白人定居者的告密,反攻没有成功。在此期间,荷兰的军队还企图进攻其他的一些地方,但是也没有取得成功,只是保住了海上交通线的通畅,并在次年占据了沿海的一些要塞。荷兰人将他们占领的巴西地区称为"新荷兰"(Nieuw Holland)。

荷兰人的高级官吏在累西腓的统治并不是具有合作的精神。当时荷兰的总督只是名义上的。在"政治议会"中的5名文官中有一名官员主要负责民事当局的任务,另外有一名官吏管蔗糖的出口贸易和军需供应,前者可以指挥后者。这些文职官员都非常忙碌,偶尔才会在累西腓开会碰头。一直有人呼吁要建立一个具有广泛权力的总督负责制度。尽管在陆地和海上的战争都有利于荷兰人,但是西印度公司的财政经营不是很好。从1623年至1636年,有806艘伊比利亚的船只被荷兰人俘获,这些船只本身价值700万弗罗林,缴获的战利品价值3 000万弗罗林,但是荷兰舰队、军队以及军需的供应相当于4 500万弗罗林。超出的金额只能通过出售殖民地的蔗糖、红木和其他产品来弥补,结果西印度公司还负债1 800万弗罗林。联省议会以及西印度公司的"19绅士"知道需要有一个强有力的人物来领导和扭转这种局面,他必须像在巴达维亚的总督那样与东印度公司的总部维持良好的沟通关系。

约翰·莫里斯亲王在巴西的开明统治　1637年,荷兰西印度公司的"19绅士"任命约翰·莫里斯(Johan Maurits van Nassau-Siegen or John Maurice

荷属巴西的总督莫里斯伯爵

of Nassau，1604—1679）为第一任驻扎荷属巴西的总督,后来的事实表明这是一个很好的选择。

约翰·莫里斯出身于名门望族,他开始在军队服役以前曾经接受了良好的教育。他的父亲简·德·米德尔斯特(Jan de Middelste)是一位富裕的拿骚-锡根伯爵(count of Nassau-Siegen)贵族,也是一位虔诚的加尔文派信徒。他结过两次婚,有23个孩子。莫里斯是米德尔斯特与第二任太太所生的第一个孩子。他的祖父简·德·奥德斯特(Jan de Oudste, 1536—1606)是拿骚家族的首领"沉默者威廉"的哥哥。约翰·莫里斯于1604年6月17日出生在迪林根风景如画的祖宅里面。

青年时代的约翰·莫里斯被送往黑博恩、巴塞尔以及日内瓦接受教育,他对于人文主义学问的兴趣明显地大于那些枯燥的加尔文主义的神学,尽管他终其一生一直是信奉新教的。三十年战争打断了他的学习生活,他被送往叔叔弗里斯兰的执政官威廉·罗德威克(Willem Lodewyck)的军队中服役,两年以后,他志愿前往联省议会的军队中服役,参加过许多的战役。后来,他又前往执政官亨德里克设在海牙的政府工作。他在那里与许多艺术家、诗人和饱学之士都有交往,由此培养出浓厚的审美兴趣。

莫里斯的军旅生涯使得他的才干脱颖而出,由于他在战场上的表现以及显赫的家世使得他升迁得很快。1629年,他在登博斯奇围城中战作战勇敢,有卓越的表现。在1632年的荷兰东南部的马斯特里赫特的战役中也立了战功,当时他击退了帕蓬海姆军队的猛烈攻击,解除了要塞被包围的困局。1636年4月,在经过艰苦的围城战役之后,他指挥军队经过顽强的战斗重新攻占了申肯斯汉斯(Schenckenshans),此举使得他在整个欧洲赢得了名声。此时他的生命似乎抵达了辉煌的顶点。他不久就定居海牙,并在当地建造了一座价值不菲的带有花园的宅邸,并且成为建筑师以及画家的赞助者。同年8月,他接受了西印度公司委任他为驻荷属巴西总督-将军的职务。同时,他还是新近建立的"高级与秘密议会"(Hooghen en Secreten Raad)的主席,该议会除了他本人以外还有3名成员,他们分担莫里斯到巴西以后的最高执行权力。莫里斯原本准备率领一支由32艘战舰和7 000名至8 000名士兵组成的远征军去往巴西,但由于费用实在过于高昂,后来削减为12艘战舰与2 700名士兵。

1636年10月25日,约翰·莫里斯率领舰队从特塞尔启航,他没有等齐全部的舰队,只率领了4艘战舰去了巴西。1637年1月23日,他的舰队在累西腓登陆。当他第一眼看见巴西的时候,就立即爱上了这块在热带的新世界的土地。当时,他的最大的困难就是要解决欧洲雇佣军驻军的军需供应问题。当地有3 000名白人士兵、1 000名海员以及1 000名与荷兰人友善的印第安人。当时东印度公司的白人雇佣兵都是北欧人,他们所需的物资远远要高于那些贫穷的南欧国家如葡萄牙以及意大利。这些雇佣军没有金钱的供应就会闹哗变,莫里斯将军队开到海边,从海上的舰队中得到充裕的军需供应,然后他率领荷兰士兵前往哗变的地方镇压那些叛乱者。2月18日,他向叛乱的雇佣军发起攻击,杀死了叛军的头目。莫里斯还在佩内多(Penedo)建立了一座以他的名字命名的要塞,这里距离河口有18公里。约翰·莫里斯迅速地恢复当地的秩序,一些最具破坏力的抵抗者被逮捕并押送回荷兰。他还指派地区法官以及法警处理当地的民事案件,改善当地的治安。这些清剿活动使得荷兰人消灭了伯南布哥境内的敌人,莫里斯也没有追击他们。他在给国内的报告中还指出,宽阔的圣弗朗西斯科河流是葡萄牙人和荷兰人在巴西自然的边界。现在,整个伯南布哥境内的叛军都被清除了,后者撤退到了塞尔吉佩(Sergipe),莫里斯也没有乘胜追击,他更没有进攻巴伊亚的计划,因为这需要大量的军队、武器弹药以及物资补给,这是他办不到的。他在给奥伦治亲王的信中明确地表示,自己对于已经取得的成果的满意。他认为宽阔的圣弗朗西斯河就是葡萄牙人与荷属巴西之间自然的边界。

约翰·莫里斯在巴西的时间越长,就越喜欢这片土地。他在佩内多写给奥伦治亲王的信中强调这是一片肥沃丰饶的地方:"我不认为有任何地方比这里更加温润和气温适宜。在一般情况之下,白天行军时感到的炎热不会比晚上感受到的阴凉更加强烈,尽管有时晚上也会有一点哆嗦。广大的平原被流动的小溪以及从容不迫绵延超过10公里的河流浇灌着,到处都可以看到500头、5 000头或者7 000头放牧的牛群。我非常惊讶地看着这一切,简直不相信自己的眼睛。这片土地除了需要有居民居住和呼唤殖民者来到这荒野以外不需要任何别的东西。我写信给'19绅士'要求将那些从德意志被赶出他们的祖国并被剥夺财产以后来到荷兰避难的白人送到我们这里来,他们会发现自己生活在一个温和的统治之下的美好国度。我向阁下您提出同样的看法,希望得到您的同情和理解,要是没有殖民者来到的话,这片土地对于公司来说是毫无用处的。如果这个计划不能够继续进行下去,我希望阿姆斯特丹打开它的囚犯工厂并且释放大帆船上的奴隶,让他们能够用鹤嘴锄耕犁这里的土地,他们以前的恶行就能够得到体面的补赎,由此他们也能够证明自己是对联邦国家有用的而非有害的人。"

法朗兹·波斯特(Frans Post, 1612—1680)《伯南布哥风光》,作于 1637—1664 年间

在结束 4 月雨季的征战回到累西腓以后,莫里斯发现百废待兴,要做的事情很多。起初,当他不在累西腓去南方的时候,曾经安排三位文官处理行政管理事务。他回来以后,则继续让他们行使自己的职权。当时的累西腓处于经济繁荣和萧条交互出现的时期,社会状况很不稳定。有大批冒险家与声名狼藉之徒混迹于此,也不乏令人尊敬的和有开拓精神的商人来到此地;在西印度公司的雇佣兵中也有一些人在放假的时候偷盗和抢劫;还有许多已经宣布服从入侵的荷兰人的葡萄牙人居民并非十分忠诚或者两头观望。那些从荷兰省和泽兰省来到巴西的严格的加尔文派教会的牧师则急于皈化当地

的居民信仰新教。莫里斯的前任抱怨说,当时的累西腓简直就是荷兰各种社会渣滓聚集的垃圾桶。更有甚者,尽管从总体上来说西印度公司给雇员的工资要超过东印度公司,但是低级职员常常领不到工资。累西腓的房价从5 000至14 000弗罗林不等,租金则是阿姆斯特丹的六倍,而每月低级雇员的薪水大约60弗罗林。贿赂和腐败的现象充斥各处,这种社会现象在许多殖民地城市如果阿、巴达维亚、哈瓦那以及孟买是如出一辙的。

约翰·莫里斯很快就明白,他必须竭尽全力,力挽狂澜。他必须迅速恢复社会秩序以及军队的纪律。那些最严重的违反纪律的人用大船装载运送回国,以免后患。他指定地方法官以及警吏来处理一些较小的案件。司法部门则进行了彻底的检查和改进。当地的葡萄牙人必须服从罗马-荷兰式的大陆法,同时按照联省共和国的法律保护他们享有与共和国臣民同样平等的权利,履行同样的义务,征收同样的赋税。所有的定居者都要向公司的法规宣誓效忠并允许配枪保护自己免受匪徒的袭击。莫里斯还允许定居者重新占领奥林达重建他们的家园。他还正式向定居者保证满足他们最主要的关切,那就是在议会里一星期拨出两天倾听他们的诉求。尽管有的时候在食物分配上有不公平的时候,他还是规定了公司文职人员以及雇员固定的食物份额。公司要放弃所有的废弃的甘蔗磨坊,拍卖给最高的竞标者,可以用蔗糖和现金支付长期的贷款。尽管如此,有些钱款直至1645年葡萄牙人叛乱时仍然没有付清。但是这项措施还是从商业上刺激了殖民地蔗糖业在1637年至1639年的发展,巩固了蔗糖业经济的基础。莫里斯还派出官员检查了所有的要塞,拆除了一些不必要的军事工程,加固和改进了一些必要的军事工程。莫里斯总督在整个荷属印度的社会改革还包括如下几个重要方面:

一是累西腓的城市建设。莫里斯总督以极大的热忱关注累西腓的新的城市的建设,他通过巨大的努力,将这个城市建设成为荷属巴西真正的首府。他扩大了累西腓原有的城市规模,兴建了街道、道路和桥梁。他还在旧城附近建立了一所新的著名的城镇莫里斯塔德(Maurisstade),这片地方毗邻安东尼·瓦兹岛,后来此地发展成为现代累西腓城市的中心。莫里斯在这个地方建立了宽敞的政府行政中心,还建设了储量丰富的鸟舍、动物园和植物园,他还发展了自己在收集域外果蔬以及植物的兴趣,沉迷于大量收集这些域外出产品以及大量移植热带植物。他还建立了欧洲人在新大陆的第一座天文台和气象站,记录风雨运行的规律。他还设想在巴西建立一所大学,使得信奉新教的荷兰人以及信奉天主教的葡萄牙人都能够接受教育。不过,关于大学的计划一直停留在纸面上,并没有付诸实施。从那时起,累西腓逐步发展成为荷属巴西的首府。

与荷兰人合作的天主教神父卡拉多(Fr. Manuel Calado do Salvador,1600—1654)曾经作了如下的记载:"这位拿骚的亲王全神贯注地关注于建设他的新城市,他引导定居者建造房子,他本人亲自仔细地测量绘图,设计街道的位置,以便让城市看上去更加美丽。他还在城市的中间挖出排水沟并筑起堤坝使之穿越城市,让河水通过闸门的入口处流入。户主或者定居者们使用的独木舟、小船以及驳船可以行驶在这条沟渠里,在一些地方上面还架设了木桥可以让人跨越这条沟渠,就像在荷兰的城市一样,于是这个岛屿就慢慢地完全被水环绕了。他还花费了许多克鲁扎多建立了政府的行政中心。他还在一片沙地以及贫瘠的荒野上种植植物建造花园,里面有巴西生长的各种各样的果树,还有一些果树是从许多不同的地方被带到这里的,另外还有许多果树是用驳船从外面的其他丰饶的果实累累的地方运来的,一起被带来的还有大量的肥料,他让这里成为最能够结出果实的丰饶之地。他还在这块地方种植了2 000多棵从别的地方运来的椰子树,他要求户主们把这些树带过来,他们就用大车将这些树装运带过来了。他还为户主或定居者们建造了一些长长的和美丽的林荫大道,在另一些地方则建立了网格状的葡萄藤架子和种植了蔬菜和鲜花的花园苗圃,女士们和他的朋友们可以在这里度过他们的夏天的假日,享受和欣赏欢乐的交际聚会、野餐和宴饮,按照荷兰的习俗,他们还要演奏乐器。这位亲王喜欢每一个人都来欣赏他的奇珍异宝,他也乐于将这些珍品展示给他们看并解释给他们听。为了更加方便和舒适地居住,他离开了原来的房子,将政府的行政中心和大部分的家眷搬移到这里。"这位神父继续写道:"他(莫里斯)还将他所能够找到的鸟类和动物都带到这里;既然当地的定居者都知道他的兴趣和爱好,每个人就把他们能够在内陆找到的珍奇的鸟类和野兽都带给他。他将金刚鹦鹉、涉禽、野雉、珍珠鸡、鸭子、天鹅、孔雀和火鸡带到这里,还有大量的仓院鸡,不可计数的鸽子等。他还饲养老虎、雪豹、猿、松鼠猴、佛得角山羊、安哥拉羊、貘、野猪和大量的兔子;巴西几乎没有什么珍品他没有拥有的。当地的定居者都愿意将好东西赠送给他,因为他也善待他们。他们还帮助莫里斯建立了两个居住的地方,一个在威利伯格(Vrijburg),行政中心也在那个地方;另一个叫博·维斯塔(Boa Vista),在卡皮瓦里博河的河岸上。莫里斯经常在后一个地方待上数日,到处走走,欣赏田园的风光。定居者们赠送给他木材、砖块、瓦片以及灰泥,尽量帮助他建造房子。他也对定居者表示感谢,宽厚地对待葡萄牙人,使得他们感到有一位父辈在他们中间一样。这些葡萄牙人生活在当地,不感觉他们自己是被征服者或是囚犯。"

二是维持葡萄牙与荷兰定居者之间的良好关系。约翰·莫里斯总督在巴西当地实行了比较开明的统治,他完全明白以宽容的态度对待当地的葡萄牙人(尤其是种植园主以及定居的葡萄牙户主),对于维持荷兰人在巴西的统治的重要性。同时,他也明白应当维持与荷兰定居者之间良好的沟通,要经常听取他们的意见。那时,在荷兰统治下的巴西,荷兰的定居者分为两种类型,第一种被称为"公务员",他们是官员、士兵和加尔文派的牧师;第二种为"自由人",是不同于上述类型的荷兰人,他们中的大多数人是来到巴西寻找新的生活的人,往往与贸易和其他经济活动有比较密切的关系。莫里斯维持葡萄牙人与荷兰定居者和平相处的策略和努力在一定程度上取得了成功,至少在表面上看是这样的。莫里斯在城市组成的代议制地方政府中的市政厅以及农村的乡村会议里吸收了荷兰人和巴西-葡萄牙人,尽管这两部分人总是存在分歧与争论,要他们全心全意地合作共事并非易事,但是这样的统治机构毕竟具有较为广泛的代表性。在社会经济方面,他极力避免单一经济带来的恶果,要让殖民地在食品供应上自给自足,他特别强调要种植除了甘蔗以外的其他的如树薯等农作物;他减去赋税并且允许给予种植园主比较宽松期限的贷款,让他们重建已经毁坏了的小磨坊和购买从安哥拉来的黑人奴隶;他也试图建立一种代议制的地方政府形式,通过建立城市的和乡村的议会让葡萄牙人以及荷兰的定居者或住户能够参与地方的管理,使得两个族群的殖民者能够全心全意地合作以及和谐共处,尽管他的努力并没有取得长久的成功。

当莫里斯在1644年离开巴西的时候,他已经观察到伯南布哥当地的主要问题是荷兰的商人更加看重的是金钱和商品而非自己的生命,相比之下,葡萄牙人的定居者更加谦恭和有礼貌。他在另一个场合说大部分种植园主"像乔布一样贫穷,但是像布拉干萨那样傲慢"。他认为对于那些支持荷兰人的葡萄牙人应当在暗中给予帮助和鼓励,以免他们的同伴怀疑和抱怨。他强调在酷刑之下获得的证词是不可靠的,甚至完全以合法手段获得的证词也可能不可信。他强调维持卫戍部队严格训练的重要性,也及时支付他们军饷以及给他们吃好的食物。他的这些措施赢得了人们普遍的欢迎,当地的葡萄牙人称莫里斯为他们国家和人民最受欢迎的圣徒安东尼。

三是实践居民在宗教信仰上的宽容的政策。这是莫里斯社会改革中非常引人注目的一个方面,也具有很重要的时代意义和前瞻性,开启了后来欧洲国家近代的政教分离的先河与模式,同时在很大程度上维持了当时荷属巴西殖民地的社会稳定。在荷兰西印度公司原先于1624年、1630年以及1635年公布的特许状里对欧洲各国定居者已经在巴西的定居者作出庄严承诺,要保证和实现他们的良心自由,并对罗马天主教的信徒承诺允许他们有某种程度的践行自己宗教信仰以及举行弥撒崇拜的自由。但是这种让步被许多激进的加尔文牧师认为是不能接受的,特别是泽兰省的加尔文派牧师更是认为应该在荷兰人统治的巴西地区完全禁止或者至少严格限制所谓的"教宗主义者的迷信以及偶像崇拜"。但是莫里斯总督却在当时那种天主教徒和加尔文派信徒彼此都认为双方应该下地狱的时代,在巴西当地提倡宗教宽容的精神,让天主教徒和加尔文派以及其他宗派的新教徒能够和平共处,各自履行自己的宗教信条,不仅在信徒的良心上允许他们这样做,而且在外在的崇拜仪式上也允许他们按照各自宗派的礼仪践行。他个人对于伯南布哥的天主教神父以及修士表现出友好仁慈的态度。他甚至邀请愿意与荷兰人合作的天主教神父卡拉多居住在他的总督府里,当这位神父有礼貌地婉拒时,他坚持要卡拉多住得离他近一点的地方这样就可以经常见面。他还允许这位神父在他的总督府的大门里面的小房间里举行闭门的天主教弥撒。他虽然没有允许巴伊亚的葡萄牙天主教会主教派遣他的代表来到原先就居住在当地的葡萄牙人的定居者中间来主持宗教事务,但是他允许法国天主教会的卡普清会的会士来到荷兰人的殖民地中间,也允许罗马天主教会的教堂仍然举行宗教仪式以及组织宗教游行。他的这种开明的态度与本国的联省议会在1629年攻克登博斯以后执行的短视的宗教不宽容政策形成鲜明的对比,特别是使得当地的葡萄牙人居民的心中感到宽慰。那些法国的天主教卡普清会士来到当地以后,毫不留情地批评当地原先的天主教会中存在的无知与腐败现象,同时他们也承认欧洲白人居民中的天主教信仰并没有减弱。当时的天主教会人士给罗马的传信部学院写信说:"感谢天主,祂让这位统治这个国家的亲王(莫里斯)用心善良并且仁慈,他总是以好心鼓励我们,不仅不阻碍我们的计划,而去尽可能地帮助和推进我们的计划。他是一位无可置疑的崇敬所有自然美德的亲王,非常具有同情心,对所有的人都慷慨大方。他没有摧毁教堂,也没有以势不两立的态度威胁天主教徒。我们发现他仅仅缺乏的就是信仰的真光的照耀使他成为一个完美的人。"在1638年,有一位加尔文教派的监督写信抱怨说莫里斯总督"给予天主教会以极大的自由,甚至在一些完全无条件地向我们投降的地方也是如此"。加尔文派的牧师还抱怨说他允许葡萄牙天主教的僧侣和修士继续"居住在他们的有着回廊的修道院里,毫无阻碍地征收他们的赋税,还主持尼德兰人的婚礼"。他们请求莫里斯总督停止这样做,因为在联省共和国本国,天主教徒没有享受这么大的自由。

莫里斯对于这些指责没有作出明确的反驳,他甚至在1644年的"政治证词"中对加尔文教派的牧师说了一些恭维的话,答应他们会适当地和及时地约束未经授权和批准的罗马天主教会教士的活动。但是事实上,他故意地不那么做,甚至或多或少地秘密支持卡拉多以及卡普清会士的活动。因此,在莫里斯治理荷属巴西期间,加尔文派牧师中对他的抱怨的声音就从来也没有终止过。他管辖下的荷属巴西殖民地政府表面上一直答应要对当地的天主教会的教士采取严厉措施,但事实上什么事情也没有做。只有在1640年的时候发生了一件事情,莫里斯允许葡萄牙人定居者在奥林达重建一座已经毁弃的小教堂,尽管他们在当地已经有了一座教堂和两座修道院。在重建工作结束以后,加尔文派的牧师强迫把这座建筑物给新教徒使用,一些殖民地政府的官员对此加以默许。由此,在欧洲的三十年战争宗教冲突特别激烈的时代,在荷属巴西人口中占绝大部分的天主教徒居然能够自由地信奉天主教信仰,在以前非常活跃的葡萄牙天主教的方济各会、加尔默罗会和本笃会依然可以维持各自修会的宗教活动。

莫里斯甚至还把宗教宽容的政策扩大到犹太人中间,尽管天主教会的传教士以及加尔文派的牧师都极为讨厌、憎恨和鄙视犹太人。对于早先因为惧怕葡萄牙宗教裁判所的迫害而流亡到巴西的葡萄牙以及其他地方的犹太人,他采取了保护和宽容的政策——允许那些被迫改宗基督教的犹太人回归到自己原来信奉的犹太教信仰。他让犹太人在累西腓的两座犹太人会堂里举行公开的犹太教崇拜礼仪。加尔文派教会的监督还抱怨当地的犹太人甚至可以与基督徒结婚,把基督徒皈化成为犹太教徒,给基督徒施行割礼,雇用基督徒作为他们家庭的仆人,还让基督徒的妇女当他们的小妾。这些加尔文派教会的监督们认为既然莫里斯职权有限,那么他们的教会议会就应当担任起阻止犹太人活动的义务,这样就可以避免新教徒和天主教徒同时出丑。他们说,只有在伯南布哥这个地方,犹太人才享有不加限制的自由,这是在世界上其他地方都办不到的。对于这些抗议,莫里斯置之不理。当然也有个别的犹太人不知自重,公开批评基督教的教义,那些人会受到严厉的对待。犹太人对莫里斯非常感激和欣赏,他们在1642年派出代表向西印度公司"19绅士"

陈情说,他们"愿意购买世界上任何贵重的东西让莫里斯亲王殿下留下来,如果这些东西的价格贵到他们是无法支付的,他们甚至愿意用自己的血,只要能够让他留下来"。在莫里斯治理荷属巴西期间,甚至当地的黑人和印第安人的宗教信仰也没有受到当局的干扰。博克塞指出,在莫里斯统治时期,荷属巴西当地社会各阶层人士所享受到的宗教信仰自由是整个西方世界中绝无仅有的。他说:"不幸的是,他(莫里斯)走在时代的太前列,尽管他七年中在基督教会各交战派别之间维持了和平的局面,他也没有永久地弥合在宗教改革运动中天主教和新教之间的破裂和缝隙。如果他在留在巴西的时间更加长久一点,或者他的继任者是像他一样能干的人,那就会取得伟大的成就,即便这可能也是令人怀疑的。"

四是鼓励奴隶贸易以及发展蔗糖业。尽管葡萄牙人以及荷兰人的殖民地政府都曾经立法保障美洲印第安人的自由,相比之下,荷兰人更加能够理性一点遵守此项法律。不过,不管是葡萄牙人还是荷兰人,都一致认为剥削和压迫黑人对于维持殖民地的经济发展和社会稳定是必需的。西印度公司的"19绅士"在1640年公开指出:"没有黑人和公牛,我们在伯南布哥就一事无成。"葡萄牙耶稣会神父安东尼奥·维埃拉(Antonio Vieira)在8年以后也写道"没有黑人就没有伯南布哥,没有安哥拉就没有黑人"。最后的这句话并不一定准确,因为荷兰人也从几内亚获取黑人奴隶。

荷兰人和葡萄牙人的奴隶贩子对于非洲西海岸无数的黑人部落(他们是黑奴的来源)都不熟悉和了解。他们将这些黑人部落分为四组并以其各自海岸地区的名称来命名。他们是上几内亚的安德拉斯(Andras)、米纳、卡拉巴勒斯(Calabares),从刚果到安哥拉成为安哥拉斯(Angolas)。当时班图族的黑人奴隶比较受到白人的重视,部分原因是他们人数众多,那些刚刚来到新大陆的白人定居者也比较容易用他们自己的语言教他们如何耕作和种植,与别的部族相比,他们也比较驯良,容易培养他们在家中劳作。更有甚者,从几内亚船上运来的奴隶死亡率要比从罗安达来的更高。安德拉斯人是起源于上几内亚内陆的苏丹民族的黑人,在欧洲人看来,他们的性格比较阴沉,也有反叛的性格,不易驾驭,不像班图族的黑奴可以用自己的语言教他们。但是,安德拉斯黑人的确比较任劳任怨,也比别的黑人部落的奴隶更能干重活,而且聪明和有优良的体格。欧洲人认为从塞拉利昂到佛得角之间的黑人奴隶比较懒散,但是他们毕竟"干净和活泼,特别是他们中的妇女,因此葡萄牙人总是把他们买下来让他们充当家中的奴仆"。

黑奴贸易是西印度公司收入的主要来源之一。有一位荷兰人奎伦（A.van Quelen）向"19绅士"报告说，没有黑人奴隶的工作，殖民地就不可能维持繁荣，不进口奴隶，这片土地就无法耕种。他指出公司的一部分官员想要削减奴隶进口的数量，目的是保持奴隶价格的稳定，甚至希望上扬。他认为这是一种短视的政策。从1636年至1645年，总共有23 163名黑奴被进口到累西腓，总共卖出6 714 423弗罗林。从纸面上看，公司取得了巨大的利润。在这段时间从几内亚和安哥拉每一个奴隶卖出12至75弗罗林，运到巴西的时候根据不同的奴隶的年龄、性别和身体条件已经可以卖到200至800弗罗林不等。然而一些种植园主习惯于赊账购买，非要到下一年的收获季节才付钱，或者用甘蔗支付。还有一些人则不付钱或者付部分的钱。有人估计在1644年莫里斯离开巴西以后荷兰西印度公司每年从非洲西海岸的奴隶贸易中获得840 000弗罗林，不过这个数字的可靠性是值得怀疑的。

为了避免坏账，西印度公司的"19绅士"公布指令规定奴隶贸易只得用现金进行交易。由于种植园主没有现金，于是一些有钱的犹太人投机者就以低价购进一些黑奴。莫里斯抱怨这种局面造成公司利润会变得更少了，因为在累西腓出售的奴隶价格甚至比在非洲西部海岸的罗安达更低。莫里斯的估计一点也不夸张，累西腓的高级议会在1645年3月写信给"19绅士"说如果一定坚持要用现金购买黑奴的话，黑奴的价格就一定会下降到每一位

阿尔伯特·埃克豪特（Albert Eckhaut, fl.1637—1664）所作《塔普亚族人在跳舞》

黑奴只值30至50葡币(patacas)。犹太人的投机者会以高于这个价格三至四倍的价格再卖出去。另一方面，种植园主也不满意，他们抱怨说那些黑奴在通过大西洋的时候喝了太多的海水，以至于被买到农场以后不久就死去了，基本上没有被当作劳动力使用的价值。这种情况在从几内亚贩运过来的黑奴中经常发生，因为船上的淡水以及食物供应严重不足。

在巴西的黑人奴隶过着极为艰辛的生活，他们中的大部分都被卖给了葡萄牙人种植园主，荷兰人也使用他们做工。有些人说荷兰人对待他们似乎比葡萄牙人更好一点，博克塞对此表示怀疑。他指出在葡萄牙人种植园主手下工作的黑奴至少能享受比较多的宗教节日。葡萄牙是天主教国家，设有许多圣徒的节日，在星期天(主日)也是放假的。从这个角度来看，为犹太人工作的黑奴也可能更幸运，因为他们的主人允许他们在犹太人的安息日也休息，也不敢让他们在加尔文教会规定的主日工作。与葡萄牙人相比，荷兰人没有过分地强迫黑奴皈依新教，尽管加尔文教会的监督们一直强调要这样做，甚至在欧洲的西印度公司的"19绅士"也要求荷兰人种植园主这样做，但是实际上他们什么事情也没有做，部分原因可能是因为缺乏合格的懂得葡萄牙语的传教士。在1641年以前的一段动荡以及混乱的年代，许多黑奴想从荷兰人和葡萄牙人那里寻找获得自由的机会，还有许多人逃到森林里面去了。许多逃命者开始过着一种原始公社般的定居生活，与他们在安哥拉过的生活特别相似，他们被称为"克劳博斯"(quilombos)，这个字的原意是"逃到森林里去的黑奴"或者是"逃到森林里的黑奴躲避的地方"。他们不时地外出掳掠新的人口、妇女以及食物，尽管他们已经在自己的小块土地上种植了许多庄稼。尽管荷兰人及其同盟者塔普亚人(生活在巴西中部的原始部落)已经消灭了他们中的一部分，但是他们中的绝大部分生存了下来，并且在葡萄牙人击败荷兰人恢复对这片地方的统治以后继续存在。直到1694年葡萄牙人发动了一系列大规模的战争以后，才最终将他们镇压下去。

蔗糖业也是这段时期荷属巴西的重要的经济产业，它与黑奴贸易共同成为伯南布哥的两大经济支柱。在莫里斯统治巴西期间，蔗糖业有了显著的发展。那些甘蔗种植园主一般都将他们的土地出租给一些小佃农，根据他们是否要依靠种植园主的帮忙决定他们缴纳的作物。甘蔗一旦种植下去，在许多年中就要一直勤除杂草，精心照料，尽管伯南布哥地区在这段历史时期内天灾人祸不断。佃农让他们自己的奴隶去收割甘蔗，他们自己或者再雇人用牛车将甘蔗运到磨坊里加工。甘蔗成品由甘蔗种植园主按照一定的比例分配，在一般的情况之下三分之一归佃农,三分之二归甘蔗种植园主,或者五分之二归佃农,五分之三归种植园主,这种分配比例持续了很长的时间。那些自己拥有土地的小佃农则将一半的甘蔗分给种植园主。在将土地租给佃农的时候,种植园主总是要估计一座磨坊在二十四小时内能够磨出多少甘蔗。这个数量,被称为"任务"(tarefa or task),由牛拉动的磨坊一般可以磨25至35大车的甘蔗,由水力拉动的甘蔗则可以磨40至50大车的甘蔗。在此情形之下,佃农需要至少25位能干的黑奴以及4至8大车。他们的租地之间是由比较宽的小道隔开的,以免发生火灾的时候延烧到旁边的租地。佃农要提供给黑奴工具和肥料,安排他们打包或者运输,收获的季节始于每年9月,结束于次年4月。

甘蔗磨坊榨干机的滚筒是垂直而非平面运作的,被压榨出来的甘蔗汁通过管道流到毗邻的煮甘蔗汁的房子,甘蔗汁在几个铜制的大锅里被煮,还有几位黑奴负责将浮在表面的杂质捞干净,再将干净的汁水倒入一些比较小的铜锅里,冷却以后成为半透明的汁,然后再将汁水倒入圆锥形底部有洞的陶土模具里,这些圆锥形的陶土容器每个可以装1阿罗巴(arroba,相当于32磅)的蔗糖汁,在它们凝固成晶体以后在第二天被放到净化房里去,然后人们再以更加精致的陶器过滤糖汁,洗出里面的糖蜜,余下来的糖就变得白了。这个过程会重复两三次,这样糖的等级就会变得更高了。这种去除了糖蜜的糖会被放在日光下爆晒,那些仍然混有糖蜜的糖是棕色的,它们会被堆放在另一边。种植园主和承包商会将糖进行分类、过秤和打包,然后运输到累西腓以及其他的港口中去,再装船运往欧洲,它们不是被卖掉就是继续被精加工成为白糖。

阿尔伯特・埃克豪特所作《带弓箭的巴西原住民》

甘蔗种植业以及蔗糖加工磨坊都需要很大的资金投入。种植园需要购买很重的机器设备,除了黑奴以外,也要有一些熟练的技术工人来装配它们。一般的种植园至少需要40至50名身强力壮的黑人奴隶、12大车以及20头公牛,还有一些大种植园则有几百名奴隶以及其他的机器设备。庄园主居住在大房子里,黑奴们有自己居住的一个角落,在种植园建立的时候也会建立一个小教堂。在当时荷兰画家在巴西所画的风景画里也有这样的景象。荷兰人没有引进新的乡村建筑形式,也没有改变葡萄牙-巴西式样的原来的建筑形式。更令人惊讶的是,他们甚至也没有改变蔗糖加工的程序。伯南布哥的蔗糖生产主要是依靠当地的葡萄牙人以及他们的黑人奴隶。当然,当地也有一些荷兰的种植园主以及他们的小佃农。不过,在1637年至1638年当地经济繁荣时期荷兰人买下的一些种植园后来又被转卖给了葡萄牙人或者犹太人。由于这些种植园中都有奴隶劳动以及机器设备的运作,它们都是以分期付款的方式买下的,钱款都要用丰收时节收获的甘蔗支付。大多数的买家有时因为坏的收成、洪水、干旱以及其他自然灾害付不出钱或者只能支付一部分钱款,在1641年以前,这里还有一些游击队出没。于是,无论是西印度公司和荷兰的个人有时都不能收到回报。在此情形之下,乡村的大部分地区的经济仍然掌握在葡萄牙人种植园主及其小佃农的手中。而大城市如累西腓以及莫里斯塔德则是由荷兰的官员、商人以及市民所控制。尽管如此,西印度公司从荷属巴西进口到荷兰本国各港口的蔗糖数量仍然相当可观,从1638年至1650年期间的统计是:1638年2 043箱,1639年3 874箱,1640年1 848箱,1641年3 450箱,1642年3 483箱,1644年797箱,1645年1 086箱,1646年至1650年每年都达到2 045箱;从1638年至1650年期间,在西印度公司以外的私商从巴西进口到荷兰本国各港口的蔗糖数量更是相当可观,在1646年以前大大超过了西印度公司,其统计是:1638年3 644箱,1639年4 414箱,1640年7 126箱,1641年11 092箱,1642年7 256箱,1643年9 559箱,1644年7 790箱,1645年6 193箱,1646

阿尔伯特·埃克豪特所作《图皮族(巴西原住民)的妇女与孩子》

年695箱,1647年812箱,1648年714箱,1649年963箱,1650年538箱。①

从一开始,莫里斯总督就敦促联省议会要从荷兰和德意志移民到巴西,他认为这是维持荷兰人占领巴西的成果的唯一方法。"19绅士"似乎不太重视这个意见。相反地,他们还立法加强本国荷兰人的社会福利,这些人在莫里斯看来都应该是潜在的移民。比如在1641年9月,西印度公司"19绅士"考虑要将出身为士兵的定居者移民到巴西。莫里斯总督反对这样做,他认为这些移民会对原来的荷兰移民以及葡萄牙人种植园主构成冲击和危险,后者已经在艰难时期通过辛苦的劳动开垦了这片土地。莫里斯主张将荷兰的农业人口移民到巴西,然后他们会与原先的葡萄牙人当地种植园主和居民混居并通婚,由此形成一个与这片土地紧密联系的新民族,再由他们去主宰当地的种植园经济并且效忠于荷兰统治当局。他曾经在1642年至1643年试图将荷兰的农业定居者安排到巴西东北部沿海的塞尔希培(Sergipe)和阿拉戈斯(Alagos),但是这个计划最后并没有成功。西印度公司的"19绅士"与莫里斯总督考虑的角度是大不相同的。"19绅士"希望莫里斯将源源不绝的蔗糖装船运输到荷兰本国由公司销售到欧洲各地,使得西印度公司获得最大的利润,公司由此也可以提供巴西殖民地缺乏的物资与金钱;莫里斯则认为,只有在荷属巴西殖民地获得彻底的安全保障不惧怕外来的干涉和内部的叛乱以后,蔗糖的供应才会稳定地不断上升,这需要维持大量的卫戍部队以便保卫殖民地的安全,也要有稳定的来自荷兰的农业移民,还要与在巴西当地的葡萄牙人以及原住民处理好民族和宗教信仰上的关系。双方都有各自的道理,不过在当时似乎莫里斯的态度更加强势一点。不过,"19绅士"和莫里斯都共同地认识到蔗糖是荷属巴西殖民地经济最重要的支柱。

对于莫里斯统治巴西期间到底有多少蔗糖从殖民地出口去荷兰缺乏可靠的统计数字。有历史学家德·拉特(De Laet)估计从1637年至1644年西印度公司出口的白糖总量为333 425阿罗巴,私商的白糖出口量为1 083 048阿罗巴,醋糖即黑砂糖,前者为117 887阿罗巴,后者为403 287阿罗巴,红砂糖,前者为51 961阿罗巴,后者为1 557 862阿罗巴,总计价值前者为7 618 498弗罗林,后者为1 557 862弗罗林。②从大致上看,公司的蔗糖出口量大约占了

---

① Jonathan I.Israel, *Dutch Primacy in World Trade*, 1585 - 1740, Oxford: Clarendon Press, 1989, p.169.
② De Laet-Naber, *Jaerlik Verhael*, iv, 298, C.R.Boxer, *The Dutch in Brazil*, 1624 - 1654, p.148.

1/3，私商的大约占了 2/3。当然，公司在税收和运费上都能够得到比较充分的回扣。博克塞认为由于当时存在着普遍的走私、欺诈以及贪污腐败的现象，所以这些统计的数字都是值得怀疑的。西印度公司的一些船只在回航途中也通过英国的某些港口进行走私贸易，为了制止这种行为，公司的"19 绅士"只得下令将一部分的蔗糖赠送给英国港口的官员，博克塞估计也有可能西印度公司的职员自己也从事走私贸易。从伯南布哥出口到欧洲的产品还包括巴西红木、建筑用的木材、烟草和兽皮。巴西红木的出口与黑奴贸易一样，是由公司垄断的。烟草和兽皮的出口在这个阶段还不十分重要。总而言之，在莫里斯统治巴西期间蔗糖业得到了恢复并且产值良好，总出产量为 218 220 箱价值 2 800 万弗罗林。在他治理巴西期间当地种植园主改进了甘蔗的种植方法，并且将伯南布哥的甘蔗种植新方法引进到了安德列斯群岛，由此促进了英国和法国在加勒比殖民地的经济发展。

东印度公司和西印度公司在贸易方面的差别反映在它们在阿姆斯特丹市场上市的股票上。在 1645 年的时候，西印度公司价值 100 弗罗林的股票报价为 46 弗罗林，主要原因是该公司在整个过程中只给两三个股东派发股息，但是东印度公司的价值 100 弗罗林的股票则以正常的规则给许多股东派发股息，其报价为 460 弗罗林。这两个公司在它们所在地的运作方式也大不一样。东印度公司能够在食品的供应如肉类、大米和亚力酒等方面自给自足，其他的生活用品在当地也能够以很低的价格采购到。在荷属巴西，许多食品的供应是以很高昂的价格从荷兰本国进口的。在 1630 年至 1640 年间，由于当地的经济集中于甘蔗种植，树薯作物也不充足，牛群和家畜也被毁坏，导致肉类、面粉、黄油和酒类需要大量地从国外进口到巴西而不是东印度。"19 绅士"曾经鼓励种植稻米以及其他可以食用的谷物。莫里斯总督也竭尽全力地缩小单一经济带来的弱点，他命令种植园主和定居者为每一个黑奴种植一定份额的树薯。"19 绅士"还通过立法鼓励种植稻米以及其他谷类。这种努力产生的成果非常小，因为种植园主和定居者顽固地反对这样做，他们更喜欢种植甘蔗，因为这能够产生最大的经济效益。

当欧洲来到荷属巴西的船只出于种种原因延误的时候，累西腓的基本食品价格就上升到了天文数字，大家都抱怨说荷属巴西是世界上物价最贵的地方。即便在 1642 年至 1643 年相对繁荣的年代，物价也高企不下。这种情况使得一些犹太人私商从中坐收渔人之利，大发其财，但是西印度公司却无利可图。西印度公司在当地的代表也不得不以当时流行的价格从私商手里购买货物囤积起来以备不时之需。尽管这些进口的物品主要是为了满足荷兰居民的消费，但有些还是被运往内陆卖给葡萄牙人，那些葡萄牙人需要大量的布匹和奶酪。累西腓成为当时世界上物价十分高昂的地方之一，这使得西印度公司对于莫里斯总督的奢华的花费心存抱怨。在公司的领导人看来，莫里斯作为总督、政治家和将军当然拥有无可争辩的德行，但是他绝对不是好的经济学家和金融家。他自由自在地花费自己的钱和公司的钱，从不关心钱花费的多少；他也是一个慷慨大方的艺术赞助者、一个业余的建筑师和风景园艺鉴赏家，完全放任自己的爱好，为自己建立舒适豪华的官邸与行政中心，在累西腓与莫里斯塔德之间建立桥梁，他在巴西还维持一帮如群星璀璨般的艺术家和科学家在身边。当然，其中一部分花费是他自掏腰包的，还有一部分是要公司以各种形式支付的。

1642年4月18日，西印度公司的主管写信给莫里斯，通知他要将卫戍部队的数量减少到18个中队，同时也通知他在1643年的春天回国。这个决定很明显地让莫里斯感到吃惊与不愉快。他在9月24日写信给联省议会，询问联省议会的议员们与西印度公司"19绅士"的想法是否一致，同时也警告他们减少卫戍部队是有危险性的举动。1643年5月，"19绅士"为了阻止这个动议，向联省议会派出了一个代表团请求他们同意召回莫里斯。最高当局勉强同意了这个决定，5月9日，他们"小心谨慎地写信给拿骚的伯爵（莫里斯），请求他回国继续为国家服务"。同年9月，莫里斯得到这个正式的通知，但是他推迟了离开自己所钟爱的巴西的时间，直到1644年5月才动身回国。在他交出权力的时候，他向"高级和秘密议会"（High and Secret Council）的三名成员强调要实现殖民地当地所有的民族以及居民在宗教信仰上的宽容政策的重要性，还要持续稳定地支付军队的工资以及提供必需的军需物资，要尊重和宽容地对待当地的葡萄牙人居民，要相对自由地允许他们履践天主教的宗教活动，不要过度地干预他们，要适当地考虑如何处理种植园主所欠的债务，要改革当地行政管理上的混乱局面，可以考虑取消法警这个职位，因为他们太不受当地的白人定居者欢迎了，还要维修和保养要塞、仓库以及弹药库，要与葡萄牙人在巴伊亚的当局维持友好甚至合作的关系。

当莫里斯总督即将离开巴西的消息的传开的时候，全殖民地的人民都感到十分遗憾，无论是尼德兰的加尔文派教会信徒、葡萄牙的天主教信徒以及塔普亚族人都有这样的感觉。博克塞是这样描绘莫里斯离别巴西时的场景的："他的离开使得当地的人们无不关注，也十分悲伤。人们都极力地颂扬他。当他骑着马离开累西腓去帕拉伊巴乘船的时候,有 100 名市民骑在马背上陪伴着他,他发现有一大群来自不同民族和阶级的人们在道路两旁为他送别,他们为莫里斯伯爵的离去感到悲哀。富裕的人与有权势的人都想与他握手,穷人和出身低微的人则想触碰他的长袍的衣褶。只要累西腓和莫里斯塔德还在他的视野之中,他就紧紧勒住马的缰绳不时回头深情地望着他所建立的这座城市。他的号手则精神百倍地吹响了一首老歌《威廉颂》。"

莫里斯在回到海牙以后,立即向"19 绅士"报告了巴西殖民地的具体情况。同时,他也在自己的宅邸里面招待多年不见的祖国的朋友们。他在屋子里面展示了从巴西带回来的动植物标本以及其他各种珍奇异宝,就像是一个展示域外风物的博物馆。他让赤身裸体的塔普亚族人表演了表现战争的舞蹈。一位看过表演的人士说,那是当时荷兰人完全没有见到过的真正的"原始"的风俗,但是另外一些目击者则感到无比惊异,他们以批评的态度说"那些带着太太来看这样的表演的人,一点都不觉得这有什么好"。

不久,莫里斯向联省议会写了一篇很长的报告,再次详细解释了他在巴西伯南布哥实行的宗教宽容政策(特别是对葡萄牙白人居民)的缘由与重要性。他也详细说明了殖民地当地的情况,特别是种植园主负债累累以及黑人奴隶价格的不断下跌,还有经济上萎靡不振的征兆以及他对于这些社会问题的对策。他公开批评"19 绅士"的短视政策,认为西印度公司的领导人不重视正式的官方的报告,更喜欢听取那些不怀好意的人背后的流言蜚语以及小报告,尽管他也承认当时资金的短缺的确是一个主要的问题。他尖锐地指出:"一个伟大的帝国不能与心

莫里斯伯爵晚年居住的宅邸

胸狭窄的小人走在一起。"同时,他也以乐观的精神展望未来,设想了一个宏伟的远景,那就是将东印度公司与西印度公司合并起来,这样荷兰的海洋帝国就一定能够集中人力和物力资源夺取西班牙王室统治下的从秘鲁到菲律宾的全部的辽阔的海外殖民地。在这份报告中,他再次宣示了自己的生命格言:"(我们的心胸要)像世界一样宽广。"

博克塞认为莫里斯总督的卓越超群的人格在他整个七年的统治巴西期间对于荷属巴西产生了一种决定性的影响,也是西印度公司最大的资产,虽然公司"19绅士"并不珍视这笔宝贵的精神财富。

莫里斯亲王在巴西的事业结束以后,他很高兴地接受了布兰登堡选帝侯弗里德利希·威廉姆(Friedrich Wilhelm, the Elector of Brandenburg, 1620—1688)的邀请,担任克里维斯(Cleves)城市的执政官,这个位于莱茵河流域的城市曾经是霍亨佐伦家族的领地之一。他在以后20年的时光大部分是在这个地区度过的。其间,他也不时访问过海牙、柏林以及其他的地方。1652年,他被神圣罗马帝国皇帝斐迪南三世(Ferdinand III, 1637—1657年在位)封为帝国的亲王,还被授予布兰登堡辖区"耶路撒冷圣约翰骑士团"的团长。他出售了部分在巴西收集的藏品给威廉姆选帝侯,以所得的收入购买了一部分田产,致力于发展建筑业和风景园艺。同时,他对于创建新教的杜伊斯堡大学也很感兴趣。1658年,他作为布兰登堡的代表出席了在法兰克福举行的神圣罗马帝国皇帝利奥波德(Emperor Leopold I, 1658—1705年在位)的选举和登基加冕仪式。虽然人在莱茵兰,他还是保留了荷兰共和国陆军骑兵中将以及韦泽尔要塞司令的军衔。1665年,在第二次英荷战争爆发以及穷兵黩武的明斯特主教进攻荷兰的时候,他被任命为东线的首席指挥官。晚年,当荷兰与法国发生战争的时候,他还被任命为乌特勒支的总督,但此时他的健康已经不能支持这项工作。他于1676年回到莱茵兰,在一个富于田园风光的乡间建筑了自己的墓地。在最后的时日,他虽然年老体衰,但是心智清晰。1679年12月20日,他在平静中去世。

荷兰巴西殖民地统治的结束 莫里斯总督离开巴西以后,伯南布哥沿海一带的防务就松懈下来了。西印度公司的"19绅士"将主要的注意力放在如何与葡萄牙人维持友好的关系上,让后者不要进攻荷兰人在巴西的属地。但是葡萄牙人一直没有放弃收复失地的企图。"19绅士"的考虑在最初的时候有一定的道理,因为那时荷兰海军在大西洋上的优势似乎是不可挑战的,在大西洋的两岸,荷兰人也拥有坚固的堡垒——他们在佛得角修建了要塞,在几内亚湾和安哥拉也拥有一系列的要塞与商站,葡萄牙人在安哥拉内陆与圣多美岛拥有的据点岌岌可危。1640年,葡萄牙摆脱西班牙人的统治取得了独立,荷兰人认为,刚刚即位的葡萄牙国王若奥四世(João IV,1640—1656年在位)似乎不大可能向当时世界上最强大的海上帝国发起挑战——如果葡萄牙向荷兰开战,它又如何能够同时应对西班牙人的镇压呢?

但是,葡萄牙国王若奥四世还是通过该国在海牙的使节要求荷兰人归还他们在1641年至1644年间夺去的原葡萄牙人在巴西、非洲西部以及锡兰的土地。联省议会中并非完全没有人考虑葡萄牙人的建议,但是荷兰与泽兰两个航海大省的议员是起决定作用的,东印度公司和西印度公司的领导人也是绝对不愿意割让任何一块海外的属地给葡萄牙人的。1643年,荷兰西印度公司"19绅士"扬言如果葡萄牙人不收回他们索回罗安达、圣多美以及马拉尼昂的要求,公司将不惜从事推翻卢西塔尼亚王室的活动。荷兰东印度公司也表达了类似的态度。

虽然莫里斯在巴西的统治是成功的,但是他没有或者说无法解决荷兰人向巴西大规模移民的问题。在巴西当地人口主要是由葡萄牙人、在巴西出生的土生葡人、非洲运来的黑人奴隶以及美洲的印第安人组成的。而大部分的在西印度公司军队服役的荷兰军人都想在军旅生涯结束以后回到尼德兰,他们不想在巴西定居。巴西的蔗糖种植园主大部分都是富有的葡萄牙人,并且使用从美洲运来的黑人奴隶作为劳动力,维持蔗糖的生产是需要资本的,在许多荷兰人看来得不偿失。1644年,西印度公司将莫里斯召回荷兰以后不久,当地的局势就发生了变化。1645年6月,伯南布哥周围地区的当地居民以及甘蔗种植园主就奋起反抗信奉"异端"的荷兰人。长期以来,他们在内心深处从来也没有真正地接受荷兰人的统治,那些种植园主对于荷兰的贷款人以高额的利息借款给他们一直心怀不满。8月,当地居民组成的军队就已经在累西腓周围的地区战胜了荷兰的军队,不久甚至攻下了莫里兹塔德要塞。1646年,荷兰军队只留下包括累西腓在内的四个据点。1646年,荷兰紧急派出一支包括20艘战舰的援军支援累西腓,该城市暂时免于陷落。在欧洲,荷兰人在巴西的失利使得荷兰决意要结束长期与西班牙的战争。1648年1月,荷兰与西班牙达成《明斯特协议》,结束了两国自1588年开始的"八十年战争"。几乎在同时,荷兰于1647年12月,派出41艘战舰与6 000名士兵的强大舰队前往巴西企图收复挽回颓势,但是到了累西腓以后,许多士兵不是病倒就是因为缺军饷而开小差。

对于巴西殖民地脱离荷兰人统治的反抗斗争,葡萄牙国王若奥四世开始时有些犹豫,因为葡萄牙才刚刚复国,根基未稳,但是葡萄牙国王和政府后来还是决定为巴西人民持续地提供非官方的但是充裕的物资、人力以及船只上的帮助,让当地人摆脱荷兰人的统治,重新回到葡萄牙的怀抱。不久,葡萄牙政府的暗中支持就变得公开化了。1648年,葡萄牙国王选择由巴雷托(Francisco Barreto de Meneses, 1616—1688)担任葡萄牙军队的总指挥官,率领军队前往巴西伯南布哥地区攻击在那里的荷兰人,支持当地的葡萄牙-巴西人的战斗。巴雷托出生在秘鲁,父亲是葡萄牙人,母亲是西班牙人与美洲原住民的混血儿,他被若奥四世选中担任指挥官的时候,还是一名在阿连特茹骑兵军团中服役的司令官,他为何被选为葡萄牙巴西远征军总指挥官的原因不详,但是后来的事实证明国王的选择是明智的。3月26日,巴雷托率领的葡萄牙舰队离开里斯本跨越大西洋前往巴伊亚,舰队由五艘大战舰和两艘快艇组成,除了士兵以外,船上还有金钱、军械和弹药,士兵中有一个分遣队是由波尔图的新兵组成的。同年4月17日至18日,葡萄牙军队与荷兰军队打响了第一次瓜拉拉佩斯(Guararapes)战役,瓜拉拉佩斯位于累西腓附近的一座崎岖不平的山丘,双方的军队在山上展开了艰苦卓绝的战斗,都表现得非常英勇。葡萄牙军队二十四小时都顾不上吃饭,而荷兰的军队则在不习惯热带雨林的气候条件下苦撑。战斗的结果,荷兰人失利,死亡500名将士,其中有48名军官,荷兰的战旗以及联省议会的纹章也不知所终。葡萄牙方面只死亡了80名士兵,近400人受伤。不久,葡萄牙军队进攻奥林达,虽然荷兰士兵人数较多,但是士气低落,不战而逃,葡萄牙人收复了这座城市。1648年底,累西腓的荷兰当局急于打破葡萄牙人对于该城围攻的态势,集结了3 000余名白人士兵、250名海员以及200名印第安原住民士兵,于1649年2月17日抵达瓜拉拉佩斯山区与葡萄牙人展开在该地的第二次战役,巴雷托指挥的士兵只有2 600人。19日,荷兰人先发制人,向葡萄牙军队开炮。但是巴雷托沉着应战,他将部队埋伏在山谷阴影笼罩之下的灌木丛中,而在山顶的荷兰士兵在热带阳光的照射下饥渴难当,他们想撤退到累西腓附近的一个乳牛场去。就在荷兰军队进入狭窄的山道的时候,葡萄牙军队不失时机,发动进攻。开始时荷兰军队还能够抵挡,但是后来就变成了在斜山坡上的四散逃跑,结果大败。荷兰士兵有957人死亡,被捕89人,伤亡者中包括100名军官;葡萄牙人方面只有伤亡250人,而且大部分人是负伤。早在1624年荷兰人入侵巴西的时候,他们基于一个判断就是与西班牙人相比,葡萄牙人的战斗力是非常弱的,荷兰人长期以来一直认为葡萄牙人在训练有素的欧洲军队面前是不堪一击的,但是事实证明并非如此。荷兰人在巴西的处境日益恶化,但是他们还是与葡萄牙人对峙并重新占领了塞拉,不过这个地区经过多年的战争已经没有人烟了。

巴雷托在军事行动取得进展以后积极准备攻占荷属巴西殖民地首府累西腓,荷兰方面也策划反攻。1651年6月,荷兰与葡萄牙的《十年停战协定》到期了,在许多泽兰省的商人以及西印度公司的支持者的策动之下,联省议会就向葡萄牙人宣战了。阿姆斯特丹的商人则不太愿意终止与葡萄牙的港口塞图巴尔之间有利可图的盐业贸易,许多阿姆斯特丹的商人以及船主也不太在意是在葡萄牙的或是荷兰的国旗之下与巴西保持贸易联系。泽兰对于葡萄牙人的敌意则比较明显,1652年11月,他们的私掠船只甚至阻止阿姆斯特丹的船只去巴西贸易。

尽管如此,1653年3月,还是有4艘荷兰的快船从圣阿格斯蒂纽出发运载蔗糖前往里斯本进行贸易。这使得累西腓的议员们倍感恼怒。在葡萄牙人方面,若奥四世的政府不断地暗中支持伯南布哥的葡萄牙人的地下反抗活动。1652年爆发的英国与荷兰的战争也使得荷兰的海军没有办法在海上封锁里斯本。同年7月1日,葡萄牙海外事务委员会向国王建议说现在已经是接受巴雷托的向累西腓发动总攻的时机了。从那时起,葡萄牙人在巴西的部队以及海军就开始拦截和切断荷兰的物资供应了。另一方面,葡萄牙人也没有终止与荷兰人的谈判,他们一直希望荷兰人能够自动放弃累西腓,但是谈判没有取得进展。1653年11月20日,葡萄牙人在巴西组织的一支庞大的有77艘战舰的舰队从海上切断了所有通向累西腓的海路,同时,在陆地上也有葡萄牙军队把守,拦截通往累西腓的交通线。此时荷兰的军事指挥官员已经意识到葡萄牙人的决心以及事态的严重性。那时,荷兰人在巴西各个据点和要塞最困难的事情就是缺乏补给,葡萄牙人则不断地骚扰和攻击这些地方的守军,累西腓的状况也在日益恶化,据一名荷兰法官写的报告,当地卫戍部队的士兵"没有食物果腹,衣不遮体,就像蚯蚓一样,惨不忍睹,我相信就是割掉他们的耳朵,也不会有血渗出"。其间,荷兰人曾经派出使团前往里斯本求和,企图与葡萄牙谈判如何划分荷兰占领下的巴西,但是谈判没有取得成果。葡萄牙海上的舰队一直不断地包围累西腓,切断荷兰人的补给线,虽然有一些荷兰的补给船只冲破包围进入城市,但是担任卫戍的荷兰军队的服役期过长,而他们的军饷也被长期拖欠,所以士气低落,不愿再战,再加上指挥官生病,终于不能够抵挡葡萄牙海军的包围以及陆军的不断进攻,1654年1月22日,累西腓的"高级和秘密议会"决定求和。1654年1月26日,巴雷托与荷兰人军事指挥官冯·索普(Von Schoppe)谈判达成了一个对于投降者来说是体面的协定:(1)协定的适用范围包括累西腓以及所有荷兰人占领的巴西地区,如伊塔马拉卡岛、北格兰德河州、帕拉伊巴以及塞拉,在以上所有的这些地区,荷兰人都必须放下武器,葡萄牙人则提供足够的船只让所有愿意离开的荷兰人回国;(2)葡萄牙人允许荷兰人可以从容地不受干扰地卖掉或者处理好他们的货物和财产以后再离开;(3)允许愿意留在巴西的荷兰人继续生活下去,他们会受到与葡萄牙臣民一样的对待;(4)信奉新教的荷兰人在公共事务上必须遵守如同生活在葡萄牙本国的外国新教徒一样的限制;(5)即便是正统的犹太人也可以留下(尽管后来没有一个犹太人选择留下);(6)大赦所有的在战争期间与葡萄牙人作战的荷兰人,葡萄牙人答应不会对于这些人在言语或者行动上进行报复;(7)所有愿意离开巴西的荷兰臣民可以在三个月内处理好自己的事务,在此期间荷兰人之间法律上的纠纷案件仍然由当地的荷兰法庭处理;(8)对于荷兰的船只以及要塞做出妥善的处理,绝大部分的武器和军械将交给葡萄牙人,但是荷兰的指挥官可以带20门不同类型的青铜大炮以及充足的铁炮弹,以便荷兰的船只回国途中在大海上遇到海盗时可以自卫。

1654年1月28日,巴雷托指挥的葡萄牙军队举行了凯旋入城仪式进入累西腓。他以十分宽容的态度对待葡萄牙人,在交出钥匙的仪式结束以后,他亲自陪同荷兰指挥官冯·索普回到自己的家中。巴雷托要求葡萄牙军队在进入城市以后维持严格的纪律,不要打扰当地的居民。他甚至没有苛待当地的犹太人团体,这些犹太人非常害怕葡萄牙人重新征服这块土地,他们知道一旦落入狂热的天主教士的手中,日子是不会好过的。他也允许犹太人将他们的货物卖掉以后随同荷兰人一起离开,当时有600多名犹太人选择了离开,大部分犹太人回荷兰,但是并非所有的犹太人都回到了荷兰,一些人去了法国的南特,一些人去了西印度,他们对加勒比地区的蔗糖业的发展做出了贡献。就是在1654年,第一批伯南布哥犹太人离开巴西去了今天纽约的曼哈顿岛的新阿姆斯特丹,他们被允许在当地居住和进行贸易,并可以在家里举行自己的犹太教崇拜仪式。不过,当时荷兰西印度公司还没有允许他们开设属于自己的商店以及犹太教的会堂。他们就是今天美国犹太人的先祖。

巴雷托对于荷兰的指挥官冯·索普以及其他军官都表现出骑士风度,他允许他们免税带一些巴西的红木回国。当冯·索普等人回国以后,他们立即被当局逮捕并对他们实行了正式的审讯。当时荷兰国内流行的一些小册子都指责是荷兰本国当局而不是累西腓的殖民地当局要对巴西的丢失负责。法庭对于冯·索普的判决是没收他在投降以后的一切工资收入以及津贴,其他的一些军官似乎没有受到过于严厉的处分,其中有一名军官后来成为阿姆斯特丹的一个富裕的市民。

荷兰人在巴西的统治始于1630年2月,终于1654年1月。从一开始,当地的葡萄牙-巴西起义者提出的口号是夺回"蔗糖"的利益,但是实际上更重要的因素还有罗马天主教徒与信奉新教的加尔文派之间的对立。在这场战争中,荷兰人和葡萄牙人都拥有各自的当地同盟军,塔普亚族加入荷兰的军队中,而大部分图皮族保持了对于葡萄牙人的忠诚。在与荷兰人的持续的战争中,葡萄牙-巴西的军队是由穆拉托族、黑人以及不同民族的混血儿组成的,而许多美洲印第安人以及黑人则成为杰出的军团指挥官。起义的领导者之一若奥·费尔南德斯·维埃拉(João Fernandes Vieira)就是一位出生于马德拉群岛的葡萄牙贵族与当妓女所生的孩子,他从战争爆发的第一天一直坚持到最后一天。在伯南布哥重新被葡萄牙人夺回以后,巴西的蔗糖生产和贸易又回到了葡萄牙人的控制下;但是在荷兰人占据伯南布哥时期,巴西的甘蔗种植以及蔗糖生产方法有了很大的改进并传入了英属和法属西印度群岛,很可能葡萄牙-巴西的犹太人是这种种植与生产技术外流的中介人。从荷兰人方面来看,有一位历史学家指出,累西腓的丢失是一件绝对不应该发生的事情,因为它修筑有当时世界上最坚固的要塞之一。荷兰人的同盟者塔普亚族人特别地蔑视荷兰人的投降行为,他们认为这是对同盟者的不忠,弃自己的印第安盟友不顾,使后者沦于葡萄牙人的报复之中。在世界另一边,当一些被关押在果阿的葡萄牙人监狱中的荷兰囚犯听到累西腓陷落的消息时,他们简直不敢相信自己的耳朵,反复嘟囔着:"可能某一天葡萄牙人会攻占阿姆斯特丹,但是他们绝对不可能攻占累西腓!"在后来的世代中,有些荷兰人认为累西腓的陷落是荷兰海洋帝国的黄金时代由兴盛步向衰落的转折点,自1619年科恩在原爪哇人居住的雅加达城市上建立巴达维亚以来,荷兰的对外扩张事业一步步地迈向辉煌,现在则开始走向没落,他们说:"我们的胜利从雅加达开始,从累西腓我们则走向了失败。"

第九章
伊比利亚人与荷兰人的此消彼长

一、军事技术与谋略的比较

与葡萄牙人相比,新兴的荷兰人拥有更为优越的经济资源、更多的人力资源以及更为强大的海上优势。尼德兰联省国在经济方面比贫穷的葡萄牙王国更好。这两个国家在人口上大体相等,前者 150 万,后者 125 万。但是在 1640 年以前,葡萄牙人要为西班牙提供兵力与欧洲其他的列强打仗,荷兰人则可以利用邻近的日耳曼以及斯堪的纳维亚半岛的人力资源为它的军队和舰队服务。在海上的葡萄牙与荷兰的悬殊就更加惊人,1649 年,葡萄牙著名的耶稣会士安东尼奥·维埃拉神父估计荷兰拥有 14 000 艘船可以用作战舰,而葡萄牙在同类战舰中不会超过 13 艘。维埃拉还指出,荷兰拥有 25 万名海员和海军士兵,而葡萄牙的海军官兵花名册上登记的军人人数只有 4 000 人。博克塞认为维埃拉可能有点夸大其词,不过也不会夸大得太离谱。1620 年,里斯本当局统计葡萄牙整个国家可以用于舰队服务的人数也不过为 6 260 人。1643 年 11 月果阿总督的顾问会议指出里斯本没有办法提供足够的合格领航员服务于驶往印度的舰队,因为那些合格的领航员(不超过 10 名)都因为荷兰的封锁被滞留在果阿的港口内不得动弹。从 1580 年至 1640 年,葡萄牙还缺少在深海航行的水手,因为在这段时间内葡萄牙国内资深的海员都更喜欢选择去西班牙海军界服务,因为西班牙王室所支付给他们的薪水比葡萄牙当局更高,西班牙王室也鼓励这种趋势。因为数世纪以来,尽管有加利西亚和比斯开湾地区的海员和领航员愿意为西班牙服务,但是西班牙还是缺少深海航行的海员。所以王室决定起用葡萄牙的海员。因此,在与荷兰的海上竞争中,葡萄牙总是处于弱势。

另一个使得葡萄牙在亚洲的海域处于劣势的原因是在1636年至1645年间,荷兰在巴达维亚的总督迪曼在指挥才能以及战略谋划上卓越超群,远胜过历任葡属印度果阿的总督,荷兰的舰队在印度洋上有力地打击了葡萄牙的海军。1609年,在印度果阿的安东尼奥·德·戈维亚(António de Gouveia)神父称荷兰人在印度海域取得的胜利是"其统帅灵活指挥的结果"。另外,葡萄牙人在海军军官的选拔上过于拘泥于传统的所谓门第观念,要求有绅士的血统以及贵族门第出身的人士才可以担任海军指挥官。荷兰海军军官的选拔标准更加注重实战的经验和操作能力而不是家庭出身和社会地位,这也使得葡萄牙的海军在与荷兰东印度公司海军的战争中处于不利的地位。有一位聪明的葡萄牙人看出了这一点,他在1656年指出,在摩鹿加群岛和锡兰,那些出身贵族世家的葡萄牙指挥官,输给了出身低微的荷兰军官,最后丢失了这些葡萄牙的领地。另一个相关的原因是荷兰的士兵更加训练有素。与经济衰落的葡萄牙果阿殖民地相比,荷兰东印度公司在商业竞争上蒸蒸日上,赢得了更多的金钱和财富。曾经撰写葡萄牙与荷兰在锡兰的战争的耶稣会士编年历史学家克伊罗支(Fernão de Queiroz,1617—1688)曾经说:"荷兰人说我们的战斗方式是一种穷人的战斗方式。"一位有经验的葡萄牙指挥官在1663年告诉果阿的总督:"人所共知的事实就是我们没有人力和金钱,在战争中就不会有赢的好运,这就是我们看到如此多的混乱、如此多的眼泪和如此多的损失的原因,国王陛下的金库空空如也,他的臣民也没有资本可以帮助他。"再过一年,在马拉巴的一名葡萄牙指挥官写信给同一位果阿的总督说:"任何一名荷兰的舰长都拥有全权和足够的金钱处理任何事情,只要他有需要就可以使用这些金钱。在我们方面,连最小的事情也要请示最高的权威。更有甚者,一旦我们发生问题,到哪里我们都不得不要以乞求的方式行事,其实我们也不可能做成任何事情,因为巧妇难为无米之炊,特别是与那些印度的原住民在一起的时候更是如此。"

在葡萄牙人与荷兰人长期的战争中,在士兵的体力以及训练方面,后者也占了优势,在亚洲的战场上更是如此。荷属东印度公司和荷属西印度公司使用的都是雇佣兵,他们中有日耳曼人、法国人、斯堪的纳维亚人,在1652年以前还有英国人,尼德兰人只是在军官中占了较高的比例。在巴西和锡兰的葡萄牙人都曾经说这些北欧人在体魄上比他们更加健壮,不仅如此,葡萄牙人还抱怨自己在食物配给上供应不足。事实上,荷兰的士兵在军需和食物供应上都要远远超过葡萄牙人。1644年,在锡兰的处于半饥饿状态的瘦弱的葡萄牙士兵抱怨说:"我们是如此瘦弱和饥饿以至于我们三个葡萄牙人都不能敌一个荷兰人。"1625年5月,当葡萄牙的军队重新攻占巴伊亚以后,一位资深的葡萄牙军官在描绘被打败的荷兰卫成部队的士兵时这样写道:"他们全都是经过挑选的年轻人,在世界上任何步兵部队中他们都是光彩照人的。" 1638年,荷兰人第二次进攻巴伊亚,一位守卫巴伊亚的葡萄牙士兵在击退荷兰人最后一次攻击以后在日记中写道:"我们清点了死亡者的人数,共327人,把他们交还给了荷兰人,他们都是从未见过的长得最漂亮的男人;他们看上去就像是巨人,毫无疑问是荷兰军队之花。"另一方面,在整个17世纪,由于太多的葡萄牙士兵被送往殖民地的战场充当炮灰,葡萄牙当局不得不从那些罪犯以及已经被判犯罪的人中间征集人员派往前线和战场,他们在打仗时因为缺乏训练导致力不从心,但是在扰乱地方秩序时不遗余力,由此增加了巴伊亚以及果阿当局不断的抱怨。葡萄牙本国当局也不是不知道这样做会带来不良的后果,埃武拉的博学的法学家法利亚(Manuel Severim de Faria)在1622年得知霍尔木兹陷落的消息以后这样写道:"没有什么比腾空葡萄牙监狱里的囚犯和暴徒,让他们去充当葡萄牙派往印度的士兵是更好的选择了,因为他们不知道如何持守对于天主以及人类的信仰。因此,同样地,对于他们在海外所表现出来的与在国内一样的不良行为也大可不必感到惊讶。"

葡萄牙人在面对荷兰对手时的另一个重大的不利因素是由于长期享有和平,葡萄牙军队缺乏严格的纪律约束和军事训练,在亚洲地区两国军队对垒时尤其如此。近两个世纪以来,葡萄牙人有意地抑制组织任何永久的军事单位。除了在战场上狂吼"圣地亚哥与我们同在!"以外,他们不讲究战术。在近代欧洲,葡萄牙是最后一个进行战术训练和军备改革的国家。奇怪的是他们的邻居西班牙人在整个16世纪一直在军事改革方面不断进取。在1580年至1640年间,葡萄牙人由于完全忽略军事训练以及强调军队纪律而成为西班牙人的笑柄。葡萄牙人的这种缺乏军事和纪律训练的情况是与他们的自负有关的。当1595年荷兰人进攻霍尔木兹的时候,葡萄牙士兵像往常一样在要塞外面的帐篷里呼呼大睡,没有执行站岗放哨的勤务,也拖延了去通知黑奴拿起武器的时间。1649年是休战年,但是荷兰的士兵却在印度西海岸的达曼登陆,进入达曼城市以后竟然没有遇到任何抵抗,因为整个城市的人们都在从正午到下午4点钟的午睡中进入了梦乡。葡萄牙人还没有足够的武器装备,即便拥有武器,也疏于管理,不加保养,听任其生锈腐烂。

自从阿尔伯奎克以后,葡萄牙在印度的军界人士中就一直有抱怨说政府长期忽视军事装备的革新的声音。法学家法利亚说:"那些生活在里斯本大门外面的人也令人极为讨厌地疏忽(军备的改进),他们好像感觉自己如同生活在国内一样的安全。这导致他们经常陷入那种最骇人听闻的相反的后果,因为手无寸铁的人与装备强大的敌手战斗,要么被打败,要么逃跑,除非出现天堂的奇迹。"据记载,在17世纪初叶,葡萄牙人的船只上很少更新大炮等作战设备,他们的船只上堆满了用来赚钱的货物,两军对垒时,葡萄牙的士兵还迷恋于中世纪时的肉搏战,而荷兰人则尽量避免近距离的战斗,宁愿相信以大炮从适当距离内进行的炮击。有一位叫阿马拉尔(Melchior Estácio do Amaral)的葡萄牙人于1604年记载说:他看见荷兰人"每艘强大的战舰都配备有30门大炮","运载大量先进的武器和战斗人员","上层甲板上不堆放任何东西,大炮由专业人员操纵",他们"都是异端的加尔文派教徒,集士兵、海员与炮手于一身"。

荷兰人通过60年与葡萄牙人的战争,夺取了葡属亚洲殖民地的许多重要的战略要地。但是,他们在进攻安哥拉以及巴西的时候却失败了。博克塞分析其中有几个原因:虽然荷兰雇佣兵在体格和体能上超过了葡萄牙人,但是葡萄牙人却更习惯于赤道地带的热带气候,这是葡萄牙和巴西人在保卫巴西时取得胜利的原因,特别是在具有决定意义的从1648年至1649年的瓜拉拉皮斯战役中,习惯于在热带的烈日下和在茂密的丛林中作战的葡萄牙和巴西人打败了只能在寒冷地带进行贸易活动和在正规战场上打仗的荷兰的佛兰德斯以及日耳曼雇佣军。另一方面,同样在赤道热带的锡兰,荷兰人则取得了最后的胜利,其中部分是由于当地的僧伽罗盟军的支援,虽然葡萄牙人也有忠于他们的僧伽罗人的后援,还有部分原因则是长期以来在锡兰岛上的葡萄牙高级指挥官软弱无能。相反,在巴西的伯南布哥,葡萄牙人则有着优秀的指挥官,如出生于马德拉群岛的费尔南德斯(João Fernandes)、出生于巴西的内格雷依罗斯(André Vidal de Negreiros)、出生于秘鲁的巴雷托等,他们成功的指挥保证了葡萄牙军队能够在上述地方够抵御住荷兰人的进攻,这些地方葡萄牙人在陆地上的战斗与他们在海上的表现形成鲜明的对比,而在南大西洋以及印度洋,荷兰人则建立了压倒性的优势。当然,在伯南布哥地区,信奉新教的荷兰移民的人数远远不足,使得他们不能给长期地抵抗当地占人口绝大多数的信奉天主教的人们在军事、社会以及宗教上的压力。在哈德逊河流域也是因为荷兰本国移民太少,才使得这片土地最后被移交给英国人管理。无论如何,在自然的条件和气候方面,荷兰人明显地不及葡萄牙人那样适应南美洲、非洲和南亚以及东南亚的环境,那里的情况与南部欧洲的葡萄牙更加相似。

二、经营殖民地的根基

除了或多或少的技术性的原因以外,荷兰人没有战胜葡萄牙人的原因就是后者已经长久地在这些殖民地深深地扎下根来,拥有深厚的基础。葡萄牙人不会因为海上的或者仅仅一两次陆地的军事战斗的失败就轻易地退出历史舞台,即便是经历一系列的失败如 1630 年至 1640 年在巴西东北部和 1641 年至 1648 年在安哥拉的失败,葡萄牙人也没有失去自己的殖民地。许多荷兰人也意识到这一点,如巴达维亚的总督迪曼以及在锡兰的荷兰军中服役的荷兰军人科普罗尔·约翰·萨(Corporal Johann Saar)都持有相同的观点。1642 年,迪曼在给阿姆斯特丹的上司写报告的时候指出:"大部分的葡萄牙人将印度(实际上就是指亚洲)当成了自己的祖国。他们已经不再思念葡萄牙。他们很少挪动,也不再回到那里(葡萄牙)从事贸易活动,而是满足于他们自己的在亚洲的通商口岸,他们就像是本地人而不是别的国家的人一样。" 20 年以后,在锡兰的萨也写道:"一旦他们(葡萄牙人)到了哪里,这就意味着他们在哪里安家落户,度过余生,他们不想再回到葡萄牙了。但是,当荷兰人来到亚洲以后,他就在想'只要我的六年服役期一到,我就要回欧洲了'。"在巴西的开明的荷兰总督莫里斯伯爵不断地提醒海牙和阿姆斯特丹的上司要尽快地将荷兰人、日耳曼人、斯堪的纳维亚的殖民者派往巴西以取代或者说与葡萄牙和巴西的当地居民混合居住在一起。在他看来,巴西当地的居民总是心向着葡萄牙人,总有一天,机会一到他们就要造反。这样的事情果然在 1645 年 6 月发生了。著名的法国胡格诺派信徒、旅行家简·巴蒂斯塔·塔维尼(Jean-Baptiste Tavernier,1605—1689)曾经写道:"葡萄牙人不论到哪里,总是比在他们以后来的人将当地建设得更好。相反,荷兰人总是在他们涉足的地方破坏一切。"博克塞认为塔维尼的看法可能带有一些对于荷兰人的偏见,但是这种说法离真实的情况也不远。在锡兰与葡萄牙人打仗的荷兰军官萨指出:在荷兰人攻下科钦、科伦坡以及其他已经建设得很好的葡萄牙人居留地以后,他们就立即拆毁许多房子、城墙和要塞,只留下三分之一的建筑物和空地供自己使用。荷兰人在攻占摩鹿加群岛的一些地方以后,大规模砍伐原住民以及葡萄牙人已经普遍种植的丁香树,以免影响他们自己对于丁香生产的垄断。相比之下,葡萄牙人从来没有做过这样的事情。尽管葡萄牙人强调他们是印度洋的"征服者、航海和通商的主人",并以残酷的方式对待印度人,但是一位荷兰人在1618年在苏拉特写道,印度人认为自己"还是比较喜欢与葡萄牙人相处,胜于与其他欧洲基督教国家的人"。43年以后,另一位葡萄牙人发现在今天印度泰米尔邦境内的杜蒂戈林沿海地区的渔夫更喜欢与葡萄牙人而不是荷兰人相处。许多在亚洲生活过的荷兰人都有类似的经历和看法。皮特·凡·丹姆(Pieter van Dam)曾经为荷兰东印度公司的领袖们编撰一部资料翔实的百科全书,他也曾经说,尽管葡萄牙人在历史上恶劣地对待过印度人,"俘获他们的船只并放火烧掉它们;破坏并且劫掠他们的港口;用暴力逼迫他们的俘虏成为基督徒;对于他们海上运输的货物课以重税;以及在他们的土地上自高自大,不可一世",然而,印度人还是愿意与葡萄牙人而不是其他任何欧洲国家的人共处。个中的原因有多种解释,有待于更加深入的研究。

与上述原因相关的荷兰人难以彻底取代葡萄牙人的另一个原因就是葡萄牙语很早就在印度尼西亚群岛上流行并且扎根,荷兰人即便在当地取得了统治地位以后仍然难以根除葡萄牙语的影响,相反,荷兰人还不得不使用葡萄牙语与当地居民以及太平洋和印度洋贸易圈内别的地方的居民保持联系和交往。葡萄牙舰长安东尼奥·加尔旺(António Galvão)在1536年成功地攻占了蒂多雷岛以后,一再提到当地的酋长们会讲葡萄牙语以及卡斯蒂尔语。1589年,葡萄牙的沉船"圣多美号"上的幸存者来到今天莫桑比克的伊尼亚卡(Inhaca)酋长领地,他们惊异地发现当地有人能够流利地讲葡萄牙语。当20年以后,荷兰人来到东方以后,他们不得不以葡萄牙语与当地的统治者沟通。1602年,荷兰的舰长斯比贝根(Joris van Spilbergen)在锡兰的拜蒂克洛(Batticaloa)看到原住民带着会讲葡萄牙语的译员来到他们的船舰上。甚至在一些荷兰人占领的先前由葡萄牙人占领的殖民地,葡萄牙语也能够抵御荷兰人强迫推行的在当地使用荷兰语的政策而顽强地生存下来。例如,在锡兰中部的坎提王国,那里的土王辛那二世(Raja Sina II, 1629—1687)尽管与荷兰人联盟抵抗葡萄牙人,但他仍然拒绝说、写荷兰语,而是坚持说、写葡萄牙语。在望加锡,当地的一些穆斯林统治者也会讲葡萄牙语,其中有一位土王居然能够阅读居住在葡萄牙的西班牙虔诚的多明我会士路易斯·德·格拉纳达(Fray Luís Granada, 1500—1588)的原著。1645年,荷兰驻摩鹿加群岛的总督迪曼在其给本国的报告中写道,对于安汶岛的当地居民来说,葡萄牙语,甚至是英语,都是比荷兰语更加容易学习的语言。使人感到惊异的是,在荷兰东方殖民地的首府巴达维亚,葡萄牙语也胜过了荷兰语,成为当地居民与外来人通商贸易以及社会交往的通用语言。其实,葡萄牙人除了战俘以及偶尔到访的旅行者以外,很少有人涉足这个地方,是来自孟加拉湾的本地的奴隶以及家仆将葡萄牙语带到了这个地方,后来在当地生活的土生土长的荷兰人也跟着他们讲起了葡萄牙语,虽然荷兰殖民当局屡加禁止,但是不能根除这种现象。在巴达维亚及其周围地区,荷兰人非常惊讶地发现,葡萄牙语是当地的奴隶、水手、手艺人以及与他们通婚或者同居的妇女唯一能够讲的语言。当时,那些在亚洲与荷兰人结婚或是同居的大多是以前葡萄牙人与原住民结婚所生的女孩,她们都是讲葡萄牙语的。甚至许多并不是在葡—印文化背景之下成长的人也讲葡萄牙语。还有不少双亲都是荷兰人的妇女,也把葡萄牙语与当地语言混合以后形成的"克里奥语"作为自己主要的交际语言。1659年,荷兰驻巴达维亚总督马特索尔科向巴达维亚评议会的评议员指出:"葡萄牙语是一种容易说和容易学的语言。这就是我们不能禁止那些从若开地区(Arakan,在今缅甸)来到这里的以前从来不说一句葡萄牙语的奴隶将葡语当成自己语言,并且优先使用葡语而不是其他别的语言作为主要的沟通工具的原因(即使我们自己的孩子也是这样)。"17—18世纪来到巴达维亚的外国旅行者所谓的"佛朗机语"都是葡语而非荷兰语。一位生活在18世纪长期在东方旅行的苏格兰加尔文派教徒汉密尔顿,对于葡萄牙人并没有好感,但是对于印度洋周边的形势却非常了解,他于1727年写道:"在亚洲各地的海岸线上,葡萄牙人留下了他们的语言痕迹,尽管许多地方的葡萄牙语已经走样了,但它还是大部分在亚洲的欧洲人首选的交流的语言,这是他们欧洲人之间交流的语言,也是他们与印度不同地区人民交流的语言。"在大西洋彼岸的巴西,荷兰人在那里的统治长达24年,但是巴西当地的人民仍然拒绝学习信奉"异端"新教的荷兰人的语言。只有两个词汇留在伯南布哥的当地语言中。荷兰人曾经送了几位巴西原住民部落酋长的儿子去荷兰接受教育,虽然他们学习到了一些新教的教义,然而不成气候。1656年,葡萄牙人和耶稣会士回到了当地,不费吹灰之力就去除了荷兰文化在美洲印第安人之中的影响。在非洲,从1641年至1648年,尽管大部分的班图族人站在荷兰人的一边,但是荷兰人的黑人奴隶、助手以及盟军仍然在使用葡萄牙语而拒绝学习荷兰语。甚至在好望角地区,葡萄牙语的影响仍然存在,并且对于非洲本地语言的发展不无影响。

不过,从总体上看,荷兰人战略上和实际上还是战胜了葡萄牙人,特别是在亚洲更是如此。当荷兰人来到东方的时候,葡萄牙人已经与当地的亚洲统治者交往很久,在一些地方已经产生尖锐的矛盾,荷兰人利用了这种矛盾取而代之,在日本和马六甲他们取得的成功就是明显的例子。

三、传教事业上的竞争与差异

由于新教各宗派如路德宗、加尔文派以及慈温利派等各主要派别在欧洲大陆本土已经存在着尖锐的分歧,所以他们较少在欧洲以外再寻求拓展自己宗派势力的可能性。同时,荷属东印度公司和西印度公司的领导人也不太可能将宗教信仰的传播作为公司发展的主要目标。不过,东印度以及西印度公司的领导层很快发现有两个与宗教信仰有关的亟须解决的问题。第一,公司需要为自己的雇员解决信仰上的需要,包括在漫长的海上航行中为士兵以及海员提供宗教信仰上的服务;同时,为了维持殖民地的秩序,也需要新教的神职人员维持公司雇员们在当地的宗教生活,这对于维持殖民地的社会平稳和道德、纪律是必不可少的。第二,公司还要应付罗马天主教会在世界各地的殖民地已经建立的教会体系所带来的挑战,他们更要应对殖民地原先就已经根深蒂固的印度教以及佛教等本土宗教的存在。在这两个层面上,公司有赖于新教牧师在这些区域推广其宗教信仰,这毕竟对于公司业务的展开是有利无弊的。

尽管荷兰东印度公司以及西印度公司的特许状中对于加尔文派牧师的活动范围并无明文规定,也没有规定这些牧师们有任何的义务去推广加尔文派改革宗教义,但是这两个公司的领导人很快就明白他们有义务和责任去支持加尔文派牧师的传教事业。在荷属东印度公司两个世纪的扩张事业中,公司的领导人以公司本身的资金资助了大约1 000名加尔文派的牧师以及数以千计的平信徒传教员和学校校长前往殖民地的传教区从事传教以及文化教育事业。"17绅士"还提供资金建造以及维持教堂和学校,还在亚洲设立了几所神学院(尽管它们的寿命都不长)。他们还提供资金印刷《圣经》以及其他基督教文学作品,这些宗教书籍都以荷兰文以及亚洲各地的方言印行,其发行的数量和范围也都不算太小。虽然荷兰东印度公司领导人在宗教热忱方面不能与罗马天主教会的人士相提并论,但与同时期的英国东印度公司的领导人相比,他们则远远超过了后者。

尽管"17绅士"大多有各自的加尔文派的宗教信仰的背景,在国内也受到加尔文教会的压力,要他们支持加尔文教会在海外传播"真正的改革宗基督教信仰",但是他们仍然坚持在海外的教会人士要服从公司的领导。他们坚持,去海外的传教士待在什么地方以及待多久都要听从巴达维亚总督以及各殖民地长官的指示,而不是服从教会评议会的命令。东印度公司阿姆斯特丹总部命令巴达维亚的总督以及评议会要阅读和检查所有的传教士以及东方的教会评议会寄给尼德兰加尔文教会当局的信件。"17绅士"也要求东印度公司的平信徒官员要列席教会评议会的会议,参与这些机构所做的决定并敦促他们与公司官员合作。当时,传教士以及由平信徒充当的传教员的工资都是由公司而非教会支付的,在公司的主管领导层看来,传教士与拿薪水的职员是一样的,传教士应当首先执行公司领导层的决议。最后,尽管"17绅士"承认传教事业必须有合格的传教士支撑,他们还是关闭了1622年成立于莱顿的传教士训练学校(印度神学院,Seminariaum Indicum),该学院成立以及运作的时间只有10年之久。他们也拒绝了尼德兰宗教会议关于重新开设这所神学院以及设立新的神学院的建议,理由是经费短缺以及没有足够的传教士响应圣召。但是真正的原因很可能是因为"17绅士"担心一旦建立神学院,传教士们将会服从于自己的长上而非公司的董事。在此情况之下东印度公司很难找到合适的传教士前往东方从事传教事业,也很难保证他们在艰苦的条件之下长久地坚持工作。在西印度公司管辖范围内的传教士也是处于同样的情况。

尽管如此,荷兰人在海外的传教事业还是有一些进展的。在荷兰殖民者侵占中国台湾地区期间,有一些加尔文派的牧师曾经进入当地进行传教。派驻台湾的荷兰加尔文派牧师是由巴达维亚宗教事务院派来的,从东印度公司领取薪金。按照教会的规定,牧师接受按手礼以后就可以就职,有权分发圣餐以及施行洗礼,并从事传教活动。为了辅助牧师的传教活动,另外派有教师、候补牧师以及传教员等人,这些人没有接受按手礼,无权执行圣事典礼。所有的牧师都要根据自己的能力负担一些世俗的事务。在殖民地进行传教活动,最基本的任务就是要学习当地的语言。这些牧师初到当地以后,所做的仅仅是在热兰遮城或者是赤坎城为荷兰的官员以及士兵主持礼拜,等于是"军中牧师"。在学习当地的语言有所进步以后,就被分派到各地从事传教,成为名副其实的传教士。每一名牧师不能只在当地传教,需要到各地巡查,从北方一直到淡水以及基隆等地,南部的传教区更加广大,身体不健康的传教士往往不太愿意去南部地区。为了让当地的居民了解基督教的教义,他们有时还要充当学校教师的角色。由于传教士的薪俸是公司支付的,公司也就要利用传教士安抚当地的居民,因为他们熟悉当地的语言;有时,公司还要利用他们来传达政令、经管税收、存放银钱、办理当地居民的狩猎执照以及替公司收购鹿皮、代为召集地方的会议。有些传教士的薪金比较高,可以与公司高级职员相匹敌,但是学校教师的薪水就低得多。第一位来中国台湾地区传教的是甘治士(Georgius Canidius),他受命于巴达维亚宗务院,于1627年5月首度来台湾,1631年离开,以后又于1633年至1637年在台湾传教。尤罗伯(Robertus Junius),1629年至1641年以及1641年至1643年在中国台湾地区。林礼文(Joannes Lindeborn),1636年至1637年在台湾,等等。赖永详著有《明末荷兰驻台湾传教人员之阵容》一文(载《台湾风物》1966年6月),检视了当时荷兰人在中国台湾地区传教的情况。

当时荷兰在中国台湾地区的传教士,不仅利用罗马字拼音学习当地的语言,为了传教的需要也将罗马字推广于当地人中间。荷兰人最初接触当地的语言,就是大员(安平)、新港、麻豆一带人所讲的新港语,学者又称之为西拉雅语(Siraya or Sideia)。据说甘治士编有新港语词汇以及若干祈祷文的注释;尤罗伯又编有新港语以及放索语词汇,均已失传(荷兰乌特勒支大学图书馆藏有 Vocabularium Formosanum,为新港语词汇,有学者猜想可能是甘治士或者是尤罗伯所编的词汇表)。尤罗伯所编的教义书祈祷文仍然藏于加尔文派教会阿姆斯特丹大会档案馆(Archiefder Classis Amsterdam),而且零零散散刊行于各种书刊。尤罗伯也曾经选择了一些教义的入门书籍,在本国印行出来以后运载到中国台湾地区,分发到学校里应用。1646年,荷兰传教士范布链(Simon van Breen)以及哈约翰(Joannes Happartius)改编了这些教义书籍。1647年,另一位荷兰传教士倪但理(Daniel Gravius)又编辑了教义问答书。哈约翰还改译了主祷文、信经、十诫等。倪但理更是将荷兰本国所用的祈祷文译为当地语言,也修改了洗礼以及结婚的仪式。倪但理所编辑的新港语以及荷兰语对照的《信仰要目》于1662年印行。1939年,中国台湾地区根据莱顿大学所藏的这部书籍重新印行。倪但理也曾经翻译过《马太福音》以及《约翰福音》,均已失传。范布链还曾经编撰过台湾北部的法波兰语(Favorlang)词汇表,但已经失传。还有一位荷兰传教士范德烈(Jacobus Vertrecht)曾经编撰过《法波兰地区学校用教材》(Ten gebruikke der Schoolen vant Favorlangs' district),原稿藏于巴达维亚学会,于 1888 年以及 1896 年被重新刊行。荷兰传教士的这些文化工作留下了一定的影响。1715 年,当耶稣会士德·麦拉(De Mailla)到访中国台湾地区的时候,他发现当地的一些原住民仍然能够阅读荷兰文的书籍以及使用罗马化的词汇。这些词汇甚至直到 19 世纪下半叶还在被人们使用。

1605 年,当荷兰人取代葡萄牙人占领安汶岛的时候,他们发现耶稣会士已经在本岛以及临近的岛屿皈化了 1.6 万名原住民,尽管岛上大部分居民都是穆斯林,或者是信仰万物有灵的人。荷兰人在占领了该岛屿以后,一直防止天主教的传教士以公开或秘密的方式再回到这里。由于群龙无首,这些当地的罗马天主教徒逐渐地从信仰天主教改为信仰新教,不过这一过程十分缓慢,效果也不是很好。新教传教士在知识方面以及传教热忱方面似乎也略逊于天主教的传教士。在荷兰人取代葡萄牙人占领安汶岛以后的 150 年,有一名新教人士观察当地基督徒的信仰情况以后指出,当地的加尔文派牧师"普遍地冷漠以及缺乏热忱",在皈化安汶岛的岛民方面成效不彰。不过,博克塞认为这样的批评可能有点夸张,因为事实上荷属东印度公司统治安汶岛期间,加尔文派教徒的势力有了长足的发展,这个过程在 19 世纪的时候更加明显,以至于他们与该岛的穆斯林之间的裂痕加大了,发生了一些冲突。当 20 世纪印度尼西亚独立的时候,有几千名安汶岛的基督徒岛民甚至寻求到尼德兰避难。

照理说在荷兰征服锡兰以后,那里的新教徒的人数应该有很大的增加,但是事实并非如此。1658 年,荷兰人最终将葡萄牙人驱逐出锡兰,他们发现岛上有 25 万名原住民罗马天主教徒,大多数人都在贾夫纳的泰米尔王国,只有一小部分的"吃教者"皈依了加尔文派,大部分人都在葡萄牙天主教神父被驱逐出境以后仍然持守原有的天主教信仰。1687 年以后,来自果阿的印度本地籍祈祷会神父约瑟夫·瓦兹(Joseph Vaz)及其后继者来到锡兰以后,这些原有的本地籍的罗马天主教徒变得更为坚定,人数也有所增加。相比之下,荷兰新教传教士的人数比较少,博克塞指出在任何一段固定的时间里都没有超过 20 名加尔文派的牧师待在锡兰。在此期间,也有少数的传教士学习过当地的语言和文化,如菲律普斯·巴达乌思(Rev. Philippus Baldaeus)牧师学习了泰米尔语,约翰内斯·吕尔(Rev. Johannes Ruel)牧师学习了僧伽罗语。但是这种间断的和偶然的努力都没有在根基深厚的佛教以及印度教的信徒中产生过深刻的影响。公司的官员固然也愿意看到加尔文派的牧师去归化那些天主教徒(他们视这些天主教徒为葡萄牙人的"第五纵队"),但是他们不太愿意去打扰那些佛教徒以及印度教徒的礼拜仪式以及社会活动,他们害怕这些人数众多的本地信徒会攻击荷兰人的教会。为了在锡兰维持长期的传教活动,荷兰人在锡兰建立了两座神学院以培养本地的神职人员。第一所是建于 1690 年至 1723 年之间的位于贾夫纳帕塔姆(Jaffnapatam)附近的那努尔(Nallur)的神学院,这一地区的人民讲泰米尔语;第二所神学院则位于科伦坡,维持的时间要长达近一个世纪(从 1696 年至 1796 年),当中有过中断,这一地区的人民则讲僧伽罗语。这两所神学院专门培养本地的学校校长、传教员、译员以及为政府官员服务的神职人员。这两所神学院教授荷兰文、拉丁文、希腊文甚至希伯来文。在古斯塔夫(Baron Gustaaf van Imhoff)于 1736 年至 1740 年担任锡兰总督期间,他特别支持这两所神学院的教学活动。他后来还资助建立了巴达维亚神学院,不过它存在的时间很短(1745—1755)。在这些神学院中毕业的神学生许多人后来成为加尔文教会的牧师,其中有少数人后来去了荷兰通过进一步的深造拿到神学博士学位。其中,锡兰的两所神学院中培养的人才比较多,主要是传教员、乡村学校的校长以及在政府中服务的神职人员;很少有人成为加尔文教会以及当地的荷兰人团体的牧师,也很少有人去那些不信基督教的人民中从事归化的工作。皈依加尔文教派的僧伽罗人以及泰米尔人都是在荷属东印度公司中服务的本地人,他们的信仰根基不深。当后来英国人征服了由荷兰人统治达一个半世纪的锡兰地区以后,许多当地人都迅速而彻底地放弃了加尔文派的信仰。

　　荷属西印度公司统治下的从非洲西海岸至美洲大陆上的荷兰新教传教事务与东印度的情况大同小异。在新荷兰以及从 1630 年至 1654 年荷兰人统治下的巴西地区,加尔文派的牧师不仅要与信仰罗马天主教的葡萄牙人定居者以及天主教会的传教士展开竞争,还要与从欧洲移民过来的人数相当多的犹太人竞争。在累西腓,就像在巴达维亚一样,公司的高层官员对于制定反对罗马天主教徒以及犹太人的法律不感兴趣。在巴西,如上所述,在莫里斯伯爵统治期间,当局执行开明的宗教政策,对于加尔文教会牧师在地区宗教会议上屡次提出的反对罗马天主教徒以及犹太人的动议采取了冷淡以及搁置的态度。无论在南美洲或是亚洲,由于各地的荷兰行政官员以及东西印度公司上层的这种态度,加尔文派的牧师都无法与其宗教教派上的对手竞争。在巴西,还有一些荷兰定居者与当地的葡萄牙妇女结婚,婚后都皈依了妻子所信奉的罗马天主教。在 1641 年至 1648 年荷兰人短期占领罗安达以及本格拉期间,也发生过类似的情况。

荷兰加尔文教会的牧师倒是在未开化的美洲印第安人如图皮族以及食人的塔普亚族中间发展了一批自己的信徒。在这些原始部落中没有人与加尔文派牧师竞争,一些蛮族的青年被送往尼德兰接受教育。1614年,在恩克赫伊曾印行了一部图皮语的加尔文教理问答,加尔文教会想把这部书籍在巴西的印第安人中分发,不过并没有抄本留下来。曾经有传教士想把《圣经》翻译成图皮语,但是这个计划并没有付诸实施。有几位在荷兰接受教育的塔普亚族青年在回到自己的部落以后仍然回到了他们原有熟悉的原始状态,尽管他们对自己在欧洲的经历以及所学的东西保留着强烈的记忆。在荷兰人被驱逐出巴西以后,有一名葡萄牙耶稣会士来到了内陆的印第安人村庄,他们惊讶地发现"许多印第安居民是加尔文派以及路德派的教徒,就像生活在英格兰和德意志的新教徒一样"。著名的葡萄牙耶稣会士安东尼·维埃拉以及他的同伴们忙着要清除这些新教的"异教思想"残余影响的痕迹。

1624年至1664年荷兰的加尔文派教会在北美的新尼德兰也有所发展,呈现出与东印度以及西印度相似的一些特征。由于这里地广人稀,路途遥远,很难招募到加尔文派的牧师到当地服务。西印度公司的领导层"19绅士"要求在北美的加尔文派教会严格地服从民事当局的管辖。在新尼德兰地区,较少有罗马天主教会的传教士的活动,只有在讲法语的北美加拿大地区偶尔有耶稣会士出现在那里从事传教事业。加尔文教会的牧师必须花费更多的时间和精力与来自英格兰的国教会以外的新教传教士展开竞争。在1654年以后,还要与犹太人竞争。当然,他们也要从事归化印第安人的工作,不过他们向印第安人传教的效果总是不太好。皮特·斯特文森是殖民地最后一任总督,他本人是一名虔诚的加尔文派信徒,经常附和与支持加尔文教会的牧师,过度地压制其他新教教派的活动。但是公司的其他领导人则对此持不同的意见。1663年4月,他们向总督指出对于新教其他派别不应当采取如此严厉的态度,这样做对于殖民地的发展是不利的,会使得外来的移民减少并使得已经居住在当地的居民外流。他们认为殖民地当局应当容忍非加尔文派的信徒以自己的方式敬拜上帝,这样做并不会打扰加尔文教会的宗教活动。西印度公司的"19绅士"再三提醒各地的总督:在宗教信仰上持宽容的态度将有利于荷兰以及阿姆斯特丹的繁荣与发展,同样对于新尼德兰也是有益无害的。东印度公司的"17绅士"们以及历届阿姆斯特丹的市长们在许多场合都这样不断地申明他们的立场。

在西印度公司管辖下的非洲西海岸的一些地方,在 17 世纪早期的一些时候,有一些加尔文派的牧师被派到荷兰人占据的黄金海岸要塞以及商站等地去从事传教活动。他们既要照管从事黑奴和象牙贸易的荷兰商人的牧灵需要,又要归化所谓的"异教徒"——黑人。他们的努力没有取得太大的成果,只要可能,他们中的许多人就尽快地回到自己的祖国,因为他们难以忍受当地恶劣的生活条件以及炎热难当的气候。1645 年以后,就没有加尔文教会的牧师志愿来到非洲西海岸服务了。荷兰改革宗教派,偶尔派一到两名平信徒的诵经员来到荷兰人占据的三个主要的要塞即埃尔米纳、拿骚以及阿克辛姆城堡。他们在早上以及傍晚规定的时间里引领大家祈祷,每星期为当地的荷兰人诵读《圣经》经文以及布道两次。他们并不从事其他的传教活动。在非洲只有一个非常特别的例外:有一位完全是黑人血统的加尔文派牧师,他的名字叫雅各布斯(Jacobus Eliza Joannes Capitein),他的出身是一名黑人奴隶,1728 年他 11 岁的时候被人带到荷兰,然后他自然地就成为一名自由人。他的前主人和一些有影响的朋友支助他的教育费用,让他在莱顿大学接受神学教育。1742 年,他从莱顿大学毕业,以拉丁文写了一篇论文,论述从《圣经》看奴隶制度的合法性,这篇论文以拉丁文以及荷兰文印行了好几个版本,被奴隶制度以及奴隶贸易的辩护者广为引用。同年,他在被阿姆斯特丹教会当局安立为牧师以后被西印度公司的领导层送回米纳要塞。开始时,他能够与荷兰人与当地人保持良好的关系,但是后来就遇到了困难。雅各布斯写报告指出很少有欧洲人参加教理问答班,大部分的欧洲人都是罗马天主教徒和路德宗信徒,荷兰的加尔文派信徒只对日常的生意感兴趣。他的这番描述有助于解释荷兰加尔文派教会在别的热带地区为什么同样面临失败。他为黑人以及混血儿开办了一所学校,将祈祷经文以及"十诫"翻译成当地的语言文字。一些当地的欧洲人对他有种族偏见,不过荷兰在当地的总督支持他,他还与一位来自乌特勒支的荷兰姑娘结婚成家。但是后来又陷于与一位没有受洗的非洲女孩的丑闻当中。由于他在归化黑人以及白人的传教工作上长期没有收获,最后他放弃了传教士的工作去经商。不过他的经商事业也不成功,最后死于 1747 年 1 月。

博克塞曾经将欧洲以外地区的荷兰人的新教传教事业与伊比利亚人的天主教传教事业做过比较,他认为天主教的传教事业在下列几个方面超过了新教:第一,天主教早于新教在非洲、美洲以及亚洲的许多海外地区建立了稳固的教会,已经在信众中奠定了比较深厚的基础。第二,天主教会的礼仪多姿多彩、教堂建筑和雕刻绘画华丽动人,远比新教严肃单调的布道以及墙壁刷得雪白、内部空空如也的教堂能够吸引更多的亚洲民众。从外表的宗教礼敬来看,天主教与亚洲传统的宗教如印度教和佛教也有某种相似之处,如使用圣像、念珠以及崇拜圣徒等,所以当亚洲各地的人们初次接触天主教的时候,他们对于天主教的敬拜方式并不陌生。这三种不同的宗教对于神秘事物的理解以及敬拜的方式有着共通的地方,相比之下,加尔文派的牧师不能够也不愿意向信徒传授这样的宗教礼仪。荷兰加尔文派的牧师只能够在罗马天主教会传教士发展的原有的天主教信徒中从事归化工作,他们没有大量地在印度教、佛教信徒中从事归化工作,也没有能力以及知识这样做。第三,天主教会的传教士人数众多,又来自不同的国家,可谓源源不断,可是在亚洲的荷兰的新教牧师却是寥寥无几。1647年,从锡兰、科罗曼德尔至摩鹿加群岛的广大群岛只有28名荷兰加尔文派的牧师;在巴达维亚,1670年有2万人口,1678年有1.6万人口,1669年的时候只有6名加尔文派牧师,1680年有8名,1725年有27名(其中还有一部分在别的港口等待),1749年只有12名牧师,到了18世纪末叶的时候,那里只有2名加尔文教派的牧师了。这个数字与葡萄牙、西班牙、法国、意大利等国籍的天主教在亚洲的传教士人数相比就几乎没有什么意义了。18世纪的时候,在锡兰的天主教会传教士的人数则更多,尽管当时在锡兰的荷兰人的殖民地里有天主教会传教士的活动是属于非法的。更有甚者,荷兰加尔文教会的牧师是结婚的,因此他们经常在不同的工作岗位上调动,而罗马天主教会的教士是独身的,他们在许多年当中总是待在一个地方,有时会一辈子待在一个地方传教终身。葡萄牙耶稣会士在亚洲的高级教士安东尼奥·卡丁(Antonió Cardim)于1652年在马六甲被俘虏,他质问当地的荷兰加尔文教会的牧师,为什么荷兰人能够容忍其他宗教的庙宇,但是却不能容忍天主教会的活动。那位牧师很坦率地回答,如果允许天主教会的活动,他的"羊群"就会跑到天主教会里面去了。

在整个荷兰东印度公司在亚洲活跃的时期,荷兰加尔文教会的牧师一直难以与天主教的传教士竞争,笼络住自己的"羊群"。在巴达维亚、马六甲、科罗曼德尔、锡兰以及马拉巴的欧亚混血儿社团中,人们只要有机会,就会冒险脱离加尔文教会,去往天主教会参加弥撒。博克塞指出葡萄牙人与荷兰人相比,即便在一些他们的政治权力运用不受约束的地方常常采取一种强制性的而不是劝导性的方法推广他们的宗教信仰,他们也能够让罗马天主教在许多地方扎下深厚的根基。荷兰东印度公司的总督迪曼并不是一个非常热忱的加尔文派教义的信徒,但是他在 1631 年写信给"17 绅士"的时候指出,在宗教传播领域伊比利亚的传教士"太强过我们了,他们笃信教宗制度的神父,表现出远超过我们的布道家和读经信徒的热忱和精力"。他当时说的是中国台湾地区的传教情形,那还是荷兰加尔文派教会在远东传教事业上比较活跃的地方。还有一位荷兰人在 17 世纪末年写道,葡萄牙人之所以能够在小巽他群岛等地保持住他们风雨飘摇的地位主要就是由于"大多数的本地人站在葡萄牙神职人员的一边,因此远远地优胜于我们,由此他们能够收获到完全的益处。在锡兰和南印度,人们在天主教信仰的激励之下有力地抵抗荷兰人的统治。一名苏格兰加尔文派教徒亚历山大·汉密尔顿(Alexander Hamilton)抱怨说在赞比西亚以及莫桑比克沿海地区的当地人除了葡萄牙人以外,他们不愿意与任何人贸易,在沿海住着一些葡萄牙神父,他们恐吓那些愚笨的原住民,并从他们那里得到象牙和黄金。在北京宫廷里的耶稣会士也极力阻挠与挫败荷兰人试图与中国建立官方性质的贸易的努力,尽管全体广东与福建的地方官吏在 1644 年清军入关以后支持与荷兰'红毛夷'通商"。博克塞指出:"在整个 17 和 18 世纪,加尔文主义在热带地区的居民中很少甚至没有留下很深的印象。与任何活跃的宗教信仰,如印度尼西亚群岛的伊斯兰教、印度的印度教、锡兰的佛教或是由葡萄牙人在一些地方播下的罗马天主教相比,加尔文主义如果没有国家的力量作为后盾予以支持,就不会产生持久的影响。"

  但是,事物的发展往往展现出另外一个方面。天主教传教事业的成功并不总是给葡萄牙人带来有利的形势,反而给荷兰人在东方的贸易渗透造成新的机会。正是由于担心日本的天主教徒成为国内的"第五纵队",1639 年德川幕府关闭了与葡萄牙人长达近一个世纪的通商关系,闭关锁国。相反,正是因为荷兰人在传教方面表现出的冷淡,日本人才愿意与之贸易,并且长期以来一直维持了与荷兰人的特殊关系。在 17 世纪的早期,英国人与荷兰人一再告诉日本人,葡萄牙人将利用天主教的传播来扩大自己的势力与影响,挑动九州地方信奉天主教的大名反对幕府中央政权,激发了日本幕府官员内在的恐惧与担忧。虽然幕府和长崎奉行越来越倾向将葡萄牙人一劳永逸地驱逐出日本,但是他们又贪图与葡萄牙人通商带来的商业利润,他们看到运来的大宗的丝绸的价值高于荷兰人和中国人带来的,也高于一些仍然被允许去印度支那的"朱印船"带来的,所以幕府迟迟没有跨出最后的一步。在 1635 年的时候,长崎的奉行派出一些间谍和探子到长崎的葡萄牙商人团体中去打探葡萄牙人的真实的想法。这些探子与长崎主要的一些葡萄牙商人私下谈话以后得知:长崎的地方当局想让这些商人剃去头发和胡子,并穿上日本人的衣服,这些举动使得葡萄牙人感到非常惊讶、困惑和沮丧,但是最后他们回答说,为了维持与日本的贸易,他们可以屈从;不过,当这些探子进一步问到如果将来日本人要求他们在天主教信仰和与日本人贸易之间作出选择时他们将如何处置。这些葡萄牙人则异口同声地回答,他们宁愿放弃的是贸易而不是宗教信仰。葡萄牙人在天主教信仰上的坚定或者说固执使得幕府更感到担心。羽田正教授指出,对于天主教传播与扩张的担忧并非日本一个国家,东亚的大部分国家都是这样。他指出日本的当权者认为天主教是危险的宗教,有几大原因:"比如,世俗权力优于宗教权力的'王法为本'的基本态度;天主教的教义与当时'神国'思想建立的日本社会秩序完全不相容的问题;高达人口3%的日本天主教徒,做出狂热的反社会的举动;在荷兰人与英国人的提醒之下为政者得知天主教的传教与葡萄牙及西班牙的领土扩张野心之间的关联性,等等。此外,也有研究指出,天主教徒以外的一般民众,大多可以信奉可以称为'日本宗'的共同宗教信仰,天主教信仰与他们所重视的'天道'不相容,因此一般人多数都支持为政者的禁教方针。在种种因素之下,统一政权最后走向驱逐传教士、禁止天主教之路。不过有趣的是,禁止天主教的不只是日本的政权。尽管禁教的因素各有不同,继明帝国以后的清帝国、朝鲜甚至越南也都采取了同样的政策。禁止天主教是17和18世纪东亚海域周边各国的共通行动。因为支撑这个地区政权的理念与社会秩序,与天主教的教义以及把传教当成前提的世界观之间,存在着无法相容的深刻差异。因此对于东亚海域的政权而言,天主教教士的存在,意味着重大的威胁。"羽田正还指出,相比之下,耶稣会以及其他天主教修会也在印度洋海域上的岛屿以及周边国家和地区从事传教活动,在莫卧儿帝国以及法萨维帝国境内的天主教传教士的人数,超过了在东亚海域的人数。他们基本上行动自由,没有受到各地政权太多的干扰与规范。在这一点上,印度洋海域与东亚海域之间有着极大的差距。同样地,在更为遥远的信奉罗马天主教的刚果国王和本地神职人员,一边毫不犹豫地拒绝荷兰加尔文派牧师宣传新教教义,另一方面却对于荷兰人获得胜利的消息和报道欢欣鼓舞。在1641年至1648年,他们甚至在教堂里为信奉新教的荷兰军队在安哥拉击败信奉天主教的葡萄牙人举行宗教感恩圣事。一位果阿的天主教本地神职人员印度人克里索波利斯(Chrysopolis)名衔主教卡斯特罗(Dom Matheus de Castro),出于对信奉同一宗教的葡萄牙人的极端憎恨,在1644年至1654年的十年间,一直煽动信奉加尔文派的荷兰东印度公司以及穆斯林比贾普苏丹派兵进攻果阿。

正是在来自荷兰人的各个方面的猛烈攻击之下,葡萄牙东方帝国终于衰落了。在16世纪的时候,葡萄牙在非洲西海岸以及印度洋周边地区有50个要塞或者是筑有要塞的商站,到1666年只剩下9个:其中3个在非洲;远东只剩下了中国澳门地区;印度只保留了果阿、第乌、巴辛、达曼和曹尔。葡萄牙人不能维持他们的海洋帝国在东方沿海线上的链条,其原因之一还在于战线过于漫长。当时就有葡萄牙人说:"从好望角到日本,我们不愿意放弃任何地方,冀望将每个地方都置于我们的控制之下。我们焦虑地想抓住从索法拉到日本的巨大和漫长的战线上的任何东西。"结果是,在荷兰人不断的进攻之下,葡萄牙东方帝国的殖民地的链条终于不可避免地散架和瓦解了,只有少数几个大的滨海要塞城市得以相对孤立地保留了下来。

第十章
荷兰共和国"黄金时代"的文化

一、本国以及殖民地的教育事业

荷兰海洋扩张时期本国教育事业的基础是乡村学校。这些乡村学校都与加尔文教会有着密切的关系,校长往往就是乡村教堂的牧师或者是教堂聚会祈祷时的领诵人。学校教育就是教授学生学习如何阅读、简单的数学知识以及《圣经》课。在乡村或者更多的城市里,还有一些私人小学,那里经常开设法语的课程和教授如何拼写。加尔文教会以及市政厅当局非常关注这些学校的教学,所有的教师都必须是合格的和正统的"真正的归正宗基督徒",否则就不允许开办学校。

除了这些由市政厅、教会以及私人开办的小学,还有拉丁文学校。几乎所有的联省共和国的城镇都至少有一所这样的学校。这些学校原来都是罗马天主教会开办的,在早期尼德兰反抗西班牙的战争中被充公,然后由市政厅当局或者加尔文教会接管,以教会以外的资金继续办下去。顾名思义,这些学校主要教授拉丁文以及希腊和罗马的古典知识。学校不接收女孩子,男孩在9岁或者10岁入学,到16岁或者17岁毕业。1625年,荷兰各省颁布了一个法令,对于这类学校的组织以及课程都做了规定:在最初的三年时间里,每星期必须教授20—30小时的拉丁文;在后三年里,每星期则教授10—18个小时。高年级则开设希腊文、修辞学以及逻辑学。但是宗教教育在这些学校里不像1588年至1625年开设的那些学校中占据重要的地位,在总的教学课时中约有6%的时间用来教授《海德堡教理问答》(*Heidelberg catechism*)以及《圣经》历史。在1619年以后,所有新任命的教师都必须签字接受多德宗教会议的决议。在一些拉丁文学校也有规定,如果父母不是荷兰归正教会的信徒，他们的男孩可以不接受学校的宗教教育。在许多小学中，也执行这样的宗教宽容政策。有一位名叫高德菲里德·乌德曼斯（Rev. Godfried Udemans）的牧师宣称，在一些私人学校中，有某些校长对罗马天主教的教义抱有好感，还有一些学生的家长不是加尔文派的教徒，他们忽略正统的归正宗信条。学校教育的课时也没有统一明确的规定，大部分学生都回家吃中饭，早上的课程从7点或8点开始，至中午11点或者12点结束；下午的课程从1点至4点，或者2点至5点结束。

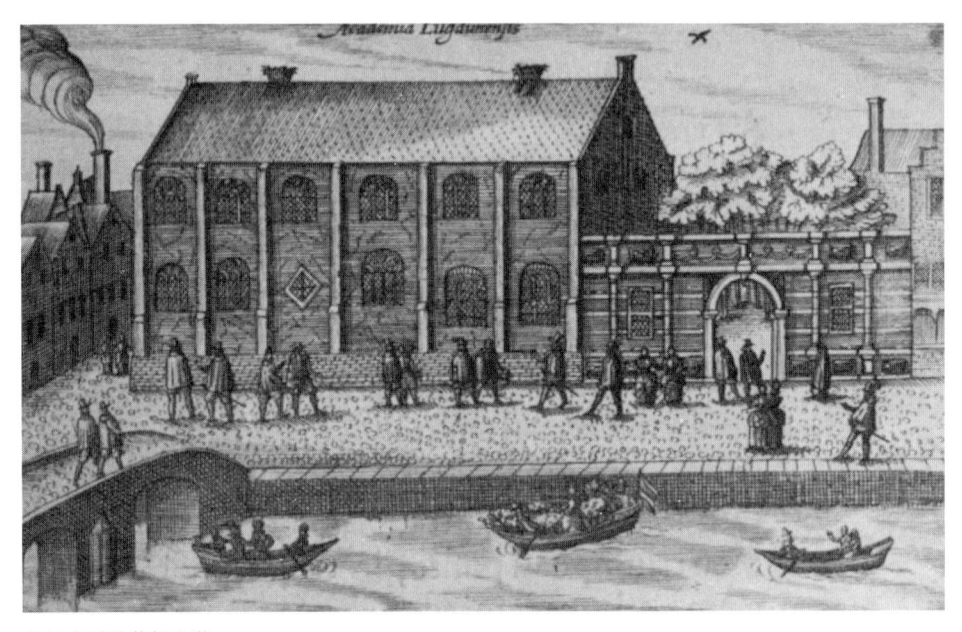

1614年时的莱顿大学

在17世纪的时候，拉丁文学校的平均水平要比小学高。当时有人夸张地写道："那些连自己的名字都不大会写，或者只能走调地唱一首赞美诗的人，立即就成为学校的老师，还以为自己是大师。"小学教师的工资是很低的，特别在乡村地区更是如此。从1630年至1750年，他们的平均工资只有150弗罗林一年，不过政府为他们提供免费的住房。有时学生家长提供的费用会使得他们的工资有所提高，当地教会的参议会对于这笔费用有明确具体的规定。由于收入很低，许多教师要兼别的工作。他们有时会去当兵，也会做理发师、鞋匠、装订书籍的工人，教堂里看门、敲钟、挖掘坟墓的司事等，以补贴生活的收入。有一位葡萄牙的外交官员在荷兰遇见一些鞋匠居然会说法语和拉丁语，由此留下了很深的印象。

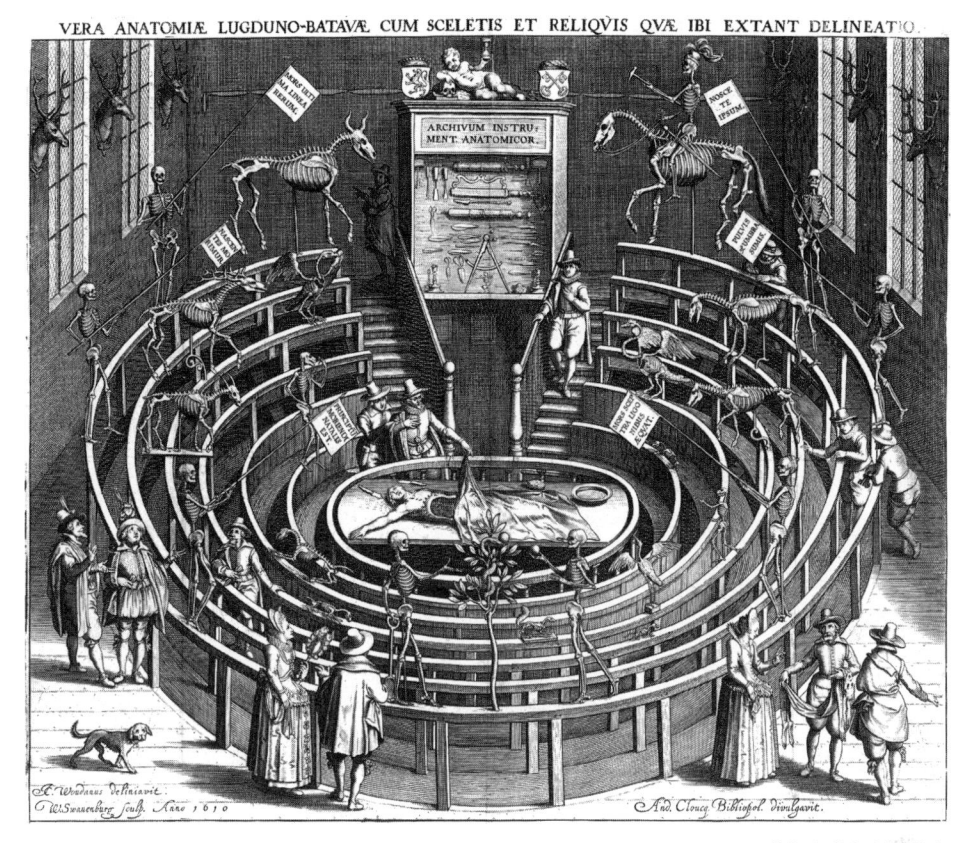

莱顿大学解剖课教室

荷兰共和国的高等教育是相当出色的,最重要的是在五个省建立的大学,它们就是 1575 年建立的莱顿大学(Leiden University)、1585 年建立的弗拉纳克大学(Franeker University)、1648 年建立的哈尔德韦克大学(Harderwijk University)、1614 年建立的格罗宁根大学(Groningen University)以及 1636 年建立的乌特勒支大学(Utrecht University)。其中莱顿大学以及乌特勒支大学是最著名的和最重要的。除此以外,还有一些被称为"杰出的学校",它们实际上已经达到了大学的水平。最著名的"杰出学校"就是 1632 年建于阿姆斯特丹的"雅典学园"(Athenaeum)。它是由荷兰的阿明尼乌派成员及其同情者建立的,也是后来的阿姆斯特丹大学(the University of Amsterdam)的前身。官方办的大学以及"杰出学校"之间的区别就是前者设有四个传统的科目(四艺):书写与科学、法律、医学和神学,而后者仅仅限于前三个科目,并且不能授予博士学位。后者为那些不愿意离开自己生活的城镇的,年龄在16—20岁的年轻人,提供了学习大学的机会。在17世纪的荷兰,"杰出学校"的标准是相当高的,但是在18世纪就逐渐地衰落了。

在五个省立的大学中,莱顿大学不仅是最古老的、最优秀的和最著名的,而且与荷兰的海外扩张事业有着密切的联系。它是由荷兰的建国先驱者奥伦治亲王"沉默者"威廉亲自并且刻意创建的,其知识训练的目标就是为这个新的国家以及新的属于"公众"的教会,培养行政官吏、教会人士以及新的国家各类机构的专业人士。这个新的大学还必须是反抗西班牙"暴政"以及宗教迫害的堡垒。荷兰各地的市长以及各省的省长的代表往往担任大学的校监或是学监,他们中许多人信奉国家至上的观念,一定程度上限制了加尔文教派的牧师和神学家在学校中过度热忱地教授加尔文派教义,而这正是大学创办者的初衷。该大学中设立了一个工程学院、一座植物园、一座天文台以及一家非常卓越的大学出版社。同时,大学也比较重视中世纪以来传统的科目如神学、哲学、法律以及医学。拉丁文是教学的通用语言,尽管在工程学院中并不使用拉丁语。大学给予教授的工资待遇也比较高,这样就吸引了荷兰各省以及欧洲其他地方的学者来到这个大学从事教学活动。同时这些有名望的教授也吸引了荷兰各省以及欧洲各地的优秀学生来到这里如饥似渴地学习。其中既有罗马天主教信徒,也有新教的信徒,当然,信奉新教的学生占了绝对的优势。在最初的25年时间里,共有2 725名学生在莱顿大学登记注册,其中41%是从荷兰以外的地方来到这里的。从1601年至1625年,外国学生登记注册超过了43%;从1626年至1650年,在11 076名学生中有52%的学生来自外国。虽然后来大学声誉有所降低,外国学生的人数也有所减少,威廉·卡尔在1688年写道,还是有约80名学生"来自世界各地,如匈牙利、波兰、日耳曼、奥斯曼帝国、苏格兰和爱尔兰等地"。英国的大使曾经询问大学的一名校监,为什么莱顿大学不仿效英国剑桥等著名高校,在莱顿大学建立可以让学生居住的学院。这位校监回答说,如果那样的话,一些市长和法官就会让自己朋友的儿子住进来,可能他们不会像英国学生那样用功读书,而去过着悠闲的生活。但是这样的看法也可能并不全面,因为大部分的教授无论在开设公共课以及私下对于学生的指导方面还是非常认真严肃的。

在莱顿大学,《圣经》研究对荷兰的东方学研究的促进作用比在任何别的地方都更大。有一位出生在法国并在莱顿大学从事研究的学者约瑟夫·尤斯图斯·斯卡利杰(Joseph Justus Scaliger, 1540—1609),他被誉为"近代最伟大的学者"。他出生于法国的阿让(Agen),12岁的时候就与另外几个兄弟前往波尔多求学,但是当地发生瘟疫,被迫返回。回家以后一直跟随父亲学习拉丁语。在父亲去世以后,他去巴黎大学求学达四年之久,继续学习希腊语。当他发现那里的教师不如人意以后,决定自学希腊的文学、史学以及诗歌,还涉猎希伯来语以及阿拉伯语。以后,他又去了罗马、英格兰以及苏格兰,结识了当时的一些学者。在旅行的过程中他改信了新教。1570年,他到了瓦伦斯学习法理学达数年之久。圣巴托洛梅乌大屠杀发生的时候,他正陪同瓦伦斯的主教出访波兰,

斯卡利杰肖像

在得知消息以后他与另外几名胡格诺派的教徒退隐到日内瓦,成为一名学院的教授,为学生讲授亚里士多德以及西塞罗的作品。由于他不喜欢讲课,又回到了法国。他编撰罗马诗人以及占星家马尼利乌斯(Macus Manilius)的著作(1579),还于1583年出版了《论年代学的改进》(*De Emendatione Temporum*),对于古典时代的年代学提出了一些革命性的见解,其涉及的历史研究范围不仅包括希腊和罗马,还包括古代波斯、巴比伦、埃及以及古代的犹太人生活的地区,其间还包含批判性的陈述。最后,他选择来到荷兰,从1593年至1609年去世为止,一直担任莱顿大学的"非讲课教授",他以后再也没有再回到法国。斯卡利杰不太喜欢荷兰的生活方式,如天气寒冷、食物、烈酒以及昂贵的房屋租金,但是他喜欢荷兰的城市、大学以及学术自由。他将自己的书房放在运河边上的一栋房子里,面向运河的风景,倍感惬意。

斯卡利杰研究早期基督教会的历史和文献,特别强调要去迦勒底、阿拉伯以及近东地区的实地去寻找早期教会的基本资料,他将当地的史料与《圣经》的记载进行了比对研究。他的研究工作适应了当时新教提倡的回到《圣经》原来的话语以及回归本源对于初早期教会历史加以研究的立场,为加尔文派的神学家与罗马天主教教会展开争论提供理论的依据。斯卡利杰作品的影响在其巅峰时代可能还超过伊拉斯莫,他在莱顿的研究事业提升了这个

大学的东方学研究的地位长达一个世纪之久,虽然他不从事大班级的教学,只是给很少的杰出学生授课。他建立了一种新的研究古典学以及近东文献学的标准。他强调对于古代语言必须具备广博的知识。在当时,他被认为是最伟大的《圣经·新约》研究的专家。他还致力于出版古典时代作家和诗人如卡图卢斯(Gaius Catullus,约前 84—约前 54)、提布鲁斯(Albius Tibullus,约前 55—前 19)、普罗佩提乌斯(Sextus Propertius,约前 50/45—约前 15)等人的作品。他除了精通拉丁文和希腊文以外,对于与《圣经》研究的其他相关古代文字语言如希伯来语、叙利亚语、阿拉伯语、科普特语以及埃塞俄比亚语均有深入的了解。1614 年,他出版了在莱顿撰写的《年代学宝典》(*Thesaurus Temporum*)的重要著作,建立了关于古代编年历史学的总体的框架。

斯卡利杰还有广泛的社会联系,也喜欢与青年人交谈,分享自己的见解。通过这些学生,他在荷兰共和国以及其他的地方都发挥了很大的影响。他的学生中有一位名叫格老提乌斯(Grotius)的人,他于 1594 年来到莱顿,当时他才 11 岁,已经被人们视为神童。他的其他学生还有佩特鲁斯·斯卡里维利乌斯(Petrus Scriverius, 1580—1655)以及丹尼尔·海因希乌斯(Daniel Heinsius, 1580—1655),后者于 1598 年来到莱顿大学,成为斯卡利杰最重要的门徒。1605 年,海因希乌斯才 25 岁,已经成为莱顿大学希腊文的教授。他追随老师的足迹,出版了一系列经过修订的拉丁文作家如贺拉斯以及亚里士多德的部分著作。在近东研究方面,斯卡利杰的主要学生托马斯·埃蓬尼乌斯(Thomas Erpenius, 1584—1655)于 1613 年被任命为莱顿大学东方学教授。同年他出版的《阿拉伯语法》(*Grammatica Arabica*, 1613)在以后的两个世纪里是欧洲研究阿拉伯文化与历史的必备参考书,并于 1777 年被翻译为德语。他还将《圣经·新约》翻译成为阿拉伯语并于 1616 年出版。他也吸引了许多的学生,使得莱顿大学在研究近东的历史与文化方面一直保持了领先的地位。他在 1624 年患疫病去世。他的明星学生雅各布·高利乌斯(Jacobus Golius, 1596—1667)继续斯卡利杰和埃蓬尼乌斯的事业,他于 1622 年至 1625 年前往北非、叙利亚、君士坦丁堡旅行、研究,收集了 300 多份中世纪阿拉伯、波斯以及土耳其的手稿,成为莱顿大学近东研究收藏的基础。他还促进莱顿大学实用天文学的研究,推进人们对科学史研究的兴趣,探索阿拉伯文献在传播希腊科学中的中介作用。他的研究有助于促进 16 世纪荷兰文化中科学与人文学融合的特性。他后来还成为联省议会的官方译员。他代表荷兰官方写给伊斯兰国家君主的信件中优美的阿拉伯文体使得这些国家的统治者深感敬佩。1625年，莱顿大学建立了专门出版东方学著作的出版社，配备有叙利亚文、迦勒底文和希伯来文字的字模，它是大学出版社的组成部分，一直到1712年最后出售给私人经营。还有一位法国古典学者克劳狄乌斯·萨尔马修斯(Claudius Salmasius, 1588—1653)在斯卡利杰之后担任莱顿大学的古典学的教授。

房龙指出人们对于大学的普遍态度终于改变了人们的性格以及大学本身的特点。大学最初是培养教士的学校，神学系曾经是大学最古老的也是最重要的系。拉丁语、希腊哲学、希伯来文、加勒底文以及阿拉伯语都是二流的课目，都是研究《圣经》的辅助工具。但是，现在大学增加了哲学、法学、医学以及其他自然科学的课程，终于引进了自由的思想。在一些乡村比较多的省份，有些富裕的公民甚至自己创办大学，以便家乡的年轻人在自己家乡接受教育。大学不接受任何人而只接受本省议会的管辖，因此它们在本质上是自治的。大学成为年轻人接受普通教育和结识朋友的地方，每一个人缴纳了学费就可以上大学。

赫伊津哈则指出："荷兰之所以成为东西南北各方的中介，多半要归功于其大学。各国的学者在这些大学里会晤、互赠书籍、交流思想。那时，他们在其他地方交流的机遇都达不到这样的水平。今日妨碍我们学术的语言障碍在那个时代是不存在的——一切讲授的通用语言都是通俗拉丁语。在整个17世纪以及18世纪的大部分时间里，莱顿大学、格罗宁根大学和乌特勒支大学都吸引了大批的英格兰、法国、苏格兰、丹麦、瑞士、波兰、匈牙利尤其是日耳曼的大学生。起初，许多教授来自法国，比如斯卡利杰和萨尔马修斯就是法国人。随后，日耳曼的教授来到荷兰执教的越来越多。17世纪在格罗宁根大学执教的52位教授中，17位是日耳曼人；在莱顿以及乌特勒支大学，外国教授为总数的六分之一。这些外国教授大多数最终选择在荷兰定居，他们帮助我国在大学教育中扮演了连续不断、意义深远的中介的角色。"

在17世纪的荷兰，接受过学术训练以及教育成为从事许多职业的条件。17世纪上半叶，在莱顿的市议员中，只有1/7的人拥有大学的学位，而在17世纪的最后25年里，则达到了2/3。兹沃勒没有大学，但是市议员中的大学生比例仍然很高。当时荷兰共和国大量需要的专业人才如炮手、测量员和远洋航行的领航员，虽然不需要很高的学位，但是在数学方面需要有初级的甚至更高的知识。各个大学中学者之间的学术辩论，特别是那些需要数学知识的学术辩论，吸引了大量的有知识的公众的兴趣。

在荷属东印度公司和西印度公司的殖民地,荷兰人按照母国的模式建立了类似于荷兰本国一样的小学,由神职人员以及平信徒联合管理。在缺乏师资的情况之下,经常由平信徒中比较有学问的人担任教师。殖民地学校的授课时间通常从早上8点至11点,下午2点到5点,星期三和星期六下午是没有课的。

课程有基本的宗教教育,主要教授加尔文派基本信条;另外还有阅读、写作以及简单的算术。就像在尼德兰一样,除了公司自己开办的学校以外,只要当地教会的参事会认可他具有正统的加尔文派信仰并获得公司当局的同意,任何人可以开办小学和幼稚园。在这些学校中采取有教无类的原则,殖民地当地不同民族、不同性别的男孩与女孩,甚至奴隶的孩子与白人的和欧亚混血儿的孩子一同接受教育。比如,在1681年,在锡兰的科伦坡,有200名奴隶的孩子接受教育。一般来说,在殖民地男孩在14或16岁就要离开学校,女孩在10岁就离开学校,"以免受到男孩和其他好色之徒的引诱"。

1642年,巴达维亚开设了一座拉丁文学校,它的目标是让东印度公司的上层管理者的孩子接受高尚的教育,因为他们不能够去尼德兰接受这样的教育。尽管"17绅士"支持这个决定,这个学校还是衰落下去,并于1656年被地方当局取缔。10年以后,它再度开办,但是4年以后又关闭了。在1743年至1756年,荷兰人再度建立起这个学校。在东印度公司管辖的其他地方,荷兰人没有为平民建立过更加高等的学校,因为除了公司高级职员想让自己的孩子接受在欧洲人看来是良好的教育以外,当地人不需要这类的知识,而准备充当神职人员的当地人则可以在荷兰人在殖民地开办的三个神学院中接受教育。

尽管殖民地的神学院中没有培养出大量的荷兰牧师,但是殖民地当局在基础教育方面还是投入了不少资金以资助小学的建设。至少在一些地方,还取得了比较好的成绩。在1799年,在好望角地区,在荷属小学就读的孩子人数是20 936名。当然,更多孩子就读的地方是在锡兰,达到19 147人;但是在巴达维亚只有639名,倒是帝汶岛却有593名。

西印度公司管辖地区的情况大同小异。1661年11月,有一位被指派到曼哈顿岛新阿姆斯特丹的校长看到那里的孩子早上8点上课,下午1点上课。学校的老师教授他们学习"基督教的经文、十诫的训导、洗礼以及最后的晚餐的意义,还要回答教理问答中的条文"。除了他每年的工资以外,每季度还要从每一个孩子那里获得高低不等的收入,他则教授这些孩子从ABC开始阅读、书写以及简单的算术。大多数的孩子还要到这所学校以外的地方额外补课，还要支付一定的费用，但是贫穷的孩子则是免费接受教育的。在结束了一天的课程以后，孩子们步行回家，一路要唱赞美诗。在大西洋的另一边，有一名叫雅各布斯·埃尔利扎·卡比藤(Jacobus Eliza Capitein)的牧师，在 1743 年至 1744 年，曾经管理非洲西海岸米纳的一所收容黑人孩子的幼稚园，那里的学生接受"真正的基督教改革宗"的教育。

二、游记文学以及制图学的发展

从尼德兰北方各省出版的图书数量就可以看到当时的荷兰共和国是一个出版业繁荣发达的国家，在荷兰海外扩张的黄金时期更是如此。在当时西欧的其他地方，出版业大量印刷的都是一些布道的书籍，还有深奥难懂的神学家的著作或是神学争辩的论集。荷兰共和国的商业贸易以及海外扩张活动使得她留下了极为丰富的海外游记文学以及航海记录文献，在 1595 年至 1605 年这段时间里，这两种类型的文学创作都很繁盛，成为后来 100 年中荷兰出版的图书中最显著的种类。荷兰人不是欧洲第一个发展出游记文学的民族，在此以前，葡萄牙人和西班牙人中已经产生了丰富的游记文学、史诗、诗歌、编年历史以及航行记录的作者，他们是从事探险的航海家以及传教士中先驱者。在荷兰人以后的英国人以及法国人在这方面也有很大的贡献，比如英国的理查德·哈克鲁特(Richard Hakluyt, 1553—1616)以及萨缪尔·帕恰斯(Samuel Purchas, 1577? —1626)、法国人梅尔基赛代克·泰弗诺(Melchisadec Thevenot, 1620—1692)，意大利人也有贡献，比如《马可波罗游记》就是最初的游记文学的典型。在后来，日耳曼的出版家、编者以及印刷家也做出过杰出的贡献，1590 年和 1634 年，曾经居住在列日的特奥多雷·德·布里(Theodor de Bry, 1528—1598)的百科全书式的《格朗兹与皮蒂斯远航纪》(*Grands et Petits Voyages*)在法兰克福出版了两次。但是，在整个 17 世纪，获得自由的北方尼德兰人与上述这些民族相比，在此类小册子、书籍和地图方面的出版物无论在数量还是质量方面都是首屈一指的。

当时最流行的游记文学是荷兰的著名船长威廉·伊斯布朗兹(Willem Ysbrandtsz, 1587—1657)叙述的海上冒险故事。他在 29 岁的时候继承父业成为一名船长，1618 年，他加入荷兰东印度公司。他描绘了自己指挥名为"波特克斯号"(Bontekoes)的船在 1618 年至 1626 年在东方海域的冒险以及遭遇,这部游记从 1646 年至 1756 年间至少被翻印出版了 50 个不同的版本,对于当时的荷兰人以及欧洲各国人民了解域外的见闻起到了重要的作用。在 1650 年以前,荷兰的海事官员以及旅行者保存的在东印度公司档案馆的行驶航船记录经常在本国出版,它们中最重要的是 1645 年在阿姆斯特丹出版的《尼德兰联省国特许东印度公司的创立与发展》(*Begin ende voortgangh van de vereenighde nederlantsche geoctroyeerde oost-indische compagine*),是荷兰 17 世纪最重要的海外游记文学集。这些书籍并非一般的航海日志,它们详细地描绘了荷兰船只所到的海外各地的港口以及许多沿海地区;还记录了当地人民的风俗习惯以及贸易方式;配有丰富的铜版画以及木刻画。与西班牙人和葡萄牙人的游记文学不同的是,它们不仅为海员以及商人提供准确的知识,还要满足那些坐在家里阅读游记的读者的好奇心,对于他们起到一定的启蒙作用。

由于低地国家以外的人民对荷兰知之甚少,所以许多这类书籍以拉丁文、法文和德文出版,少量的也以英文出版,以此满足国外读者的需要。有两位杰出的游记文学编撰者值得一提,约翰内斯·德·拉特(Johannes de Laet,1581—1649)出生于安特卫普,他曾经是西印度公司的主管,也是一位地理学家。他致力于出版了一些描绘欧洲、亚洲以及美洲的书籍。尽管他从来也没有离开过低地国家,但他自己拥有一个藏书丰富的图书馆,并能够接触到西印度公司的档案资料,还经常能够方便地利用莱顿大学的图书馆藏书。他出版的最著名的书籍是关于美洲的,但是他在《论大莫卧儿帝国》(*De Imperio Magni Mogolis*, 1631)中对于大莫卧儿帝国的描述直到 20 世纪仍然被许多西方的印度学家所称道。另一位著名的游记文学作家是生活在阿姆斯特丹的奥尔菲特·达帕(Olfert Dapper, 1636—1689),他是一位医生兼作家,对于地理和历史均怀有极大的兴趣。他也是一位路德宗的信徒,也没有去过荷兰以外的地方旅行,但是他的 1668 年出版的大卷本的《关于非洲地区的精确描绘》(*Accurate Descriptions of the African Regions*),利用曾经踏上非洲土地的耶稣会士以及荷兰探险者对于当地的记录写成,是 17 世纪欧洲人关于非洲的标准读物。他还著有关于亚洲各国如中国、印度、波斯、格鲁吉亚以及中东阿拉伯地区的书籍,这些长时间以来都是这一方面的标准读本。当时荷兰共和国出版的这些书籍都配有高质量的蚀刻画,其印刷质量使得它们在国内外广受欢迎,赢得了广大读者的一致好评。

荷兰海外游记文学图书出版中还有两位重要的加尔文派的牧师。第一位是加斯帕·巴拉乌斯(Rev. Caspar Barlaeus, 1584—1648),他编撰的《在巴西八年的活动》(*Rerum per octennium in Brasilia*)于 1647 年在阿姆斯特丹出版。巴拉乌斯是一位当时人们公认的极为博学的文艺复兴式的学者,他在安特卫普出生的时候,西班牙人正要占领这座城市,他们的家庭出于宗教信仰的原因选择离开那里。他曾经担任莱顿大学的哲学教授,他本人也是一名阿明尼乌派的牧师和研究古典学的学者,后来成为在阿姆斯特丹"雅典学园"古典学的教授。这部以拉丁文写成的著作是由荷兰在巴西开明的总督莫里斯赞助出版的,它不是以非理性的颂词风格写就,而是以官方的文件和急件为基础,配以诸多的地图以及插画。书中还有一些蚀刻画以及原来的速写是由出生在荷兰西部城市哈勒姆的艺术家法朗兹·坡斯特(Frans Post)在巴西的伯南布哥亲自创作的。这部作品反映了西印度公司在美洲殖民事业最高峰时期的活动和对当地探险的成就。另一位则是牧师弗朗索瓦·瓦伦特(Rev. François Valentyn,1666—1727),他编撰的《古老和崭新的东印度地区》(*Oud en Nieuw Oost Indien*)则反映了东印度公司扩张事业的成就,这部巨著共有 8 卷 4 800 页,配以数以百计的地图和插图,具有百科全书般的视野,尽管在某些方面作者在理解原始材料的时候出现了一些误解。作者在香料群岛以及爪哇居住过不短的时间,但是他没有完全依赖于自己的经验写作。他利用了一些尚未出版的资料,其中包括东印度公司高级职员以及荷兰驻日本长崎的官员提供的义献。荷兰东印度公司的高级职员们虽然担心出版如此巨大的作品会透露公司的贸易运作情况,会为他们的竞争对手提供对自身不利的讯息,不过他们也没怎么过度地阻止出版这部描绘荷兰东印度公司扩张事业的作品。

除了游记文学以外,在整整一个世纪里,尼德兰地区以及后来的荷兰共和国的航海手册以及地图集的出版也在荷兰黄金时期达到了高峰。

近代早期尼德兰地区的制图学最发达的地区是佛兰德斯,它的技术和观念,随着移民的流动,迅速地影响到当时神圣罗马帝国统治下的尼德兰其他地方。

当时最著名的制图家之一莫过于生活在佛兰德斯境内的莱茵河畔的杜伊斯堡的杰尔哈德·麦卡托(Gerardus Mercator, Gerhard Mercator, 1512—1594),他是第一位创用"地图集"(Atlas)这个名称的学者,也是一位制图家以及地理仪器的制作者。1537 年,他绘制了第一幅关于圣地耶路撒冷的地图。1540 年又绘制过佛兰德斯本地的地图,以后又写过一些地理学方面的论文。从 1541 年至 1551 年,他还制作过一对地球仪以及其他一些天文仪器。在 1552 年他从鲁汶前往杜伊斯堡的时候,已经是一名有声望和富有经验的制图家了。鲁汶是天主教会的重镇,但是杜伊斯堡是处于比较自由的威廉五世公爵的统治下,最近有历史学家研究出麦卡托在宗教信仰上是比较同情新教的。他迁居到这里,希望成为一名更有造诣的数学家以及宇宙学家。虽然杜伊斯堡没有大学,但是麦卡托仍然在这里的高级中学里面教授数学。约在1560年,威廉五世任命他为宫廷的宇宙学家。早在鲁汶的时候,他就挣了一笔钱,此时,他已经是一位独立的作家、设计师、蚀刻画家以及地图出版家——他出版自己绘制的地图。在杜伊斯堡的20年中,他出版了一些欧洲地图(1554)、英格兰诸岛屿地图(1564)以及在墙上挂的航海图。从16世纪60年代早期开始,他从事一生的宏伟计划,他想编撰一些囊括宇宙学诸方面,包括地理学、哲学以及神学的著作,其中有《地图编年史》(Chronologia,1569)以及托勒密《地图集》的新的版本(Ptolemy's Geography,1578)。在1585年,他出版了一套地图集共三种即《高卢铜版画地志图》(Galliae Tabulae Geographicae),共16幅地图;《下比利时地志》(Belgiu Inferioris Geographicae),共9幅地图;以及《日耳曼铜版画地志图》(Germaniae Tabulae Geographicae),共26幅地图。这是在当时神圣罗马帝国境内出版的第一套近代的世界地图集,其中包括多种方面的知识来源,有尚未发表的地理探险的结果,已经出版的各类图书、图表以及其他的原始文献,具有很强的学术性。

麦卡托在57岁的时候,也就是在1569年,发表了他创制的著名的以"麦卡托投影法"(Mercator Projection)绘制的世界地图,他在制图的技术上做出了重要的贡献——自古希腊人(一般认为从亚里士多德开始)以来,人们就认为地球是球体,但是对于制图家来说,如何在平面上表现地球的弧形表面就是一个很大的难题。麦卡托在1546年的时候已经注意到航海的海员在同一趟航海的行程中在航海日志里面记载的事情完全不一样,他认为这是由于不正确的地图在误导人们。他不是第一个发现这件事情的人,但他是第一个认真地试图去解决这个问题的人。当时也出现了一些别的投影法,它们都依赖于纬度的标线系统,大多标出热带地区以及赤道。这些投影法不完全是为了航海的目的,有些是为了表达一种对于世界的观念,有些则是艺术家的作品,比如当时达·芬奇以及丢勒也都绘制过地图。麦卡托在地图上标示的地名既参考了古希腊人托勒密的地名辞典,也参考了伊比利亚世界的航海家们的丰富的航海活动成果,在地球表面弧形的描绘上,他向人们解释自己的投影法说:"将球体表面摊开在平面上,使得各个地点彼此相对的位置都处于正确的位置,连同方向以及距离都考虑在内,也考虑到正确的经纬度。"如果在将此平面复原到一个球体,这就是一个正确的地球仪以及地图,对于航海活动具有实质性的指导意义。麦卡托的传记作者尼古拉斯·科莱恩(Nicholas Crane)写到麦卡托投影法,"如同哥白尼的日心说那样超越时代。在追寻空间真实的本质上,他是现代制图学之父"。麦卡托于1592年12月2日去世。他是一位真正的制图学家,他从事制图不是出于商业的目的,所以其制图工作进行得非常缓慢,许多史料以及新的地理发现都要经过仔细的考证以后才能画在地图上。他具有严谨的批判精神。

麦卡托在杜伊斯堡的地图制作工坊是按照传统的行会组成的,他的三个儿子跟随他也协助他制作地图。他的长子雷蒙德·麦卡托(Rumold Mercartor,1545/1550—1599)继承父亲的事业成为一名科学家;次子则在杜伊斯堡协助他教授数学,在去海德堡大学念书以前英年早逝(1568年);三子后来在科隆成为一名出版家和书商。雷蒙德在制图业方面也很有成就,曾经编辑出版过一本《关于世界的创造以及形成的地图集或是宇宙学的冥想》(*Atlas sive cosmographicae meditations de fabrica mundi et fabrica figura or Atlas or Cosmographical Meditations on the Creation of the World and the Form of Creation*),其中第一部分是古代的地图,第二部分则是近代的地图。他给第二部分取名为《地图集的第二部分:全世界的新地理》(*Atlantis pars altera*,*Geographia nova totius mundi*),这一部分的编撰工作尚未完成。

奥特里乌斯(Abraham Ortelius,1527—1598)是出生于安特卫普的著名地理学家和制图学家,也是一名从事地图、书籍和古玩买卖的商人。约在1554年,他在安特卫普开设古籍书店。约1560年,他在麦卡托的影响之下,对于制图学发生了兴趣。在以后的十年中他编辑了心形投影《世界地图》(1564)、《埃及地图》(1565)和《亚洲地图》(1567)等地图集。大约从1560年开始,他制作自己的地图。当时,他有一位商人主顾也是朋友豪夫曼(Gilles Hooftman)尽可能地购买他的地图,这位商人拥有自己的商船,所以使用这些地图来估算船只航行的距离,他有时也要使用这些地图来研究欧洲的战争与政治,因为这些事情都与商业活动有关。他也建议奥特里乌斯将这些地图制作得小一点,这样可以方便读者的携带。于是后者第一次将38幅地图放在一本书中印刷出版。这个想法也促使奥特里乌斯设想以更加专业的方式出版多卷本的地图集。他将地图以铜版画的方式加以印刷,这样印刷就更加精美,版式也更加统一,制作也更加方便。到1570年的时候,他已经收集了许多地图以及有关地图的说明文献。这就是他编撰著名的《世界全景》(*Theatrum orbis terrarumor Theater of the World）地图集的由来。1570 年 5 月,他在安特卫普出版了第一版的《世界全景》包括 53 幅地图,大部分地图为13.5 厘米宽,19.5 厘米长,以拉丁文注释地图的历史以及地理内容。它们的制作者是 80 余位制图学家以及蚀刻画家,还配备有详细的注解。1571 年,他出版了荷兰文的版本,以后又出版了法文以及德文的版本。他还编辑过许多地图,大部分是在他去世以后出版的。《世界全景》的第一部英语版本在 1606 年出版。1575 年,他被任命为西班牙国王菲律普二世的王家御用制图师。到 1598 年他去世时为止,《世界全景》已有不同语言的 25 个版本,为 16 世纪制图学的总集之作,也被认为是第一部近代意义上的世界地图集,深受当时欧洲文化界的欢迎,还取得了巨大的商业上的成功,对于 16 世纪欧洲北方文艺复兴时期的地理知识的传播产生了深远的影响。

杰拉德·德·约德（Gerard de Jode, 1509—1591）也是生活在安特卫普的一位制图家,原先是今荷兰东部瓦尔河畔靠近德意志的奈梅亨地方的人,1547 年进入安特卫普的属于画家的圣路加行会工作,该行会中也有地图画家以及书商。他本人是一个非常能干的铜版画家,也拥有自己的印刷工坊,可以印刷宗教的、政治的和装饰艺术的图画以及一些地图。16 世纪 50 年代中期,他的商业经营非常成功,出版了许多欧洲国家地图。他主要通过当时的法兰克福书市来发展自己的业务。他不仅出版自己绘制的地图,也出版德意志、意大利以及法国的地图。当时的法兰克福书市也是欧洲重要的地图交流中心。1578 年,他出版了著名的精美的《世界之镜》（*Speculum Orbis Terrae*）地图集,其中以铜版蚀刻画的形式收录了 16 世纪许多著名的地图制作家的作品。如果没有这些工作,这些地图可能都会流失。他的儿子科内利斯·德·约德（Cornelis de Jode, 1568—1600）继承了父业,在 1593 年进入圣路加行会,也是一名铜版蚀刻画家,不过,他更像是一位学者而不是手工艺人。他将父亲的《世界之镜》重新编辑加以再版。1592 年,他还画过 12 张挂在墙上的法国地图;1596 年还画过 11 张非洲地图。

洪根贝格（Frans Hogenberg,约 1538—1590）和布劳（George Brau, 1541—1622）主编的《世界城市概览》（*Civitates Orbis Terrarum*）是另一部重要的有关世界城市的地图集。洪根贝格大约在 1538 年出生于尼德兰的梅赫伦,他的父亲则是出生于慕尼黑的蚀刻画家。洪根贝格是一名新教徒,所以他离开了佛兰德斯前往莱茵兰。1562 年他在威塞尔,1565 年在科隆定居下来。他的弟弟也是一名蚀刻画家。洪根贝格在科隆开设了一家经营得非常成功的蚀刻画的印刷所,专门印刷地图以及地志画,在当地的市场上销售得非常好。他们除了印刷单张的世界地图,也印刷附有插图的书籍以及插图本的当代历史。布劳则是科隆教堂的一名执事,是一位神学家以及人文主义者,也是地志画和地图制作家。他为《世界城市概览》作文字说明。该书于1572年至1617年出版,持续了很长的时间。一共分为6卷,包括543张蚀刻画,1572年出版第一卷,其余在以后的50年里陆续出版完成。尽管它属于尼德兰北方制图学派的作品,具有生动的色彩丰富的佛兰德斯艺术特色,但是实际上是在科隆制作出版的。第一卷出版于1572年的科隆,第二和第三卷分别出版于1575年和1581年。洪根贝格是佛兰德斯人,但是他的事业是在神圣罗马帝国境内德意志的北方发展起来的。

荷兰共和国崛起以后,迅速成为欧洲强大的海洋帝国。它在黄金时代的制图业达到了当时制图水平的高峰。不过,荷兰的制图业不是凭空发展出来的,在此以前,葡萄牙人和西班牙人在制图史上已经突破了中世纪以来托勒密的思想体系,将近代的制图业建立在航海实测的基础之上。在神圣罗马帝国时代以安特卫普为中心的制图业也已经积累了丰富的成果和经验。荷兰的制图业的繁荣是建立在这两者的基础之上的。

16世纪80年代至90年代,荷兰北部的港口都在从事海外贸易的发展。东印度公司和西印度公司的成立也对荷兰的制图业的发展有着直接的促进作用。1600年的时候,荷兰已经在学校中建立了标准的航海课程,学生可以在学校中学习标准的航海教材,在进入东印度公司以及1621年以后成立的西印度公司服务以前参加航海教材考试。1586年,阿姆斯特丹成立了航海学校,1609年以前,法拉盛也成立了航海学校。1610年以后,在荷兰省以及泽兰省的一些主要的港口中都成立了私人的航海学校。这些学校都有经验丰富的航海家管理,他们中的大部分人都曾经担任过东印度公司的领航员、地图制作员以及军事工程师。他们既有理论的知识,又有实践的经验。1600年,莱顿大学的数学系设立了相关的课程培养测绘员和地图制作员,课程由共和国执政官莫里斯亲王的好朋友西蒙·斯蒂文(Simon Stevin)设计,不是用大学的官方语言拉丁文,而是用荷兰文教授。课程有欧几里得几何学、尺和罗盘的构造、物体变形构造、三角学以及要塞堡垒的建筑工程学等。这些课程不仅是理论的教授,更是与实践的经验以及实用的知识密切相关。这些课程都与航海以及制图有密切的联系。除此以外,荷兰共和国还从外国如斯堪的纳维亚、德意志、波兰、英国以及意大利聘请了许多工程技术人员来从事这些方面的教学与实践活动。

在荷兰本国,从 1584 年至 1585 年,路卡斯·简森·瓦根纳(Lucas Janszoon Waghenaer, 1533/1534—1606)出版了《航海之明镜》(Spieghel der Zeevaert),这是一部对开本的地图集,其中有许多蚀刻的铜版画,描绘了从今天的挪威北部的海岛北角(North Cape)到南部欧洲加迪斯的漫长的海岸线,还配有相关的航行指南,这与当时荷兰省和泽兰省的舰队在大西洋北部的海域从事一系列的航海探险活动是有关的。此书在英国海军强盛时期被翻译成为英语,被题名为《航海者之明镜》(Mariner Mirriour)。这部书籍对于以前同类的航海指南作了很大的改进,并在以后直到 18 世纪的很长一段时间里成为同类书籍的模范。它标出的象征性的图案如浮标、灯塔、安全的锚地、隐秘而危险的岩石,后来一直被沿用下来,并在航海图中广泛使用。

1602 年荷属东印度公司建立的时候,为了组织去亚洲与亚洲国家贸易,需要寻求可靠的制图学方面的知识。当时,荷兰人主要从以前葡萄牙人那里获得制图的知识。有一位名叫佩特鲁斯·普朗西乌斯(Petrus Plancius, 1552—1622)的荷兰人出版了葡萄牙制图家巴托洛梅欧·拉索(Bartolomeu Lasso, fl.1564—1590)画的海图,并且写了有关航海指南的备忘录,用以指导在远洋航海中指挥船只行进的领航员。那时,荷兰的商人以及领航员对于普朗西乌斯的作品是非常了解的。然而,随着时间的推移,葡萄牙人的制图学逐渐地落后了,荷兰人需要自己的制图家以及制图学。东印度公司有计划地要求和命令一些海员和领航员记录他们在航行途中的所见所闻,并且画海图和记录航海日志,公司的领导层要发展自己的制图业。1616 年,在航行去印度并在当地待了近十年的布劳威尔(Hendrik Brouwer, fl.1610—1645)回到了荷兰,他在组织东印度公司制图业方面发挥了重要的作用。1617 年的春天,他担任荷兰东印度公司阿姆斯特丹的主管官员,由于他丰富的航海经验,对于制图学发展的重要性有着深刻的认识。从 1616 年开始,东印度公司的船只就根据布劳威尔设计的航线前往东方,最后竟然发现了澳大利亚的西部沿海。1617 年,东印度公司在布劳威尔的建议之下已经开始有系统地收集最新的地图资料以及发展制图业,并且就在这一年成立了阿姆斯特丹制图所。1619 年,黑塞尔·格拉兹(Hessel Gerritsz)成为荷兰东印度公司制图所的官方的制图家,科奈利乌斯·简斯兹·拉斯曼(Cornelis Jansz Lastman)则被任命为领航员的监督。他们要制作以及改进以前在亚洲海域航行时使用的海图,他们还要收集从他们就任以后所有的航海日志,这些资料都要安放在阿姆斯特丹东印度公司的库房里。他们每6个月就要编辑一次航海日志的目录，要修正领航员以及船长的记录中出现的偏差。在他们去世以后，他们的遗孀或者继承人要将他们留下的文字记录交给公司保管。他们要保管好所有这些资料，不可以泄密，所有资料都必须保存在库房里，不可以带到城外。每6个月就要向公司报告自己的工作和进展。未经允许，不可以公开出版相关书籍。官方制图家除了制作地图所获得的报酬以外，每年还能得到300荷兰盾的薪水。到了16世纪末年至17世纪的初年，阿姆斯特丹成为当时欧洲世界的一个最重要的地图制作中心。那里出版的地图集丰富而且种类繁多，成为欧洲制图史上绚烂的瑰宝。

16世纪初期的时候，阿姆斯特丹的出版家科内利乌斯·克拉泽（Cornelius Claesz，1546—1609）以及另一位著名的蚀刻画家和出版家尤多克斯·洪第乌斯（Jodocus Hondius，1563—1612）将麦卡托家族的地图铜版以及地图集全部购买了下来。1605年，他们出版了《地理学》（Geographia）的新的版本；1606年，他们又出版了《地图集》（Atlas）的增订版，其中包括了144幅地图。该地图集的首页与1595年麦卡托的地图是一样的，但是在世界地图的6个部分增加了6位女性人物的图像，欧洲的象征是一位女王，亚洲和南美洲的是一位印度的妇女，未知的南方国墨瓦腊尼加（Magallanica）则是以一位野蛮人妇女的形象来表现的，墨

洪第乌斯肖像

西干纳（Mexicana，北美洲）和非洲也与墨瓦腊尼加一样。在这本地图集的基础上，他们又在1607年出版了《麦卡托—洪第乌斯地图集》，以后又出版了法文以及拉丁文的版本。

在17世纪30年代以后，生活在阿姆斯特丹的荷兰布劳家族（the house of Blaeu）崭露头角，其以专门出版欧洲各种不同语言的蚀刻地图、海图以及航海著作闻名于世，成为荷兰最重要的从事制图业的家族。该地图制作和出版业世家的第一代创始者是威廉·扬斯·布劳（Willem Jansz. Blaeu，

1571—1638），有关他早年的生平和思想人们知之不详。1871年，包德（P. J. H. Baudet）出版了他的传记《威廉·扬斯·布劳的生平与著作》（Leven en werken van Willem Jansz. Blaeu），人们对他的生平才略有所知。他是一位具有自由思想的归正宗信徒，他对于天文学也很有兴趣，早在1598年2月21日，他已经在阿尔克马尔观测到一次月食现象。第一本关于他的英语传记是美国历史学家史蒂文森（E.L. Stevenson）于1914年出版的《威廉·扬斯·布劳简传：1571年至1638年》（Willem Jansz. Blaeu, 1571—1638, A Sketch of His Life and Work with Particular Reference of His World Map 1605），根据这些传记作品，他最初的事业主要是从事制作墙上挂的地图、地球仪以及领航员使用的书籍，在荷兰东印度公司1603年12月的记录中，有布劳提供的航海仪器的记录。在1605年的时候，他绘制过一幅有东西两个半球的地图。当时荷兰的航海事业在迅速发展，社会上急需这些与航海事业有关的器材，他懂得制作各种大小不同的地球仪，在1614年的时候，他制作过五种大小不同的地球仪，还有一个直径很大的约68厘米的地球仪。在这一年，有一位名叫阿德里安·梅提乌斯（Adriaan Metius）的教授还在荷兰西北部的弗拉讷克（Franeker）出版了一本名叫《天文学和地理学仪器》（Institutiones astronomeicae et geographicae）的书籍，专门指导人们如何使用布劳家族制作的地球仪。在17世纪，阿姆斯特丹是欧洲制作地球仪最发达的地方，布劳家族对地球仪制作行业的贡献是很大的。

除了地球仪以外，威廉·扬斯·布劳还绘制过许多单张地图或是对开本的地图集。还有多页的墙上挂的地图，主要是具有实用和装饰价值；他还绘制城市的景观（地志画）以及历史画。早在1604年，他就用投影法绘制过一幅地图，由蚀刻画家恩德（Josua van den Ende）以铜版画制作而成。这幅地图是以普朗西乌斯于1592年绘制的世界地图为基础制成的，同时吸

布劳家族制作的地球仪，1602年

收了当时荷兰和英国的丰富的航海成果,反映了地理大发现时代最新的人类认识世界的成就。1605年,有记载说他绘制了20幅单张的包括东西半球的地图。设在纽约的美洲伊比利亚学社(Hispanic Society of America)就保存了其中的一幅地图。1607年,布劳的出版社还出版了麦卡托投影地图,使得当时的荷兰人逐渐开始了解麦卡托投影法的重要意义。1608年,联省议会委托布劳制作了尼德兰17个省份的详细的地图。同年,布劳绘制了四大洲的世界地图,这些重要的地图没有装饰,也没有标题,被安放在一个很大的有着边框的箱子里面,它们在1979年被一位名叫霍夫曼(W.Hofman)的人在瑞士发现,阿姆斯特丹档案馆修复了它们,并在1981年举办了一个大型的展览会,引起了人们极大的兴趣。布劳还制作大型的城市景观图画,在1604年出版了《阿姆斯特丹城市景观》,1614年出版了《威尼斯城市景观》。

布劳开始时也绘制和印刷过一些重要的商业用的航海地图。1605年,联省议会委托他印刷和出版了一幅航海图,但是已经失传了。1606年,联省议会还委托和资助他出版从那一年开始的以后七年的海图以及航海指导用书。1608年,他出版了名为《航海之明灯》(Het Licht der Zee-vaert)的地图集,反映了当时欧洲沿海航行的最新的成果。在布劳印刷出版的航海图册中,他向读者指出他的书籍是在"许多富有经验的舵手,勇敢的船长以及技艺娴熟的领航员的帮助之下"完成的。同时,他也批评了在一些舵手中流行的观点,即手工绘制的海图要比印刷的海图更加准确,因为前者每一天都会根据航行的情况加以改变,所以更加准确,布劳明确地指出这种看法是不对的。布劳制作的海图增加了水文资料变化的情况。1618年,布劳出版了关于地中海的海图共33幅,并且配备有大量的文字说明,它们都被装裱得很好,被放置在3个木箱当中,上面还有铁制的铰链锁起来,它们是荷兰航海图的经典之作。1623年,布劳再度出版了经典性的海图《对于东部、北部和西部海域航行的大海以及沿海地区的描绘》(Descriptionof the Seas and Coasts of the Eastern, Northern and Western Navigation)。

航海图的销售不久就衰落了下去。在1630年以后,布劳开始考虑业务的转向,他与长子约翰内斯·布劳(Johannes Blaeu,1598—1673)商议想出版世界地图集。从1620年至1673年是该家族出版事业的繁荣时期,他们雄心勃勃,出版了大型的配有四种语言即拉丁语、法语、德语以及荷兰语说明文的地图集。1634年,布劳出版了一部《新地图集》(Novas atlas)收录了160幅世界地图,目前只知道这本地图集只有德语版。1635年,又出版了补充版,增加了49幅地图。当时的布劳拥有200多幅地图,他编了其中的三分之二,并且使用了荷兰语、法语以及拉丁语三种语言出版。1655年,该家族出版了另一部世界地图集,它的名字与以前奥特里乌斯的《世界全景》是一样的,这部分为6个部分的世界地图集,包括了对于陆地、海洋以及宇宙的描绘。这本著作在知识的范畴上包括了地理学,有地志即对于大地的描绘,有地形学即对于地方的描绘,有水文学即对于大洋的描绘,还有天体学即关于宇宙的描绘。其中还包括了低地国家一些城市的情况以及数据。

威廉·扬斯·布劳对于航海制图学方面的贡献得到荷兰东印度公司充分的肯定。1632年,东印度公司官方地图制作家黑塞尔·格拉兹去世。1633年1月3日,布劳就被东印度指定继任这个职位。他毫不犹豫地走马上任并继续雇用了他前任的四名助手继续工作。东印度公司任命他的指令仍然保存至今,它详细地规定了布劳所享有的权利以及应尽的义务,以及他必须为公司绘制地图的任务。这个新的职位使得布劳有机会去接近公司档案馆所收藏的无数的地图,当时公司的水文资料办公室保存了大量的地图。布劳担任这个职务直至去世为止。但是有他签名的地图在东印度公司的档案中并没有保留下来。

威廉·扬斯·布劳于1638年去世,根据他的遗嘱,他和妻子科内利斯(Marritge Cornelis)将财产分给他们的几个儿子。他的儿子约翰内斯继承了父亲的事业,继续从事父亲的地图制作业,所有的地图铜版也留给了他。他从1638年至1658年出版了多卷本的《新地图集》(Atlas novus),包括403幅地图。这些地图的内容都有非常丰富的说明,其资料的主要来源:一是欧洲各地的学者提供的各种不同类型的手稿,其中有苏格兰的以及瑞士的学者研究的成果;二是荷兰本国印刷的地图,布劳家族通过商行和信差从尼德兰各地购买了许多地图和书籍,当然也从外国购买了一些地图,所以从地图的装饰上可以看到不同地区的风格;三是以前出版过的如奥特里乌斯的地图;四是曾经在阿姆斯特丹本地出版过的地图。当时的人们并没有版权的观念,所以这些地图可以重新印刷。还有一些地图是从本地的以及外地的铜版画家、蚀刻画家那里购买得到的。

布劳家族最著名的是1662年至1672年出版的十多卷对开本的举世闻名的世界地图集《布劳地图大全》(Blaeu's Atlas Major),其全名是《地理学:布劳宇宙学第一部分,眼睛可见的和以描述所解释的世界》(Geographia, quae *est cosmographiae Blavianae pars prima，qua orbis terrae tabulis ante oculos pointer，et descriptionibusillustratur，or Geography，the First Part of Blaeu's Cosmography，in which the World Is Placed before the Eyes with Maps，and Explained with Descriptions*）。这部多卷本巨著第二和第三部分是关于大海和天象的，不过一直没有出版过。该巨型地图集包括拉丁语、法语、西班牙语、荷兰语以及德语等多种不同语言的版本，共计有近 600 幅地图，其中有 200 幅是以前的《新地图集》中没有出现过的。布劳家族多年以来从许多出版家、制图家和蚀刻画家手中购买的许多地图铜版是他们能够编撰这样的大型地图集的基础。其中一部分地图是从铜版画的收藏家以及出版家手中买来的，一部分是家族自己拥有的，其中的一些以前出版过的，还有一些则是上百年的旧地图。1662 年出版的拉丁文版共计 11 卷，有 594 幅地图；1664 年的法文版共计 12 卷，有 597 幅地图；1664 年至 1665 年出版的荷兰文版地图共 9 卷，有 600 幅地图；1657 年至 1672 年出版的西班牙文版共计 10 卷，有 545 幅地图；1667 年出版的德语版地图共计 9 卷，有 612 幅地图。《布劳地图大全》中使用的语言最多的还是拉丁语，所以许多的地名如地区、大海以及主要的河流还是以拉丁语表达的，但是在一些地方也使用不同的语言，如佛兰德斯地区的城市地名大量地使用法语，北方尼德兰地区则使用荷兰语，当然在讲荷兰语的地区也使用法语的地名。城市是这些地图上特别标明的，特别是经济比较发达的城市更是如此，还有矿产资源丰富的地方以及森林和山区也特别标明。道路都被描绘得清清楚楚。在海图上，恒向线被描绘得非常清楚，这非常有利于海船的航行。这些地图集都是由布劳家族自己开设的印刷厂承印的，这个印刷厂设于 1637 年，就位于阿姆斯特丹城市内的那条著名的运河的边上，这是当时欧洲各国中最大的印刷厂，许多来到阿姆斯特丹的不同国家的游客都在游记中提到过这所印刷厂。1667 年，布劳家族又开设了第二家印刷厂，以后大部分的地图都是在这里印刷的。这部巨著的不同版本在排印技术上具有很大的优势和特长，所有的地图都有美丽的手绘色彩，都是画工在家中手绘，使人在视觉上获得美感和愉悦。它很快地受到富裕的贵族阶层的爱好，他们以拥有这些地图册为荣。它的黑白字体的印刷版价值 350 荷兰盾，而彩色版则价值 450 荷兰盾。在 1660 年的时候，一个卖书的人一个星期只能赚 2 个荷兰盾；在阿姆斯特丹一家书店门面一年的租金是 400 至 700 荷兰盾，可以想见当时这套地图集之昂贵。在奥特里乌斯的《世界全景》出版以后不到一百年的时间里，《布劳地图大全》在商业以及地理学上又成为一大成功的典范。约

翰内斯·布劳在1665年1月1日《致亲爱的读者》中写道:"一种强烈的爱将自己与祖国和出生的地方连接起来。如果这本著作中有任何错误的地方,或是需要进一步完善或精确的地方,我们请求你们仁慈地送给我们任何新的地图或是对于这些地方的观察和描绘,以便于我们对于地理学以及地图做出自己的贡献并加以改进。任何一个个人都无法完成探索世界每一个地方的任务,同样真实的是也难以完全精确地描绘每一个地方。如果任何人的观察以及工作能够对我们有所帮助,我们将公开地称颂和赞美他,没有任何人能够阻止我们赞扬那些帮助我们改进工作的人。每一幅地图都多多少少地描绘了这一地区的边界、地形、流行的风俗、王公贵族、河流、山区、森林以及每一个国家的其他特别的地方,我们尽可能简明扼要地作了说明。仁慈的读者,为我们的工作感到高兴吧。当发现在地图和描绘的地方缺少了什么的时候,请铭记在心里,要明白当人们在描绘一件他们从来也没有看见过的事物的时候是很容易犯错误的,请给予我们原谅,而更多地给予我们以欣赏。如果有任何人懂得每一件事物中的人性,那是多么美好的一件事情。"

约翰内斯·布劳还继承了父亲的地球仪制作的技术,是当时阿姆斯特丹几位最好的地球仪制作家之一,他从一些以前的地图画家那里买下了许多精美而又准确的地图画的铜版,这就成为他的地球仪制作的模板,他几乎拥有17世纪初年阿姆斯特丹城市中最好的地球仪模版,这就保证了他的家族在地球仪的制作中一直处于领先地位。1673年约翰内斯·布劳去世,在一年以前其家族的第二家印刷厂发生了大火,许多地图集以及模板和地球仪毁于一旦。1674年至1682年,他的儿子皮特·布劳(Pieter Blaeu,1637—1706)和小约翰内斯·布劳(Johannes Blaeu II,1650—1712)继承了他的事业。

当时在阿姆斯特丹还有另一位名叫约翰内斯·杨森尼乌斯(Johannes Janssonius,1588—1664)的制图家,后者是上文所述的洪第乌斯的女婿。他开设的制图所与布勒家族并驾齐驱,并且展开了激烈的竞争。他在1630年出版了有关大西洋的地图集共80幅。一年以后,他们又出版了一部关于大西洋的地图集,里面包括了洪第乌斯历年所编辑的许多地图。他们不断地向布劳家族的地图制作业发起挑战,在他们所编的地图中还原封不动地收录了布劳家族绘制的许多幅地图。根据现存的合同可以得知,他们在1630年3月11日委托了两位蚀刻画家哈默斯维特(Evert Symonsz Hamersvert)和罗杰斯(Salomon Rogiers)在18个月内复制36幅地图。布劳家族与洪第乌斯-杨森尼乌斯两个家族之间在制图业上的激烈竞争对于后来荷兰共和国出版世界地图集产生了深远的影响。布劳为了追赶洪第乌斯-杨森尼乌斯的出版业,准备出版由奥特里乌斯和麦卡托地图集以及当代荷兰的地图集合并而成的以四种语言做解释的世界地图集。他在1633年11月22日以及12月6日的致杜宾根大学著名天文学家、地理学家以及东方学家威廉·斯科哈德(Wilhelm Schickhard)的信中谈到了他正在进行的这些计划。

在布劳家族以后,荷兰的地图制作者以及出版家就不太活跃了,他们或多或少满足于机械地重印17世纪的制图学大师们的作品。约翰内斯·凡·坎伦(Johannes van Kenlen)则继承了布劳家族航海以及制图的出版事业,并创立了一家商行专门制作地球仪、地图和海图。当时荷兰官员以及普通市民都喜欢以地图作为装饰品。许多富裕的收藏家家里以及市政厅大厅的墙上都悬挂着大幅的地图、摆设着豪华的地球仪。到18世纪,英国和法国在地球仪、地图和海图制作方面都超过了荷兰人,但是他们对于荷兰人的前期贡献评价非常高。

在远洋的航海技术书籍方面,荷兰人长期以来一直依靠翻译西班牙人佩德罗·德·梅地纳(Pedro de Medina)在1545年出版的《航海的艺术》(Arte de Navegar)一书。此书的佛拉芒语译本于1580年在安特卫普出版。直到1642年,荷兰一直没有出现可以供大众阅读的属于自己的航海技术方面的书籍。科奈利乌斯·扬斯·拉兹曼出版了《航海艺术之描绘》(Bechrijvinge van de Kunst der Stuerlieden)一书,以后这方面的书籍陆续出版了不少。[①]在当时荷兰一些重要港口,都可以找到一些经验丰富的老海员,他们在自己的家里教授一些年轻的海员有关航海的知识,特别是在冬天商船不出海的时候更是如此。他们中有一些人有着实际的远洋航海的经验,还有一些人并没有长期出海的经历,但是他们自认为是合格的教师,因为他们系统地学习过数学以及航海理论知识。当时还有一位英国人名叫威廉·波尔讷(William Bourne),是格雷夫森德(Gravesend)的旅店掌柜,也是自学成才的数学家,他曾经写过一本《掌管大海:关于在所有沿海地区和国家航海的最有益的规则、数学的经验以及完备的知识》(Regiment of the Sea: conteyning most Profitable Rules, Mathematical Experience, and Perfect Knowledge of Navigation for all Coast and Countries),并于1574年在伦敦出版。荷兰人视之为航海的宝典,在

[①] David Woodward, The History of Cartography, Cartography in the European Renaissance, vol. 3, Part.2, pp.1437 – 1438.

1594年至1609年之间印刷了三个荷兰文版本。

在17世纪的尼德兰,有着非常活跃的地图消费市场。众所周知,当时荷兰各社会阶层的人们喜爱风景画。同样地,人们也喜爱地图以及收藏地图。印刷精美的地图是人们非常喜爱购买的消费品。人们经常把一大张单张的地图挂在房间里或是建筑物庄严的大厅里,就像是具有纪念碑性质的象征物。地图所展示的讯息,表明拥有者在知识上的博雅以及政治上的抱负。荷兰共和国执政官拿骚的伯爵韩德里克用地志画和地图来装饰他的宫廷,许多地志画是从地图上临摹下来的。在17世纪60年代,东印度以及西印度公司的官员曾经在他们办公的地方展示过50—60幅地图。这些政治家和商人很自豪地向许多外国来访者如美第奇家族的科西默三世(Cosimo III de' Medici, 1642—1723)以及撒克逊选帝侯弗雷德里希·奥古斯都一世(Frederick Augustus I, elector of Saxony, 1750—1827)展示自己的地图,并使得后者留下深刻的印象,后者也用这些富丽堂皇的地图副本装饰自己的宫殿。

还有一些荷兰富有的人士如市政厅的议员、省议会的议员、公共机构成员如开垦地委员会的成员都喜欢用地图来装饰他们的家庭或者机构,就像他们用绘制有当地的以及海外的题材的画来做装饰品一样。有些人使用地图有实用的目的,如按照地图在城市和乡村收税,或者组织船队出海,其中也不乏附庸风雅之人。此举一时间蔚为风尚。大学的教授以及学生需要购买地图进行教学与研究,比如,格劳修斯在离开荷兰以后在国外举行讲座的时候经常以地图向人们说明世界的格局以及形势,他还将地图作为教育他的儿子们的重要教学工具。除了地图以外,17世纪的阿姆斯特丹的制图学家还非常喜欢绘制和出版大型的城市图画,其中既有荷兰的城市,也有欧洲其他国家的重要城市如各国首都或是具有重要商业意义的城市。当时的阿姆斯特丹拥有最好的制图以及印刷条件,也有最好的绘图师,可以最真实地反映这些欧洲城市的风貌。它们通过发行地图的书店以各种渠道被销售到欧洲各地,深得人们的喜爱。在17世纪的晚期,荷兰人还组织过一个关于地图和地志画的社团,这是一个对这些地图有兴趣的人讨论研究交流藏品的学术性团体。以地图和城市图画作为室内装饰品至少反映了两点:一是说明主人家的富有,因为在早期的荷兰,地图是价格不菲的;二是说明主人家有着比较高的文化水平和教养。制图学虽然在当时是比较新的科学,但是已经得到社会高度的认同。另外,人们经常使用地图的装饰来表现他们的爱国的情操、商业的兴趣。地图有各种不同的幅面,也有各种不同的价格以适合当时荷兰社会不同人群的需要。特别是在阿姆斯特丹,地图的展示成为新的荷兰共和国的民族主义、商业和道德价值的体现。后来,荷兰印刷的费用比较低廉,所以地图的发行量也比较大,由于地图在17世纪的荷兰社会已相当普及,所以地图广泛地存在于货物清单以及图书目录的记录当中,已故的经济史学家蒙蒂亚斯(John Michael Montias)对于阿姆斯特丹档案馆所藏的从1597年至1681年的1 280份货物清单做了清查以及统计,这些清单来自公证处、孤儿院、银行的破产记录,它们中有51 071幅绘画、印刷品、地图以及地球仪,许多清单和目录不是专门关于地图的,但是地图在当中占了相当大的部分,而且为社会各个阶层所拥有。一些清单中列出了地图的价格,每一幅在20荷兰盾左右。不仅上层阶级热衷于地图,就连一般民众如面包师、外科医生、裁缝、买卖谷物的商人以及寡妇都是地图的收藏者。

在荷兰海洋帝国的黄金时代,阿姆斯特丹始终是制图业的中心。重要的制图业的家族以及印刷所都设在那里,这里不仅出产不同类型的地图集,也出产单幅的地图以及墙上挂着的地图。这些地图还用不同文字加以说明,或者出版不同文字的版本,地图印刷材料以及印刷的品质都很高,地图的边框都用丰富多彩的艺术图案进行装潢,图中有人物、城镇、物产、自然风光和社会的风俗,适合不同人群的需求。

在阿姆斯特丹以外的地方,荷兰社会各阶层也都需要使用地图,特别在一些省份以及市镇的行政管理中心更是如此。当时的城镇规模都在扩大,要塞也在不断修建和增加,还有许多建筑工程如堤坝、海岸、运河以及沟渠的修筑都需要使用地图或者制图学方面的知识。学者们在研究的过程中也在实现从使用传统的地理资料慢慢地向使用新型的地图以及地球仪转变,随之而来的是知识结构的转变。荷兰海洋帝国从欧洲的海岸线向东西印度的扩张都必须使用大量的具有可靠的知识背景的地图,同时,从事远航活动的海员和军人又从世界各地带回丰富的域外知识,从而使得地图的描绘变得更加丰富和准确。直到17世纪末叶,荷兰的海洋制图学在欧洲还一直处于领先的地位。这些地图成为荷兰民族开拓精神以及灿烂辉煌的荷兰黄金时代的象征。

由于17世纪的荷兰是一个在远洋航海技术方面领先的国家,因此,在地图、海图、航海手册以及游记故事写作方面也自然处于领先的地位。但是,这些书籍在荷兰国内,读者仍然不多。荷兰文学史中的有影响的人物对于他们的同胞所写的海外事业感兴趣的人很少。倒是外国的文学家如塞万提斯、弥尔顿和莫里哀对于他们各自国家同胞的同类作品更加抱有兴趣。

三、智识与文化

哲学和启蒙运动 贝特兰·罗素在《西方哲学史》中指出,经过三十年战争,人人都深信无论新教徒或者旧教徒,哪一方也不可能获得全胜,要将基督教的教义统一起来的观念是属于中世纪的,随着时代的发展这种观念也已经过时了。由于时事的变迁,个人独立思考的自由空间在日渐扩大,不同国家的宗教信条各异,因此有些人可能侨居国外逃避迫害。有才能的人因为厌恶神学中的争斗,越来越把注意力集中到现世的学问,特别是转移到数学以及自然科学上。在欧洲各国,罗素指出:"17世纪的荷兰是唯一有思想自由的国度,它的重要性不可胜述。霍布斯只好拿着他的书在荷兰刊印;洛克在1688年前英国最险恶的五年反动时期到荷兰避难;培尔(《历史的和批判的辞典》的作者)也迫于现实要在荷兰居住;斯宾诺莎假若在任何旁的国家,恐怕早就不许他从事著述了。"启蒙运动是欧洲历史发展中具有重要的关键性的智识运动,它的结果就是整个欧洲走向了宗教宽容和科学理性。在欧洲早期的启蒙运动中,荷兰扮演了"自由之母国"(the mother of nation of liberty)的角色。

斯宾诺莎(Benedict de Spinoza or Baruch Spinoza, 1632—1677)是17世纪荷兰黄金时代乃至欧洲当时最伟大的哲学家和思想家之一。《不列颠百科全书》对其身份的定义是"17世纪的唯理性主义哲学家,哲学史上最完美的形而上学体系之一的创立者"。罗素在《西方哲学史》中评价他:"是伟大的哲学家当中人格最高尚、性情最温和可亲的。按才智讲,有些人超越了他,但是在道德方面,他是至高无上的。他在生前和死后一个世纪内,被看成是坏的和可怕的人,这是当然的后果。他生来是一个犹太人,但是犹太人把他驱逐出教。基督徒同样对他恨之入骨,尽管他全部的哲学贯穿了'神'这个观念,正统的信徒仍然斥责他为无神论。"

斯宾诺莎的祖先原是居住在西班牙的累翁省埃斯宾诺莎镇的犹太人,后来因为害怕西班牙宗教裁判所的迫害到葡萄牙避难,其祖父一代又流亡到荷兰,父亲则在阿姆斯特丹从事进出口贸易。祖父和父亲都是富裕的商人,在当地的犹太人社团中一直是处于上流的社会地位。1632年11月24日,斯宾诺莎出生于阿姆斯特丹的犹太人社区,这一年也是阿姆斯特丹大学成立之年,7岁时进入犹太人专门培养拉比的学校,学习希伯来文、《塔木德》和犹太人对于《圣经》的注释,在课余的时间,他学习了荷兰语和拉丁语,也许还学习了一点法语、德语和意大利语,他在家里和学校里使用的是西班牙语。他在研究犹太教经典的时候产生了怀疑主义的思想,被当时的犹太教的权威人士视为离经叛道。1652年,他20岁,进入前弗朗西斯科·凡·丹·恩德(Francis van den Ende, 1600—1674)在阿姆斯特丹开办的拉丁语学校,并在这里接触到笛卡尔哲学、古典哲学以及文艺复兴时代思想家的作品。不久,他担任希伯来文教师。两年以后,他家族经营的海运船只遇到海盗抢劫,家庭中也发生财产纠纷,他将大部分财产赠予姐姐。1656年7月27日,斯宾诺莎因为坚持思想自由、怀疑灵魂可以脱离肉体而存在、怀疑超自然的上帝和天使的存在被犹太人教会革出教门,市政厅也因犹太人会堂要求对他下驱逐令,他只得移居奥微尔开克村。他学会了磨透镜的技术,并以此为生。在此以前,他的父亲死于1654年,母亲在这之前很久就已经去世了。因此,斯宾诺莎对于犹太人的社会完全失去了依恋。他曾经以几何学的方式阐释笛卡尔的《哲学原理》,他的哲学思想是笛卡尔的发展,也是对笛卡尔的否定。他的生计靠时而在学校教书,时而当私人家庭教师来维持,但是大部分时间则依靠他的极其精湛的研磨光学镜片的技艺来维持。有一些朋友和学生经常在他指导下的一个学习小组里学习,他们给他500弗罗林的年金,但是他至多只收300弗罗林。1660年,他迁居到莱因斯堡,1663年又迁居海牙附近的伏尔堡。后来,他一直居住在阿姆斯特丹从事形而上学的哲学思考。他一生淡泊名利,清贫度日,在该城市中以磨透镜的职业为生。

斯宾诺莎写下了不少有关他自己的哲学思想著作,如《上帝、人以及幸福短论》(*Short Treatise on God, Man and His Well-being*)、《知性改进论》(*Treatise on the Improvement of the Understanding*)等。他的名著《伦理学》(*Ethicas*)在1665年接近完成。他认为上帝与整个自然界是相一致的,他

斯宾诺莎肖像,无名氏约作于1665年

不仅否定了上帝的超然存在,而且否定了上帝的人格、天命意志、自由意志以及意图。他认为实体具有无数的属性,人类的心灵只能够掌握无限的属性中的两种即思想和广延。他将人类的理解力称为上帝无限智慧的一部分,而上帝本身也是大自然的一部分。在斯宾诺莎与友人的通信中,他并不否认《圣经》是真理的源泉,他承认在阅读《圣经》的时候所获得的"成果仍然是可喜的,因为我得到享受,而且努力使我的生活过得无怨无悔,平静欢愉",但是,人必须首先要摆脱自己的"偏见与幼稚的迷信"。尤其必须停止从人的角度去设想神,把神拟人化。神不是法官,也不受激情的支配。各种激情(愤怒、猜忌、期望等)都是神学家为了利用一般人的希望与恐惧而荒唐无稽地归因于神的。但是当时的社会气氛不利于这种书籍的出版,在加尔文教派和寡头集团专政的情况之下,不容异端的气氛甚嚣尘上。因此,他考虑写一部捍卫思想以及言论自由的著作,驳斥《圣经》上所谓的支持教士干预世俗以及政治事务的观点。

1670年,斯宾诺莎的《神学政治论》(*Tractatus Theologico Politicus*)以匿名的方式出版,出版地点写的是"汉堡"。次年,此书就被荷兰的新教会列为禁书。斯宾诺莎在这部著作中论述了许多神学以及政治问题,如《圣经》的历史地位以及对于它的解读,犹太人民族之为神所挑选,国家的起源,政府与教会的性质、合法性以及各自的界限,宗教信仰之间互相宽容的必要性等。这些问题很可能他在被革出教门的时候已经开始认真思考了。他在书中详细地论证了《圣经》的阐释问题,并且对《圣经》各部分的起源提出了自己的见解。他认为《圣经》与其说是受到上帝的启示的作品,不如说是由人写出的。他还认为《旧约》只是古代犹太人自身的历史,这种将《圣经》视为历史著作的观点,也使得当时许多人感到不安和愤怒。四年以后,这部书籍遭到荷兰法庭(Count of Holland)禁止。该书开宗明义就指出:正是教士们利用普通人的情感在信徒中倡导迷信的教义与行为。在致力追求现世利益的生活中,人们主要的情感便是恐惧和希望,于是便寄希望于那些似乎可以帮助他们获得好处的膜拜。于是,人们祈祷、礼拜、许愿、献祭,参加各种流行的宗教仪式。但是各种情感犹如引起这些情感的事物一样变动不居,因而建立在这些情感上面的迷信现象往往动荡不定。野心勃勃而且图谋私利的神职人员尽最大的努力稳定这种局面,设法使那些教义与行为永久不变。"宗教不论真假,大多委以盛大堂皇的仪式,令人觉得颠扑不破,叹为观止,从而以最高的忠诚翕然从之。"对于教会领袖的意图,政府当局一般是助纣为虐,威胁要把偏离正统的一切思想都视为"扰乱治安"加以惩处。结果就是造成一种缺乏理性基础的国教,一味地"崇敬教士",包括阿谀奉承和装神弄鬼,绝非真正的敬神。斯宾诺莎认为,解决之道就是要重新审视《圣经》,把"真正的宗教"的教义找回来,要厘清如何表示对神的崇敬和获得福祉。要减少宗教当局对人的情感生活、精神生活和物质生活的支配,恢复国家与宗教之间正当而健全的关系。论证哲学思辨的本质就是思想和言论自由。

斯宾诺莎在《神学政治论》中还认为,一方面世俗国家对于民事以及宗教两方面的公共事务都应该拥有管理权,不应该存在设立于国家管理之外的教会,这是防止教派纷争的有效手段,而统治者则应该按照神律进行统治。另一方面,"内在的宗教信仰"以及由此产生的教义即内心的虔诚,则属于个人的专利。这是一种不可剥夺的私权。"按照绝对自然的权利,每个人都是他自己思想的主人,因此,不顾人们的不同和反对意见,迫使人们只按照当权者的规定说话,任何这种企图必遭彻底失败。"在《神学政治论》第二十章中,他论述:"在一个自由的国家中每个人都可以自由地思想,自由地发表意见。……政治的目的不是把人从有理性的动物变成畜生或者傀儡,而是使人有保障地发展他们的心身,没有约束地运用他们的理智;既不表示憎恨、愤怒或者欺骗,也不用嫉妒、不公正地加以监视。实在说来,政治的真正目的是自由。"他最后还指出了政治和宗教之间的界限:"一个国家最安全之道是定下一条规则,宗教只是实行仁爱与正义,而统治者关于宗教事务之权也一样,只应管到行动。但是每个人都应随意思考,说自己心里的话。"在他的心中,很可能荷兰以及阿姆斯特丹是一种比较理想的社会的典范——在这个社会里不存在贫富的差别,人们并不过问宗教信仰或者国籍,那里存在着和平共处的宽容——而人们之间的和平共处是持久的良心自由以及作为人类美德的宽容的基础。此书不仅是斯宾诺莎对自己自由思想的辩护,也是支持当时的联省共和国政治家德·维特政策的作品。

斯宾诺莎认为民主政体是"最自然的国家形式"。在此政体之下,构成大众的公民为他们自己保留最高的统治权力。国家每一个成员有权在制定法律和担任公职的机构中投票。"统治权"因而直接掌握在被统治的全体人民手中。同时,他也承认,实际上并不是每一个国家都将成为民主国家。许多国家由于其历史传统或者某些其他的因素,可能不适合这样的政体。他还认为,对于构成政府的基本结构,无论它可能是怎样的,都不应该考虑激进的变革。主要的问题不在于如何实现理想的国家本身,而是在于如何在实践中和现实主义的条件之下,建立君主的、贵族的和民主的政体,以便它可以尽可能地为政府之所以存在的各项宗旨服务。每一种政府的形式都可以按照自己的类别加以完善,使之变得更加有效并且最优化。

1672年8月,荷兰联省议会的大议长德·维特被暴民残忍地杀害。当时斯宾诺莎正居住在海牙,听到这个噩耗后感到无比愤怒。多年以后,莱布尼茨途经海牙的时候与斯宾诺莎谈起这件事情。莱布尼茨写道:"餐后我与斯宾诺莎共度了几个小时。他对我说,在维特兄弟遇害的那天,他想要夜间出去,在杀人现场附近张贴告示,写明'ultimi babarorum'(野蛮透顶),但是他的房东把门锁上不让他出去,以免他也同归于尽。"

在德·维特政府垮台以后,斯宾诺莎也迈向人生的最后阶段,他经常在内省中度过这些岁月。他依然相信民主是政府最佳的形态,但是对人性的阴暗则有了更深刻的思考。他这样写道:"贫困之人容易陷入激情,也倾向报复,而非仁慈。"1673年,法国军队驻扎在乌特勒支,斯宾诺莎应邀到那里拜访了孔代亲王,他想促进和平的事业,结果无功而返。同年,他还被普鲁斯选帝侯路德维希聘为海德堡大学的哲学教授,但是他谢绝了。晚年的斯宾诺莎一直居住在伏尔堡以磨镜片为生,有迹象表明他的技艺非常高超。惠更斯在1667年给兄弟写的信上说:"伏尔堡的那个犹太人在他的显微镜上所用的透镜磨光精良。"他赞赏斯宾诺莎的透镜及其仪器。斯宾诺莎在给一位朋友的信中写到惠更斯用一部机器磨镜,而他认为,"经验告诉我,在磨制球面镜片的时候,徒手作业比任何机械都会取得更保险或者更好的效果"。斯宾诺莎于1677年2月因潜伏的肺病恶化逝世,其病因很可能是因为吸入过多磨镜片产生的粉尘。

罗素在《西方哲学史》中对于斯宾诺莎有这样的描述:"斯宾诺莎的世界观意在把人从恐惧的压制之下解放出来。'自由的人最少想到死;所以他的智慧不是关于死的默念而是关于生的沉思。'斯宾诺莎的为人极为彻底地实践了这句箴言。他在生活的最后一天,也完全保持镇静。不像《斐多篇》里写的苏格拉底那样情绪激昂,却如同在任何旁的日子,照常叙述他的对谈者感兴趣的问题。斯宾诺莎与别的哲学家不同,他不仅相信自己的学说,也实践他的学说,我没有听说他有哪一次,因为遇上非常惹人生气的事情,陷入自己的伦理观所谴责的那种激愤和恼怒里。在与人争论当中,他谦和明理,决不进行非难,但是竭尽全力来说服对方。"《十六、十七世纪科学、技术和哲学史》的作者亚伯拉罕·沃尔夫(Abraham Wolf)写道:"斯宾诺莎的哲学可说是最充分地表达了那种自我独立、不受任何'权威'帮助和牵制的近代思潮。它还庄重地表达出对自然界的新的友善态度和对需要超自然的日益增长的怀疑。它不仅充满热情,而且还严格地合乎理性,同时又焕发出道德的光华。它达到了统一,但是其途径不是忽视任何似乎确有权利要求实在性的事物,而是依赖它的总括万殊的广包性。在斯宾诺莎看来,实在世界是一个实在的宇宙,一个总括万殊、紧密联系的宇宙,在其中,物质、精神、人和神各得其所,一切都不是变幻莫测的或是随机偶发的,而是万物都井然有序地符合于万古不变的规律。"

培尔(Pierre Bayle,1647—1706)是长期生活在荷兰的法国哲学家和作家,百科全书派的先驱者。他出生于法国阿列日河附近的卡拉-培尔(Carla-Bayle)。他的父亲是一位胡格诺派牧师,他接受父亲的教育并在法国南部皮洛朗(Puylaurens)的一所学院里学习。1669 年他曾经在一所耶稣会的学校里学习,并短期地信奉天主教,不久就放弃了天主教信仰,去了日内瓦。早年他当过家庭教师,后来在 1675 年至 1681 年在色当的新教学院教授过哲学。1681 年,在当时的法国即将镇压新教的时候,他移居鹿特丹并长期生活在那里,成为一位生活在鹿特丹的胡格诺派的避难者。他在当地教授哲学和历史。1682 年,他匿名发表了论述 1680 年掠过欧洲上空的彗星的文章,嘲笑认为彗星是灾难的预示。他还对于基督教的许多传统进行质疑,引起加尔文派神学家的极度不满。培尔希望人们能够在宗教信仰上采取宽容的态度,甚至对无神论也是这样。他的见解使得当时的加尔文派相信他是一名实际上的无神论者。当他主张对路易十四的反加尔文教派的政府采取和解的态度时,荷兰的加尔文教会对他采取了完全敌视的态度。1693 年,他失去了鹿特丹的教授的职务。从那时起,他倾注全部的心血编撰《历史的和批判的辞典》(*Historical and Critical Dictionary*),该书在 1695 年至 1697 年间写成,表面上是 L.莫勒里辞典的补编,实际上是一部具有很大的创造性的著作。作者在这部百科全书式的著作里,对宗教、哲学以及历史的条目本身只做扼要的说明,而主要致力于引语、轶事和注释,而条目中许多原来被认为是正统的东西都被他所写的渊博的注解批驳得体无完肤。特别是关于《大卫》的条目以及关于怀疑主义、无神论和泛神论、伊壁鸠鲁主义思想的阐述都引起了激烈的反响。他深信哲学的推理会导致全面的怀疑主义,但是人类的本性却迫使他们去接受盲目的信仰。许多读者在阅读以后对于以前所信奉的严格的无论是新教的或是天主教的宗教信条发生动摇。他还是一位杰出的提倡不同信仰之间宽容的思想家,他将路易十四取缔《南特赦令》与康熙皇帝发布谕旨允许基督教在中国传播的行为进行比较,指出前者的褊狭与顽固。他的一生算是一位新教徒,但是他的著作对于 18 世纪逐渐形成的启蒙思想中怀疑主义和理性主义具有很大的影响。培尔的著作在法国出版时即遭到禁止,罗马天主教会的宗教裁判所,也将他的书籍列入"禁书目录",但是《历史的和批判的辞典》仍然可以在荷兰出版,并且在 18 世纪初年,不断再版并被翻译成英文和德文。

  法国的启蒙思想家笛卡尔(René Descartes, 1596—1650)虽然是一名天主教徒,但是他却喜欢在信奉新教的荷兰居住和研究。笛卡尔的父亲是布列塔尼地方议会的议员,拥有一份相当大的地产。笛卡尔在父亲去世以后继承了这笔遗产。从 1604 年到 1612 年,他一直在一所耶稣会的学校里接受教育,打下了深厚的数学根底,1612 年去了巴黎,后来又退居乡下,1617 年,他加入荷兰的军队,当时荷兰太平无事,他享受了两年太平无事的沉思的生活,在 1628 年他曾经加入围攻胡格诺派的军队,可能是为了逃避纷争,他不久就选择到荷兰居住。1629 年至 1644 年他长期居住在荷兰,成为一位不愿意公开露面、行为隐秘、喜欢隐居的哲学家,其座右铭是"隐居得越深,生活得越好"。据说他也喜欢荷兰的气候,更喜欢这里安静的与世隔绝的生活——这是他在巴黎办不到的。1631 年左右他在荷兰出版了一本名叫《论世界》(The World)的书籍,这是一本在物理学方面涉猎广泛而颇具前瞻性的著作,不过在他生前并没有公开出版。在这段时间,他的思想非常活跃,每周都要花一天的时间写信,借此引发哲学的讨论。他还把主要的时间花在光学以及生理学的试验方面。他还用钱去买来人的尸体进行解剖,当时只有在荷兰才能够做到,在天主教国家这种做法是不可想象的。1633 年,他出版了《人论》文集。在此之前不久,他听到了伽利略被宗教裁判所判罪的消息。由于害怕像伽利略一样受到教会的谴责,他非常谨慎地隐瞒了自己的真实思想。1635 年,他的朋友勒内里(Reneri)开始在乌特勒支介绍他的自然哲学思想。从这一年到次年的冬季,他决定发表《论正确地运用自己的理性在各门学问里寻求真理的方法》(Discourse on the Method of Rightly Conducting One's Reason and Seeking the Truth in the Sciences),简称《方法论》(Discourse on the Method),他希望这本著作能够被更多的人所接受,所以用法语而非拉丁语写成。1637 年 8 月,就在《方法论》出版之时,他移居哈勒姆附近的荷兰海岸,一直居住到 1639 年底,这可能是他一生中最幸福的时光。他用了大量的时间来处理信件,主要是回答对于《方法论》一书的各种意见。他也经常到一个牧草园里从事耕作,解剖动物的尸体,对自己的著作加以评注,对诸如滑轮、杠杆以及齿轮等各类简单机械原理进行解释。从 1638 年开始,他从事《第一哲学沉思集》(The Meditation on First Philosophy,简称《沉思集》)的创作,虽然在这部著作的前言中他对于教会以及索邦神学院表示了感谢,但其中阐发的物理学观念却隐含了地球不是太阳系的静止中心的观点,表现出一种革新的思想,不过他也没有做出更明确的陈述。从 1641 年开始,他写作了《哲学原理》(Principles of Philosophy),并写作未完成的对话录《真理的探求》(The Search for Truth)。《哲学原理》包括四个部分,是笛卡尔自然哲学和形而上学的完整阐述,采用的是教科书的形式,具有很强的综合性。但是该著作的第五和第六部分则没有完成(据说是涉及生命的存在以及人等内容的)。以后的一段时间里,他又恢复了对于解剖学的兴趣,并写了《人体描述》(A Description of the Human Body)的短论。从 1629 年到 1649 年,除了少数几次短时间去法国以及一次去英国以外,他在荷兰居住了 20 年。晚年,他想回到法国,但是巴黎却在动乱中。1646 年,在瑞典女王克里斯蒂娜的邀请之下,他去了瑞典,1650 年逝世。

约翰·洛克(John Locke,1632—1704)在 1683 年至 1689 年间为躲避斯图亚特王朝保皇党人的迫害流亡到了荷兰,在阿姆斯特丹他与那些像他一样流亡到荷兰的法国新教徒以及鼓吹宽容的荷兰人频繁往来。1685 年的冬天,他与菲利普·凡·林堡格(Philip van Limborgh,1623—1712)进行了多次交谈并且受到促动,写下了《论宽容第一书简》(Epistola de Tolerntia)。就在那一年的 10 月 18 日,法国国王路易十四宣布废除《南特敕令》,剥夺法国的新教徒的一切宗教自由和公民自由。在以后的几年中,移民到英格兰、普鲁士、荷兰以及北美的胡格诺教徒达 40 万之众。洛克看到了法国持续不断的对新教徒的排斥,也看到了英国的开明思想家们被逼迫的命运,由此产生了深刻的思考,这就是这部后来闻名遐迩的著作产生的背景。林堡格是当时阿姆斯特丹抗辩派的领导人,与洛克同在一个文学社团。这封信的原文是以拉丁文写成的。洛克充满激情地呼吁宗教的宽容,这在欧洲的政治哲学史上是绝无仅有的。这本著作特别适用于当时英国和法国的情况,但是却是在荷兰的土地上产生的。荷兰联省共和国为所有基督教宗派的和平相处提供了榜样,这是促使洛克深入思考这个问题的社会环境。1688 年,"光荣革命"发生,洛克回到了英国。次年,林堡格用匿名出版了这本书简集,不久以后,威廉·坡普尔(William Popple)的英译本很快就面世了。

《论宽容第一书简》首先指出宽容是基督教教义的重要组成部分,"宽容是纯正的教会的基本特征"。每个人都以自己为正统不是基督教会的标志,只不过是争夺他人权利或者是最高权威的标记。倘若缺乏仁爱、温顺以及对全人类乃至非基督徒的普遍的友善,就不配称一个基督徒。他指出信仰不是一个意志的问题,个人不能在受到压迫的情况之下突然决定去信仰他事实上并不信仰的东西。压迫与信仰之间绝对没有因果的关系。正因为如此,使用武力或进行压迫是非理性的,至多只能造成假的和伪装的信仰,这违背了上帝只接纳真心信徒的意愿。他认为政府在信仰方面使用武力是不明智的,况且起不了什么正面的作用,只能在公民中引发骚乱。他强烈地呼吁政教分离:认为国家的目的是"谋求、维护和增进公民们自己的利益。所谓公民利益,我指的是生命、自由、健康和疾病以及诸如金钱、土地、房屋、家具等外在物的占有权。官长的职责是:公正无私地行驶平等的法律,总体上保护所有的人并具体地保护每一个公民属于今生的对这些东西的所有权"。"教会属于一个自由的、自愿的团体,因为任何人都不是生来就属于某一教会,教会的宗旨是共同礼拜上帝,并以此手段求得永生。"他认为政府和教会都是人们自发组成的机构,但是它们的目的和手段各不相同:国家应当执行法律和维护秩序,保护人民的生命财产安全、解决各种冲突,国家是垄断强权和武力的。教会存在的目的就是要通过灌输信仰、劝诫以及树立好榜样使得人的灵魂得救。两者的目的与手段各不相同,不能侵犯彼此的权威,国家不能干涉个人的良心问题,教会也不能对触犯法律的人实施惩戒。洛克的这封信在英国发表以后,遭到牛津大学女王学院的一个高级教士的反驳,他认为为了促进"纯正的宗教",使用强制的手段是正当的和合法的。洛克后来在 1690 年、1692 年和 1704 年,又以书信的形式写了三篇论宗教宽容的著作,但是最后一篇没有写完就与世长辞。这四篇书信后来合起来收在洛克的《论宗教宽容》中。洛克的主要思想后来成为近代欧洲宗教自由观念的基础,也是后来被纳入欧洲各国宪法的政教分离原则的基础。他的宗教观点和政治观点都带有理性主义的特征和对自然理性的信仰,在 17 世纪后期得到广泛的传播。

主要生活在 18 世纪的法国伟大的启蒙思想家伏尔泰(François-Marie Arouet, Voltaire, 1694—1778)早年在旅居英国时已经深受洛克的哲学思想和牛顿的科学思想的影响,他对于当时天主教会的腐败和不宽容是极度不满的。他曾经五次来到荷兰省。早在 1737 年,他就对荷兰的教授们以及各个大学通过提供给学生以新的思想和新的研究方法（特别在科学以及医学方面）来吸引外国学生的能力十分欣赏和震惊。他认为当时无论法国人还是英国人都在介绍本国和外国的新思想方面赶不上荷兰。他发现荷兰人虽然自己不能撰写书籍，"但是由于他们是全世界的经纪人，所以他们能够同时出售别国的精神产品以及食品"。马克斯·加洛（Max Gallo）在《伏尔泰的一生》中写道："在荷兰吹拂的自由之风使他沉醉。他发现一个强大的、商业繁盛的、自由的国度。在阿姆斯特丹的港口里有一千多艘船只，在居住在这座城市里的五十万人之中，没有一个游手好闲的人，没有一个穷人，没有一个二流的作家，没有一个粗俗无礼的人。在那里看不见任何捧场的人。人们不会为了看到一位王子走过而排起人墙。人们只知道工作和谦虚。"荷兰的人们则如饥似渴地阅读他编撰的《哲学辞典》（*Dictionnaire Philosophique*，1764），这是一部按照字母顺序排列的短文集，其中包含了讨论宽容的一个章节。这本书与他1763年出版的《论宽容》（*Traité sur la tolérance*）一书共同阐述了他的关于宽容的思想。他并没有对于洛克的思想注入新的内容，但是却更加广泛地传播了洛克的思想，并且对当时法国民事当局与天主教教会持续不断地迫害新教徒进行了猛烈的鞭挞。

荷兰的启蒙者，并不像法国或者英国的启蒙思想家那样激进。这主要是因为荷兰人从17世纪起就没有像法国人民那样生活在绝对君主统治下的政治环境中，也没有一个非常严厉的教会体制的压抑。因此，荷兰接受启蒙思想的人士在当时没有明显的反教会体制的观念，他们更加喜爱研究物理和从事科学实验等自然科学领域的探索。当然，也有一群喜欢讨论社会政治的启蒙思想者。由于新教鼓励个人直接阅读《圣经》，因而也从另一个方面促进了人民的识字率以及间接地影响了启蒙运动的形成。新教徒一般比较理性、世俗、具有批判的意识和务实的生活态度，使得很多的加尔文教徒与启蒙运动的关系较天主教徒更加密切，即便启蒙运动在很大程度上都是反宗教的。

出版与社团 荷兰人还经常透过各种出版物来表达以往和当前的文化、思想方面的成就、经济的繁荣以及自由的社会体制等。欧洲人对于这个年轻的共和国迅速崛起于世界舞台，感到万分惊奇。

18世纪，整个尼德兰的北方一直是欧洲启蒙运动思想家的出版中心。培尔、洛克、休谟、孟德斯鸠、伏尔泰、卢梭以及雷纳尔（Rayle）的书籍在这里大量地印刷，推出过许多不同的版本。它们都躲过了法国的出版审查，尽管并非所有的书籍都标明是在荷兰印刷的,有些书籍则是在法国秘密印刷的。不过,即便是理想主义哲学家的书籍在荷兰广为流传,为人们所诵读,也不能说荷兰的寡头政府领导者都乐意接受他们的思想,那些基要主义的加尔文派牧师更加不能认同启蒙思想家的观点。荷兰的归正宗教会公开地禁止卢梭的著作,联省议会也曾经在 1621 年禁止出版那些在"神学以及政治上都不能令人接受的作品",1624 年禁止出版匿名的书籍。但是这些禁令不是无效就是得不到有效的贯彻。比如笛卡尔的《方法论》就是 1637 年在莱顿以匿名的方式出版的。由此,荷兰共和国成为一个欧洲最重要也是最活跃的出版业中心。1600 年,荷兰的 20 座城市里有 68 家印刷厂以及出版社。到 1650 年,34 座城市中至少各拥有 1 家印刷厂或者出版社;247 家印刷企业中有 3/4 都集中在荷兰省,他们互相争夺作者。阿姆斯特丹在 1650 年拥有 91 家印刷厂和出版社。

在整个 17 世纪,荷兰共和国出版的书籍达到 10 万册,其中很大一部分是用于出口的。荷兰省的出版商向英国出版英文版的《圣经》,向波兰的犹太人提供希伯来文以及意第绪语的《圣经》,向德意志的天主教徒提供神学以及教理问答等读物。他们的出版事业带有明显的世界性导向,对于出版物的版本和内容也不太在意。阿姆斯特丹公开拒绝书籍审查制度。斯宾诺莎的《神学政治论》和其他许多禁书的出版商是扬·留沃兹(Jan Rieuwertsz),据说还是阿姆斯特丹的官方印刷商。有时,某些书籍的扉页上写有一个外国城市的名称,其实这并不是真正的出版地点。这些书商也毫不犹豫地印刷盗版的书籍。荷兰共和国黄金时期是欧洲书商最多的国家,每一个城市都有为数不少的书商。在代芬特尔,从 1626 年至 1650 年有 6 个书商,豪达有 7 个,米德尔堡有 19 个,吕伐登有 17 个,平均每 1 500 名居民中就有一个书商。在大学城莱顿,书商在全部人口中所占的比例是很高的。在 1700 年的阿姆斯特丹,那些领取结婚证书的人中有 3/4 的男子和一半的女子能够在证书上签名——与其他国家相比,这是一个极高的比例。直到 18 世纪 60 年代,荷兰的各大主要城市里还都在出售包括伏尔泰在内的主要的法国启蒙思想家的著作,虽然不是广泛地出版,但却是非常自由地出版。有一些伏尔泰的著作甚至在尼德兰南方地区以法语或者荷兰语出版。

荷兰人的识字率如此之高首先与这个国家的城市化的程度较高有关,同时也要归功于各新教的教会坚持使用本国语言传教以及阅读本国语言的《圣经》。在 17 世纪上半叶的联省共和国中,与当时欧洲其他的国家一样,宗教和神学的著作是人们最感兴趣的读物,接着便是法律、政治以及古典文学。1612年,阿姆斯特丹市政厅图书馆中荷兰语的图书只有7本,1608年乌特勒支市立图书馆目录登记的3 000册图书中绝大部分是神学著作。不过到了17世纪下半叶,情况就有了改变。法语文学著作有了很大的增加,受到统治阶级以及富有的市民的普遍欢迎。法语与荷兰语书籍也有了很大的增加,尽管拉丁语书籍明显地仍然是较高阶层的读物。埃瑟维尔(Elsevier)负责的印书行是专门为学者、律师和神学家出版图书的书商和出版家,他在欧洲享有盛誉并拥有许多要求印书的委托人,在1594年至1617年,该印书行出版的图书96%的标题是拉丁文的。从1626年至1652年,作为莱顿大学图书的出版人,在最初的5年中,出版的图书中法语的只占1%,但是在这一时期的最后5年中,法语图书已经超过了50%。1685年,在鹿特丹避难的胡格诺派哲学家和批评家皮埃尔·巴勒(Pierre Bayle)写道:"法语在这个国家是如此拥有好名声以至于法语书籍在这里比任何别的书籍都卖得更好。"

约从1650年开始,荷兰图书出版数量有了明显的增加,17世纪下半叶是上半叶的三倍。然而,通俗的旅行故事书和有关航海的书籍仍然竞争不过《圣经》以及文学家雅各布·卡茨的打油诗集。后两种书籍可以在荷兰每一个认字的家庭中找到。当然,《圣经》是最普及的,但是卡茨的配有插图并相对说来比较贵的诗集,在1655年竟然卖掉了五万本。从南部尼德兰到南非的广大地区,人们广泛地阅读卡茨的作品,但是出口到英国和日耳曼的主要书籍是《圣经》。有一位阿姆斯特丹的出版商吹嘘说:"几年里面我自己就为英格兰和苏格兰印刷了一百万本《圣经》,连牧童和女仆都人手一册。"他的话带有明显的夸张,但是在1672年,查理二世的出版商抱怨说由于荷兰人倾销大量的《圣经》,英国人自己卖掉的不及以前的十分之一。到了17世纪末叶,荷兰一个国家出版的书籍超过了欧洲其他国家加起来的总和,这些书籍大部分是面向当时的国际市场的。与游记文学、地理以及航海书籍不同的是,这些书籍很快就被翻译成欧洲其他国家的文字,因为它们都有实用的参考价值。当时,荷兰流行着一种"驳船上的谈话"(Barge Talk or Schuitpraate)方式,就是指水手、农民和市民与驳船上的乘客一起讨论时下流行的小册子上所写的社会问题。斯宾诺莎、培尔、笛卡尔、洛克以及伏尔泰的著作所提倡的价值观逐渐地从根基上铲除了对于宗教信条的盲从,并培养出批判性地研究、讨论问题的精神。

18世纪的启蒙时代,学术、文学以及科学的社团在荷兰相当盛行,它们都是在启蒙运动思潮的影响之下应运而生的;除此以外,荷兰共和国的经济与国际地位逐渐衰落也是社团出现的原因之一。在 18 世纪,人们怀念黄金时代的辉煌成就,希望重新提升荷兰的国际地位,重返辉煌的岁月,这成为知识分子的共识。一些有识之士,希望借助新观念的推广传播,教育人民。当时荷兰涌现的社团,大多有官方如城镇政府的支持和资助,因此社团的领导人也包含官方人员。社团与教会的关系也非常密切。有些学术性社团,鼓励成员进行学术研究,也接受政府支持的东印度公司以及西印度公司的委托进行各类的研究。由于受制于官方,所以成员中很少有官方不喜欢的异见人士。

另一种文学性质的社团,则鼓励社会上的一般民众自愿参加。这些社团不喜欢官方过度参与,鼓吹自由的知识。比如当时荷兰知识分子中有一些人提倡学习英国的文化以及文学。英国人的书籍以及哲学、神学、自然科学观念在荷兰受过良好教育的阶层中广受欢迎,许多人阅读这些书籍是通过法国出版法文译本;还有一些人则是通过在期刊上发表的对于英国书籍的书评。尤斯图斯·凡·埃芬(Justus van Effen, 1683—1735)在推广英国文化方面做出了很大的贡献,他极端推崇约瑟夫·爱迪生(Joseph Addison, 1672—1719)以及理查德·斯蒂尔(Richard Steele, 1672—1729),他模仿这两位英国文人创办的《观察家》(*The Spectator*)杂志,于 1731 年至 1735 年创办了荷兰文的《荷兰观察家》(*Hollandsche Spectator*)杂志。在他主办的杂志中,以讽刺的笔法,批评当时荷兰社会上的道德低落以及陈规陋习,代表了一种启蒙式的宽容以及理性的思考,呼吁人们运用理性达到社会的进步,强调知识和道德是促进快乐和幸福的来源,指出通过启蒙的教育可以成为完美的人。荷兰的上层社会中许多人很乐意接受启蒙思想家的新观点,他们对于自己被排斥在市政厅等权力机构之外心怀不满。在经常阅读荷兰文的《观察家》杂志的中层阶级中也有许多人喜欢阅读启蒙思想家的著作。此类杂志是专门针对荷兰读者的,有些是在法国出版的。在 18 世纪的下半叶,英国文学家阿塞缪尔·理查森(Samuel Richardson, 1689—1761)以及劳伦斯·斯特恩(Laurence Sterne, 1713—1768)的作品在荷兰拥有大量的读者。在荷兰甚至出现了一个"斯特恩俱乐部"(Sterne Club),其成员互相以其作品中的人物取名并相互称呼。但是与法国文学相比,英国文学对于荷兰的影响始终是处于第二位的,因此将英语视为母语的凡·埃芬只能将他大量的作品发表在法语的期刊杂志上,尽管他声称他的原意是要告诫同胞们不要过度地依赖于法语并致力于发展一种纯粹的荷兰诗歌风格。

1766年组成的"尼德兰文艺"社团,是模仿法兰西皇家学会产生的,并且希望与后者竞争。该社团原本是地方性组织,后来发展和扩大为一个遍布荷兰全境的全国性组织。它发行自己的学术刊物,举办征文活动、研究活动以及比赛。1772年,海牙成立了"艺术爱好者"社团,它与"尼德兰文艺"不同,其成员来自不同的领域,除了有城镇的官员、教士、律师、医生等专业人员以外,也有一些商人参加,大部分是中产阶级。虽然这些成员不一定有很高的学术基础以及专业知识,但是对文艺有着共同的爱好。他们聚集在一起讨论文艺,彼此切磋诗文,借助于学会的活动,建立了彼此之间的友谊。社团的经费由会员所缴纳的会费维持。"艺术爱好者"社团激发了荷兰各地相同性质的社团的兴起,并在18世纪80年代达到顶峰。在莱顿、鹿特丹、哈勒姆以及阿姆斯特丹都涌现了类似的社团。

1784年,荷兰的埃丹姆(Edam)出现了"公众利益社团"(Maatschappij tot nut van' Algemeen),其宗旨是促进一般民众特别是中低层民众的福祉。该社团传播启蒙思想,推广民众的启蒙教育,旨在提高人民的识字率。社团的经费来自城市的市民,不依靠政府的经费赞助。他们普遍地对启蒙教育有所认同,鼓励一般民众读书,并批评旧时代忽略对一般民众的教育和道德启蒙。该社团不带有特定的宗教色彩,除了举办各式的演讲活动以及补习班以外,还设有免费阅览的图书馆,提供免费借阅服务。对写作竞赛中的优胜作品,给予结集出版。这个社团对于底层民众的文化与教育的普及有很大的贡献。

欧洲的启蒙思想家选择荷兰作为他们的居住,从事研究、讲学以及发表著作,荷兰本国的各种社团以及出版物也蜂拥而出。造成这种社会现象的主要原因就是荷兰宽容的社会气氛。由杜威·佛马克(Douwe Fokkema)等编著的《欧洲视野中的荷兰文化:1650—2000年,阐释历史》一书指出:"由于理性的和行政上的考虑,荷兰的集镇中出现了普遍的宽容氛围。从官方层面中说,加尔文派是唯一的正教。从实践层面上看,虽然由于威胁到国家自身的利益,极端的观点以及无神论并没有得到宽容,但是充分的宗教自由让人们得以发表自己的宗教观点,况且也没有出现更为激进的公共言论自由这个问题。一方面是典型的个人宗教自由氛围,一方面没有针对新生的或者异端宗教观点的严厉打击,后者虽然是深思熟虑的结果但又并不过分渲染。两者的结合使荷兰共和国成为一个避难所,让那些在其他地方遭到压抑的宗教团体得以栖身。多亏这些异域的新客或者'难民'的到来,贸易得以蓬勃发展,这就给坚持宽容的政策平添了一条理由。就这样,荷兰省成了世界上其他国家仿效的榜样。除了贸易,这种氛围还哺育了基础的研究。"赫伊津哈指出:"我们的国家在启蒙运动的历史上发挥了非常重要的作用,虽然启蒙运动的主将都是外国人,但是荷兰给他们提供了宣示主张的平台。他们的著作影响全球。培尔编辑的《文坛新闻》(News from Public of Letters)、勒克莱尔编撰的《通用目录学》(Bibliothèque Universelle)并不亚于在海牙编辑的《文学杂志》(Journal Littéraire)以及《大不列颠文学回忆录》(Mémoires Littéraire de la Grand Bretage)。这些杂志都是国际交流思想的媒介。由于这些刊物的努力,许多法国人包装的英国思想假借荷兰的渠道传到了德国和瑞士。诚然,在交流中荷兰的角色完全是被动的。这些书刊并不是荷兰人撰写的。但是我们国家提供了一个必备的前提:宽容。"

到了18世纪,由上述启蒙思想家宣扬的宽容、宗教自由以及言论自由的思想已经成为欧美历次伟大革命中宝贵的精神财富,并且被纳入众多国家的宪法当中,包括1776年的《美国宪法》、1789年的《人权和公民宣言》、1791年的《英国宪法》以及1798年的《荷兰宪法》。在1798年的《荷兰宪法》中,这些源于荷兰的近代价值观念最后回到了荷兰并以宪法的形式加以固定,自由、平等和博爱以"普通原则以及公民和立宪的规则"为先导得到了肯定。该宪法第72条为建立民主的政府拟定了最基本的步骤,包括至关重要的宗教信仰自由在内的公民权利得到了宪法的保障。

法学 在法学方面,格劳修斯的历史地位是最引人瞩目的。有关他早年的生平、与奥登巴恩维特的交往以及在1618年至1619年的政治事件中的所作所为,本书已经有所交代。他从荷兰流亡以后,于1621年选择定居巴黎,法国国王路易十三(Lois XIII,1610—1643年在位)给予他一笔生活津贴。尽管他对于天主教的许多教义抱有认同和同情的态度,但是他没有为了利益加入天主教会,他始终是留在罗马教会外面的新教徒。1622年,他在巴黎写了《论真正的基督宗教》(De Veritate Religionis Chritiannae)。1631年,他曾经一度回到荷兰,但是发现仍然受到禁锢,不久以后他去了德意志。当时,开明的瑞典女王克里斯蒂娜(Queen Christina,1632—1654年在位)欲招募欧洲最富学识的人士去往她的宫廷服务,格劳修斯于是前往斯堪的纳维亚半岛。1635年,他作为瑞典女王的大使再度访问法国巴黎。在以后的几年中,他一直写作,致力于论述教会的团结与合一。1642年,他写有《教会的和平》(Pacem Ecclesiasticam)和《教会和平的祭品》(Votum pro Pace Ecclesiasticam)两本书,后者是关于传教士的实用手册,它提倡自然神学的思想,试图将基督的信仰建立在任何教派的信条之上。他指出福音的真义在于完全信赖上帝的恩宠对于人类生命的指南,而这一切又是基督本人设定的。此书包含了所有基督教宗派共同崇尚的价值。在关于赎罪的论述上,他已经预见了一些19至20世纪才有的更加自由的神学观点。他的另一部神学作品也是在1642年写成的,名为《旧约与新约评注》(Annotationes in Vetus et Novum Testamentum),他采用了新的科学的注释法,摒弃了当时流行的主观感性的解释,采用了批判性的语义学研究方法,同时强调了从教会的传统去理解《圣经》,这个观点是与天主教会非常接近的。1645年,格劳修斯从法国乘船回瑞典途中在罗斯托克港口的外面发生船难,虽然他被救起,但是仍因为体力衰竭,8月28日在罗斯托克去世,遗体被运回荷兰,葬在代尔夫特的新教堂。

格劳修斯是17世纪荷兰黄金时代的文化精英和荷兰民族精神上的导师。一般荷兰人公认他不论在德行、人格、宽容、智力以及博学等各方面都近乎完美。今天,在他出生地以及落葬地的代尔夫特市政广场的中央竖立着他的雕像。海牙国际法庭前的广场上也为他设立了纪念碑。他个人信奉的格言是"时光正在流逝"和"正因为理解了许多事情,所以我一事无成。"

格劳修斯最大的贡献在于法学方面,其相关著作特别是对近代的海洋法以及国际法的形成具有重大的奠基意义。《论海洋自由或荷兰参与东印度贸易的权利》(Mare Liberumsive De Ivre Qvod Batavis Competit Ad Indicana Commercia Dissertatio or The Freedom of the Seas, The Right Which Belongs to the Dutch to Take Part in The East Indian Trade, A Dissertation by Hugo Grotius)就

格劳修斯肖像,由画家 Michiel van Mie-revelt 作于 1631 年

是一个最明显的例子。①此书的写作背景是:1603年2月25日,两艘荷兰的战舰在舰长雅各布·凡·黑姆斯凯尔克(Jacob van Heemskerck)的率领之下在马六甲海域向葡萄牙大帆船"圣卡特琳娜号"(Santa Catarina)发动攻击,缴获无数丝绸、彩缎和香料,还有70吨金砂以及60吨瓷器,这些货品被送到阿姆斯特丹展出并且出售,收入高达340万荷兰盾,为刚刚成立的荷兰东印度公司股价总值的54%,这对当时的荷兰人产生了巨大的鼓舞。也就在这一年,东印度公司阿姆斯特丹的主管请格劳修斯写一篇论文,为荷兰的这种劫掠行为辩护。1604—1606年,他写了《论奖赏以及战利品的法律》(De Jure Praedae or On the Law of Prize and Booty)的书稿,此书又被称为《捕获法》。他在书中指出,这类事件过去一直发生,以后也会一再发生,"我们可以把它当作一个所有类似捕获事件中的典型代表来分析和检查,由此得出的调查判断可以推而广之地适用于其他的案件"。可见,他想通过对于"圣卡特琳娜号"事件的分析,建立或者得出一套具有普遍意义的准则,以便处理类似的问题。但是,此书写成以后,一直没有发表。很可能是因为东印度公司的领导层当时认为商业事务发展顺利,以致没有必要再以强硬的手段对付伊比利亚人。但是,到了1608年,联省共和国与西班牙的谈判遇到了问题,一些西班牙政府官员对于荷兰人在东方的贸易以及航行的权利抱有怀疑的态度。东印度公司的领导人担心政府为了与西班牙人达成和平协议在此问题上做出让步,于是组织舆论界的一些人物来阐述荷兰人在东印度的贸易会给国内带来巨大的益处。关于格劳修斯是否直接参与了这场论辩,学者之间有过不同的意见。但是事实上,他对《论奖赏以及战利品的法律》(《捕获法》)的第十二章做了一些修改,于1608年在莱顿以拉丁文匿名出版了这份手稿,并且取名为《论海洋自由或荷兰参与东印度贸易的权利》(以下简称《论海洋自由》)。

《论海洋自由》是一部以拉丁文写成的论国际公法的书,其现实的意义就是要打破葡萄牙人与西班牙人对于大西洋、印度洋以及太平洋的航行与贸易的垄断。《论海洋自由》共有十三章,可以分为四大部分。

第一部分含第一章,是总述其理论和原则:"本文意在证明荷兰人有权利航行到东印度……并有权利与那里的人民进行贸易活动。"他认为这个原理

---

① 此书中译本为:格劳修斯:《论海洋自由或荷兰参与东印度贸易的权利》,马忠法译,张乃根校,世纪出版集团上海人民出版社2013年版。

是上帝通过自然之口说出的。上帝不希望每一个地方都出产人类所需要的一切东西,而是希望各国的物产在不同的方面有各自不同的优势,上帝希望人类通过彼此之间的互相需要和资源共享来促进人类的友谊。因此,出于上帝的诫命,人类之间的交往和贸易是不可避免的。

此书的第二部分包括第二章至第四章。在第二章中,作者认为葡萄牙人无权以"发现"的名义对荷兰人航行到东印度实行限制即行使主权。他指出,任何人没有占有并且没有以他的名义持有某物,则他不应该取得该物的主权,这是一个不可辩驳的真理。自然理性本身、法律的精确用语以及所有饱学之士的解释都清楚地表明只有伴随着实实在在的占有的"发现"才可以确定其明确的"主权"。对于一个主权已经存在的国家或者实体,比如印度,是不能通过所谓的"发现"而占有的。作者在第三章中指出,罗马教宗以前对于西班牙人以及葡萄牙人在海洋上划分势力范围的做法实际上是无效的,教宗不是民事或者世俗方面的君主,如果说他有什么权威的话,也不过是局限在精神领域的,他不能对世俗君主发号施令,更无权处理印度这样的异教国家。在第四章中作者指出葡萄牙人即便以战争的名义也不能使得印度归属于他们。他引用一位意大利主教的话说,对于那些异教徒,不能以宗教信仰的原因剥夺他们的主权,主权是属于实证领域的事情,信仰是神法领域的事情,神法不能取消实证法,没有法律可以剥夺异教徒的世俗拥有,对于他们发动战争是没有正当理由的。

此书的第三部分包括第五至第七章,是论航行自由的。其中第五章所占的比重最大,他首先引用西塞罗等古代的自然法或万民法学者的观点,指出古代的时候并无主权或者私有一说,那时只有共有的财产,通过不可违背的条约来维护物品的共有性。接着作者区分了动产以及不动产占有形成的条件和不同要求。他认为财产法的制定是根据自然法而来的,同时他根据民法来阐释,认为那些不会被占有或者从未被占有过的东西不会变成任何个人的财产,因为任何财产均源于占有。另外,任何由自然构成的为某个人服务但是仍然为其他人所共有的东西,无论是现在或是将来,均应该永久地保持它被自然第一次创造出来的状态。由此推论,海洋无边无际,不能被任何人占有。海洋与商品或者物品一类东西是有分别的,海洋不可能成为私有财产,海洋(除了内海以及内港湾以外)的任何一部分都不能成为任何人的领土。由此,在大海上的航行对于所有的人都是自由的,无人可以限制他人接近大海,荷兰的船只有权利驶往东印度与那里的人民进行贸易与通商。每一个国家都有权利将船只驶向另外的国家并与它们进行贸易。大海要比陆地更像空气，是属于所有人的。空气是可以被所有的人所占据的，也是可以被共同使用的。同样地，无限的大海也不是任何人可以独占的，因此所有的人都可以航海及捕鱼。从传统上来说，荷兰人与别的民族可以共同拥有海洋和海上的航道。他还驳斥了当时流行的一种观点就是肉眼可以看见的海洋就有权拥有，他认为权利不能"光凭着肉眼的捕捉，还应当凭着人类的理解"，而大海是可变的和流动的，不是任何人所能够"理解的"。因此，葡萄牙人所声称的印度洋属于他们、由他们航行的专利说法是完全无效的。他认为自由航行与自由贸易的权利是不言自明的和不可改变的，它包括在陆地上的和在海洋上的"无害通过"的权利，而大海比天空和陆地更像是人类共同的财产。他指出葡萄牙人和西班牙人的做法是违背自然的，因而也是违背上帝的意志的。作者还论述了海上的航线，如果葡萄牙人认为仅仅先在海上航行就认为占有了航线，那是荒谬的说法。一艘船在海上航行除了留下某种痕迹以外，并没有留下法律的权利。葡萄牙人并非最早的海上航行者，他们恢复了中断了几个世纪的航线，他们应当让这些航线为整个人类服务。第六章论述航行权不会因为罗马教宗的授权而受到影响。罗马教宗既无权赠予，葡萄牙人也无权接受。航海权与利润和金钱有关，与精神无关。第七章是从时效或者习惯上论述它们与海洋或者航行权不发生影响。

第四部分为第八章至第十一章，论述自由贸易的依据。他再次引用自然法指出，当私有财产出现以后，交换就不可避免。商业源于生活所需，由此才出现了贸易，所以交换行为源于自然，正如塞涅卡指出的："买卖是属于万民法的。"在最后的总结中，作者指出荷兰人的理由是更加符合理性的，因为他们的利益是与全人类的利益结合在一起的。他进而指出，荷兰人应该通过和平条约或者战争的手段来维护这种自由，如果必要，为了自己和人类的自由，就必须在自然法以及万民法的引导之下勇敢地战斗，维护自己的权益。这样，作者为荷兰人在海上捕获葡萄牙人的船只做了有力的辩护，他认为由联省议会授权的东印度公司有权进攻和夺取葡萄牙的大帆船作为战利品，因为葡萄牙人无权拥有对于"自然的"海域的统治权——他们无权拥有海洋，这些财富不属于葡萄牙人，而属于柔佛的国王——具有讽刺意义的是，荷兰人在夺取了这笔财富以后并无意归还给柔佛的国王。

格劳修斯的《论海洋自由》为他以后所写的另一部更重要的著作《战争与和平法》(De Jure Belli ac Pacis)的现代国际公法名著奠定了基础。根据他自己的说法,他是以"最孜孜不倦的"的态度来写这部书籍的。他生活在八十年战争时代,当时在欧洲的政治和外交舞台上充满着教派以及民族和国家的冲突,所以他很自然地深切地关注国家间的冲突与和平,"当战祸危及整个欧洲基督教文明的整个构架时,他出版了彪炳千秋的《战争与和平法》,希望能够阻止或者至少缓和一下毫无法律可言的人类冲突"。此书中的许多思想都源于他青年时代所写的《论海洋自由》,因此写作目的从为荷兰东印度公司的海上战争进行辩护,"最终变成了高尚的目的:阻止人类在屠杀的战争中自我毁灭"。

格劳修斯早在尼德兰的狱中已经开始思考写作此书,因此此书的写作时间很长,最后在流亡中于1625年在法国巴黎附近的一个地方完成并出版,题献给他当时的赞助者法国国王路易十三。该书分为三卷:第一卷讨论战争以及自然法意义上的正义,他阐述了自己的自然法哲学观念;第二卷讨论"正义的战争"的理由,如自我防卫、修复创伤以及惩罚等;第三卷讨论一旦开战将遵循怎样的法则。这部著作不仅是实证国际法的手册,更多的是关于基督教自然法观念的阐述,论述国家之间的关系上的正义性以及非功利性是该著作的主题。这部著作奠定了格劳修斯在国际法领域中的历史地位。虽然他没有活到三十年战争结束的时刻(他在1645年逝世,战争结束于1648年),但是他的思想对于《威斯特伐利亚和约》以及后来相关的和约准备好了法律的框架,此时他的思想已经被欧洲的许多法学界的同行所接受和认同。

在《战争与和平法》中格劳修斯特别讨论了城市公众的和私人的法律,以及欧洲人在"新发现"的土地上所应该遵循的法律,还讨论了在战争中的胜利者如何"合法地"拥有他们在胜利以后所获得的财富和土地等问题。他谈到了荷兰人刚刚在巴西的伯南布哥取得的胜利,他认为荷兰人在海外的征服就像他们在国内战争中取得的胜利在性质上是一样的,他指出在战争中夺取敌人的土地是理所当然的合法手段。除了从敌人手中夺取土地以外,从那些没有人占据的地方夺取土地也是理所当然。最后,他认为人类在能力上的不平等是一种"自然的"现象,"有些东西不能被所有的人所享受",所以这些东西应当被分割开来。但是,在另一方面,他又认为参与战争的各方无论其理由正当与否都要遵循一定的法则,这是他特别强调的,也是《论海洋自由》中没有论及的。在写《论海洋自由》的时候,他是一位青年的爱国者,现在他是在颠沛流离的流亡生涯中思考国家之间的关系以及人类的前途和命运,热切地希望将欧洲的文明从战火中拯救出来,更多地带有悲天悯人的严肃思考。在此书中,他认为自然法是永恒不变的,甚至连上帝也不能改变他。甚至有学者认为,在格劳修斯的思想中,即使没有上帝,也有自然法。在他看来,上帝的力量的确是无边无际的,但是上帝在某些方面不能施加影响,如同上帝不能使二乘二不等于四一样,也不能使本质上恶的东西变成善的。因此,他在一定程度上将神法与自然法等同或者并列起来了,显然不同于以前将自然法置于神法之下,在他思想中,自然法的实质并没有改变,但是它的地位提高了。同时,他将自然法向国际法的领域内延伸:自然法源于人类的理性,国际法源于共同的社会契约,也是自然法在国际交往中的体现。他在书中将自然法与上帝的价值联系在一起,针对当时的国际秩序而作,具有明显的道德意识与现实思考。他指出自己深信在所有的国家之间都有共通的法则,在准备战争以及战争期间都是如此。他观察到当时的所谓基督教世界各国之间在战争期间对各自完全没有约束,它们的残暴行为甚至连一些野蛮民族都为之感到羞愧;他还发现人们为了一点微不足道的理由就拿起武器动武,一旦动武了就罔顾任何法律、神性和人性,犯下各种暴行。因此,有必要树立人们对于战争的基本共识,而所谓的共识就是基于基督教信仰的自然法。他对于自然法的解释,成为后世欧洲伦理道德和宗教中的一个重要的诠释基准。他认为自然不仅是一个整体,而且是上帝的创造。这本著作尝试找出国家价值的普遍性,将团体与个人、国家与社会、法律与人民连接起来。他试图建立一个通则,即在不同的文化中如何将普遍的平等的价值展现出国际政治上互相宽容的特质。

格劳修斯的法理学著作是基于基督教信仰的自然法的,对于17和18世纪欧洲的哲学、神学以及政治的发展都产生了重要的影响。《战争与和平法》的拉丁文本出版以后,立即被翻译成为荷兰文、法文、英文和德文,到18世纪中叶的时候,几乎出版了15个版本。1661年,德国的海德堡大学设立了一个专门阐述格劳修斯关于自然法以及国家法的讲座,第一任讲座教授就是德意志政治哲学家、法理学家、经济学家以及历史学家萨缪尔·普芬道夫(Samuel von Pufendorf,1632—1694),他于1660年出版了专门的批判性回应格劳修斯的著作。英国著名的启蒙思想家约翰·洛克也深受格劳修斯的影响,他写于17世纪80年代出版于1690年的《政府论》下篇中特别采纳了后者的关于主体权利以及私有财产起源的观念。格劳修斯的声望在整个启蒙运动中一直很高,包括托马斯·杰弗逊在内的大西洋两岸的几乎所有的启蒙思想家的书房里都收藏有他的著作。大部分的启蒙思想家所阅读的版本都是在18世纪初年由格罗宁根大学的著名的胡格诺派学者简·巴贝拉克(Jean Barbeyrac)翻译的法语译本。并非所有的人都同意格劳修斯的观念,但是他们都一致认同格劳修斯为近代的自然法学派的先驱者。按照巴贝拉克的看法,格劳修斯使得古典哲学中的道德哲学特别是西塞罗以及斯多葛派哲学中道德理念在经历中世纪贫瘠的经院哲学的统治之后再度获得了生命力。

文学 荷兰的文学和诗歌除了一定程度对德意志人产生过影响以外,较少引起荷兰以外国家人民的兴趣。17世纪荷兰的文学,与法国和意大利很不一样,后两个国家的文人,常常得到宫廷、贵族以及教会的资助。荷兰的文人没有什么赞助团体的经费支持,也不像画家那样可以依靠卖画为生,作家们靠写作得来的报酬非常有限,他们得到的只是社会地位以及名誉。大部分活跃于文坛的人士,都已经有相当好的社会地位或是过着优裕的生活。在荷兰的黄金时代,文学的发展还与城市摄政团(议员和商人)成员有着密切的关系,文学社团的会员,大部分是出身于较高的社会阶层的摄政家族的成员,特别是贵族出身的子弟们。他们自幼就读于拉丁文学校,学习希腊罗马的古典文学。因此,荷兰的文学在当时是由精英阶层主导的。

雅各布·凯茨(Jakob Cats, 1577—1660)是荷兰著名的文学家、法学家以及外交家。他出生于格罗宁根的小城格雷弗林根。早年丧母,在布雷达的一所学校里接受教育,后在鹿特丹以及巴黎学习法律。回到荷兰以后定居海牙,后又在泽兰从事农艺以及诗歌创作。1627年由联省议会任命出使英国,被当时英国国王查理一世赐予骑士爵位。1636年出任荷兰省的大法议长,1651年退休。他在1625年出版了《家庭实用手册》(Domestic Conduct Books),用简明扼要的韵文洋洋洒洒地描述了基督徒求爱、结婚、生儿育女和家务管理的方式。他认为一个女性在年轻的时候,就应该养成端庄娴静的仪态和心境,并且耐心地等待上帝赐给她理想的配偶,其配偶必须得到女方家长的同意以及自身对于他的了解和意愿。凯茨认为强制性的婚姻安排是不足取的,认为爱情是出于心灵的自由。男女双方在婚姻中均需具备基本的德行,例如女性应当体贴丈夫,而引领妻子则是丈夫的责任。妻子须管理家务以及厨房的事务,如拟定菜单,嘱咐女仆行事,并亲自抚育子女至少到七岁为止,不只是将相关的家务交给女仆去做而已。为了让别人信服,他大量采用《圣经》中典故与词语、神话以及日常生活中的例子,包括他自己的生活经历加以明白晓畅的说明。这本书极为畅销,成为当时资产阶级家庭必备的常用手册。

康斯坦丁·惠更斯(Constantijin Huygens, 1596—1687),荷兰黄金时代著名的外交家以及诗人,出生于海牙。他的父亲担任过执政官,也是联省议会的秘书,拥有相当广泛的政界以及商界的社会关系。他本人也担任过两位奥兰治亲王即威廉二世和威廉三世的机要秘书,也是荷兰著名的科学家克里斯蒂安·惠更斯的父亲。他在很小的时候就已经掌握多种语言,学习了法语、拉丁语和希腊语,后来还学习了德语和意大利语,他学习语言是通过操练和实践去掌握的,这与当时许多人不同,是一种比较现代的学习方法。他还学习了数学、法律以及逻辑的知识,并学会掌握了如何使用长矛以及火枪的技能。他也会演奏鲁特琴以及其他的乐器,与当时许多不太重视圣乐的新教人士相比,他非常重视提倡教会的音乐。

1614年,他写了第一首诗歌,颂扬乡村的田园风光。1616年至1617年,他在莱顿大学学习。1618年,他受雇于英国驻海牙的使节,不久就有机会出访英国。并去牛津大学以及剑桥大学短期学习,他还在英国国王詹姆斯一世的面前演奏鲁特琴,赢得了英国宫廷以及知识界和文艺人士如《丧钟为谁而鸣》的作者约翰·多恩(John Donne,1572—1631)等许多人的好感。1619年,他陪同英国使团回国列席多德宗教会议。1620年《十二年停战协定》结束时,他又随荷兰外交使团出访威尼斯,是使团中唯一能够说意大利语的人士。次年,他又随荷兰使团出访英国,劝说英国支持荷兰联省共和国。

1621年,他出版了第一部重要的也是受到大众欢迎的诗集《巴达瓦神庙》(Batava Temple)。并再度以外交使节秘书的身份出访伦敦,三个月以后回国。从1621年11月至1623年3月,他第三次出访英国,执行外交的使命。在他不在国内期间,他的第三部诗集在海牙出版,是献给雅各布·凯茨的。1622年秋天,他被英国国王詹姆斯一世册封为骑士。1625年,他出版了一部杂诗集;同年,他被任命为荷兰执政官的私人秘书。1627年,他与苏珊娜·凡·巴尔勒(Susanna van Baerle)结婚,定居于海牙,他们育有四个儿子与一个女儿。1630年,他被任命为枢密院的官员,继续发挥他的政治影响以及智慧。1637年,他的妻子去世了,他为纪念亡妻创作了一部诗集,不过一直没有出版。1639年至1641年,他为自己设计并建造了一幢房子,濒临平静的湖面,后面有绿草如茵的花园包围,并写了一首名为《霍夫维克》(Hofwijck)的诗歌以致庆贺,此诗作发表于1653年。1647年,他为了取悦于一位失明的朋友,写了一首美丽的诗歌《眼中的安慰》(Oogentroost or Eye Consolation)。他还致力于喜剧的写作,其中有一部描绘的是一位船长的太太冒险的故事。1658年,他重新编撰了自己的诗歌集,题名为《矢车菊》(Cornflowers)。他还向政府提议在海牙至大海边修建公路。他还有其他作品如《流亡的牧羊人》《昂贵的蠢事》等。

作为文学的爱好者,他与当时文艺界人士有着密切的交往,与笛卡尔也有通信联系。他将英国和意大利的诗歌翻译成荷兰语,也能够以流利的拉丁文、法文以及荷兰文写诗,还将英国的教士和诗人约翰·邓恩的诗歌翻译成为荷兰文,也将荷兰的文学作品翻译成为法文和英文,他怀有一片苦心将荷兰的文学推向国际文学界。他也是当时荷兰文坛少数几位拥有国际知名度的文人学士。康斯坦丁·惠更斯凭借着他出色的外交能力,与欧洲各国王室、贵族以及外交使节都维持着良好的关系。他对于绘画艺术有着精湛和深入的见解,由此发现了伦勃朗的才华,并将他的画作介绍到国际艺术界。他对于音乐有着由衷的爱好,相对于当时荷兰国内占主流的诸多加尔文教会人士对于音乐的冷漠和压抑,他则大力提倡教会圣乐以及世俗音乐的发展。总之,他是一位多才多艺的外交人才与文艺界的著名人士,举凡文学、科学、绘画、音乐、天文、地理等知识无不通晓,就像是一位文艺复兴式的通才,是荷兰黄金时代文学界的明珠。他非常高寿,1687 年 3 月 28 日 91 岁时逝世,其葬礼于 4 月 4 日在圣雅各布教堂举行,有荷兰社会各界许多人士参加。

皮特·科奈利斯·霍福特(Pieter Cornelise Hooft, 1581—1647)是诗人兼史学家。他出生于阿姆斯特丹,他的父亲后来成为该市的市长,作为摄政团的主要成员,他支持主张宗教宽容的奥登巴纳维特。奥登巴纳维特被莫里斯亲王等处死以后,该家族受到很大的打击,霍福特后来一直对执政官的角色持微妙的批判态度。1598 年,父亲送他去法国和意大利学习经商,但是他对文学艺术十分感兴趣,特别醉心于意大利文艺复兴运动。他在接受了完整的古典教育以后,曾经去欧洲各国游历。他后来去了莱顿大学学习,获得了法律学的博士学位。1609 年,他被任命为尼德兰中部地区风景如画的霍依(Gooi)的默伊顿(Muiden)的镇长。他在当地的一座城堡里创办了具有浪漫蒂克色彩的"默伊顿文坛(Muiderkring)",自任会长。有许多当时著名的诗人、剧作家、科学家、历史学家以及其他文人骚客来到这个文学团体聚会,这是一个属于荷兰本国的文学家圈子。从 1609 年至 1647 年,他们利用空暇的时间在默伊顿城堡定期地聚会,朗诵自己的作品,交流创作心得,启发彼此。他们当中有格劳修斯和下文将会提到的冯德尔,还有担任过前荷属东印度总督的劳伦斯·李尔(Laurens Real),这位官员和学者曾经与伽利略通信讨论科学的问题;斯维林克(Jan Piterszoon Sweelink, 1562—1621)也是这个文学团体的常客。他是当时荷兰最著名的管风琴演奏家、作曲家以及音乐教育家,他的作品代表了文艺复兴末期和巴洛克早期的音乐风格。他出生于德文特,后来一直居住在阿姆斯特丹。他使得管风琴演奏摆脱了加尔文派教会只限于为有韵律的诗篇伴奏的状况,发展为一门独立的丰富多彩的艺术门类。他的艺术创作对于后来整个北方德意志的音乐艺术起到了极大的推动作用。康斯坦丁·惠更斯也是文坛的常客。还有两位美丽的具有艺术气质的文学姐妹,安娜(Anna)和玛丽亚(Maria Tesselschade Roemers-Visscher,1594—1649)也是这个文艺圈子活跃的成员。以上所有爱好文艺的人士的活动是荷兰黄金时代的灿烂的文学之花。在经常聚会之余,霍福特也埋首于学问,其代表作有《荷兰史》以及诗集《爱情的象征》,他的笔下充满着对于专制暴政的批判以及摒弃。在政治以及宗教事务上,他主张教会应该就是一个精神的领袖,不应该涉足参与过多的政治和社会活动。他还致力于提倡荷兰文在实际生活中的运用,他认为荷兰文应该像法文一样具有国际的影响力。

冯德尔(Joostvan den Vondel,1587—1679)被认为是荷兰黄金时代最伟大的诗人和剧作家,他在自己的祖国享有莎士比亚在英国、塞万提斯在西班牙以及贾梅士在葡萄牙一样的文学盛誉,但是他的作品没有被广泛地翻译成外语,到底是什么原因很难解释。冯德尔活了92岁,是一位非常长寿而多产的文学家。1587年11月17日,他出生在神圣罗马帝国境内的科隆,其父母是安特卫普的门诺派的教徒,因为害怕在宗教信仰上受到当局的迫害,他们的家庭于1595年逃到乌特勒支,但还是感受到西班牙宗教裁判所的威胁,最后移居到当时最为自由的荷兰共和国统治下的阿姆斯特丹。

冯德尔从少年时代起,就对于文学和诗歌怀有极大的兴趣。他的格言是"爱征服一切"(Liefde verwinnet al or Love conquers all)。从1605年至1607年,他在写作诗歌的时候都是以这句格言作为签名的。这种格言式的签名在当时文学界是非常流行的。作为一名门诺派的信徒,他所讲的"爱"

冯德尔肖像,由画家 Philp de Koninck 作于 1665 年

无疑就是心中的上帝。1607年,他在创作的《新年之歌》(Nieuwjaars lied or New Year's Song)中有"圣婴以爱战胜邪恶"之句。那时,他才20岁,与父母亲居住在一起。父亲是一个做丝绸生意的小商人。由于全家都是门诺派的基督徒,他们清心寡欲,过着一种远离尘嚣的平静的生活。1608年父亲去世以后,他管理着一家袜子商店。他在23岁的时候,与一名叫作伍尔芙(Mayken de Wolff)的女子结婚,育有四子,其中两个孩子早夭。

1607年出版的诗歌集《新改良的欢乐园》(Den nieuwen verbeterden lust-hof)中发表了冯德尔早期的三首诗歌:《奉献给少女》(Dedicatie aan de jonkvrouwen or Dedication to the Maidens)、《丘比特的猎取》(De jacht van Cupido or Cupid's Hunt)、《告别之歌》(Oorlof-lied or Valedictory Song),这些早期的诗歌中充满着古典的神话以及色情的想象。这是当时文学界的潮流。从1609年以后的十多年,他的文学风格发生了变化,从文艺复兴式的活泼快乐转向宗教的和道德的主题。在这段时间里,他加入了1598年成立的从尼德兰南部移居到北方的移民团体中的名为"白色薰衣草"(The White Lavande)文学社团。1610年,他创作的第一部戏剧《逾越节》(Het Pascha or Passover)在这个文学社团中演出,在这部戏剧中,摩西带领犹太人逃出埃及获得自由预示着耶稣将人类从罪的奴役中解救出来,这是16至17世纪门诺派信徒中非常流行的看法。冯德尔还有第三层隐喻的看法,他在《以色列子民的解救与尼德兰联省的解放之比较》(Verghelijckinghe vande verlossinge der kinderen Isreal met de vrijwordinghe der Verenichde Nederlandtsche Provincien or Comparision of the Children of Israel With the Liberation of the United Provinces of the Netherlands)这出戏剧中,将奥伦治亲王"沉默者"威廉比作第二摩西,在某种意义上又是第二基督,是祖国的解放者以及福音的传播者,而在这背后则是上帝拯救人类的整个计划——在冯德尔看来,这特别适合于解释荷兰反叛西班牙以及共和国的诞生等伟大的历史事件。在这段时期,冯德尔特别注重将历史事件与自己的宗教观点结合起来。在《海运的赞美诗》(Hymnus over de scheeps-vaert or Hymn about shipping)中,他为荷兰在战争与和平事业中的航海成就感到自豪,但是最终他关怀的是基督徒对于生活的态度,即如何使用财富帮助穷人以确保自己灵魂的得救以及在天堂中的永生。

这一时期,冯德尔是忠诚的门诺派的信徒,他写了《被毁的耶路撒冷》(Hierusalem verwoest or Jerusalem Destroyed),还从法语翻译了法国胡格诺派诗人纪尧姆·德·萨鲁斯特·杜·巴塔斯(Guillaume de Sulluste Du Bartas,

1544—1590)的《所罗门的荣光》(De heerlyckheyd van Salomon or The Glory of Solomon)以及《上帝的英雄的古代誓约》(De helden Godes des Ouwden Verbonds or God's Heroes of the Ancient Covenant)两部作品,并在 1620 年早些时候出版。在 1616 年,他还成为阿姆斯特丹北部的沃特兰市的门诺派教会团体的执事。在此期间,他还从事了一些翻译的工作,1610 年,他将罗马时代的老普林尼的《自然史》翻译成为荷兰文,还翻译了格劳修斯所写的一些关于古代巴达维亚人时代的荷兰历史论文。他对于拉丁文也有很高的造诣,从 1613 年至 1620 年,他是阿姆斯特丹拉丁文学校的老师。到 1620 年的时候,他已经对拉丁文非常娴熟了,可以阅读绝大部分拉丁作家的著作了,特别是维吉尔以及塞涅卡的作品。同时,他也深深地受到古罗马的一些作家的人文主义思想的影响,特别在哲学以及逻辑学方面。这些作家包括维吉尔、贺拉斯以及奥维德等人。

冯德尔同情联省共和国老资格的政治家大法议长奥登巴恩维尔特的遇害,在他看来这是一件极不公平的事件,虽然在这位政治家被处以死刑的时候,他选择保持沉默。不过,在这事件发生以前,他的思想已经明显地倾向于同情"抗辩派"。1618 年,就在奥登巴恩维尔特被捕的时候,他匿名发表了一首批判性的诗歌《荷兰的转折》(Op de jongste Hollantsche transformatie),谴责了荷兰"抗辩派"与"反抗辩派"之间的激烈斗争,他明显地赞同"抗辩派"与奥登巴恩维尔特。根据冯德尔的第一部传记作者布兰德特(Geeraardt Brandt, 1626—1685)的叙述,是阿姆斯特丹的摄政议员布赫(Albert Burgh, 1593—1647)在 1625 年的时候鼓励冯德尔写一部关于奥登巴恩维尔特被处以死刑的戏剧。冯德尔创作了隐喻性的诗剧《帕拉梅德斯》(Palamedes oft Vermoorde Onnooselheyd or Palamedes or Merdered Innocence),主人翁是一位希腊军队的统帅,在围攻特洛伊的战争中被控反叛并被处死。冯德尔认为这是一场不公正的审判,影射大法议长奥登巴恩维尔特是被莫里斯亲王以莫须有的罪名杀害的,明显地表达了对莫里斯执政官以及"反抗辩派"不宽容的不满。这年 10 月,这部戏剧公开出版,此时是莫里斯的葬礼以后的一个多月。由于剧本的封面上就印了冯德尔的名字,不久他就受到指控,但是阿姆斯特丹的市政厅拒绝将他交给海牙的法庭,因为许多市政厅的议员同情冯德尔,最后他支付了 300 荷兰盾的罚金了事。这部戏剧在被禁止以后反而不胫而走,剧本在私底下被翻印了好几个版本。1663 年该戏剧在鹿特丹获得机会第一次公开演出,人们都知道这部戏剧背后影射的事件,并且称赞该剧本"语言纯粹、略带夸张又不失平稳"。最令人惊异的是冯德尔不顾忌讳,将自己真实的姓名直接署在剧本的封面之上。他还有一首著名的诗作是《奥登巴恩维尔特的鞭挞》(Het stockske van Oldenbarneveldt or The Cane of Oldenbarneveldt),直接描绘了这位政治家走向断头台的场景,其对这位历史人物的同情与褒扬是不言而喻的。

1620年以后,冯德尔与诗人霍福特交往,他们经常定期见面讨论文学的问题,还有一些其他的文学家参加。就在这一年,他出版了一部有478页的长诗《远航的颂歌》(Het lof der zee-vaert or The Praise of Seafaring),这部作品没有提到原罪的意识,也没有提到舍弃财富救济穷人以求解脱。他当时的思想已经转变到以更加理性的态度来建立一个和平的世界。也就在这段时间里,他得了重病,精神非常忧郁。他辞去了沃特兰的门诺派教会执事的职务。1622年,人们在鹿特丹竖立了伊拉斯谟的雕像,他特别为这件事情赋诗一首。同年,他又为阿明尼乌派的一些流亡者提供庇护所。1628年以后,冯德尔在宗教思想上更加趋于理性,认为唯其如此才能达成社会的和谐。此时,他写了诗歌《阿姆斯特丹欢迎你》(Amsteldams wellekomst or Amsterdam's Welcome),成为该城市的官方代言人。这首诗歌是为了新的执政官弗里德里克·亨利(Frederick Henry)的到来谱写的,当时的市政厅官员们与激进的加尔文教派的牧师发生冲突,这位执政官是前来调停他们之间的冲突的。冯德尔除了对他表示欢迎以外,也通过"城市少女"(stedenmaagd or city maiden)之口赞美了这座他所居住并且热爱的商业发达、充满宽容精神的母亲城市。不久,新的市政当局开始驱逐一些激进的加尔文派教会的牧师,冯德尔以他辛辣尖锐的文笔写了一些讽刺他们的诗歌,其中的一些诗歌朗朗上口,被普通的市民广为传送。1630年9月,阿姆斯特丹第一座"抗辩派"的教堂建成了,冯德尔十分高兴,又赋诗一首,题名为《祝圣圣阿姆斯特丹基督圣殿》(Inwying van den Christen temple t' Amsterdam or Consecration of the Christian Temple of Amsterdam)以致庆贺。

1631年下半年,冯德尔有机会与格劳修斯见面,后者刚刚从法国流亡回国。这次会面对于冯德尔的宗教思想产生了决定性的影响。格劳修斯主张基督教会各教派之间的宽容,回到初期教会时代的各派合一。鉴于格劳修斯的伟大的人文主义思想以及他与冯德尔极为崇敬的已故政治家奥登巴恩维尔特的特殊关系,他将格劳修斯视为自己尊敬的长辈与学问上的老师。格劳修斯还向他指出,基督徒之间在整体上的合一是基于教会律法的精神以及教会历史的教训,也是他应该以文学志业去努力的方向。这些看法,极大地加深了冯德尔追求和平的信念。1635年,冯德尔的妻子去世。在此期间,冯德尔写了五篇诗章。不久,格劳修斯再度离开荷兰流亡海外,冯德尔一直与他保持通信联系,接受他的鼓励和建议进行自己的文学创作。不久以后,冯德尔开始将格劳修斯的一些拉丁文诗歌以及戏剧(悲剧)翻译成荷兰文,他希望自己的同胞了解这位伟大的荷兰法学家以及学者的文学思想。冯德尔着手翻译的是格劳修斯新近出版的以拉丁文写成的一部悲剧,其荷兰文本就是著名的《在宫中的约瑟》(Jozef in's hof or Joseoh at Court),这部译作后来在荷兰出版。约瑟是《旧约·创世记》中的人物,为雅各的第十一个儿子,受人诬陷被关押在牢狱之中,后来得以平反昭雪,成为古埃及第十一王朝的宰相。格劳修斯将自己的命运与这位《圣经》中的这位先贤相比拟,此时他结束了在法国的14年的无业流浪的生活,被瑞典的王室任命为该国驻法国的大使。格劳修斯将约瑟描绘成一位智者以及正义的统治者,一个自外于暴政的人,视自己的责任为神圣的义务。格劳修斯也是这样看待自己的,冯德尔也是这样看待格劳修斯的。在冯德尔的眼中,格劳修斯就是当代的人文主义基督徒的领袖。

  1637年,阿姆斯特丹市政剧院落成,冯德尔为这座新的文艺建筑物的开幕撰写了《海思白赫·凡·埃姆斯泰》(Gysbreght van Aemstel)。该剧描绘了中世纪时代阿姆斯特丹被残暴的霍伦的军队攻陷并且遭到掳掠的悲剧——狡诈的敌人利用圣诞之夜攻城,攻陷了城墙外的卡尔都西会修道院,肆无忌惮地屠杀修女和市民。该剧人物的对话充满感情,叙事真实而令人毛骨悚然,还有热情奔放的合唱以及恐怖的舞台布景。它使得观众联想起不久以前发生的荷兰人与西班牙人的残酷战争,也提醒阿姆斯特丹的市民要为自己的母亲城市的崛起而感到骄傲,激发他们保卫城市的勇敢与意志。这部剧作使得他在以后数世纪中一直被公认为是伟大的悲剧作家,阿姆斯特丹市民感到终于有了荷兰本民族自己的戏剧。该剧出版以后,还遭到极端的加尔文派教会人士的攻击,他们认为此剧宣扬了天主教的教皇意识,其中也有偶像崇拜的嫌疑。他们的批评没有产生实际的效果。1638年1月3日,该剧正式上演。从1637年至1641年,冯德尔还写了不少悲剧。此时,他认为是悲剧而非史诗方可称为古典戏剧的真谛。他通过自己周围的一些具有人文主义思想的朋友以及阅读拉丁文的译本熟悉了希腊的悲剧,并从中吸取了写作的灵感。

  1641年,冯德尔最后选择从门诺派转变成为天主教徒,这个举动使得他所有的亲戚朋友大感惊异。当时,在阿姆斯特丹是有一些知识分子选择回到天主教的信仰。不过,冯德尔的决定还可能受到格劳修斯的影响。在他皈依天主教信仰以后,又写了一些悲剧,如《彼得与保罗》(Peter en Pauwels)以及《圣女以及殉道者的书信》(Heilige Maeghden, Martelaressen or Letters of the Holy Maidens),他还发展出文艺复兴时代的书信体为他的宗教思想服务。他还写作了《玛利亚·斯图亚特》(Maria Stuart),即苏格兰的信仰天主教信仰的玛利亚·斯图亚特的悲剧生平,这是他的天主教信仰在政治层面的表达。《玛利亚·斯图亚特》的发表引起加尔文派教会牧师们的强烈反对,他们写了一些小册子激烈地批评冯德尔。

冯德尔一生在戏剧创作上非常多产。17世纪50年代是他出版文学著作的高峰时期。1650年,他自行出版了一部多达600页的诗集。他在1654年创作了剧作《撒旦》(Lucifer),它被世人认为是一部伟大的杰作,据说它激发了同时代的英国伟大的清教徒诗人弥尔顿(John Milton,1608—1674)写作其伟大史诗《失乐园》(Paradise Lost)。1662年他又创作了《施洗约翰传》(Joannes de Boetgezantor John the Baptist),被誉为荷兰文学史上最伟大的史诗。这部史诗完全采用了传统的文学表达形式,但是它所表达的趣味和关怀是当时的,并且采用了当时流行的神话学的措辞,在17世纪,被认为是当时最高的文学形式,特别在荷兰这是一种绝无仅有的文学表达。在这部史诗的前半部,施洗约翰为耶稣施洗是其中的高潮,它预示着基督教会历史的开始。施洗约翰与耶稣有关的其他的故事组成史诗的第二部分,他最后的死是放在撒旦与基督战斗的背景中叙述的,也预示着耶稣在十字架上的殉道,这是一种具有形而上学的叙事方式,在史诗的叙事中也是常见的。《施洗约翰传》开创了荷兰《圣经》史诗的新篇章,为以后18世纪许多同类作品开辟了新的途径,也为这些作品做了示范。在《施洗约翰传》中,他还表达了一种自古以来在文学作品中一再出现的善恶二元对立。1664年,他又出版了《被放逐的亚当》(Adam in ballingschap or Adam Exiled);1667年出版了《诺亚》(Noach)。这两部戏剧也涉及这个古老而常新的主题。

从上述冯德尔的生平可以看到,他与当时许多荷兰文学界的许多文艺之士不同,他是出身于平民而非显贵阶层的。虽然他的出身平凡,从青年时代起却醉心于文艺复兴时期人们所推崇的古典文学,他努力地自学拉丁文,后来又学习希腊的悲剧,其文学作品的风格,充分地受到了古典文学的影响,文采华丽,风格和谐,并有丰富的韵律感。他虽然以经商为生,但是一生之中最感兴趣的仍然是写作。可能正是这个原因,他的生意不怎么成功。他是一位门诺派的教徒,不属于主流的加尔文派教会成员,最后他皈依了天主教的信仰。这些原因让他不能担任国家的公职人员,因此,他的经济状况也陷入了困窘,后来不得不放弃经商转而进入阿姆斯特丹的银行担任一个一般的职员以维持简单的生计。

冯德尔的创作题材较为广泛,除了剧本以外,还有抒情的田园诗,也有带着冥想和灵修色彩的具有道德意味的诗作。他的文学成就,在当时就已经赢得很高的赞誉。晚年的冯德尔虽然逐渐地淡出文学界,也不再写长诗,但是他还是为家人和亲朋好友写一些短诗,他还为一位最亲近的画家所作的绘画作品赋诗。随着年事渐高,他慢慢地走近死亡。他的传记作者写道:"他的年龄就是他的病,他的生命之灯已经没有油了。"1679年,他在平静中逝世。冯德尔的政治立场,偏向于奥登巴恩维尔特和德·维特式的共和主义立场;在宗教信仰上,他从一名门诺派的信徒转而皈依天主教,他毕生不喜欢他所认为的褊狭的加尔文派的作风;他极力主张宗教的宽容,不同的信仰应当互相尊重,在这一点上他与格劳修斯非常接近。赫伊津哈这样评论冯德尔说,他"信仰朴实,热情自然;在与诽谤者以及有权有势的人打交道的时候不够谨慎,始终维持着单纯的天真;在这一点上,他和一切伟大的智者几乎是一样的。他强烈而热情地欣赏家庭生活的欢乐和困难——他经受了不少苦难。他欣赏一切健康、诚实和简单的东西。虽然他为别人创作了许多婚礼歌曲,但是他为家人写的诗歌全都是哀婉悲戚的。冯德尔谦虚谨慎,他终身生活在高尚品德的氛围中。他属于那些名副其实的慈悲为怀、渴求正义的人群"。他去世的时候虽然已经闻名遐迩,最后的场景却异常寥落。今天,阿姆斯特丹最大的公园,就是以他的名字命名的;在他的出生地科隆也有一条街道是以他的名字命名的。

布列德罗(Gerbrand Adriaenszon Bredero, 1585—1618)是出生于阿姆斯特丹的诗人和剧作家,并且终身居住在这座城市,他自称为"阿姆斯特丹人"。他的父亲是一位鞋匠,也是成功的鞋子生意中间人。他在学校学了一点法语,可能还学了一点点英语和拉丁语。后来他还跟随来自安特卫普的画家学习绘画,但是并没有画作流传下来。他也是当时戏剧社的成员,与众多的剧作家如霍福特等人有交流。他主要撰写戏剧有《西班牙的布拉班特人》等,还有不少诗歌。他唯一的公共职务就是城市中民兵团体的掌旗官。他于1618年冬天因为感染了肺炎而英年早逝。由于他是一介平民,从未接受过古典文学以及拉丁文的系统学习和训练,只能通过荷兰文的译本来模仿古典文学的风格,或许正是因为他的这些特点,反而使得他不受古典文学的羁绊,自由地描绘出荷兰中层和底层人民的生活和思想。他的诗作颇具民间的风俗特色。

德克尔(Jeremias de Decker,1610—1666)出生于多德雷赫特,其父是安特卫普人,因为信仰加尔文派的教义,举家迁往尼德兰北方。他很小的时候就在商铺里协助父亲做生意,利用业余的时间培养了对于文学特别是诗歌的兴趣,自学了英语、法语、拉丁语以及意大利语,并模仿贺拉斯等古典的诗人作诗歌。他是一位喜欢创作宗教题材的诗人,不过有时他的作品也带有某些讽刺的意味,有批评家曾经将他的作品与伊拉斯谟的《愚人颂》相提并论。他也是伦勃朗晚年的好朋友,后者曾经为他绘制了一幅肖像画。

杜拉尔特(Heiman Dullaert,1636—1684)是画家,喜欢创作蛋彩画,是伦勃朗的学生。他也是一位诗人,在诗歌方面的名声要大于作为画家的名声。

如上所述,17世纪中叶以前的荷兰作家,多半来自上层人士。直到17世纪后半期,才有一些社会中低层的作家出现。布列德罗、德克尔以及杜拉尔特,都算不上最杰出的诗人和剧作家,但是都是通俗文学的奠基者。

荷兰文学虽然在其黄金时代拥有很高的成就,但是并没有许多作品被翻译成为外语被欧洲以及其他各地的人民所知晓。博克塞认为这种现象实在有一点奇怪,相比之下,斯堪的纳维亚的与俄罗斯的语言文学并没有被外国人忽视,比如克尔凯郭尔、易卜生、托尔斯泰、陀思妥耶夫斯基都受到外国读者的广泛欢迎,他们的作品也被翻译成许多种国家的文字。这可能是由于欧洲其他国家人士觉得荷兰语言比较难学而导致的结果。一些法国人以及英国人曾经带着嘲讽和轻蔑的口气形容荷兰人在语言上的发音沙哑粗嘎。不过,荷兰黄金时代的一位作家彼得·施莱弗(Pieter Schryver,1576—1660)出于强烈的民族自豪感曾经写了一首诗歌赞美自己祖国的语言具有"无法令人相信的甜美,是所有的语言中的公主"。同时代也有一位英国人颇具同感,他形容一只哇哇鸣叫的青蛙为"荷兰的夜莺"。

科学(物理学、医学以及植物学)　西蒙·斯特芬(Simon Stevin,1548—1620)在尼德兰南方的佛兰德斯以及布拉班特长大成人,出身于商人的家庭,他是一位数学家、物理学家和军事工程师,其数学知识偏向于实际的应用。1581年,他从南方来到北方荷兰共和国的莱顿以及海牙定居,写了大量的著作给读者阅读,他的一部关于十进位的小数制的书籍就是为了那些"天文学家、测量员、测量挂毯长度的人、酒类的收税官、一般意义上的身体测量者、造币厂的厂长和所有的商人"写的。他主要用荷兰语写作,他认为荷兰语有资格成为这个国家表达科学论著的官方语言。由于当时大学的通用语言是拉丁语,所以莱顿大学的课程中没有数学。他最大的成就就是发现了若干最重要的流体静力学定律:如液体对于盛放液体的容器的底部所产生的力只取决于承受压力的面积的大小和它上面的液体的高度,与容器的形状无关。斯特芬还为工程师们设计了一种实用性很强的半学术性的课程,于1600年实施。它特别针对军事工程技术人员如要塞和堡垒的设计者和建筑师。木匠和砖瓦匠也能够参加听讲。

制作望远镜和放大镜是荷兰人的特长。1608年9月,米德尔堡制作眼镜的匠人汉斯·利佩尔海伊(Hans Lipperhey)向执政官莫里斯展示了"一种能够看到远处的工具",并为此申请了专利。不久,阿尔克马尔的雅各布·梅修斯(Jacob Metius)也独立地发明了同样的工具。第二年的春天,荷兰制作的望远镜就在意大利出售了。著名的天文学家伽利略仿造了荷兰人的样本自己造了一台望远镜并利用它观测了月球的表面,发现上面布满了山丘和火山口。在第一个双筒望远镜出现以后大概十年,米德尔堡的约翰和扎伽利亚斯·杨森(Johan and Zacharias Jansen)父子制成了第一架复式的显微镜——它将一个凹透镜和一个凸透镜组合起来。过了一段时间,一种只装了一个薄薄的凸透镜的显微镜出现了,这种镜片被打磨成正确的形状,然后擦亮抛光。

另外,显微镜的应用使得生物学知识的范围在17世纪的时候大大地扩展了,以前用肉眼观察不到的有机体以及有机体的各个部分,现在可以借助单显微镜和复显微镜加以仔细研究,做出完备的描述以及切实的图示。最早借助于显微镜观察生物是1610年伽利略开始的。荷兰人在这方面也做出了突出的贡献。杨·施旺麦丹(Jan Swammerdam,1637—1682)出生于阿姆斯特丹,父亲是一位药商,酷爱收集动物标本和其他珍宝。施旺麦丹小时候就醉心于昆虫,他日积月累收集了3 000种昆虫。他后来到莱顿大学学医,一度居留法国。1667年他取得医学学位,但是没有开业。后来他专攻精微解剖学的研究,表现出非凡的手艺和技巧。他制作了微型解剖器械——这些刀、剪、柳叶刀等要借助放大镜才能研磨。他拉制的细玻璃管,一段细如鬃毛。他借用这种管子扩张昆虫等的微细脉管,或者注入彩色液体,以便能够更加清楚地看到这些脉管。有时他还注入熔融的蜡。他以各种艰苦卓绝的技巧对蜜蜂、蜉蝣、蛙和蝌蚪等进行描述和绘图。这些成果在以后几十年中都保持领先的地位。他以自己的观察做出了反对生物是自然发生的陈旧的观念。他也为自己奉献的事业做出了很大的牺牲,不仅损害了视力,而且他的身体健康也受到了影响。他生前发表的著作很少,逝世以后,伯尔哈维以毕生的精力把他的著作编撰成《自然圣经》(*The Bible of Nature*)一书。

正是在此基础之上,安东尼·凡·列文虎克(Anthonie van Leeuwenhock,1632—1723)这位荷兰的商人以及自学成才的科学家,成了近代"微生物学之父"以及"热衷于应用显微镜而乐在其中的人"。他是一位出生在代尔夫特的编筐匠的儿子,也没有接受过大学的教育,对于拉丁语以及其他的外语也懂得不多。后来,他一度当过店员,曾经做过经营布料的商人,又在代尔夫特担任各种公职,1660年他在市政厅里谋得了一个卑微的职位,可能请别人代替他履行一些职务,这样就有更多的时间来从事自己喜欢的探索。他虽然没有读过大学,但在1669年具备了测量员的资格,这要求有数学方面的知识。他最大的兴趣就是通过显微镜观察微生物,他制造了数百架显微镜,其镜片能够将物品放大170倍,在保存下来的他制作的显微镜中,最好的一架能够将物品放大266倍。他的观察没有计划,凡是他感到好奇的,他都进行观察。他在给代尔夫特的一位朋友的信中详细叙述了在他没有换袜子的那两个星期里在脚趾缝隙里迅速成长的生物。他也用显微镜检查自己的粪便和精液,他是第一个描述精子成长并且分析它们在成长过程中的作用的人,也是第一个看见细菌的人。通过优质的显微镜,他进入了旁人的肉眼看不见的世界。他对自己早年所受的教育方面的局限还是了解的,1673年他这样写道:"许多先生好几次要求我,要我把最近发明的显微镜所看到的东西写下来。我一再拒绝这样做,首先是因为我没有足够好的文笔来适当地表达我的思想;其次是我不是在语言和艺术中,而是在手艺中成长起来的;第三是因为我觉得自己不能忍受其他人的谴责或者驳斥。"尽管如此,他的观察以及通过与友人的书信所报告的内容还是引起了人们极大的兴趣和重视。18世纪70年代,同行的研究者,特别是在伦敦活动的人士向他提出了大量的问题。1680年,他当选为英国伦敦皇家学会的会员,这使得他感到非常骄傲。他曾经呈送了多篇论文给伦敦皇家学会,并把自己制作的26架显微镜赠送给学会,"以表达他的谢忱,感谢皇家学会给予他的殊荣"。当时的公众主要是通过阅读他的通信来了解他的观察与研究的。

列文虎克的主要著作以《大自然的奥秘》(*Arcana Nature*, 4 vols, Delf, 1685—1719)为总题目发表的,还以《显微观察》(*Microscopical Observation*, London)为题出版过一本英文的选集。在列文虎克以前,已经有人完成了哈维对于血液循环的观察,他决心完成发现全部的血液循环。他于1688年转

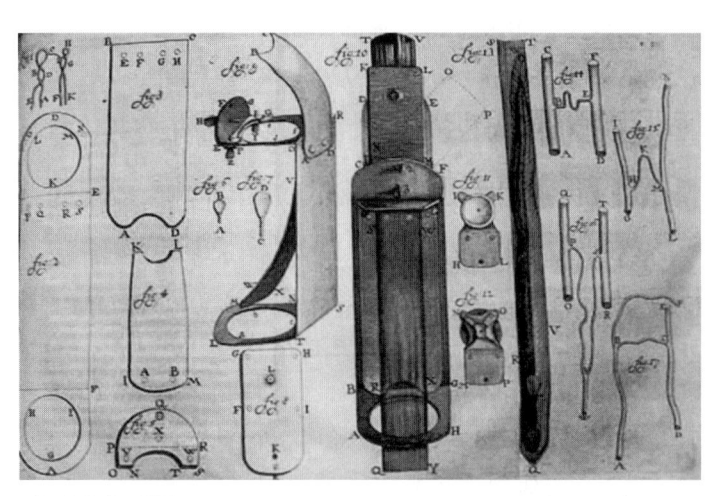

而用显微镜观察蝌蚪的尾巴，他这样叙述说："呈现在我眼前的景象实在太激动人了。我从未为观察所见如此高兴过；因为我在不同的地方发现了50多个血液循环，其间动物在水中静止不动，我可以随心所欲地用显微镜观察它。"他看到动物的血管和被称为动脉和静脉的血管事实上完全是一回事。他最重要的发现是单细胞有机体——他最早于1675年在一只新陶罐中盛放的雨水中观察到单细胞生物。他还通过观察将原生物的大小与血球做比较，并且可能最早清楚地观察到红血球的存在；他还指出红血球在人和哺乳动物血中是圆形的，而在鱼和蛙的血中是椭圆形的。1683年，他观察到了更加微小的生物即细菌。他通过放大镜在自己的牙齿缝里看到细小的白色物体，像潮湿的面粉粒那样大。他将它与纯净的雨水混合，惊讶地看到有许多小的活动物在活动，它们的形状、大小以及运动各不相同。他还通过显微镜观察到蚜虫的产生不需要受精，幼虫从没有受过精的雌虫身体中产生；他还发现胭脂红的颜料来源于昆虫（胭脂虫）而非通常所认为的来源于卵；他还发现了软虫类，并观察到当包容它们的水蒸发的时候，它们就变为干尘，当它们被重新放进水里的时候就会复活；他还观察到，心肌是有分支的，但是像随意肌一样也是横纹肌；他还研究了精子、眼球晶状体的构造，骨的构造以及酵母细胞的构造等。列文虎克对于纯粹的理论很少或者说没有兴趣，他对总括万殊的理论敬而远之，但是他的确是第一个也是最后一个伟大的显微镜观察家。

克里斯蒂安·惠更斯（Christiaan Huygens，1629—1695）的成就极为杰出，他是荷兰的数学家、机械学家、天文学家和物理学家，也是荷兰黄金时代最伟大的科学天才。英国的生物学家贝尔（A.E. Bell）用一句简明扼要的话语概括了他的成就："此人将望远镜从玩具改变成为调查研究的强大工具，这是深刻的光学研究的结果；他发现了土星的光环以及泰坦卫星；他促使人们

列文虎克的显微镜

注意猎户座中的星云;他研究了大量方法去研究地心引力的问题,从而对于离心力以及地球的形状有了准确的认识;在其伟大的著作《摆钟论》(*Horologium Oscillatorum*)中,他建立了系统动力学的理论并且阐明了整个物体的物理摆原理;他解决了悬而未决的有关弹性物体碰撞的问题以及由于能量和运动的一般观念延伸出来的许多难以解决的问题;他应当被视为光波理论以及物理光学的创立者——这样的人是值得与伽利略、牛顿的名字一同被人们铭记的。"

克里斯蒂安·惠更斯于1629年4月14日出生于海牙,他是上文所述著名外交家以及诗人康斯坦丁·惠更斯的第二个儿子。他的父亲康斯坦丁·惠更斯作为一位诗人和才子,在当时的荷兰远比他的儿子更有声名,尽管儿子在科学上的成就远为杰出。他从父亲那里接受了最初的人文主义教育;以后,他又到莱顿大学以及在布雷达的一所学校学习法理学。但是,他终于发现自己的真正的兴趣在于数学、天文学和光学。他游历过许多地方,多次到达英国。17世纪50年代初期,他已经因为早先发表的数学论文赢得国际声望。1655年昂热大学授予他荣誉法学博士的学位。1661年,他第一次访问英国伦敦,与著名科学家波义耳交往,后者唤起了他对于抽气机的兴趣。那年,他自己也制造了一台抽气机,用它做了许多实验。1663年,他第二次访问英国,被选举为皇家学会的成员。1666年至1668年他居住在巴黎,与日耳曼数学家以及哲学家G.W.莱布尼兹结为挚友,成为法国科学院的创始人之一。1681年他因病返回荷兰。1689年,他再度访问伦敦,会见了牛顿,并向英国皇家学院发表了他的关于万有引力的理论。晚年他居住在荷兰进行研究,1695年6月8日去世。

早年的惠更斯有一项贡献就是改进望远镜的功能使之适应了解天文学方面的知识,他与兄弟一起以前所未有的精度改进了望远镜的镜片,使之可以运用于天文的观测。结果,他们揭开了一个

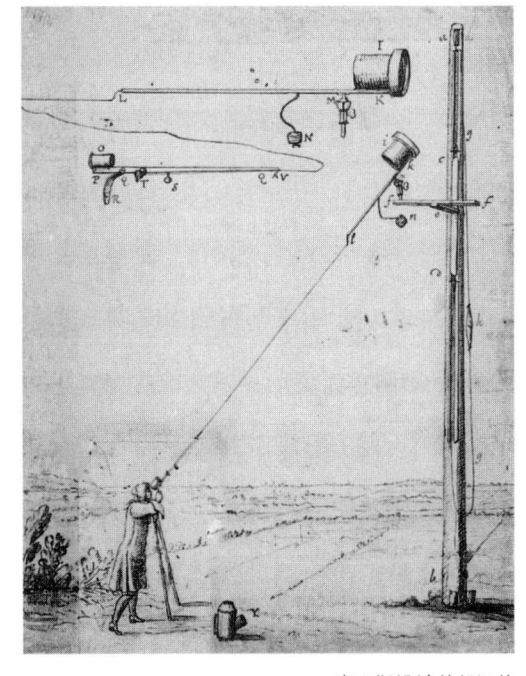

惠更斯设计的望远镜

由来已久的天文学之谜——伽利略在 1610 年通过他的望远镜观察到土星,发现它有两个奇怪的附属物,并发现随着时间的推移会发生变化和模糊,甚至消失。1655 年,惠更斯通过他的观测发现,土星的奇怪的外观是因为它被一个薄薄的平面圆环所包围,圆环与其黄道相倾斜。同年,他发现了土星的众多的卫星中的第一颗。起初,他用字谜的形式宣布这些发现。但是通过几年研究以后,他于 1659 年发表了《土星系》(Systema Saturnium)一书,描述了他的发现,确定了光环的位置,并且解释了它忽隐忽现的现象。他还发明了以他的名字命名的望远镜的目镜,它由两个凸透镜组成,它们的焦距和间距是精心选定的,可以把图像的缺陷减小到最低限度。他还在书中描绘了一种他独立发明的测微计,他通过把不同宽度的黄铜板条在焦平面上滑移,记下为遮没行星所需要的板条宽度,行星的角直径可以根据这宽度计算出来。同年,他又识别出猎户座星云的组成。

古代和中世纪已经应用各种仪器来计量时间,其中有一些流传到了今天,但是只是作为装饰品或者玩具,如日晷(阴影钟)、漏壶(水钟)以及沙漏。人们还曾经用附上标尺的点燃的蜡烛或者油灯来计量流逝的时间。中世纪的后期的一些修道院已经开始使用粗糙的摆轮钟。13 世纪在大教堂的顶上也安置这类钟,14 世纪已经相当流行。惠更斯在制作钟的方面显示出很高的才能。1657 年,他取得了制作钟的专利。1658 年,惠更斯出版了《摆钟论》(Horologium Oscillatorium),其中包含曲率的数学理论,还有许多动力问题的完整的答案,诸如推导单摆震动时间的公式、物体绕稳定轴的振动以及匀速圆周运动的离心力公式等。在该书的天文学贡献中,他指出作为天文学家,他关心精确地测定时间,导致他发明把单摆作为时钟的调节器。惠更斯对于旋转物体的研究使他预言地球是扁平的以及重力随着纬度的降低而减少,这些观察后来都得到了证实。除了从秒摆的摆长来精确估算自由落体的重力加速度以外,惠更斯还进一步试图对重力作重力学的解释。约在 1659 年,他还设计了一种船用的钟,用以在海上指示标准时间,以便确定经度。这种仪器在一两年中制作了好几台。这种仪器的下面垂一个铅质的衡重体,仪器则吊在船中部的常平架上,以便尽可能少受船只运动的影响。这种仪器在 1644 年荷兰船只在几内亚沿海地区的航行中使用过。

1690 年,惠更斯发表了《论重力的原因》(Discours de la cause de la pesanteur),他认为不应该把重力看作物体的一种属性或者倾向,而应当像对待任何自然过程一样,也用运动来解释。笛卡尔曾经设想重力是由于包围地球的物质漩涡的运动引起的。惠更斯承认他的假说与笛卡尔的观点密切相关。他指出重力的作用非常神秘,以至于感官无法发现它的本质,人们以往把重力作用说成是物体固有的性质,而这等于是引入了一些混合的含混的本性而没有解释其原因。而笛卡尔认识到,对于物理过程的理解不应当超过人们理解的能力。正如笛卡尔一样,惠更斯也认为这个过程是关于没有属性的物质以及运动的概念。惠更斯设想,正像水在容器中旋转一样,必定有一种以太也在环绕地球旋转,而且它的流动性远远要比水更大,处在以太中的任何肉眼可以看见的东西都不太可能具有以太的高速度运动,而是被推向这个运动的中心。因此,重力就是围绕地心环行的以太的作用,以太力图离开地心,并迫使那些不具有它的运动的物体占据它的位置。惠更斯甚至大胆估算出以太环行的必然速度。人们后来提供给重力学解释的一些尝试归根结底都是以惠更斯发展出来的一些概念为基础的。

他在 1690 年出版的《光论》(*Traité de la Lumière*)的主要内容大部分完成于 1678 年以前,以后又经过增补。其中阐述了"惠更斯原理",即在真空以及透明的介质中,光的波阵面上的所有的点都可以看成新的子波源,这些子波在各个方向的膨胀取决于各自的速度。

惠更斯是笛卡尔思想的热忱的崇拜者,后者于 1644 年出版的《哲学原理》(*Principia Philosophiae*)给青年时代的惠更斯留下了深刻的印象。许多年以后他这样写道:"当我第一次阅读这本书的时候,世界万物似乎就变得清晰了。我可以肯定地说,当我发现一些困难的时候,是我自己犯了错误,我没有理解他的思想,当时我只有 15 岁或者 16 岁。但是在不时地发现一些事情是虚假的还有一些则是不确实的以后,我回头陷入全神贯注的沉思。在这个时候我发现很难在所有的物理学、形而上学和气象学知识上找到我所能够接受的真实的事物。"他总是承认笛卡尔所赋予的想象力给他自己和别人带来的刺激。他在 1691 年写道:"我欠笛卡尔太多,他启示我在研究物理学上走新的道路,开启了一种观念那就是万事万物必须还原到机械的法则。"

惠更斯的最重要的工作是 1666 年至 1681 年期间在巴黎期间完成的,他得到了路易十四的赞助。在他最终回到荷兰以后,他悲叹几乎没有什么人可以与他讨论科学问题。很可能他过度地贬低了他的同胞,因为事实上在当时的西欧国家中除了牛顿和莱布尼兹以外几乎没有什么人可以与他讨论这一领域的问题。

惠更斯的学术通信非常广泛，书信在他的全集中占了十卷之多。牛顿对于他这位同时代的天才赞不绝口，称他为"德高望重的惠更斯"，他本人从惠更斯的著作中得益不少。惠更斯一直没有结婚成家。他于1695年6月8日在海牙去世。他将所有的手稿都捐赠给了莱顿大学，遗产则赠给了弟弟的儿子们。他的个性稳重平和，令人尊敬；同时也才华横溢，绝顶聪明。他在思想上具有极大的原创性，同时也善于解决别人遗留的难题，最后终究赢得了响亮而久远的国际声望。

惠更斯与斯宾诺莎有过交往，后者于1663年至1666年去海牙的时候，常常会去访问惠更斯。他们都精于数学、光学以及磨制透镜，特别是对于笛卡尔的自然哲学都抱有共同的兴趣，他们也在一起讨论天文学以及若干物理的问题，诸如笛卡尔在运动规律计算上的一些问题。惠更斯赞赏斯宾诺莎用手工磨制的透镜，他自己则用机械磨制。

所有上述这些人，还包括没有提到的一些人，他们都在学院以外从事科学研究，尽管他们很自然地要与学院派发生联系。

雅各布·格兰维桑德（W. Jacob's Gravesande，1688—1742）以及皮特·凡·莫森科洛克（Pieter van Musschenkroek）在介绍牛顿思想方面做出了贡献。特别是格兰维桑德，他是城市的一名官员的儿子，曾经访问过英国，并与牛顿有过探讨，后来他成为物理学的教授。他于1717年带了几百名外国学生来到莱顿，他通过自己的讲座让年轻人吸收自己的思想。1719年，他出版了著名的物理学手册，成为在欧洲大陆上宣传牛顿思想的最著名的人物。从18世纪20年代至30年代，他一直在从事这样的工作。莫森科洛克在当杜伊斯堡大学的教授（1719—1723）以及乌特勒支大学的教授（1723—1740）时，成为在荷兰介绍牛顿新科学思想的第二号人物。

在荷兰共和国的黄金时代，医学距离真正的近代科学还有相当的距离。在17和18世纪的时候，关于疾病起源的理论以及人体的细胞结构尚未被人们完全了解，尽管威廉·哈维（William Harvey）的血液循环理论以及红血球和精子的体状已经通过荷兰的使用显微镜的医生为人所知。著名的医学诊断学家列文虎克在医治病人的时候仍然受到传统的希腊罗马关于人体四种体液的理论的影响。按照这种理论，人类的疾病是由于人体中的四种体液不平衡以及不纯洁引起的。医治疾病主要依靠调整人体的体液的平衡，主要依靠灌肠、放血、洗净以及节食等方法，同时使用兴奋剂、奎宁水以及药物。直到19世纪以后，由于显微镜的迅速发展，严密精致科学的生物学才得以逐渐地建立起来,有效地配制药物大约是在 1880 年以后出现的。必须承认的是,在当时的荷兰共和国,在宗教上反对人类解剖以及对人体开刀的偏见并不像别的国家那样强烈,这有助于医学和外科学的进步。当时的荷兰经常举行公开的人体解剖课程,伦勃朗的《人体解剖课》就展示了这样的主题,而且这不是唯一的展示这类主题的画作。然而,当时的医典上仍然包含了许多无用的或是有害的内容,外科医学仍然出于起步的阶段,在许多情况之下,外科医生和内科医生在医治病人的时候在许多情况之下要依赖于病人对医生的绝对信任而不是医生对病人做什么。尽管如此,荷兰仍然出现了几位重要的医学家和医生。

赫尔曼·波尔哈维(Hermann Boerhavve, 1668—1738)是一位医学理论家,他曾经依据牛顿的机械哲学的原理来解释人类的生命过程,即以机械哲学运用于化学的方法以及疾病的诊断,对于物理学以及化学领域均有贡献。他在莱顿大学开设有医学、生物学以及化学的讲座,许多欧洲各地的人士前来听课,他的声名远扬,甚至中国人也知道他。他在研究血液循环以及血液细胞方面也有贡献,在病人身体系统性的检验方法以及临床医学的推广方面也做出了努力的探索。他教授医学的方式在 18 世纪受到欧洲各地的大学如维也纳大学、哥廷根大学以及爱丁堡大学的医学院所推崇。他曾经出版了七大册的《医学原理》以及《危险疾病的历史》。俄国的彼得大帝也前往荷兰拜访他,向他请教。

彼得·坎帕(Pieter Camper, 1722—1789)是外科医生和解剖学家,他在格罗宁根大学担任解剖学与外科医学教授。他从各个角度分辨植物以及动物之间的异同,并研究动物的解剖构造,也根据人类的头盖骨特征去研究人种学。他还研究不同的人种、人猿和猩猩之间的差别。他认为《圣经》中所说的人类最早的祖先可能是非洲的 Negroid 人种,并且认为所有的人种基本上是平等的。除了对于人类的研究,他也发现了鱼类的听觉与鸟类头骨中的气孔。

杨·英赫豪生(Jan Ingen-Housz, 1730—1799)在荷兰开设了天花疫苗接种所,是一位在欧洲颇具声望的疫苗学家。他曾经接受奥地利女王玛丽亚·特雷萨的邀请,前往维也纳担任王家御医长达 20 多年,并帮助奥地利推广医学教育。他还可能是植物光合作用的发现者。

在荷兰的热带殖民地,最著名与活跃的科学家和植物学家首推乔治·拉姆菲乌斯(George Rumphius, 1627—1702),他是一位日耳曼人,被誉为"安汶岛上的盲人先知"。他出生于德意志的哈瑙,父亲是建筑师和工程师,他的母亲讲荷兰语,后者是德意志西北部靠近荷兰边界和莱茵河的克莱沃(Kleve)地区的总督的妹妹,当时这个地区是勃兰登堡选帝侯的领地。他早年在哈瑙的大学预科学校读书,在德语的环境中接受教育,但是又会读写荷兰语,他的荷兰语很可能是从母亲那里学习的。他应征进入荷兰西印度公司,开始时在威尼斯共和国服役,后于 1646 年前往巴西,当时荷兰正与葡萄牙在巴西展开争夺战。由于沉船事故,他被葡萄牙人俘获,在葡萄牙居住了三年。约在 1649 年,他回到哈瑙帮助父亲经营生意。1651 年,拉姆菲乌斯的父亲去世以后,离开了哈瑙,从此再也没有回来。也许是通过母亲的家族,他又应征进入荷兰东印度公司。1652 年 11 月,他作为海军学校的士官生,前往荷属东印度。1653 年 7 月,他抵达巴达维亚;又过一年,他去了安汶列岛,从那时起直至 1702 年去世,他是荷兰东印度公司在马六甲的安汶岛上的一名官员,他的头衔是工程师和海军少尉。拉姆菲乌斯对安汶岛上的动物以及植物着了迷,倾其后半生的生命收集所有相关的资料,他的妻子苏珊娜在早期一直协助他工作,儿子保罗·奥古斯特为他做了许多植物标本的插图。他的研究最后形成的成果就是关于该岛动植物的巨大的多卷对开本插图书,这是一本关于安汶列岛的植物标本的目录。他的经历非常坎坷,1670 年,由于严重的青光眼,他失明了。但是他并不放弃,在别人的帮助之下他继续编撰他的巨著。1674 年 2 月,他的妻子和最年轻的女儿也在一次地震和泥石流中丧生。在他的工作即将结束的时候,大火又将所有的图画都吞噬了。但是所有这些灾难都不能打倒他,他又请人画了新的图画替代那些已经被烧掉的。1690 年,此书终于编纂完成了。它包括 1 200 种植物的标本,其中 930 种已经有确定的名称。在 1692 年,他将这本六卷本的巨著《安汶岛的草本植物》(*Herbarium Amboinense or Amboinese Herbal*)呈送给荷兰共和国。不幸的是,载着他的心血之作的荷兰船只半途被法国人击沉;所幸的是,荷兰驻巴达维亚的总督约翰纳斯·坎普菲斯(Johannes Camphuis, 1684—1691 年在任)此前已经请人临摹了一部副本,这部副本于四年以后运抵荷兰。这位总督是一位业余的天文学家,重视学问的研究,爱惜人才。1696 年,《安汶岛的草本植物》的抄本终于运抵荷兰,不过东印度公司认为这部具有巨大讯息量的书籍出于商业保护的原因暂时不宜出版。1702 年,坎普菲斯总督也去世了,他也没有看到此书付梓。1704 年,东印度公司终于同意出版,但是一时找不到出版社。最后,从 1741 年至 1751 年,此书在荷兰出版了,作者此时已经去世39年了。

1701年拉姆菲乌斯的另一部著作《安汶岛的奇珍异宝之箱》(*Amboinese Rariteitenkamer or Amboinese Cabinet of Curiosities*)被送到代尔夫特,1705年正式出版。这是他写的一部关于生长在马六甲群岛的贝类、软壳类以及甲壳类(如蟹和龙虾等)动物的遗著。反映了当时刚刚出现的收集自然历史标本以及建立私人博物馆的时尚,当时有一些富有的商人想在他们所居住的城市和乡村的房屋中设立此类机构。他们热衷于花许多金钱去购买矿石、海贝、鸟、野兽和鱼类的标本、钱币、纹章以及各种各样域外的奇珍异宝,这有一部分原因是受到拉姆菲乌斯的出版物的影响。在18世纪的上半叶,欧洲人特别喜欢马六甲群岛的海贝。多米尼·瓦伦丁(Dominie Valentyn)回到荷兰以后在多德雷赫特建立了一个专门由贝类学家组成的俱乐部,在那里他和其他一些从东印度回国的人在冬日美好的傍晚把玩和讨论他们各自的收藏。各种域外的植物以及草本也是当时人们狂热收集的对象,直到1637年的郁金香收藏泡沫破灭为止。虽然拉姆菲乌斯的关于安汶岛的著作的手稿遗失了,但是他出版的植物学以及动物学的著作,以及他所写的关于马六甲群岛的矿物学、地质学以及古生物学的著作,对这一领域的科学家都有着实际的参考价值。

在拉姆菲乌斯去世以后,他的儿子保罗·奥古斯被指定继承其父亲的"安汶岛的商人"的职位。人们曾经在岛上为拉姆菲乌斯竖立了一座纪念碑,后来被英国人摧毁。1821年,人们又为他树立了第二座纪念碑,但是在第二次世界大战中再度被毁。

德拉肯斯坦(Baron van Reede tot Drakenstyn,1636—1691)在印度西海岸的研究和收藏可以与拉姆菲乌斯相媲美。他是一名出生于乌特勒支的贵族,也是一名热忱的业余植物学家,在服务于东印度公司的人中,他属于很少的有教养的人士之一。他于1657年作为一名海军少尉来到东方,从1661年至1676年,他的大部分时间都待在马拉巴沿海地区,其间曾经有六年时间他担任总督的职位。他成功地劝说科钦的土王和其他南印度的君主来帮助他收集以及保护植物标本。他也组成了一个由15至16名博学的婆罗门在内的顾问委员会,在数百名苦力陪同之下,他前往印度西南部沿海地区的乡间做植物探索之旅。作为旅行研究的成果,他于1678年至1703年自费出版了12卷对开本的有着豪华的插图的《马拉巴的花园》(*Hortus Malabaricus*)。

在大西洋另一边的荷属巴西,在开明的人文主义者荷属巴西莫里斯总督统治期间(1637—1644年),他保护和赞助科学家们展开对于巴西各地的自然历史研究工作。有一位来自德意志撒克逊的乔治·马克杰拉夫(George Marcgraf, 1610—1644)青年学者在其庇护之下展开了卓越的研究。马克杰拉夫于1610年9月10日出生于撒克逊选帝侯领地的利布斯塔德(Liebstadt),是一位植物学家、天文学家以及数学家。他早年在罗斯托夫大学跟随保利教授(S. Pauli, 1603—1680)学习植物学和医学,以后又在今波兰境内的什切青大学(University of Stettin)学习天文学。由于三十年战争的动乱,他与许多德意志的同胞一样,去局势平静与思想自由的荷兰从事科学研究工作。1636年9月,他登记注册为莱顿大学的大学生,在那里学习医学、植物学、天文学和数学达15个月之久。在莱顿,他成为博学的约翰内斯·德·拉特(Johannes de Laet, 1582—1649)的好朋友,拉特是当时西印度公司的一名有学问的职员,后来还成为西印度公司理事会"19绅士"之一。在拉特的影响之下,在1637年马克杰拉夫成为莫里斯亲王征召的科学考察随员乘船前往巴西。1638年1月1日出发,在莫里斯亲王率领军队包围巴伊亚的前夕抵达累西腓。马克杰拉夫不浪费一分一秒学习葡萄牙语,不久就能够说葡萄牙语,也参与了莫里斯亲王指挥的包围巴伊亚的战斗。莫里斯亲王特别为他在维杰堡(Vrijburg)的宫殿里建造了"新世界的第一座天文台",用以观测天象。莫里斯还派军队护送他进入广袤的巴西内陆进行植物学以及动物学的考察,广泛收集植物和动物的标本;还特别为他在花园里建立一块空间来展示这些标本,其中有活的动物以及植物,那些死去的标本也被脱水和压缩,一一登记造册。马克杰拉夫在巴西内陆从事的极为艰苦的植物学和动物学探险活动留下了大量的资料,其中只有1639年至1640年的资料得以完整保留,其实他所做的远远超过这些。1644年5月,莫里斯亲王在结束荷属巴西总督的职务以后把他收集的资料带回欧洲,这些标本到19世纪仍然被人们重视和研究。马克杰拉夫还留下一幅很大的关于巴西的地图,于1647年出版,被称为当时所绘制的关于巴西最精确的地图。他本来要随同莫里斯亲王一同回到欧洲,但是在最后的时刻他改变了主意,决定跨越大西洋到非洲的安哥拉,他于1644年7月或者8月抵达罗安达。但是不久即由于恶劣的气候患感冒在当地去世,年仅三十四岁,可谓英年早逝。有一位近代美洲科学家曾经说过,如果乔治·马克杰拉夫活得更长久以及出版更多的书籍,他完全可以成为一名自亚里士多德以来最伟大的自然学家。

马克杰拉夫的许多著作已经散逸了,但是留下的著作依然令人印象极为深刻。他的忠诚的朋友约翰内斯·德·拉特将他的研究成果编撰成为《巴西自然历史》(Historia Naturialis Brasiliae)一书,1648年在阿姆斯特丹以及莱顿出版。拉特在此书的序言中指出,马克杰拉夫在一本题名为《实地考察美洲的数学》(Progymnastic Mathematica Americana)的巨著中已经收集了大量的天文学以及数学数据。此书分为三个部分:第一部分是有关天文学和光学的,包括一份在北回归线至南极之间的所有的星星的名称表,其中有对于行星、日食和月食等各种天文现象的观测,关于金星以及水星的"真的和新的理论",这些理论都基于他自己的观测,关于折射以及视差的理论,关于太阳黑子以及其他天文数据。第二部分包括地理学和地测学,其中讨论了经度的理论以及经度计算的方法,对古代的当时的地理学家的一些错误进行了驳斥。第三部分包括一部天文表,不过这一部分没有完整地保护下来,只有一些片段以及备忘录。《巴西自然历史》是真正的关于巴西的动物学以及植物学的研究,是一部单卷本的大书,装帧精美,配有丰富的插图,展现了马克杰拉夫的研究工作,并开启了近代早期欧洲人最初的对于巴西的动物以及植物的研究,其中有对于伯南布哥地区的地理以及气象的描绘,有日常的风向以及降雨的记录,南半球的天文观测以及记录当地印第安人的种族志。书中有200幅木刻的关于植物的版画,描绘了222种兽类、鸟类、昆虫和鱼类,其中有许多物种是人们在以前从未见过的。此书在荷兰殖民地医学方面也有重要的地位,它彻底调查了一些在巴西当地特有的疾病以及医治它们的方法,包括皮肤感染、破伤风、痢疾、各种麻痹以及瘫痪、夜盲症、斑丘疹等。书中还有对于原住民使用的一些药物如由吐根粉末以及鸦片粉末混合而成的药物(用于缓解疼痛和排汗)以及其他泻药性质的描绘。直到1820年至1850年马克西米连亲王(Maximilian Prince of Wied-Neuwied,1782—1867)出版相关的科学研究作品以前,此书一直是关于巴西自然历史研究的最权威的作品,出版以后在北欧以及其他地区广为流传,为世人所称道。

《巴西自然历史》的另一个版本于1658年在莱顿出版。①马克杰拉夫在此书中的贡献还包括了他的同事来自荷兰的威廉·皮索(William Piso, 1611—1678)的辛劳的观测。这个版本还包括了马克杰拉夫以前的一些先驱者在南半球的天文观测,其中有1640年的日食。当时,上文所述,莫里斯总

---

① 书名为 De Indiae utriusque re naturali et medica Libri quatrodecim quorum contenta pagina sequens exhibet。

督在维杰堡的塔楼上为马克杰拉夫建造了一个天文台以供他进行天象的研究,同时这位总督也下令所有在巴西东海岸航行的舰长都要记录日食、月食以及其他气候天文现象,这些活动很可能对当时科学家们的天文学研究有助益。马克杰拉夫还是一位杰出的数学家、测绘员以及制图学家,在布劳家族出版的地图集中许多伟大的作品都基于他的测绘和研究。他是莫里斯总督的官方制图家,他绘制的地图的准确性直到1891年时仍然受到人们的重视。

来自莱顿的威廉·皮索也是一位杰出的荷兰科学家,他是马克杰拉夫在医学方面的同事,他比后者只小一岁,早年在卡昂(Caen)接受教育,他是作为莫里斯总督的私人医生跟随他一同去巴西的,1644年回到荷兰,后来成为一名宫廷医生,并且在莫里斯的赞助下从事研究。他负责在1648年版的《巴西自然历史》中撰写了"巴西的医学"这部分,成为热带医学和卫生保健学早期代表性的论述,直到19世纪的时候其权威性仍然得到人们的认同。他被认为是近代早期热带病医学的创立者之一,他在巴西看到荷兰的海员以及士兵在当地患营养不良症以后,就推荐他们食用新鲜的水果、蔬菜以及鱼类。他最早知道了吐根有医治痢疾的功效。他不仅对于科学感兴趣,而且也积极参加文学的活动。他两次被选举为阿姆斯特丹医学院的院长。

马克杰拉夫的忠诚朋友博学的安特卫普人约翰内斯·德·拉特于1644年在莱顿出版了《西印度公司史事》(*Historie ofte Iaerlyck Verhael van de West—Indische Compagnie*),此书以编年体风格写成,详细描述了从1630年至1636年荷兰人在巴西进行的每一次战役,还详细地论及了巴西的地理以及自然资源。他还充分地记录了西印度公司从1621年至1636年的主要的活动以及组织机构的演变。作为西印度公司理事会的"19绅士"之一,德·拉特有充分的机会查阅公司的大部分的和最主要的文件和报告。拉特兴趣广泛,在学问上博大精深,对旧世界和新世界充满了好奇心。他曾经参加多德雷赫特宗教会议,于1625年出版了《新世界:对于西印度的描述》(*Nieuwe Wereldt of Beschrijvinghe van West-Indien*),此书后来数度重印,被翻译成法文和拉丁文。在以后很长的一段时间里成为研究美洲和西印度的标准书籍。德·拉特还精通西班牙语和葡萄牙语,在自己家中编辑地理学、自然历史以及人种志德文集。尽管他从未离开过尼德兰,但是他编撰了标准的关于莫卧儿帝国的书籍《论大莫卧儿帝国,或有关真实印度的评论》(*De Imperio Magni Mogolis sive India vera commentaries*)的著作。他还与格劳修斯争论过关于美洲印第安人起源的问题。

玛丽亚·西比拉·梅里安(Maria Sibylla Merian, 1647—1717),有着极富魅力的人生经历。她出身于法兰克福的艺术世家,父亲为雕刻师和出版家。父亲去世以后,母亲改嫁给一位静物画家。梅里安跟从继父学习静物画,并且对昆虫和大自然很感兴趣,于是成为一名图谱艺术家、昆虫学家和自然主义的学者,她能够将昆虫的成长形态及其与植物的宿主巧妙地绘制在一起,完美地结合了自然的艺术美态与自然科学的严谨。1685年,梅里安带着女儿迁居荷兰的弗里斯兰,她在那里学习自然历史与拉丁语。1691年,在母亲去世以后,她和女儿移居阿姆斯特丹。1692年,她与丈夫分居。她的女儿则与荷属苏里南一位成功的商人结婚。她本人绘制的精美艺术图谱得到阿姆斯特丹的市长以及荷兰的上层社会接纳,生活变得好起来。1699年7月,52岁的梅里安得到荷兰政府资助前往当时位于南美洲北部的苏里南荷属殖民地。在临行前她这样写到在荷兰她惊讶地看到从东印度和西印度来的美丽的动物:她很高兴能够看到阿姆斯特丹市长威斯顿博士以及东印度公司主管的丰富的收藏,还有其他许多人的收藏,看到了无数的其他的昆虫,但是对于它们的起源以及繁殖的过程则不了解,这是她想前往苏里南的动因。在以后的两年的时间里,在当地总督和西印度公司的支持之下,她走遍了殖民地各地,历经艰辛探索那里的自然风貌。她批评荷兰的商人除了蔗糖以外就没有欲望调查当地的事物并恶劣地对待奴隶。在苏里南的内地,她发现了许多尚未被命名的动物和植物,她收集标本,进行分类和描绘。她以印第安当地的名词命名这些动物和植物,有些沿用至今。1701年,当地暴发瘟疫,她不得不带着素描与笔记离开当地回到荷兰。她在1705年出版了附有美丽插图的《苏里南昆虫以及蜕变》(*Metamorphosis insectorum Surinamensium*)一书,这是印刷界从未有过的有着精美插图的图书之一。此书在她去世以后的1719年、1726年以及1730年数度重版,并有德语、荷兰语、拉丁语以及法语等多种语言版本,赢得了大量的读者。

丹尼尔·哈法特(Daniel Havart)于1693年出版了《科罗曼德尔的兴衰》(*The Rise and Fall of Coromandel*),1688年,他还出版了一部波斯史诗的译作。赫尔伯特·德·亚戈(Herbert de Jager, 1634—1694)是荷兰近代早期的东方学家。他发现了古老的爪哇语、梵语以及泰米尔语之间的联系。

恩格尔伯特·肯普菲(Engelbert Kaempfer, 1651—1716)是日耳曼裔的自然科学家、医生以及探险作家。他出生于威斯特伐利亚的利珀,父亲是一位新教的牧师。他早年在哈默尔恩、汉堡、吕贝克以及但泽等地学习,在克拉科夫大学毕业以后又在普鲁士学习医学。1681年,他访问瑞典,参加瑞典的外交使团访问俄国以及波斯,曾经到过伊斯法罕。回国以后,他又作为首席军医参加了荷兰东印度公司的舰队前往波斯湾。1689年抵达巴达维亚,随即研究爪哇的自然历史。1690年9月,他以医生的身份抵达长崎,以后的两年,他一直居住在日本,两度访问江户面见德川幕府的将军德川吉刚。他在日本当地研究那里的各种不同的植物,并且写了《日本植物》(Flora Japonica),他也是第一个描绘日本的银杏树的西方人,他后来带走一些银杏树的种子,种在了乌特勒支的花园里。他还记载了日本的针灸以及艾灸,这两种医术都与中医有关。他还编撰了一部关于日本古代历史的史书,在他去世以后的1727年出版。在1832年至1852年间冯·希博尔德(Von Siebold)所作的《日本历史》(Nippon)出版以前,此书是西方关于这个岛国历史的最权威的历史著作。

四、伟大的视觉艺术

张淑勤教授指出:"尼德兰整个地区的艺术一向有其辉煌的传统,特别是绘画艺术,已经成为外国人心中荷兰17世纪黄金时代的一种文化现象。绘画艺术是荷兰人的骄傲。黄金时代的画作,不管就题材或者风格上都呈现十分多样的面貌。不论是宗教或者经济因素,从南尼德兰拥入北方联省共和国的艺术工作者,对于荷兰的绘画发展更有着决定性的影响。居住在荷兰的画家们,其画作常常被历史学家视为一种反映当时荷兰社会的视觉史料。例如,画作中呈现了当时的经济繁荣、科学爱好、宗教自由与虔诚的生活、对世界的好奇心、从远洋贸易中获得的各种货物、热闹的市场、美丽的城市、忙碌的港口、恬静的乡村田野、明媚的海岸风光或者波涛汹涌的发怒的大海、整洁有序的家居生活,以及包含着男女老少及各行各业人物的写实肖像画,富含隐喻象征的风俗画(Genre Painting)等,产量十分惊人。在技巧上荷兰绘画中的光影技法、色彩调配、空间布局与意象再现,都令人印象十分深刻。17世纪荷兰的画作,可以说是荷兰的黄金时期的缩影。荷兰绘画界的活跃、丰富与多产,当时的大环境的确提供了画家们最有利的创作空间。一个小国,在17世纪却有数以百万的艺术作品在市场的广大需求之下产生,实在不可思议。"

17世纪荷兰黄金时代的绘画艺术,在整个世界艺术史上具有崇高的地位。早在16世纪,尼德兰的画家们已经有了属于自己的行会,发展出成熟的绘画艺术,是欧洲除了意大利以外绘画艺术最繁荣的地方。在开始的时候,艺术家们主要集中在别的行会中,比如在乌特勒支,画家们属于马具商行会,行会中还有为书籍绘制插图的人、木刻匠以及制作毛毯的工人。在荷兰"反叛"以前,哈勒姆有专门的画家行会就是"圣路加行会",该行会还保存了一块据说是圣路加的遗骨。1579年在阿姆斯特丹加入了起义者的行列以后,城市中的行会进行了改组,建立了专门属于画家的行会。1585年米德尔堡也有自己的画家的行会。1609年豪达与鹿特丹建立了画家行会;1611年乌特勒支以及代尔夫特也建立了画家行会;1648年莱顿也有了画家行会;1651年霍伦也建立了画家行会。1650年,仅在阿姆斯特丹一座城市,就有180多位职业画家专以作画谋生。当时荷兰全国大约有750名专业画家,每年出产7万幅绘画作品。为了实现成为画家和版画家的梦想,男孩子(很少有女孩)往往才十几岁就会拜师学艺。孩子的家长会支付给师父一定的费用,包括指导费、材料费,有时还包括场地和膳食。学徒们要帮助师父布置和打扫画室,学会削金属尖笔、学习把帆布固定在支架上,捆扎画笔、研磨颜料,并把颜料和油混合在一起,还要向师父学习临摹古人的作品或石膏像。至于师父(画家)的作品虽然并非每一幅都是杰作,画家们也不全然都是大师,但是从艺术史发展的脉络来看,荷兰出生的艺术大师仍然为数众多,所获得的评价也极高,特别在世俗绘画方面。

南部尼德兰地区本来就有良好的绘画传统,那里的天主教会以及信奉天主教的贵族都热爱与崇尚绘画以及雕塑艺术,但是荷兰的"反叛"引发的宗教和政治的骚乱打乱了这里的艺术界和绘画市场,导致人们对于绘画的需求一度锐减。当佛兰德斯和布拉班特的一些城市落入西班牙军队之手的时候,一些信奉新教徒艺术家都逃跑了,许多人选择在北方的城市定居下来。这些城市本来就缺乏绘画艺术的传统,这反而为艺术家提供了新的开拓的空间以及试验的土壤,他们给当地城市的绘画艺术带来了活力。于是,每个城市画家的画风出现了特别的地方。哈勒姆的画家以画风景画见长;乌特勒支的画家主要以历史画见长。在米德尔堡的绘画界,有一段时间静物画非常繁荣。在17世纪的代尔夫特,有一个公认的专门画建筑的画派,画家们擅长画公共建筑物以及私人住宅内部的景观。阿姆斯特丹则有容乃大,包容各种画派和画风,除了以伦勃朗为代表的历史画派以外,还有描绘海上以及陆地风景的各类画家。赫伊津哈指出,油画和素描是荷兰黄金时代艺术中的两种最重要的表现形式。这些画作都比较小巧,都与荷兰的特性——国土面积小、城镇距离短、阶级之间的差距也比较小等原因有关。与此并行的则是普遍的由繁华的经济发展带来的财富以及民众对于文化艺术的精神追求。巨型的建筑与雕塑在荷兰并不流行,因为没有帝王、枢机主教以及拥有特权的贵族赞助建造这类古典而繁复的纪念碑式的建筑物,占主导地位的加尔文派也不提倡在教堂里挂宗教类的图画,因为他们反对偶像崇拜。于是,在欧洲的历史上,自中世纪以来的绘画的主顾或者说赞助人第一次发生了重要的变化,教会和王室不再是艺术家的主顾,宗教题材的绘画也不再是人们关注的焦点,代之而起的是奥伦治亲王家族以及商人和市民阶级对于绘画以及其他艺术品的需求,他们都过着一种市民阶级的生活。

荷兰全盛时期的商人阶级和其他中产阶级人士不仅直接或者间接地对于与海外贸易有关的学问和出版物有兴趣,而且对于艺术特别是绘画多有提倡。他们首先带动了购买艺术品的风气,所以那些价格适中并适合悬挂于屋居的小型的画作,成为艺术品市场上被人购买的大宗。同时,不仅富裕的荷兰人想用绘画来装饰自己的房间,即便是一般普通人民也想收藏绘画,以绘画作为家居的装饰。对于有一些钱但是又不算富贵的普通市民来说,传统的大型的宗教题材以及历史画是超出他们购买能力的承受范围的,画家们必须创作市民阶层能够接受的作品——于是表现日常生活题材的画作如厨房的内部、弹钢琴的女士、安静的街道以及建筑物、静物和乡村风景都成为绘画的对象。大部分的画家以无名氏的方式,在艺术市场上出售价格较为低廉的画作,提供给市民以满足他们的需求。他们虽然没有在艺术史上留下自己的名声,但是他们的画作却反映了 17 世纪荷兰社会一般人民的艺术趣味和社会的风貌。1640 年,英国旅行家彼得·蒙迪(Peter Mundy)在访问了荷兰以后写到,没有一个民族像荷兰人那样有如此众多的杰出之士热爱绘画这个职业。许多人热衷于用价值不菲的绘画来装饰自己的屋子,特别是外屋和临街的房间。肉贩和面包师也不甘落后,在自己的店铺里挂上了绘画作品;铁匠和鞋匠也在他们的锻铁工房以及鞋子铺里挂了一些绘画,喜爱艺术和绘画已经成了这个国家民众的一种共识。1688 年,威廉·卡尔(William Carr)看到甚至贫民救济院的房间里面也有丰富的绘画作品作为装饰。另一位比彼得·蒙迪晚一年来到荷兰的英国女士约翰·伊芙琳(John Evelyn)也观察到荷兰人特别喜欢绘画。她发现在鹿特丹的年度市场上到处都装点着绘画,特别是风景画以及一些描绘下层群众生活的绘画,数量很大而且价格便宜。她认为荷兰绘画的繁荣是因为人们普遍地把购买绘画作为一种投资的行为,即便是普通的农民也会购买绘画,一般人在自己的家庭里到处挂满了画,他们也在市场上出售这些绘画获取高额的利润。博克塞认为这位英国女士的看法并不十分客观与令人可信,因为荷兰的普通民众完全可以用剩余的资本投资政府和市政当局的债券并从中获利。他指出最大的原因还是因为荷兰人民从内心热爱这些绘画作品,就像彼得·蒙迪所观察到的那样。

较早出现的富于表现当代人物的画家是法朗斯·哈尔斯(Frans Hals,约 1581/1585—1666)。他与鲁本斯是同时代的人。他的家庭原先居住在尼德兰南部地区,由于他的父母都是新教徒,所以他们的家庭不得不离开尼德兰的南部,移民到北方的荷兰城市哈勒姆。关于他早年的生平,人们所知甚少,只知道他经常欠面包师傅和制鞋匠的钱。他在 1616 年画了著名的《圣乔治民兵团的军官》,描绘的是民兵团军官的欢宴,用巨幅的油画表现这种欢快的场面也是当时的一种习俗。要在一幅画的内容里

哈尔斯《弹鲁特琴的人》,作于 1620 年至 1625 年间

记录如此多的人物肖像,又不显得僵硬和做作,绝非易事。在哈尔斯的笔下,十二名成员个个栩栩如生。他最善于画的是人物肖像,他一生创作了 200 多幅肖像画。他最早赢得赞誉的也是一系列的肖像画,如《大笑的骑士》,还有为吉卜赛人、醉鬼等底层人物所作的素描。这些作品都创作于 1620 年至 1625 年之间,所有的人物都面带微笑,眼睛斜睨,表情诙谐,令人喜爱。哈尔斯善于捕捉闪过人们面容的瞬间的表情,画面充分地展示了人物的个性。在他所描绘的人物肖像画中,他以坚定犀利的目力所画的每一笔都没有夸饰的成分,都是画中的人物在现实中某一个特定的瞬间的定格。哈尔斯绘画中的这些特征省略了许多不必要的描绘细节,其整体的效果远远大于各个部分的总和,是欣赏者在看过画像以后就像见到画中的人物一样。人们欣赏哈尔斯的肖像,关注的是人物特定的部位,而不是人物的每一丝头发、

每一条皱纹、每一粒纽扣、每一只耳环等。贡布里希在《艺术的故事》中指出，哈尔斯能够"迅速抓住一个转瞬即逝的印象。以前的肖像画看得出是耐心画成的——时常让人感觉出被画者必定静坐了许多次，而画家细而又细地精心记录细节。哈尔斯绝不让模特儿感到厌倦或疲惫不堪。我们好像亲眼看到他迅速、灵巧地运笔挥洒，用几笔浅色和深色就展示出蓬松的头发和弄皱的衣袖。而偶然的一瞥中，他又让我们看到处于特殊动作以及心情中的被画者。当然，没有惨淡经营，哈尔斯绝不能够给我们这样的印象"。在17世纪以前，大多数的画家都是先在画布上打好底色，以获得一个坚实稳定的底面。哈尔斯是"直接画法"的先驱者之一。他是不打底色的，直接将油画颜料涂在画布上。他的许多作品都以自由挥洒的笔触画成，近乎鲁莽地描绘出所表现的对象，许多大笔触明显地存在于画布的肌理当中，可以清楚地看出这种画法的效果。19世纪以后，随着颜料的质量的提高，这种画法就更加普及了。

哈尔斯《哈勒姆救济院女执事们》

哈尔斯作品吸引人们之处就是其举重若轻的格调。但是到了晚年，他贫病交加，不得不被送入慈善院，由此表现出来的艺术风格却是凝重的品格，使其作品跨入经典的行列。在他去世前两年，也就是1664年所画的《哈勒姆救济院的女执事们》是此一时期最典型的作品。它的画面严肃而凝重。艰辛而贫困的生活已经使得画家忘记了那个曾经妙趣横生、华美轻松的自我。画面上的那些老女人的面容虽然略不乏怜悯,但更多地透露出来的则是严肃、挑剔甚至是苛刻,以及她们对救济院执事的职务所持的共同态度。它也向观众提示了画家自身的多舛而无常的命运。

伦勃朗《圣斯提凡殉道》

伦勃朗(Rembrandt H.van Rijin,1606—1669)是被人们所公认的荷兰黄金时代最伟大的多才多艺的画家。他于1606年7月15日出生于莱顿,因为他的祖先在莱茵河畔拥有可以经营磨坊生意的风车,故其姓氏为凡·莱茵(van Rijin),意为"来自莱茵河"。他的父亲就是一位富裕的磨坊主,与妻子生育了9个孩子,伦勃朗排行第八。父亲想把所有的男孩都培养成为手艺人,唯独将他送入拉丁文学校学习,在经过七年的拉丁文学习以后,1602年,年仅14岁的伦勃朗进入莱顿大学哲学系学习古典学。但是不久他却要求父亲让他学习绘画,父亲只得勉强同意。伦勃朗在画家雅各布·凡·斯瓦能布鲁西(Jacob van Swanenburgh,1571—1638)以及皮特·拉斯特曼(Pieter

伦勃朗《自画像》,蚀刻画,作于 1630 年

Lastman, 1583—1637)的指导下学习了若干年,他在艺术上的成熟使得两位老师十分惊奇。伦勃朗最早的一幅为人所知的画作就是《圣斯提凡殉道》,描绘这位早期教会的圣徒被人用石头砸死,此画作于 1625 年,当时他才 19 岁。历史学家认为这幅画中的斯提凡就是寓意被杀害的荷兰省大法议长奥登巴恩维尔特,表明年轻的画家对于这位大议长的遇害持同情的态度。

1628 年,当时著名的荷兰政治家、外交家和文学家康斯坦丁·惠更斯注意到并赏识伦勃朗的才华,当时他才只有 22 岁。富于鉴赏力的惠更斯最早看出伦勃朗具有迥异于常人的艺术天赋,就将他的画作推向了当时荷兰国内的以及国际的社会。当时,康斯坦丁·惠更斯也特别推崇尼德兰南方的著名画家鲁本斯(Peter Paul Rubens, 1577—1640),鲁本斯那时在安特卫普为联省共和国的敌人即信奉天主教的西班牙哈布斯堡王族作画,他还作为哈布斯堡王室的特使出使英国。康斯坦丁·惠更斯希望为北方的联省共和国找到另一个属于荷兰的鲁本斯,在他看来这个人就是伦勃朗。惠更斯便把这位年轻的艺术家介绍给了荷兰的执政官。1629—1630 年,伦勃朗初步取得成功,他有两幅画作被英国王室购买,其他许多作品被富裕的达官贵人收藏。

1631 年,他在初步的成功的激励之下移居当时荷兰最为繁华富裕的城市阿姆斯特丹。在 17 世纪 30 年代,伦勃朗差不多成为一名宫廷画家,特别是在 1632 年中的大部分时间他都是在海牙度过的,他为达官贵人绘制肖像,也为执政官绘制了几幅大的画作。同年,他还为当时荷兰著名的外科医生博学的尼古拉斯·图尔普(Nicolas Tulp, 1593—1674)画了《解剖课程》(*The Anatomy Lesson*),这位医生后来成为阿姆斯特丹的市长。这幅画是伦勃朗来到阿姆斯特丹以后的第一幅名作,也是他早期绘画中的杰作。作品中关于

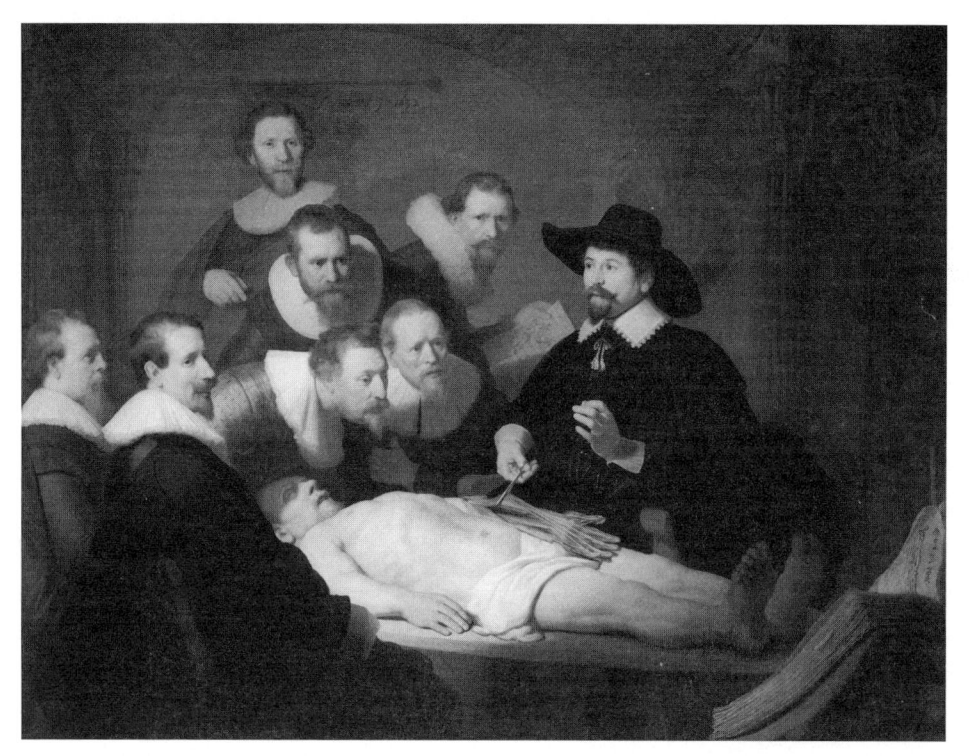

第十章　荷兰共和国"黄金时代"的文化　421

伦勃朗《解剖学课》，1632 年

光线的处理震撼人心，强烈的光线打在被解剖的尸体上，反射在后排人物的脸上，画中的人物头部非常生动，强烈地呈现出他远近闻名的那种表现对比的手法。1634 年 7 月，他与弗里斯兰莱瓦顿的市长的女儿萨斯琪亚（Saskia van Uylenburgh，1612—1642）结了婚。5 年以后，他出资 1.3 万荷兰盾买下了一桩漂亮的宅邸（今伦勃朗博物馆），放置了许多艺术品、铠甲以及域外珍品。伦勃朗热爱妻子，为她画了许多肖像，也为自己画了许多肖像。这不是出于虚荣心（他虽然有缺点，但不是一个爱虚荣的人），而是纯粹地出于生活的趣味。这段时间是他生活最幸福的时光。当时，伦勃朗是圣路加行会的会员，他在那里

伦勃朗《自画像》，1659 年

训练学生，教授他们绘画的技艺。他的画室中有 8 名学生追随他学习绘画。此时，伦勃朗成为当地社会各界非常受欢迎的著名的画家。这些年中，他赚了许多钱，他可以自己定价，别人也绝不讨价还价，他每年的收入达到 12 000 荷兰盾。尽管如此，他的支出有时还超过了收入。他热爱生活，也希望看到别人有好的生活，他奢侈浪费所花的钱中有一部分是他慷慨大方地馈赠予殷勤款待他人。他也广泛收集各种来自域外的奇异物品、各种艺术品以及有关科学的和历史的物品，还有动物以及植物的标本。

伦勃朗的画作中，蕴含了丰富的意蕴以及精湛的技法，特别对于光与影的捕捉、构图以及空间上的独特的布局是令人印象极为深刻，作于 1642 年的描绘民兵组织游行的《夜巡图》(The Night Watch)就是一个例证。伦勃朗的这幅作品是当时荷兰社会的——特别是中产阶级和上层社会生活的反映，在《夜巡图》的中央画着的主要人物法朗西斯·班宁·柯克(Francis Banningh Cocq)在 1650 年成为阿姆斯特丹的市长，他是一名暴发户的后代。在他身边的副官卢腾贝格(Wilhem van Ruytenburg)也是一位富有的布匹商人，这一群人是 17 世纪阿姆斯特丹城市中最富裕的人士。在那个时代，民兵组织已经失去了早期为共和国作战的功能，更像是社会上中上层人士聚会的团体。从艺术的角度来看，《夜巡图》是一幅充满翻腾动感的伟大作品，它捕捉了队长班宁·柯克下令出发的那一刻，他的嘴唇微微张开，身后的民兵蓄势待发，他下令开拔，士官长转过身去，掌旗兵高举旗帜，鼓手开始击鼓，一旁的狗开始狂吠，左侧的男孩开始拔腿狂奔，每个人都有各自的动作。观赏者会觉得自己来得正是时候，可以欣赏到如此完美的构图，要是晚来一刻，整个布局就会乱了。画中人物的动作可以从两个不同的层次来观看。首先是完整的构图，中央的那一群人正要出发，后方的人则跟了上来，左边以及右边的人都有动作，整体看来显得生机勃勃，没有任何静止的因素。画面的细节部分也在运动，如班宁·柯克脚边饰带在飘动，队长和副官似乎要走出画面了，两人抬起的后脚，都有阴影，这都是画家的刻意安排。民兵队伍的主要武器是毛瑟枪，有一个民兵在填火药，另一位民兵在吹气清枪，摆出演习的架势。画面中还有几名不速之客，多了一点即兴的意味——小孩将牛角里装的火药交给火枪手；最奇特的人物是一名穿着金色华服的如梦似幻的小女孩，她完全不属于这个阳刚的世界，充满着超自然的意蕴，发出由内而外的光华，她的腰带上倒挂着清晰可见的鸡，鸡爪是民兵的象征——自中世纪以来民兵的纹章就是鹰(鸡)，所以她是民兵的象征(她的原型或是邻居的小女孩，或是某人的女儿,或是伦勃朗的妻子,有些人认为她的形象的寓意至今仍然是不解之谜)。现在,每年都有100万人前来参观阿姆斯特丹博物馆,许多人都是冲着这幅画来的。每个荷兰人一生都至少要来看一次《夜巡图》,仿佛就像朝圣一样。

伦勃朗《夜巡图》,1642年

尽管伦勃朗的画作受人欢迎,但是他也很容易得罪人。最明显的例子就是上述这幅《夜巡图》,伦勃朗不是把画中的人物排成一行,让人人都得到同样的光度,而是把全体人物做了巧妙的安排,构成了一个艺术的整体。结果,那些被画在暗处或者半明半暗地方的人就抱怨说,大家付的钱完全一样,为什么不能被画在相等的地位呢?对于这种指责,伦勃朗回答说,他是一名艺术家,不是调查人口的人,他的任务是创造美,不是计算人数。这个答复虽然含义高远,但是使得他的主顾不悦,不利于他的职业。他的奢华和有点古怪的生活方式也可能导致阿姆斯特丹的执政团议员对他有所不满。

伦勃朗不仅是一个伟大的油画家，也是一个伟大的版画家。他使用的技术不再是木刻法而是铜版雕刻法，也就是"蚀刻法"。其原理是艺术家不必辛苦地刻画铜版的表面，他只需要用蜡覆盖铜版的版面，用针在上面画。凡是针所到之处，蜡就被划掉，露出铜版，接着把铜版放进一种酸液，让酸腐蚀铜版上划掉蜡的地方，这样线条就会留在铜版上。这块铜版就可以像雕版一样来印刷图画了。"艺术家在这里能够挥洒自如，其情绪以及创新的天才都有了用武之地。实际上，他虽然没有刻意抛弃传统和风格规范要求他继承的一切东西，但是在大多数的蚀刻画里，他的雕刀如脱缰的野马，只需快捷走几刀，他那深不可测的精神深处喷涌而出的情绪就能够表现手中的题材，就能够产生直接而透彻的效果，就能够反映周围事物的神秘色彩了。"

1642年7月，在完成了《夜巡图》不久以后，伦勃朗的妻子萨斯琪亚去世了。从那时起，他的生活就开始走下坡路。他是一个热爱家庭生活的人。他找到了另一个女人斯托弗尔斯。不过，已故的妻子萨斯琪亚曾经在遗嘱上写到，如果丈夫再婚，就不能够再做唯一的儿子蒂土斯（Titus）的监护人。于是，斯托弗尔斯就住在伦勃朗的家里，成为他的情妇。但是阿姆斯特丹的市民，特别是萨斯琪亚的亲属们对伦勃朗的迫害从消极冷落发展到积极。他们诋毁他的声誉，霸占他的房子，使他无法出售自己的作品，最后逼迫他破了产。他不得不搬到犹太人居住区的一个颇不卫生的普通房子里。

但是，伦勃朗的艺术创作并没有停止，他还在不断地攀登艺术的高峰。在他幸福的时候，他曾经描绘过世间的繁华与虚荣。现在，他懂得了人间世态炎凉。他以自己的画笔描绘了朴实无华的荷兰的农夫与渔民，还有出没在犹太人居住区的贫寒的犹太教士以及犹太人平民。这个时期的代表作是蚀刻画《盲人》，它表现了一个身体衰弱，令人怜悯的老人，在听到儿子敲门以后，伸着手臂急着要去迎接儿子，把纺车也踢翻了，人们似乎还可以看出这位老人是新近失明的，因为他对于屋子里的东西的方位不太了解——这是一幅描绘悲惨无助的场面。有一位评论者这样写道："这幅蚀刻画是世界上最好的版画，即使你把老人的头遮住，他的身子、手臂和腿还是一个盲人的。"伦勃朗的画风明显地改变了，他不再描绘生命的喧哗以及戏剧化的外在表征，仿佛调低了世界的音量，转而专注焕发于内心的沉静的光辉，夸张的姿态不再存在，取而代之的是温柔的单纯。不过，伦勃朗画风的转变并不为当时的社会所认同。荷兰人曾经凭着淳朴、坚毅和虔诚与西班牙人进行漫长的战争，但是他们此时已经过着安逸的生活，对于战争的忐忑不安已经烟消云散，在大城市里尤其如此。当伦勃朗的画风日趋简洁与淳朴之时，阿姆斯特丹的气氛却是明亮而且浮夸，人们不再追求简单朴素，也不是自然地呈现真实的丑陋原貌，而是来自意大利的精致与花哨。于是，伦勃朗的作品不再被人们普遍重视和欢迎。

伦勃朗晚年还创作了一幅被许多批评家认为是伦勃朗"最后的伟大的集体肖像"的《布匹呢绒行会的理事》(The Sampling officials or Syndics of Drapers' Guild, 1662)。当时画家已经55岁，身体已经衰退，艺术的天才却在巅峰的时刻。这幅画在画面上只有6个人物，但是观者都知道屋子里不止这几个人，大家都在讨论一件共同关心的事情。关键人物坐在桌子的旁边，面前放着一本打开的账本，他在向大厅里的人（但不在画面里）解释着什么。也很可能他们在讨论羊毛布匹的供应商提供的布匹的质量以及将来出售的价格。他们当中5个人戴着黑色的帽子，还有一个人则戴着黑色的小无边帽。他们的"每一双眼睛里都透出机灵、幽默以及好心肠的谅解。所有的人都面色红润，神采奕奕"。画面的前面有一块浓艳的红色呢绒台布，整个画面散发出健康、富足以及舒适温暖的气息。"阿姆斯特丹的生意人在最不懂生意经的公民的笔下成了不朽的人物。"

伦勃朗的宗教题材的绘画，展现了一种非常自然的超越性。他被认为是新教传统中的一位最伟大的宗教作品画家。虽然在当时荷兰社会上，加尔文派等新教的宗派鼓励信徒直接地阅读《圣经》，并且有过摧毁圣像运动等事件的发生，所以在荷兰与《圣经》相关的画作并非最受人们欢迎的主题，但是伦勃朗的宗教绘画仍然受到人们的喜爱和欢迎。从早年的时候开始，他就画过一些宗教题材的作品，他力求表现的是人性而不是神意。他笔下的基督和圣母以及异教诸神丝毫没有那种冷漠的、理想化的、虚无缥缈的气氛。他们是人。他们表现出来的是抱负、斗争、梦想、成就、希望、失望、痛苦，尤其展示了人类永恒的信仰与勇气。在他的画中，基督不仅是神的儿子，更是人间的孩子。特别是在伦勃朗晚年迭遭不幸以后，他画过一些宗教的作品，表达出更加平静与深沉的理解和感情。《牛津基督教艺术辞典》上说他"创造出一种新教的圣像学"——这种圣像不同于拜占庭教堂中的圣像画以及罗马天主教的圣像画，特别适合以荷兰为主的欧洲新教国家的基督徒的宗教思想。如《彼得否认耶稣》(Peter Denying Christ, 1660)、《浪子回头》(Prodigal Son, late in

1660s)等,尽管也符合罗马天主教艺术所表现的主题,却显示出一种新的更加深刻的富于人性的观念,宗教人物就像普通人那样被描绘出来。至于《浪子回头》的创作背景,可能与他的儿子早逝有关,也可能是他在晚年追忆逝去的繁华,蕴含着对于自己已经走过的人生道路的深刻的反省。伦勃朗所画的《圣家族与天使》(Holy Family with Angles,1645)以及《圣诞》(Nativity,1646)中的圣母、圣婴以及圣诞的场景并不是适合宗教僧侣修道的作品,而是直截了当地表现了人间家庭的温暖与爱意。他对于这些旧的常见的题材的处理并没有完全地将它们世俗化,而是表现得更加生动而让人们永远地留在记忆之中。比如《升天的基督显现在抹大拉的玛利亚面前》(The Risen Christ appearing to the Magdalene,1638),传统的画作都将耶稣描绘、显现在一片荣光之中,但是伦勃朗却将耶稣放在抹大拉的玛利亚身后,后者跪在空墓前转过身来发现耶稣就站在她的后面,她流着眼泪

伦勃朗《浪子回头》,1669 年

惊异不止,以为耶稣是一名园丁。在伦勃朗的宗教画作中很少出现东部教会与罗马教会圣像画中常有的圣徒头顶上的光环,如果说一定要强调他所描绘的对象的话,他也是用"巧遇的"自然的光线聚集在他们的身上,如保存在卢浮宫的《耶稣在以马忤斯》(Christ at Emmaus,1648)就是这样一幅作品。至于罗马天主教圣像画中的一些特别的题材如殉道者以及圣徒的场景,在他的作品中几乎是找不到的。他严格地按照《圣经》文本所记载的内容作画,他的卓越的才华给予这些题材以强大的和崭新的意义。赫伊哈津说"他(伦勃朗)描绘的福音的场景,无论是圣婴的诞生或者割礼的蚀刻画,抑或是油画《以马忤斯的朝圣者》的人物,都超越了教派和教义,从罗马到多德雷赫特的分歧都不见了。甚至某一幅画是否为巴洛克的问题也不复存在了"。在约作于 1652 年的蚀刻画《基督传道》中,画面中基督正在讲道,贫穷和卑微的人们

聚集在他的周围听他讲道。伦勃朗曾经在阿姆斯特丹的犹太人中间住过很长的时间,研究犹太人的外表和衣着,以便将他们的形象用于宗教的故事画。此画中的人们极有可能就是他所见到的那些犹太人的翻版。他尊重真实、人性和诚挚,胜过尊重和谐与美。"基督向贫困者、饥馑者和伤心者布道,而贫穷、饥馑和眼泪都不美。这当然主要取决于我们赞同以什么东西为美。一个孩子常常觉得他奶奶的仁慈、布满皱纹的脸比电影明星五官端正的面孔更美,他这样想有什么不可以呢?同样地,这幅蚀刻画右角落那位畏畏缩缩的憔悴老人一只手放在脸前,全神贯注地仰望着,若说他是历史上最美的形象之一,也未尝不合情理。至于我们用什么字眼来表达我们的赞美,实际上却可能无关紧要。"

伦勃朗作品中的肖像画以及自画像占有独特的重要地位,他的肖像画蕴含着丰富的精神内涵,他所描绘的雇主们包括了当时尼德兰社会的各个阶层的人士,有政治家、银行家、商人、普通人、文人学士、妇女等,从他们透着光影的脸庞可以看出他们各自的内心世界的活动,不啻是尼德兰社会的反照。他有时还把自己的形象放在作品中,扮演士兵、浪荡子、罪人以及圣徒的角色。他为自己所绘制的许多单幅的肖像画,从年轻时成功的甚至是时髦的画家,一直到孤独悲凉的老年为止,不仅反映了他从踌躇满志到穷途末路的变幻无常的人生,更透露出他从志得意满到深刻内省的心路历程。画中的自己丝毫不因破产而忧怀丧志,反而坦率地直视面前自以为略懂艺术的观者,即便他知道自己画风的改变是人们不喜欢他的原因之一,也显然不想作任何的改变。这些众多的自画像组成了画家一部独一无二的自传。在晚年的自画像中,他也无意隐瞒自己的衰老与丑陋,绝对忠实地再现了自己。"正是由于忠实,我们很快就不再问他漂亮不漂亮,可爱不可爱了。这是一个真实人物的面貌,丝毫也没有故作姿态的痕迹,没有虚夸的痕迹,也时时刻刻准备看出人类面貌更多的奥秘……我们感觉出他们的热情,他们所需要的同情,还有他们的孤独和他们的苦难。我们在伦勃朗的自画像中已经非常熟悉的那双敏锐而坚定的眼睛,想必能够洞察人物的内心。"(贡布里希《艺术的故事》)亨利·托马斯在《世界名画家传》中则这样写道:"对于他(伦勃朗)来说,自我表现是必不可少的,而自画像是最常用的自我表现的方式。在画自己的时候,他绝不抱奉承的态度——他毫不留情地在自画像上暴露自己的缺点。他画的肖像无论是别人还是自己,全是具有人性的,太有人性了,所以直到今天还能在我们的心中引起共鸣。我们立即认出他们是我们的朋友,因为他们的思想就是我们的思想,他们的弱点就是我们的弱点,他们的希望就是我们的希望。在欧洲的艺术家中,伦勃朗是把绘画从天堂带回现实,用它反映世间缺陷和荣耀的第一批艺术家之一。"

伦勃朗最后一幅富有争议的历史画是1666年受阿姆斯特丹新建的市政厅委托而画的《西比利斯的密谋反叛》(*The Conspiracy of Claudius Civilis*, 1666),描绘的是在罗马帝国统治尼德兰时期巴达维亚人的领袖西比利斯领导人民起义反抗罗马暴政的故事,这是荷兰人民家喻户晓的主题。此时的伦勃朗盛名虽在,不过已是穷困潦倒。市政厅的议员们本来委托另一名画家创作这幅作品,但是因为他的骤然离世转而委托此时已是一文不名的伦勃朗。他们原以为本来他应该利用此次机会东山再起,绘制出一幅庄重内敛、主题正确的作品。

伦勃朗《西比利斯的密谋反叛》

但是伦勃朗没有选择迎合民众和世俗的审美观念,而是忠于自己对于艺术的理解。他以粗犷的笔法和简约得甚至抽象的形象展现了这一批历史人物,他们没有被描绘成古典式样的盖世英雄,而是被刻画成一批在森林角落里密谋反叛的匪徒,他们手握着短剑,西比利斯被刻画成为一个脸上有着疤痕的独眼龙(有历史记载说他长着这副脸相),以前的艺术家在描绘独眼龙的时候往往采用侧面的为尊者讳的表现手法,但是在伦勃朗的笔下却以正面的脸相展示了独眼领袖的凶狠外貌。还有一位背对着观众的反叛者手握一个盘子,人们不知道里面装着的是葡萄酒抑或是人的鲜血。金色的光线聚焦在这伙凶狠残暴的人的脸上,他们准备要蠢蠢欲动。这是伦勃朗心目中真正的谋反场面。有艺术史家认为这是世俗意味的《最后的晚餐》,充满着神秘、危险、粗俗、亵渎,没有圣洁的光环,只是一片燃烧的金光,也没有蜡烛,唯一的光源就是迸发的自由以及燃烧的理念。画家仿佛在对观众说,上流社会复杂的礼仪并不能凸显人类的伟大,一味追求轻浮的时尚只是自取毁灭,这才是你们粗俗、诚实和野蛮的祖先。狂野和自由才是真正的荷兰人的精神。据说这幅画作在市政厅里还是挂了很短的一段时间,最后还是因为人们在感情上实在不能接受而被撤下了。又据说伦勃朗在盛怒之下,将这幅巨大的作品剪碎,所以目前人们看到的此画作只是原画的五分之一。

伦勃朗最后的晚年生活潦倒而悲凉。以前,他的作品总是以高价出售,现在只得贱卖。而且,买主竟然寥寥无几。他的儿子蒂土斯与斯托弗尔斯共同经营一个艺术商品店,也无法卖出他的作品。最后,斯托弗尔斯也因病去世了。1668年9月,他的儿子蒂土斯在结婚几个月以后也去世了。伦勃朗活了下来,他看到蒂土斯的寡妇生了一个女孩,为了纪念死去的父亲,他们给她取名为蒂蒂亚。最后,在一年以后的1669年10月4日,伦勃朗也去世了。他被埋葬在阿姆斯特丹城市西部的一个教堂旁边的穷人墓地里。他生前绘制过无数的作品,目前留下的有500多幅作品均为无价之宝,但是他的安葬费只花去13荷兰盾。有见地的艺术史家都认为,伦勃朗生命最后阶段的作品所表现出来的拒绝逢迎媚俗的反骨使得他最真实地表现出艺术的真谛,这是推动伟大艺术产生的真正动力。约翰·赫伊津哈指出:"伦勃朗是国家和人民真正的儿子;你通过伦勃朗去把握尼德兰,又通过尼德兰去把握他。"西班牙大画家戈雅(Francisco Goya,1746—1828)曾经说过,伦勃朗是旧时代最后的一位大师,他毕生崇敬三位大师,那就是"大自然、委拉兹奎斯和伦勃朗"。数世纪过去以后,伦勃朗作品能够打动人们内心世界的仍然是他所描绘出来的永恒的人性。

约翰内斯·维米尔(Johannes Vermeer,1632—1675)在今天已经毫无异议地也被列为17世纪荷兰绘画艺术最杰出的大师之一,但是他活着的时候其艺术地位并没有被人们普遍地认同,即便他在当时已经有一点名气,售出的画作的价格也比较昂贵。1669年5月,有一位居住在海牙的贵族在日记里写到他拜访了"一位名叫维米尔的杰出的画家"。1696年,当维米尔的21幅画作被拍卖的时候,拍卖者一再重复这些作品是"画家充满活力和热情洋溢地创作出来的",即便如此,他在当时的名声仍然没有今天那样显赫辉煌。

有关维米尔的早年生平人们所知甚少。他于1632年出生于代尔夫特,10月31日在当地的新教堂里接受洗礼。其家族最初居住在佛兰德斯,后来搬到了尼德兰的北方。他的父亲是开小客栈的,也是当地的圣路加行会的成员,但不是画家,而是在他的客栈里出售画作的。因此,维米尔在小时候肯定与画家们有过接触,并且有可能跟随他们学习绘画。1653年,有文献记载他在这年21岁的时候成为代尔夫特圣路加行会的一位师傅,这个行会中有画家、玻璃制造工、小商人、制作彩色陶瓷器的工人、绣花工人和地毯制造工人。同年4月20日,他与乌特勒支的艺术家的一个女孩卡塔琳娜·博尔内斯(Catharina Bolnes,约1631—1688)相识并且结婚,博尔内斯的母亲也就是维米尔的岳母开始反对这桩婚事,原因是他们两家之间社会地位的悬殊,后者为富豪之家,其家族的先辈还是市政厅的议员,维米尔则属于小商人的阶层;还有一个障碍则是女孩的家庭在宗教信仰上是天主教,维米尔家庭则信仰新教。不过,无论如何,他们终于还是结婚了。婚后,维米尔皈依了天主教,并且搬到乌特勒支与岳母家族居住在一起。正是因为有了他妻子家族的财富,维米尔可以不为生活所迫,全身心地投入绘画艺术中去。

维米尔的画作十分精美,售价也比较高,他每年只画两幅画出售。他很少到公开的市场上去为人作画,他的主顾都是特定的与他熟悉的私人朋友和赞助者,他们中有贵族、商人、学者与绅士。像父亲一样,他也做绘画经销商的生意,从中赚钱养活家庭。但是,无论如何他还是视自己为画家,在官方文件的签名上面他还是称呼自己为"画家"。事实上,维米尔画得很好。他在色彩的运用上,喜欢使用蓝色以及黄色的色调,画作时常以女性为主题,在他留下的34幅作品中,有18幅以单一的女子为主角。她们或者是在阅读来自远方的来信,或者是在倒牛奶,或者是在与亲密的朋友谈话,或者是在休息等。维米尔与妻子博尔内斯育有11个子女,家里一定闹翻天了,并且一定不会很富裕,但是他绘制的作品却流露出一种宁静的气氛。他最擅长表现室内柔和的光线,常常透露出一种极为典雅和静谧的场景,所绘人物的面容非常柔和,其眼神明亮而富有穿透力,还带有非常神秘的气息。他作品的风格在当时就被人认为是难解之谜。与伦勃朗的作品相比,他的创作量则比较小,风格和尺幅也没有前者那样宏大,但是同样具有另一种深刻的感染力。维米尔作品的画面,焦点平均,画风安详,从宁静中引发观者的遐思。维米尔的作品往往描绘的是建筑物内的人物,比如在一个房间的角落,有一盏灯从左上方照下来,画面上往往只有一个人物,占据了画面的四分之三,而且这个人物正在做某种事情,他的活动被停格在一个美妙的瞬间,似乎观众就是被邀请加入这个美妙宁静的瞬间的。这种静谧的气氛往往是通过灯光或是从窗户外面射入室内的人物身上的光线来表现的,因此观众并不能肯定这是一年中哪一个特定的季节或是一天中的哪一个特定的时候,所有这一切都造成了一种艺术上的永恒感。创作于1665年至1667年的《戴珍珠耳环的女孩》(*Girl with a Pearl Earring*, 1665—1667)就是其中的一幅杰作。女孩的背景被描绘成中性的、非常接近全黑的黑色,由此产生了强烈的三维立体效果。她的头微微地倾斜到一边,好像沉浸在深深的思考之中。她极为明亮的水汪汪的眼睛凝视着观众目光非常坚定,嘴唇微微地张开,好像要和人们说什么话似的。女孩穿着一件朴素的、棕黄色的短上衣,有着明亮的白色的领子。她戴着蓝色的长头巾,(当时欧洲基督教国家与奥斯曼帝国一直处在紧张的对峙甚至战争的状态之中,另一方面双方也保持着密切的贸易与文化交流。奥斯曼帝国部分装束以及食物对于欧洲有一定的影响),而柠檬黄的面纱一样的长布拖在后面,从头顶一直到肩部。这幅画作所用的颜色种类极少,但是刻画人物的纵深感以及内在的感情以及思想却极为强烈。

《代尔夫特风景》(*View of Delft*, 1660—1663)这是维米尔在中年的盛期所画的一幅著名的风景画,一般人们都认为这是从楼房的上面一层看出去的城市风光,他喜欢从地形学的角度去绘画城镇的整个的风景。他也很喜欢用暗箱技术(camera obscura)来观察和描绘风景,这种技术很早就已经有了,在16世纪的时候人们则开始在绘画艺术中经常使用:在便携式的暗箱的某一边有一个针孔大小的洞,从盒子前面的物体上反射出的光线从这个洞中射入,在透镜的帮助下,反射进盒子里的光线被集中到一个白色的表面上,这样就能够在白色的平面上看到所跟踪物体的影像。维米尔的绘画过程虽然利用暗箱技术,有时非常精细缓慢,但其作品并不是对暗箱所显现的影像的直接描摹,透露出他对于景色背后蕴含的意义的独特理解。《代尔夫特风景》很可能是根据暗箱技术画成的,其图像与真实的图景非常相似或逼真。这幅风景画所反映的景观非常开阔,但是画的尺幅并不大,描绘的似乎是代尔夫特在雨过天晴以后或是阴雨即将来临时的景色。他对于不断变化的云彩一直怀有特殊的兴趣,正是通过这些变幻莫测云彩,物体的受光才不断地改变。

维米尔《代尔夫特风景》，作于 1660 年至 1663 年间

在画面中，前方的左岸有几个妇女和男子站在停靠在岸边驳船的边上，河中的水流特别平静，对岸的前方教堂或是房屋笼罩在阴云的阴影之下，城门前面也有驳船的停靠。不过，远处从中间往后的房屋以及大教堂的钟楼则还是在穿过云层的阳光照耀下格外明亮。天空的最上层是一片很大的乌云，下面则是白色的云层和明媚与蔚蓝的天空。许多人士认为这幅风景画蕴含着政治的含义，那就是画家在心目中认为的荷兰共和国即将面临的危机，乌云的聚集就是这种危机的象征。另外，远方的沐浴在明亮的阳光中的教堂钟楼实际上是属于著名的代尔夫特"新教堂"建筑物的一部分，这座教堂是由执政官韩德里克所建立的，1622 年以来，里面安置有 1584 年被暗杀的荷兰共和国建国者"沉默者"威廉即奥伦治亲王威廉一世的墓。代尔夫特的人民对这位民族英雄极为崇敬，这座教堂也成为近代荷兰民族精神的象征。

维米尔的绘画作品中还表现了当时荷兰新科学的发展，特别是天文学以及航海技术的进步。比如他的保存在卢浮宫的作于 1668 年的《天文学家》

(*The Astronomer*),还有一幅作于1669年的《地理学家》(*The Geographer*)。这两幅画都描绘了一位学者,长长的头发一直拖到耳根之后,长袍则拖到了地上,这都不是当时一般人的装束,给人一种神秘的气氛,也就是这种人似乎是上帝特别挑选的人物。这位天文学家并没有被描绘在使用望远镜观测天象,而是在他的桌子上一边查阅书籍,一边用右手抓住一个天体仪中的特定的部位,天球仪上左边画着大熊星座、天龙座和大力士座,右边画的是的天琴座。这只天球仪与洪地乌斯制作的天球仪是非常相似的。天球仪对于天文学以及航海事业是最重要的仪器,这位天文学家很可能在估计某一个特定的角度或者确定某一个特定的方位。而且它还反映了一个事实,那就是在17世纪的时候,绘画中的天文学家是经常在室内工作的。在《地理学家》中,主人公则被描绘为拿着圆规估算两点之间的位置以及规划制图的布局,他一时停下了手上的工作,两眼看着窗外,穿过窗户的光线照亮了他的脸庞,这是一种获得灵感的表征。维米尔几乎在同时画了两幅这样的图画,似乎表明了一个时代的特征。17世纪60年代以后,正是荷兰的制图学以及航海技术飞速发展的时期,也是第二次英荷战争刚刚结束的时候,荷兰基本上赢得了海上战争的胜利,荷兰的舰队成功地保护了自己国家的商船在北海以及其他海域的自由航行。维米尔的作品是时代的缩影。《天文学家》没有明确地展示某一种具体的科学的内容,当时人们也没有明确地反对星象术,也没有大力争辩新科学必定要取代旧的科学的观念。不过,《天文学家》绘制的时间就是在路易十四在巴黎建立天文台的时候(1667—1672),也就在1668年,牛顿改进了1663年詹姆斯·格里高利(James Gregory)在1663年已经发明的反射望远镜。在此以前的十年,在海牙的惠更斯以自己制作的望远镜发现了土星的六个卫星。当时,天文学的进步对于航海事业的发展是有极为重要的意义的,在广义上说,天文学的研究

维米尔《天文学家》,约作于1668年

也是为航海活动(特别是航海贸易)服务的。《地理学家》似乎在说明地理学家是在近代的观念指导下进行他的科学研究工作的,并且他们的工作是与航海事业有关的,因为在画中主人公家中的墙壁上挂着一幅海图,很可能就是布劳家族制作的海图之一。从 17 世纪 60 年代以后,航海以及海外的贸易已经深入荷兰人民的心中,成为他们民族精神的一部分。维米尔的作品基本上从一个小小的侧面反映了天文学以及地理学在荷兰的实用价值以及荷兰海洋帝国的宏图伟业。

维米尔在多幅作品中还表现了地图,这也是当时的制图业的发展在荷兰社会生活中的反照。比如在《彬彬有礼的绅士与微笑的女子》(*Cavalier and Young Woman*,约 1657—1659)、《绘画的艺术》(*The Art of Painting*,约 1673)、《穿蓝色衣服的女子在读信》(*Woman in Blue Reading a Letter*,1663/1664)、《弹鲁特琴的女子》(*Woman with a Lute*,1669—1672)以及《拿着大水罐的年轻女子》(*Young Woman with a Water Picher*,1662—1664)等几幅著名的作品中都有地图作为室内装饰。以地图作为室内的装饰品至少反映了两个基本的表现倾向:一是说明主人家的富有,因为在 17 世纪的荷兰,地图是价格不菲的;二是说明主人家有着比较高的文化水平。制图学虽然在当时是比较新的科学,但是已经得到社会高度的认同。

作于 1666—1668 年的《绘画的艺术》(*The Art of Painting*)被认为是维米尔晚年的一幅最为重要的杰作,许多年以来艺术史家们反复地讨论着它内在

维米尔《绘画的艺术》,作于 1666 年至 1668 年间

蕴含的意义。绘画的主题是一位背对着观者的画家在画室内为一位美丽娇小的女子画肖像。那位神秘的女孩有着红红的小嘴唇,白皙的皮肤,双目低垂,含羞带怯,似笑非笑,仿佛此时有一位陌生的男子突然闯进了画室。女孩头上戴着桂冠,右手拿着长管的喇叭,左手捧着一本很大的书籍,低垂的双眼仿佛注视着桌子上的布、面具以及摊开的书。背对观者的画家也是一位时髦的绅士,穿着红色的袜子和开衩的上衣,在当时这种开衩的上衣的非常时髦的服饰。画的前景的左侧挂着厚厚的布幕,被不知名的人慢慢地拉开,仿佛一幕有布景的话剧在展开。左侧下方还有一把椅子,似乎寓意邀请人们坐下观赏这幕戏剧。长久以来,人们一直在猜测这位女子的身份。20世纪50年代,一位法国的艺术史家终于从一部17世纪的由塞萨勒·利帕(Cesare Ripa)所写的针对艺术家作画时参考的导读书《圣像学》(*Iconologia*)上查到这是希腊神话中历史女神的形象——那位女子所戴的桂冠寓意荣誉与永生、手持的喇叭象征着名声、书籍意味着丰富的历史知识。从那时起,人们逐渐地对于画面上的内容进行了进一步的解读,认为这幅画与荷兰共和国当时的历史和宗教情况有关——维米尔是一位居住在新教国家的天主教徒,此画反映了他的宗教信仰和怀旧心境。吊灯上的双头鹰似乎寓意哈布斯堡王朝,因为双头鹰是哈布斯堡王朝的纹章,吊灯上没有蜡烛,似乎意味着这个国家的天主教之光已经熄灭,人物背后墙上所挂的地图描绘的是哈布斯堡统治下的尼德兰全境,地图中央有着非常明显的皱褶,似乎意味着维米尔心中希望的天主教和新教之间在未来能够消失的疆界。还有人认为,在地图上有另外一些皱褶,其寓意可能更加深远,似乎画家是在表示这个年轻的共和国已经承受了太多的压力。因为在创作此画的前一年,就是荷兰共和国的"灾难之年",共和国濒临覆灭的境地。画中还有其他一些维米尔要特别强调的东西:画家正在纸上描绘出桂冠的叶子——这是他在向人们宣称:"虽然我生活困苦,但是我绝不忧怀丧志,数世纪以后,人们不会忘记我的名字。"总之,让观者自己去思考和解读,正是维米尔的用意:那美丽女孩可以被看作一名模特儿,也可以被认为是历史女神,更或为艺术女神;正在作画的画家可以被认为是维米尔本人,也可以代表着所有的艺术家;至于这幅画的本身,既可以被视为单纯的绘画作品,也可以代表"绘画的艺术"。它时时刻刻都具有多层次上的含义,不愧为历史上最伟大和神秘的画作之一。

  维米尔的一生经历了荷兰共和国由盛转衰的历史过程,到了晚年的时候,已经穷困潦倒。当时,荷兰共和国与法国进行了漫长而又耗费巨大的战争,时局危殆,他卖不出任何作品。法军占领了乌特勒支,绘画市场完全崩溃了,其他城市也是百业萧条,人们哪还有心情作画或者买画。他不得不靠借债度日。

1675年7月5日,他前往阿姆斯特丹去借债,希望借到1 000荷兰盾,支付家庭中众多孩子糊口的开销。当时法国与荷兰之间在打仗,法军迅速向荷兰北方进军,荷兰军队则把河堤挖开阻挡法国的军队,在此混乱的情形之下,他是不可能借到金钱的。在他生命行将结束的时候,他的精神都快要崩溃了。他的妻子说:他的心中装了如此之多的纠结和难题,以至于都"快要疯了"。"在一天或者一天半之内,他就从健康的人变成了一具死尸了。"维米尔在1675年12月13日或14日逝世,12月15日,人们为他举行了简单的葬礼。他被埋葬在代尔夫特的旧教堂的家族墓地里。他的妻子想保住《绘画的艺术》这幅丈夫在最贫穷的时候都不愿意卖掉的作品,她把这幅画送到自己母亲的家里。但是法定遗嘱执行人、当时的著名科学家列文虎克知道这幅画作的去处,认为在维米尔家庭已经破产的情形之下应该依法将此画拍卖掉,最后维米尔的妻子没有如愿以偿。

维米尔逝世以后,他的名字就被大家忘记了。直到19世纪以后,法国共和派政治家、作家、记者和艺术史家泰奥菲勒·托雷·博格(Théophile Thoré-Burger,1807—1869)再度认识到维米尔的伟大的艺术才华与高贵的精神价值。当他在英国、瑞士、荷兰以及比利时旅行的时候,他特别考察了17世纪荷兰黄金时代的绘画。他发现荷兰的风景画特别是维米尔的画作中充满着日常生活中的现实主义以及明亮的光影的使用。1866年,他在《美术公报》(*Gazette des Beaux-Arts*)上写文章,指出应该把维米尔作为荷兰黄金时代的一个杰出的画家来看待,指出他的绘画作品"具有独创性并且非常完美","在维米尔作品中,光线从来不是人工制造的,它是非常精确而自然的,一个谨小慎微的物理学家也不可能表现出比他更加自然真实的光线"。从那时起,他不断地呼吁人们重视维米尔的作品。同时,19世纪60年代以后,由于摄影技术的兴起,摄影家们也注意到维米尔作品中对于光和影的精确把握与呈现。现代的摄影师们指出,维米尔精确地呈现出1/24秒的影像以及全然以光和影表现的世界。由于维米尔的画作具有自然主义的倾向以及崇尚光线的特征,法国的印象派画家也以他作为榜样,因为他的画作与学院派的暗色调的绘画形成鲜明的对比与反差。于是,在突然之间,他的作品成为欧洲各大博物馆收藏的对象,私人的收藏家也热忱地收藏他的画作。现在,维米尔已经成为荷兰黄金时代最伟大和最杰出的艺术家的代表之一。从1995年至1996年,海牙举行了维米尔作品的大展,吸引了50万人参观。虽然对于画家本人来说,三百年以后的赞誉来得实在是太晚了。

扬·史蒂恩(Jan Steen,1626—1679)是一位具有喜剧感的画家,他最喜欢描绘的题材是普通荷兰人的家庭生活,如亲子图以及家人嬉戏的场景,还有鱼货市场上人们的活动等。他有时也把自己绘制在画面当中,并常常以滑稽的表情出现,整个人从头到脚,由里到外,像是身上的每一个细胞都在开怀大笑。在一张自画像中,他边弹着鲁特琴,边享用新鲜的啤酒,圆鼓鼓的脸上,堆满着扬扬得意的笑容,连画面外的观看者都可以感受到他的快乐。史蒂恩与同时代的伦勃朗非常相似,他们都喜欢画自画像,并且以不同身份的各色人等在画面中出现。他创作的主题,有时还与当时荷兰文学中的喜剧的主题有关。在《医生看诊》中,一个年轻的女孩子生病了,医生被请来看诊。此时女孩看见他的情人前来探视,精神马上就抖擞起来。女孩因为兴奋脉搏越跳越快,使得为她把脉的医生一脸疑惑。在女孩的后方出现了戴着破帽子的画家自画的本人像,这正是荷兰当代文学作品中的丑角的装扮与比喻。而在画中出现的画家,手里提着一条鲱鱼和青葱,它们象征着药物。他的另一幅作品是《剥牡蛎的女人》,画中的女人的笑容非常暧昧微妙,她的目光盯着观画者,似乎在捉弄他们对于牡蛎象征着情欲的遐思。在他的创作于 1663 年的《戒奢宁俭》(*In Luxury, Look out*)记录了一个混乱家庭的瞬间。画面上

扬·史蒂恩《戒奢宁俭》,约作于 1663 年

有四个成年人、一个青年人、一个婴儿、一只猴子以及一条狗等混乱地共处一室。一个年轻女子面朝观众微笑,一只手端着一杯酒置于旁边男子的胯部,而男子则把腿跷起来搭在女人的膝盖上,同时也扭头关注身后年龄稍长的一个男人和一个女人,那个男人正在给女人念书。一只鸭子站在那个男人的肩膀上,鸭子的头朝向旁边另外一个拉小提琴并注视一个小女孩的男子,那个小女孩则在偷钱包里的钱币。女孩的旁边是一个正在吸烟斗的小男孩,还有一位光顾着打盹的妇女,对桌子上贪吃的狗并不在意,甚至连婴儿把碗摔在地上的声音也没有听到。那婴儿探出头来想看酒桶里溢出来的酒。画的右面一只小动物,它把酒桶的塞子拔掉并且穿过了整个房间。史蒂恩的绘画虽然具有浓郁的生活气息,但是也蕴含警世的寓意——他在右面空白处写下了著名的谚语:戒奢宁俭。画家在挂着的篮子里画了象征贫困和疾病的东西,里面有拐杖、玩具和鞭子(惩罚轻微犯过的人时使用的),他把这些信息作为线索提供给观众,警告世人切勿奢华,因为财富瞬间即逝。

荷兰黄金时代的艺术家在绘制风景画方面有非常独特的造诣。风景画也是荷兰黄金时代产量最大的和中产阶层最喜爱收藏的绘画种类。风景画也有许多门类,其中既有描绘田园的风光,也有寓意深长的叙事作品;不过最为普遍的就是描绘画家所在的当地的风情。在17世纪最初的40年里,哈勒姆有一些版画家创作了一系列的作品,使得版画风景画有了明显的发展。1611年克拉斯·扬·维斯切尔(Claes Jansz. Visscher,1587—1652)创作的系列12张蚀刻画《乐土》(*Pleasant Place*),是画家沿着历史遗迹、手工业作坊的遗址以及哈勒姆的游乐场所描绘的景观,他组合了风景版画、地图以及地形的描绘等诸多要素,创作一种让人们观赏本地风光的新的旅游和艺术欣赏形式。他还有一些版画则刻意地描绘了当时荷兰境内的城市的发展以及由于商业发展所导致的新的繁荣。这些版画的主题明白晓畅,赞美了朴素和富于创造力的荷兰人民。很快地就有另外的一些画家纷纷仿效维斯切尔,用风景版画来描绘他们自己的旅程。他们所描绘的对象有荷兰漫长的海岸、蜿蜒的河流、广阔的田野、蔚蓝的天空、繁荣的城市以及广场和茅舍之类等。维斯切尔在他的画册中这样写道:"你们艺术爱好者可能没有时间出远门旅行,不过你们在这里就可以看到一片乐土——哈勒姆以及附近的令人愉悦的城镇。"风车也是当时的画家们非常喜欢描绘的具有荷兰特色的对象。著名画家雅各布·凡·雷斯达尔(Jacob van Ruisdael,1628/1629—1682)是出身于哈勒姆绘画世家的一名风景画家,他的作于1670年左右的《风车》

雅各布·凡·雷斯达尔《风车》,约作于1670年

(Windmill at Wijk hij Duurstede,约1670)借助低点观察的方式将位于画面右侧的风车表现得非常突出,引发人们的思考。在当时的象征文学以及宗教小册子中,风车常常暗喻上帝赋予自然的力量和精神。在一些早期的文学和艺术作品中,风车的十字形的转轮往往在人们的思想中与象征耶稣蒙难的十字架联系起来。尽管在雷斯达尔的作品中富于动感的黑压压的云层似乎暗示上帝的力量,但是这幅作品更像是一幅纯粹的展示荷兰最平常的景色的风景画而非宗教寓意的图画传统的表达。画家颂扬了作为荷兰人民利用自然力量最有力的体现的风车和磨坊,碾磨谷物的磨坊的实用性很自然地浮现在人们的脑海之中。雷斯达尔的另一幅《哈勒姆小景》(Little Haarlem View,1670)则展示了在明媚的阳光照耀之下城市西北部的一片山丘之下的平旷的由风车抽干积水以后形成的一片田野,在远处的地平线上有一座教堂。还有一些版画也颂扬了不同类型的小磨坊在整个农业生产链中的功能,包括碾磨小麦到小麦脱粒直到最后植入土地。从1607年至1640年,荷兰省的手工业作坊主、商人

与工程师们排干了省内的许多淤积地,开辟了大片的可耕地。新辟的低地上出现了许多靠近海堤的极为方便地被人们利用的风车,以风力推动的排水设备维持着新的乡村以及城镇的运作。上述的风景画正是这种蔚为壮观的景象的反映。与此同时,人们还沿着河流和沟渠建立了便利的交通和运输系统。阿姆斯特丹画家埃萨斯·凡·德·维尔德(Esaias van de Velde, 1590/1591—1630)在1622年创作了《渡船》,可以看到马拉的渡船连接着城镇以及大大小小的村庄。据说,当时人、牲畜和货物从阿姆斯特丹到海牙只需要一天的时间。

《冬天人们在河上滑冰》,1608年

描绘人们在冰河上玩耍嬉戏是另一个最具有荷兰本地特点的场景。韩德里克·埃弗坎普(Hendrick Avercamp, 1585—1635)出生于阿姆斯特丹的聋哑人画家,他自幼就喜欢描绘在冬季滑冰的人物,后来以专门描绘荷兰冬天的风景画而闻名于画坛,甚至许多外国人都知道他在绘画上这方面的特长。他善于将荷兰社会各阶层都描绘在一个冬季滑冰的场景之中,在这些银装素裹的冰雪世界中,天空和冰层在遥远的地平线上隐隐约约地交汇,快乐嬉戏的人群似乎与冰河的河面与大地融为一体。他对于人口繁密的滑冰场面的描绘是以平时细心的观察为基础的,各种不同人物的情态以及不同社会阶层人们的服饰都被描绘得恰如其分,栩栩如生。从他的画中可以看到荷兰的工程师发明的一种可以在冰上滑行的帆船。他有100多幅作品被保留下来,2009 年 11 月至 2010 年 2 月,荷兰人民在阿姆斯特丹国立博物馆举办了一个名为"小冰川时代"的艺术展览,专门展出他的这些非常特别的艺术作品。

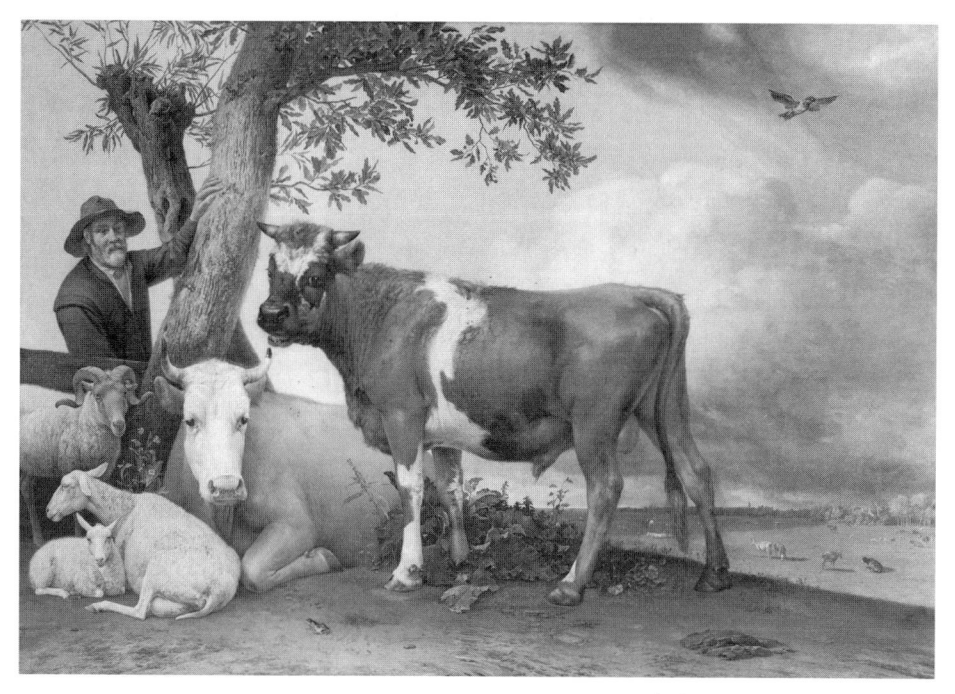

保鲁斯·博特尔《公牛》,1647 年

　　荷兰的农村以及养牛的场景也是荷兰风景画家描绘的主题。保鲁斯·博特尔(Paulus Potter,1625—1654)是出生于恩克赫伊曾的一位年轻的画家,他在 28 岁的时候就因感染了结核病而英年早逝。但是他勤奋多产,留下了 100 多幅作品。他经常将动物描绘在风景之中,而且视点也比较低。他在 1647 年创作的《公牛》(*The Bull*,1647),通过大小几乎与原物没有什么差别的公牛与观看者之间形成了鲜明的对比。他极为认真仔细地刻画了公牛皮毛与皱纹等细节,似乎在为动物画肖像。他所画的那头公牛实际上结合了不同年龄的公牛的特征。当时的观者很可能将公牛、奶牛、母羊视为荷兰共和国繁荣的标志,因为饲养奶牛以及乳品业是荷兰农业繁荣的一个标志和国家财富的重要来源,荷兰黄金时代政治稳定保障了该国的乳品业的发展和壮大。上文所述的维斯切尔在他所绘制的荷兰停战时期的形势图中,在右边的纹章上刻画了一条奶牛,它甚至象征着荷兰国家的本身。另一位画家韩德里克·洪蒂乌斯二世(Hendrik Hondius II,1579—1644 年以后)在他作于 1644

年的蚀刻画《河中的奶牛》中有如下的题字:"你是个守护者,要当心,咱们荷兰的奶牛是不能被偷的。"这幅作品是具有爱国思想的六块版画中的一幅。园艺和蔬果也是荷兰风景画中的引以为豪的题材。同时,园艺和畜牧业一样,也是荷兰农民赖以为生的一种行业。加百列·梅苏(Gabriel Metsu,1629—1667)以创作历史画、肖像画以及静物画见长。他曾经在1661年至1662年间创作过一幅蔬果市场图,以阿姆斯特丹最为著名的"王子运河"作为背景,展现了各种各样的白菜以及带根的蔬菜。他特意将来自霍伦的胡萝卜与花椰菜放置在一个非常荣耀的地位,它们都是新近引入荷兰省的珍贵蔬菜,与通常人们食用的白萝卜以及其他价格低廉的蔬菜形成了鲜明的对比。运河作为荷兰水上交通的快速通道是阿姆斯特丹经济发展的一个重要的纽带,画中还特意描绘了运河上的航行的帆船以表达画作内涵的寓意,作品的背景以及主题都是颂扬荷兰以及阿姆斯特丹的繁荣经济和文化的。

杨·凡·特·海顿(Jan van der Heyden,1637—1712)是当时荷兰最好的城市风景画家之一,他出身于格罗宁根的一个门诺派教徒的家庭,在阿姆斯特丹终老。他描绘的风景大体上以阿姆斯特丹的城市风光为主。作于17世纪80年代的《西教堂景色》(View of Westerkerk)描绘的是阿姆斯特丹重要的历史性建

海顿《西教堂景色》,17世纪80年代

筑西教堂,这座建于1638年的当时最大的新教教堂沿袭了荷兰早期建筑习惯使用的暖色的本地出产的砖块,其钟楼有三层古典石柱和以托梁为支撑的球状物为顶部,非常具有荷兰的特点。在这幅城市风景画中,海顿略去了熙熙攘攘的人群,只在河流的岸边保留了少数在走动的路人,使得景色显得非常安静。在他的其他的描绘城市风景的作品中,一并略去了人群的拥挤、喧闹、犯罪以及脏乱的场面。这些作品向人们展示了荷兰黄金时代城市生活的美好的一面——可以推测这些作品的买主应该也是城市生活中的富裕者以及成功者。

小威廉·凡·德·维尔德作品之一《海上的战舰》,1673年

17世纪荷兰共和国的社会生活与别的地方和国家还有一个很大的不同,那就是它是当时世界贸易的窗口,到处可以看到大海与航行的船只。当城市的景观画以及农村的风景以及动物画成为宣扬荷兰本土经济的繁荣的工具的时候,以航海活动为主题的绘画则承认了荷兰海外贸易以及殖

民探险活动是国家繁荣的另一个重要的标志。一般来说,以航海为题材的风景画非常便宜,也容易买到。但是,最好的绘制航海题材的画家却是跻身于最富有的艺术家的行列的。荷兰的联省议会、各省的议会、市政厅以及东印度以及西印度贸易公司都委托订购描绘荷兰海军舰队以及贸易商船队的画作。韩德里克·弗罗姆(Hendrik Vroom, 约 1566—1640)曾经接受联省议会的委托,创作了一幅大型的蚀刻画,描绘了一支庞大的荷兰舰队将陆军送上战场。以创作航海题材绘画而著名的小威廉·凡·德·维尔德(Willem van der Velde the Younger, 1633—1707)在 1686 年绘制的《进入阿姆斯特丹港口的"金狮号"》,描绘了一艘有着史诗般经历的英雄船只,正缓缓驶入阿姆斯特丹港口,它那白色的风帆在飘浮的白云以及蔚蓝的天空之下高高飘扬,展现出海船最美的雄姿。小维尔德出生于莱顿,父亲也是一名专门画海景的画家。他本人于 1673 年移居英国,受到英国国王查理二世以及约克公爵的赞助,从事艺术创作。鲁道夫·贝克胡森(Ludolf Backhuysen, 1630—1708)是一名出生于日耳曼的画家,是继小维尔德以后的最重要的海景画家,也是一名制图家、书法家以及版画复制家。他曾经创作过著名的《暴风雨中的危船》,他极为详细生动地描绘了三艘即将遇难的荷兰海船在惊天动地的波涛中行进的过程。画面左边船上的三个舵手成功地稳定了船的航行,他们明智地启动了一个后舵。右边的一艘桅杆破损的护卫舰,已经竭力难支,即将在附近的海域沉没。画家好像亲身置身于波涛汹涌的大海中目睹了这场海难,他所描绘的起伏翻滚的海浪以及身不由己急速行进的船只如此真切,使得观者几乎来不及完全理解,就不知不觉地融入眼前的悲剧之中,与船上的海员同呼吸共命运。这种类型的画作使人认识到荷兰共和国在海上成功的脆弱以及所付出的代价。遥远的一束阳光则象征着为了扭转命运而坚守的希望,更加光明的未来可能拯救左面的那艘船,那船上的国旗飘扬在电闪雷鸣的天空之中,这种悲壮的场面更能使人联想到万能的上帝。渔船以及渔民也是荷兰风景画的一个基本的题材,还有就是防御工事如要塞、兵营、邻近的一个接着另一个的城镇、士兵、海员以及市民、来自异域的舶来品以及日常用品,外国的和本地的事物都成为艺术家表现的对象。荷兰的艺术包罗了所有的事物,反映了每一个人的内心世界以及他们所见所闻的世界。

鲁道夫·贝克胡森《海风中的渔船》

  尽管富裕的商人、统治阶级以及一般市民对于收藏绘画作品有着强烈的爱好，但是他们对于画家作为一个社会群体则持一种鄙视的态度。几乎所有的荷兰画家都是出身于小资产阶级阶层或是工人阶级。他们中的绝大多数人不太可能像鲁本斯、凡·戴克和委拉兹奎斯那样起自贫寒而获得成功者。伦勃朗的那些富有的赞助者们曾经认为他是一位天才的画家，但是一旦他们看到这位画家因为欠债而破产的时候就瞧不起他了，这位伟大的画家在晚年经历了穷困潦倒的命运。人们通常认为画家是挥霍无度的败家子，常常在小酒馆里消磨时光，他们的学生经常在那些小酒馆的地上画了一些钱币，让他们的喝醉酒的老师们俯身去捡起来，由此博取一笑。

  荷兰黄金时代的艺术家精英，就像商人的精英一样，既有出生在本土的人，也有外来的移民。从艺术风格上来看，有从南部尼德兰传统的天主教艺术风格转向北方联省的百花盛开的成熟与丰富。同时，主要的艺术家都是在乌特勒支、哈勒姆、代尔夫特、莱顿等北方地区,而不是南方,由此形成了北方的艺术传统。

从16世纪90年代开始的这种变化,正与当时的社会与经济的发展相吻合。荷兰社会在短短一些年中,变得比以前更加富有和更加安全,城镇的飞速发展使得富有的商人阶层搬进去居住,这种社会的变化使得人们需要建立新的建筑、将充公的修道院重新装修用于民用事业,公共机构开始订购多种类型的艺术品以及私人的收藏逐渐地发展起来了。相关的现象还有一种对北方来说是新的奢侈品工业发展起来了,为艺术以及艺术家提供了新的施展才华的空间。张淑勤教授在《荷兰史》中指出:"在世界艺术史上,很少有一个国家像荷兰那般,经济、社会、历史、宗教甚至地理与天候,都与艺术家有着直接密切的影响。成千的画家能够在一个小地方靠卖画为生,这是基于当时人们对于艺术的喜爱和购买力。一般的市民都热衷于买画来增添室内的气氛,因此艺术市场应运而生,这是荷兰艺术与经济相结合的一种特色。有了绘画市场,专业的画商和经纪人也就成为一种行业,他们从替顾客选画,到请画家作画,有着一套专业的流程和严谨的组织,像是一条艺术的'生产线'。荷兰的绘画事业闻名国际,画商不仅服务国内的客户,更专门替欧洲各国的王室、贵族操作艺术作品的投机买卖。世俗化的主题像是静物、渔货、鲜花、风景等都蔚为风气,传统的宗教和历史画则相对较少。这点与荷兰加尔文教徒拒绝以圣徒的画像装饰教堂,也不日日举行隆重庄严的圣礼有关。画家的人数在17世纪的时候剧增,因此也设立了画家的行会,很多年轻人投入绘画这门行业。在当时,一名画家的普通收入,可以达到工匠收入的四倍。这种现象也只有在17世纪的荷兰社会才能发生。绘画的形式记录了17世纪荷兰的经济与艺术的关系。"

荷兰的雕塑并不特别发达,一方面是由于社会的条件和空间环境的狭小。在围海造地的国度里,土地被分割成为小块,要放置雕塑特别是大型的雕塑都有一定的困难。不过,这并不是最主要的原因,因为总有空间是可以安排出来的。如赫伊津哈指出,真正的原因是缺乏赞助人。荷兰的新教会本来就反对偶像崇拜,贵族的人数又少,国家也不愿意在这方面提供大量的经费。在低地国家,税收大部分都进了市政厅的保险箱,小部分进了国家的国库,而掌管保险箱的大部分都是市民和商人,他们宁可将税收用于修建救济院和孤儿院,而不是委托艺术家创作公共的艺术品。教会至多允许教徒修建大型的陵墓和墓碑。

但是荷兰的建筑则非常有特色,在欧洲的建筑史上有独特的地位。"它似乎是我们国家和民族争取自由斗争中创造的工具。"(赫伊津哈)荷兰南部的建筑带有强烈的佛兰德斯的影响,北部则有日耳曼的影响,并在此基础上发展出荷兰建筑的特殊风格。格罗宁根的大市场是东北部最大的广场,体现了东北部的特色(不过已经不存在了)。在荷兰省的历史较短的小城镇里,纤细的建筑立面构成了总体的风貌:瘦小的建筑物、梯级往上收缩的山墙。典型的住宅由最初的木结构演变而来,但是原来的木结构、半木结构的门面和骑楼大多已经消失了。最常见的建筑物是中产阶层的简单的住宅,只需要满足家人的需要,让几个仆人有栖身之所。在1600年的时候,城镇里几乎没有任何气势不凡的建筑物,贵族的乡间住宅则保留了中世纪以来的城堡的宏大规模,窗户小,墙壁厚,至今仍然散见于林堡等地。在比较大的和重要的城市中,重要的公共建筑物有市政厅、孤儿院、民兵会议厅、仓库、交易所、东西印度公司的总部、货栈以及重要人物和富有商人的乡间宅邸。

最后但是并非不重要的则是教堂。在17世纪40年代中期至1675年,联省共和国出现了大量的教堂建筑。荷兰共和国大部分的教堂都建于1572年以后,但是大部分的重要的大教堂都是在上述的1640年至1675年间建造的,这是由于当时城镇人口急剧增长、城镇规模不断扩大以及新教教会推行"认信运动"(confessionalization)的结果。同时,荷兰也出现了大型的非改革宗教会的宗教建筑,包括在阿姆斯特丹的两座大型的犹太教会堂,这完全是由于荷兰执行了宗教宽容政策以后产生的社会现象。1639年至1649年建于莱顿的著名的型制特别的八角形的马雷克(Marekerk)教堂是有建筑师阿伦特·凡·格拉维桑德(Arent van' Gravesande)设计的,由另一位著名建筑师杨·凡·坎彭(Jan van Campen,1595—1675)部分地参与了建筑工程,后者是17世纪中叶荷兰古典主义最重要的五位建筑师之一。坎彭还设计了哈勒姆的"新教堂"(New Church),它于1645年至1651年间建成。最美丽的是1647年至1667年建于米德尔堡的"东教堂"(Oostkerk)教堂,它是根据上述莱顿的那个八角形教堂设计的荷兰共和国第二座八角形教堂,由格拉维桑德和皮特·坡斯特(Pieter Post,1608—1669)设计建造的。海牙的"新教堂"是该城市的第三大教堂,于1649年至1656年建成,由建筑师皮特·诺维斯(Pieter Noorwits)设计建造。阿姆斯特丹与别的城市不一样,在17世纪的早期,就已经出现了几座新教堂。随着城市规模的不断扩大,1669年至1671年又建成了一座新的属于加尔文派教会的新教堂。同时,阿姆斯特丹在同一时期也出现了规模很大的具有纪念意义的非加尔文派教会的教堂建筑,那就是建于1667年至1671年的属于路德宗的圆形教堂,它有一个令人印象深刻的穹顶,可以容纳5 400名信徒同时举行崇拜。由埃里亚斯·波曼(Elias Bouman, 1635—1686)设计的建造于1669年至1671年的"德国裔犹太人会堂"以及始建于1671年的重要的"葡萄牙犹太人会堂",后者也是荷兰最大的宗教建筑之一(它在建筑过程中由于法国于1672年至1674年的入侵推迟了动工)。这两座犹太人会堂不仅是荷兰最重要和最令人印象深刻的犹太人会堂,也是欧洲最漂亮的犹太人会堂。在当时的荷兰,许多旧的天主教堂仍然被沿用,虽然其内部的装饰物经过破坏圣像运动的洗礼已经荡然无存,但还是可以被利用作为崇拜上帝的地方。新教的教堂给建筑师提供了不同于天主教教堂的创作与想象的空间,特别是要对最为神圣和传统的主题加以新的诠释。他们就向意大利的建筑师以及文艺复兴晚期的艺术家们求教,将在意大利学习到的风格运用于荷兰的新教的建筑,由此产生青出于蓝胜于蓝的效果。莱顿的教堂、米德尔堡的教堂以及格罗宁根的教堂等都是典型的范例,这些教堂的灵感主要是来自威尼斯的圣母礼赞堂。在这些建筑里,外来的元素经过简洁的和庄重的转化以后,被赋予加尔文教派的精神。阿姆斯特丹、哈勒姆等地的城市教堂以及无数的乡村教堂都仿效远方的范例加以建造,显得清爽、简洁和美丽。

在《明斯特和约》签订以后的25年间,除了教堂以外,在阿姆斯特丹等地,大量的经费是用来建造豪华的市政厅的,这些市政厅成为这一时期荷兰共和国最具特征的建筑物。阿姆斯特丹市政厅于1648年10月动工,由上述著名的建筑师杨·凡·坎彭主持设计和建筑工程,另一名建筑师菲利普·文布恩(Philip Vingboon, 1607—1678)也参与了工作,整个工程持续了十年的时间。该建筑物按照本来的设计其规模极其宏大,但是17世纪40年代后期由于正在建造的在附近的加尔文派的新教堂于1645年发生火灾被毁,需要充裕的资金重新修建和加固,所以市政厅的建筑不得不削减经费,以免那些严肃的加尔文派教士的不满,建筑师和雕刻家也被抽调去帮助新教堂的建筑,原本设计上有的市政厅的附属建筑物也就被取消了。但是,无论如何,阿姆斯特丹市政厅仍然是荷兰黄金时代最重要的建筑和艺术成就。它具有宏伟的富丽堂皇的古典式样,其外面使用砂石,内部则使用大理石建造,不仅要表现阿姆斯特丹的伟大,也要体现荷兰民族的世俗的价值观和市民的自豪感,因为摄政团的精英都是由市民组成的。设计师成功地将巴拉丁的、意大利的以及荷兰的建筑与文化因素融为一体。在1655年举行落成典礼的时候,官方、艺术家以及文化人都齐来庆祝,特别请冯德尔赋诗一首。但是当时落成的只是建筑的外壳,里面大部分的雕塑以及公共绘画作品是后来加进去的。在阿姆斯特丹,除了教堂和会堂以外,该城的两座孤儿院也被重新翻修与扩建,其中一座建于 1657 年的加尔文教会的孤儿院由埃里亚斯·波曼设计,可以容纳 800 名儿童,几乎是一个村庄的人口。

1656 年至 1661 年,为了适应第一次英荷战争以后海军发展的需要,一座规模巨大的海军部的建筑也建立起来了,它拥有一个像市政厅一样的宏伟的正立面。在这座建筑物落成的时候,人们又邀请冯德尔赋诗一首,在开幕式上由专业演员朗诵。在 1663 年以后,阿姆斯特丹的城市建筑进一步扩大,商人精英、银行家以及摄政团的议员们在水边建造了许多宅邸,对于这些成功人士来说,他们喜欢在城市中心的运河两岸建造这样的豪华宅邸。比较著名的就是特里普兄弟在河边的豪宅,伦勃朗在 1661 年的时候为它的主人绘制了一幅著名的雅各布·特里普夫妇肖像画,挂在那宅邸里的一间房子里。亨德里克·德·凯泽(Hendrich de Keyser,1565—1621)是出生于乌特勒支的荷兰雕刻家以及建筑师,他的父亲也是一名建筑师以及肖像画家。他在 26 岁时来到阿姆斯特丹。他在阿姆斯特丹设计建造了一批晚期文艺复兴风格的建筑。他认真地学习罗马建筑师维特鲁威的关于建筑的论述,大量地使用古典风格的建筑语言,以至于他设计的一些建筑物被称为具有"阿姆斯特丹文艺复兴风格"。位于阿姆斯特丹市中心的东印度公司总部规模巨大的"东印度房"(East Indian House)就是由凯泽设计建造的。

"树林中的房子",凯泽设计

作为17世纪中叶的荷兰共和国的核心城市,阿姆斯特丹是需要一座市政厅的。在1640年至1672年间,阿姆斯特丹以外的城市更加典型的建筑物则是门楼、过秤房、慈善院、由装饰物的城门,诸如由格拉维桑德设计建造的位于莱顿市中心的中世纪式样的城堡。当时莱顿市的主要建筑任务是扩大城市的规模以及建造比较廉价的房子,它后来变成欧洲的以加工业特别是羽纱业闻名的城市。它的繁荣以及富裕的市民的自豪感启发了建筑师的灵感,人们极力想要在建筑上超过海牙和代尔夫特,甚至要与阿姆斯特丹媲美。1654年,代尔夫特发生军火库大爆炸,几百栋房屋被毁,平民死伤数百人。悲剧过后,人们开始进行大规模的城市重建与扩建活动,建筑师们又发挥了重要的作用。豪达也在大兴土木,1668年,由坡斯特设计的一座新的规模宏大的过秤房建造起来了,从那时起,人们可以在这栋房子里堆放更多的成品奶酪,有人说那里堆放的奶酪要比世界上任何地方都要多。在海牙也有许多辉煌的建筑物,17世纪50年代完成的奥伦治亲王的宅邸就是其中最杰出的代表。与阿姆

凯泽设计的阿姆斯特丹的多座钟楼

斯特丹的市政厅相比,它显得更加精致与华美,也是由建筑师杨·凡·坎彭担任主要的设计。在海牙还有"在树林或灌木上的房子"(Huis ten Bosch)、新教堂以及联省议会会议厅三个重要的具有历史意义的建筑群,最后一个建筑群是由大议长维特积极推进,主要由建筑师皮特·坡斯特主持设计与建造的工程。

繁荣的荷兰城镇之间的交通非常接近和便利,17 世纪 60 年代河流与运河之间的驳船交通发展到了一个新的高峰。人们坐在驳船上抽着烟,谈着话,可以舒适地欣赏到两岸城镇和乡村的景色,也可以比较不同城镇之间的建筑特色,体会新的公共和私人建筑的趣味。在哈勒姆的北方以及海牙周围的地区,散布着乡间别墅和花园,在乌特勒支以及须得海之间的河流两旁也是这样。在这些乡间别墅里的墙上都挂着油画、挂件和瓷器。在 17 世纪 20 年代,荷兰乡间的古代阿卡迪亚人建筑风格的房子越来越少了;但是在 40 年代以后,古典的乡村风格的房屋却变得多了起来。这些宅邸是商人的财富和公民身份的表现,还有一些则是海牙高级官员身份的标志。文学家雅各布·卡茨以及康斯坦丁·惠更斯在 50 年代都在海牙附近的乡村修建他们的别墅,后者就是在它的乡间的宅邸里面写作他的诗歌的,乡间的理想化的场景启发了他们文学创作的灵感。康斯坦丁·惠更斯对于 17 世纪下半叶荷兰独特的建筑风格的形成具有重要的影响,他特别鼓励和培养一种富于审美情趣的和独特的荷兰北方古典式样的建筑风格。来自外国的建筑学的教科书也对人们的看法产生了影响。

列文·德·基伊(Lieven de Key,1560—1627)出生于根特,1592 年哈勒姆市政厅将他延请到该城市从事建筑设计的时候,他已经享有建筑设计的声望。他带给哈勒姆市一种文艺复兴式样的艺术气息。当时,哈勒姆市在 16 世纪 70 年代经历了一场很大的火灾,城市的三分之一被大火烧毁。所以该市在建筑行业有大量的事情要做,基伊有了用武之地。他在哈勒姆兴建的许多建筑物带有文艺复兴的风格。

龙布特·维赫尔斯特(Rombout Verhulst,1624—1698)是出生于梅赫伦的佛兰德斯雕刻家和制图员,不过他的大部分工作都是在荷兰共和国完成的。1646 年,他移居阿姆斯特丹,为市政厅做外部以及内部的装饰工作。他的雕刻作品带有明显的巴洛克风格,还善于为许多名人做陵墓雕刻。

荷兰的画家们除了得到共和国人民和政府的喜爱和欣赏以外,他们的作品也进入海外贸易市场。在艺术方面,就像是在商业以及银行业一样,最初的时候,安特卫普是中心,鲁本斯去世以后,阿姆斯特丹在艺术方面的成就就跃居而上。不过,在尼德兰北方的莱顿、乌特勒支、哈勒姆和代尔夫特等每一座城市都拥有自己著名的艺术家。加尔文派的教会对于民间的艺术没有特别提倡,也不持反对的态度。既然教会并不赞助艺术,那么每一个城镇就独立地发展各自的艺术活动。许多荷兰的艺术家也去国外谋生,事实上他们年轻的时候就去意大利学习艺术,年长以后又去别的地方发展。

荷兰的艺术品不仅在欧洲市场上占据一席之地,而且早在东印度公司建立以前就出口到亚洲。印度尼西亚人和中国人对于西方的艺术不大感兴趣,但是印度和波斯的君主以及统治阶级经常要求荷兰的艺术家将他们的作品送到他们的宫廷里去。只要有可能,东印度公司的官员就设法满足这些统治阶级的需要。有些艺术家受雇于公司,有些则独自创业。1602年,荷兰人赠送给位于今天斯里兰卡的康提王国(Kandy Kingdom)的国王一幅很大的油画,描绘的是1600年7月2日发生在今天比利时境内的荷兰人战胜西班牙人的著名的"新港战役",画面上荷兰军队的指挥官莫里斯亲王骑在一匹高头大马上,就像真人一样大小。这幅巨大的作品很长时间里一直悬挂在康提王国的设有御座的僧伽罗族王公的房间里。1629年,荷兰人赠送给位于今天印度尼西亚的巨港(Palembang)的苏丹一幅描绘阿姆斯特丹港口的油画,还赠送给印度的亲王和缅甸的国王一些荷兰总督的肖像画。另一方面,1640年,当荷兰人向日本德川幕府的官员赠送油画时,日本官员却不大感兴趣;同年,东印度公司曾经试图劝说波斯的国王购买一幅描绘1607年荷兰海军在直布罗陀海峡取得胜利的油画,后者也没有同意。

在东方的荷兰人与在本国的同胞一样喜爱绘画艺术。在中国台湾地区热兰遮城堡的荷兰总督在1644年的时候收藏有22幅荷兰的绘画,其中有14幅是拿骚家族的亲王的肖像画,还有8幅是《圣经》题材的绘画。在巴达维亚档案馆的公证处保留了许多荷兰人遗嘱中的内容也是关于如何处理绘画作品的。1709年,有一位荷兰寡妇遗赠的一批画作中有一幅荷兰画家鲁斯达尔(Ruysdael)的风景画以及一幅伦勃朗画的人头肖像画。巴达维亚要塞的城防卫戍司令胡格诺教徒伊萨克·德·圣马丁(Issac de St. Martin)在1696年去世的时候,遗留下81幅大大小小的绘画。在巴达维亚富有的阶层中,收藏绘画是特别流行以及常见的爱好。一些公司的高层官员还收集东方的艺术作品。荷兰总督坎普乌斯(Camphuis)遗赠给他的朋友有4册书和一些中国人、日本人以及其他东方人的绘画作品。一个世纪以后,上文所述的伊萨克的荷兰人带回欧洲一些日本人的印刷品以及两大本活页的日本植物的图画,它们是由幕府将军的首席医生桂川甫周(Katsuragawa Hoshu,1751—1809)的妻子绘制的。还有一位生活在广州许多年的荷兰人布拉姆·豪克斯特(A.E.van Braam Houckgeest),他收集了许多中国的绘画和工艺品,他的收藏于1799年出售给克里斯蒂尔家族(Christie's)。众所周知,伦勃朗曾经拥有一批莫卧儿帝国的细密画,有人推测他的一些作品的画风可能受到了日本或者中国的影响。

尽管17至18世纪有一批荷兰的画家在东方从事绘画创作,但是他们的作品留下的很少。有两位在热带地区作画的专业的画家则留下了自己的大量的作品,他们是法朗兹·坡斯特(Frans Post,1612—1680)以及阿尔伯特·埃克豪特(Albert Eckhout, fl.1637—1664)。在曾经担任荷属巴西总督的莫里斯伯爵于1678年致路易十四的信中提到他在巴西供养了6位艺术家,他们就是其中的两位,其他4位

阿尔伯特·埃克豪特《静物:西瓜、菠萝与其他水果》

艺术家及其作品人们无从知晓。坡斯特出生于哈勒姆,他的父亲是一名著名的教堂染色玻璃画家,他的哥哥皮特·坡斯特就是上文所述的著名的荷兰古典主义建筑师。有关他在到巴西以前的历史人们所知不多,很可能他是跟随父亲以及哥哥一起学习绘画的;通过哥哥的关系,他与荷兰的上层社会发生

了联系。他的绘画题材主要以风景为主,也有一些地图画。他大约留下 140 幅作品,大部分有标明的年代,所以从中可以看到其风格的演变。他还创作了大量的蚀刻画以及素描。他来到巴西以后也以描绘当地的具有田园风味的农村风光为主,其作品被一些公共机构和私人收藏。埃克豪特出生于格罗宁根,他何时开始从事于绘画创作已经无人知晓。与坡斯特不同,他精于描绘人物、动物以及蔬菜和水果等静物,他除了描绘巴西当地的印第安人以外,还善于描绘葡萄牙人与巴西妇女结婚所生的混血儿女子。他有一幅著名的作品画着一名混血女孩举着腰果树的花叶,还有一幅作品则画着一名图皮族的妇女一手拿着一条人的胳膊,背上的篮子里也有一条人的胳膊。他们两位画家的以描绘荷属巴西的风土人情的艺术作品,引起后来和当代的艺术史家很大的研究兴趣,而且这些作品也卖出了很高的价格。他们所画的都是热带的风光和主题,融汇了巴西当地的以及欧洲的绘画风格。他们从巴西回到欧洲以后创作的作品不仅局限于南美洲和非洲的题材,还创作了一些融汇东西方艺术风格的画作。法朗兹·坡斯特以及阿尔伯特·埃克豪特的绘画作品还是马克杰夫以及皮索的科学书籍中木刻插图的来源,许多插图是模仿他们的风景画、动植物画以及人物画所作的木刻画。

阿尔伯特·埃克豪特《木薯》

莫里斯总督不仅带了 6 名尼德兰的艺术家去巴西作画,还在当地服役的欧洲人中间发掘善于从事绘画的人才。有一名叫作瓦格纳(Zacharis Wagener)

的日耳曼士兵,他是聪明的素描画家,莫里斯就资助他发展自己的绘画才艺。瓦格纳与埃克豪特过从甚密,为后者画了许多巴西的人物和动物的画集。他后来到东印度公司服务,步步高升,成为公司派往中国广州的使节、在日本长崎的荷兰商馆的馆长,最后在1668年去世以前在阿姆斯特丹被任命为好望角的总督。万分可惜的是莫里斯在1679年逝世以前他的那些富有意义的关于巴西的艺术品已经开始流散了。他是一名具有人文主义思想并且挥金如土的贵族,总是热望得到一些贵族和王室的头衔,从1652年开始,他已经处理这些艺术品的收藏。他用一大部分的艺术品与勃兰登堡选帝侯交换莱茵河沿岸的一些土地。两年以后,他还用几幅埃克豪特的大型绘画和其他的一些"珍品"呈送给丹麦的国王,由此获得了丹麦贵族白象骑士团成员称号。最后,在他去世以前12个月,他呈送给"太阳王"路易十四一大批画作,并建议这些画作可以作为法国著名的格贝林王家挂毯工厂(Gobelin Tapestry Manufactury)系列挂毯的设计图案。从那时起,这些"印度的绘画"(peinture des Indes)题材渐渐为人所知,其中包括智利的、秘鲁的、巴西的以及安哥拉的风格的作品。这些挂毯非常受人欢迎,在以后的120年中在同一架织布机上不断被人复制。除了坡斯特以及埃克豪特的画作以外,莫里斯还请别人画了许多以巴西风景为主题的油画以及壁画,其中一些直到近代还保留在撒克逊。不幸的是大部分后来毁于战火,还有一些在丹麦哥本哈根的克里斯先伯格宫(Christiansborg Palace)以及海牙的莫里斯宅邸的内部装饰则毁于火灾。由埃克豪特亲笔所绘的莫里斯亲王的与真人一样大小的肖像也在火灾中毁于一旦。

精明的东印度公司官员除了不遗余力地收集中国的绘画、日本的印刷品和莫卧儿帝国的细密画以外,更多和更重要的是他们还大量地收集远东的瓷器。通过流入欧洲的这些具有异国情调的东方的物品,东方的审美情趣深深地影响到了西方的艺术界。在荷兰人来到东方以前,16世纪的时候,东方的瓷器是由葡萄牙人经由果阿,西班牙人经由马尼拉带到欧洲的,但是这些由葡萄牙和西班牙人的殖民地运出的瓷器大部分在伊比利亚半岛或者直接在美洲的殖民地本土的市场上被出售,流入欧洲市场的不多。荷兰人第一次大规模地将中国和日本的瓷器运到比利牛斯山脉以北的欧洲地区。1622年,荷兰人在圣海伦娜岛近海俘获了葡萄牙人的大帆船"圣地亚哥号",次年,又在柔佛海峡俘获了葡萄牙人的另一艘克拉克大帆船"圣卡特琳娜号",这两艘大船上装载了大量的中国出产的瓷器,在阿姆斯特丹的市场上以很高的价格被抛售,于是,在以后的几十年中便出现了"克拉克瓷器"(carrack-porcelain)这个词以形容中国明代的蓝白色的瓷器。此次出售活动所获得的高额利润加剧了东印度公司在瓷器收购方面的需求。荷兰东印度公司从1602年成立至17世纪末年的近一个世纪的时间里,约运输了2 000万件中国的瓷器到欧洲,其中包括青花瓷和各种类型的粉彩瓷器;而到了18世纪末年,达到6 000万件左右。

早在1614年,一份阿姆斯特丹的出版品已经说明"瓷器将会成为普通人民的日常用品"。26年以后,英国的旅行家彼得·蒙迪则说荷兰的每家每户都拥有质地相同的中国瓷器。荷兰人喜欢将带有各色图案的瓷器以及瓷砖镶嵌在室内的墙上或者建筑物的外墙上。瓷器不仅在荷兰有大量的家庭需求,而且也被再次出口到其他国家。于是,从远东被运到北部尼德兰地区的瓷器源源不断、迅速增加。从1602年至1657年,超过300万件的中国瓷器通过荷兰东印度公司装船运往欧洲;接着,从1659年至1682年,又有19万件的日本瓷器被运到欧洲(当时中国正经历明清之际内乱的余波,瓷器出口量锐减)。在此期间,除了出口到欧洲市场以外,还有几百万件瓷器(主要是中国出产的)被转运到巴达维亚以满足印度尼西亚、马来西亚、印度以及波斯市场的需要。正如有一位研究瓷器的历史学家所指出的那样,"中国瓷器的特殊的质地、它们的抗渗透性、实

代尔夫特瓷器,1645至1655年间

用性、美观性以及相对便宜的价格"是持续不断地引发大众欢迎的原因。17世纪从远东进口的瓷器几乎都带有各种各样的蓝白色的图案,不管是来自中国的或者是来自日本的,但是到了18世纪的时候,就有多种色彩并用的、单色的或是装饰有珐琅质图案的瓷器进入欧洲市场,并赢得了人们的喜爱,尽

管蓝白色的瓷器在荷兰本国仍然受到欢迎。

当时的欧洲人喜欢中国出产的精美的瓷器,但并不具备仿制中国瓷器的技术,而中国人又将瓷器制造的技术视为商业机密不予透露。欧洲各国的君主都希望在某个时间拥有自己的瓷器制造厂,可以借此增加各自的身份地位以及美学趣味。葡萄牙人先前在16世纪末叶已经向中国的景德镇购买青花瓷器。17世纪初年,荷兰东印度公司通过自己的渠道,采购景德镇的青花瓷器和颜料,准备自己研制。从1614年开始,荷兰本国正式开始仿造中国明代蓝白色的瓷器,其色泽也称为"代尔夫特蓝"(Delft Blue)。在以后的50年中,代尔夫特出产的陶瓷成为模仿中国和日本瓷器的样板,被欧洲人视为比上不足比下有余著名的仿制品。在以后的150年中,荷兰人不断生产著名的代尔夫特蓝白色瓷器,尽管欧洲真正的瓷器生产是在1709年在梅森(Meissen)开始的。在17世纪40年代的晚期,由于中国发生了明清之间的大规模的战争,瓷器制造业急剧萎缩,代尔夫特的陶瓷制造业则迅速崛起。1647年以后,荷兰人已经能够制造出较高质量的瓷器,于是,代尔夫特瓷器就成为荷兰出口贸易中的一种重要的货品。从17世纪中叶至18世纪早期,荷兰的这种"蓝白色瓷器"广受欧洲人的欢迎。1670年,代尔夫特的瓷器工业已经达到了它的顶峰,雇用了20%的当地人力。17世纪初代尔夫特出产的瓷器是2吨、1620年8吨、1647年11吨、1655年15吨、1661年26吨、1670年32吨、1678年29吨、1702年30吨、1721年29吨、1741年27吨、1775年20吨,1795年则跌落至10吨。由荷兰人生产的瓷器并不完全模仿中国的式样,代尔夫特的陶瓷画工人结合了中国、日本、印度等各种东方的装饰图案,在17世纪60年代以后他们还设计出一种华丽繁复的"中国风"(chinoiserie style)式样,到18世纪的时候此种风格已经非常流行。日本是中国的瓷器贸易市场之一,1635—1636年间,荷兰的商船从中国台湾地区运载了13万件中国的青花瓷器到日本。1634年,荷兰甚至希望在日本创立一个出售自己国家陶瓷产品的市场,这个愿望并没有实现,因为日本人希望找到的瓷器是用于茶道仪式的,他们的审美趣味以及观念是欧洲人很难理解的。1660年以后,由于日本陶瓷业的大发展,荷兰人的这个愿望终于落空了,不过还是有一些热心茶道的日本人喜欢收集那些在日本人看来是怪模怪样的代尔夫特或是科隆的瓷器。也有一些日本的陶瓷画工,喜欢模仿代尔夫特瓷器上的图案,其实这种图案本来就是源于东方的,于是,东西方的审美趣味以此方式像轮子一样来回滚动。当时,荷兰人喜欢将带有各色图案的瓷砖和瓷器镶嵌在墙上或者建筑物的外墙上作为装饰。荷兰东印度公司的商船也直接从中国将瓷器运回欧洲。从1602年东印度公司成立至17世纪末年的一个世纪里，该公司运销至欧洲的中国瓷器约2 000万件，包括青花瓷和粉彩；再到18世纪末，达到6 000万件左右。

五、异域风物：亚洲纺织品、茶叶和咖啡

　　除了香料以外，亚洲的棉织品、茶叶以及咖啡也是欧洲人非常关注的主要商品。在欧洲的海船频繁往来的17和18世纪，印度次大陆上的几个重要的棉织品的出产地就已经引起了他们的注意，如西北印度的旁遮普与古吉拉特邦地区、东南印度的科罗曼德尔海岸以及孟加拉地区等。织品的棉线越细，就越能够织出细密和精致的华丽的纹样。这几个地区除了容易取得棉花与染料以外，自古以来以村为单位培养出来的机织工与染匠也具备高超的技术，生产出高级的面织品，它们不仅花样繁多，而且色彩艳丽，几乎可以与丝织品媲美。其中著名的有精细棉布(muslin)、印度印花布(chintz)、平织布(poral)、棉丝混织布(bafta)、格子棉布(gingham)等。荷兰东印度公司与英国东印度公司在南亚次大陆建立了据点以后，开始注意这些棉织品。在17世纪下半叶，棉织品也与丝织品一样，通过荷兰以及英国东印度公司大量地进入欧洲。在1660年以前，荷兰人和英国人从印度进口纺织品进入欧洲，不过大部分货物的等第都比较粗糙。早在葡萄牙人主宰印度洋贸易的时代，他们就已经将从印度运来的粗糙的低价平织棉布转口销售到美洲，作为给当地的从事甘蔗生产的奴隶工人穿着的衣料。荷兰与英国的东印度公司也将这些粗糙的棉布转口销售到加勒比海域的一些岛屿上。当时荷兰人和英国人还将一些粗糙的棉织品运输到非洲西海岸，将它们作为以物易物的货品。一些更好的更精致的棉织品则留在欧洲被用作欧洲人家庭的桌布而不是穿在身上的衣服。在17世纪的最后几十年，印度的布料一度在欧洲特别是英国与荷兰非常流行。荷兰的棉织品的进口量在1668年至1670年间，占阿姆斯特丹进口总额的24%，在1738年至1740年间占28.58%。在荷兰，一些道德家们悲叹："从印度来的这些加工产品在这里广受欢迎，以至于那些向家庭主妇献媚的人总是夸耀她们的人品就像印度来的布匹一样好，以此方式讨好她们。"印制在这些布匹上面的图案有时不完全来自印度风格的灵感，不过大部分的织品采用的图案是印度风格或是模仿印度风格的。1685年，荷兰东印

度公司雇用了一名叫赫里特·科林昆的杰出的彩绘师以及棉织品业者,将他派到南印度的科罗曼德尔海岸,以欧洲人喜欢的图案以及素材传授给印度当地的棉布织工,比如教他们将花纹之间的间隔拉开,使得织品看起来更加优美和富于节奏感。他创作的图案织出的棉布后来在欧洲销售得很好,成为荷兰东印度公司长期贩卖的重要商品。有人甚至在荷兰的市场上发现在一些出自印度最南端的科罗曼德尔地区的纺织品上面有日本的图案。

1697年荷兰东印度公司从亚洲进口的纺织品以及布料价值500万弗罗林,其中少于1/3的产品出自孟加拉地区。在此期间,荷兰人一直超过英国的竞争者,但是在18世纪早期,英国人则后来居上。在1731年至1735年之间,英国东印度公司购买的丝织品的数量是荷兰人的两倍。英国东印度公司的成功之处还在于他们从印度进口布料的时候,没有遭遇荷兰的纺织工人以及手工业者的有效的抵制,但是荷兰的情况正好相反。1720年,英国立法全面禁止从荷兰进口印度的白棉的印花布。事实上,英国本国原有的呢绒织布业的织工早已对从印度进口如此大量的棉布感到不满,因为来自印度的棉布对于他们的冲击实在是太大了。他们担心的主要还不是来自荷兰出口的棉布,而是英国直接从印度进口的大量棉布,对于荷兰的棉布进口的抵制只是他们抵制活动的一部分。

羽田正教授根据重松伸司《马德拉斯物语》以及石田千寻《日荷贸易史研究》指出,荷兰人也大量地向日本出口印度的棉织品。以前在葡萄牙-日本通商时代,葡萄牙人就已经贩运过这类印度的布匹到长崎等地,在当时日本的"南蛮屏风"上就有绘画表现过葡萄牙人以及他们的印度仆人穿着这类布料做成的衣服和灯笼裤,还有的画中表现这类布匹存放在店铺里出售。在荷兰-日本贸易时代,荷兰人继续将科罗曼德尔沿海地区、孟加拉以及古吉拉特地区的棉布运输到日本,由于中国人也运来这些平织布以及有条纹的棉布,江户人将它们总称为"唐栈",日本人最欢迎的就是科罗曼德尔海岸的织品,称它们为"栈留缟"(santomejima),这个名称与马德拉斯附近的圣多玛(São Tomé)有关,此地就是传说中的耶稣十二门徒圣多玛在南印度殉道与埋葬的地方。"栈留缟"的基本色调是蓝色、白色、淡褐色、深褐色,这种组合非常具有异国的风味。荷兰人还将一种被日本人称为"奥屿"的印度棉布带到日本。所谓"奥屿"就是"格子布"(gingham)。这个名称在1638年首次出现在荷兰东印度公司赠送给将军的贡品名单中,德川幕府也就在这个时候考虑将葡萄牙人彻底拒之于国门之外。"唐栈"以及"奥屿"在当时都是价格很高的棉布,到了18世纪的后半期,江户的幕府将军和幕僚都喜欢穿直条纹的棉布和服,将其当作"风骨"的表现。还有富裕的商人以及游女以及"若众"(12至20岁的男妓)也喜欢这类条纹布。

1660年以后,荷兰与英国东印度公司贸易竞争的货品中的另外一些来自东方的作物就是茶叶和咖啡,它们流入欧洲以后改变了当地人民的社会生活和饮食习惯。现在人们对于欧洲人在什么时候开始喝茶并没有一致的看法。16世纪时是在澳门的葡萄牙人最初把茶叶带到欧洲的可能性很高,但是没有确切的证据。羽田正指出目前最早的茶叶进口欧洲的记录是荷属东印度公司的船只在1610年将茶叶带回本国,当时荷兰人喝的很可能是日本的抹茶。17世纪初年,在荷兰共和国茶叶先是在药店里出售给一般的市民,当时,荷兰人将茶视为一种药用的饮品。许多人普遍相信饮茶有益于健康。荷兰的一些学者也开始讨论喝茶对于人的健康的功效,不过人们的意见并不一致。有人说喝茶对于人的健康特别是大脑有害的,多饮茶会使人得病。另外一些人则说喝茶会使人精神豁达,提神而且消除睡意,还可以医治头重、湿眼以及弱视,总之能够促进身体健康。阿姆斯特丹的一位著名的医生尼古拉斯·图尔普(Dr. Nicholas Tulp)向广大民众推荐说喝茶是医治百病的灵丹妙药。他的同事科奈利乌斯·德克(Dr. Cornelis Decker,其化名是Bontekoe)在向病人推荐此种来自东方的饮品医治病人方面更富有热情,并且十分夸张。科奈利乌斯·德克要求那些可怜的病人每天要喝200杯茶,他在1679年出版了一本小册子《关于卓越的草本植物茶的论述》(*Tractaat van het excellente cruyt thee or Treatise of the Excellent Herb Tea*),极力推崇茶在医治疾病方面的功效。据说这本书的出版得到东印度公司领导层"17绅士"的资助。然而,科奈利乌斯·德克的极力宣传并没有使得茶叶的进口量在一时间有很大的增长。

直到17世纪下半叶茶叶和咖啡的消费量才在欧洲持续增长。早在17世纪下半叶荷兰东印度公司就想在中国建立茶叶贸易的商行,但是没有成功。不过,荷兰人仍然从各种不同的途径购买到中国的茶叶并运回本国。到17世纪末叶的时候,茶已经在荷兰成为大众化的饮品,它们与牛奶一同被当街出售。尽管英国人、法国人以及斯堪的纳维亚半岛国家的茶叶消费量已经非常之高,荷兰人还是继续从东方大量进口茶叶以满足国内以及欧洲各地的消费需求。1651年至1652年,荷兰东印度公司阿姆斯特丹分部举行了第一次茶叶拍卖,17世纪虽然没有明确的统计数字,但是到了18世纪以后,茶叶逐渐成为荷兰东印度公司向欧洲进口的重要商品之一。1712年至1713年,茶叶的进口额只占东印度公司总进口额的2%,但是到了1730年至1732年已经增长到了18.8%,1771年至1773年则增长到24.2%,到了1789年至1790年甚至占到54.4%。1734年至1785年是荷兰茶叶贸易的黄金时代,当时茶叶进口的总量已经达到每年350万磅,比以前增加了4倍。在1739年以后,茶成为荷兰东印度公司从东方运回欧洲的最富有价值的单一商品。1756年,荷属东印度公司在阿姆斯特丹设立了中国事务委员会,它对于规划公司对中国的贸易有绝对的决定权。从那时起,每年公司都有固定的从事对中国贸易船只从东方驶回荷兰省和泽兰省,其中许多船只都与荷兰与广州之间的茶叶贸易有关。有人统计,从1757年至1781年的24年间,荷属东印度公司对中国的茶叶贸易无间断地获得利润,每次从广州进口的茶叶就可以获得季节性的利润达3 316 808磅,平均总利润可以达到94%。

从17世纪下半叶至18世纪初年,茶在荷兰共和国终于被人们视为一种有益于健康的时髦饮品。为了显示茶是高档的和时髦的,人们将茶放在日本的瓷器杯子里喝,并配以最佳的糖和镀金的茶勺,杯子则要放在镶嵌有花纹图案的桌布上。喝茶首先是在荷兰上流社会中普及开来的。由于茶主要是一种适宜在家庭中品尝的饮料,所以茶会对于妇女而言就成为一种很重要的社交活动,她们会营造出一种专门用来喝茶的特别的沙龙(茶室),并且配以高品质的茶具,茶会也就成为家庭的社会地位的象征。最初的时候,茶会在午餐以后的下午一点至两点的时候开始,不久以后就逐渐延迟到下午的更晚的时候举行。有人曾说,喝茶配以司康饼和饼干的"下午茶"始于19世纪的英国,其实,早在一个世纪以前的荷兰共和国这种风俗就已经普及开来了。

与茶相比,咖啡在欧洲市场上是较晚出现的流行饮品,但是上述那位精力旺盛的医生科奈利乌斯·德克仍然将它比喻为像茶一样的有益于健康的良药。他认为咖啡可以万无一失地包治"坏血病、喉咙痛、腹绞痛、痛风、胆汁质、口臭和红眼病",还有其他许多种好处。此种饮品不久就变得非常流行,尽管在荷兰以及欧洲其他地方,有一些医生认为茶和咖啡是有害的药物。当时,有一位名叫多明尼·法朗索瓦·瓦伦特(Dominine François Valentyn)的医生就持这样的观点,他认为:"咖啡在我国流行如此之广,以至于少女们和女佣们每天早上不喝咖啡,就不会做穿针引线的活儿。"他指责英国人将这种有害无益的习俗介绍进了荷兰。1700年,茶和咖啡已经在荷兰非常流行,并在一定程度上抑制了荷兰人的酗酒的恶习,尽管荷兰的工人们在他们负担得起的情况之下仍然最喜爱喝加糖的白兰地。在图尔普和他的同事科奈利乌斯·德克极力推崇茶和咖啡的益处以后一个世纪时,有一位阿姆斯特丹的医生写道:"普通人仍然喝大量的白兰地,他们相信这样可以使胃变得强大;但是这种想法是错误的,如果没有茶,他就撑不住很长的时间。"阿姆斯特丹交易所几十年来每天都有这两种饮品的日常交易,他们已经非常明了这两种新的物品在未来将成为市场上的所谓紧俏商品。

1696 年,东印度公司已经在今阿拉伯也门西南部的港口城市穆哈(Mocha, Al Mukhā)重新建立了新的存储咖啡的仓库,当时这个地方盛产优质的阿拉伯咖啡。但是荷兰人在穆哈获取优质咖啡的时候引起了英国人的激烈的竞争。荷兰东印度公司以及英国东印度公司都在争夺穆哈的咖啡,随着时间的推移,此种竞争渐渐地偏向有利于英国的方面,英国人更有办法在阿拉伯地区买到优质的咖啡并以较为便宜的价格在欧洲出售。在一定程度上,荷兰人在阿拉伯地区买卖咖啡竞争上的劣势导致他们将这里的咖啡豆引进爪哇种植。在 18 世纪 30 年代,荷兰人将 400 万至 600 万阿姆斯特丹磅的咖啡豆进口到尼德兰地区。1726 年,弗朗索瓦·瓦伦特牧师已经注意到咖啡已经在荷兰非常流行的现象。他抱怨说那些家庭主妇和女裁缝在每天早上喝完咖啡以后就不想再做针线活了。另一方面,在印度西部以及波斯的穆斯林,仍然认为阿拉伯的咖啡要比爪哇人种植的咖啡更好。当巴达维亚政府将这种看法转达给"17 绅士"的时候,引起了他们激烈的反应。这些绅士们让几组品尝家分部品尝这两种不同的咖啡,并声称世界上不可能有任何品尝家拥有如此的味蕾品尝出穆哈以及爪哇这两种不同产地咖啡之间的不同滋味。当然,没有任何荷兰的品尝家能够这样做,他们声称:"那些人是不可能拥有比我们更好的味蕾的。"但是,"粗野的"波斯人、土耳其人以及印度人仍然坚持说他们的咖啡就是优于荷兰人在爪哇种植的咖啡的,并且说后者为了保住他们公司的利润才这么说的。另外,除了爪哇以外,荷兰人还在今天南美洲北部的苏里南引进阿拉伯地区的咖啡。

饮茶和咖啡在荷兰同时普及开来。1749 年,在莱顿有 50 家出售茶叶和咖啡的店铺。除此以外,还有 5 家是专门出售茶叶的店铺。从 1752 年开始,所有的销售咖啡以及茶叶的商人都要及时地登记他们的姓名以及地址。在官方公布的商人名单中销售咖啡以及茶叶的商人占了很大一部分,还有一小部分是用船只运输咖啡以及茶叶的商人。咖啡店比茶叶店的数量要多,但是咖啡店有时也经营茶叶的生意。许多咖啡店同时出售茶叶。当时,荷兰各城市的茶叶店非常容易被人认出来,因为这些店铺的门楣上的装饰很有特色,上面总写着"大茶罐"或者"小茶树"等字样。橱窗的装饰上也有袋子的图样,上面有"咖啡或茶"的标签,以此吸引路人前来购买。在18世纪上半叶的乌特勒支,店主们在付完茶税以后,必须在店铺的前面挂一块牌子,上面写上"这里出售咖啡和茶叶"。

当时,在荷兰出售茶叶只能在店铺里进行,茶商不得在街上叫卖。持有执照的店主必须保留一份记录,上面清楚地记载着大大小小的茶罐以及茶叶桶装载的茶叶的分量以及罐和桶的数量。在乌特勒支省,政府对进入该省的咖啡、鹰嘴豆以及茶叶都有课税。1702年的时候,每一磅茶叶课税1荷兰盾,以后逐年增加,到1744年的时候达到每一磅茶叶课税8斯蒂弗思,毫无疑问,这是与茶叶价格的上升有密切关系的。一般来说,咖啡店的店主支付的税收要比茶叶店的店主更低,如果同时出售茶叶和咖啡就不需要支付额外的税收。随着时间的推移,茶叶、咖啡以及巧克力等来自域外的饮品越来越受到人们的欢迎。

第十一章
"戴假发的时代"

一、人口的减少

从18世纪的最后数十年开始,荷兰共和国的社会经济、文化以及海外贸易诸多方面都呈现出衰败的迹象,到19世纪初期加剧。在这段历史时期中,荷兰社会中的男男女女都喜欢戴假发,成为一种社会风尚,所以人们也称那个时期为"戴假发的时代"(Periwig Period)。

18世纪荷兰人口的减少一直被认为是这个国家衰落的原因之一,虽然对于这种说法人们所持的看法不尽相同,甚至也有争议。在1680年的时候,联省共和国还有充裕的人口,尽管莫里斯亲王认为此时的人口已经比一个世纪以前少了。对于17和18世纪荷兰人口的具体数量,至今缺乏具体的统计数字可备稽查,人们只得依据一些当时的和自相矛盾的估计。皮特·德·拉·考特(Pieter de la Court)在1662年所写的著作中,估计当时的荷兰人口最多是240万,不过这只是非常粗略的猜测。人们更加普遍的估计是荷兰有200万左右的居民,许多现代的历史学家接受这个说法。博克塞指出他无法找到更多的资料来说明这个问题,也无法解释这个人口数字直至荷兰共和国的末期还是保持不变。所有的权威人士都认为在1795年的时候荷兰的人口就停留在这个数字。博克塞进而提出疑问,为什么尼德兰北部地区也不例外呢?特别是这里在"戴假发的时代"里并没有受到灾难性的战争的影响,也没有暴发致命的瘟疫。

在18世纪的下半叶,西欧其他地区由于婴儿死亡率的降低和早婚现象的普遍存在(由此孩童人数增加)使得人口的数量急剧增加。这两个因素是否影响到荷兰不得而知,不过一个长期居住在荷兰的英国人在1743年的时候指出在"荷兰妇女中的引人注目的不孕症"是荷兰人口没有增加的原因之一。博克塞指出，以阿姆斯特丹为例，该城市在1670年至1679年平均每年的结婚率与1794年至1803年的几乎是相等的，分别为2 078人与2 082人；介于其中的某些时候有时会多一点，但是从来也没有超过1746年的3 204人，平均的结婚人数在2 100至2 500人之间。阿姆斯特丹是荷兰共和国人口最多和最繁荣的城市，在1580年至1660年之间，其人口数量急剧增加，达到200 100人；到1759年时也不过217 000人或者221 000人。在1740年至1795年之间，阿姆斯特丹的房屋的数量没有实际上的变化，这似乎也说明在这段时间里该城市的人口没有实质性的增加。

在1780年的时候，阿姆斯特丹还是一座繁荣的港口城市，拥有很大规模的海外贸易事业。但是，在18世纪的下半叶，联省共和国的其他地方已经衰落下去了。博斯维尔(James Boswell)于1764年在乌特勒支写道："他们的主要城镇都可悲地衰落了，你会遇到大量的穷人，在失业中苦苦挣扎。乌特勒支明显地荒芜了。可怜的人们除了土豆、杜松子酒以及他们所称的茶和咖啡以外别无果腹之物。最坏的是他们如此习惯于这样的生活以至于即便提供给他们工作他们也不想干。这里的情况与大部分英国人想象的非常不一样。如果威廉·坦普尔爵士再度访问这些省份，他几乎难以相信这里已经发生的惊人的变化。"14年以后，荷兰的一份报纸也印证了博斯维尔的看法。这份报纸在1778年10月19日指出，这个国家的经济已经衰落到如此地步以至于"联省国家的主体不过是由食利者以及乞丐组成，而这两种人对于国家经济是最没用的"。还有许多同时代人们所说的话也指出许多省份的城镇在这段时间里衰败了，房屋和街道被拆毁了，成为花园、草地和牧场。这种衰败在荷兰省北部以及泽兰的滨海城市以及一些内陆城市如乌特勒支、哈勒姆、莱顿以及代尔夫特等地非常明显。人们不太确切地知道这些地方的多余人口流到哪里去了，有人认为他们很可能去了布满泥沼地的东北省份，因为这些地方在这一时期有所发展，形成了一些新的乡村。在1675年至1795年，东部的上埃瑟尔省的人口增加了90%；但是这种人口增加的景象在其他各省中并没有出现，在一些情况下，这些省份的人口要么停滞不前，要么相对减少。不幸的是，上埃瑟尔省在所有7个省中还是最小的和最贫穷的，在荷兰共和国这一历史时期，唯有这个省份有比较精确的人口统计资料。博克塞认为，鉴于相互矛盾的和零零碎碎的证据，要等到关于其他各省更加深入精确的统计史学出现，人们不能说荷兰共和国在1600年至1800年之间的人口到底是增加了还是减少了。

历史学家伊斯列尔则指出,从 1720 年至 1750 年,内陆的以加工业为主的城市如莱顿、哈勒姆和代尔夫特的人口都持续地减少。一些主要是经营航海业的城市如米德尔堡、恩克赫伊曾和霍伦,也有大量的人口流失。与此同时,荷兰的三个最大的城市阿姆斯特丹、鹿特丹以及海牙则继续保持一定的活力,没有受到太大的影响。然而,荷兰的 30 个大的城市人口都有一定的减少,不过 3 个最大的城市则反而有所增加。1672 年的时候,阿姆斯特丹、鹿特丹以及海牙三大城市人口合计上升了 36%,1732 年则上升了 42%。荷兰其他 30 个主要城市人口的下降主要发生在 1730 年至 1760 年之间。联省共和国全国的人口减少率从 1730 年的 36.6% 左右下降到 1755 年的 32.8%。从 1720 年代开始,荷兰的城市人口就开始减少了。阿姆斯特丹、鹿特丹以及海牙的企业家也抽逃资金外流到别的地方。伊斯列尔对荷兰共和国几大城市的人口做了统计,阿姆斯特丹在 1688 年有 20 万,1732 年达到 22 万,1795 年为 20 万,1815 年为 18 万;莱顿在 1688 年为 7 万,1732 年为 6 万,1795 年为 3.1 万,1814 年为 2.85 万;鹿特丹在 1688 年为 5 万,1732 年为 4.5 万,1795 年为 5.75 万,1815 年为 5.9 万;哈勒姆在 1688 年为 5 万,1732 年为 4 万,1795 年为 2.1 万,1815 年为 1.75 万;海牙在 1688 年为 3 万,1732 年为 3.8 万,1815 年为 3.8 万;米德尔堡在 1688 年为 3 万,1732 年为 3 万,1795 年为 2 万,1815 年为 1.3 万;代尔夫特在 1688 年有 2.4 万,1732 年为 2 万,1795 年为 1.45 万,1815 年为 1.28 万;豪达在 1732 年有 2 万,1795 年为 1.17 万;恩克赫伊曾在 1688 年有 1.4 万,1732 年有 1 万多,1795 年为 6 800 人,1815 年只有 5 200 人了。联省共和国各大城市人口的减少正与同一时期欧洲各国的大城市人口的不断增加形成鲜明的对比。从 17 世纪至 18 世纪的 100 年里,欧洲各国大城市的人口增加了两倍,有的甚至增加了三倍。在 1790 年的时候,伦敦估计有 90 万,巴黎也有 60 万,圣彼得堡从几乎没有人居住增加到 22 万,维也纳和柏林也各自有 15 万,汉堡也超过了 10 万。荷兰国家的主要城市的人口却在不断地减少。

不过,在 18 世纪,与北方相比,尼德兰南方的经济有所发展,人口也有所增加。1748 年以前,南部尼德兰地区的人口一直维持以前的数字。到 1784 年的时候,尼德兰南方的总人口已经有了显著的增加,包括列日采邑主教区在内,共 220 万多一点,其中 62.5% 的操荷兰语,31% 的人操法语,6.5% 操德语。同一时期,北方荷兰共和国的总人口则为 208 万多一点。尽管在 1659

年,南方已经有一些土地割让给了法国,但是在总人口上略微超过了北方。同时,南方的农业、瓦隆地区的工业也有发展,农村的人口也有增加。传统的那些非常成熟的城市手工业比如地毯加工业、奢华美丽的纺织品制作业、珠宝行业、图书出版业虽然有所退化,但是其地位没有被取代。在18世纪的时候,安特卫普、根特、布鲁日虽然衰落了,但是布鲁塞尔慢慢地发展起来了,可以与欧洲其他的大城市相媲美。可以这样说,低地国家(北方和南方尼德兰)在总人口上仍然比欧洲其他地方要多,但是瓦隆以外其他地区的城市的经济和社会生活在整个欧洲城市发展的大格局中已经被边缘化了。

二、捕鱼业的衰落

如果说与荷兰黄金时代相比,在此以后的时代该国总人口是否增加或者减少尚未能确定的话,那么与一个世纪以前相比,18世纪下半叶荷兰的工业、特别是捕鱼业普遍地衰落则是不争的事实。在17世纪上半叶,鲱鱼捕捞业一直被认为是联省共和国的金矿,直到1728年还呈现出繁荣的景象,但这以后情况就不一样了。当时,一名居住在尼德兰的消息灵通的英国人估计平均每年有800艘帆船受雇于鲱鱼的捕捞业者,这些帆船每年要出海三次,与一个世纪以前相比,出海捕捞的帆船总数已经有所下降。18世纪的时候,每一艘帆船的吨位是30至50吨,但是以前只有20至30吨。有一位现代荷兰的历史学家估计在1630年的时候仅荷兰省每年最多有500艘捕捞鲱鱼的帆船,到1730年则下降到219艘,尽管船的吨位有所增加了。他还估计在18世纪的时候除了弗拉尔丁根(Vlaardingen)以外在所有渔村的帆船数量都下降了,特别在弗里斯兰恩克赫伊曾尤其如此——在17世纪末,那里有200—400艘船,在1731年有75艘,到了1750年只有56艘了。在1756年以后,船的数量急剧减少,在1780年第四次英荷战争的前夕,荷兰全国每年出海捕捞鲱鱼的船只只有150至180艘了。

鳕鱼与鲸鱼的捕捞业的情况甚至更坏。博克塞引用根据布里须(Onslow Burrish)估计说,在1728年的时候,荷兰的北海鳕鱼捕捞业者每年雇用200至300艘40至50吨的船只,这个总数明显地比17世纪下半叶要多。在18世纪的最后30年,鳕鱼捕捞业的衰落更加显著,当荷兰共和国在1795年的时候,全国只有125艘船只从事这个职业了。在北冰洋的鲸鱼捕捞业同样地衰落,尽管在18世纪有过一些好的收成,但是1675年至1690年间的繁荣期再也不会回来了。布里须写道:"这种生意,尽管被认为是一种像买彩票一样的碰运气一样的事情,要靠个人碰大运,如果今年不好,只能指望明年有好运,不要失望;但是对于国家来说总体上毋庸置疑是有益的,因为它促进航运业以及依赖于此的各种消费的发展。"

18 世纪下半叶荷兰远洋的和沿海的捕鱼业的萎缩的原因有诸多方面。首要的原因在于邻近国家和地区的同业者的竞争,除了来自奥地利的尼德兰人(以比利时为主)的渔民以外,主要是英国和苏格兰,还有丹麦以及挪威的渔民。汉堡逐渐成为日耳曼北方以及斯堪的纳维亚半岛国家的鳕鱼的主要消费市场。这些国家大多采取保护政策,牺牲或者排挤荷兰,以巩固各自的捕鱼业。英国政府特别动用补助金和额外保险费支持本国的渔民,法国政府在 1751 年颁布禁令,禁止荷兰的鲱鱼进口;奥地利籍的尼德兰人、丹麦人、普鲁士人步法国的后尘,于 1766 年、1774 年以及 1775 年分别颁布类似的禁令。其次,在 18 世纪的欧洲,由于餐饮习惯的改变,人们对于鲱鱼的需求量在降低,到 18 世纪末年的时候,全欧洲只需要 300 船的鲱鱼就已经足够了,而此时荷兰拥有 500 艘此类船只,同时该国的鲱鱼捕捞业者的工作质量以及出色的技术仍然处于领先地位,在 1780 年的时候,欧洲所需的加工过的鲱鱼的产量的一半仍然是由荷兰人提供的。有关荷兰鳕鱼捕捞业下滑的原因并不十分清楚,可能与纽芬兰浅滩外海的英国和法国渔民以及来自奥斯坦德及新港的佛兰德斯人的竞争有关。

荷兰捕鱼业的衰落或多或少地会影响到与之相关的许多辅助的贸易以及从业者,包括与波罗的海沿岸国家的木材贸易,这些木材是用来造船的和修船的;还有与葡萄牙以及法国的盐的贸易,这些盐是用来腌制鱼类的。其他的还有"木匠、填塞船缝隙的工人、铁匠、铜匠、制作绳索的以及造船工人、制作数量巨大的用来装鲱鱼的木桶的工人、编网工人以及向加工厂提供各种器具的小商人",都成为失业的人群。布里须在 1728 年估计在黄金时代正是以这种方式从事鲱鱼捕捞业的渔民"雇用了至少三万个家庭,还不包括大量的以提供他们衣服和食物等各色用品的人们"。当捕鲸业者、捕鳕鱼者、沿海地区的和内陆的渔民全部加入进来以后,就可以看到在荷兰全国劳动力人口中与捕鱼业有直接和间接关系的从业者的比例是相当高的,捕鱼业也是相当繁荣的。皮特·德·拉·考特估计在 1662 年的时候荷兰全国有 45 万人直接依赖捕鱼业为生,这个估计可能有一点夸大。捕鱼业既是培养海员的温床,也是岸上雇佣劳动力的来源,这就是 18 世纪北海的冬季鳕鱼捕捞业仍然存在的原因,尽管这个行业在冬季要维护船只的设备成本很高而商业利润很小。

另一个导致荷兰捕鱼业衰落的原因是当时去远洋从事捕捞的人在不断减少。在17世纪的时候,并不缺乏这样的人,其中既有尼德兰人,也有外国人。但是,渔业在荷兰卷入的几次重大的海上战争中损失惨重:在1600年和1645年之间,来自敦刻尔克的私掠船的蹂躏破坏、在几次英荷战争中英国人的数度攻击、最主要的是在1701年至1703年战争期间法国海盗的袭击,使得当时荷兰的鲱鱼捕捞业完全被摧毁了。在每一次战争以后直到下一次战争开始以前的间隔的和平时期,荷兰捕鱼业多多少少都有一定程度的恢复,尽管当时有一些渔民已经不下海了,只是待在陆地上。在18世纪的时候,与荷兰竞争的外国的渔业公司企图以高薪吸引和雇用富有经验的荷兰渔民,有多少人屈从于这样的诱惑不得而知,但是在1756年的时候许多荷兰的和丹麦的船长外流到英国,服务于新近创立的"不列颠自由渔业公司"(Free British Fishery, 1750—1772)。

联省议会在意识到荷兰的渔业不断地衰落以后,屡次颁布禁令禁止荷兰的商人、海员以及渔民去外国服务,但是这些禁令都没有得到严格的执行。现在人们并不完全确切地知道有多少荷兰的海员以及渔民违反禁令到外国从业,也不知道他们是短期或是永久地移居国外。在18世纪的时候,荷兰要找到足够的人员来配备一支舰队已经成问题,但是在17世纪的时候则完全不是问题,这说明当时的荷兰已经有相当多的与航海事业有关的人员移居国外。比较可靠的估计是在18世纪末年荷兰在远洋以及沿海的渔民加起来只有1600年从事鲱鱼捕捞业的单个行业人数的2/3。在18世纪时,挪威、丹麦以及日耳曼北方还有一些人员在荷兰的渔船上工作,就像他们也在荷兰东印度公司的海军中以及荷兰的商船上工作一样。但是,当时从外国进入荷兰航海事业服务的人员基本上都是生手,从荷兰流向外国的则都是有经验的和熟练的海事人员。有多少荷兰的熟练海事技术人员在外国服务也没有确切的统计,不过在英国商船舰队服务的人数一定不多,因为英国在战时规定所雇用的外国人不得超过100名。

无论如何,荷兰的捕鱼业尽管是培养海员的摇篮,但是到了18世纪80年代的时候,已经不如一个世纪以前那样重要。在1689年至1697年的九年战争期间,荷兰每年能够派遣出配备24 000人的大约100艘战舰驶往远洋作战,除此以外还有许多个人出海,还有数千名海员服务于东印度公司的舰队并且在行驶于七大洋上的没有护航的商船上工作。到 1781 年 8 月,尽管此时因为荷兰的海外贸易以及渔业实际上已经处于瘫痪的状态,照理应该有足够的人员登记加入海军,但是荷兰在向海外派出一支中型的配备有 3 000 人的由 17 艘战舰组成的舰队时也遇到了很大的困难,该舰队在荷兰海军上将佐特曼(Rear-Admiral Johan Arnold Zoutman,1724—1793)的指挥下在北海的多格尔海滩(Dogger Bank)顽强战斗。在此次灾难性的战争结束的时候,在这条航线上的 38 艘安装有大炮的快速帆船上服役的 30 046 人中仅有 19 176 人存活下来。这说明在 1680 年至 1780 年间,荷兰以及泽兰这两个最大的航海省份中,远洋航海业团体的数量已经大大地减少了。

在 18 世纪下半叶,一些有识之士已经意识到荷兰渔业的萎缩以及相关从业人员人数的减少,他们也提出各种建议要采取种种补救的措施,包括为从业者提供奖金和补助金,即便没有取得持续的效果,人们也这样做。在 18 世纪的下半叶,荷兰各省仿效英国的榜样,设计出一些保护性的措施,企图帮助荷兰的鲱鱼捕捞者、包装工人以及销售商人与外国同业者竞争。泽兰省在 1759 年为该省所有的鲱鱼捕捞船只提供现金的补助,但是结果是令人失望的。以泽兰的主要航海城市济里克泽为例,这个地方在 1745 年有一支由 40 艘帆船组成的捕鱼舰队,到 1785 年的时候只剩了十七八艘船了。在同一段时间里,在该港口登记注册的商船数目也在下降,从 1760 年的 60 至 70 艘下降到 1785 年的 25 艘"大大小小的"船只。荷兰的航海城市如费勒、弗里辛恩和米德尔堡等的规模也在相应地缩小,尽管后两个城市与东印度、西印度以及欧洲在贸易上保持着密切的联系。自 18 世纪下半叶至 19 世纪上半叶,泽兰以及荷兰北部的这些"死亡城市"已经逐渐地发展为以旅游观光业为主的城市。

如上所述,荷兰的鲱鱼捕捞者、腌鱼的和包装的工人一直到最后仍然在技术上保持优势,但是荷兰的捕鲸业在数量以及质量上都无可挽回地衰落了。在 17 世纪下半叶,荷兰在捕鲸业方面的领先地位是无可争辩的,一个世纪以后就被英国取代了。英国人改进了他们的捕捉鲸鱼的技术,并使用重型的船只,使得航行的距离大大增加了,他们可以在流动的冰块之间捕捉游得更深的鲸鱼。他们还引进新的改进过的技术,例如他们使用机械的鱼镖取代了用手扔的鱼镖。荷兰的捕鲸业者则不采用或者较晚才采用这种新技术。除了英国人以外,瑞典人、丹麦人以及挪威人都与荷兰人展开竞争。伊斯列尔指出,18 世纪 50 年代,荷兰省的捕鱼船队有很大的萎缩,从 225 艘捕鱼船减少到 140 艘。到 60 年代,荷兰省鲱鱼的捕获量只有 17 世纪中叶的 1/3 左右。恩克赫伊曾的捕鱼业所蒙受的打击非常严重,在50年代的时候,该省捕捞鲱鱼的船队低于一个世纪以前,相当于1/4的规模。

三、造船技术滞后以及海外贸易萎缩

荷兰人在知识上的保守以及缺乏开拓精神,在黄金时代以后的岁月中,在该国的贸易以及工业等其他地方也体现出来了,这与荷兰商人和海员在黄金时代的事业以及首创精神形成鲜明的对比。荷兰失去了17世纪在航海、制图和航行技术方面的领先地位,英国的和法国的竞争者后来居上。在整个17世纪,荷兰东印度公司在阿姆斯特丹以及巴达维亚的海事当局对于保持公司在海图的领先地位以及航海记录的完整性方面是非常重视的,它所制定的这方面的制度一直运作良好。但是到了18世纪的下半叶,出于种种原因,这些制度都慢慢地松懈了。荷兰海军少将约翰·斯普林特·斯塔沃林奴斯(Johan Splinter Stavorinus)在1778年的时候写道:"非常令人遗憾和悲哀的是,东印度公司这样强大的组织(它的繁荣是依赖于航行的安全和频繁的)就是因为在航海技术的改进上进展甚少——特别是在海图的修正上——而衰落了。我可以举出许多海图上错误的例子,在东印度和非洲的海岸线上都有。其他国家在此目标上作出了不懈的和勤勉的努力,特别是英国人,从总体上来说,他们的地图极大地超过了我们。"他指责东印度公司的领导层的官僚主义在很大程度上导致了荷兰在航海技术方面的滞后,正是这些领导层坚持荷兰的船只必须要根据纸上印出来的沿着固定的航线行驶,而英法两国的东印度公司的人们"在航行时并不根据任何从东印度发出的特别的训示或者航行指令,而是根据公司船只本身的情况而定。由此,荷兰东印度公司的船只指挥官在行驶的程序上就受到制约和束缚,不能够像其他人那样在航行上做出改进。在我看来,这在很大程度上使得英国人、法国人在改进技术以及发现新事物方面超过了我们。尽管基于航行的次数,我们的东印度的贸易活动似乎很合理地被人推断为是培养海员的摇篮、是最伟大的实现航海技术改进的学校"。他和东印度公司的其他舰长们都抱怨说官方海图上关于地名的记载都是错误的,特别是在印度尼西亚海面上的记载更是如此,在巴达维亚的海道测绘官员从来也不注意去修改这些错误。一些年以后,另一名海军军官迪特·凡·洪根多尔普(Dirk van Hogendorp)与斯塔沃林奴斯持有相同的见解,不过他讲得更加夸张:"没有一张关于东印度的海图是说得过去的,而法国和英国的海图则是杰出的。"同时,上述这两位海军军官批评荷兰人在采纳新的和改进过的造船技术方面也显得迟缓。他们都批评东印度公司在阿姆斯特丹办事处的主管在 18 世纪最后 25 年在建造平甲板船以替代以前的船身往内缩小的船只(deep-waisted ship)的时候显得犹豫不决。早在 1774 年,斯塔沃林奴斯就指出:"平甲板的船在抵御海浪冲击的力量时远比船身往内缩小的船只更加有效。"1783 年,洪根多尔普伴随海军舰队长凡·布拉姆(Van Braam)的分舰队前往爪哇,那位主要的指挥航行的官员居然认为太阳是绕着地球运转的,上帝每一天晚上都创造一个新的月亮,因此不可能在海上找到准确的经度,硬是要这样做只会亵渎上帝。有一位英国人对于当时荷兰的航海术这样评论说,荷兰人自己的航海技术是非常古怪的,他们的海事官员居然依靠自己的判断通过目测修正偏航,在扇形木计程仪上做记号。他们没有记录仪,在计算长度的时候以沿着船的一边以 40 英尺为一个单位估测等。

与航海技术滞后有关的就是荷兰海军的惊人的衰败。历史学家房龙认为这是荷兰衰落的主要原因。根据他的记录,在 17 世纪晚期,荷兰海军拥有一支有 120 艘军舰的舰队,其中 90 艘是运输船。50 年以后,只剩下不到 50 艘军舰,其中只有 12 艘有作战能力。1696 年,联省共和国拥有 8 艘装备有 90 多门大炮的"无敌战舰";到 1741 年,只有 1 艘这样的战舰了,并且已经服役了 42 年,完全没有作战能力了。30 年以后,英国、法国等国家的海军力量已经有了全速的增长,荷兰共和国只有 4 艘装备了 70 门大炮的军舰,其中有些大炮已经用了几十年了。1721 年,荷兰省北部仅仅有 3 艘战舰,其中两艘已经服役分别达到 20 年和 30 年。1713 年到 1746 年间,弗里斯兰省只建造了 1 艘战舰。鹿特丹在 1713 年到 1725 年间没有建造过 1 艘战舰,也没有修复过旧的战舰。泽兰省在 1700 年至 1746 年的 46 年间,只建造了 4 艘小军舰,只能够保护商人免受海盗的袭击。"曾经得到精心维护的海军现在陷入了令人感到耻辱的境地。没有机会去改善舰队,甚至没有一定的常规经费去维持舰队。"德·维特以及威廉三世都致力于维持一支强大的海军,他们要求各省支付海军建设的费用。但是,在威廉三世去世以后,国内出现了动荡,各省就悄悄地拒绝提供维持以及扩建海军建设的必要资金,联省议会没有能力强迫各省服从其意见,结果每一个省份都拒绝为整体利益掏钱了。

当荷兰人感到自己明显地落后于别的国家的时候,荷属东印度公司的主管以及职员自己在议论他们的英国竞争对手时的评价在 17 和 18 世纪时也大不一样。在 1670 年以前,荷兰人还是认为自己不仅在精力还是能力上都是超过英国人的,而且在资本以及物质资源上也是这样的。更有甚者,英国人自己也甘拜下风,自认为他们处于相对的弱势。但是,在17世纪的最后25年里,双方的态度就发生了微妙的变化。英国人变得更加具有攻击性和更加自信,荷兰人在一些地方如印度最南端的科罗曼德尔沿海地区对于维持自己的贸易地位以及经营能力发生了怀疑,他们发觉自己在这些地方不如在印度尼西亚海域那样能够应对自如了。伊斯列尔指出,1688年以后,荷兰在经济和贸易上的扩张趋势已经慢慢地停止了,特别是在地中海东岸海域以及几内亚的海外贸易处于停顿的状况。17世纪90年代曾经一度繁荣的荷兰与西属美洲的贸易,在1700年以后大大地收缩了。不过,荷兰与北欧的贸易有所发展,主要是因为荷兰在工业技术方面拥有一定的优势,直到1720年,赞河(Zaan)流域的工业磨坊一直有增无减。在18世纪的最初25年,荷兰的出口产品如代尔夫特瓷器、烟草、亚麻布,精加工的蔗糖、纸张、航海用的帆布、丝绸、棉花继续增加,荷兰与邻近国家相比在技术上仍然拥有一定的优势。同时,荷兰东印度公司仍然在亚洲竭尽一切努力保持贸易上的领先地位。但是在1725年以后,形势则发生了非常明显的反转。在18世纪20年代,荷兰的出口产品逐渐减少,海外贸易明显衰退。阿姆斯特丹的商人们迅速地失去了往日在国际贸易上竞争的优势,加工工业处于毁灭的状态,比如烟草加工厂从1720年的30家(主要都是犹太人经营的)萎缩到1750年的8家,棉花加工厂从1700年的80家减少到1770年的21家,到1796年的时候只剩下12家,曾经一度繁荣的丝织业也在迅速衰落之中。荷兰第二大城市莱顿的加工业也在衰落之中,莱顿出口的精加工的布匹从1700年的25 000卷筒减少到18世纪30年代的8 000卷筒,严重地影响到以前从荷兰进口精加工布匹的3个主要国家即法国、西班牙以及奥斯曼帝国的市场;莱顿以前的第二大主要出口产品羽纱从1700年的36 900件减少到1750年的12 600件,只有70年以前的1/10。哈勒姆的亚麻布出口也在18世纪30年代至40年代发生了很大的倒退,在12年间,亚麻布的工厂从7家减少到了3家。在18世纪50年代,赞河沿岸的加工鲸鱼油、海船用的帆布、缆绳的行业以及航运业都有很大的倒退。这些加工业的衰退直接影响到出口产品的数量和海外贸易的规模。[①]除了海外出口贸易以外,荷兰与波罗的海沿岸国家的贸易也在衰落之中。从1720年至1750年,由于荷兰城市经济的衰退,影响到了

---

① Jonathan I. Israel, *The Dutch Republic*, *Its Rise*, *Greatness*, *and Fall*, *1477－1806*, pp.999－1000.

荷兰国家与波罗的海的传统贸易。

在海外，到了18世纪的下半叶，荷兰东印度公司的高层官员哀叹英国人已经取得了优势，英国在贸易上的发展在世界各地都威胁到荷兰人的生存，甚至在印度尼西亚也是如此。然而，在某些方面，情况也不尽然，这一时期荷兰的海外贸易总量实际上是有所上升的。博克塞引用布鲁格曼斯教授（I.J. Brugmans）的研究指出，在1631年至1780年之间，荷兰东印度公司船只的数量实际上增长了一倍。但是博克塞本人则认为这样的演绎并不能完全说明问题。他认为在此期间航行于尼德兰与爪哇之间的东印度公司的船只虽然有明显的成倍增加，但是那些在亚洲海域的从事转运贸易的船只的数量减少了许多。在17世纪的下半叶，荷兰东印度公司有5至10艘船只——许多都是最大的船只，每年是在巴达维亚和长崎之间航行的；到了18世纪的下半叶，每年平均只有1至2艘了。同样地，与一个世纪以前相比，在1750年至1780年之间，荷兰东印度公司与印度贸易的船只也减少了，而在一些地区如红海以及波斯湾等地，荷兰人几乎放弃了在那里的海上贸易活动。在另一些地区，荷兰的海外贸易有所增加，如与中国广州的贸易，在锡兰可能也是这样。但是，在从摩鹿加群岛到马拉巴地区的广大海域，从总体上看，从事转口贸易的荷兰船只在明显地减少。1640年的时候，荷兰东印度公司在亚洲的海域有85艘船只，其中包括从欧洲即将来到或者已经驶往欧洲的船只。到1743年的时候，只剩下48艘船只，而且船的吨位的增加也没有抵消船的数量的减少。

在荷兰的黄金时代以及后来的时代，无论是荷兰人还是他们的竞争者都声称荷兰东印度和西印度公司，特别是前者，是荷兰联省共和国商业繁荣的主要的支柱和干城。到1758年的时候，由于航运量的萎缩，人们在对东印度公司的地位也不再抱积极的看法了。尽管如此，包括东印度公司领导者"17绅士"之一的凡·德·奥登姆伦（Van der Oudermeulen）认为东印度和西印度公司对荷兰经济的贡献是毋庸置疑的。他列举了第四次荷兰与英国战争前夕荷兰的海上贸易所产生的价值的数字：与东印度的贸易额达35百万荷兰盾，与西印度与美洲达28百万荷兰盾，与欧洲各国达200百万荷兰盾。他估计荷兰与欧洲几个大国和地区贸易所产生的利润为：与英国达42百万—44百万的荷兰盾，与法国达36百万—38百万的荷兰盾，与波罗的海沿岸地区达55百万荷兰盾。

博克塞从另一方面指出，大部分从东方和西印度进口到荷兰的货物并没有在联省共和国内部被消费掉，而是重新再出口到欧洲的其他国家。1743

年出版的由无名氏撰写的《荷兰之描绘》(A Description of Holland)带有一点夸大的口气写道:"在这些时日,荷兰的公司要送去200万至300万荷兰盾去东印度购买香料,其中12%至14%被荷兰人自己消费掉,其余的再出口到欧洲其他国家,因为他们支付现款。"凡·德·奥登姆伦在1783年指出"四分之三的"从东印度进口的货物从尼德兰被再度出口,特别是茶叶和咖啡。虽然人们不能说绝大部分从东印度运回荷兰的货物都被重新出口到欧洲的其他国家,但是其数量一定相当可观。正如博克塞指出的那样,在整个17和18世纪,荷兰东印度公司还是对联省共和国国家整体利益和福祉做出了贡献,除了公司直接雇用的几千人以外,它还间接地维持着3万名海员的编制,他们被配备在从事波罗的海沿岸地区、地中海、大西洋上转口贸易的商船上,发挥着重要的作用。同时,在18世纪的时候,在荷兰海外贸易中某些特定的货品的贸易量有所上升,比如来自美洲和东方的蔗糖、咖啡、烟草、茶叶以及可可豆等。当时的荷兰与欧洲其他国家如奥地利和芬兰等国,由于时尚和消费习惯的原因,对于这些食品的消费量逐年猛增,荷兰也是通往莱茵兰以及其他内陆国家的门户,对于这些国家的进出口贸易具有重要的意义。但是在同一时期英国、法国、丹麦、普鲁士以及瑞典的船只也在与荷兰人展开激烈的竞争。

这一时期荷兰海外贸易还有一个重要的方面就是走私贸易的发展,特别是与英国的走私贸易。对于此类活动的规模人们尚难确定,但是可以肯定的是它为数千人提供了生计,特别是泽兰以及荷兰南部沿海城市。几乎在整个18世纪,英国一直是最佳的茶叶市场,英国政府在一定程度上鼓励大西洋两岸的茶叶走私贸易活动。当时来自荷兰的和斯堪的纳维亚的茶叶走私商人将船只停泊在英国的沿海,英国的走私者来到海岸再将茶叶用小船通过秘密的渠道运往内地,藏在不为人知的地方,有时教堂居然成为最佳的隐藏地点。1784年,小威廉·皮特(William Pitt the Younger, 1759—1806)政府引进《皮特转换法案》(Pitt's Commutation Act)对茶叶改征重税,杜绝了茶叶走私的现象,并对泽兰省航海业造成非常沉重的打击。荷兰的捕鲸者长期以来一直与冰岛维持着走私贸易关系,在北海的鳕鱼捕捞者也与家乡较近的地方进行走私贸易,由于联省共和国对于穷人阶级征收很重的消费税,荷兰的航海业者非常热衷于将外国商品走私进入荷兰的各大港口,并将荷兰国内的商品走私出去,这些出身卑微的海员以及渔民是规避进口税和出口税的主要人群,商人与船主也参与其中。各省的海军军官经常"负债",因为他们的收入很大部分也要依赖于这种灰色的、不确定的和浮动的走私经济的来源。当时的人们经常批评荷兰的繁重的消费税,认为这不仅是造成荷兰食品价格和房屋价格高企的原因,似乎还鼓励外国人相互之间直接进行贸易而不以荷兰人为中介,而在17世纪的时候,荷兰人是一直充当对外贸易的中介人的角色的——一个典型的例子就是从法国西南部的波尔多出口到日耳曼和波罗的海沿岸地区的糖、咖啡以及靛蓝染料,在一段时间里这些商品的四分之三是经由阿姆斯特丹的商人承销的,只有四分之一是经由汉堡转运的,到1750年至1751年时,这个比例正好倒转过来了。

还有一些学者在探讨18世纪80年代荷兰海外贸易衰落的原因时指出,当时船只的拥有者和使用船只的海员已经逐渐地分离了。在17世纪的时候,许多商人船主拥有或者合伙拥有他们的船只,他们雇请自己儿子和亲戚去船上工作,这样后者就有更好的升迁的机会以及更美好远大的前程;他们努力勤奋地工作,销售自己的商品,直接获得利益,船主以及合作经营者也由此获利。但时过境迁,有一位批评者这样抱怨:"到了现在,船主仅仅是为了运载货物的业务,他们的货物大部分都是属于外国人的,除了别人支付的运费以外,他们并不靠出售货物获利。"他还抱怨说那些与船运公司合伙的外国人经常将他们自己本国的人安置在船上当官,或者有些人就成为船主。这些人反过来则更喜欢雇用他们本国同胞而不是荷兰出生的本地人。于是,荷兰人就看不到升迁的希望,要么沉湎于酗酒和过淫荡的生活,要么怀着厌恶的情绪放弃了海事的职业。

从17世纪下半叶以后,船主逐渐地变成尼德兰北部的一种专职,但是这个转变的过程直到1780年尚未完成。在荷兰海外贸易的其他领域,如波罗的海沿岸的木材以及谷物贸易,仍然按照老规矩办事,船主仍然是他们的货物的经营商和代理人。不过,博克塞指出,同样明显的是,外国人在荷兰共和国的旗帜下参与该国的航运贸易的人数也越来越多。在八十年战争期间,荷兰的船主经常冒充汉萨人和斯堪的纳维亚人去伊比利亚半岛从事贸易活动。到1780年的时候,情况则反过来了。其实此种弊端长久以来已经存在,德·鲁特(De Ruyter)早在1663年就已经抱怨了,当时他就发现在西班牙的马拉加(Malaga)有几艘伪装成荷兰船的来自汉堡的船只,船主公开地向他夸耀说只需花费少许荷兰盾就可以贿赂阿姆斯特丹的市民做假宣誓,说这些船是属于阿姆斯特丹的,"其实所有的船主都住在汉堡"。他呼吁荷兰的海军军官要制止这种弊端,但是一个世纪以后这种现象有增无减。在此情形之下,不可避免的结果就是许多外国的商人在荷兰的国旗下或者包装下驾驶着属于他们自己的船只航行于海上。

博克塞认为,当贷款利率的适当折扣被有关当事人夸大其词的时候,荷兰海事力量在 18 世纪的时候就相当程度地被削弱了。1780 年,当时的两名最重要的权威人士斯皮格尔(Van de Spiegel)和奥登梅伦(Van der Oudermenlen)都指出包括荷兰东印度以及西印度公司在内的荷兰舰队还雇用了 3 万至 4 万名海员。乍看起来,其舰队的规模与自 1588 年以来的情形比起来没有很大的改变,或者与 1688 年威廉三世从海勒夫特斯勒斯启程驶往英国开启"光荣革命"的时期也没有很大的改变,那时一位荷兰的海军中将夸口说他可以在 14 天里动员 3 万至 4 万名可以投入战斗的海员。但事实上,在 1588 年和 1688 年的时候,泽兰省以及荷兰北部的从事航海业的人数无疑要远远大于 18 世纪 80 年代的荷兰共和国从事航海业的人数。事实上,荷兰的海运业此时已经大大地衰落了。

四、农业的维持以及工业的衰退

荷兰农民在牲畜饲养业、乳制品业、培养具有商品价值的谷物、园艺学以及简单工具发明方面都积累了丰富的经验和知识。当然,这是一个逐渐积累的过程,在 1648 年的《威斯特伐利亚和约》签订以后,荷兰北方七个省份在农业方面的进步越来越快,使得当时欧洲其他地方来到这里参观的人为之赞叹不已。有人甚至说荷兰北方的农民简直生活在一片乐土中间。由于农业人口的增加,北方七省变得越来越富裕。除了农业种植以外,荷兰人还有丰富的挖掘水道、建筑堤坝、开凿运河、围垦田地的能力。自中世纪以来,荷兰人就在开垦沼泽地、荒地以及河口土地方面具有欧洲其他地方的人民很难与之匹敌的能力。

到了 18 世纪的时候,荷兰的农业比航运业以及海外贸易的情况还是相对较好。尽管荷兰共和国是依靠商业和金融业的收入而不是农业形成自己的经济结构的,但是农业雇用的人手要超过商业和工业。包括弗里斯兰在内的 5 个内陆的省份在荷兰黄金时代以及后来一段时间里也都维持着较好的状态,很可能泽兰省以及荷兰省在 18 世纪的下半叶也是这样。在荷兰黄金时代修筑的良好的堤坝仍然起到了防止特大的洪水灾害的作用。不过,有些堤坝在 18 世纪早期的时候发生过垮塌的现象,但是没有造成很大的灾害。1715 年,泽兰的一个岛上发生了垮坝的事件,使得该岛屿的部分地方受淹。1717 年,暴风雨袭击了弗里斯兰的大部分地区,造成较大的损害。1731 年,荷兰的低洼地区发生了虫害,一些以木材支撑的堤坝发生了垮塌,使得海堤的防洪能力减弱。从1730年以后,联省共和国政府征集修筑堤坝的税收,从斯堪的纳维亚半岛进口大量的石头修筑堤坝。这种解决的办法行之有效,到18世纪下半叶,垮坝的事件就大大减少了。

乳品业是荷兰农业的重要的方面。在1740年人们估计在荷兰省的北角地区每一个好的丰收年平均产出200万磅的奶酪。1740年是荷兰农业的灾难之年,因为1739年至1740年的冬天异常寒冷而紧接着的夏天又异常炎热,劳动阶级深受其苦,尽管此次天灾的负面影响不是永久的,但是许多人都认为从那时起联省共和国就走向衰落了。奶油是荷兰乳品业的另一个重要出口产品,尽管从1666年至1757年遇到爱尔兰奶油的有力的竞争,那时英国政府禁止后者进口,由此迫使生产爱尔兰奶油的农民到佛兰德斯、法国以及伊比利亚半岛寻求市场。

饲养牛、马、羊的行业远远没有乳品业重要,在1713年至1719年、1744年至1765年以及1768年至1786年,有三次大的牛瘟疫流行肆虐,其中第二次是最严重,导致了养牛的农民很大的损失。1744年至1745年,据报道仅仅在弗里斯兰就有135 000头牛死去;在1769年又有98 000头牛死去,使得这些省份的农民蒙受了数百万荷兰盾的损失。邻近的几个省份同样的损失也很大。当时人们还不懂得科学地医治这种动物疾病,也不懂得将病牛隔离的知识。但是联省议会还是公布了一些命令鼓励民众采用各种不同的医疗方法以及防疫措施。但是农民往往忽略这些措施,部分原因是他们不信任公布这些措施的"绅士",部分原因是他们迷信这种疾病是上帝的愤怒降临到人类和动物头上的缘故,因而也是不可抗拒的。在18世纪的最后20年,才有一些比较进步的私人农场主以及农业社团开始接受和鼓励给牛注射预防针以抵抗牛的疾病。尽管有牛瘟疫的流行,在一些年以后,从国外进口以及家庭饲养的牛仍然存在,甚至在比较贫穷落后的上埃瑟尔省,在1750年至1800年之间,牛的饲养业仍然在增长。另一方面,牛瘟疫的流行也使得许多农民全部地或者部分地从家畜饲养业转向垦殖业,他们在格罗宁根种植谷物、在荷兰从事园艺、在弗里斯兰则种植土豆;在一些地区,养羊业也得到了发展,在18世纪中叶的特塞尔岛,农民们大约饲养了2万头羊。

在18世纪的上半叶,每一个省沉重的本省税的负担以及荷兰全国性的很重的消费税迫使荷兰北方相当多的农民离开自己的土地去从事别的职业。直到18世纪的下半叶,大部分西欧地区的农产品以及食品的价格在总体上上涨,减轻了荷兰共和国农民的沉重的税收负担,他们的日子也相对过得容易一点了。上埃瑟尔省是唯一保留这方面记录的省份,该省农民的税收负担由于农产品价格的上涨而减轻了一半。所以在18世纪的下半叶,荷兰的农业有了一点微弱的回复和发展。但是这并不是普遍的现象,1690年以后在其他一些地方,虽然农产品价格上涨了,但是各省的和城镇加给他们的税收却加重了。另一方面,荷兰的烟草业在18世纪50年代以后则急剧地衰落了下去。在18世纪早期,烟草一直是荷兰的乌特勒支省以及海尔德兰省的重要的农作物,到18世纪50年代一直维持着很稳定的发展水平。但是荷兰的烟草80%都是运输到阿姆斯特丹加工出口的。到了18世纪50年代以后,瑞典以及普鲁士的国内的烟草加工业也在发展之中,它们已经不再需要荷兰出产的未经加工过的烟叶了,并且与荷兰的烟草加工业形成竞争的态势。最后,在1776年以后,荷兰内陆的烟草加工业又有一度回复,因为美国发生了独立战争,弗吉尼亚进口到欧洲的烟草大幅度减少了,欧洲国家特别是法国重新开始需求荷兰进口的烟草。荷兰出产的另外一些与工业有关的作物如亚麻以及啤酒花,也急剧地减少了。18世纪50年代以后荷兰农业的主要出口作物都是最基本的食物如黑麦和土豆。当时,荷兰共和国的许多地方如泽兰省、德伦特省以及弗里斯兰省都出产土豆,到18世纪40年代的时候,这些地方种植土豆蔚然成风。但是由于过多地种植土豆,造成粮食作物如麦子的种植面积减少,结果导致粮价的上扬,于是人们只得都吃土豆这种最廉价的食物。

与同时代的法国以及英国相比,18世纪的荷兰在农业技术的引进方面是迟缓的和不完整的。当时,大部分的荷兰农场主和农民固执地采用17世纪祖先的耕作方法,以怀疑的态度对待所有的技术革新。世界上所有地方的农民,在观念上都是倾向保守的,18世纪荷兰的农民也不例外。在农业人口中推广新的观念和技术很大程度要依赖于乡村学校的校长以及地方教区里加尔文派牧师的合作,但是这两种人在思想上都比较缺乏探索的精神。有一些大的地主尝试使用新的农业生产工具如图尔播种机(Tull's sowing machine);在1752年至1784年间,一些更富有开拓精神的农民和地主组成农业社团,仿效英国和法国的模式推进农业技术的改良,但是他们的宣传、经验以及努力直到荷兰共和国的末年才发生作用。然而,像是一种平衡,园艺业、特别是垦殖业在18世纪的下半叶相对繁荣,在最后的20年里尤其如此,与当时捕鱼业以及工业的不景气形成了鲜明的对比。在这段时间里,人们还在围垦田地,向大海和沼泽地索取土地。总之,荷兰农业相对比较繁荣的最主要的原因还是农产品价格的增长。

大约从1730年开始，荷兰的工业在整体上呈现衰落的迹象，尽管在一些工业领域由于东印度公司出口的需要一直支撑着。莱顿的织布业，在1670年的时候达到了它的顶点，当时的年产量达到139 000匹，以后就灾难性地下降了。在1700年的产量只有85 000匹，1725年为72 000匹，1750年为54 000匹，1775年为41 000匹，到1795年只有29 000匹了。莱顿作为最大的工业中心的衰落还反映在工人阶级人口的减少。啤酒厂、白兰地酿酒厂、制糖厂、制盐厂、肥皂加工厂、染坊、烟草加工厂、橄榄油磨坊以及钻石切割厂，所有这些在黄金时代都是十分繁荣的，但是到了所谓"戴假发的时代"就全都衰落了，特别到了18世纪的下半叶更是如此。钻石切割工业和造纸业由于这两个行业高质量的服务则一直维持到荷兰共和国的最后的岁月，还有乌特勒支的高质量的天鹅绒加工厂也是如此。另外，在1771年的时候，白兰地加工厂仍然繁荣，主要是因为白兰地一时成为荷兰的"国饮"，并出口到北美市场以及荷兰东印度以及西印度公司的属地。染料和烟草工业在很长的时间里一直坚持着，尽管在一些地方不景气。在1685年至1725年，代尔夫特陶瓷业达到了它的最高峰，然后就下降了，尽管不是灾难性的。荷兰的砖瓦加工业一直保持繁荣，其产品在满足国内市场的需求以后出口到波罗的海沿岸地区。在另一方面，鲸鱼油的加工业不可避免地因为鲸鱼捕捞业的下滑而衰落了。

从1750年至1795年，荷兰造船业的衰落极为显著。在17世纪的时候，荷兰造船厂开足马力最大限度地雇用造船工人从事船舶的制造、维修以及为捕鱼者和海军置换新的船只，除了为东印度以及西印度公司以及本国在欧洲的远洋贸易建造船只以外，还要向外国出售新造的船。估计荷兰共和国每年要制造500艘远洋船只，此外，还要为国内和国外建造供内河航运的小船。尽管有起有落，在18世纪的最初25年，船舶制造业保持着繁荣，然后就开始下滑了，博克塞指出荷兰造船业在1750年的时候它的下滑特别显著，到了这个世纪的最后25年，其衰落更是十分迅速。在阿姆斯特丹附近的赞河流域地区，在1707年的时候有60个船坞，共有306艘大大小小的船只在建造之中；1770年的时候只剩下25艘至30艘船只了；在1790年至1793年每年平均只有5艘，到1793年就只有1艘了。在1650年的时候鹿特丹曾经拥有23个船坞，到了17世纪末叶只有5个船坞了。伊斯列尔做出的统计也与博克塞的说法相差不远。他指出由于荷兰大宗海外转运贸易的萎缩，不可避免地会影响到船只制造业。赞河流域的船只制造业到17世纪90年代终于衰落下去了,到18世纪20年代,这个地区制造的远洋运输船只已经非常少了,在奥地利王位继承战争时曾经有所恢复,因为荷兰要向法国输送大量的来自海外殖民地的货品,但是终究没有回复到以前的水平。1690年,赞河上有超过40个船坞,到了18世纪30年代,减少到27个;到1750年的时候,只有21个了。在1720年左右,在赞河流域用于造船的木材每年也减少30%,到1760年时,已经低于往年的10%了。一个世纪以后情况有所改善,但是还不能够弥补赞河流域造船业的灾难性的衰落。在18世纪,弗里斯兰造船的数量有了显著的增加,1779年该省登记的造船的数量有2 000艘,是荷兰的7个省中造船最多的省份,但是绝大多数都是沿海岸航行的80吨以下的小船,对于荷兰的海外远洋贸易没有什么意义。

18世纪荷兰工业的普遍衰落的原因是显而易见的。与它的最强有力的竞争者英国以及法国相比,尼德兰北部在原材料上是非常缺乏的,它的国内市场也要比英国和法国小。在黄金时代的繁荣时期,除了莱顿的织布业以外,许多荷兰地方的工业的发展超出了国内市场的需求,必须主要地依赖于海外的市场。当邻近国家在法国的库尔贝提倡贸易保护主义措施的时候,法国等国就牺牲荷兰的海外出口贸易以刺激本国的消费,而荷兰的工业家又不能回过来增加国内的需求,又不能大量地增加该国在热带殖民地销售的产品的数量。更有甚者,荷兰的工业原本就是对其他国家的产品进行精加工的,这些产品包括来自英国的亚麻布以及羊毛,但是随着时间的推移这些国家本身也发展出足够先进的技术,自己对这些产品进行精加工。当工业革命在18世纪的下半叶不断推进的时候,荷兰由于缺乏煤和炭进一步处于不利的地位。荷兰最重要的工业是纺织业,它在此情形之下不可避免地受到牵连。荷兰人自己也知道,"纺织业是所有奉行重商主义政策国家的核心"。在17世纪下半叶的时候,英国和法国对于荷兰已经深加工的布料课以重税,在18世纪的最初25年,俄国、普鲁士、丹麦、挪威和西班牙相继又采取相同的贸易保护主义措施,其结果是造成了荷兰纺织业不可避免地衰落了。伊斯列尔统计,莱顿、哈勒姆以及其他城市的纺织业也在迅速缩小,许多富有的加工业主、染色业主以及从事漂白的工人大大减少——这些企业以前是这些城市经济发展的支柱。1715年,哈勒姆有90名加工业主,到1742年,只有52名了。同样地,在莱顿,1715年有53名加工业主,到1742年的时候,只有29名了。

除了法国等国家采取贸易保护主义政策以及重商主义的立法对荷兰造

成的冲击以外,还有一个原因就是这些外国以牺牲荷兰为代价改进自己的工业,包括诱惑荷兰的有熟练技术的工人外出发展他们自己的企业。事实上,这种情况发生得很早,当外国的工业刚刚出现良好的运作情况的时候,已经有熟练的荷兰技工外出移民了,因为18世纪尼德兰北部地区失业的情况非常严重。有关具体的统计人们并不十分清楚,但是在1751年,联省议会公布了一项命令,禁止具有某种特别技能的工人,尤其是从事纺织业、绳索制造业以及锯木厂的工人外出移民。这说明当时这种情况已经发生,甚至可能比较普遍。当局也防止外国的工人来荷兰的贸易公司以及工厂工作,他们担心这些工人学习了各自所需要的知识然后回到自己的祖国发展自己的类似企业。

还有许多同时代的人认为,荷兰工业在18世纪下半叶的衰落是因为在共和国的7个省份中,特别是荷兰省,工人的工资要高于绝大多数欧洲国家。比如,在瑞士,在1766年,一名棉花布印刷工人一周的工资相当于3.50弗罗林,在1760年,奥古斯堡的同业工人为3弗罗林,而同年荷兰的同业工人则为9至10弗罗林。另一方面,在7个省份中,工人工资的情况在各地也不尽相同。在一些地方,乡村地区所支付的工资比城镇更高;在另一些地方,情况正好相反。一些荷兰省的工业家将他们的工厂迁移到北方的布拉班特以及上埃瑟尔省,在那里,当地的情况允许他们可以无情地剥削穷人。一位目击者在1785年写道:"人们知道布拉班特的农民,必须承认他们被剥夺了作为人所应该具有的舒适。他们喝酸变质的牛奶和水,在吃土豆和面包的时候没有黄油和奶酪,他们的穿着破衣烂衫,睡的地方没有床垫。一个在荷兰省的囚犯也比一个布拉班特的农民生活得要好。"很难说所谓一些荷兰熟练技工的比较"高"的工资对于荷兰工业的衰落起到了何种程度的影响。正如农民经常抱怨天气、商人经常抱怨有害的税收以及不公平的外国竞争一样,工业家们也易于相信,正是他们由于自己支付给本国工人较高的工资,反而有利于外国的那些劳动强度大而工资又低的竞争者。1740年,一位长期居住在荷兰的英国人注意到荷兰和英国的枪炮制造技术都已经发展到很高的水平,但是他补充说明道:"我们在地中海以及地中海东岸的出海口拥有比荷兰人更大的优势,我们的税收降低了,我们的工人能够奋斗在更低生活水平上,他们能够与荷兰人一样廉价地劳动和工作。"

博克塞说他并不知道荷兰的军械工业是否一直维持它与英国竞争者一样的技术以及生产能力,但是,正是在18世纪40年代,英国的经济增长开始加速,工业革命的第一个阶段已经来临。40年以后,荷兰工业经历了普遍的衰落,一位荷兰的工业家在1779年这样说道:"人们不禁观察到在这里(荷兰)很少没有工业以及商业是不需要改进的,这关乎它们各自的形式以及经营手段。铜匠、黄铜的铸工、在钢铁厂工作的工人在技术上都不熟练,当人们将他们的产品仔细地与外国产品作比较的时候,就会发现他们低于别人。这里的产品与别的地方相比,在工艺上比较笨拙粗糙,成品有时看上去尚未完成;人们还可以猜出这些产品一定更贵,因为这里的上述人等没有得到适当的训练。"同年,另一位在莱顿的主要的布料加工业者考察了当时的情况,他指出荷兰的工业家和雇主普遍地缺乏创造性的精神,他们根深蒂固地厌恶新技术和新方法的实验,而这正是他们的创业先辈们留给他们的最宝贵的精神遗产。这种现象似乎也就是在所谓"戴假发的时代"的末期荷兰社会最主要的特征,不管在尼德兰北方的城镇和乡村,或是在南非好望角的内陆都是如此。1776年有一份荷兰报纸承认:"我们不再是天生的发明者,在我们这里创造性已经变得非常罕见了。现在我们只会模仿,而从前我们只会创造。"博克塞指出,18世纪下半叶荷兰报刊所写的这些伤心哀史可能有些夸大其词,具体考察的时候要打一些折扣;同时,人们也应该记住库克船长(Captain James Cook)曾经对于巴达维亚的造船业的技术改进方面做出过很大的贡献。博克塞客观地指出,与黄金时代相比,在"戴假发的时代"里荷兰共和国经历的是停滞不前而不是顽固不化。

五、资本的流逝以及城市的衰落

现代历史学家对于尼德兰北部地区在18世纪的经济衰退所做的研究指出,从经济的角度来看,这种衰退是不可避免的,其主要的原因是邻近国家在工业以及造船业方面后来居上,超过了荷兰。荷兰本国在这些经济领域的竞争力也在减低。同时,还有一些其他的辅助的原因,包括荷兰共和国的社会结构以及社会风气的改变等。

荷兰共和国在18世纪下半叶,特别是最后的25年里的经济衰退,是与该国的"食利阶层"(rentier)即"依靠利息过活的富人"以及其他资本持有者的自满以及短视有关的。这些人更喜欢将资本投到海外而不是用于培养和促进本国的工业以及造船业,并以此减轻国内的失业的压力。出于自私的动机,他们更加关心的是保住自己的财产而不是国家和民族的命运。在18世纪的时候,荷兰上流社会主要是由这些"食利阶层"主宰的,他们连上一辈从事的商业也不经营了，他们继承了前辈积累的财富，既不经商，也不投资工业和加工业，他们对国家的经济活动没有任何积极的贡献，对于社会的发展也没有任何实际的作用。他们过着富足的生活，住在精美奢华的乡间别墅或者是城镇里美轮美奂的大宅子里面，雇用了一大帮厨子、仆人、马车夫以及园艺师为他们提供奢侈生活的服务。他们拥有荷兰国家的债券，依靠这些债券的分红以及利息过活；他们还拥有东印度公司以及西印度公司的股票，也有分红所得的利润。但是，他们对自己的祖国没有感恩之心，把金钱存放到外国的银行里去，特别是英国的银行里去。他们要对当时荷兰资本的外流负责。这些富人的心态就是"今日有酒今日醉"。1778年，《市民》（De Borger）杂志指出："每一个都在说：'我死以后就是洪水滔天也不管了！'这是一句我们的法国邻居的格言，我们即便没有这样说，也是这样做的。"几年以后，有一位名叫迪克·凡·洪根朵普（Dirk van Hogendorp）的人从爪哇写信给自己的同胞说："我活着的时候尽量行善，善有善报，我死以后就再也不担心什么了。"1782年，荷兰省的大法议长劳伦斯·特·凡·德·斯皮格尔（Laurens Pieter van de Spiegel, 1736—1880）估计荷兰人通过资本的投资不劳而获所得的利润每年达2 700万荷兰盾，但是都由于经济的衰退而被抵消了。同时，这些收入也完全没有用于救济那些处于失业以及贫困状态的无产阶级。

　　要说在18世纪晚期荷兰的资本家和食利阶层将资本投入英国以及法国的基金以帮助了这些荷兰最危险的竞争者，此种说法可能并不完全公道。这些国家即便不依靠荷兰的资本也能够发展自己的工业和商业。英国也是一个资本的出口国，但是其规模不如荷兰那样大。约翰·德·维勒斯（Johan de Vries）指出英国能够承受美国独立战争带来的财政负担，不感到有太多的困难，即便荷兰从伦敦召回其本国的资本时也是如此。同时，他也指出荷兰资本持有者投资到外国的行为对他们本国所产生的真正不利的影响，在18世纪一直持续下去。

　　博克塞引证约翰·德·维勒斯的研究指出，从荷兰黄金时代延续下来的占主流的商业传统，就是主宰世界范围的海外贸易的荷兰商人阶层，他们几乎都深信是上帝赋予了他们的权力去成就伟业。商人阶层在荷兰一直享有比工业家或者除了寡头统治者以外的其他社会各界更高的社会名望；事实上，这种商业传统、社会名望以及价值取向不利于培养和发展工业所需要的智慧和精神力量。人们只是想发财甚至就想过舒适的生活，许多人认为一旦有了足够的资本去从事发展工业以及手工业只会毁掉经商的神召，应当培养自己的子孙成为商人。这就造成了一种不良的社会风气,那就是从事买卖的人多,经营实业的人变得越来越少。另外,荷兰共和国的政府结构是与中央集权的精神背道而驰的,各省之间互相竞争和互相妒忌并没有对黄金时代的经济发展造成损害,但是在18世纪形势发生变化,在以后的时间里,特别是当荷兰与外国的竞争日趋激烈的时候,荷兰国内的这种互补合作的态势就成为社会经济进步的很大的障碍。从1609年至1621年,各省对于荷兰"总体"的财政贡献的份额已经确定下来,一直到荷兰共和国结束的时候也没有很大的改变,一些政治家想根据情况的变化略作调整,他们的努力都流产了。政治上的分裂也造成各派力量之间互不信任,18世纪下半叶支持和反对奥伦治家族的人士纷争不已,使得任何人提出的改革议题都变成了敏感的话题,不是被自动搁置,就是被另一派所反对。在修筑跨省的道路以及运河的时候,各省(或者各市)之间的互相妒忌使得这些工程无法推进。17世纪的时候,在寡头摄政团中的腐败以及任人唯亲已经存在,那时还没有太大地削弱执政的效率;但是他们的后代已经面临一个不景气的衰退的时代,这种现象仍然普遍存在,就一定成为社会和进步发展的障碍。

  1720年至1740年的荷兰捕鱼业的衰落已经引起了就业问题并导致经济繁荣受到影响,引发城市和乡村经济的严峻局面。但是,城市中没有出现大规模的贫困的现象。但是,18世纪70年代的时候,由于航运业和商业的衰退,城市贫困的现象已经明显地显露出来了。在1780年的时候,城市衰退的事实已经演变得非常严重。在城市中作为经济支柱的从事实业的中产阶层对于这个国家的前途已经没有信心了。1720年至1770年城市经济的衰退威胁到了这些中产阶层,店主、磨坊主、面包师、手工艺人以及普通的劳动者对于前景充满了不安全感,他们已经觉得国家的前途已经被毁掉了。许多中产阶层的人士都是从事消费行业的,但是城市中的人们已经没有太高的消费欲望了。在莱顿,1707年的时候,面包师行会拥有130家面包店主,到1759年的时候只有70家了;1731年10月,莱顿的面粉厂和磨坊主拆除了城市中10个磨面粉的风磨,因为面包店主不需要那么多的风磨了。传统的啤酒酿造者也受到了沉重的打击,因为人们的喝饮料的习惯发生了很大的变化,人们更加喜欢时髦的饮料如茶、咖啡以及杜松子酒。在1660年至1770年之间,莱顿的啤酒和葡萄酒的消费业急剧衰退,这与当时城市人口的减少也有一定的关系,倒是杜松子酒的消费有所上升,不过,从城市经济的角度来看,这只是一个很小的消费门类。18世纪晚期荷兰著名的政治以及经济评论家和作家卢扎克(Elie Luzac, 1723—1796)声称咖啡、茶以及杜松子酒三种饮品已经占据了荷兰原来 3/4 的啤酒饮者的人数。1719 年,代尔夫特有啤酒厂 14 家,到 1798 年的时候只有 2 家了。在荷兰省,1748 年的时候,啤酒厂超过 100 多家,到 1786 年的时候减少到 60 多家。越来越多的劳动者丢弃了他们的工厂和作坊。伊斯列尔估计,在 1710 年至 1750 年之间,在哈勒姆,有 9 000 名纺织工人成为过剩的劳动力,他们中许多人陷入了极端的贫困中,不得不到别的地方谋生。莱顿的从事织布业的劳动力从 17 世纪 80 年代的 3.6 万人下降到 1752 年的 1.7 万人。上文所述,在赞河流域的造船业不断萎缩,18 世纪中叶以后,许多风磨因为不用而被拆除了。在代尔夫特,一个又一个的制陶厂关门,被弃置不用了。

由于就业机会的减少,大量的城市人口移民到别的地方去了。开始的时候,荷兰人对于他们拥有比邻国更多一点的技术上的优势还有信心,这些人首先选择去了阿姆斯特丹,海牙以及鹿特丹。不久以后,他们就想到去外国了。许多熟练的手工艺人,移民去了英国、斯堪的纳维亚、普鲁士或者俄国。荷兰的造船业工人和木匠大量去了北欧国家,那些国家需要这样的人才。熟练工人们甚至离开了阿姆斯特丹。由于瑞典在 18 世纪 40 年代以后明令禁止进口加工过的烟草进口,所以荷兰的烟草业加工厂主以及从事烟草加工的工人就去了斯德哥尔摩。技艺较低的移民就选择去了美洲新大陆。阿姆斯特丹的犹太人团体中的许多人在 18 世纪 40 年代以后选择去了苏里南和库拉索岛,因为他们在联省共和国找不到工作的机会。在布拉班特、上埃瑟尔以及海尔德兰,特别是一些邻近德意志的地方,大量的荷兰人去那里做工,主要从事体力劳动,那里生活条件比较艰苦,工资待遇也很低,这些荷兰人往往去那里从事季节性的劳动。同时,从德意志也有移民来到荷兰,但是这些移民的社会成分结构与上一世纪相比,发生了很大的变化。在 17 世纪的时候,德意志来到阿姆斯特丹等荷兰大的航海城市的移民都是海员和商人,他们主要在荷兰的商船、军舰以及海外贸易领域服务,这些人主要来自汉堡、不莱梅,埃姆登或者下莱茵河流域。但是,18 世纪 20 年代以后,来到荷兰的德意志人大多都是从下撒克逊地区和黑森等农村地区来的极端贫困的犹太人、天主教徒和路德宗教徒,他们在荷兰从事比较低级的工作如挖掘泥炭和纺织业等。在哈勒姆,从 1710 年至 1750 年,有 9 000 名工人成为无业游民,只有很少的人愿意待在本城接受慈善机构的救济,绝大多数有一技之长的人都外出移民了。在 1770 年以前,荷兰各大城市外出移民的人数还是比较少,但是从那时以后则有了急剧的增加。

在以前,荷兰工人对于他们的工资水平一直感到骄傲,因为与德意志、英国以及南部尼德兰相比,他们的薪水一直是比较高的。但是,现在他们变得贫困了。从1700年至1760年,阿姆斯特丹的贫穷的人口一直维持在比较正常的水平,但是18世纪70年代以后则有了显著的增加。这些穷人接受慈善机构在冬天给予他们的生活补助,包括面包和燃料。在18世纪60年代的时候,这样的穷人约占城市人口的9.5%,到了18世纪80年代,约占13%,到1795年的时候,不低于16%。一名叫作博斯维尔(James Boswell, d.1795)的外国年轻人在1763年的时候对于乌特勒支城市有一番描绘,他看到大量的"不幸的人们除了土豆、杜松子酒,以及他们所称为的茶或者咖啡的食物以外没有别的赖以为生的东西,最坏的是,我相信他们已经习惯了这样的生活,以至于即便提供给他们工作的机会,他们也不会去工作了"。他已经预见了卢扎克在20年以后看到的一切:"任何还对祖国怀有感情和热爱的人,在路经内陆城镇的时候,无不潸然泪下。"在1792年的时候,另一位目击证人这样写道:"我们留意查看我们周围的每一个地方,发现一个已经确定了的可悲事实,那就是过着劳动阶层生活的人们已经完全地失去了希望。"1788年,有一位名叫沃尔夫(Betje Wolff, 1738—1804)的泽兰省的妇女小说家注意到在18世纪的下半叶荷兰人的生活成本普遍地在不断地提高,但是在莱顿、代尔夫特的劳动阶层的生活水平却在不断地下降,而且在农业省份上埃瑟尔省等地,人口在1675年至1767年间有了很大的增长,但是他们沦为贫困人口的速度却在加快,这样的结果不仅使得城镇中贫富之间的差距在增大,而且使得上层群体以及下层群体之间的鸿沟也在不断地加深。

从18世纪下半叶开始,荷兰的文化事业也开始出现衰退的迹象。在18世纪的第一个25年,在莱顿大学有3 164名外国留学生,只比荷兰本国的学生少一点点。在第二个25年中,在莱顿的外国留学生的人数仍然是比较充足的,有2 751人。但是到18世纪40年代以后则急剧地下降了,到18世纪的第三个25年中,莱顿大学只有1 132名外国留学生。到最后一个25年中,莱顿的衰落似乎是不可逆转的了,它不再吸引外国留学生的到来,他们只占了一个世纪以前的外国留学生人数的1/10左右。其他的如乌特勒支大学也是这样,该大学在17世纪下半叶是非常繁荣的,到18世纪中叶的时候已经慢慢地衰退下去了。荷兰共和国经济和社会在总体上的衰落使得政府不可能在大学中投资建造新的建筑物以及提供新的科研设备,也缺少经费聘请著名的和优秀的外国教授来荷兰讲学。海外贸易以及工业的退步也使得荷兰丧失了在技术发明创造上的领先地位,这也使得荷兰的大学失去了创造的热情与活力。在荷兰杰出的医学教授赫尔曼·博尔哈维于1738年去世以后,荷兰大学中的医学研究也处于停顿的状态。虽然坎普尔(Petrus Camper,1722—1789)能够追随博哈维的研究继续努力发展医学,但是各省的政府没有资金投资购买医学设备以及聘请更多的医学教授从事研究,结果是荷兰的医学以及科学教授人数一直在减少,也没有新的实验室和设备的补充投入。同一时期的德意志和其他的外国大学后来居上,终于在大学领域的各个方面都超过了荷兰。

荷兰的视觉艺术在18世纪中叶以后也衰落了下去,它不是孤立发生的现象,而是与当时荷兰的整个社会经济、对外贸易以及科学的衰落息息相关的。由于社会经济的衰退,人们没有兴趣再从事与艺术有关的事业,也没有购买力去购买艺术家的作品;同时,与艺术发展相关的知识活动、文学创作以及科学活动也在不断地衰退,大学也在减少,视觉艺术的没落是可以想见的。在18世纪初年的时候,荷兰还是北欧艺术的中心,它的油画、蚀刻画以及单色画都十分出色。在17世纪70年代以及17世纪90年代,阿姆斯特丹、海牙以及鹿特丹的艺术活动仍然十分活跃,在荷兰艺术界处于领先的地位。在莱顿和乌特勒支等地,荷兰的艺术家们仍然保持着以往的优秀的传统艺术风格,当时的人们还留恋荷兰黄金时代的绘画艺术传统以及风格。但是在17世纪90年代以后,人们对于艺术作品的欣赏趣味发生了变化,由于生活的富裕以及懒散,他们喜欢那种富丽堂皇的室内装饰图案画以及彩色的图书插画,绘画艺术停止了对于自然以及人的内心世界的探索。到18世纪中叶的时候,荷兰共和国是欧洲图书出版的中心,如上文所述,许多启蒙运动的以及其他富余生活色彩的读物在这里出版,当时欧洲的各国宫廷以及贵族家庭喜欢购买荷兰出版的印刷精美或豪华的所谓"珍本"图书,于是,精致奢华与色彩绚烂的图书插图风行一时。1750年以后,许多著名的艺术家都去世了。那时,荷兰的城镇也不再是吸引人们向往的地方,从事绘画的行会也在慢慢地消失,原先的杰出的风景画以及肖像画的传统不再存在,荷兰的贵族阶级要请人画自己的肖像的时候,已经没有什么本国的画家可以作为考虑的人选,他们甚至要请外国的特别是从讲法语的地区如南部尼德兰或者是法国的画家来画肖像画。

博克塞在《荷兰海洋帝国史:1600—1800年》的最后结语部分感叹道,在

18世纪的中期和晚期,尽管荷兰共和国社会中宗教的宽容的气氛还在增长,宗教信仰上的盲从也在减少,尽管一些机构如荷兰科学院的分支机构经济部(The Economic Branch of the Holland Society of Science)也在以身作则尽力地改善该国的社会和经济条件,尽管有使命感的知识分子及其同情者还在努力地教育和提高大众文化水平,尽管人们在减少喝杜松子酒和白兰地的时候改为喝咖啡和饮茶,尽管所有荷兰启蒙运动的方方面面的改进和贡献都是应该在历史上被人们提到的,但是,他本人还是不怀疑这片生生不息的土地在伦勃朗、冯德尔和德·鲁伊特居住的时候(也就是17世纪)要比科奈利斯·楚斯特(Cornelist Troost,1696—1750)、威廉·比尔迪克(William Bilderdijk,1756—1831)和约翰·阿诺尔德·佐特曼(Johan Arnold Zoutman,1724—1793)生活的时候(18世纪)更加美好。①房龙则指出,吉本曾经用数千页的篇幅详细描述了罗马帝国衰亡的历史,虽然荷兰共和国的面积要比罗马帝国小得多,但是她的衰亡过程是如此复杂,人们不能指望在很小的篇幅中讨论清楚。他指出荷兰共和国的繁荣是逐渐地消失的,这是一个在几十年里几乎察觉不到的过程,其部分的原因是经济的变化,但是主要的是由于人民的性格发生了变化。笔者认为,这种"性格上的变化"很可能是指荷兰人民曾经在"黄金时代"所表现出来的自由、探索、乐观以及富于想象力的创造精神的日趋萎缩和退化。

---

① 科奈利斯·楚斯特(Cornelist Troost,1696—1750),18世纪生活在阿姆斯特丹的演员与画家;威廉·比尔迪克(William Bilderdijk,1756—1831),18世纪荷兰的诗人;约翰·阿诺尔德·佐特曼(Johan Arnold Zoutman,1724—1793),18世纪荷兰著名的海军上将。

第十二章
共和国的陨落

一、18世纪早期的荷兰政治和社会

威廉三世在"光荣革命"以后兼任英国的国王以及荷兰共和国的执政官。历史学家对于他的英-荷联合统治对于英国以及荷兰的各种影响有着不同的看法,无论如何,其影响是十分深远的。他在1702年意外地坠马去世,有人说这一事故是由于詹姆斯二世的党羽阴谋活动的结果,不过这种说法证据不足。威廉三世没有留下子嗣,他在英国的王位由詹姆斯二世的次女安妮公主继承,是为安妮女王(Queen Anne,1702—1707年在位)。在荷兰方面,由于"沉默者威廉"一系的威廉·奥伦治家族直系断嗣,执政官的职位由威廉三世的堂兄弟约翰·威廉·弗里索(Johan William Friso,1687—1711)继任。弗里索属于弗里斯兰的奥伦治-拿骚家族,他当时只是担任弗里斯兰以及格罗宁根两个省份的执政官,其他的荷兰、泽兰、乌特勒支、海尔德兰以及上埃瑟尔诸省并不接纳这位执政官。1711年,弗里索意外的溺毙,留下了遗腹子卡尔·韩德里克·弗里索(Karl Hendrick Friso,1711—1751),母后玛丽亚·路易萨(Maria Louise of Hesse-Kassel,1688—1765)则在此期间担任摄政,他们一同管治弗里斯兰。卡尔·韩德里克·弗里索被人们称为威廉四世。荷兰省与其他省份(包括格罗宁根)的议会再度决议,认为没有任命执政官的必要。因此,荷兰共和国经历了"第二次无执政官时期"。唯有弗里斯兰保留了威廉四世作为执政官的头衔。1729年,格罗宁根、海尔德兰以及德伦特三个省邀请他担任执政官。不久,他被送往父亲曾经就读的弗兰尼克大学以及乌特勒支大学深造。由于当时英国国内亲詹姆斯的政治派别十分活跃,英国当局担心天主教会以及詹姆斯的势力会卷土重来,所以他们希望再度加强威廉三世所确立的政治传统,尽管当时的荷兰共和国已经不能再保持欧洲强权的地位了。威廉四世于 1734 年与汉诺威公爵后来成为英王的乔治二世 (George II,1727—1760 年在位)的女儿安妮(Anne, Princess Royal and Princess of Orange,1709—1759)结婚,说明奥伦治家族及其政治理想在英国仍然具有一定的地位和影响。

虽然荷兰省的执政者不愿意见到威廉四世的这场政治联姻,但是也无力阻止它。威廉四世与安妮回国的时候,海牙以及阿姆斯特丹的市政厅议员们表现得非常冷淡,唯有家乡弗里斯兰人热烈地欢迎他们。在西班牙王位继承战争结束以后的疆界划分条约中,尼德兰南部的部分地区由荷兰的驻军管辖,这些地区包括那慕尔、伊佩尔以及分布于佛兰德斯西部的一些要塞。法国的波旁王朝得到了西班牙的一些海外的属地。奥地利的哈布斯堡王室将原本尼德兰南部以及意大利的一些地方归为己有。荷兰联省共和国很想扩大海军和陆军的规模,重建昔日黄金时代的声望。但是,自 18 世纪 20 年代以后,荷兰的海外贸易已经在萎缩,城市的经济也在衰退,阿姆斯特丹的衰落尤其明显,使得它没有能力做到这一点。自 1737 年以后,人们普遍地对荷兰的衰落忧心忡忡,大家都希望奥伦治家族的政治家能够复出,在政治舞台上发挥更大的作用,由此振兴国家。人们怀恋威廉三世执政的时代,谴责控制了荷兰政坛三分之一世纪之久的摄政团的议员们。在许多荷兰人看来,这些议员们行事腐败并且近亲繁殖,在荷兰省以及泽兰省尤其如此。1740 年至 1748 年,欧洲爆发了奥地利王位继承战争。联省共和国并没有挑动和卷入欧洲国家之间的冲突,而想极力保持中立,但是却十分困难,因为当时荷兰属于欧洲各联盟国家整体中的一部分以及欧洲外交的中心,很难做到不被牵扯进去。1744 年,英国卷入了奥地利王位继承战争,联省共和国的四个强大的邻国都在互相战斗,英国站在奥地利一边,普鲁士站在法国一边。联省共和国根据以前一系列条约规定的义务,有责任保卫奥地利统治下的尼德兰,并与英国军队一起抵御近在咫尺的法国军队的入侵。在此情形之下,荷兰必须展开积极的外交活动,维护自己的利益。早在 1739 年,荷兰与法国曾经签订了一个商务条约,其条款是有利于荷兰的,条件是荷兰必须忽略她对于英国和奥地利所承担的义务。但是到了这个时候,荷兰联省共和国的大部分省份,包括"公地"在内都认为不应该为了法国的利益去破坏以前的承诺并开罪英国和奥地利的王室。于是,在 1741 年 9 月,联省议会拒绝了法国的要求,站在了英国和奥地利的一边。1742 年 3 月,联省议会决定扩军 2 万人,并增加了一种新的税收,来针对荷省年收入超过 600 荷兰盾的人的人头税。到 1743 年的时候,荷兰的军队已经增加到 8.4 万人。在整个战争的过程中,联省共和国还要向奥地利提供军费以支持奥地利军队保卫尼德兰南部地区。所以,在 1742 年至 1743 年的时候,尽管荷兰国运衰退,仍然在欧洲事务中发挥作用。同时,在奥地利王位继承战争中,荷兰的军队主要还是在保卫自己的国家,而不是为奥地利或者英国作战。联省共和国一直没有与法国正式开战,由此也没有很深地卷入欧洲的冲突。

联省议会以及荷兰军队的这种态度很自然地削弱了他们与英国和奥地利的同盟关系,使得他们对荷兰感到不满。当 1744 年法军推进到今比利时境内的梅嫩的时候,荷兰军队的抵抗非常微弱,一个星期以后守军就投降了。九天以后,法军又攻占了伊珀尔。1745 年 4 月,法国军队再度入侵尼德兰南部地区,此次法军包围了有 7 000 名荷兰守军的图尔内。当时荷兰守军没有做好充分准备,英国-荷兰-奥地利三国的联军前往增援。5 月 11 日,双方在丰特奈展开决战,联军战败,英国军队将此次战败归咎于荷兰军队作战不力。随后,法军占领了图尔内、根特以及奥斯坦德等地。1746 年,法军攻占了布鲁塞尔以及安特卫普,不久就占领除了卢森堡以外的几乎全部尼德兰南部地区。这时,联省议会感觉到事态的严重性,急速扩军至 9.4 万人。当时,荷兰民众对摄政团极为失望和不满。荷兰共和国已经处于 18 世纪中叶欧洲革命的边缘上了。1747 年 4 月,法军进入弗里斯兰,此时,人们都想到了 1672 年的"灾难之年"时的危急形势。人民普遍感到必须让奥伦治家族的人出任荷兰共和国共同的领袖以便凝聚全国的力量以抵抗法国入侵。4 月 26 日,鹿特丹的人民首先佩戴了象征奥伦治家族的椭圆形的帽徽和丝带,举起了奥伦治家族的旗帜;27 日,海牙和多德雷赫特的人民也做出了相同的举动,举行了声势浩大的群众游行声援奥伦治家族及其支持者;5 月 1 日,阿姆斯特丹、哈勒姆、莱顿、阿尔克马尔、霍伦、恩克赫伊曾等地的人民也纷纷仿效鹿特丹以及多德雷赫特人民的举动,起而拥护奥伦治家族的人士执政。2 日,奥伦治家族的旗帜终于在阿姆斯特丹的市政厅上高高飘扬了。5 月中旬,威廉四世终于出任联省共和国所有的省份的执政官。在港口停泊的海船鸣炮致敬,欢庆活动彻夜不停。一小撮天主教徒不愿意佩戴奥伦治家族的纹章,被人们扔进了阿姆斯特丹的运河。

威廉四世于 1751 年 10 月在海牙去世,年仅 40 岁。他的遗孀安妮与奥地利的布伦斯维克公爵(Duke Ludwig Ernst von Braunschweig-Wolfenbüttel, or Duke of Brunswick, 1718—1788)共同辅佐安妮年仅三岁的儿子,即为后

来的执政官威廉五世(William V，1748—1806)。在威廉五世幼年的时候，布伦斯维克公爵长期担任国务秘书，对于当时荷兰共和国的政治生活具有重要的影响。威廉五世成年以后在担任执政官期间，希望扩建荷兰的陆军，使荷兰成为欧洲的军事大国，同时，也借此机会扩大以及巩固自己的权力。但是，以阿姆斯特丹为首的一些以海上贸易为主的港口城市则希望荷兰能够扩大海军建设，发展远洋运输业以及商船队。因此，在国家的决策方面，威廉五世与阿姆斯特丹的市政厅议员们经常处于对立的状态。在社会方面，虽然经过18世纪40年代的动荡，人们都普遍希望过安定的生活。从表面上看，社会上是比较平静的。但是荷兰的社会经济的衰退使得人民深感失望，他们希望看到变革，所以各种思潮动荡起伏，呈现出暗流涌动的迹象。

1775年至1783年英国在北美的十三个殖民地爆发了著名的"独立战争"，这一事件使得英国与荷兰的双边关系蒙受不利的影响。首先，荷兰国内的公众舆论普遍同情北美的革命者，特别是奥伦治家族的反对者对美国革命持赞同的态度。其次，荷兰人在加勒比诸海域活动的商船队与北美殖民地的反抗者大做生意，他们通过西印度群岛尤其是圣尤斯塔歇斯岛将武器、粮食与军火运输到英国在北美的殖民地。英国政府极为不满，向联省议会施加压力，并威胁要在公海上俘获或攻击荷兰的商船队。事实上，荷兰人这样做的目的也是要挑战英国已经日益强大的海上霸主地位。荷兰共和国还加入了由俄国女皇凯瑟琳大帝(Catherine the Great，1762—1796)所发起的"武装中立同盟"(League of Armed Neutrality)，此次"武装中立同盟"从1780年持续至1783年，正是在英国与北美殖民地之间发生战争期间。"同盟"的主要目的是保护在波罗的海、北海以及大西洋上航行的加入同盟的欧洲国家的商船，俄国还派出海军在地中海、波罗的海以及北海巡逻。荷兰加入了这个"同盟"，对此英国则并不乐见。在1779年底，荷兰共和国向西印度群岛派出一支护航舰队，以保护荷兰商船在这一海域的贸易活动，荷兰战舰在英吉利海域已经与英国海军发生了交火。1780年12月，英国向荷兰宣战，第四次英荷战争爆发，英国的借口就是荷兰人介入和协助北美殖民地人民反对英国的独立战争。英国人指出："荷兰共和国通过许多条约和联盟长期与英国保持密切的关系，但是荷兰共和国却暗中支持英国的敌人，一直拒绝履行条约规定的义务，一直拒绝与英国的愿望保持一致，联省议会不能或者不愿意强迫阿姆斯特丹遵守两国之间存在的条约的规定。"从那时起，英国的海军战舰在大西洋上搜寻疑似为美国革命者提供物资的荷兰船只。在靠近北美殖民地的海域,英国有122艘战舰,荷兰只有17艘,很明显荷兰不能为自己的商船提供有效的保护以防止英国海军的攻击。荷兰国内直到1781年元旦才得知英国向荷兰宣战的消息。当时,阿姆斯特丹有1500万荷兰盾的资产投资于海上的运输,全国其他城市则有约5000万荷兰盾的资产投资于海上的运输。当时的荷兰处于危险之中。此次英荷战争沉重打击了荷兰的海上运输业。1781年1月,英国的海军战舰以及私掠船只俘获了不下于200艘的荷兰船只。在以后的几个月内,有500多艘英国的武装民船游弋在北海上面,使得荷兰的船只不敢冒险离开荷兰各大港口。为了使自己的航运业维持下去,荷兰的船主们只得将自己的船只开到中立国家登记注册。同年3月,英国海军进攻圣尤斯塔歇斯岛,防守该岛的荷兰人要塞上的许多大炮都不能发射,守军中相当多的人都是老兵,在强大的英军面前只好选择投降。该岛的中转贸易曾经是荷属西印度公司最为重要的财源之一,但是荷兰人的防守却非常松懈。英国人在占领了圣尤斯塔歇斯岛的港口以后,发现了15艘北美殖民地的商船,俘获了大约2000名水手,还缴获了一些荷兰的船只以及大量的荷兰货物以及粮食,其价值达4000万荷兰盾,由此切断了北美的革命者通过荷兰人购买来自欧洲的货物以及当地的粮食的管道。英国人还让荷兰的旗帜在港口的要塞上继续飘扬,在以后的几个星期中,许多不知真情的荷兰船只陆续到达,结果都被英国人捕获了。不久,英国的海军攻占了荷兰西印度公司在非洲西海岸的除米纳城堡以外的所有的要塞。在东印度,荷兰东印度公司的损失也巨大。在锡兰,荷兰人失去了具有重要战略意义的亭可马里要塞和港口。到1784年第四次英荷战争结束的时候,荷属东印度公司割让了印度东南沿海地区的港口城市纳加帕蒂南,并允许英国东印度公司的船只自由通过马六甲海峡。在此次战争期间,由于英国东印度公司的船只不断攻击荷属东印度公司从事中国贸易的商船,一度繁荣的荷兰与广州之间的茶叶贸易也完全中断了。1781年至1782年,没有任何荷兰的船只来中国贸易。战争期间,荷属东印度公司损失惨重,直接的经济损失估计达4300万荷兰盾。荷兰联省共和国在整体上呈现出国力以及经济的衰退的征象,造成了荷兰国内的政治动荡。

二、"爱国者"运动

在上述这种内忧外患的形势之下,荷兰联省共和国内部出现了一个新的政治团体,即所谓的"爱国者"(Patriots)。"爱国者"运动的领导者是一些报业的记者、律师以及其他专业人士,它特别吸引有文化的人、居住在城市里的人、中产群体特别是小业主的加入,上层群体中也有少数人赞同这个政治运动。"爱国者"运动自下而上,席卷荷兰各大城市,在农村地区也有零散的活动。这个运动的目标非常激进,就是要改变国家的模式和政府的制度。"爱国者"们自视继承了历史上荷兰反抗西班牙暴虐统治的"反叛者"的革命传统,他们认为当时的荷兰执政官威廉五世日益走向专权,并且操弄和控制自己的行政官吏,导致国家政治腐败,在与英国的海上作战节节失利,丧权辱国。实际上,这个运动最基本的一个目标就是要剥夺执政官以及寡头摄政对于市政的以及各省的控制权,并且将权力转交给那些自认为是人民的代言人或代表的手中。

历史学家伊斯列尔指出,"爱国者"的政治观念的基础除了以前的荷兰共和国在反抗西班牙统治中形成的基本精神以外,还有一些新的时代的特征,一特别重要的是关于"人民"的理念。这是 18 世纪中叶以来在荷兰共和国特定的背景之下形成的特殊的观念,它还与后来 19 世纪早期的关于民主的国家观念以及带有自由主义色彩的民族主义相联系。"爱国者"们认为"荷兰人民"是一个整体的民族,不仅包括信奉加尔文派的主流民众,也应该包括路德宗(该宗派在当时非常支持"爱国者"运动)、门诺派以及天主教徒。他们反对以前加尔文派对于少数宗教派别的排斥,企图吸引这些少数宗派的人士参加其社会运动。他们声称在荷兰建国的历史上,有不少英雄人物以及文人学士并不属于加尔文派,他们同样地为荷兰的建国事业以及海外扩张事业做出了杰出的贡献。

1781 年 9 月,若安·德雷克·凡·德·坎培伦(Baron Joan Dreck van der Capellen tot den Pol, 1741—

坎培伦肖像

1784)以匿名的方式,发行了一本《致尼德兰人民》(Aan het Volk van Nederland or To the People of Netherlands)的小册子,这本小册子主要批评了当时荷兰奥伦治家族执政官的统治,认为在执政官的统治之下荷兰的政治和社会都出现了普遍的腐败现象,它也传播了民主政治的观念以及人民应该拥有的权利。坎培伦是一位拥有男爵头衔的贵族,他赞同美国革命的原则,希望利用小册子等出版物,造成公共的舆论,来制约执政官的权力。他经常使用一些带有民族感情的文字,呼吁荷兰人民,不要像以前一样,只认为荷兰人是居住在一个城镇或某个地区的人,仅仅为自身以及自己所属地区的自由与利益着想。他觉得荷兰人应该具有公民的意识,并希望公民们展现公共政治的力量。《致尼德兰人民》指出:尼德兰人民应当组织起来,立即准备好参与整个国家的事务;因为国家是属于人民的,政治是属于人民自己的事情,国家并不属于亲王、政要以及亲王的亲朋好友。这些人将尼德兰视为自己的私有的和世袭的财产,如同他们饲养的牛羊一般任意摆布和肆意宰杀。因此,居住在这个国家的人民和同胞,不论贫富和年龄,都要团结一致,成为国家的主人,共同商讨如何掌管国家事务、以何种方式进行管理以及委任谁来治理这个国家。"上帝,我们的父亲,创造了人类,使人类幸福、快乐,并赋予人天生我才必有用,尽可能互助谋求幸福快乐,达到造物主的美意,为促进人类的幸福付出努力,每个人都生而平等……在一个国家当中,没有一种形式的自由是集中在一个人手中的,且具有世袭的权力,命令一支强大的军队,或迫使所有的人都服从于他个人的命令或在其影响之下生活,而且人民无辜并且手无寸铁。尼德兰人民武装起来,用冷静而谦和的态度行动,耶和华是自由之神,祂引导了以色列人民走出奴役,使他们成为自由之士,上帝也将支持我们正当的理由。"①

"爱国者"们通过报纸向民众宣传他们的观念,并且试图将各地的民兵组织转变成代表民众意愿的工具,最后迫使奥伦治家族及其摄政团将政治权力交出,实现地方自治。他们组织的新的民兵团体被称为"自由军团"(Free Corps),该组织与以前的民兵团体有很大的不同:首先,它们不属于摄政团的控制,而是由各城镇的防务委员会管理,军官是选举出来的;其次,其加尔文派的色彩少了许多,吸收不同宗教派别的人士参加,甚至有天主教徒;再次,它们直接参与地方政治,支持"爱国者"运动;最后,它们的成员强化军事训

---

① J.W. Smith, and P. Smith, ed., *The Netherlands, 57B.C.—1971-A Chronology and Fact Book*,转引自:张淑勤:《荷兰史》,第 173—174 页。

练，并且使用最新式的武器。在必要的情况之下，它们可以与政府军或者外国军队对抗。1783年1月，多德雷赫特成为第一个建立新的"自由军团"的城市，该军团大约有1 000人。乌特勒支是另一个"爱国者"运动的中心，该城有一份"爱国者"办的报纸，还建立最大规模的"自由军团"的组织。在此期间，乌特勒支享有"民主的座驾"的称号。乌特勒支的"爱国者"报纸呼吁市民请愿，要在各省建立新的宪法制度，他们声称奥伦治家族以及摄政团的统治是不符合宪法的，也就是非法的，因为他们违反人民的意愿，凡事不与人民商量。1748年，"爱国者"运动蔓延到许多城镇，人们分发传单，张贴告示。许多"自由军团"的成员带着武器参加到群众性的抗议运动中去。1784年，坎培伦以及"爱国者"运动的主要领导人编辑了一本匿名出版的两卷本的书《宪法的复兴》(Groundweittige Herstelling or Constitutional Restoration, 1784)，被认为是1789年法国大革命以前欧洲最重要的启蒙著作之一。它不是向摄政团、贵族和执政官提出呼吁，而是向"市民同胞们"提出呼吁。这本书的思想既体现了反抗西班牙暴政的"乌特勒支同盟"的北方尼德兰独立的精神，也反映了后来联省共和国的历史发展脉络。书中表达了当时的荷兰人民——主要是行会、民兵以及各地的市政厅的议员们想要恢复"尼德兰反叛"的时代精神，废除执政官以及摄政团的腐败的权力的强烈愿望。其中谈到要以美国革命中的武装民兵为武力，迫使执政官和摄政团尊重中产阶级即拥有财产

"爱国者"民兵

和技术的专业人士的利益和权利,还要尊重不同的宗教信仰和宗教派别。总而言之,就是要促进人民行使主权。

在这些激进的思想影响之下,从乌特勒支开始,群众运动风起云涌。"爱国者"的支持者们身披黑色的羽衣,佩戴黑色的丝带并且结成"V"字形,以象征荷兰文中的"Vrijheid"(Freedom 自由),与那些身披橘色羽衣的奥伦治家族的支持者们对峙。抗议者们采取有秩序的和非暴力的手段,最后迫使该市的市政厅屈服,交出权力。在荷兰省,革命的进程比较慢,同时也比较无序。从1784年以后,"爱国者"与奥伦治家族的支持者爆发了一系列街头冲突。奥伦治家族的支持者往往是文化水平较低的社会底层人士,还有一些是妇女。他们高喊:"支持奥伦治!打倒爱国者!"这年4月8日,鹿特丹的"自由军团"民兵向奥伦治的支持者们开枪,打死四人,打伤了一些人。接着,许多城市的"自由军团"开始镇压奥伦治家族的支持者。1785年9月4日,海牙市镇压了奥伦治家族支持者的暴动。这些有组织的群众运动有增无减,在发生两派冲突的地方,共和国的行政机构就处于瘫痪的状态。1786年,乌特勒支的省议会放弃了对于本城的控制,撤退到阿默斯福德,那里有荷兰正规军的要塞。乌特勒支的市民实现了荷兰共和国历史上第一次由人民自己举行的市政厅议员的选举,这些议员中大部分是店主和零售商人,他们中有阿明尼乌派的信徒,也有门诺派的信徒,还有两名天主教徒。同年8月,乌特勒支的"自由军团"举行了大聚集,其人数达到13 517名,这是当时荷兰共和国"爱国者""自由军团"人数的一半。1786年夏天,"爱国者"似乎已经取得了胜利,他们在乌特勒支省、荷兰省、上埃瑟尔省、海尔德兰省、布拉班特北方以及格罗宁根都占了上风;在泽兰省、弗里斯兰以及海尔德兰的部分地区还在奥伦治家族支持者的手中。不过在荷兰省,虽然大部分市政厅机构都被"爱国者"及其支持者所控制,但是社会上两派的对立和纷争却非常严重,城市中的许多无产阶级、农村中的许多农民以及渔民都支持奥伦治家族的统治。尤其在农村,许多乡政府的首领和加尔文派教堂的牧师都是强烈拥护奥伦治家族的。

1786年8月,双方的冲突达到了最为激烈的阶段。海尔德兰的奥伦治家族的支持者要求联省共和国的执政官派军队恢复阿纳姆区的两个小镇的地方秩序。他们的动议受到由"爱国者"占主导地位的阿纳姆以及聚特芬市民的反对。最后,军队还是占领了这两个小镇。整个联省共和国的"爱国者"运动的报刊都对执政官发出激烈的抨击,国家已经面临内战的边缘。"爱国者"俱乐部以及"自由军团"开始组建防卫区,收集武器弹药以及军需物资,特

1787年5月在乌特勒支"爱国者"与威廉五世军队的冲突

别是乌特勒支已经成为一座武装的兵营。1787年3月,"爱国者"民兵以及正规军已经在阿默斯福德附近爆发正式的战斗,有80名士兵被打死。但是,随着冲突的加剧,"爱国者"运动中的温和派即少数有影响的寡头议员们的决心开始动摇,他们不认同由新闻记者、律师以及其他专业人士所倡导的民主思想,害怕过度激进的群众运动会危及自身的利益。当"爱国者"们在积极准备军事斗争的时候,他们则准备与执政官妥协。同年4月,阿姆斯特丹的一些市政厅的议员寻求与执政官威廉五世的合作,以共同对付"爱国者",他们动员了一批码头工人、木匠以及贸易中介人试图与"爱国者"对抗。"爱国者"们组织了声势浩大的公众抗议活动,将阿姆斯特丹置于他们的控制之下。城市中许多富裕的商人以及银行家都从他们的乡间别墅里逃走了。同年8月,鹿特丹的市政厅也被"爱国者"们所控制。另一方面,大批亲奥伦治家族的民兵也在泽兰省集结,他们主要由海员以及渔民组成,足以阻止"爱国者"运动在该省的发展。该省还拥有许多正规部队的要塞。1787年1月,他们攻下了阿纳姆以及聚特芬,镇压了当地的"自由军团"。

威廉五世是一位受传统贵族教育长大的执政官,个性优柔寡断,没有远见,拘泥于琐碎之事。他对汹涌澎湃的革命浪潮感到畏惧,退到奈梅亨。他最后只得借助于外国的干涉解决内政的问题。威廉五世的妻子威廉米娜(Wilhelmina of Prussia,1751—1820)的兄长是普鲁士国王腓特烈·威廉二世(Friedrich Wilhelm II,1786—1797 年在位),他一向仇视和厌恶民主思想,决意干涉荷兰革命。与此同时,威廉米娜也同时向英国汉诺威王室公主的安妮(Anne, Princess Royal and Princess of Orange,1709—1759)寻求支持,因为汉诺威的安妮是英国国王乔治二世(George II,1727—1760 年在位)的女儿,也即威廉五世的母亲。英国方面则答应给予威廉五世以金钱方面的帮助。1787 年 8 月,腓特烈·威廉二世派遣了一支 2.6 万人的大军越过边界兵分两路向海牙以及阿姆斯特丹进发,攻击"爱国者"的"自由军团",后者终于不敌训练有素的普鲁士大军,不久,乌特勒支没有抵抗就陷落了。"爱国者"革命运动趋于土崩瓦解。

依仗着普鲁士的军队以及英国的金钱,威廉五世以凯旋者的姿态回到了海牙。"爱国者"们办的报纸被关闭了,政治集会被禁止了,"爱国者"俱乐部以及"自由军团"也被解散了。旧式的民兵组织恢复了,它们是在市政厅的管辖之下的,也是由亲奥伦治家族的人士控制的。它们的人员在街上攻击"爱国者"运动主要领导人的家宅,经常是抢劫这些家庭。在当时荷兰的政治传统下,虽然没有"爱国者"遭受杀害或者故意被伤害,但是他们中的大部分人受到恐吓与威胁。数以千计的"爱国者"逃离荷兰去外国避难,他们中许多人去往奥地利统治下的尼德兰南部,还有许多人去法国躲避,法国国王路易十六(Louis XVI,1774—1793 年在位)对这些人表示欢迎。1787 年 12 月,威廉五世任命了劳伦斯·皮特·凡·德·斯佩格尔(Laurens Piter van de Spiegel,1736—1800)为荷兰省的大法议长来收拾残局。斯佩格尔是一位精力充沛的能干的政治家,一向支持奥伦治家族的统治。在 18 世纪 70 年代,他写作和出版了一些博学的历史研究著作以及政治讲演录。他对于荷兰共和国的历史和现实有着广博的知识。他坚信必须对荷兰共和国以前的具有封建割据特征的政治结构加以改革,促使各省走向统一的整合体。他的政治理念与奥伦治家族的集权思想是不谋而合的。斯佩格尔在实际主持政务以后做了一些改革,比如修订了各省在对共和国总体财政上负担的配额,增加了荷兰省的配额,海尔德兰省的配额也略有增加,而泽兰省、乌特勒支省以及弗里斯兰省则略有减少。他对于东印度公司控制地区以外的海外殖民地也做了一些改革。在第四次英荷战争期间,西印度公司在保卫荷兰海外殖民地方面表现不佳,反应迟钝,战绩甚差。从 1792 年 1 月开始,荷兰共和国政府将西印度公司在圭亚那的包括苏里南、埃塞奎博、德梅拉拉、波莫隆以及西非沿海地区的诸多要塞都被置于联省议会的直接管辖之下。

三、共和国的最后落幕

北部尼德兰的政治局势与南部的发展是息息相关、互相牵连的。自从北方的尼德兰宣布独立,脱离西班牙的统治成为荷兰联省共和国以后,西班牙国王菲律普二世想要维持尼德兰南北方统一的企图也宣告破灭了。1598年,菲律普二世在临终前将南部尼德兰赠与女儿伊萨贝拉·克拉拉·欧杰尼亚(Isabella Clara Eugenia, 1566—1633)以及女婿即奥地利哈布斯堡王室的大公阿尔伯特(Albert, Archduke of Austria, 1559—1621)共同统治。在1598 年至 1621 年期间阿尔伯特以及伊萨贝拉夫妇共同管理尼德兰南方,他们夫妇在该地区以及今天法国北方的一带拥有很大的权势,荷兰联省共和国与西班牙签订的两国之间的《十二年停战协定》,就是由他们两位与奥登巴恩维尔特协商订立的。深受阿尔伯特大公信任的著名的佛兰德斯大画家鲁本斯曾经受西班牙当局的委托努力想要延长休战的期限,但是没有成功;荷兰共和国在奥登巴恩维尔特倒台以后,一度想要"收复"尼德兰南部地区,也出于休战协定的规定以及其他种种原因没有得以实现。尼德兰南方在阿尔伯特大公夫妇的治理之下,社会比较稳定,经济也在慢慢地恢复和发展,安特卫普仍然是一个重要的良港以及金融的中心。1621 年,阿尔伯特大公去世,膝下无嗣,于是,尼德兰南方由西班牙王室收回,由西班牙中央政府直接管理,而西班牙与荷兰之间的战争也因为《十二年停战协定》的结束而重新开打。

在阿尔伯特夫妇管理尼德兰南部地区的时候,当地还是拥有一定程度的自治权。在西班牙王位继承战争时期,尼德兰的南方由法国的安茹公爵(Gaston, Duke of Orléans, 1626—1660 年在任)管治。当时,法国式的中央集权政治体系一度取代了当地的自治传统,由军政府来管理一切事务。南部尼德兰的人民对此甚感沮丧。西班牙王位继承战争以后,虽然军政府的政治形式不再继续,但是中央集权的政治形式在后来的奥地利哈布斯堡王朝在南部尼德兰建立的君主政体提供了一种管治的模式。在 17 世纪和 18 世纪,哈布斯堡王朝在南部尼德兰驻守的统治者,曾经使用过不同的名称。但不论是总督、执政官或是王室的全权代表,从总体上来看,尼德兰的南部地区一直拥有地方三级会议的自治体系。当然,最终和最高的权力,仍然归于马德里或是维也纳。

尼德兰南方一直为争取传统的自治而努力,其主权从西班牙转移到奥地利以后,特别是在奥地利哈布斯堡王朝唯一的女皇玛利亚·特雷萨(Maria Theresa,1718—1780,1745—1765 年在位)在位期间,有相当长的一段安定的时期。当时除了尼德兰南方以外,她所统治的奥地利哈布斯堡王朝还拥有奥地利、匈牙利、克罗地亚、波希米亚、特兰西瓦尼亚、曼图亚、米兰、加利西亚以及帕尔马等大片土地以及城市。当时,奥地利哈布斯堡王朝派驻南部尼德兰的总督为查理·亚历山大公爵(Duke Charles Alexandre of Lorraine,1741—1780 年在任),在他的管理之下,政治基本稳定、社会和经济都在复苏和缓慢发展。1757 年,在尼德兰南方贵族的要求之下,特雷萨女皇废除了其父亲奥地利哈布斯堡皇帝查理六世(Charles VI,1711—1740 年在位)设立在维也纳的管理尼德兰南部地区的最高议会。这样,原先地方上的三级会议的治理方式得到尊重并且延续发展。特雷萨女皇对于尼德兰南方做出的任何政治决定都要取得地方议会的同意。这个决定被称为《特雷萨妥协》(Theresion Compromise)。

1780 年,玛利亚·特雷萨女皇逝世。她的儿子约瑟夫二世(Joseph II,1765—1790,1780—1790 年在位)成为奥地利哈布斯堡的皇帝。在 18 世纪的欧洲历史上,约瑟夫二世堪称一名深受启蒙思想影响的"开明君主"。1781 年 5 月至 7 月,他曾经微服私访尼德兰南部地区,发现当地政治和社会机构已经老旧过时,不合时宜以及效率低下。他在回到维也纳以后,宣称为了人民的福祉,应该进行大刀阔斧的改革。他削弱了位于布鲁塞尔的摄政团的权力,将尼德兰南方的政治和行政置于维也纳中央政府的直接管治之下,他希望以中央集权的方式执政,并要将政治与司法之间的权限加以划分,建立起较为理性的社会体系以及政府机构。他在布鲁塞尔设立行政院,削减地方三级会议的力量,并建立社会安全以及福利制度,颁布《穷困救济法》等;在法制方面,约瑟夫二世颁布了《民事法》以及《婚姻法》等,欲将一些原本属于教会法的规章,转移到世俗法的范围。根据这些法律,婚姻、丧葬、墓地的管理都被纳入《民事法》的范围,并且解除了天主教徒不可以诉求离婚的这项教会法规。他对行会加以改革,使之适应新的经济发展的需要。他还着手改革鲁汶大学。在宗教事务上,他刻意地弱化两个世纪以来南部尼德兰推行的贯彻天主教会反宗教改革运动的政策,推行宗教信仰自由的原则。他禁止了许多多余的修道院的宗教活动,并将其他的修道院置于维也纳而非罗马教廷的控制之下,还禁止大规模的宗教游行活动。他还免除了大小修道院培育教士的权力,规定神职人员必须经过一般学校的培训过程,更是取消了教士免交税收的特权,给予新教徒以及犹太教徒以宗教信仰的自由。约瑟夫二世带给尼德兰南部地区的深远影响几乎可以与北方的"爱国者"运动相提并论。

约瑟夫二世的改革,引起了尼德兰南方保守的贵族以及教士的不满。由贵族、教士以及市民组成的三级会议的代表,试图延迟或者搁置约瑟夫二世的改革。然而,约瑟夫二世决议废除三级会议。于是,尼德兰南部的贵族、教士、保守派人士以及反对中央集权分子就暗地里酝酿军事反抗约瑟夫二世的计划。

1787年,抗议的浪潮就已经开始崛起,特别在布拉班特地区更是如此。抗议的领袖人物是记者和律师出身的政治家韩德里克·凡·德·诺特(Hendrik van der Noot,1731—1827)和更为激进的法朗斯·冯克(Jan Frans Vonck,1743—1792)。抗议者主要诉求就是要求约瑟夫二世尊重勃艮第王朝以及哈布斯堡王朝历来赋予的尼德兰南部地方自治的特权。1787年6月,凡·德·诺特以及布鲁塞尔的行会,组织了属于自己的民兵,这些民兵与北方"爱国者"民兵有相似之处,不过在政治上更加保守。同年9月,他们日益壮大,迫使奥地利军队从布鲁塞尔撤退。在以后的两年之内,各地包括一些乡村在内,抗议活动随处可见。当时,北方的威廉五世及其普鲁士同盟者并没有对此运动表示太大的支持,然而,海牙当局以及欧洲其他地方的反约瑟夫二世的势力倒是一直鼓励尼德兰南方的抗议活动。1789年,法国大革命风起云涌。同年,尼德兰南方感受到法国大革命的热烈气氛的感染,反约瑟夫二世的人士组成了一支军团,击败了驻守在今比利时安特卫普省的蒂伦豪特的奥地利驻军。凡·德·诺特还亲自前往北方的荷兰寻求帮助,呼吁荷兰共和国各省支持南方反对派的理念。从那时起,布鲁塞尔逐渐成为反抗奥地利哈布斯堡王朝的中心。各地的教会人士也响应抵制约瑟夫二世的运动,还吸引了许多不满约瑟夫中央集权的中产阶级。他们发表了《布拉班特人民宣言》,甚至希望尼德兰南方摆脱奥地利的统治,赢得完全的独立。一般人们认为,这份宣言与1581年联省议会公布的反对西班牙菲律普二世的《断绝法案》是非常相似的,或是基于后者的基础上写成的。当时的尼德兰南方,除了卢森堡以外,其他各省纷纷响应,宣示不再承认约瑟夫二世在尼德兰地区的统治权。

1790年,不同派别的反约瑟夫二世的人士,宣布成立"比利时合众国"

(Confédération des États Belgiques Unis),推选凡·德·诺特为新政府的领袖,并且建立新的行政、国防、外交以及法律体系,恢复并且改革三级会议。为了防止法国大革命的激烈行为的出现,以法朗斯·冯克为主的改革派,则主张采取启蒙理性的思想,采用更加进步的政府体系。约瑟夫二世看到与冯克合作的可能性,转而支持冯克的派别,这也可以看作一种分化瓦解的策略。于是,原本互相合作的革命派人士,因为观念上的差异发生了分歧与分裂。同年,约瑟夫二世去世,利奥波德二世(Leopold II,1790—1792年在位)继承王位成为奥地利哈布斯堡王朝的皇帝。他一方面继续约瑟夫二世的政策,另一方面则出兵镇压尼德兰南方的革命,最后成功解散了"比利时合众国"。尼德兰南方的分离运动一开始就具有两种不同的倾向,凡·德·诺特及其追随者主要关怀的是被约瑟夫二世剥夺的地方权力,这些特权以前一向是在少数贵族、教士以及富裕的商人手中的。与北方荷兰的"爱国者"相比,他们的思想是相当保守,甚至与启蒙运动背道而驰的。主张民主以及自由的冯克派,并没有得到他们的支持。在1790年初,许多冯克派的人士都选择流亡法国。从1789年至1790年发生在尼德兰南方的分离运动也被后来的历史学家称为"布拉班特革命"(Brabant Revolution)。昙花一现的"比利时合众国",也很快地宣告解体。但是这次分离运动在历史上的意义远远超过短暂的历史运动。后来的历史学家往往把它看成1830年比利时脱离尼德兰王国的革命运动的前奏曲。

尼德兰南方政局的动荡也牵扯到了北方的荷兰,几乎同时发生的波澜壮阔的法国大革命则加深了北方荷兰共和国内部的裂变。当然,就地理因素而言,法国大革命首先影响到的是尼德兰南部地区。1792年11月,法国军队进入尼德兰南方,击败了驻扎在那里的小股奥地利军队。1795年,尼德兰南部正式被并入法国的领土,由此对当地的文化、社会都产生了一定的影响。以前各省的行政机构都被扫除,代之以法国式样的行政部门。司法制度也被法国革命以后的制度所取代。1796年,南部的各个天主教修会被镇压和取缔,它们的财产以及地产都被充公。1897年至1898年,南部尼德兰的教区也被减少了。1795年1月,法国军队越过了封冻的诸大河流浩浩荡荡进入北方。北方各地的人民对于法国军队以及革命的态度与南方截然不同,他们将法国军队视为法国革命的代言人,他们中的许多人对此持欢迎的态度。从1793年至1794年,北方各地出现了许多读书会,其成员对以前的"爱国者"运动一直持同情的态度,在思想上亲近启蒙运动以及法国大革命的原则,对奥伦治家族则持反对的态度。在 1794 年夏天的时候,仅仅阿姆斯特丹一个城市就有 34 个读书会团体出现,每个团体有 60 至 80 人。其他城市还有无数这样的团体。在乌特勒支出现了 12 个读书会,它们经常在私人家庭举行聚会。1794 年 9 月,阿姆斯特丹已经出现了秘密的革命委员会,它的成员到处散发宣传革命的小册子以及传单。10 月,奥伦治家族联合普鲁士人以及英国人对此进行了严厉的镇压,但是不得人心。当法国军队抵达乌特勒支的时候,整座城市的人民热烈欢迎他们的到来。法国军队看到当地人民的欢迎,他们在抵达阿姆斯特丹城市的时候停了下来,城里的革命委员会则死灰复燃,迅速行动起来,占领了城市。此时,流亡在尼德兰南方以及法国的"爱国者"们也纷纷回到祖国,企图接管权力。1795 年,荷兰的革命者取得了最终的胜利,威廉五世流亡英国。

荷兰的革命者建立了所谓"巴达维亚共和国"(Batavian Republic)。不过,"巴达维亚共和国"的领导人一时很难迅速实现他们心中的理想。事实上,这个新的共和国的建立,一方面是因为"爱国者"革命的余波,另一方面也是由于法国革命影响和法国军队直接干预的结果。在当时的情况之下,没有法国军队的支持,"巴达维亚共和国"是很难推行自己的政策的,也是很难维持下去的,它必须依赖于巴黎的"公安委员会"以及法国驻扎在尼德兰各地的军队。"巴达维亚共和国"刚刚成立,法国就予以承认。当时,荷兰与法国都以"共和国"自称,所以结为"姊妹共和国"。荷兰还与法国签订了《海牙条约》,订立了荷兰-法国共同防御联盟,规定在遇到战争的时候,"巴达维亚共和国"必须派遣半数的海军舰队支持协助法国,并且提供驻扎在荷兰境内的 2.5 万法国军队的衣食起居的开销;另外,法国还向荷兰索要 100 万荷兰盾,作为法军支持荷兰革命者建立"巴达维亚共和国"的军事经费。

"巴达维亚共和国"终结了以前的荷兰联省共和国以及长期以来形成的执政官以及摄政寡头的政体。1796 年,联省议会也被荷兰革命者建立法国式的"国民议会"(National Assembly)所取代,他们希望以代议制度以及由男子普选产生的政治机构进行处理国务的运作,"国民议会"的代表不再是由各省推荐,而是从人民中选举产生,当时,超过 20 岁的荷兰居民都有选举权。当时的男子普选是将接受社会救济的贫民排除在外的。就 3 月 1 日产生的"国民议会"成员的成分来看,除了一些代表是律师、记者以及其他专业人士以外,许多成员仍然出身于以前的贵族和摄政团议员的家庭,激进的成员更是为数不多。他们中许多人希望多多少少维持以前的制度。

1795 年在阿姆斯特丹市政厅广场上人们竖立起了"自由之树"

"巴达维亚共和国"内部也分成不同的派系,主要由三股势力构成:一为要求建立绝对的中央集权制度的统一派,他们认为经过革命洗礼以后的国家应该是统一的而不是分裂的;二为希望维持地方分权、维护地方利益的联邦派;三为希望中央以及地方的权力相对平衡,组成一个单一的政府的温和派。经过两次政治变动以及《宪法》的草拟,倾向统一的和温和的派别在多次争论以后获得大多数人的认同,要从根本上激进地改变荷兰社会制度的想法被大多数人们一致认为是不可能实现的。在 1798 年产生的荷兰新的《宪法》中,旧制度的一些基本方面都被保留,虽然民事的自主权有所扩大,但是地方机构在许多方面沿袭了以前的制度。地方政府如阿姆斯特丹以及大多数城市的市政厅都被保留,而且成功地运作。这些市政厅仍然控制着民兵组织、税收、司法以及其他许多地方事务。阿姆斯特丹的市政厅居然保留着象征旧制度的 36 个席位。

不过,"巴达维亚革命"有一个重要的贡献就是削弱了原有的加尔文派改革宗的特殊地位,并且将它从与国家的紧密关系中分离出来。以前,在荷兰共和国中政府机构的民兵组织、行会以及大学中的领导职务都排斥那些非改革宗的人士担任,现在这种情况得到了改变。因为在18世纪90年代的"巴达维亚革命"浪潮中,荷兰的信仰天主教的人士也是积极的参与者之一。于是,从1798年开始,出现了一些信仰天主教的高层官吏,但是这种情况没有持续很长的时间。荷兰的各大教堂、教会学校、慈善机构以及基层的大量的房地产都在加尔文改革宗人士的掌握之中。天主教徒、门诺派信徒以及犹太人只是在理论上得到了解放,事实上的情况并非如此。当时中央政府希望阿姆斯特丹的犹太人能够在民兵组织中服役(当时该市的犹太人比例已经占据城市人口的11%),但是遭到了市政厅议员的强烈抵制。当时,新政府设有5人执政委员会,其下又设立8个部长协助行政工作。1800年,一些具有启蒙精神的奥伦治派成员也被吸收进入新政府,并且再度修宪。巴达维亚共和国的领导人希望达成在行政、司法上的权力制衡以及中央和地方上的权力平衡。在文化教育方面,强调推广标准的荷兰语等。

另一方面,形势的发展对于"巴达维亚共和国"并不有利。由于不断的革命以及动乱,荷兰的商业、船运业以及捕鱼业渐渐处于瘫痪的状态。法国人对于荷兰的长期占领以及经济方面索取使得人们不再视法国人为解放者,而视之为占领者。随着时间的推移,社会上不少人开始萌发了反法的情绪,并将"巴达维亚共和国"政府视为法国的傀儡政权。由于国际上反法同盟的逐渐形成,从1798年开始,英国政府以及流亡在外的执政官开始积极地筹划恢复由奥伦治家族掌权的旧的荷兰共和国体制。英国-普鲁士-奥伦治家族开始组建一支反法国和"巴达维亚共和国"的军队。威廉五世在林根建立了自己的总部,招募人员,筹划进攻。但是他们的军事行动被由市民组成的民兵打败了。不久,英国的海军舰队运来了2.4万名同盟军,他们在荷兰北方的半岛地区登陆,一度使得"巴达维亚共和国"陷于混乱,部分荷兰海军哗变,在军舰上挂起了奥伦治家族的旗帜。来自英国的入侵军队攻克了霍伦、恩克赫伊曾以及阿尔克马尔,并向哈勒姆以及阿姆斯特丹挺进。但是,还是有相当多的人民群众支持"巴达维亚共和国"政府军。1799年10月6日,荷兰-法国联军在阿尔克马尔附近击败了英国人,迫使英国人放弃了入侵的计划,登船返回英国去了。

当时的"巴达维亚共和国"呈现出非常复杂的图景。一方面,它具有进步和文明的一面。有一位英国观察家指出,根据英国的标准,首都阿姆斯特丹的犯罪蹲监狱的人数是相当少的,谋杀以及武装抢劫的事件也不多见,公私机构的管理井井有条,以前的社会制度和机构也得到保留。1801年,另有一位熟悉荷兰事务的意大利官员认为当时的荷兰社会是整个拿破仑占领下的欧洲地区的最为人道、进步以及文明的典范。不过,很可能这位意大利官员看到的是首都的景象。在农村地区,由于经济的困顿,人民的普遍贫困以及窘迫随处可见——犯罪、流浪以及醉酒的现象随处都有。

荷兰的海外殖民地进一步呈现衰败的迹象。英国人对于荷兰所有的海外殖民地都发起进攻,在威廉五世流亡英国以后不久,他在1795年就被劝说与英国签订了一项协议,命令所有海外殖民地的总督不要抵抗英国人,并将要塞、港口和船舰交给英国人处理。只有极少数的总督服从这项命令,但是殖民地的官员以及人民在思想上产生了混乱,特别在苏里南以及库拉索,当地的荷兰官员分为"爱国者"以及亲奥伦治派两股力量,对于荷兰国家未来的走向有着深刻的分歧。马六甲、安汶岛以及西苏门答腊的总督遵从威廉五世的决定,没有战斗就向英国人投降了。科钦的荷兰人在与英国人作了小规模的战斗以后也投降了。1796年2月,英国人完成了他们对荷属锡兰的占领。到18世纪90年代末,荷兰东印度帝国的海外贸易活动完全瘫痪了。1795年9月,英国军队占领了南非,当地的荷兰人大多是"爱国者"的支持者,对英国人持反对的态度。根据1802年的《亚眠条约》,南非殖民地归还给了荷兰,但是在1806年又重新被并入了英国。苏里南以及圭亚那西部的殖民地在1799年被英国征服,后者与锡兰一同被永久地放弃了。苏里南在1814年回归于新成立的尼德兰王国。1811年,爪哇被英国人征服,荷兰海洋帝国终于最后解体了。

在此期间,荷兰航运业以及海外贸易受到了灾难性的打击。1803年,东印度公司在米德尔堡、鹿特丹以及恩克赫伊曾的船坞以及码头都被关闭了。在1808年,泽兰省的绝大部分船坞、手工业磨坊以及有一定规模的工厂大多关闭了。1795年,米德尔堡的人口有2万,到1815年只剩下1.3万。恩克赫伊曾在17世纪的时候拥有荷兰全国最大的捕抓鲱鱼的船队,到1810年的时候只剩下原有的1/4的规模。1804年,豪达的烟草加工业只有1790年时的2/3。

然而,最大的变化还是发生在政治方面而非经济方面。现实的形势导致"巴达维亚共和国"走向解体和流产。1804年11月,拿破仑在法国称帝,现在已经是实行帝制的法国对于共和体制的卫星国不再持政治上认同的态度。另外,法国的执政者也很不乐意支付维持这些政体不同的卫星国所要付出的代价。当时欧洲君主制国家的反法联盟也极力诱使这些法国的卫星国脱离法国的控制。就荷兰而言,拿破仑还注意到它一直与英国维持私底下的贸易联系,这违背了法国对英国的全面封锁政策。拿破仑皇帝要求荷兰更加紧密地与法国合作,建立更加统一的行政机构,全面地听命于法国的指挥。当时,"巴达维亚共和国"对法国欠债达1 500万荷兰盾。拿破仑觉得荷兰必须建立起一个亲法的强有力的政府。1804年至1805年的冬天,在拿破仑的直接干预之下,海牙成立了新一届的政府,由具有共和观念的经验丰富的政治家鲁特·简·希默尔彭宁克(Ruter Jan Schimmelpenninck, 1761—1825)担任政府的领袖。他出身于上埃瑟尔省的代芬特尔的贵族家庭,早年在莱顿大学修读法律,1784年在阿姆斯特丹成为一名

大法议长希默尔彭宁克肖像

律师,他是"爱国者"运动中的领导者以及温和派人士,他成为"巴达维亚共和国"最后一任大法议长。希默尔彭宁克也担任过"巴达维亚共和国"驻法国的公使,与拿破仑以及法国政界有着良好的关系。他开始时并不想接受这个职务,称病不出。但是拿破仑并不听他的托词,声称如果他不愿意出山,法国就要出兵吞并荷兰。希默尔彭宁克出于对祖国的热爱,同意出面收拾残局,极不情愿地独自踏上返回海牙的道路。他上台以后放弃了原先的共和主义理想,于1805年至1806年推行了宪法改革,通过了一部强调法国式的中央集权的新宪法,彻底扫除了以前共和时代的政治体制结构。希默尔彭宁克的总体构想就是要彻底取消以前的各省的自主权,加强中央政府的权力。他派经验丰富的政治家古格儿(I. J. A. Gogel, 1761—1821)负责税收事务,排除各省之间的差异,对社会中产群体以及富裕的商人课以重税,以各种手段聚敛税收。古格儿极力缩减庞大的财政赤字,为国家建立良好的财政基础。各地的市政厅的以及行会的权力也被削弱。此时担任大法议长的希默尔彭宁克在共和国里俨然就像是一名独裁的君主。各省一共派出19人组成立法委员

会,不过这个立法委员会一年只开两次会,并无重要的事情处理,只是为了恢复昔日贵族的名分。在此期间,荷兰还建立了一支规模不大但是很有战斗力的陆军。海军的战斗力有所恢复,但是并不足以与英国抗衡。

1806年,拿破仑皇帝委任其弟弟路易·波拿巴(Louis Bonaparte,1806—1810年任荷兰国王)为荷兰的国王,将荷兰变为法国的附庸国,是为"荷兰王国"。巴达维亚共和国至此结束了。5月3日,海牙的大议会接受了法国方面的全部条件。随后,拿破仑指派奥顿的副主教塔列朗为新的王国起草宪法。两周以后他就将宪法草案提交大议会讨论。大议会批准了这部宪法,但是希默尔彭宁克却不合时宜地宣称整个过程不符合宪法规定的程序,拒绝签署这份文件。大议会只好代他签署,并将宪法呈送巴黎。希默尔彭宁克提出辞职,返回他乡下的居所。他从政界隐退,不再插手国内的事务。他活到1825年,有幸看到自己的祖国获得独立,此是后话。拿破仑希望荷兰在路易·波拿巴的统治下能够全面地响应他所提出的各种要求,在战略上、海军的军事行动上、后勤保障上以及财政经济上都配合拿破仑的欧洲称霸战争。总之,拿破仑希望荷兰政府要将法兰西帝国而非荷兰的利益置于首要的地位。事实上,希默尔彭宁克先前的一系列措施已经为拿破仑在荷兰执行的政策预备了一定的基础。1807年,路易·波拿巴政府对荷兰再作了一次改革,引进了法国的行政部门的管理方法,设立了"部"的机构,这在荷兰历史上是从未有过的。法国人剥夺了荷兰地方精英的所有的权力和影响,消除了残余的民事以及乡村的自主权。1808年,行会制度被彻底取消。在此以前的1807年秋天,路易·波拿巴将他的王宫从曾经是荷兰政治中心的海牙搬到了乌特勒支,不久,又再度搬到阿姆斯特丹。阿姆斯特丹的市政厅只得将一直属于他们自己的这座著名的建筑物让给路易·波拿巴作王宫。

1810年,荷兰正式被拿破仑的法兰西帝国吞并。在法国统治荷兰期间,阿姆斯特丹成为拿破仑帝国除巴黎以及罗马之外的第三个首府,地位仅次于前两者。当时荷兰的行政系统与法国保持一致、司法、户籍、军事、土地等也依照法国的模式来运作。法国的直接统治使得荷兰整体在政策上走向统一。在拿破仑直接统治荷兰期间,荷兰的司法以及行政体系进一步迈向现代化,也引进了新的度量衡制度,并且实行了详细的户口登记制度。当法国将新制度引进到荷兰的时候,一部分具有进步思想的荷兰人为此感到高兴,法国为荷兰带来了政治上的革新,这是荷兰人自己没有办法做到的事情。但是,这只是事物的一个方面。另一方面,正如房龙在《荷兰王国的崛起》中如此这般地描绘了法国人在荷兰的高高在上不可一世的意态:"一支庞大的法国军队开进了荷兰,驻守到荷兰所有重要的城市中。教堂和医院立刻变成了法国的军营,法国士兵就像在自己家里一样随便。荷兰每个沿海的村庄里都有法国海关的官员,他们监视着荷兰的港口。每艘渔船上必须有一名法国的士兵看守防止他们走私,整个村庄对于这名士兵的安全负有责任。法国的密探充斥在荷兰的社会中,严密控制着荷兰人的普通家庭。法语成为官方正式的语言,在学校、剧院以及报纸上都必须使用法语。至于大学,除了莱顿一所大学以外,其他的大学都变成了中学……"更有甚者,拿破仑还强迫荷兰人民为法国争霸世界的战争充当炮灰,把荷兰人民拖入到与他们毫不相干的远征俄罗斯的战争。1812年,拿破仑远征莫斯科的战役中,约有1.5万名荷兰军人参加并被分配到法国士兵当中,充当骑兵、步兵、炮兵和工程兵。法国不允许荷兰人组成一支队伍,以防止他们发动兵变。荷兰人被分散到庞大的法国军队中去,他们一起浩浩荡荡踏过俄罗斯的大平原。一小部分人逃了出去,加入英国军队或是德国军队中,大部分人不是在战场上被杀死就是冻死或者饿死了。据统计,每200名荷兰步兵中,就有124个人没有回到家乡。同时,荷兰人民还感觉到在商业贸易以及社会经济上受到了法国的限制和拖累。荷兰的国债减少到原来的1/4;原来收入3 000荷兰盾的家庭,现在只能收入1 000盾了;原来能够收入1 000盾的家庭,现在成了叫花子。阿姆斯特丹原先是荷兰共和国最富庶的城市,现在1/4的人口依靠公共救济来生活。原先富有的人们被迫将所有的东西都变卖了,只为能够糊口。他们解雇了仆人,不再购买书籍和其他奢侈品。1813年10月,拿破仑的法国军队在莱比锡之役中再度战败,荷兰的政局再度陷入混乱。荷兰人民在拿破仑战争结束以后,仍然必须承担法国的沉重的赋税,这些措施都给荷兰带来了沉重的负担,使得荷兰人深感不满。直到拿破仑被流放至厄尔巴岛时,荷兰才恢复了临时的主权独立。

此时,荷兰人民的民族感情又转向了流亡海外的奥伦治家族。曾经在路易·波拿巴政府中担任外交官的安东·莱茵哈德·法尔克(Anton Reinhard Falck,1777—1843)在阿姆斯特丹组成了临时政府,希望恢复国家的秩序。法尔克早年是一位外交家,曾经被派往荷兰驻西班牙的外交使团服务,在路易·波拿巴政府中担任外交事务秘书长。另一方面,在海牙,以原任鹿特丹议长的凡·霍亨朵普(Gijdbert Karl van Hogendorp,1762—1834)为首的奥伦治派则企图迎奥伦治家族成员回国。霍亨朵普出生于鹿特丹,父亲曾经服务于荷兰东印度公司,在回国途中沉船去世。他早年就被威廉五世视为荷兰未来的政治领袖,在柏林接受教育。他属于温和的奥伦治派,政治上一直反对"爱国者"革命运动,信仰加尔文派的宗教信条,一直怀有要将荷兰的未来的政权重新交回到奥伦治家族手中的信念。1783年,他去北美访问,认识了托马斯·杰斐逊以及乔治·华盛顿。1785年,就读于莱顿大学,主修法律。后来他成为一名律师。他在拿破仑战争失败以后与贵族出身的凡·马斯丹(Frans Adam van der Duyn van Maasdam, 1771—1848)以及利奥波德·卡尔·林堡(Leopold Karl, Count of Limburg Stirum, 1758—1840)组成三人执政团,在荷兰权力真空时期管理国家。1813年11月17日,三人执政团宣布荷兰赢得自由,奥伦治家族将从英国回国执政。18日,海牙的执政团发布宣言说:"奥伦治拿骚家族万岁,荷兰自由了。所有的盟友都抵达了多德雷赫特,英国人来了,法国人离开了。所有的海洋都是开放的,我们的贸易恢复了。所有的党争都结束了,所有的不悦与痛苦都被原谅与遗忘。所有的要人各就其位,政府公布宣告亲王的宗主权。我们加入盟友,迫使敌人缔结和平,我们将拥有一个共同的假期,但是不再有劫掠和暴力。每一个人都感谢上帝,过去的美好年代将再度回来,奥伦治家族万岁。"[1]也就在这个月的26日,威廉五世之子威廉六世(William VI, 1772—1843)从英国启程踏上回祖国的旅

1813年11月30日威廉六世(登基后为威廉一世)从英国乘船返回荷兰祖国,由艺术家 Willem Heyting(1915—1955)所绘

---

[1] J.W. Smith, and P. Smith, ed., *The Netherlands, 57B.C.—1971-A Chronology and Fact Book*,转引自:张淑勤:《荷兰史》,第182—183页。

程,后来的四天中,因为海上没有风而航行受阻。直到11月30日的晚上,他所乘坐的"勇士号"军舰终于驶入了盼望已久的人们的视线。房龙以带有文学色彩的笔调描绘了这一时刻荷兰人民的情绪:"于是,人们忘记了以前的一切不愉快,纷纷前去引接他们深爱的奥伦治亲王。18年前,人们踏着这条路向老亲王告别,或者说驱赶他走,而今人们踏着同样的路来欢迎老亲王的儿子,将他当成救世主。……此时,海岸上黑压压全是人。通往海牙的那条老路再次由成千上万的人夹道而立。小男孩都爬到树顶上,更小的男孩被父母高高举起来,只为能够看一眼奥伦治家族的这位神圣人物。几个人出于兴奋尖叫起来,有人立刻要他们保持安静,这么庄严的场面不适合用尖叫的方式来表达个人的感情。一个彻底绝望的国家欢迎亲王,希望他能够给这个国家带来希望。在经历了外国统治和国家衰弱的折磨之后,奥伦治家族就是这样重新得到了曾经属于他们的一切,他们许诺给这个国家带来崭新和美好的未来。"虽然霍亨朵普等人还有意恢复以前荷兰联省共和国的体制,希望在奥伦治家族领导下原先的摄政团能够重整旗鼓,但是事实证明原先的摄政阶级在过往的一个世纪的动荡中养尊处优,不思进取,已经失去了执政的能力,他们注定要退出历史的舞台。荷兰的出路只能是王国的体制。回国以后的威廉六世以荷兰国王威廉一世(William I of Netherlands,1814—1840年在位)的身份宣布荷兰独立,并且自称为荷兰的国王。荷兰也从共和国最终变成了王国。

主要参考书目

主要中文参考书目：

张淑勤：《荷兰史》，(中国台湾地区)台北三民书局 2012 年版。

张淑勤：《低地国史—新欧洲的核心》(增订二版)，(中国台湾地区)台北三民书局 2010 年版。

张淑勤：《荷兰文化史家 Johan Huizinga 的史学》，《历史与文献》，(中国台湾地区)台北学生书局 1998 年版。

张淑勤：《贺津哈(Johan Huizinga)的史学中的神秘性与美学成分》，《社会与文化——世界史研究与教学学术研讨会论文》，(中国台湾地区)台湾师范大学 2010 年版。

张淑勤：《宗教与现代性——比利时、荷兰天主教地区"分立化"与兴衰过程之探析》，《辅仁历史学报》第 22 期，2009 年。

房龙(Hendrich Willem van Loon)著，施诚译：《荷兰共和国兴衰史》，河北教育出版社 2005 年版。

房龙著，鞠长猛、黄敏学译：《海上帝国的崛起》，中国出版集团 2016 年版。

马尔腾·波拉(Maarten Prak)著，金海译：《黄金时代的荷兰共和国》，中国社会科学出版社 2013 年版。

杜威·佛克马(Douwe Fokkema)、弗朗斯·格里曾豪特(Frans Grijenhout)编著，王浩、张校红、谢永祥译：《欧洲视野中的荷兰文化：1650—2000 年》，广西师范大学出版社 2007 年版。

约翰·赫伊津哈著，何道宽译：《中世纪的秋天：14 世纪和 15 世纪法国与荷兰的生活、思想和艺术》，广西师范大学出版社 2008 年版。

约翰·赫伊津哈著，何道宽译：《伊拉斯谟传》，广西师范大学出版社 2008 年版。

约翰·赫伊津哈著,何道宽译:《17世纪的荷兰文明》,花城出版社2010年版。

约翰·赫伊津哈著,何道宽译:《游戏的人:文化中游戏成分的研究》,花城出版社2017年版。

洛克著,吴云贵译:《论宗教宽容——致友人的一封信》,商务印书馆1982年版。

史蒂文·纳德勒(Steven Nadler)著,冯炳昆译:《斯宾诺莎传》,商务印书馆2011年版。

斯宾诺莎著,贺麟、顾寿观、温锡增、洪汉鼎等译:《斯宾诺莎文集》第一卷:《简论上帝》、《人及其心灵健康》、《知性改进论》;第二卷:《笛卡尔哲学原理》、《政治论》;第三卷:《神学政治论》;第四卷:《伦理学》;第五卷:《书信集》,商务印书馆2014年版。

雨果·格劳秀斯著,马忠法译,张乃根校:《论海洋自由或荷兰参与东印度贸易的权利》,上海人民出版社2013年版。

塔西陀(Tacitus)著,马雍和傅正元译:《阿古利可拉传 日耳曼尼亚志》,商务印书馆2018年版。

恺撒(Iulius Caesar)著,任炳湘译:《高卢战记》,商务印书馆2017年版。

富尼窝(J.S. Furnivall)著、周文宪译:《印尼经济史》,(中国台湾地区)台湾银行经济研究室1979年版。

中村孝志著、吴密察、翁佳音编著:《荷兰时代台湾史研究》(上、下卷),(中国台湾地区)稻乡出版社2012年版。

周定国主编:《世界地名翻译大辞典》,中国出版集团、中国对外翻译出版公司2008年版。

羽田正编,小岛毅监修,张雅婷译:《从海洋看历史》,(中国台湾地区)远足文化出版事业有限公司2017年版。

羽田正著,林咏纯译,陈国栋审订:《东印度公司与亚洲的海洋》,(中国台湾地区)远足文化出版事业有限公司2018年版。

亚当·克卢洛著,朱新屋、董丽琼译:《公司与将军:荷兰人与德川时代日本的相遇》,中信出版集团2019年版。

藤井让治著,刘晨译:《江户开幕》,社会科学文献出版社2018年版。

主要西文参考书目:

Althusius, Johannes, *The Politics of Johannes Althusius*, trans. F.S. Carney,

(London: 1965).

The Apologie of Prince William of Orange Against the Proclamation of the King of Spain, the English translation, of 1581., ed., H. Wansink,(Leiden, 1969).

Aymard, M., ed., *Dutch Capitalism and World Capitalism*,(Cambridge: Cambridge University Press, 1982).

Barlow's Journal of his Life at Sea in King's Ships, East and West Indiamen and other Merchantmen from 1659 to 1703,(ed., Basil Lubbock, 2vol, London, 1934).

Bell, A.E., *Christian Huygens and the Development of Science in the Seventeenth Century*,(London: Edward Arnold & Co., 1947).

Blair, E.H., and J. A. Robertson, *The Philippine Islands, 1493 - 1803*, (Cleveland, Ohio, 1902).

Bloemendal, Jan, & Frans-Willem Korsten., ed., *Joost van den Vondel (1587 - 1679), Dutch Playwight in the Gold Age*, (Leiden and Bosten: Brill, 2012).

Blussé, J. Leonard., "The Dutch Occupation of the Pescadores, 1621 - 1624", in *Transactions of the International Conference of Orientalist in Japan*, XVII, 1975, pp.29 - 44.

——, "Divesting a Myth: Seventeenth Century Dutch-Portuguese Rivalry in the Far East", in Anthony Disney and Emily Booth, *Vasco Da Gama and the Linking of Europe and Asia*,(Oxford: Oxford University Press, 2000).

——, *Strange Company: Chinese Settle, Mestizo Women and Dutch in V.O.C Batavia*,(Leiden: KITLV Press, 1986).

Bogucka, M., "Amsterdam and the Baltic in the First Half of the Seventeenth Century", in *Economic History Review*., 2nd ser xxvi, 1973, pp.433 - 447.

Boxer, Charles R., *The Portuguese Seaborne Empire, 1415 - 1825*, (New York: Alfred A. Knopf, Inc., 1969).

——,translated and edited, *The Journal of Maarten Harpertzoon Tromp, Anno 1639*,(Cambridge: Cambridge University Press, 1930).

——, *Jan Compagine in Japan, 1600 - 1850, An Eassy on the Cultural, Artistic and Scientific Influence Exercised by Hollanders in Japan from the 17th to the 19th Centuries*,(The Hague: Nijhoff, 1950), Revised edition of a work first published in 1936.

——, *The Dutch Seaborne Empire*: *1600-1800*, (New York: Alfred A. Knof. I Inc., 1965).

——, *South China in the Sixteenth Century*, (London: Hakluyt Society, 1953).

——, edited., Foreword by Josiah Blackmore, *The Tragic History of the Sea*, (Minneapolis and London: University of Minnesota Press, 2001).

——, edited., *Further Selections from the Tragic History of the Sea*, *1559-1565*, *A Narratives of the Shipwrecks of the Portuguese East Indiamen Aguia and Garça(1559)*, *São Paulo 1561*, *and Misadventures of the Brazil-ship Santo Antonio*,(*1565*), (Farnham, UK. Ashagate Publishing Limited, 2010).

——, *Fidalgos in the Far East*, *1550-1770*, *Facts and Fancy in the History of Macao*,(The Hague: Martinus Nijhoff, 1948).

——, *The Dutch in Brazil*, *1624-1654*,(Oxford: Clarendon Press, 1957).

——, *A Great Luso-Brazilian Figure*, *Padre António Vieira*, *S.J.*, *1608-1697*, (London: Hispanic and Luso-Brazilian Councils, 1957).

——, and Azevedo, Carlos de, *Fort Jesus and the Portuguese in Mombasa*, *1593—1729*,(London: Hollis & Carter, 1960).

——, *Four Centuries of Portuguese Expansion*, *1415-1825*: *A Succinct Survey*, (Johannesburg: Witwatersrand University Press, 1963).

——, *Portuguese Society in the Tropics*, *The Municipal Councils of Goa*, *Macao*, *Bahia*, *and Luanda*, *1510-1800*,(Madison and Milwaukee: University of Wisconsin Press, 1965).

——, *The Christian Century in Japan*, *1549-1650*,(Berkeley and Los Angeles: University of California Press, 1967).

——, *The Golden Age of Brazil*, *1695-1750*, (Berkeley and Los Angeles: University of California Press, 1969).

——, *The Church Militant and Iberian Expansion*, *1440-1770*,(Baltimore and London: The John Hopkins University Press, 1978).

——, *From Lisbon to Goa*, *1500-1700*, *Studies in Portuguese Maritime Enterprise*,(London: Variorum Reprints, 1984).

——, *João de Barros*, *Portuguese Humanist and Historian of Asia*,(New Delhi: Concept Publishing Company, 1981).

——,"Padre António Vieira S.J., and Institution of the Brazil Company in

1649," in *The Hispanic America Historical Review*, 29: 4 (November, 1948).

——, *Macau na Época da Restauração* (*Macao Three Hundred Years Ago*) (Lisboa: Fundação Oriente, 1993).

——, *Jan Compagnie in War and Peace, 1602–1799, A Short History of Dutch East-India Company*, (Heinemann Asia: Hong Kong, Singapore, Kuala Lumpur, 1979).

——, "The Dutch East-Indiamen: their Sailors, their Navigators, and Life on Board, 1602–1759", in *The Mariner's Mirror 49*, (London, 1963).

——, "Introduction to the Facsimile Edition of Issac Commelin's 'Begin ende Voortgangh", in *Mundus Novus*, vols., V-VIII, (Amsterdam: Theatrum Orbis Terrarum, 1970).

——, "The Siege of Fort Zeelandia and the Capture of Formosa from Dutch, 1661–1662", in *Transactions and Proceedings of the Japan Society of of London*, XXIV., (London, 1927).

——, "Jan Compagnie in Japan: 1672–1674, or Anglo-Dutch Rivalry in Japan and Formosa", in *Transactions of the Asiatic Society of Japan*, Second series, VII, (Tokyo, 1931).

——, "The Third Dutch War in the East, 1672–1674", in *The Mariner's Mirror* XVI. (London, 1930).

——, "Notes on Early European Military Influence in Japan, 1543–1853", in *Transactions of the Asiatic Society of Japan*, Second series, VIII, (Tokyo, 1931).

——, "Rin Shihei and his Picture of a Dutch East-India Ship, 1782", in *Transactions of the Asiatic Society of Japan*, Second series, IX, (Tokyo, 1932).

——, "Issac Titsingh's Embassy to the Court of Ch'ien Lung, 1794–1795", *T'ien Hsia Monthly*, VIII, I., Jan. (Shanghai, 1939).

——, "The Maritime Twilight of the V. O. C., 1780–1795, Some Sources and Problems", in *Tijdschrift voor Zeegeschiedenis*, 1–2, The Hague, (1982).

Brandon, William, *New Worlds for Old*, (Athens, Ohio, and London: Ohio

University Press, 1986).

Brightwell, P.J., "The Spanish System and Twelve Years Truce", in *English Historical Review*, lxxxix, (1974).

——, "The Spanish Origins of the Thirty Years War", in *European Studies Review*, ix, (1979).

Britain and the Netherlands, Papers delivered to the Oxford-Netherlands Historical Congress, 1959(London, 1960), Edited by J.S. Bromley & E.H. Kossmann, Vol.II, *Papers Delivered to the Anglo-Dutch Historical Conference 1962*, (Groningen, 1964), appeared after the present work Gone to press.

Bowen, H.V., eds., *The Worlds of the East India Company*, (Woodbridge: Boydell, 2002).

Broeze, Frank, ed., *Bridge of the Sea, Port Cities of Asia from the 16th - 20th Centuries*, (Honolulu: University of Hawaii Press, 1989).

Burke, Peter, and R. Po-Chia Hsia, eds., *Cultural Translation in Early Modern Europe*, (Cambridge: Cambridge University Press, 2007).

Campell, William M., *Formosa under the Dutch: Described from Contemporary Sources*, (London: Kegan Panl, Trench, Trubner & Co. Ltd., 1903).

Carr, William, *An Accurate Description of the United Netherlands*, (London: R. Taylor, 1693) First published in Amsterdam under a different title in 1688, this work continued to be reprinted under varying titles and in slighted differing editions, mostly with the omission of Carr's name, down to 1744 at least.

Carter, Alice, "The Dutch and English Public Debt in 1777", in *Economica*, (Nov.1953).

——, "Dutch Foreign Investment, 1738 - 1800", in *Economica*, (Nov.1953).

——, "The Dutch as Neutrals in the Seven Years War", in *The International and Comparative Law Quarterly*, (July, 1963).

Chisholm, H., *The Encyclpaedia Britannica: A Dictionary of Arts, Science, Literature and General Information*, Eleventh Edition, (New York: Horace Hooper, 1911).

Christensen, A.G., *Dutch Trade to the Baltic about 1600*, (Copenhagen-Hague, 1941).

Chuchiak IV, John F., edited and translated by., *The Inquisition in New*

Spain, 1536 -1820, A Documentary History, (Baltimore: The John Hopkins University, 2012).

Chudoba, Bohdan., Spain and Empire, 1519 -1643, (Chicago: 1952).

Correia-Afonso, S.J., John., editor, annotator, and translator, *Intrepid Itinerant*, Manuel Godinho and His Journey from India to Portugal in 1633, (Bombay: Oxford University Press, 1990).

Costa, João Cruz, *A History of Ideas in Brazil*, The Development of Philosophy in Brazil and Evolution of Natural History, translated by Suzette Macedo, (Berkeley and Los Angles: University of California Press, 1964).

Davies, Charles M., *The History of Holland and Dutch Nation*, From the Beginning of Tenth Century to the End of the Eighteenth: Including an Account of Municipal Institution, Commercial Pursuits, and Social Habits of the People; the Rise and Progress of Protentant Reformation, in Holland; the Intestine Dissensions, Foreign Wars, (London: G. Willis, 1851).

Davies, David W., *The World of the Elseviers*, 1580 -1712, (The Hague: Nijhoff; 1954).

Davids, Karel., and Jan Lucassen, *A Miracle Mirrored*, The Dutch Republic in European Perspective, (Cambridge: Cambridge University Press, 1995).

Driedger, Michael D., Obedient Heretics: *Mennonit Identities in Lutherian Hamberg and Altono during the Confessional Ages*, (St. Andrew Studies In Reformation History, Aldershort: Ashgate, 2002).

Duncan, Bentley, *Atlantic Islands*, Madeira, the Azores and the Cape Verdes in Seventeenth-Century Commerce and Navigation, (Chicago and London: University of Chicago Press, 1972).

Duyvendak, J.J.L., "The Last Dutch Embassy on the Chinese Court(1794—1795)", in *Toung Pao*, 34, (1938).

Engels, Marie-Christine, *Merchants, Interlopers, Seamen and Corsairs*: Their The "Flemish" Community in Livorno and Genoa, 1615 -1635, (Hilversum, Verloren, 1997).

Fisher, W., ed., *The Emergence of a World Economy 1500 -1914*: Papers of the IX International Congrss of Economic History Association, Part I., (Wiesbaden: Steiner, 1986).

Elliot, J.H., *The Old World and New*, *1492 – 1650*, (Cambridge and New York: Cambridge University Press, 1970).

——, *Europe Divided*, *1559 – 1598*, second edition, (Oxford: Blackwell Publishers, 1968).

——, *The Old World and the New*, *1492 – 1650*, (Cambridge: Cambridge University Press, 1970).

——, *Imperial Spain*, *1469 – 1761*, (London: Penguin Books Lit, 2002).

——, *Empires of the Atlantic World*, *Britain and Spain in America*, *1492 – 1830*, (New Heaven and London: Yale University Press, 2006).

——, *Spain*, *Europe and the Wider World*, *1500 – 1800*, (New Haven and London: Yale University Press, 2009).

Flynn, Dennis O., Arturo Giráldez and James Sobredo, *European Entry into the Pacific*, (Aldershot: Ashgate Publishing Limited, 2001).

Fonseca, José Nicolau Da., *An Historical and Archaeological Sketch of the City of Goa*, (New Delhi: Asian Educational Services, 1986).

Frijhoff, Willem., and Jaap Jacobs, *Dutch Culture in a European Perspective*: *1650*, Hard-Won University, translated by Myra Heerspink Scholz. Assen: Royal van Gorcum, (2004).

Funnell, Warwick, and Jeffrey Robertson, "Capitalist Account in Sixteenth-Century Holland", in *Accounting*, *Auditing & Accountability Journal 24*, no.5, (2011).

Gaastra, F.S., *The Dutch East India Company*: *Expansion and Decline*, (Zutphen: Walburg Press, 2003).

——, "The Dutch East India Company in National and International Perspective", in P. Haudère Estienne, and G. Le Bouedec(eds) *Les flottes des Compagnies des Indes*, *1600 – 1875*, Vincennes: Service Historique de la Marine, (1996).

——, "War, Competition and Collaboration: Relations Between the English and Dutch East India Companies in the Seventeenth and Eighteenth Centuries", in H.V. Bowen et al(eds), The World of East India Company, (Woodbridge: Boydell, 2002).

Geyl, Pieter, *The Netherlands in the Seventeenth Century*, *I*, *1609 – 1648*

(London: 1961 and New York: Barnes & Noble; 1961), *Part II*, *1648 – 1715* (London: 1964 and New York: Barnes & Noble; 1964), appeared after the present work had gone to press.

Glamann, Kristof, *Dutch-Asiatic Trade*, *1620 – 1740* (Copenhagen and The Hague, 1958).

Giráldez, Arturo, *The Age of Trade*, *The Manila Galleons and the Dawn of the Global Economy*, (Lanham: Rowman & Littlefield, 2015).

Hsia, R. Po-Chia, *The World of Catholic Renewal*, *1540 – 1770*, (Cambridge: Cambridge University Press, 1998).

Hyatt, Vere, and Rex Nettleford, *Discourse on the Origin Americas: A New World View of 1492*, (Washington, D.C: Smithsonian Institution Press, 1994).

Israel, Jonathan I., "A Conflict of Empire: Spain and the Netherlands, 1618 – 1648", in *Past and Present*, 76, (August, 1977).

——, "The Holland Towns and the Dutch-Spanish Conflict, 1621 – 1648", in *BMGN*, 94, (1979).

——, "The Jews of Spanish North Africa, 1600 – 1669", in *Transactions of the Jewish Historical Society of England*, xxvi, (1979).

——, "Mexico and the 'General Crisis' of the Seventeenth Century", in *Past and Present*, 63, (May, 1974).

——, "Spain and Dutch Sephardim, 1609 – 1660", in *SRA* xii, 1978, pp.1—61.

——, "Some Further Data on the Amsterdam Sephardim and their Trade with Spain during the 1650s", in *SRA* xiv, (1980).

——, "Spanish Wool Exports and European Economy, 1610 – 1640", in *Economy History Review*, 2nd ser. xxxiii.

——, "The State General and Strategic Regulation of the Dutch River Trade, 1621 – 1636", in *BMGN*, 95, (1980).

——, *The Dutch Republic and the Hispanic World*, *1606 – 1661*, (Oxford: Oxford University Press, 1982).

——, *Dutch Primacy in World Trade*, *1585 – 1740*, (Oxford: Clarendon Press Reprinted, 2002).

——, *The Dutch Republic*, *Its Rise Greatness*, *and Fall*, *1477 – 1806*, (Oxford: Oxford University Press, 1995).

——, *Conflicts of Empires , Spain , the Low Countries and the Struggle for World Supremacy* , 1585 – 1713 , (London and Rio Grande: The Hambledon Press, 1997).

Klooster, Wim., *The Dutch in the Americas*, 1600 – 1800, (RI: John Carter Brown Library, 1997).

——, "Failing to Square the Circle: The West India Company's Volta-Face in 1638 – 1639", in *De Halve Maen*, (Spring, 2000).

——, "Illicit Riches: Dutch Trade with the Americas", in *Riches from Atlantic Commerce: Dutch Transalantic Shipping*, 1585 – 1817, edited by Johannes Postma and Victor Enthoven, (Leiden: Brill, 2003).

——, "The West India Company's Grand Scheme," in *Revisiting New Netherland: Perspectives on Early Dutch America*, edited by Joyce D. Goodfriend, (Leiden: Brill, 2005).

——, "Winds of Change: Colonization, Commerce, and Consolidation in the Seventeenth-Century Atlantic World", in *De Halve Maen*, 70, (1997).

Kock, Victor de., *Those in Bondage , An Account of the Life of the Slave at the Cape In the Days of the Dutch East India Company*, (Cape Town: H.B. Timmins, 1950).

Kooiman, Dick., and Otto van Muizenberg and Peter van der Beer, eds., *Conversion, Competition and Conflict, Essays on the Role of Religion in Asia*, (Amsterdam: Free University Press, 1984).

Leur, J.C. van., *Indonesian Trade and Society , Essays in Asia Social and Economic History*, (The Hague: W. van Hoeve; 1955).

Lunsingh-Scheurleer, *Chinese Export Porcelain , Chine de Commande*, (New York, Toronto, London, 1974).

Meilink-Roelofsz, M.A.P., van Opstall, and G.J. Schutte, eds., *Dutch Authors on Asia History*, Translation series 22, (Dordrecht and Providence: Foris Publications, 1988).

Mentzel, Otto Friedrich, *A Geographical — Topographical Description of the Cape Good Hope*, (3 vols., Cape Town, 1924 – 1944, Publications of the Van Riebeeck Society, vols.2, 4, 6 and 25).

Morrison, R.D., *Tea: Memorandum Relating to the Tea Industry and Tea Trade of the World*, (London: R.D.M. 1943).

Onslow Burrish, Batavia Illustrata: *Or, A View of the Policy and Commerce of the United Provinces: Particularly of Holland, with an Enquiry into the Alliances of the States General with the Emperor, France, Spain, and Great Britain*, (London: 1728).

Ota, Atsushi, *Changes of Regime and Social Dymamics in West Java: Society State and the Outer World of Banten, 1750 – 1830*, (Leiden: Brill, 2006).

Postma, Johannes., *The Dutch in the Atlantic Slave Trade, 1600 – 1815*, (Cambridge: Cambridge University Press, 1990).

——, *Richese from Atlantic Commerce: Dutch Transtlanttic Trade and Shipping, 1585 – 1817*, (Leiden: Brill Publishers, 2003).

Reid, Anthony, ed., *South Asia in the Early Modern Era: Power, and Belief*, (Ithaca and London: Cornell University Press, 1993).

Renier, G.J., *The Dutch Nation, An Historical Study*, (London: G. Allen & Unwin, 1944).

Sawyer, Andrew, "The Tyranny of Alva: The Creation and Development of a Dutch Patriotic Image", *De Zeventiende Eeuw*, (2003).

Scammell, G.V., "European Exiles, Renegades and Outlaws and the Maritime Economy of Asia, c.1500 – 1750", in Modern Asia Studies XXVI, no.4 (Cambridge: 1992).

Schama, Simon., The Embarrasment of Riches: An Interpretion of Dutch Culture In the Golden Age, (London: 1987).

Schalkwijk, F.L., translated by W.S. Smith and F.L. Schalkwijk, *The Reformed Church in Dutch Brazil, 1630 – 1654*, (Zoetermeer: Boekencentrum, 1988).

Schama, Simon, "Dutch Landscapes: Culture as Foreground ", in Sutton, *Masters of 17th Century Dutch Landscape Painting*.

——, *The Embrarasment of Riches*, (New York: Vintage, 1997).

——, *Landscape and Memory*, (New York: Knopf, 1995).

Schenkeveld, Maria A., *Dutch Literature in the Age of Rembrant: Themes and Ideas*, (Amsterdam: John Benjamins, 1991).

Schmidt, Benjamin., "Space, Time, Travel: Hugo de Groot, Johannes de Laet, and the Advancement of Geographic Learning", *Lias* 25, (1998).

——, *Innocence Abroad: The Dutch Imagination and New World, 1570 - 1670*, (Cambridge: Cambridge University Press, 2001).

Schrieke, Bertram, *Indonesian Sociological Studies*, (2 vols., The Hague: W. van Hoeve, 1955).

Shawe-Taylor, Desmond, *Dutch Landscapes*, (London: Royal Collection Enterprise Ltd., 2010).

Sluiter, Engel, "Dutch Maritime Power and Colonial Status Quo, 1585 - 1641", in *Pacific Historical Review* 11, no.1, (1942).

——, *The Gold and Silver of Spanish America, c. 1572 - 1648: Tables Showing Bullion Declared for Taxation in Colonial Royal Treasuries, Remittance to Spain, and Expenditures for Defense of Empire*, (Berkeley: The Bancroft Library, 1998).

——, "Entrepreneurs and Ethics: Mennonite Merchants in Seventeenth-Century Amsterdam", in *Entrepreneurs and Entrepreneurship in Early Modern Times: Merchants and Industrialists within the Orbit of Dutch Staple Market*, C.Lesger and L.Noordegraaf ed., (Den Haag. Stichting Hollandse Historische Reeks, 1995).

Smith, M.F.J., "The European-Asia Trade of the Seventeenth Century and the Modernization of Commercial Capitalism", in *Itinerario*, 6, (1982).

Somers, J.A., *The Dutch East Indian Company as an Actor in International Law*, (Rotterdam: Gouda Quint Publishers, 2001).

Sprunger, Mary, "Waterlanders and Dutch Golden Age: A Case Study on Mennonite Involvement in Seventeenth-Century Dutch Trade and Industry as one of Earliest Examples of Socioeconomic Assimilation", in From Martyr to Muppy, (Mennonite Urban Professionals).

Steensgaard, Niels, *The Asia Trade Revolution of the Seventeenth Century: The East India Companies and Decline of the Caravn Trade*, (Chicago: University of Chicago Press, 1974).

Sutton, Peter C., *Masters of 17th-Century Dutch Landscape Painting*, (Philadelphia: University of Pennsylvania Press, 1987).

Swart, K.W., "The Black Legend during the Eighty Years War", in *Britian and the Netherlands: Some PoliticalMythologies, Papers Dilivered to the Fifth*

Anglo-Dutch Historical Conference., J.S. Bromley and E.H. Kossmann ed., (The Hague: Martinus Nijhoff, 1975).

Syrett, Harold C., "Private Enterprise in New Amsterdam", in *William and Marry Quarterly*, 11, no.4, (1954).

Trotter, Alice, *Old Cape Colony, A Chronicle of Her Men and Houses from 1625 to 1806*, (Westminster: A. Constable & Co., 1903).

Tuck, Richard, *Natural Rights Theories: Their Origin and Development* (Oxford: Oxford University Press, 1979).

——, *Philosophy and Government, 1572-1651*, (Cambridge: Cambridge University Press, 1993).

——, The Rights of War and Peace: Political Thought and International Order from Grotius to Kant, (Oxford: Oxford University Press, 1999).

Tully, James., *A Discourse on Property: John Locke and His Adversaries*, (Cambridge: Cambridge University Press, 1980).

Unger, R.W., "Dutch Herring, Technology, and International Trade in the Seventeenth Century", in *Journal of Economic History*, xl, (1980).

Yong, Liu., *The Dutch East India Company's Tea Trade*, (1757-1781), (Leiden and Boston, Brill, 2007).

Vollenhoven, C. van, "Grotius and Study of the Law", in Amerian Journal of International Law, 19, (1925).

Vlekke, B.H.M., *Evolution of the Dutch Nation*, (New York: Roy Publishers, 1945).

Welu, James., "The Map in Vermeer's Art of Painting", in Imago Mundi, 30, (1978).

——, "The Sources and Development of Cartographic Ornamentation in the Netherlands", in David Woodward, *Art and Cartography: Six Historical Essays*, (Chicago: Chicago University Press, 1987).

——, "Vermeer: His Cartographic Sources", in *Art Bulletin*, 57, no.4, (1975).

Weststejin, Arthur, *Commercial Republicanism in the Dutch Golden Age*, (Leiden: Brill, 2011).

Whitehead, P.J.P., *A Portrait of Dutch 17th Century Brazil*, (Amsterdam:

North Holland Publicating, 1989).

Wieder, F.C., *Mounmenta Cartographic: Reproductions of Unique and Rare Maps, Plans and Views in the Actual Size of the Originals; Accompanied by Catographs*, 5 vols,(The Hague: Martinus Nijhoff, 1925 – 1933).

Wills, John E., *Pepper, Guns and Parleys, The Dutch East India Company and China, 1662 – 1681*,(Harvard University Press, 1974).

——, "Maritime Asia, 1500 – 1800: The Interactive Emergence of European Domination", in *American Historical Review*, 98, No.1, (Feb.1993).

Woodward, C.S., *Oriental Ceramics at the Cape of Good Hope, 1652 – 1795, An Account of the Porcelain Trade of the Dutch East-India Company, with Particular Reference to Ceramics with the VOC monogram, the Cape Market and South African Collections*,(Rotterdam, 1974).

Woodward, David., *Art and Cartography: Six Historical Essays*, (Chicago: Chicago University Press, 1987).

——, ed., *The History of Cartography in the European Renaissance*, (Chicago: Chicago University Press, 2007).

Vries, Jan de., *The Dutch Rural Economy in the Golden Age, 1500 – 1700*, (Yale: Yale University Press, 1974).

——, *The Economy of Europe in an Age of Crisis, 1600 – 1750*,(Cambridge: Cambridge University Press, 1976).

——, *European Urbanization, 1500 – 1800*,(Harvard University Press, 1984).

——, "An Inquiry into the Behaviour of Wages in the Dutch Republic and Southern Netherlands", in *Acta historiae neerlandicae*, 10, (1978).

——, "The Strengths and Limitations of Dutch Capitalism", *ISEPA* 10, (1983).

——, "The Decline and Rise of the Dutch Economy, 1675 – 1900", in G.Saxonhouse and G.Wright, eds., *Technique, Spirit and Form in Making of Modern Economies: Essays in Honor of William N.Parket*,(Greenwich, Research in Economic History Suppl. 3,1984).

Wee, H. van der, *The Growth of the Antwerp Market and European Economy, Fourteenth-Sixteenth Century*, 3 vols, (The Hague: Springe-Science-Business Media, Dordrecht, B.V. 1963).

Wernham, R.B., *After the Armada: Elizabethan England and Struggle for Western Europe, 1588 - 1595*, (Oxford: Clarendon Press, 1984).

Wills, Jr., John E., *Pepper, Guns and Parley: The Dutch East India Company and China, 1622 - 1681*, (Cambridge: Mass., Harvard University Press, 1974).

Wilson, Charles, *Anglo-Dutch Commerce and Finance in Eighteenth Century*, (Cambridge: Cambridge University Press, 1941).

——, "The Economic Decline of the Netherlands", in *Economic History Review*, 9, (1939).

Winius, George D., *The Merchant-Warrior Pacified: the VOC and Its Changing Political Economy in India*, (New Delhi and New York City: Oxford University Press, 1991).

后 记

在此成书之际,特别诚挚地感谢上海社会科学院出版社编辑们热忱的约稿以及认真负责的审稿工作,感谢多年以前上海社会科学院出版社张广勇先生给予我的鼓励,感谢比利时鲁汶大学郑永君博士、北京大学历史系潘米奇硕士给予我荷兰文以及拉丁文名称翻译上的指教和指正,感谢澳门科技大学图书馆馆长戴龙基先生、馆长助理杨迅凌先生以及地图特藏部的老师们多年以来的关心和帮助。

封面《17世纪的荷兰帆船》水彩画为作者所绘。

作者
2020年4月

图书在版编目(CIP)数据

荷兰海洋帝国史：1581—1800 / 顾卫民著 .— 上海：上海社会科学院出版社，2020
 ISBN 978 - 7 - 5520 - 3154 - 6

Ⅰ. ①荷… Ⅱ. ①顾… Ⅲ. ①荷兰—历史—1581-1800 Ⅳ. ①K563

中国版本图书馆 CIP 数据核字(2020)第 065436 号

荷兰海洋帝国史:1581—1800(修订本)

著　　者：顾卫民

责任编辑：王　勤
封面设计：陆红强
出版发行：上海社会科学院出版社
　　　　　上海顺昌路 622 号　邮编 200025
　　　　　电话总机 021 - 63315947　销售热线 021 - 53063735
　　　　　http://www.sassp.cn　E-mail：sassp@sassp.cn
排　　版：南京理工出版信息技术有限公司
印　　刷：上海市崇明县裕安印刷厂
开　　本：710 毫米×1010 毫米　1/16
印　　张：33.5
插　　页：1
字　　数：547 千
版　　次：2020 年 6 月第 1 版　2023 年 7 月第 2 次印刷

ISBN 978 - 7 - 5520 - 3154 - 6/K·558　　　　　　　　定价：126.00 元

版权所有　翻印必究